让 我 们  一 起 追 寻

THE GOLDEN PEACHES OF SAMARKAND

A Study of T'ang Exotics

撒马尔罕的金桃

唐代舶来品研究

〔美〕薛爱华 作品 吴玉贵 译

（Edward Hetzel Schafer）

社会科学文献出版社
SOCIAL SCIENCES ACADEMIC PRESS (CHINA)

汉译本序

美国学者薛爱华的《撒马尔罕的金桃》，是西方汉学的一部名著，被视为西方学者研究中国古代社会、古代文化的必读著作。现在吴玉贵同志将此书译成汉文出版，这是一件很有意义的事情。

《撒马尔罕的金桃》一书，专门研究唐代的中外文化交流。中国与外部世界的交往，源远流长，而有唐一代，则是中外交流的辉煌时期。从本书我们可以看到，唐朝的外来物品是何等的丰富多彩，而这些外来物品对中国社会、中国原有的文化又发生着复杂的、多方面的影响，其中很多逐步融入中国原有文化之中，最终成为中国文化的组成部分。今天的中国文化是多元的文化。中国文化既包含汉族的，也包含其他兄弟民族的；既有本土的，也有外来的成分。这是我们可以从本书得到的一个很好的启示。

本书研究唐代的外来文化，实际上也就是从一个侧面探讨唐代的中外关系。严格地说，我国的中外关系史研究，是从二十世纪的二十年代开始的。而且无可讳言的是，这门学科从开始之日起，便受到西方汉学的强烈影响。早期从事中外关系史研究的学者，如冯承钧、张星烺、向达诸先生，都翻译过西方学者的著作，其中冯先生贡献尤大。今天来看，对西方汉学的影响应该采取科学的分析的态度。既不要盲目崇拜，又不能完全否定；既要看到西方汉学家中有些人由于条件所限而导致的一些观点和史实考订的错误，又要看到他们善于利用各种文字史料和运用比较语言学方法的长处。已译成汉文的西方汉学作品，如法国学者伯希和等人的论著，美国学者劳费尔的《中国伊朗编》，至今仍是中国研习中外关系史学者的必读著作。我相信，《撒马尔罕的金桃》出版之后，一定也会在中国学者的必读书之列。

由于种种客观原因，我国的中外关系史研究在相当长的时间内是比较寂寞的。七十年代末期，随着改革、开放方针的提出，中国学术界日趋繁荣，中外关系史的研究也逐渐兴盛起来。中国社会科学院历史研究所成立了中外关系史研究室，在孙毓棠、马雍二先生的主持下，培养人才，开展研究，为这门学科做了很多有益的工作。孙、马二先生不幸先后去世，但他们在学术研究和学术组织上的业绩，仍将为人们所缅怀。玉贵同志是马雍的研究生，读书期间，受到严格的科学训练，好学深思，勤奋刻苦。原来研究唐代中亚史，成绩斐然。近年又转入唐代社会和文化史的研究。最近出版的《资治通鉴疑年录》一书，充分体现了他的"谨严务实的学风"（见该书李学勤先生序），为学术界所瞩目。《撒马尔罕的金桃》的翻译，实际上是完成孙、马二先生的遗愿。此书涉及唐代社会生活的许多方面，仅引用汉文史料即达一百九十余种，书中有大量专有名词（人名、地名、物名），翻译难度极大。但玉贵同志不畏艰难，奋发努力，孜孜不倦，夜以继日，终于以近五年的时间，"啃"下了这部学术名著。更加可贵的是，他在紧张的翻译过程中，经过认真查考，还纠正了原书中一些史料的错误，使此书汉译本更趋完善。谨严务实的学风，在汉译本中再次得到了体现。此书的翻译出版，是玉贵同志学术生涯中的一件大事，标志着他又大大前进了一步。

　　我为玉贵同志的成绩感到高兴。同时也相信，这本由他以刻苦认真态度翻译而成的外国学术名著，必将受到学术界的欢迎，对我国的中外关系史研究、唐史研究产生积极的影响。

陈高华

1995 年 5 月

译者的话

　　《撒马尔罕的金桃》是美国加利福利亚大学教授薛爱华（1913～1991）撰写的一部史学名著。薛爱华出生于美国的西雅图，是世界著名的汉学家和语言学家。薛爱华早年就读于洛杉矶加州大学，攻读人类学，并在伯克利完成大学学业。后来他在伯克利获得了东方语言学博士学位。经过长期不懈的努力，薛爱华精通了汉语和日语，并完全掌握了法语、德语、意大利语、西班牙语、古英语、古希腊语、古拉丁语和中世纪拉丁语，他还懂得古埃及文、哥普特文、阿拉伯文、越南文以及其他一些东南亚的语文。薛爱华一生从事汉学研究，主要研究领域是唐代的社会、文化史，尤其偏重于对唐朝外来文化的研究，在中外史学界享有很高的声誉。薛爱华的汉学受教于卜弼德（Peter A. Boodberg），并在卜弼德的影响下，将汉学作为自己毕生从事的事业。在吸收西方著名的汉学大师优点的同时，薛爱华在长期的学术研究过程中形成了自己独特的治学风格。他在治学上兼有伯希和（P. Pelliot）、马伯乐（H. Maspero）、劳费尔（B. Laufer）等汉学家的特长，伯希和深入发掘、研究和利用汉文文献的特点，马伯乐所具有的透彻、明晰地理解汉文文献的特点，劳费尔对于物质世界渊博的科学知识等，都在薛爱华的身上有突出的体现。薛爱华一生主要从事唐代的社会、文化史的研究，并取得了令世人瞩目的成果。由于具备了渊博的语言学知识、丰富的自然科学知识和深厚的文献学功底，再加上他在民族学、民俗学、人类学等相关学科方面的丰厚修养，他在治学上得到了一个独特的视角，即通过对古代社会的物质生活内容的探讨，来深入研究当时的社会及其文化状况。薛爱华一生著述甚丰，除了在本书参考书目中具列的十五种之外，主要还有《南唐史》（京都，1954）、《朱雀：唐代的南方意象》（加利福尼亚大学出版社，1967）、《珠崖：早期的海南岛》（同上，1970）和《曹唐的道教诗》（同上，1985）等。《朱雀》和《撒马尔罕的金桃》被视为他研究唐朝外来文化的双璧，而《撒马尔罕的金桃》尤其是世所公认的薛爱华的代表作。

《撒马尔罕的金桃》最初在1963年由加利福尼亚大学出版社出版。该书问世后，在学术界引起了广泛而深远的影响。1985年，加利福尼亚大学出版社又出版了简装本，另外在1981年还出版过由塞马里和鲁柏—列斯尼钦科翻译的俄文译本（科学出版社，莫斯科）。汉译本就是根据简装本翻译的。本书将作者认为的唐朝的外来物品分为十八类，共一百七十余种，分别从其来源，在唐朝的传播、应用以及对唐朝社会的影响等不同的角度进行了深入、细致的研究，取得了丰硕的收获。

早在1919年，汉学大师劳费尔就利用比较语言学的方法，撰写了研究古代中国与伊朗间物质文化交流的名著《中国伊朗编》。此书经翻译介绍到我国之后（林筠因译，商务印书馆，1964），在史学界，尤其是在古代中外关系史研究领域起了积极的作用。薛爱华的研究工作可以说是在劳费尔研究的基础之上起步的，并且在研究的视野和深度上都有很大的提高。《中国伊朗编》的主要内容是研究古代中国与伊朗在植物方面的交流（也兼及纺织品和矿物质），而薛爱华则将着眼点集中放在了我国古代中外文化交流最为辉煌的唐代，并且将讨论的内容扩大到了整个旧大陆，涉及了唐朝社会生活的各个方面。在研究方法上也由比较单一的考据，转为对唐朝社会进行比较深入的研究。这部著作虽然是一部专门讨论唐朝的外来文明的专著，但是作者的研究目的，或者说书中具体研究的内容却没有仅仅局限于对具体的外来物品的讨论。作者的目的是要通过对于外来物品的讨论来研究这些物品对唐朝社会、文化的影响，并进而更深刻、更全面地了解唐朝社会。正如作者在"导论"中所指出的，他是要通过对物质内容的讨论来研究人。在每个时代，外来物品对人们都具有神奇的魅力。新奇的外来之物之所以能够在当时引起人们的极大兴趣和关注，并不在于这种物品自身价值的高低，而在于这类物品对于当时人们的思想观念和想象力所产生的强烈的影响。外来物品的物质形体可能很快就会消失，但是它在人们头脑中留下的印象，对于人们的思想观念的影响，却会通过诗歌、小说、绘画以及各种各样的仪式等媒介的作用而长久地留存下来，从而影响接受这些物品的民族当时的或后世的社会生活和文化，并最终成为这些民族本土文化的一个有机的组成部分。这就是研究外来物质文明的主要意义所在。正是由于作者具有了比较高的立意和独特的视角，所以本书的意义已经远远超出了一般纯考据的著作，它不仅为我们展现了唐朝社会物质和文化生活的生动的画面，同时也为我们认识唐朝的社会生活史和文化史提供了很有价值的参考。

在研究古代文化交流史的著作中，往往存在理论研究与对历史事实的考辨相脱节的现象。注重理论方面探讨的著作大多流于空泛的理论阐述，而讲究考据的著作则斤斤于具体史料的琐细辨证。前一种做法无疑等于是建筑在沙滩上的楼阁，而后一种研究虽然提供了建筑用的砖瓦木石，但还不足以"重新"构筑宏丽的历史殿堂。这部著作的另一个显著特点就是深入的理论探讨与翔实的史实考订的结合。作者本人具有较高的理论修养，但是他在书中却并没有刻意进行玄虚的"纯理论"探讨。对于书中涉及的近两百种唐朝的外来物品，作者无一不是在精心的史料考据、研究的基础上写成的。本书中主要用于辨正史实的"注文"差不多占了全书三分之一强的内容，就可以充分地证实这一点。在所有叙述中，作者时时都注意对浩如烟海的汉文史料记载的异同进行细密的比较研究。正是由于有了深入的史料研究工作，才使本书的立论建立在了一个坚实的基础之上。

比较语言学是研究文化交流史的一个重要的手段。研究文化交流史，尤其是研究中国古代的物质文化交流史，要求研究者具有较高的语言学的修养。语言学方面的深入探讨，也是本书的一个突出的特点。作者本人精通十余种现代和古代的相关语言。这样就使作者得以在充分运用近人研究成果的基础上，游刃有余地处理汉文史料中外来语方面的内容，而这一点也正是我国大多数研究古代文化交流史学者的"弱项"。在本书中处处都可以发现作者深厚的语言学功力。我们甚至可以毫不夸张地说，如果没有作者丰富的东方语言学的知识，要写成这部著作简直是不可想象的。换句话说，要研究这个课题，必须具有深厚而广博的东方古代语言和现代各种语言的知识，而作者正是具备了这些知识的少数学者之一。这部著作不但可以丰富我们对于唐代物质文化交流史的知识，而且有利于我们更进一步加深理解汉文史料的准确性。

本书的内容涉及了唐朝生活的各个方面，家畜、野兽、飞禽、毛皮和羽毛、植物、木材、食物、香料、药物、纺织品、颜料、矿石、宝石、金属制品、世俗器物、宗教器物、书籍等等，举凡生活所需、日常所用，几乎无所不包。而要研究这些问题，则涉及动物学、植物学、药物学、矿物学、宗教学、民族学、民俗学、文学、文字学等多方面的修养。本书的写作充分表现出了作者广博的知识范围。更可贵的是作者在研究这些问题时，并没有局限于对各学科专家已有研究成果的论述，而是有自己独到的研究。比如作者对中国古代药物学的论述，对唐朝诗人作品中新出现的颜色词与外来文明的关系的研究，对唐代传奇的出现及其对外来文明内容的表现的探讨，对古代宝石的认识，对于中国古代药物、食物以及香料之间的相互关系的研究等，都有许多精彩而独到的见解。这一方面可以归结为作者知识的渊博和精深，另一方面也与作者长期深入的研究有关。《撒马尔罕的金桃》实际上是一部集大成的著作，这一方面表现为作者大量参考了前人和同时代的学者的研究成果，更重要的则是在长期的研究过程中，作者本人具备了深厚的学术功底，《撒马尔罕的金桃》实际上是作者将自己多年研究成果系统化而形成的一部总结性的著作。从"参考书目"中具列的作者的主要研究成果中就可以看出，在写作本书之前，作者已经就唐朝外来文明的各个方面进行了深入、细致的探讨，从而为本书的研究打下了牢固的基础。与时下盛行的临时拼凑的"拼盘专著"不可同日而语。

本书主要是在汉文史料的基础上写成的。作者不仅大量引用了汉文正史、政书、类书中的史料，而且充分参考、利用了魏晋至宋代的诗歌、笔记、小说中的史料（包括少量元、明时代的著作）。后一种史料往往会被专业历史工作者所忽略，这一方面是因为这类资料非常零散，搜寻不易，而更重要的则是这类史料中包含了许多夸张、想象、虚构的成分，增加了利用史料的难度。作者在处理这类史料时，并没有刻意去追求史料中记载的具体物品的"真实"与否，而是着眼于史料记载背后所反映的思想观念，以及从这种思想观念中所投射出的当时人们的思想和行为模式。由于立意较为高远，就使作者能够余裕自如地处理各种类型的史料。这也为我们在研究工作中处理史料提供了有益的借鉴。

这部著作的内容非常广博，为了便利读者查对，我们在汉译本每页的切口保留了原书的页码。此外，原文将注文放在了全书正文之末，汉译本改置为正文脚注。由于注文较多，这样阅读起来就会方便一些。除了翻译之外，译者还尽力进行了一些资料方面的工作。

第一，原书只有公元纪年，汉译本在相关年代后附上了唐朝的年号，这样可能会使我国的学者或一般读者阅读起来感到眉目更清楚一些。

第二，本书主要是根据汉文资料写成的，凡是书中直接引用的汉文史料，译者都尽量一一查对了原文。凡是因为各种原因没有查到原文者，在注解后所附的"译按"中作了说明。

第三，凡是书中根据近人研究著作中转引的汉文原始资料，我们也尽量查找了原文，无法查对原文者，也在"译按"中作了说明。

第四，对于原书中一些不太确切的说法，根据译者所知，在"译按"中作了简要的说明，以供读者参考。此外，在历史记载中有与原书引用的史料不同的一些比较重要的异文，译者也在"译按"中作了必要的说明。

《撒马尔罕的金桃》是一部很有名的著作，在史学界，尤其是在外国汉学界产生过很大的影响，至今仍然被视为研究中国古代社会、文化史的必读书。书中存在的一些史料的错误，有可能会影响读者对原书内容的理解，甚至可能会在读者中形成对唐朝历史和文化中的某些具体内容的错误认识，以下试就资料方面的问题举例进行一些浅显的讨论（所引为原书页码）。

首先，书中出现的有些问题可能是属于校对方面的问题。如第 54 页中说："据记载八世纪时有一位很有才华的汉人，是个琵琶演奏家……发现他演奏的音乐中杂有夷乐，于是就问他：'得无龟兹之侣乎？'这位演奏家高兴地回答说：'本师实龟兹人也。'"本条引自《李謩吹笛记》。《太平广记》卷 204 引《逸史》也记载了这个故事。故事中是讲"开元中吹笛第一部，近代无比"的李謩在镜湖吹笛遇独孤生时，两个人之间的一段对话。此处之"lute"（琵琶）当是"flute"（笛）的讹文。

又，第 6 页中说："盛唐时期一直延续到了 765 年。"按：765 年为唐代宗永泰元年，据下文，作者所说的"盛唐"是指唐玄宗统治时期（712 ~ 756），此处之"765"当为"756"之讹误。756 年为唐玄宗天宝十五载，同年七月肃宗即位，改元至德。

古书流传年代久远，在传抄刻写的过程中，不可避免地会出现错误。作者在有些地方因为信从了错误的原始资料而导致了一些不应有的错误。如第 22 页中说："凉州出产优质的缎（fine damasks）。"据注文，此处之"优质缎"即是《新唐书》卷 40 记载的凉州土贡中的"白麦"。据中华书局标点本《新唐书》，"白炗"当应是"白麦"的讹文。"校勘记"云："《通典》卷6、《元和志》卷40凉州贡有'白麦'无'白炗'，'炗'疑为'麦'之讹。"今按：杜甫《送蔡希曾都尉还陇右因寄高三十五书记》有"汉使黄河远，凉州白麦枯"句。钱谦益注云："陈藏器《本草》：河、渭以西，白麦面凉，以关二时气也。"（《钱注杜诗》卷9）陈藏器文见《本草纲目》卷22转引，原文作："河渭以西，白麦面性凉。以其春种，缺二气也。"同卷另有一段引陈藏器文，较此更为详备。藏器曰："小麦秋种夏熟，受四时气足，兼有寒、热、温、凉。故麦凉、麪温、麸冷、面热，宜其然也。河渭之西白麦面亦凉，以其春种，缺二气也。"则"白炗"必为"白麦"。又"钱注"所引《本草》"关二气也"之"关"，当为"缺"之讹文（这两个字的繁体字字形相近）。

又，作者在第130页引《太平广记》卷409"染青莲花"的故事中说"……我家有公，世治靛瓮"。"公"字，英译文作"gentleman"。中华书局断句本《太平广记》"公"作"三"，"校勘记"说："'三'原作'公'，据陈（即陈鳣）校本改。"今按：本段故事原出于《北梦琐言》卷10"杜儒休种莲花"条，《北梦琐言》正作"三世治靛瓮"，当应从之作"三"。又，作者说《太平广记》此条"出处原缺"，亦不确。

再如，第201页说："在八世纪末年，南诏曾经向唐朝贡献吐蕃绸。"注文云："这种布叫作"Tibetan * iěpʷat bombycine"（吐蕃印八䌷）。按：作者此说本于《册府元龟》卷972，事在贞元十年（794）。据《旧唐书·南蛮传》："（贞元）十年八月，遣使蒙凑罗栋及尹仇宽来献铎槊、浪人剑及吐蕃印八纽。"《册府元龟》卷976也在同年下记载："九月辛卯，南诏使蒙凑罗栋来献铎槊、浪人剑及吐蕃印八钮。"南诏献吐蕃印是表示向唐朝臣服。《册府元龟》卷972之"紬"显然是"纽"或"钮"的讹字。作者因此误将吐蕃人早先颁予南诏的印信当成了"绸"（bombycine）。

对于同一件史实，往往有几种不同的记载，而作者有时没有注意到一些重要的资料，这样就影响了结论的正确性。如第15页中说："广州的木屋一直反复遭到火灾的扫荡，这种情况一直持续到了806年，这时一位聪明的广州都督命令广州的居民用瓦来装修屋顶。"按：此广州都督当是指徐申（802～806年节度广州）而言。徐申，《新唐书》卷143有传。据《文苑英华》卷939权德舆《徐公墓志铭》与《全唐文》卷639李翱《东海徐公行状》，徐申在广州任时，均无此记载。唯《东海徐公行状》称徐申任韶州刺史时，曾"筑室于州城"，时"应募者数千人。陶人不知墁而坯有余，坯人不板筑而墙有余，筑人不操斤而工有余。陶者、坯者、筑者、工者各以其所能相易，未十旬而城郭室屋建立如初"。疑作者将此事误植于徐申任广州都督时。又据《旧唐书》卷96《宋璟传》："（璟）转广州都督，仍为五府经略使。广州旧俗，皆以竹茅为屋，璟教人烧瓦，改造店肆，自是无复延烧之患。人皆怀惠，立颂以纪其政。"宋璟是在开元四年（716）离开广州返京的（详请参见《新唐书》卷124《宋璟传》、《资治通鉴》卷221开元四年条、《全唐文》卷207宋璟《请停广州立遗爱碑奏》），显然早在作者所说的一百多年前，广州就已经开始了将茅屋改建为瓦舍的工程，事与徐申无涉。

又，第19页中说："对居住在洛阳的外国人来说，洛阳城里平时有用来供奉外国神祇的寺院，在这些寺院中，有三所是拜火寺。"按：作者此据徐松《唐两京城坊考》卷 5。据查，这里说的三所寺分别在修善坊、会节坊和立德坊。但是据程鸿昭《唐两京城坊考补校记》引《朝野佥载》："河南府立德坊及南市西坊皆有胡祆神祠。每岁商胡酬神祈福，募一商胡为祆主，有幻法术。"（原文见《朝野佥载》卷 3）则洛阳祆寺当不只三处。

再如，第 176 页，作者引九世纪大食人阿布赛义德的记载，说中国有一种习俗，就是在公共场合竖起一座巨碑，上面刻着治疗常见病的药方。作者因为没有见到唐朝有相应的记载，所以称此为"美妙的传说"。但实际上唐朝确有此制。开元十一年（723）唐玄宗御制《广济方》，颁示天下。据《唐会要》记载："天宝五载（746）八月敕：朕所撰《广济方》，宜令郡县长官，选其切要者，录于大板上，就村坊要路榜示。仍委采访使勾当，无令脱漏。"显然大食人的记载是相当准确的，不可当作寻常"传说"对待。

书中还存在一些由于作者的疏忽而导致的错误。如，第182 页说："唐德宗曾经请一位天竺胡僧为他配制长生之药，结果"服药之后，遂致暴疾。及大渐之际，群臣知之，遂欲显戮之，虑为外夷所笑而止"。本条引自《唐会要》卷 52 及《旧唐书》卷 14。按：此处之"德宗"（Te Tsung）应为"太宗"（Tai Tsung）之误。《唐会要》及《旧唐书》原文都作"文皇帝"，太宗的谥号是"文皇帝"，而德宗的谥号是"神武孝文皇帝"，作者大概是因为德宗的谥号后面有"文皇帝"三字，而误以为是指唐德宗。其实，《唐会要》记载李藩语明言："贞观末年，有胡僧自天竺至中国，自言能治长生之药，文皇帝颇信待之。"则"文皇帝"是指太宗无疑。作者下文所说的宪宗的祖父云云，也因此连带而误。

又，第39页，注（263）："'朱来鸟'还被用来作为朱泚政权兴起的预兆。朱泚是一位军阀，他将顺宗皇帝赶出了京城，进入了东北，后来又自称皇帝。"按：德宗建中四年（783）泾原兵变，德宗出奔奉天，朱泚僭位，自称大秦皇帝。次年，朱泚兵败，死于宁州彭原县西屯城。此"顺宗"（Shun Tsung）当是"德宗"（Te Tsung）之误。又，德宗所幸的"奉天"在今陕西乾县，因侍奉乾陵而得名。作者称"进入了东北"，显然是将唐代陕西的奉天，误当成了清代以后的"奉天"（今沈阳市）。

再如，第20页："836年，唐朝政府明令规定："自今已后，应诸色人，宜除准敕互市外，并不得与蕃客钱货交关。"注文云，本条出于《册府元龟》卷999。按：本条诏令英译文没有全译，只是特意将"诸色人等"（various colored peoples）加引号译出。查《册府元龟》原文，本诏令发布于文宗太和五年（831）六月，此作"836年"误。本条后紧接开成元年（836）有关与新罗、渤海互市的记载，作者当是因两条诏令内容相近而误。

作者虽然有很深厚的汉文修养，但是对汉语中的一些习惯用法毕竟不是很熟悉，所以也有因为断句而发生的错误。如第108页中说："四年之后（即开元十二年——引者），新罗也贡献了一张豹皮，新罗贡献的无疑是一头西伯利亚长毛豹的皮。"本条出自《唐会要》卷95。按：据《唐会要》原文："（开元）十二年，兴光遣使献果下马二匹、牛黄、人参、头发、鱼牙、纳䌷、镂鹰铃、海豹皮、金银等，仍上表陈谢。至十二年……"《册府元龟》卷971、《新唐书》卷200均作

"海豹皮",可见新罗贡献的是一张海豹皮,而不是豹皮。作者此处断句有误。又,十二年,《册府元龟》作"十一年",而且《唐会要》后文也说"至十二年",则《会要》前"十二年",当为"十一年"之讹文,作者所记年代也从《唐会要》而误。

又,第 83 页说:"824 年,吐蕃在贡献其他野兽的同时,也向唐朝贡献了犀牛。"本条出自《册府元龟》卷 972。按:据原文,长庆四年(824)"十月,吐蕃贡牦牛等,又献铸成银犀牛、羊、鹿各一"。则吐蕃所贡是用银铸造的犀牛,并不是活的犀牛。作者将"铸成银"与"犀牛"断开,所以出现了这样的错误。

再如,第 90 页中说:"647 年由吐蕃和突厥共同献给唐朝朝廷的'马蹄羊',可能是某种陌生的叉角羚。"本条引自《册府元龟》卷 970。按:原文云:"西蕃突厥献马蹄羊,其蹄似马。""西蕃突厥"就是"西突厥",作者将"西蕃"与"突厥"断开,并将"西蕃"理解为"吐蕃",误。在唐代文献中,以"西蕃"指"西突厥"是一种很常见的说法。例如显庆年间苏定方平定西突厥,《旧唐书》卷 83 说:"余五咄六部闻贺鲁败,各向南道降于步真,于是西蕃悉定。"再如,《唐会要》卷 73 也说:"西蕃部落所置府州,各给印信。"都是指西突厥而言。《册府元龟》卷 985 载唐太宗讨伐高昌的诏书中在提到当时西突厥的情况时说:"西蕃突厥,战争已久,朕悯其乱离,志务安辑,乃立咥利始可汗兄弟。"明确以"西蕃突厥"指称"西突厥",与作者所引史料中的用法正复相同。

此外,还有些错误属于作者误解了原文。如第 255 页中说："九世纪初年，唐朝开工的银矿有四十处，年产银一万二千两，到九世纪中叶，银矿增至四十二处，年产银一万五千两。"本条出自《新唐书》卷54下。据原文："陕、宣、润、饶、衢、信五州（标点本"校勘记"说："州名有六而综称五州，则必有误衍。"），银冶五十八……元和初（即作者所说的九世纪初年），天下银冶废者四十，岁采银万二千两……开成元年，复以山泽之利归州县……及宣宗（即作者所说的九世纪中叶）增河湟戍兵衣绢五十二万余匹，盐铁转运使裴休请复归盐铁使以供国用，增银冶二……天下岁率银二万五千两……"九世纪初年之"四十"是所废银冶数，而不是开工银坑的数字。作者误解为开工数，则连带下文"四十二"亦误。如以"五十八"为基数，则九世纪初应是十八，而九世纪中叶则为二十。又，作者所引"一万五千两"，亦为"二万五千两"之讹。

又如，第64页中说："773年，回鹘派遣一名特别代理商，赶着一万匹马来到唐朝请求互市。这批马的价钱甚至比唐朝政府一年的收入还要多。"本条出自《册府元龟》卷999。据《册府元龟》原文记载："代宗大历八年（773），回鹘遣赤心领马一万匹来求市，帝以马价出于租赋，不欲重困于民，命有司量入计，许市六千匹。"作者此说当是本于"马价出于租赋"句。但是此句的意思是说，买马的费用是要从租赋中支出，而不是说高于租赋收入。作者显然是理解错了。

再如，第54页中说，太宗朝的一位宫女只听了一遍由一位异族音乐大师演奏的乐曲之后，便完全准确无误地重新演奏了这首曲子。按：本条出自《朝野佥载》，据原文："太宗时，西域进一胡，善弹琵琶。作一曲，琵琶弦拨倍粗。上每不欲番人胜中国，乃设酒高会，使罗黑黑隔帷听之，一遍而得。谓胡人曰：'吾宫人能之。'取大琵琶，遂于帷下令黑黑弹之，不遗一字。胡人谓是宫女也，惊叹而去。西国闻之，降者数十国。"据《资治通鉴》卷203武则天垂拱二年载，"太宗时，有罗黑黑善弹琵琶，太宗阉为给使，使教宫人"。则罗黑黑是受过宫刑的宫廷音乐师，并不是"宫女"。其实《朝野佥载》称"胡人谓是宫女"者，已经指明弹奏者并不是"宫女"，而是琵琶名手罗黑黑。作者在这里恰恰弄反了。

最后，还有作者因为误解了一些专用名词而产生的错误。如第263页中说："八世纪时，黑水靺鞨也数次向唐朝进贡铁刀，但是在史书中没有记载这种铁刀的魔力。"本条出自《新唐书》卷219。按《新唐书》原文中在叙述黑水靺鞨之拂涅部时说，"开元、天宝间八来，献鲸睛、貂鼠、白兔皮；铁利，开元中六来"；作者所说的"铁刀"，就是指"铁利"。但是同书同卷在上文中说："初，黑水西北又有思慕部……又有拂涅、虞娄、越喜、铁利等部……拂涅、铁利、虞娄、越喜时时通中国。""铁利"显然是一个部族的名称，作者在这里误当成了器物名。

又如，作者在第194页引用了《本草纲目》和《酉阳杂俎》中一段记载，据说当人逃走后，可以将其头发放在"纬车"上，转动纬车，则逃走者会迷乱不知所适。作者将"纬车"按字面意思译成了"carried placed transversely"（横向放置的车），并说明对这种译法没有十分的把握。实际上，"纬车"就是"纺车"的别称。陆龟蒙《袭美题郊居十首次韵》："水影沉鱼器，邻声动纬车。"陆游《故里》："邻曲新传秧马式，房栊静听纬车声。"都是指纺车而言。

翻译与一般的阅读不同，阅读只求基本理解即可，但是翻译却必须将原文逐字逐句表达出来，来不得半点含混。所以即便不说种种客观原因，作者在翻译汉文文献的过程中，出现一些错误也是完全可以理解的，而且有些译文中的错误完全是因为表达习惯的差异而造成的。我们可以举一个非常有意思的例子。如，第99页谈到《岭表录异》中提到用盐将鲻鱼腌好，"生擘点醋下酒，甚有美味。"作者将"点醋下酒"，译作"touched with vinegar and dipped in wine"（蘸上醋，浸入酒中）。"下酒"者，表示蘸了醋的鲻鱼是饮酒时佐食的美味，而不是将鲻鱼泡在酒里。但是"下酒"是一种相当口语化的表达方式，作为一个外国学者，发生类似的错误应该说是不可避免的。

总之，《撒马尔罕的金桃》是一部不可多得的学术著作，相信它对于了解和研究我国古代与边疆地区乃至九译绝域的物质文化交流史必将产生积极的借鉴作用。据说，早在1979年中国中亚文化研究学会成立时，孙毓棠先生和业师马雍先生就曾商议，要组织人将这部书翻译出来，但不知什么原因，一直没有实际着手做这件工作。这部书的内容非常广博，涉及了许多专门学科的知识，说实在话，以我的外语水平和业务能力，"敢"翻译这本书是很有些自不量力的。我从1990年开始翻译，转眼之间，已经过去了五个年头，与其说是在翻译，倒不如说是一点点地在"啃"。古人说校书譬如扫尘，前边在扫，后边在落，其实研究、翻译又何尝不是如此？我们在翻译的过程中虽然纠正了一些原书中引用材料的问题（这也是一个中国学人分内的事），但是由于水平所限，在译文中同样会出现不少误解英文原著的错误，诚恳地希望得到读者的批评指正。

在这里必须说明的是，在翻译每章卷头的英文古典诗歌时，作者得到了中国社会科学出版社宋立道博士的大力帮助，翻译工作完成之后，立道兄又大力向出版社推荐，不厌其烦地帮助译者联系版权，并且逐句对照原文进行了审校，检查出了译文中的许多错误。可以毫不夸张地说，没有他的帮助，这本小小的译著是不可能面世的。"参考书目"中具列的日、法、德等非英文书名的翻译，译者得到了北京大学齐东方，中国社会科学院历史研究所余太山、耿昇等师长的热心帮助，这些都是我特别应该感谢的。最后，我还要向长期以来一直在研究工作中支持和帮助我的陈高华老师表示感谢。

吴玉贵

1994 年 6 月于北京

前　言

　　本书第一章中的许多内容不是作者本人的研究成果，在写作第一章时，我主要依靠了欧洲、中国和日本研究唐朝文明的学者的著作。在以后的各章中，我虽然已经尽量将大部分纯学术性和讨论性的内容放在了书末的注解中，但是读者仍然可以从中发现更多的、属于我自己的研究成果。但即使是在后面的章节中，我也借助了许多学者的研究成果。在这里我要对我的同事——包括健在的和已经去世的——表示感谢，感谢他们在必需的专业领域内所给予的帮助，但是首先要感谢的是无人能出其右的伯索德·劳费尔（Berthold Laufer），将这本书敬献给他是再适合也不过的了。

　　因为有了美国学术团体理事会研究基金的资助，才使本书的大部分研究工作得以完成，所以在这里我要向他们表示最深切的谢意。我还要特别感谢李约瑟博士（Dr. Joseph Needham），感谢他允许我经常使用他在剑桥大学冈维尔与凯厄斯学院有关科学和技术史的书籍和文章。

　　除了特别注明的以外，书中引用的诗歌都是我自己翻译的，其次主要是引用了阿瑟·韦利（Mr. Arthur Waley）翻译的诗歌。第一、二章的卷头引语转录了修订标准版英译本《圣经》的译文。

薛爱华

1962 年 2 月于加利福尼亚伯克利

目　录

美妙的无花果，

在口中咀嚼；

金盘里堆着冰凉的西瓜，

大得没法抱；

鲜嫩的桃子带着茸茸的细毛，

没有籽的——

那是透明的葡萄……

这一切

你可曾想到？

——克里斯蒂娜·罗塞蒂《魔市》①

① 译按，克里斯蒂娜·罗塞蒂（1830～1894），英国维多利亚时代著名的意大利裔罗塞蒂家族成员。其父加布里耶尔·罗塞蒂因参加烧炭党，在1824年流亡英国并定居。克里斯蒂娜的姐姐和两个哥哥都是英国历史上著名的学者，她本人也具有极高的天赋，17岁之前就开始写诗，在英国文学史上占有重要的地位。《魔市》作于1862年。

导 论

　　在我们当前的时代，舶来品对人们有强烈的吸引力。在任何一本美国期刊上，都可以在这方面发现许许多多的例证：法国香水——"爱的芬芳"；比利时鞋——"……超过三百年历史的鞋匠工艺"；瑞典汽车——"超级瑞典设计与工艺的象征"；雪利酒——"纯正的维多利亚时代口味"；瑞士直笛——"……上等优选梨木、槭木、樱桃木制造"；英国杜松子酒——"秘制配方，工艺古老"；暹罗柚木地板铺料——"质量上乘，经久耐用"；维尔京群岛须后水——"真正西印度群岛出产的美容佳品，清爽舒适，使您焕然一新，精美华贵，本地包装"；夏威夷澳洲坚果——"……出产于物产丰饶、神话传说中的岛国"；诸如此类，不一而足。至于苏格兰威士忌酒、德国相机、丹麦银器、意大利凉鞋、印度马德拉斯窄条衬衫布、印度尼西亚胡椒、中国锦缎以及墨西哥龙舌兰酒等，就更不在话下了。我们之所以要得到这些具有神奇魅力的货物，或者是因为在本地不出产类似的产品，或者是因为舶来品比土产品质量更好，而最重要的则是因为这些舶来品是从那些令人心驰神往的地方来的。这些地区在我们心目中的形象，与在讲求实际的外交活动、进出口贸易以及战争中假定的"实体"是风马牛不相及的。舶来品的真实活力存在于生动活泼的想象的领域之内，正是由于赋予了外来物品以丰富的想象，我们才真正得到了享用舶来品的无穷乐趣。

"撒马尔罕的金桃"之所以被选作本书的书名，是因为"金桃"可以使人产生丰富的联想——西方传说中的金苹果；见于中国古代传说中记载的、生长在遥远的西方、能够使人长生不老的仙桃；而且这个名字还使人不禁想起詹姆斯·埃尔罗斯·弗莱克《通往撒马尔罕的金色旅程》以及弗雷德里克·戴流士在弗雷克的戏剧《哈桑》中为"通往撒马尔罕的金色道路"谱写的音乐。除了上面所提到的有关"金桃"与"撒马尔罕"的神话传说和音乐作品之外，在历史上，撒马尔罕也确实曾经出产过金桃。七世纪时，撒马尔罕的王国曾经两次向唐朝宫廷贡献一种珍异灿黄的桃子作为正式的贡品，而当时就将这种桃子称作"金桃"。据记载，"康国①献黄桃，大如鹅卵，其色如金，亦呼金桃"②。当时进贡的这些水果是专门供唐朝的皇室成员享用的，其中有些树种还被那些长途跋涉、穿越西域戈壁荒漠的使臣商队带入唐朝境内，并且移植进了长安的宫廷果园。但是金桃究竟是一种什么样的水果，这种水果的滋味又到底如何，我们现在已经无从推测了。种种奇妙的传说，使这种水果罩上了一层耀眼迷人的光环，从而也就成了唐朝人民所渴求的所有外来物品以及他们所希冀的所有未知事物的象征。

唐朝怎样将自身的艺术和风俗传给了它的邻人——中世纪的远东地区，尤其是日本、朝鲜、突厥斯坦、吐蕃和安南——对我们来说已经是耳熟能详了。提到木版印刷术、城市规划、

---

① 译按，即唐代撒马尔罕的国名。
② 劳费尔（1917），第379页；《册府元龟》卷970，第11页；《唐会要》卷99，第1774页；《唐会要》卷100，第1796页。

服装样式以及诗歌体裁等，这些其实都仅仅是显示了唐朝对其四邻地区在文化方面做出的巨大贡献。除此之外，我们还十分熟悉那些由外国人在唐朝境内搜求的，或者是唐朝人自己带往国外的商品：诸如丝绸之类的奢侈品、酒、陶瓷制品、金属器皿等，还有像桃子、蜂蜜、松果那样精致美味的食物[1]。当然唐朝传到外国的还有文明手段——杰出的著作和精美的图画[2]。通过像佛教徒道璿那样的中间人的作用，唐朝还扮演了将西方国家的技艺传播到东方的文化媒介的角色。道璿是在唐玄宗开元廿三年（735）由一位印度婆罗门、一位林邑乐师和一位波斯医生陪同，与返回日本的使臣多治比广成一起到达日本的[3]。云集在大唐城市里的外国人对唐朝本身的文化所做出的贡献，学术界已经对这个课题进行了充分的研究。印度的宗教与天文学、波斯的纺织图案与金属工艺、吐火罗的音乐与舞蹈、突厥的服饰与习俗等，都对唐朝的文化产生过影响，然而就唐朝文化所接受的外来影响的总量而言，这些其实只是很小的一个部分。

唐朝在物质方面进口的货物远远不像其他方面那样为人所熟知，而本书要研究的就正是这个鲜为人知的课题。北方的马、皮革制品、裘皮、武器；南方的象牙、珍贵木材、药材和香料；西方的纺织品、宝石、工业用的矿石以及舞女等[4]——都是唐朝人——特别是八世纪时的唐朝人非常渴望得到的物品。

尽管我们的研究重点是唐朝进口的物品，但是本书既不会

---

[1]　赖世和（1955a）第82页谈到了日本旅游者带到唐朝的易腐烂的食物。

[2]　索珀（1950）第10页提到，一位朝鲜的新罗人买了周昉画师的大量作品，并带回了家乡。

[3]　高楠顺次郎（1928），第22页。

[4]　白乐日（1931），第52～54页概括叙述了这一时期的对外贸易状况。

为中世纪的贸易提供一份实用的统计资料，也无意提出有关进贡制度的任何玄妙高深的理论。我们的目的是撰写一部研究人的著作，而它要讨论的主要内容则是物质的内容。普鲁斯特在《斯旺的道路》的"序幕"中写道（根据斯科特·蒙克里夫的译本）："历史隐藏在智力所能企及的范围以外的地方，隐藏在我们无法猜度的物质客体之中。"一只西里伯斯的白鹦，一条撒马尔罕的小狗，一本摩揭陀的奇书，一剂占城的烈性药，等等——每一种东西都可能以不同的方式引发唐朝人的想象力，从而改变唐朝的生活模式，而这些东西归根结底则是通过诗歌或者法令，或者短篇传奇，或者是某一次即位仪式而表现出来的。外来物品的生命在这些文字描述的资料中得到了更新和延续，形成了一种理想化了的形象，有时甚至当这些物品的物质形体消失之后也同样是如此。体现在文字描述中的外来物品，最终也就成了一种柏拉图式的实体。我们知道外来物品在最初进入文化落后的唐朝边境地区时，是很少具有这种理想化的形象的，它们在传播的过程中实现了理想化的形象，但是同时也失去了在原产地的大多数特性。因此，不管在巽他群岛是如何看待白鹦的，在唐朝文献中它已经成了代表智慧的象征。传奇故事中和图画里使少年儿童赏心悦目的小狗，字形看起来非常别扭的佛经（学者们最初见到这种文字时，无不感到非常惊讶）以及神奇莫测的巫术，等等，莫不如此。所有这些，都为盛唐文化的美酒增添了新的风味，而它们自身也混合在了这美酒之中，成了供酒君子品尝的佳酿中的一剂甘醇的配料。

正是出于同一理由，我们将这本书起名为《撒马尔罕的金桃》。虽然这种桃子曾经是某种"真实的"存在，但是这种水果已经部分地成了一种玄虚神妙的实体。它们仅存的真实的生命是文学的和隐喻的生命。简而言之，与其说它们属于物质世界，倒不如说它们属于精神世界。

在下面的说明中，我们将对于那些在本书中非常重要但对一般读者来说却很可能不太清楚的概念和名称做一些解释。

诗歌

在翻译诗歌或者诗歌片段时，为了尽量保持汉文诗歌中原有的那些奇特的比喻，我们宁肯过分地忠实于原文，甚至甘愿使译文看起来晦涩难懂，而没有采取意译的办法来使译文显得通顺、典雅，也没有选择一般人熟识的比喻来取代那些对普通读者而言非常生涩的比喻①。

古音

虽然高本汉使用的汉语发音和音标阅读起来很不方便，但是对于本书中出现的人名、地名、事物名等专用名称的读音，我们一般都是根据高本汉的著作进行构拟的。这种构拟当然也只是一种假说，但它却是一种比较可靠的假说。有时我们也根据具体情况对高本汉使用的音标进行了一些简化。凡是属于构拟的字音，我们都在前面加上了星号"＊"。最重要的是要请读者记住，中古汉语中位于某个音节末尾的"-t"，通常相当于外语中的"-r"或者"-l"，所以"myrrh"② 这个字的拟音就相当于"＊muət"。当代许多学者都是使用普通"北京方言"（即标准的现代汉语）来处理对音的，他们很少考虑，或者根本

---

①　译按，汉文译本中的汉文诗歌尽可能都采用了原文。

②　译按，即"没药"。

就没有注意到古代外来语的这种语音形式，如果按照现代学者通用的这种令人遗憾的惯例阅读中古汉语中的外来语的话，实际就等于将"C. Julius Caesar"① 称作"C. J. Czar"②。例如，位于暹罗湾的前柬埔寨国家的古代柬埔寨语的名称是"Bnam"，意思是"山地"，这是因为这个地方的国王被认为是统治神界山地顶峰的天神③。现代的"Pnom-Penh"④ 这个字中的"Pnom"就来源于"Bnam"。唐朝将这个地名译作"扶南"，当时的读音是"＊B'iu-nâm"，但是从现代汉语"Fu-nan"（扶南）的发音中，我们已经几乎完全找不到中古读音的影子了。

考古

本书中经常出现"敦煌"和"正仓院"这两个名称，它们是收藏唐朝人工制品的两个地点。敦煌是位于甘肃省境内的一处边疆城镇，在唐代，这里的正式名称叫作沙州。二十世纪初，在敦煌发现了一个隐蔽起来的藏经洞。从这个宝库中发现了大量中世纪的写本和画卷，它们被斯坦因爵士和伯希和教授分别带到了大英博物馆和法国国立图书馆，在上述两地，现在已经展开了对这些写本的研究工作。而正仓院则是日本东京附近奈良市一所被称作"东大寺"的寺庙里附属的一个珍宝库。在这个珍宝库里收藏着来自亚洲各地——但是好像主要是来自中国唐朝的丰富的收藏品。有些日本学者认为，所有这些收藏品，或者是其中的一部分是日本本地的产品，但是不管怎么

---

① 译按，即儒略·恺撒。
② 译按，"Czar"即"沙皇"。
③ 科德斯（1948），第68页。
④ 译按，今译"金边""百囊奔"。

说，这些收藏品与我们已知的唐朝的产品是一致的。所以至少我们可以将它们称为"仿唐品"。

"古代"与"中世纪"

就中国历史而言，本书中所说的"中世纪"，大体上是指相当于欧洲中世纪时代的这一历史时期；而这里说的"古代"，则与我们习惯上使用的"古典时代"的概念差不多是同义的。具体来说，本书中的"古代"是指东周与汉代，尤其是指汉代而言，而"上古"则是指商代与西周时代。遗憾的是，如果按照汉语语言学家的惯例，则要求将我们称之为"中世纪中国"的唐代的语音叫作"古代汉语"，而对我们称为"古代中国"或"古典中国"的汉代语言，则要求称为"上古汉语"。按照这种分期标准，我们在上文的解释中提到的"＊muət"（没药）就应该说成是唐朝人使用的"古代汉语"，而从本书使用的分期标准来说，它却应该是"中世纪的语言"。为了避免这种不必要的矛盾，我们在行文中将尽量不使用这种语言学的表述方式。

玄宗与宣宗

如果我们不考虑"Hsüan"这个字的语调的话，唐朝有两位君主的庙号都叫作"Hsüan Tsung"[①]。他们中有一位在八世纪时曾进行了长期而卓越的统治[②]，他的知名度要比另一位高得多。他有时又被称作"明皇"。唐明皇与他的贵妃（即杨贵

---

① 译按，即玄宗和宣宗。
② 译按，此指唐玄宗。

妃）是在本书中经常提到的两个人物。另一位"Hsüan Tsung"①的在位时间是困难重重的九世纪，他虽然不失为一位杰出的君主，但名气却要小得多。为了将他与玄宗加以区别，我们将他的庙号写作"Hsüan Tsung"。

禄山

安禄山是一位传奇式的人物，但却又是一个真实的人物。他是玄宗时代的一名叛将。现在他的名字通常以"官话"的译写而知名。"安禄山"是一个非汉语名字的译音，现在一般将他的名字读作"An Lu-shan"。在本书中，我们根据蒲立本教授重构的本名，将他称作"Rokhshan"。其实对于与他同时代的人来说，安禄山的名字本来就是叫 Rokhshan②。西文中来源于波斯文的姓名"Roxana"，就是与"Rokhshan"有密切关系的一个姓名。

胡

有唐一代，来自许多地区的人和货物都被唐朝人称作"胡"。其实"胡"这个名称在古代中国专门指称中原王朝北方边境地区的邻人，但是在中世纪时，包括在唐代，"胡"主要是用于称呼西方人，特别是用来指称波斯人——虽然有时唐朝人也将天竺人、大食人以及罗马人都称作"胡人"。与"胡"这个字相对等的梵文字是"sulī"，而"sulī"则来源于由"∗Suγδik"（粟特人）衍生出来的"∗Sūlika"这个字，

5

---

① 译按，即唐宣宗。
② 按：汉译文仍然按照唐代文献的记载，称"禄山"或"安禄山"。

并且在字义上也由单指粟特人，引申为指称"伊朗人"①。我们在本书中，勉强地将这个字译成了"Western"②或"Westerner"③。

蛮

蛮是唐朝南方边疆地区非汉民族的名称，同时它也指唐朝境内的一些土著的小政权。这个名称还被用来称呼某些特殊的印—汉部落，这些部落现在已经无从考定了。

岭南

"岭南"是唐朝南方的一个道，确切地讲，它相当于现代的广东省和广西壮族自治区。在本书中，我们是在广义上使用这个概念的。

安南

"安南"的本义是"使南方安全"或者"使南方安定"，这是对东京湾地区，即越南北部，紧靠岭南南部和占婆北部地区的唐朝"保护国"的一种带有相当浓厚的帝国主义色彩的字眼。

真腊

被并入扶南（Bnam）的柬埔寨古代民族在唐朝被称为真腊（现代北京方言的发音是 Chen-la）。伯希和教授创造性地将

---

① 师觉月（1929），第77、346~347页。
② 译按，即"西方的"。
③ 译按，即"西方人"。

这个字的语源解释为"汉人征服的"，即"＊Chinrap"的译音。这就如同现代的"暹粒城"（Siemreap）的字意是"暹罗人征服的"一样①。

高昌

高昌是位于现代吐鲁番地区的大唐的一个重镇，唐朝官方称之为"西州"，而其他的许多民族则将它称作"Činančkänt"（汉城）②。"高昌"是汉族人自己对这个地区的称呼，后来这个名称就演变成了本地名称"Qočo"。在上述名称中，我一般使用"Qočo"这个名称。

西域

位于唐朝与河中地区之间的这一片广大的地区，有各种不同的名称，它分别以"中国突厥斯坦""东突厥斯坦""塔里木盆地""中亚"以及"新疆"等异称知名于世。在本书中我们采用了斯坦因爵士原来使用的名称，将这片地区称为"Serindia"③。

罗马

唐朝人已经了解了一些东罗马帝国的情况，他们是根据"Rome"的讹字来称呼罗马帝国的。唐朝人对罗马的讹称来源于某种东方语言。在这种语言中，"Rome"的发音大概相当于

---

① 伯希和《〈真腊风土记〉笺注》（1951），第17页。
② 冯加班（1916），第17页。
③ 译按，所谓"Serindia"，即相当于唐代文献中的狭义的"西域"，汉译文一律译作西域。

"Hrom"。我们在本书中使用"Hrom"来称呼罗马帝国，但是有时也使用"Rūm"或者是"Rome"。中国古代将"Hrom"译作"拂林"，这两个字现代的读音是"Fu-lin"，它与唐朝人的读音已经有了很大区别，尽管"Fu-lin"这种读音在习惯上已经得到了认可，但是我们在书中一直没有使用这个译音。

州

唐朝帝国在行政上划分为被称作"州"的行政单位。所谓的"州"，与西方的"Counties"① 非常接近，"州"字的本意是"被水所限的陆地"，由此引申为"岛屿""大陆"的意思。有一则中国古代非常重要的神话告诉我们，大禹排干了中国大地上的洪水，划分出了九个大州，使人民得以在这些凸起的土地上繁衍生息，从而就有了最初的州。此后，虽然州的规模有所变动，但"州"字一直在这个意义上沿用了许多世纪。就其本义而言，我们可以将"州"译为英文"island-province"②，或者径自译作"island"③；对英国人来说，他们对这种译法是不会感到惊奇的，因为英国的伊利岛就相当于埃塞克斯郡和剑桥郡。法兰西岛的情形也与此类似。但是我们一般还是按照译音来处州名，如"楚州"和"陇州"，分别译作"Ch'u-chou"和"Lung-chou"，而没有译成"Isle of Ch'u"④或"Isle of Lung"⑤。

———————

① 译按，即英国的郡，美国的县。
② 译按，即"被水环绕的陆地上的省"。
③ 译按，即"被水环绕的陆地"。
④ 译按，意思是"楚岛"。
⑤ 译按，即"陇岛"。

寺

佛教是在汉代传入中国境内的，相传最初设置的佛教机构被安置在了一所称作"寺"的政府官方建筑里。所以此后凡是佛教僧院和宗教性质的建筑物（如果我们将 temple 这个字理解为包括许多房屋、游廊以及庭园在内的大型综合性建筑物，就可以将这种宗教性质的建筑物翻译成 temple）都被称作"寺"。我们在本书中将"寺"译作"office""temple-office"或"office-temple"。此外，唐朝有些政府机构也称作"寺"。

植物

本书中对有关植物名称的考定，主要根据下列著作：斯图尔特《中国药草志》（1911）；里德《〈本草纲目〉记载的中国草药》（1936）和伯基尔《马来半岛经济作物辞典》（1935）；基尔《马来半岛经济作物辞典》（1935）。

你的赀财、物件，
货物，水手……
你由海上运出的货物，
就使许多国民充足，
你以许多的赀财、货物，
使地上的君王丰富。

——《以西结书》，第 27 章，第 27～32 行①。

---

① 译按，本节根据圣公会印发的《新旧约全书》（上海，1934）的译文。

第一章　大唐盛世

历史概况

　　我们在这里所要讨论的，是李姓王朝统治时期的唐朝帝国的外来物品。中世纪时，唐朝在整个亚洲地区声名显赫，而在远东地区，唐朝的声威至今还深深地留在人们的记忆之中。在这里，首先让我们回顾一下唐朝的历史。有唐一代历时三个世纪，这三个世纪各个阶段的历史又不尽相同，所以我们必须对唐朝的历史进行必要的划分，以形成一个年代框架，这样就便于安排我们所要讨论的内容。我们必须承认的是，这样一种框架结构无疑具有很大的随意性，因为它过多地考虑了历史上的一些重大的变化，而对于那些没有变化或者是变化很小的因素，却考虑得太少。所幸的是，我们要讨论的内容主要是限于商业和艺术方面，这样就允许我们可以比较随意地以世纪为单位，对当时的各个历史阶段进行一些大致的划分。而且我们也相信，这种划分的结果与实际情况不会相去太远。

　　七世纪是唐朝征服和移民的世纪。最初，李渊父子推翻了隋朝政权，摧毁了那些与他们情况差不多的、野心勃勃逐鹿中原的对手。此后，又使位于现在蒙古草原的东突厥政权和位于现在东北地区与朝鲜境内的高丽、百济王国屈膝称臣，并且最终征服了西突厥政权和西域地区，即相当于现在中国突厥斯坦的古代城邦诸国的君主①，使唐朝成了一个强大的政权。唐朝在以上边疆地区设立的军镇，使得唐朝本土以外的人和物品源源不断地流入唐朝这片乐土成为可能。在七世纪的大部分时间里，唐朝的物价都很低廉，经济也很稳定，这样就有可能将小块农耕地分配给农民，从而为制定出一种新的、稳定的税收制度提供了可能性。这种新的税收制度就是著名的租庸调制。租是每个成年男性必须缴纳的粮食税；调是家庭妇女缴纳丝绢或者麻布（另外要附加一份绵或麻），以此作为家庭税收；庸则是在一定的时期内为公共工程所服的劳役，庸也是由家里的男子来承担的②。

七世纪是一个大迁徙的时代，这时有大批的移民迁入了现代中国的中部和南部地区。他们将这些地区看作是寻求新的机遇的地方，在他们的心目中，这里也是有可能存在大批财富的地方，当然他们之所以涌入这些不发达的地区，也是为了逃避

---

① 富路特对这一阶段的历史作了出色的概括，见富路特（1959），第120页以下诸页。译按，所谓"中国突厥斯坦"，指我国新疆维吾尔自治区。

② 大约在唐朝统治的头十年内，物价是比较高的，但是在七世纪大部分时间里，唐朝的物价都很低廉——虽然在七世纪的最后十年间，物价又稍微有所提高。参见全汉昇（1947），第102～109页。关于租税，见白乐日（1931），第43～45页；蒲立本（1955），第125页。唐朝的力役可以由绢来顶替。唐朝还简化了边远地区的租税，岭南地区的农民只需交纳稻谷，被征服的突厥人则输送羊和硬币。一些大的工商业城市也仿效这种做法。作为商业中心，扬州的大部分赋税是用钱币，而不是用粮食和丝绸来支付的。而成都作为手工业制造的中心，它应缴纳的粮食和丝绸则统统都是用丝绸来缴纳的。唐朝的三种租税的名称分别是租（用粮食来支付）、庸（以力役支付）、调（以布匹支付）。此外，还有与所占土地规模相应的，比较轻微的土地税收和家庭税收。

征募、洪水以及野蛮人的入侵[①]。七世纪又是一个社会变革的时期，来自南方的地方士人通过正式的科举制度确立了他们的政治地位，而这一切都是以牺牲北方旧贵族及其与突厥文化的传统联系作为代价来实现的。在七世纪的最后几十年中，即武则天皇后和她的昙花一现的周帝国统治时期，这种变革达到了顶峰[②]。七世纪也是一个印度文化大规模入侵的时期，伴随着印度天文学、数学、医学以及语言学等学科的涌入，佛教哲学在这时已经渗透到了唐朝上流社会的生活之中。最后，七世纪还是一个崇尚外来物品的时代，当时追求各种各样的外国奢侈品和奇珍异宝的风气开始从宫廷中传播开来，从而广泛地流行于一般的城市居民阶层之中。

八世纪的唐朝历史包括了文人们（杜甫、李白和王维等）笔下的"盛唐时期"和"中唐"的大部分时期。盛唐时期一直延续到了 765 年[③]，而中唐则一直持续到了九世纪二十年代。中唐时期是唐王朝从深重的灾难中缓慢地得到复原的时期，而且一场真正的文化复兴运动（以韩愈、白居易和柳宗元为代表）也在这一时期发展到了顶峰阶段[④]。以八世纪中叶为界，唐朝的历史发生了重大的转折，我们可以依此将八世纪的历史划分为前后时间基本相等的两个时期。其中前五十年是

①　蒲立本（1955），第 27 页。
②　蒲立本（1955），第 48～49 页。
③　译按，765 年为唐代宗永泰元年。据下文，"盛唐"为唐玄宗统治时期，即 712～756 年，则 765 年应为 756 年之误，756 年为玄宗天宝十五载，同年七月唐肃宗即位，改元至德。
④　小川昭一（1957），第 97 页；薛爱华（1951），第 411 页。这次文化复兴运动的特点是"古文"和短篇传奇的流行。蒲立本（1960）试图将这次文化复兴运动与唐朝自身的趋向于宗教复兴的运动联系起来。

唐朝处于顶峰的最辉煌的时期，而后五十年则是唐朝逐渐恢复元气和偏离发展轨道的时期。前一个时期就是盛唐时期，它相当于唐玄宗统治的那一段和平繁荣的时期。这一时期是一个时间漫长、富足安定、物价低廉的时代，是一个"天下无贵物"的时代①。这时的人们可以非常便利地周游各地，"南游荆、襄，北至太原、范阳，皆有店肆以供商旅，远适千里不持寸刃"②。在这些安全得到保障的道路上，旅客用以代步的工具是骡子和马③。为了将庸调丝绢顺利地从长江口转输到京城，在历史上曾经设计了复杂的运河系统来满足漕运的需要，到了玄宗统治时代，又将这条运河系统加以改进，使它在转输丝绢的同时，也能够运送外国来的奢侈品④。良好的陆路和水路交通状况，大大促进了海外贸易的发展，但同时也很快就改变了唐玄宗这位年轻的君主的嗜好。当玄宗最初继位时，他曾经将一大批金银器玩、珠玉、锦绣等珍贵物品堆放在大殿前付之一炬，以使天下人都知道他对这种奢靡之物的鄙视。但是在短短的几年之后，当玄宗听到了广州堆积着大量的外国来的财宝的传闻时，在这种消息的诱惑下，玄宗皇帝开始对昂贵的进口货物产生了浓厚的兴趣，而且不无嫉妒地派人监视外国贸易的情况⑤。在古老的自然经济统治下，丝绢是正式的价值尺度，它可

---

① 全汉昇（1947），第109~126页，主要参见第111~112页。在唐朝都城长安，代宗广德二年（764）通货膨胀时期的稻谷的价格相当于全盛时代，即玄宗开元十三年（725）的五百倍之多。

② 全汉昇（1948），第144~145页。

③ 全汉昇（1948），第145页。

④ 蒲立本（1955），第35~36页。

⑤ 《隋唐嘉话》卷1，第26~27页。

以用来与任何物品——从一头骆驼到一亩土地——进行交换①。随着商业贸易的发展，古老的自然经济开始动摇，并最终在731年②被得到官方认可的货币经济取代。货币经济地位确立的结果，促成了经济状况的空前繁荣，而像扬州和广州这样的商业中心就更是如此③。钱币是商业机器运转的油料，钱币得到认可，为正在兴起的商人阶层提供了极大的便利。七世纪实行的税收制度这时已经到了非放弃不可的地步了：德宗建中元年（780），唐朝开始实行一种新的"两税法"改革，这种新的制度规定，每年分两次用钱币来支付税收，以此取代了七世纪时以实物和人丁为主的税收制度。税收制度的这种变化也是正在发展中的货币经济的反映，而税制的变革也大大鼓励了商人阶层的积极性④。新的金融界不仅代表了商人和中间商的全盛时代，也宣告了独立的自耕农的崩溃，唐朝创建初期授予自耕农的小块土地，到八世纪时就已经丧失殆尽了。所以除了八世纪中叶的一段时间之外，八世纪是自由的自耕农转变为无土地者和境况凄惨的佃农的时代，也是反对富有的土地所有者和大庄园主的时代。而这一切都是战争、徭役以及税收所导致的结果⑤。

---

① 唐朝各地的其他一些土产也可以充当价值尺度，例如像西北地区敦煌的谷物和遥远的南方广州地区的黄金、朱砂、象牙等。参见全汉昇（1948），第107～114页。

② 译按，疑为781年。

③ 自然经济崩溃的结果，还导致了新的铜矿的开采和铸币手段的改进。参见全汉昇（1948），第144～148页。当时颁发了各种各样的诏令，以制止八世纪后半叶的钱币输出，但是钱币依旧输出不已，商人们也仍然是我行我素。参见赖诺德（1845），第72～73页；桑原骘藏（1930），第34～35页。

④ 全汉昇（1948），第133页；桑原骘藏（1930），第82～92页。八世纪还以出现了信用状而著称，信用状是为了促进贸易而出现的。到了九世纪初，这种实用手段就成了政府的专利品。参见白乐日（1960），第204页。

⑤ 白乐日（1931），第82～92页；蒲立本（1955），第30页。

对于新的文人阶层来说，玄宗统治时期是一个胜利辉煌的时代，政治家张九龄卓尔不群的一生，就是一个显著的例证。张九龄生长在酷热的南方，是南方的土著人，是武人和政治家的对头，也是南方人和商人的朋友。然而，文人的辉煌并不长久，同样也正是在玄宗统治时期，特权阶层终于取得了最后的胜利。特权阶层的胜利是随着李林甫的专权而实现的，李林甫的专权则迎合了唐玄宗希望加强政府权力的愿望①。当专权者李林甫死后，受到他庇护的安禄山（"禄山"，Rokhshan，意思是"光明"）②在河北地区"纯"汉族血统的一些氏族的支持下，立即亲自出兵，发动了反对新贵族的战争。安禄山率领麾下能征惯战的将士，从东北地区进入了黄河流域，洗劫了唐朝的东、西两京③。安禄山的叛乱，使八世纪下半叶成了衰落和毁灭的时代，也导致了唐朝人口的大幅度减少④。八世纪也是唐朝边疆地区形势变动不居的时代：新建立的南诏国（即

---

① 蒲立本（1955），第 56 ~ 57 页。

② 按照现代汉语标准发音，他的名字读作"An Lu-shan"（参见"导论"），安禄山的姓名是粟特文，而这位叛将本人则是混血种。

③ 蒲立本（1955），第 26 ~ 27，75 ~ 81，103 页。

④ 根据安史之乱爆发前一年（唐玄宗天宝十三年，754）的人口调查，唐朝总人口大约是五千二百万人。西京长安约二百万，东都洛阳超过了一百万，其他的一些大城市中，维州的人口也超过了一百万，成都将近一百万。另外有二十二个城市的居民人数在五十万以上。但是像广州这样富庶的地方，它的人口却仅仅稍高于二十万。对安史之乱以后的人口调查（764，代宗广德二年）表明，唐朝总人口中大约只有三分之一（一千六百万）在战乱中幸存了下来。这次战争局限在北方，所以北方人口的减少幅度也最大，而在北方则生活着唐朝三分之一的人口。但是由于是在遭到内战蹂躏之后，人口调查工作失误比较大，而且在人口调查案卷中排除了大量的免税者，如僧侣、商人、外国人、佃农等，所以安史之乱前后的人口比例显然是被大大地夸大了。关于这个问题，请参见白乐日（1931），第 13 页及以下诸页，第 23 页；费子智（1947），第 6 ~ 11 页。

后来的云南省）的武士们横跨在通往缅甸、印度的道路上，不肯放弃他们的独立地位。而在西北边疆地区，则在八世纪中叶兴起了回鹘政权——回鹘人既是唐朝傲慢的朋友，同时又是它的对手。在东北地区，正在兴起的契丹民族（在后来的两个世纪中，他们还不足以构成巨大的威胁）也在逐步侵蚀唐朝边镇的势力。吐蕃人一直骚扰着唐朝通往西方的通道，这种情况一直持续到了高丽族大将军高仙芝将他们打败为止。但是在天宝十载（751），形势急转直下，高仙芝这位英雄在怛拉斯河畔目睹了自己的军队在阿拔斯朝军队的猛烈进攻之下，被打得分崩离析的境况。此后，伊斯兰势力控制了中亚，大食人也开始在唐朝各地出现了：大食军队曾经帮助唐朝政府镇压了安禄山的叛乱，而（相反的）在短短数年之后，大食海盗却卷入了对广州的劫掠①。对于外来的宗教信仰而言，八世纪是一个容忍和默认的时代，各种教派的佛教徒、叙利亚籍的景教徒以及回鹘族的摩尼教徒都聚集在唐朝的城市里，他们得到了唐朝政府的保护，在各自的圣殿中举行神秘的宗教仪式，吟诵祈祷文。

北方地区在遭到唐玄宗的宠臣安禄山的蹂躏之后，经济和文化的恢复阶段一直持续到了九世纪的头二十年。按照我们的看法，唐朝九世纪的历史实际上是从宪宗元和十五年（820）前后开始，到917年②，随着唐朝的灭亡而宣告结束

---

① 有关这次事件，主要参见富路特（1959）、费子智（1938）。肃宗乾元元年（758）劫掠广州的大食人和波斯人来自海上，他们很可能是从海南岛来的海盗。参见薛爱华（1951），第 407 页。有关唐代穆斯林在唐朝境内和中亚的整个情况，参见德雷克（1943），第 1～40 页。

② 译按，917 年为后梁末帝贞明三年，唐朝灭亡在 907 年，即唐哀帝天祐四年。此 917 当为 907 之误。

的。九世纪是一个灾难深重的世纪。随着两税法颁布后的紧缩时期的到来，在九世纪的头三十年里，物价就开始逐渐上升。旱灾、蝗灾等自然灾害与人为的祸患接踵而至，天灾人祸导致了昂贵的进口货物以及生活必需品的极端匮乏，同时也带来了遍及唐朝全国各地的大灾难①。九世纪历史上最有毁灭性的灾难是黄巢起义，在九世纪七八十年代，唐朝境内几乎所有的地区都因为黄巢起义而遭到了毁灭性的破坏，而其中特别不幸的事件是僖宗乾符六年（879）黄巢对广州外国商人的大屠杀。这样做的结果不仅严重地破坏了贸易活动，而且破坏了来源于贸易的税收财源②。九世纪是唐朝在其原来的附庸国和保护国中的威望下降的时代，而且是唐朝的新对手出现的时代，例如，南诏人当时成了古代中原王朝在越南的保护国的入侵者③，而黠戛斯人则成了强大而老于世故的回鹘人的征服者。回鹘的衰亡使他们的国教摩尼教在唐朝失去了保护，在武宗会昌五年（845）大规模迫害外来宗教的运动中，摩尼教也和佛教一样，遭到了劫难。这场迫害运动的目标是使僧侣们还俗，并将大批青铜神像改铸为钱币，而它的根本目的还是税收④。只有在产生了畏惧和排外的背景之下，这些经济的动机才有可能达到预期的效果⑤。九世纪也是在离心力的作用下，国家权力受到极大削弱的世

---

① 全汉昇（1947），第112～147页；全汉昇（1948），第129～133页。
② 中村久四郎（1917），第558页；李豪伟（1955），第117页。
③ 主要参见伯希和（1904），第134，141页。
④ 关于这个问题有大量的参考文献，其中主要请参考富路特（1959），第129～131页。芮沃寿（1951），第33～47页讨论了早在七世纪时就已经提出的早期的反佛教的建议。
⑤ 芮沃寿（1957），第37页。

纪。强大的地方军阀的统治中心变成了小朝廷，而李唐皇室及其大唐政权也最终在十世纪时从历史舞台上永远地消失了。

唐朝的外国人

在唐朝统治的万花筒般的三个世纪中，几乎亚洲的每个国家都有人曾经进入过唐朝这片神奇的土地。这些人是怀着不同的目的到唐朝来的：他们中有些是出于猎奇，有些是心怀野心，有些是为了经商谋利，而有些则是由于迫不得已。但是在前来唐朝的外国人中，最主要的还是使臣、僧侣和商人这三类人。他们分别代表了当时亚洲各国在政治、宗教、商业方面对唐朝的浓厚兴趣。在前来唐朝的使臣中，最显贵的人物是波斯王伊嗣俟三世的儿子，萨珊朝后裔卑路斯——七世纪时，萨珊波斯是唐朝的一个弱小的保护国①。在外国使臣中，有许多使臣的地位并不像卑路斯那样高，但是他们也如同卑路斯一样，为了各自所代表的兴盛的或者是衰落的王朝的利益，到唐朝来乞求恩惠。来到唐朝的僧侣中不仅有大批佛教僧徒，而且有许多信奉各种不同宗教的波斯僧侣，例如祆教徒——太宗贞观五年（631）唐朝在长安为祆教徒重建了祆寺；景教徒——他们也为在贞观十二年（638）建立了一所教堂而感到荣幸；摩尼教徒——武后延载元年（694）他们将摩尼教怪诞奇异的

---

①　薛爱华（1951），第409页。根据克里斯坦森（1936），我是使用拉丁字来书写中世纪波斯名的。译按，此从汉文史料原文。

教义①带到了唐朝宫廷②。唐朝境内人文荟萃，奇货云集，突厥王子仔细揣摩着来自阿曼的珠宝商的神情举止；而日本的参拜者则以惊奇的目光凝视着粟特商队的商人。难怪他们会感到诧异，因为当时的确没有任何可以想象得到的东西能够与这些民族和职业联系起来。所有的旅游者都将他们本地的各种货物带到了唐朝——或是作为国王的礼物，或是作为销售的商品，或是仅仅作为他们自己随身携带的附属物品。反之，他们中有些人也在唐朝获得了荣耀——例如被唐朝任命为安南保护人的粟特商人就是如此③；而有些人则得到了财富——例如阿曼的犹太商人从唐朝带回了一个黑瓷瓶，瓶子上盖着金盖，里面放着"一枚黄金制作的鱼，鱼的眼睛是用红宝石镶嵌成的，瓶子里还添加了质量最上乘的麝香。光是瓷瓶里盛放的东西的价值就达五万第纳尔"④。他们中也有些人是为了寻求知识到唐朝来的，这些人的表现可能就要谦恭得多。他们的态度与年轻的吐蕃贵族是一样的——为了能够准确地翻译汉文经典著作，

---

① 译按，即"二宗经"。
② 薛爱华（1951），第408~409页。
③ 蒲立本（1955），第134页。
④ 昆内尔（1928），第92~95页。这枚鱼很可能是唐代的使臣们所持的一种鱼形的符信。我们承认当时在中国的确有犹太人活动，但是拉比诺维茨指出的九世纪的波斯犹太人 Eldad-ha-Dani，却是一个很不可靠的例证。见拉比诺维茨（1946），第36页。尽管如此，中世纪中国的犹太人大多数肯定是波斯人。斯坦因在新疆的丹丹乌里克遗址发现了一封用希伯来文书写的波斯商人的信件，这封信的时间被定为唐中宗景龙二年（708），见斯坦因（1907），第507~574页。伯希和也在敦煌发现了属于八世纪的一张摘录了《圣经》和《预言书》内容的残片；参见怀履光（1942），第139~140页。关于中世纪远东犹太商人的更详细的情况，请参见李约瑟（1959），第681页。

一些吐蕃贵族子弟被他们的父辈专门送到长安来学习汉语①。

商船与海路

通往唐朝有两条道路：一条是商队走的陆路通道；另一条是船队航行的海上通道。定期往来于印度洋与中国海的大船，将急切的西方人载往灿烂的东方。在北部海域，特别是在七世纪六十年代新罗国消灭了百济国和高丽国之后，航海技能和海上贸易主要掌握在朝鲜人的手中。来自战胜国的使臣、僧人和商人，还有来自被征服国的难民，大批地云集在了唐朝境内②。朝鲜的船舶通常是在黄海北部沿岸航行，以山东半岛作为登陆的港口。这条航道也是从肥前出海的、来自日本的船只航行的正式航道，这种状况一直持续到了七世纪末期，即日本与新罗国交恶时为止③。在八世纪时，日本人为了躲避新罗，被迫从长崎越过公海，向着淮河口或者长江口方向行进，有时甚至取道向更南部的杭州湾航行④。但是到了九世纪时，事实

---

① 《新唐书》卷216下，第4135页。经过一番激烈的争论之后，唐朝政府最终在开元十九年（731）将儒家经典和《史记》送给了吐蕃，见《资治通鉴》卷213，第13页。译按，《通鉴》所记载的，送与吐蕃的著作只有《毛诗》《春秋》《礼记》，无《史记》。《册府元龟》卷320记载，有司写《毛诗》《礼记》《左传》《文选》各一部。较《通鉴》多出《文选》，但下文又云："乃以经书与之"，则《文选》最终还是未与吐蕃，所送者仅限于《通鉴》记载的经书三种。《通鉴》本段记述于休烈在上书中说："东汉平王，汉之懿亲也，求《史记》、诸子，汉犹不与"（《册府元龟》同），疑者因此处提及《史记》，所以误将《史记》也列入了赠书之例。

② 赖世和（1955a），第277～281页。

③ 赵文锐（1926），第961页；赖世和（1940），第146页。

④ 参见赵文锐（1926），第961页；白乐日（1932），第53页；赖世和（1940），第150～153页。

已经证明日本船只选择的这段航道是非常危险的，为了躲开这段航程，日本的参拜者和使臣们宁愿搭乘更安全的朝鲜船，经由山东到达淮河河口，或者甘愿冒险乘坐唐朝的船只——唐朝船不从扬州登陆，而是在更南部的浙江或者福建沿海靠岸①。虽然新罗船只在这些水域占有主导地位，但是在文化上完全仰仗唐朝的、东北地区的渤海国的商船也时常来往于北方的海域②，就如同唐朝政府在山东的登州为新罗使臣设置了客馆一样③，唐朝也为渤海国的使臣专门设立了客馆，为他们提供膳宿。总而言之，朝鲜人在北方水域占据了多数，而且他们也确实在唐朝境内形成了一个重要的侨民团体，他们生活在楚州和涟水这样的城镇里——这些城镇位于连接长江与黄河的大运河沿岸。他们不仅得到了唐朝的慷慨的保护，而且也像其他外国人一样，享有某种形式的治外法权④。

但是我们应该看到，唐朝海外贸易的绝大部分都是通过南中国海和印度洋来进行的。经由南中国海的贸易决定于海洋季风的周期性转移。从广州出发前往海外的商船都是在东北季风到来之前，即在秋末或者是在冬季起航离开广州的⑤。东北季

---

① 白乐日（1932），第 53 页；赖世和（1940）第 156 页，160～161 页。直到被新罗打败之前，朝鲜半岛西南部百济国派遣的船只，一直都是直接穿越黄海，到达浙江境内位于杭州湾的越州的。

② 赖世和（1955a），第 277～281 页。

③ 赖世和（1955a），第 43 页。

④ 赖世和（1940），第 162 页；赖世和（1955a），第 281、284～285 页。当日本天台宗和尚圆仁在九世纪访问唐朝时，这些移居唐朝的朝鲜人中有许多人已经与汉族居民融为一体了。在唐朝境内还有一些朝鲜船工，他们已经不再说本国的语言。圆仁还发现他好像是在"新罗寺院"里，在取道前往唐朝都城的途中，佛寺作为旅店，主要也是为朝鲜人开设的。见赖世和（1955a），第 150 页。

⑤ 桑原骘藏（1930），第 48，97 页。

风也是使距离唐朝以西数千里之遥的波斯湾大港的商船起航的 12
季风，甚至在由唐朝起航的商船离开广州之前，从伊斯兰地区
出发的商船就已经动身上路了：如果他们在九月或者十月离开
巴士拉或者西拉夫的话，就可以及时驶出波斯湾，而顺风的冬
季季风将带着他们跨越印度洋，此后就能赶上六月多风暴的西
南季风，西南季风会带着他们从马来亚向北跨越南中国海，到
达他们在中国南部的目的地。东、西方的共同规律是"冬季
向南，夏季朝北"①。

　　从七世纪到九世纪，印度洋是一个安全而丰饶的海洋，
各国的船舶蜂拥而至，聚集在了这里。这时的阿拉伯海得到
了伊斯兰政权的保护，尤其是阿拔斯朝的首都从大马士革迁
移到位于波斯湾上部的巴士拉之后，更是极大地促进了东方
贸易的繁荣②。巴士拉是一座阿拉伯城市，也是距离巴格达
最近的港口，可是当时最大的船只还不能驶入巴士拉。另一
个重要的港口是位于巴士拉以下，坐落在波斯湾头的波斯古
代港口伍布莱。在所有的港口城市中，最富庶的城市是位于
海湾的波斯一边，处在设拉子下方的西拉夫城，西拉夫的繁
荣完全要归功于东方贸易。直到 977 年被地震摧毁为止，西
拉夫城一直在海湾贸易中占有主要的地位③。西拉夫城的主

---

① 桑原骘藏（1930），第 48、97 页；赫兰尼（1951），第 74～75 页；维利
　　尔斯（1952），第 7、56～57、113～114 页；惠特利（1961a），第 XVIII～
　　XX，42～43 页。桑原骘藏声称，他相信中国人早在公元二世纪时，就
　　已经知道了西南季风；可以肯定的是，法显在五世纪取经时，从印度尼
　　西亚到山东的途中就已经利用了季风，七世纪义净从广州航海时也利用
　　了东北季风。
② 赫兰尼（1951），第 61～64 页。但是在印度河河口附近的水域，这时还
　　有海盗出没。
③ 索瓦格特（1948），第 41 页；赫兰尼（1951），第 69 页。

要居民是波斯人，但是也有一些阿拉伯潜水采珠人和来自美
索不达米亚或者阿曼将要乘船前往印度和唐朝的商业冒险
家①。九世纪七十年代时，起来造反的非洲奴隶掠夺了巴士
拉和伍布莱，使得海湾与远东地区的贸易大大衰退，而此后
巴士拉的衰落，对于海湾与远东的贸易来说，就更是一个巨
大的灾难②。

　　七世纪到九世纪时，许多国家的商船都是从这些港口起
航的，所有的商船上都配置了说波斯语的水手——因为波斯
语是不同母语的人在海上商业贸易中相互间通用的一种混合
语③，如同粟特语是中亚陆路商业贸易中通用的混合语一
样④。在驶出海湾进入印度洋的途中，商船会在阿曼的马斯
喀特稍事停留，然后驶入印度洋；有时候他们可能也会铤而
走险，前往海盗出没的信德沿海港口，或者是直接出发去马
拉巴尔⑤，然后从马拉巴尔到达斯里兰卡。斯里兰卡也被称
作"狮子国"或"红宝石岛"，商人们可以在斯里兰卡购买
到宝石⑥。从斯里兰卡起，海路向东通往尼科巴群岛，在这

---

① 卢维基（1935），第 176~181 页；索瓦格特（1948），第 42 页。根据早
　期史料记载，八世纪时，伊巴底叶派的商人们就是从西拉夫出发前往唐
　朝的。阿曼的阿卜·欧拜德就是他们中的一员。欧拜德到唐朝是为了求
　购沉香。
② 赫兰尼（1955），第 78 页。
③ 译按，所谓"混合语"是指由几种不同的语言混合构成的一种语言。
④ 伯希和（1912a），第 105 页；薛爱华（1950），第 405 页。只是在十三世
　纪时，波斯语才在陆路贸易中取代了粟特语的地位。
⑤ 布拉德尔指出，对于前往东印度群岛的航程来说，印度的马拉巴尔（西）
　海岸是一个远远更为实用的出发地，所以在早期，这里要比科罗曼德尔
　（东）海岸繁忙得多。参见布拉德尔（1956），第 13 页。
⑥ 八世纪早期，金刚智和尚在斯里兰卡的一个港口看到了三十五艘波斯商
　船，这些商船在这里的目的是要交换宝石。

些岛上，商人或许能够与独木舟中那些裸体的野蛮人交换椰子和龙涎香。然后，他们将在马来半岛靠岸登陆——据认为，登陆的具体地点是吉打州。此后，商船从马来半岛穿越马六甲海峡，前往黄金大陆（Suvarnabh［mi］）——传说中的东印度群岛。最后，他们将转而向北进发，在湿润的夏季季风的驱动下，驶向河内或者广州，甚至取道前往更北部的沿海港口，进行丝绸贸易①。

在唐代，中国沿海的各港口中挤满了远涉重洋、不远万里而来的航海商船。唐朝人对这些商船庞大的体积感到非常惊讶，他们将这些航海船舶称作"南海舶""西域舶""南蛮舶""昆仑舶""师子舶"或者是"婆罗门舶"，在所有的称呼中，"波斯舶"是最常见的一种称呼②。但是，我们还无法断定，唐朝的商船是否也从事过前往西拉夫的漫长而危险的航行。中国的大型航海船的出现是在若干世纪之后，即在宋、元以及明三代③。在唐代，前往西方的唐朝行人大都是搭乘外国的货船。当九至十世纪的阿拉伯作家谈到"停靠在波斯湾港口里的中国船"时，他们说的"中国船"，其实是指"从事与中国贸易的商船"。这种说法与我们现在

---

① 参见赫兰尼（1951），第70~71页；薛爱华（1951），第406页；惠特利（1961a），第45页。有关慧超和尚对这时波斯——远东贸易情况的记述，主要参见薛爱华（1951）。关于大海商道的其他的参考资料，最重要的是参考伯希和（1904），第215~363页；372~373页。

② 桑原骘藏（1930），第46~47页。古也门的阿拉比亚人可能在远古时就已经开通了印度洋的商道；萨珊波斯人则将印度洋的贸易扩拓到了斯里兰卡以外的地区，并一直到达了远东。参见哈桑（1928），第85页。

③ 最晚到十二世纪时，中国的商船就在海外贸易中发挥了重要的作用。

说的"China clippers"①和"East Indiamen"②所代表的含义是一样的；至于阿拉伯人和波斯人将肉桂和檀香木称作"Chinese"③，则是因为他们是从距离中国不远的地方，或者就是从中国的船上得到这些货物的④。同样，汉文古籍中出现的"波斯舶"通常必定也是仅仅指"从事与波斯湾地区贸易的商船"，这些船舶上使用的一般都是马来或者泰米尔船员⑤。

根据汉文史料记载，在唐代繁荣昌盛的海外贸易中，最大的商船是来自斯里兰卡的"师子舶"。斯里兰卡的商船长达二百英尺，可以装载六百人或七百人，许多船只还拖

---

① 译按，即"快速运茶帆船"，字面的意思是"中国快帆船"。
② 译按，即"东印度贸易船"，字面的意思是"东印度人"。
③ 译按，即"中国的"。
④ 山田宪太郎（1959），第135～140页。山田宪太郎相信，在九世纪或者十世纪时，中国船就已经首次航行到了远至印度地区。
⑤ 参见赫兰尼（1951），第46～50页；帕里斯（1952），第275～277，655页；沃尔特斯（1960），第34页。劳费尔曾经试图在印度尼西亚找出第二个"波斯"来。之所以会出现这样的误解，主要是因为他错误地理解了"波斯舶"的含义，另一个方面的原因是，史料中记载的波斯水手说的语言中有一些马来语的贸易行话，波斯水手的衣着与"南海人"的服装很相似，而且波斯舶转输的货物是东印度群岛的产品等，所有这一切现象，使得劳费尔做出了错误的判断。参见劳费尔（1919），第468～487页。此外请参考张星烺（1930），第4册，第185～193页，张星烺对这种观点做出了公允的批评。我们同意伯希和的意见，"宋代以前的文献中提到的波斯（Po-ssu），十之八九都是指波斯（Persia）而言。但是在十一、二世纪时，'波斯'这个名称被误用来称呼某个马来国家……这个国家的名称可能叫Pase（Pesei 或＊Pasi）……当时错误地将这个国家认作了波斯（Persia）。"见伯希和（1959），第87页。伯希和还指出，"直到公元一千年时，'波斯舶'的意思都只能是指'波斯船'（Persia ships）。"参见伯希和（1959），第102页。

着救生艇，并且配置了信鸽[1]。独桅三角帆船是在波斯湾地区建造的，这种船形体较小，装备有三角帆，船身是葡萄牙轻快帆船的那种样式。独桅三角帆船是用原木板的边与边相接而做成的[2]，木板不是用钉子钉在一起，而是用椰子皮壳的纤维加以缝合，然后涂上鲸油，或者抹上一层像黑漆一样可以凝固的中国橄榄树脂，这样就可以防止船体漏水了[3]。

商队与陆路

东方各地的财富也经由陆路被源源不断地运送到了大唐的土地上——或车装，或驼载，或马运，或驴驮。东北诸民族以及朝鲜的物产通过森林地区和辽阳平原（这里是东胡各民族与原始蒙古部落生息的地方），向南到达渤海湾沿岸，然后运抵位于高山和大海之间的狭长走廊上的长城尽头，即地势险峻的战

---

[1]　夏德和罗克希尔（1911），第28页；中村久四郎（1917），第348～351页；张星烺（1930），第2卷，第181页；桑原骘藏（1930），第86～89页；霍内尔（1946），第143～146页；霍兰尼（1951），第109页。在一些古代传说中曾经提到过印度和西方的"望岸鸟"。但是在古代传说中，这种鸟就像诺亚的鸽子一样，主要是用来寻找陆地，而不是传递信件的。中村久四郎列举的证据说明，宰相张九龄曾经用一只叫作"飞奴"的信鸽为他送信。张九龄很可能是从广州的波斯商人或者僧伽罗商人那里学到信鸽传书的知识。有关这件事，见《开元天宝遗事》（《唐代丛书》，3），第46页。据此，我们可以将使用信鸽的知识传入中国的时间定在公元七世纪后期。另外，唐太宗还曾经将他特别喜爱的一只白隼称为"将军"。见《朝野佥载》（《唐代丛书》，1），第53页。此后在利用鸟类传递信信方面仅见的新生事物是应用了信鸽，而其他的鸟类则没有用于通讯。八世纪中叶，当鉴真和尚到达广州时，曾经见到过高达六七十尺的商船，有关这方面的情况，见高楠顺次郎（1928），第466～467页。

[2]　与重叠搭造相反，这种船是用木板交搭制作的。

[3]　桑原骘藏（1930），第86～89页；赫兰尼（1951），第88页及以下诸页；薛爱华（1951），第405～406页。有一种理论认为，中世纪中国海的"舶"与达雅克人的战船有关，见克里斯蒂（1957a）。

略要地卢龙（意思是"黑龙"）城。原来这里有一条叫作"渝水"的河流，但从唐代以后它就消失了。卢龙城不但是唐朝的一个重要的边防要塞，而且也是一个重要的关税征收地①。

伟大的丝绸之路是唐朝通往中亚的重要商道，它沿着戈壁荒漠的边缘，穿越唐朝西北边疆地区，最后一直可以抵达撒马尔罕、波斯和叙利亚。从玉门关向西，有两条道路可供行人选择，这是两条令人望而生畏的道路。商队经过的地区有时候根本就没有正式的路径，只能以倒毙的行人和驮畜的残骸作为前进的标志。由敦煌通往吐鲁番的那条骇人的道路就是如此。从敦煌到吐鲁番途中要经过白龙堆（所谓"白龙堆"就是古代罗布泊遗留下来的盐壳），白龙堆是一片地地道道的荒漠，不仅穿行极其艰难，而且沿途还有妖魔出没，所以商队宁愿取道伊吾（即今哈密）②，这样就可以躲开白龙堆，向北绕道抵达吐鲁番③。从吐鲁番起，旅行者可以向西穿过西突厥的地面（即天山北部地区），也可以越过西南方，进入天山南部地区，继续通过库车以及塔里木盆地其他的绿洲城市西行。当时从敦煌出发，另外还有一条与敦煌至吐鲁番的道路平行的道路，这

---

① 《新唐书》卷39，第3724页；《太平寰宇记》卷70，第10页。关于这块地区的战略作用的全面研究，参见松井秀一（1959），第1397～1432页。有关唐代的主要贸易通道，见赵文锐（1959），第906～961页。据赵文锐统计，当时有七条主要通道，我们列举的这条道路属于"营州人安东道"。另外请参见《新唐书》卷43下，第3735～3736页记载的，贾耽著名的《古今郡国县道四夷述》以及伯希和对这份文献的注释（伯希和，1904）。

② 米勒（1959），第8页。

③ 沙畹（1905），第529～531页；斯坦因（1925），第481页，图版第34～36；斯坦因（1933），第160～162页；伯格曼（1939），第42页；米勒（1959），第23页。

条道路叫作南道。南道沿着神秘的昆仑山脉的北缘西行，然后到达和阗和帕米尔①。这些道路之所以能够通行，完全是靠了巴克特里亚骆驼的特殊长处，这种骆驼不仅可以嗅出地下的泉水，而且还能够预告致命的沙暴：

> 风之所至，唯老驼预知之，即嗔而聚立，埋其口鼻于沙中。人每以为候，亦预以毡拥蔽鼻口。其风迅驶，斯须过尽。若不防者，必致危毙②。

14

　　除了以上道路外，另外还有一条陆路商道，这条道路是从四川经过现在的云南省境内，进而分作两条道路，通过缅甸境内上伊洛瓦底的令人毛骨悚然的峡谷，然后再前往孟加拉。这是一条非常古老的通道，但是在唐朝之前却几乎没有利用过。唐代的云南属于西南蛮地区，唐朝政府曾经徒劳无益地试图征服西南蛮，但是由于八世纪时在这里新兴起了南诏政权，这样就使唐朝重新开通这条通往缅甸的古道的努力最终化成了泡影。南诏国对于入侵唐朝边疆的吐蕃人的态度，要比对唐朝的态度友好得多。当南诏在懿宗咸通四年（863）入侵东京湾之后，唐朝政府最终得以摧毁了南诏的军事力量，但是这时正是唐朝对外贸易的衰落时期，所以已经取得的胜利也就没有多少可供利用的价值了。在通往缅甸的道路中，有一条道路从密支那的琥珀矿通过。密支那距离现代开采翠鸟色翡翠的矿区不远，这里出产的翡翠很受欢迎。一直到了后代，这里的翡翠也是穿过缅

---

① 敦煌发现的一份九世纪的地理文献中，详细描述了这条道路部分路段的情况。参见翟理斯（1932），第825页及以下诸页。

② 《北史》卷97，第3041页；薛爱华（1950），第181页。

甸古道，经由云南境内运送到北京的玉石工匠的手中的[①]。

最后，参拜圣地的佛教徒有时也会选择通过西藏地区前往印度的通道。这条迁远而艰难的道路通常是经由尼泊尔到达印度[②]。

唐朝境内的外来居民

现在让我们回过头来，看看那些聚集着许多外国人的唐朝的城市和乡镇，看看外国人在唐朝境内四处流动时所要经行的道路。首先我们从南方地区谈起。在唐朝以前，前来中国海的航海者一般都是以东京湾，即现代河内附近地区作为停泊的港口。但是当唐朝建立之后，阿拉伯和东印度群岛的商人就纷纷将他们的商船驶向广州，或者甚至停泊在更北部的沿海港口[③]。唐代的交州是唐朝建立在东京湾地区的保护领地的统治中心所在地，这里居住着嚼槟榔的安南人，龙编是交州的出海港[④]。七世纪时，随着广州的兴起，交州的对外贸易虽然有些衰落，但是通过交州进行的海外贸易却从来没有完全绝迹。相反在八世纪中叶以后，即在八世纪的最后几十年里，由于广州地区贪得无厌的官僚和中间代理商的敲诈勒索，外国商人宁愿在交州进行贸易，所以这时交州的对外贸易甚至有了一定程度的发展[⑤]。

[①] 伯希和（1904），第 134、141、150~153、175~178 页；劳费尔（1905），第 234、237 页。克里斯蒂（1957）讨论了唐代缅甸道路的有关细节问题。

[②] 师觉月（1950），第 150 页。

[③] 伯希和（1904），第 133 页。

[④] 石田干之助（1901），第 1051~1063 页；桑原骘藏（1930），第 19~20 页；白乐日（1932），第 53~54 页。阿拉伯地理学家（如 Ibn Khordadhbeh）所记载的"Lukin"这个字可能就是"Lupin"的讹误。

[⑤] 中村久四郎（1917），第 361 页；桑原骘藏（1930），第 16~17 页。

但是，南方的所有的城市以及外国人聚居的所有的乡镇，没有一处比广州巨大的海港更加繁荣的地方。阿拉伯人将广州称作"Khanfu"，而印度人则将广州称作"China"①。当时的广州是位于热带荒原边缘的一个边疆城镇，热带荒原里栖息着凶猛残暴的野兽，在这里随时还会受到讨厌的疾病的折磨，但是绿意葱茏的荔枝树、柑橘树、香蕉树和榕树，又将这莽莽荒原点缀得分外秀美动人。在李唐皇室统治时期，虽然广州只有二十万人口，而且其中有很大一部分还是南蛮，但是这时的广州已经成了一座地地道道的汉人的都市②。广州既是一座富庶的城市，也是一座非常容易毁损的城市，在广州城内大量密密层层的木屋周围，环绕着三层城墙③。广州的木屋曾反复遭到火灾的扫荡，这种情况一直持续到了宪宗元和元年（806），这时一个聪明的广州都督命令广州人用瓦来装修屋顶④。在这

① 中村久四郎引证了许多佛教文献，说明古时候外国人，特别是天竺人对广州使用了"Cīna"（支那）这一名称，而对长安则称为"Mahācına"（摩诃支那）。"Khanfu"这个字来源于汉文"广府"，而这里正式的名称则叫作"广州"。请参见中村久四郎（1917）第247页。

② 白乐日（1931），第23，56页。广州虽然很富庶，但是在当时并不是一个大城市。八世纪时，人口数量超过五十万的城市在唐朝境内就有二十五个之多。据 Abū Zayd（生活在九世纪）记载，居住在广州的外国商人超过了十二万人。

③ 译按，《唐大和上东征传》云，广州有"州城三重"，即本文所称的"三层城墙"的根据。

④ 白乐日（1932），第55页；索瓦格特（1948），第6页。译按，据《旧唐书》卷96《宋璟传》："（璟）转广州都督，仍为五府经略使。广州旧俗，皆以竹茅为屋，屡有火灾。璟教人烧瓦，改造店肆，自是无复延烧之患，人皆怀惠，立颂以纪其政。"宋璟是在开元四年（716）离开广州返京的（参见《新唐书》卷124《宋璟传》；《资治通鉴》卷211，开元四年条；《全唐文》卷207宋璟《请停广州立遗爱碑奏》），则早在作者所说年代的近一百年之前，广州就已经开始了将茅屋改造为瓦舍的工程。

座异彩纷呈但又不堪一击的城市前面的海湾里，停泊着许许多多外国的商船，"有婆罗门、波斯、昆仑诸舶，不知其数；并载香药、珍宝，积载如山"①。那些皮肤黝黑的外国人在广州出售他们带来的气味芬芳的热带木材和近乎神奇的药材，求购大捆的丝绸、成箱的瓷器和奴隶。他们从事的贸易活动使那些甘愿放弃北方的舒适生活来到南方经商营利的商人发了大财，同时也使广州城和岭南道的统治者得以具有了超乎寻常的崇高地位。据记载，"（广州）都督执六蠹，一蠹一军，威严不异于天子"②。这段记载生动地表明了广州地方官员的特殊地位。

在广州的外来游客中，有许多人居住在城内专门为外国人划定的居住区内。根据唐朝的法令，外国人居住区设置在河的南岸，以便许许多多选定在广州逗留的各种不同种族和国籍的商人从事贸易活动，或者是等待返回故乡的顺风。外国人由一位特别指定的长者管理，而且享有某种治外法权③。来自文明国家的公民（例如大食人、僧伽罗人等）与文化教养较低的商贾们（例如白蛮、赤蛮等）都居住在这里，而且他们之间的交往都很密切④。在这里，你还会发现信奉正统宗教的外国人与信仰异教的外国人之间的关系相处得也很融洽，例如印度的佛教僧侣与什叶派穆斯林之间的关系就是如

---

① 这是曾经在天宝七载（748）到过广州的鉴真和尚说的。参见高楠顺次郎（1928），第 466~467 页。
② 这也是鉴真说的。参见高楠顺次郎（1928），第 467 页。汉文原文（这一段是由我翻译成英文的）见中村久四郎（1917），第 487~488 页。关于中世纪的广州，见石桥五郎（1901），第 1063~1074 页。
③ 白乐日（1932），第 56 页；索瓦格特（1948），第 7 页；薛爱华（1951）第 407 页。
④ 中村久四郎（1917），第 487~488 页。

此。印度来的佛教徒居住在属于他们自己的寺院里，院子内的池塘中还点缀着芬芳的蓝睡莲①。而广州的穆斯林则是为了躲避呼罗珊的宗教迫害而来到远东的，他们在这里停留下来并建立了自己的清真寺②。简而言之，每当午时的鼓声敲响时，居住在广州的各种肤色的外国人以及来自唐朝境内各地的汉人，都被召唤到了大市场上，他们或在店邸中密谋策划，或在商船上讨价还价，进行紧张的贸易活动；而每当日落时分的鼓声敲响时，他们又都各自散去，返回自己的居住区。有时在晚间，他们偶尔也到夜市去，操着异国腔调大声地讲价钱③。

广州这座繁华的城市拥有一部色彩斑驳的历史，谋杀、海

---

① 高楠顺次郎（1928），第 466 页。关于唐代前来中国的印度佛教徒，见师觉月（1950），第 48~55 页。

② 赫兰尼（1951），第 63 页。据十二世纪初期的地理学家 Marwazī 的著作中保留下来的一个传说中讲，这些分裂教派的成员是在 749 年逃走的。他们定居在大秦河中的一个岛上，对面是一个港口。这里所说的必定是指广州。但是我们还不能肯定这种传说反映的必定是事实。

③ 批发商用来存放货物的货栈或者仓库叫作"邸"，公开出售商品的零售商店叫"店"。见祝秀侠（1957），第 13 页。周一良的研究表明，在广州和其他大城市中，都是实行宵禁的。参见周一良（1945），第 23 页。但是在诗人张籍写给将去广州赴任的朋友的诗中有"蛮声喧夜市"的诗句，见《全唐诗》第 6 函，第 6 册（译按，原诗题为《送郑尚书出镇南海》）。因为日落时分的鼓声是要人们回到他们自己在城里的住所，而他们所住的"坊"的大门整夜都是关闭的，所以我们只有假设夜市是相对于大城市的中心市场而言的，是人们住宅所在地的市场。但是每逢重大节日时，大城市的市场也允许在夜间开放，而这时的市场就成了娱乐中心。例如《云仙杂记》卷 7 第 50 页记载，一位富人微服逛夜市，为了陪酒女郎（译按，原文作"秦声女"）和买酒的费用，他带了一个装满现金的大钱夹（译按，原文作"方囊"）。大都市的市场上午敲鼓三百下开放，日落前击钲三百下关闭。详见《唐六典》卷 20，第 136 页。

盗的抢劫以及贪官污吏的攘夺，在广州的历史上涂抹上了这些斑驳陆离的色彩。这些祸患互为因果，相互引发，一直无法根除。例如在形势安定的七世纪时，广州都督路元叡利用职务之便巧取豪夺，结果被一艘马来货船①的首领刺杀。这件事发生在武后嗣圣元年（684）。此后，唐朝政府又任命了一位品行优良的官员②代替了倒霉的路元叡③。但是在以后的若干年里，许多形形色色的丝绸贸易掠夺者——这些人被流放到了广州，从而也就失去了在京师时的放荡生活——仍旧以牺牲那些倒霉的商贾的利益作为代价，利用掠夺手段来充分补偿他们在流放生活中遭受的苦难，出于给广州城带来秩序和整肃风纪的目的，为了保证宫廷能够得到广州的奢侈品，同时也为了增加政府的收入，唐朝政府在八世纪初期设立了"市舶使"这一官职④。市舶使的职责是管理海关。在广州这座情况复杂的城市里，设立市舶使是十分必要的。它既是一个非常重要的官职，同时又是一个有利可图的肥差。市舶使的设立，部分也是那些因为遭受到掠夺而向唐朝皇帝抱怨的外国商人请求的结果⑤。然而广州城的灾祸并非全部是由唐朝官吏造成的：比如在肃宗乾元元年（758），一帮大食人和波斯人驱逐了广州都督，他们抢劫店邸，焚烧住房，然后又从海上离去。这些海盗很可能

---

① 译按，即"昆仑舶"。
② 译按，此后的广州都督是王世果。
③ 《新唐书》卷4，第3640页；《新唐书》卷116，第3942页；《旧唐书》卷89，第3357页。
④ 设立"市舶使"的具体时间还不清楚。参见桑原骘藏（1930），第8页；白乐日（1931），第54页。
⑤ 中村久四郎（1917），第353页。

就住在海南岛上①。这次灾难使广州作为一个港口的地位一落千丈，广州变得微不足道了，而外国商船则转而驶往河内停泊。这种局面持续了有半个世纪之久②。

骚扰广州这座边疆珠宝城的另一场劫难是在八世纪逐渐形成的任命来自宫廷的宦官担任"市舶使"这一关键职务的惯例。这种带来了许多恶果的惯例，在当时被委婉地称作"宫市"，而所谓的宫市，其实就是由地位显赫的宫使对贸易活动横加干预③。代宗广德元年（763），这帮高贵的恶棍之一④竟至于要起兵反对皇帝。唐朝政府克服了许多困难，才平定了这次宦官叛乱。与此同时，广州的海外贸易实际上也开始停顿。诗人杜甫在两首诗中谈到了这时从广州流入北方的奢侈品濒临中断的情况。他在其中一首诗中写道"南海明珠久寂寥"⑤，而在另外一首诗中则有"近供生犀翡翠稀"的描述⑥。从代宗大历四年（769）开始，李勉在广州担任了三年地方长官，他没有对那些不幸的外来客商横加勒索，所以在他的管理下，广州海外贸易的数额增加

---

① 中村久四郎认为，这些人很可能就是在肃宗至德二年（757）被哈里发派来，帮助郭子仪将军镇压安史之乱的那支心怀怨恨的大食军队。请参见中村久四郎（1917），第354页。但是这帮人里有波斯人，而且他们是乘船离开广州的，根据这一事实，我倾向于认为他们是由海盗大首领冯若芳控制的一批海盗。冯若芳曾经俘虏了大批的波斯人和其他外国人，并将他们安置在了海南的奴隶村落中。

② 王赓武（1958），第82~84页。

③ 中村久四郎（1917），第362页。

④ 译按，即宦官吕太一。

⑤ 《诸将》，《九家集注杜诗》，第483页。

⑥ 《自平》，《九家集注杜诗》，第150页。有关这次战争情况的详细讨论，见中村久四郎（1917），第351~352、355~356页。

了十倍之多①。然而即便是像李勉这样廉直的都督，也无法阻止小官吏的巧取豪夺②。八世纪末，王锷担任广州都督时，"能计居人之业而榷其利，所得与两税相埒。锷以两税钱上供时进及供奉外，余皆自入。西南大海中诸国舶至，则尽没其利，由是锷家财富于公藏。日发十余艇，重以犀象，称商货而出诸境"③。王锷这样披着官吏外衣的大强盗只是偶一有之，但是像他那样的小强盗却何止千数。正是由于这些急性的和慢性的痼疾，使得原来集中在广州港的商业贸易有些转移到了交州，而有些则进一步朝北，转向了海阳（即潮州）的港口④。然而不知是什么缘故，广州城与它的繁荣的贸易并没有被永久地摧毁。在九世纪的最初几十年里，广州地区又出现了几位正直而明智的都督⑤，广州的社会状况也有了相当大的改观。这种局面一直持续到了九世纪的最后二十五年，这时唐朝开始了

---

① 《旧唐书》卷131，第3436页；中村久四郎（1917），第356～357页。译按，据《旧唐书·代宗纪》，李勉任广州刺史兼岭南节度使事在大历四年十月乙未，疑本传四年不确。又，李勉由岭南节度使拜工部尚书在大历七年十月，本传之"十年"亦误（七年十月丙子，吕崇贲已任广州都督、充岭南节度使，十一月辛卯，李勉正式出任工部尚书）。据此，则李勉在广州凡四年整。

② 据记载，当李勉离任，从广州返回京城时，"悉搜家人所贮南货犀象诸物，投诸江中"。

③ 《旧唐书》卷151，第3482页；《新唐书》卷170，第4042页；中村久四郎（1917），第360页；白乐日（1931），第57～58页。

④ 中村久四郎（1917），第363页。

⑤ 徐申（802～806年在任）、郑絪（811～812年在任）、孔戣（817～819年在任）。他们废除了非法的税收，减少了不必要的进口税，放宽了籍没商货的规定，鼓励对"南海神"的信仰，从而成为优秀的地方官的杰出代表。尤其是孔戣，因为他推行的改革而著称于世，为此他还得到了当时流放在潮州的韩愈的赞许。参见中村久四郎（1917），第364～365、489～491页。

其灭亡前的阵痛时期。僖宗乾符六年（879），农民起义军首领黄巢率部掠夺了广州，他们屠杀外国人，并且摧毁了养蚕的桑园（唐朝的主要出口产品就是依靠蚕来生产的），这样就导致了广州的财富及其显赫地位的大幅度下降。尽管在九世纪末，广州又曾经历了一个短暂的恢复时期，但它以往的重要地位却再也没有能够完全恢复①。宋朝统治时期，来自南中国海的商船越来越多地转向了福建和浙江的沿海港口。虽然这时的广州仍然不失为一个重要的港口，但是，它往昔的垄断地位已经一去不复返了。

当一位天竺的佛教徒，或是一名诃陵的使臣，抑或是一位林邑的商贾希望由广州前往北方，到传说中的唐朝京城和其他一些大城市游历时，有两条穿越崇山峻岭、通向北方的道路可供选择。一条道路是由广州正北沿着浈水（现在称作北江）到达韶州，然后转向东北方向，翻越"梅岭"②，进入赣江流域。然后从赣江流域轻易地穿过现在的江西省辖境，经由洪州——洪州当时住有许多波斯人③——进入长江流域，此后沿着长江可以直抵有名的商业城市扬州，或者是到达中国心脏地区的其他地方。翻越梅岭的这条道路的状况在当时可能无法

① 《新唐书》卷9，第3655页；中村久四郎（1917），第559~560页；烈维（1955），第114~115，117，121页；王赓武（1958），第84~92页。浙江的泉州（即阿拉伯人笔下的"Djanfu"，很久以后，马可·波罗称之为"Zayton"）正是在这时开始了它作为国际海运港口的辉煌历程。七世纪时，泉州已经有了穆斯林传教士，但是这方面的证据还很缺乏。然而在九世纪时，泉州必定已经有了外国商人，到了十世纪时，在独立的地方军阀的统治下，福建的港口也有了长足的发展。地方军阀对外国商船进入泉州和福州的港口采取了鼓励的态度。见薛爱华（1954），第78页。
② 因为在这一带长着许多梅树，所以叫"梅岭"，梅岭又称大庾岭。
③ 向达（1933），第33页；薛爱华（1951），第408、413页。

满足唐朝初年贸易和交通大幅度增长的需要，为了促进海外贸易的繁荣，加速广州的发展，由宰相张九龄发起，修建了一条翻越梅岭的新的大道。这项伟大的工程完成于开元四年（716）[1]。张九龄本人就是一位同情中产阶级的、出生于南方的暴发户。

另外一条道路虽然非常古老，但是却很少使用。这条道路从广州取道西北方向，溯桂江而上，通过现在广西东部地区，沿着桂江到达其源头所在地——一片海拔低于一千英尺的高地。这块高地也是湘江的源头所在。从这里沿着湘江，可以到达湖南省的潭州（长沙），进入中国中部潮湿的低地地区。湘江的源头又称漓江，而漓江实际上是由一条古代运河与桂江的源头连接起来的。这条古代运河现在与唐代相比已经发生了极大的变化，所以现在流向北方的河流与流向南方的河流的源头都已经合而为一了。就小船而言，在唐代很可能能够从广州一直行驶到中国中部和北部的大水道中，甚至可以一路抵达唐朝的都城[2]。九世纪的诗人李群玉在他的两行诗中曾经提到这两条道路：

曾泊桂江深岸雨，亦于梅岭阻归程[3]。

---

① 中村久四郎（1917），第 254 页；薛爱华（1951），第 407 页（注 36）。特别参见《全唐文》卷 291，第 1 页，张九龄《开大庾岭记》。关于唐代的道路与集市乡镇的简要介绍，见严耕望（1954）。

② 中村久四郎（1920），第 252～260 页。将漓江与桂江连接起来的运河是灵渠。灵渠是在公元前三世纪时由秦王朝建造的，开凿灵渠是为了便利对南方的征服和将货物转输到北方。在汉代时，为了运输马援将军的部队的给养，曾将这条重要的水道予以扩拓。到了唐宋时代，这条水道虽然不时地需要维修，但是仍然在使用。

③ 《九子坡闻鹧鸪》，《全唐诗》第 9 函，第 3 册，卷 2，第 13 页。

总之，不管游人选择哪一条道路，都能够在帆篷、桨棹或者是风力的推动下，通过长江以南的众多大湖，轻易地到达目的地。从八世纪后期起，人们甚至可以借助明轮的推动到达目的地①。一般来说，游人大多首先是前往繁华的扬州。

八世纪时，扬州是中国的一颗明珠。当时的人们竟至于希望能死在扬州，从而圆满地结束自己的一生②。扬州的富庶与壮美，首先要归功于它处于长江与大运河的结合部的优越地理位置。长江是中国中部众水所归的一条大江，而大运河则是将全世界的物产运往北方各大城市的一条运河。正因为如此，唐朝负责管理国家盐务专营的朝廷代理商（这是一个权势非常显赫的角色）将其衙门设在了扬州。扬州是唐朝庞大的水路运输网络的中枢，由唐朝和外国商船运来的各种货物都要在扬州换船，装入北上的运河船只③。所以这里也是亚洲各地商贾的聚集之所。从广州运来的盐（这是人人必需的消费品）、茶（当时北方饮茶已经相当普遍）、宝石、香料和药材，从四川沿着长江航道运来的珍贵的锦缎以及织花罩毯等，都集中在了扬州，然后再转输到各地。作为重要商品集散地的居民，扬州人的生活在当时也很富足④。而且扬州还是重要的金融中心和黄金市场，就扬州地区而言，金融家的重要性一点儿也不在商

18

---

① 明轮船是由踏车推动，可以顶风也可以逆流行驶。大概在德宗贞元元年（785），在李皋的提倡下，这种船得以在长江以南的湖泊中运行。李皋本人是唐朝宗室成员（译按，见《旧唐书》卷131；《新唐书》卷80）。但是车船似乎都是用于战船。参见桑原骘藏（1930），第95～96页。

② 《容斋随笔》卷9，第88页引唐诗（译按，原文作"人生只合扬州死"）。关于中世纪的扬州，主要参见石桥五郎（1901），第1309～1314页。

③ 全汉昇（1947a），第153、165～166页。

④ 全汉昇（1947a），第154～157页。

人之下。简而言之，扬州是一座钱货流畅、熙熙攘攘的中产阶级的城市①。扬州还是一座工业城市，扬州以精美的金属制品（尤其是青铜镜）、毡帽、丝织物、刺绣、苎麻布织品、精制蔗糖、造船、精良的细木工家具等特产而著称于世。扬州的毡帽当时在长安的年轻人中曾盛行一时。著名的扬州蔗糖是在七世纪以后根据从摩揭陀传入的工艺制作的②。扬州是一座奢侈而放荡的城市，这里的人们衣着华丽，可以经常欣赏到最精彩的娱乐表演。扬州不仅是一座遍布庭园台榭的花园城，而且是一座地地道道的东方威尼斯城。这里水道纵横、帆樯林立，船舶的数量大大超过了车马③。扬州还是一座月色溶溶、灯火阑珊的城市，一座歌舞升平、妓女云集的城市。虽然殷实繁华的四川成都素来以优雅和轻浮著称，但是在当时流行的"扬一益二"这句格言中，还是将成都的地位放在了扬州之下④。

扬州城如此繁荣兴旺，外国人势所必然要在这里设立他们的店铺⑤。肃宗上元元年（760），当唐朝叛将田神功的部众掠夺扬州时，曾经在这里杀害了几千名大食和波斯商人，根据这一事实，我们就可以断定居住在扬州的外国商人的数目是相当惊人的⑥。尽管扬州经历了这次巨大的灾难，但是一直到九世纪的最后几十年，扬州城还保持着它的富庶与显赫的地位。九

---

① 全汉昇（1947a），第 153 页。
② 参见全汉昇（1947a），第 161～163 页。
③ 全汉昇（1947a），第 149～153 页；祝秀侠（1957），第 41～42 页。
④ 这条格言见《容斋随笔》卷 9，第 88 页。
⑤ 在当时的文学作品中，提到过波斯人开的店铺。参见中村久四郎（1920）第 244 页。
⑥ 《旧唐书》卷 110，第 3402 页；《旧唐书》卷 124，第 3426 页；《新唐书》卷 141，第 3988 页。这时扬州的总人口数已经超过了四十五万。

世纪末年，扬州又遭受了黄巢的追随者，如毕师铎、孙儒等反叛首领的蹂躏。十世纪初，在唐朝废墟上兴起的吴国，部分地恢复了扬州往日的繁荣。但是到了十世纪中叶，当北方的后周入侵吴国的继承国南唐时，扬州再次毁于兵燹①。宋朝初年的扬州呈现出一片颓败残破的景象，而新的宋王朝统治者所采取的政策，则更加速了扬州的衰败。宋初统治者鼓励在靠长江更近的扬子县发展贸易、运输和金融业。并且下令由扬子县来转输其他地方的工业品②。扬子县后来改称真州。洪迈在他十二世纪时撰写的著作中，对八、九世纪时期的诗人们表现出来的对于扬州的热情感到惊诧不已。在洪迈所处的时代，扬州的境况已非复旧貌，抚今追昔，洪迈不禁感叹："今日真可酸鼻也。"③

大运河的开通以及扬州的繁荣都应该归功于隋朝统治者的努力，但是大运河与扬州的兴盛时期却是在八世纪时才到来的。随着八世纪唐朝人口与物质财富的惊人增长，黄河流域的农耕地的出产已经无法满足两京以及北方其他城市的需求了，这样就不得不从长江流域将谷物运送到北方。这些新的需求使古老的运河系统承担了原来意想不到的巨大的压力。开元二十二年（734），唐朝政府想出了一种补救的办法，这就是在从扬州到长安途中的一些要害地区设立粮仓。每当大运河无力承担繁重的转输任务时，就可以将粮食妥善地储藏在这些粮仓中，从而避免货物运输的延误和阻塞，杜绝粮食的腐烂和被

19

---

① 《容斋随笔》卷 9，第 88 页。
② 全汉昇（1947a），第 166～175 页。这时长沙和桂林的金属制品工艺得到了长足的进步，而杭州的丝织业也很发达。
③ 《容斋随笔》卷 9，第 88 页。

盗，而且也使得稻、粟等谷物可以安然地换载与运河河道宽度相应的船舶。采用这种新的方法，就保证了粮食能够源源不断地运往北方。但是，日益增多的来自遥远的南方的奢侈品的运输量，大大加重了运河船舶以及唐朝新的中继转运系统水道的负担，这一点是当时所始料不及的，或者说当时至少没有公开提倡这种做法[1]。象牙、龟甲、檀香木等珍贵货物在漕运船上堆积如山，而这些漕运船最初则是计划用来装载粮食口袋的。

不过当时的漕运船上的船师以及船上搭载的游客对这些严重的经济问题并不知情。如果他们不愿骑马或乘车的话，便会驾船离开扬州，顺着运河前往北方和西北地区，一路上对围着漕运船游来游去的一群群鸭、鹅大加兴叹[2]。在途中，他们可能会与盐院的船只擦肩而过——船上像雪一样洁白的盐粒在阳光的照射下晶亮闪光；也许他们会在繁华的睢阳和陈留城停留歇脚——这两个城市当时是外国人，尤其是波斯人的重要居留地；到了汴州（即开封），他们也许会顺路去看看城里的拜火寺[3]——开封城当时有五十多万人口，但是这时它还没有具备以后将要获得的大都市的殊荣。最后，旅游者终于到达了唐朝的东都，即洛阳古城。

在唐朝境内游历的外国人，或者是在唐朝定居的外国人，都愿意集中在像广州、扬州那样充满生气的南方商业城市里。但是从另一个角度来说，他们同样也乐于聚集在历史悠久的北方城市中。北方的大城市既是政权的中心，也是贵族的渊薮。在北方的大都市里，那些庋藏丰富的藏书家，或者是冲锋陷阵的武士的社

---

① 蒲立本（1955），第 35～36、183～187 页。

② 赖世和（1955），第 20 页。

③ 薛爱华（1951），第 408 页。

会地位，都要比一个成功的商人的地位重要得多。作为唐朝两大都城之一的洛阳，其地位仅仅次于长安，在全国位居第二；而就其人口而言，洛阳有一百多万人口①，也是唐朝的第二大城市。洛阳城拥有令人景仰的一千多年的历史，在这一点上，它一点也不比长安逊色。洛阳古城与它西面的长安城相比，无论规模还是历史都不相上下，但是洛阳还有某种更为温馨、更加高雅的精神生活氛围。洛阳城还是武则天女皇的"神都"②——到了十一世纪时，洛阳就发展成了中国最辉煌、最美丽的城市，而唐代的洛阳则正在朝着这个方向顺利发展。洛阳有宫殿、亭园和大批官员。洛阳还以它特有的新鲜的水果、美丽的花卉、带有彩色图案的锦缎、精美的丝绸布以及各式各样的陶瓷制品而著称于世③。南市是洛阳的一个巨大的市场，南市的占地面积达两个街区（即"坊"）。在这个市场里，有一百二十个分类经营商品的集市或街，整个市场包括数千家单独的商店和货栈④。对于居住在洛阳的外国人来说，洛阳城里有平时奉祀外国神祇的寺院，在这些寺院中有三所是拜火寺，从而证明了波斯移民的存在⑤。

---

① 《新唐书》卷38，第3721页；白乐日（1931），第23页。洛阳城的正式名称叫"河南府"，这个名字对读者较陌生。

② 意思相当于英文"Godly Metropolis"。

③ 《新唐书》卷38，第3712页。

④ 加藤繁（1936），第48页。在这种"街"上，商人们享有共同的利益。这种街（又称"行"，意为"店肆之行列"）后来就发展成了商会，而后来的行会也继续保持了"行"的名称。

⑤ 徐松（1902）第5卷，第33页；德雷克（1940），第352页。译按，据徐松《唐两京城坊考》卷五记载，东都外郭城之修善坊有"波斯寺"，会节坊有"祆寺"，立德坊有"胡祆寺"。又，程鸿昭《唐两京城坊考补校记》补注云《朝野佥载》："河南府立德坊及南市西坊皆有胡祆神庙，每岁商胡酬神祈福，募一胡为祆主，有幻法术"（原文见《朝野佥载》卷三）。则洛阳祆寺当不只三处。

天宝二年（743），唐朝在西京长安以东兴建了一座人工湖，这个湖其实就是一个货物转运潭。唐朝人喜欢说的一句俗谚叫作"南舟北马"，但是在这一年，以马代步的北方人被眼前的景象惊呆了：他们看到来自全国各地的船只都汇集在了这个转运潭里，船上满载着税物和各地被指派向朝廷进献的土贡——来自北方的红毡鞍鞯，来自南方的略带酸涩的红橘，来自东北用粉红色丝绸作为缘饰的毛织物，以及来自西方的深红色的绛矾。所有的货物都被换装到了小斛底船上，"驾船人皆大笠子、宽袖衫、芒履，如吴、楚之制"①。这里就是那条从广州开始，通往唐朝最大的都市长安的绵绵不绝的水路的终点。长安城的纳税人口将近二百万人，数量相当于位于这条漫长的水道和运河网络另一端的广州城的纳税人口的十倍。与长安的人口相适应，居住在长安的外来居民的数量也相当庞大②。长安城的外来居民的成分也与广州港的外来居民有较大的差异。长安的外来居民主要是北方人和西方人，即突厥人、回鹘人、吐火罗人和粟特人等，而聚集在广州城里的外来居民则主要是林邑人、爪哇人和僧伽罗人。但是在长安和广州两地都有许多大食人、波斯人和天竺人。在入居唐朝的外来居民中，来自伊朗的居民占有重要的地位，唐朝政府甚至专门为伊

---

① 中村久四郎（1924），第246～247页；赵文锐（1926），第953～954页；蒲立本（1955），第37页；《新唐书》卷134，第3978页；《旧唐书》卷105，第3393页。这个人工湖叫"广运潭"，是由韦坚倡建的。译按，"小斛底舟"，《新唐书》作"小斛舟"，英译文原作"lighter"（驳船），此从《旧唐书》。

② 据说在唐朝征服突厥之后，仅贞观七年（633）入唐，在长安定居的突厥人就有一万户，参见向达（1933），第4页。关于唐代长安，见西伦（1927）。

朗居民设置了"萨宝"这个官职来监管他们的利益①。萨宝（Sārthavāk）的字面意思是"商队首领"。

长安城有东、西两个大市场，每个市场里都有许多集市②。东市坐落在贵族和官僚住宅区附近③，这里没有西市拥挤，环境比西市安静，场面也更奢华；西市则更嘈杂，更大众化，暴力事件也更多——西市是处决犯人的地方④。此外，西市的外国货也比东市多。每个集市都被货栈所环绕，而且都有自己独特的商品种类和一位首脑（行头）。依照唐朝法令的规定，每个集市都要陈列出写明其专营货物名称的标志。大多数外国商人都来到西市，陈列出自己带来要出售的商品。当通过西市时，你会看到一排排的屠宰市、金属器皿市、衣市、马市、丝绸市和药市⑤。八世纪中叶以后，茶叶商人特别受到消费者的欢迎。新的饮茶风尚并非仅仅在汉人中流行，据说，来到长安的回鹘人在办事之前，第一件事就是驱马前往经营茶叶商人的店铺⑥。这些嗜茶者的同胞——回鹘高利贷商人，在西

---

① "Sārthavāk"是个粟特字，它显然相当于汉文的"萨宝"（＊Sât-Pâu）。此据丁受博（Albert Dien）1961年2月12日的私人通信，而丁受博的说法则是根据贝利（H. W. Bailey）和其他一些学者的著作。

② 译按，即"行"。

③ 译按，《唐两京城坊考》卷三"东市"下云："公卿以下居止多在朱雀东街，第宅所占勋贵，由是商贾所凑，多归西市。"

④ 译按，《唐两京城坊考》卷2"东市"条下注云，《唐书·蒋镇传》：斩于东市西北街。《通鉴》：隆基将捕诸韦亲党，斩韦温于东市之北。同卷同条又引《博异志》：宪宗斩马奉忠等三十余人于东市西坡资圣寺侧。今按：《旧唐书·突厥传》，唐高宗斩阿史那伏念于东市。显然东市也是行刑之所。

⑤ 加藤繁（1936），第49~51、60页。到宋代时，集市的商人及其行头就发展成了具有会长的商会。

⑥ 《新唐书》卷196，第4087页。这段记载来源于《茶经》的作者陆羽的传记。陆羽的著作对于新的饮茶风尚的形成起了重要的作用。

市的胡商中占有重要的地位。无数负债累累的汉族商人和挥霍无度的衣冠子弟，将他们的土地、家具、奴隶甚至祖传的纪念遗物，都当作现金担保典当给了回鹘高利贷者。在九世纪的最初几十年里，当物价飞涨，人人都陷入债务中无法自拔时，这些放债人简直被看成了瘟疫。从另一个角度来看，这些回鹘人①的傲慢无礼也确实到了无以复加的地步：一位回鹘人因为在光天化日之下用刀杀死了一个商人而遭到拘禁，回鹘酋长居然未经唐朝官员审理而非法将他营救了出来②。唐朝人对回鹘高利贷商人的反感越积越深，最后在文宗开成元年（836），唐朝政府明令规定："自今已后，应诸色人，宜除准敕互市外，并不得与蕃客钱货交关。"③ 回鹘人的令人难以忍受的傲慢行为，是引发九世纪中叶排外运动和迫害外来宗教运动的一个重要的原因。

但是，长安城里的居民可以通过各种各样的途径来找到安慰，从而在寻求慰藉的过程中积累更多的债务。例如，他可能会参加在收入丰裕的佛寺中举办的各种大型的节日活动、舞会以及戏剧演出等。这样的佛寺遍布长安。佛寺举办的这些新奇

① 译按，英文原作"Turks"（突厥人）。但是在本书中，并没有将"回鹘人"即"Uighurs"，泛称为"突厥人"，故汉译文仍从唐朝旧史的记载，称作"回鹘人"。
② 参见《资治通鉴》卷225，第4页。这件事发生在代宗大历十年（775）。
③ 《册府元龟》卷999，第26页；又见《全唐文》卷72，第2~3页记载的唐文宗的诏令；向达（1933），第34页。虽然政府的利率是七分利，但是私人高利贷者的利率却被限制为六分。见白乐日（1960），第25页。译按，据《册府元龟》原文，本段引用的诏令发布于文宗太和五年（831）六月，此作836年（文宗开成元年），误。《册府元龟》下文在836年条下载有内容相近的一道诏令，作者大概因此而误。又，向达先生原文作"穆宗长庆二年（822）六月"，亦误。

的文娱活动最初可能起源于印度和突厥斯坦的佛教国家。这些活动不仅具有强烈的诱惑力，而且还可以起到教化人心的作用①。如果是没有家室的市民，则他可以在位于东市与宫城之间的平康坊的妓女中寻找到另外一种慰藉。平康坊有许多娴熟音乐、舞蹈而且善解人意的妓女，只要向妓女的"鸨母"交纳一千六百文铜钱，就可以与妓女共度良宵②。享有父辈荣耀的贵族子弟，或者是将科场功名作为通往仕途的唯一途径的少年文士都会轻易地因这些妩媚动人的妓女而深陷爱河。如果这些风流客又兼有一些文学才能的话，他们就会用自己写的情意缠绵的诗歌或者是悱恻动人的传奇故事来取悦那些明艳照人的妓女③。沿着长安城东面的城墙，由"春明门"往南的一个住宅区④里有许多酒馆，在这些酒馆里花钱更少，但却可以感受到更浓郁的异国情调。如果有朋友要踏上向东的旅程，前往东都洛阳的话，这些酒馆就成了饯友话别的好去处。在这里，精明能干的老板娘会雇佣带有异国风韵的、面目姣好的胡姬（比如说吐火罗姑娘或者粟特姑娘），用琥珀杯或玛瑙杯为客人斟满名贵的美酒。而这些姑娘则会使酒店的生意更加兴隆。由胡儿吹箫伴奏的甜润的歌唱表演和迷人的舞蹈，也是酒店老板增加销售量的重要手段，友好和善的服务，正是招揽顾客的

---

① 石田干之助（1932），第 67 页；谢和耐（1956），第 228～232 页。

② 岸边成雄（1955）。妓女的价格当然主要取决于普遍的经济波动和妓女本人的声望。一位高级妓女（译按，即史凤）曾经从她的崇拜者那里得到了一个装有三十万枚铜钱的袋囊。见《云仙杂记》卷 1，第 6 页。

③ 祝秀侠（1957），第 114～115 页。有关唐代长安城里的娼妓区以及长安名妓的传记，参见《唐代丛书》收录的《北里志》。关于"私妓"和"官妓"的有关情况，见王桐龄（1930）。

④ 译按，春明门南为道政坊。

不可或缺的手段。"胡姬招素手，延客醉金樽"①。这些温顺可人、金发碧眼的美人儿使诗人们心荡神迷，从当时的文学作品中我们还依稀可以看到她们绰约的风姿，大诗人李白是这样描述她们的：

> 琴奏龙门之绿桐，玉壶美酒清若空。
>
> 催弦拂柱与君饮，看朱成碧颜始红。
>
> 胡姬貌如花，当垆笑春风。
>
> 笑春风，舞罗衣。
>
> 君今不醉将安归②？

现在，让我们在这轻松愉悦的气氛中离开长安，再来看看其他那些常常有外国人滞留的城镇。当然，不管是在哪里，只要是有利可图的地方，你就会发现外国人活动的踪迹。在富庶的川中流域，或者是在洞庭湖附近湿润的低地地区，你都会发现求购丝绸锦缎的外国商人③。但是在那些没有水道与通都大

---

① 李白：《送裴十八图南归嵩山》，《李太白文集》卷15，第1页；参见向达（1933），第36页。

② 李白《前有樽酒行》，《李太白文集》卷3，第8页。按照通常的解释，"看朱"句的意思是指视力出现的幻觉，是说"我们已经无法看清景物的颜色了"。第一行"龙门之绿桐"似乎是指一首古典歌曲（见《周礼·春官·司乐》，译按，即指《周礼》之"龙门之琴瑟"句），这是一首古代有关制作齐特拉琴琴身的传统材料，即优质桐木的来源的歌曲。"柱"就是轴。这个字还可以恰当地用来指"瑟"或者"筝"的琴马。瑟和筝是属于其他类型的齐特拉琴，而这首诗中的"琴"是指一种没有琴马的齐特拉琴。"胡姬"是指西方或北方的很可能属于伊朗血统的风姿绰约的美丽姑娘。"姬"，原来的意思是指"周的贵妇人"，在唐代多指"高级妓女"。

③ 中村久四郎（1930），第244~245页。

邑连接的地区，外国人最乐意居住的还是商队经过的河西走廊地区。这条走廊是通往塔里木盆地的必经之地，沿着茫茫戈壁的边缘散布着一座座唐朝的城镇。这些城镇之间往往都相隔一定的距离，城镇里都配备有商队歇脚的客店。你会在这里发现伊朗拜火教徒和伊朗乐师。河西走廊所有的城镇都是向背无常的：今年这里还是由唐朝的官员驻守——他们引经据典，用道德规范来劝化人民；但是明年就会有突厥人挥舞弓矢，策马入侵；除了突厥人以外，这里在唐朝还常常被吐蕃贵族占领。在这些使用多种语言的边镇中，最典型的是凉州古城。凉州在唐代以前曾经被匈奴和匈奴以后的游牧统治者征服。唐朝的哥舒翰将军曾一度驻节凉州。在这期间，他的奢华排场几乎可以与帝王相埒。哥舒翰经常大摆宴席，款待宾客，幸运的客人在宴席上不仅能欣赏到舞狮、舞刀的表演，而且还可以得到朱唇侍者的悉心侍奉①。因为"（凉）州之分野，上应白虎之宿，金气坚刚，人事慷慨"②，所以这里的居民一向以坚忍、顽强著称。八世纪时，凉州的常住人口有十万多人。凉州居民中有一部分是汉人，但是他们中有许多人的祖籍是天竺，这些人的汉姓叫"申屠"（Shindu），申屠这一姓氏就是根据他们的种族来源而起的。此外，还有许多人的种族来源可以追溯到阿姆河和锡尔河边疆地区的国家③。凉州是牧马的重要场所，特别是仍然保留着古代蒙古语名称的"土弥干川"沿岸地区，更是

22

① 石田干之助（1932），第56~66页；德雷克（1940），第352页；薛爱华（1951），第408页。
② 《太平寰宇记》卷152，第4页。
③ 《太平寰宇记》卷152，第4页。译按，作者这里是指凉州八姓中的安、曹、石等姓。

水草丰美的优良牧地。"土弥干",鲜卑语的意思是"骨髓",正是因为这一带的土地丰饶肥沃,它才被称为"骨髓"①。凉州出产优质的缎②、龙须席、毯、野马革,而芎藭这种治疗头疼的良药,则更是凉州著名的土产③。凉州是一座地地道道的熔炉,正如夏威夷对于二十世纪的美国一样,对于内地的唐人,凉州本身就是外来奇异事物的亲切象征。凉州音乐既融合了胡乐的因素,又保持了中原音乐的本色,但是它又不同于其中的任何一种,这样就使它听起来既有浓郁的异国情调,又不乏亲切熟识的中原风格。在中世纪早期的远东,凉州音乐曾经风靡一时。

唐朝外来居民的待遇

唐朝政府对待外来居民的态度和政策是很复杂的。即便是在唐朝最崇尚外来物品的时期,对于外来居民而言,最好的办

---

① 卜弼德(1935),第 11 页。译按,原文作"Tümigen"。《太平寰宇记》卷 152 凉州番和县有土弥干川,"即古今匈奴放牧之地。鲜卑语雷为吐弥干,言此川土肥美如髓,故以名之"。即此。

② 译按,此"优质缎"即指《新唐书》卷 40 之"白麦"。据标点本《新唐书》(中华书局,1986,第 4 册,第 1049 页)"校勘记"(6)云:"《通典》卷 6、《元和志》卷 40,凉州贡有'白麦',无'白麦','麦'疑为'麦'之讹。"今按:杜甫《送蔡希曾都尉还陇右因寄高三十五书记》有"汉使黄河远,凉州白麦枯"句。钱谦益注云:"陈藏器《本草》:河渭以西,白麦面凉。关二时之气故也。梦弼曰:凉州正在河渭之西,其出白麦,盖土地所宜(《钱注杜诗》卷 9)。"则此"白麦"必为"白麦"之讹文无疑。作者谓"优质缎",误。又据《本草纲目》卷 22 引陈藏器文:"小麦秋种夏熟,兼有寒、热、温、凉,故麦凉、麴温、麸冷、面热,宜其然也。河渭之西,白麦面亦凉,以其春种,缺二气也。"则《钱注杜诗》"关"二气之"关",当为"缺"之讹误。

③ 《新唐书》卷 40,第 3726 页。最后一种出产"芎藭",是以藭(conioselinum univittatum)芬芳的根茎而得名的。

法也莫过于选择唐朝人的思维方式和生活习俗，而当时许多外来居民也确实是这样做的。但是另一方面，唐朝政府有时又偏偏不允许他们这样做。例如，代宗大历四年（769）时，"回纥（即回鹘）留京师者常千人，商胡伪服而杂居者又倍之"。针对这种情况，唐朝政府颁布诏令，规定"回纥诸胡在京师者，各服其服，不得效华人"。在诏令中还严厉禁止胡人"诱娶"汉人妇女为妻妾，或者以任何方式冒充汉人[①]。这条诏令的发布可能是由于普遍憎恶回鹘高利贷者的结果，但是唐朝还有其他一些与此类似的规定，而这些规定除了出于虔诚的地方长官维持唐朝人习俗的纯洁性的强烈愿望之外，别无任何理由。例如，文宗开成元年（836）卢钧擢任岭南节度使时，他发现广州的外来居民与唐朝人杂居在一起，不仅没有实行种族隔离，而且相互自由通婚。于是卢钧强迫他们分处而居，禁止通婚，甚至不许外国人占田和营建房舍。他自许是在整饬这座荒淫放荡的城市，认为自己是一个正直而坚持原则的人：总归一句话，他的这种做法其实就是一种"种族清教徒"的行为[②]。

唐朝人对外来居民的称谓中有许多俚言俗语，如"富波斯"（因为他们富有，所以他们是受人羡慕的）[③]、"黑昆仑"（因为他们肤色黑，所以他们是丑陋的）、"裸林邑"（因为他们是裸体，所以他们是淫荡的）等，这些说法只是一些形象化了的俚言俗语，对于官方政策不会产生什么影响。至少就唐朝民间而言，对于外来居民的态度总是模棱两可、含混不清

---

① 《全唐文》卷 100，第 1798 页；《资治通鉴》卷 225，第 20 页。
② 《新唐书》卷 182，第 4062 页；《旧唐书》卷 177，第 3538 页。
③ 薛爱华（1951），第 410 页。

23　的。当时的人们常常在酒宴上摆放一个头戴宽檐帽、蓝眼睛、高鼻梁的小木偶人，用它来表示喝醉的胡人。当这种滑稽的小木偶跌倒时，如果他倒的方向指向哪位宾客，则这位宾客就必须将杯中的酒喝干[1]。年轻的诗人们常常在妓院里用这种木偶人取乐。他们一方面嘲弄、取笑着这种木偶，另一方面也正是他们，在苦苦思恋着大都市酒肆中那些楚楚动人的伊朗女侍者。八世纪是中亚的琴师和舞女在唐朝的大都市中受到热情欢迎的世纪，同时也是数千名并无恶意（但却富有）的波斯、大食商人在扬州被残杀的世纪。九世纪时，外来物品价格特别昂贵，而且也很不容易得到，这样一来，一种充满着浪漫的回忆色彩，以反映外来事物作为主要特点的文学作品就开始大量流行起来。奇怪的是，同样是在九世纪，正当有关那些来自西极的乐善好施的富豪的故事到处流传之时[2]，也正是外来居民遭受猜忌和迫害之日。在这存在两种相互矛盾的态度的同一个时代里，对于外来居民而言，他很可能会在唐朝政府中上升到很高的地位——特别是他本人如果与新贵结成联盟的话，这种可能性就更大（唐朝的新贵阶层是由科举制度造就的反对世袭贵族的一个社会阶层）。我们可以举一位大食人为例，在九世纪中叶，这位大食人曾经得到了"进士"这样的殊荣。许多因素共同作用的结果，使唐朝人心目中的"理想的"外国人的形象与真正的外国人分离开了：随着物价的增长，唐朝人对于外来富商的憎恶与日俱增；唐朝政权的不断削弱，使政府

---

①　石田干之助（1948），第75，88页。这种木偶叫作"酒胡子"或"补醉仙"。

②　薛爱华（1951），第413~422页。

只能听任异族对唐朝国土的入侵①，所有这些因素都影响了唐朝人对外国人的看法。总之，对于外国人的不信任的和敌视的态度，与对外来物品的喜爱，这两者之间并不是完全不能相容的。当七、八世纪唐朝处于朝气蓬勃的全盛时代时，这种对于外来物品的喜爱并不算一种不切实际的幻想。九、十世纪的文学作品中保留了七、八世纪胡风盛行时的状况，使后人得以抚今追昔，发思古之幽情。在这时的文艺作品中，恋情依依地回顾了七、八世纪那段美好的旧时光——唐朝军队的优势力量和唐朝艺术的优越地位，在当时得到了普天之下的外国人的承认。这时哪怕是普普通通的唐朝市民，也完全有可能享用到来自遥远的地方的珍稀货物。这就正如同在我们的时代，一位前德国士兵可能会追忆起他可以开怀畅饮法国酒，而不必承认法国的平等地位的日子；或者就像一位前英国的文官深深地怀恋着大英帝国统治时期野蛮的印度的财宝一样。以货比人，外国人永远也无法与外国奢侈品相提并论。

唐朝人对于商业的态度也有一些模棱两可的地方。唐朝的商业贸易从来没有能够从政治的羁绊中脱离出来。商品对于公众的幸福越是必需，或者说越是上层社会渴望得到的商品，国家就越是要参与这些商品的分配。对于国内产品，例如盐、铁、钱以及有时对于酒和其他日用消费品的传统的政府垄断政策，成了唐朝政府对于外来奢侈品进行控制的模型。八世纪时在广州设立的"市舶使"这种新的官职，就是以古代的"盐铁使"作为典范和原型而设立的。"市舶使"的职责是购买朝

---

① 赖世和（1955a），第220页。关于晚唐时期外国人在唐朝的政治、社会势力的证据（包括在这里提到的这位大食人），见张长弓（1951），第6～7页。

廷想要控制的所有的进口货物（特别是朝廷或者是受到朝廷
宠信的集团所需要的进口货），防止走私，并且要遵循垄断国
内货物的老皇历来垄断进口货①。根据这种态度得出的结论必
然是：贸易与外交应该是不可分割、紧密相关的，从而将外国
带给唐朝朝廷的礼物看作是外国向唐朝天子遍布四海的权势屈
服的象征，而实际上这些通常是由大量珍贵的货物组成的礼
物，应该属于国际贸易的一个重要组成部分②。称"进贡国"
被迫奉献纳贡，只不过是一句自欺欺人的假话。外国——包括
与唐朝疆域相接惧怕唐朝势力的国家以及那些由于路途迢迢而
真正独立于唐朝的国家——都是纯粹出于自身的利益将它们的
货物送到唐朝，然后从唐朝政府那里得到它们希望得到的
"礼物"，从而避免它们可能会遇到的麻烦③。就外国商人而
言，他们对于这样一种交易制度肯定是有些犹豫的。因为这种
制度要求他们首先要在唐朝都城将他们的部分商品奉献给朝
廷，或者是在报关口岸将货物装进政府的货栈，而这样一来他
简直就不能算是一个自由的代理商了。但是如果他想要以个人
的计划行事，则他可能就会招致官方的干涉，甚至有可能带来
祸患。至于地方长官，他们在解释朝廷限制贸易的政策方面宁
可走得更远一些，也不愿意冒着被砍头的危险随意放宽政府的
限制④。甚至那些允许外国人向平民自由出售的货物，也不得

---

① 白乐日（1932），第54及以下诸页。
② 有关论证见白乐日（1932），第54页；赖世和（1955a），第40页。
③ 法夸尔在有关明代的著作中，对这个问题进行了详尽的研究，见法夸尔
（1957），第61页。
④ 一位日本使臣在前往唐朝京城的途中，想要在沿途进行贸易，结果遇到
了很多困难。见赖世和（1955a），第81页。

不在政府代理商严密监督下的大市场中交易①。更糟糕的是，由于政府唯恐失去其应得的一份利润，所以外国人最想带回本国的那些货物，也恰恰正是唐朝的官吏最着意加以监视的货物。通过开元二年（714）的一项诏令，我们可以了解到这些货物的种类。诏令中规定禁止向外国人出口或出售的商品主要有锦、绫、罗、縠、绣、织成、绸、绢、丝，牦牛尾、真珠、金、铁等物品②。相反，唐朝政府对于那些它们认为对社会风化来讲是轻佻的和有害的商品的进口和销售，也规定了一些古怪的限制条件——尽管事实证明这些商品可能是商人货船中最有利可图的货物。确实正像在广州的一位波斯僧发现的那样，甚至出售假造的奢侈品和掺假的货物也是一个有利可图的行业。虽然这种做法很可能会使从事进口的商人身陷囹圄③，但是如果碰巧不被发现的话，他还是大大有利可图的。这位波斯僧就是专门为精明世故的唐朝朝廷制作外国的"奇巧"④。可是正如千万个外国商人在唐朝境内的经商活动证实的那样，如果经营者是一位聪明的商人，而且他知道什么货物可以进口，什么货物能够出口，知道他所置身的环境如何的话，那么即使他是一个老实本分的商人，他也能够独自经营得非常好。但是话又说回来，即使是最聪明的商人，也无力避免其他一些棘手

---

① 至少有些例证表明，出售货物需要政府的允许；例如《册府元龟》卷999，第25页记载："奚（这是东北地区的一个少数民族）使乞市贸易，许之。"这件事发生在开元四年（716）。这条史料还为我们提供了在长安正式申请从事贸易活动的例证。

② 《唐会要》卷86，第1581页。在这道诏令中还规定，"金、铁之物亦不得将度西北诸关。"这无疑是为了防止潜在的敌人得到制作武器的原料。

③ 桑原骘藏（1930），第190页。

④ 这位僧人一直与一位唐朝代理商狼狈为奸。见《旧唐书》卷8，第3081页。薛爱华（1951），第409页。

的问题：如果地方长官对于唐朝官员应该具有的道德原则不管不顾的话，商人货物中的相当大的一部分就有可能在"关税"的名义下，被地方长官剥夺而去。甚至如果海关关卡的检查者碰巧是一位廉直的官员，唐朝政府所要求的东西很可能也是过分的。根据一位阿拉伯地理学家的记载，当他的同胞到达唐朝时，他们的船货有三分之一都被迫交到了唐朝的货栈里[①]。但是我们应该看到，唐朝政府没有一项规定是永久性的，任何事情在这里都是不可预料的。头一年看起来还是异想天开的想法，到第二年就有可能会变成一项政策。唐朝政府以诏令的形式一次次地颁布免征税收的规定，这些规定大大改变了商人的处境，从而使他们获取更高利润的想法变得更为合情合理。太和八年（834）由唐文宗颁布的一项诏令，就是这样一个例证。这道诏令是在文宗疾病痊愈之际颁发的"德音"。在诏令中赦免了各种级别的罪犯，而且同时也特别施予了朝廷对于在岭南、福建、扬州等地经商的来自海外的"蕃客"的保护。因为这些蕃客"本以慕化而来，固在接以恩仁"，所以指令地方长官允许蕃客"来往交流，自为贸易，不得重加率税"[②]。

但是唐朝的外来居民还面临着其他一些必须正视的困难。首先他要面对与商业贸易无关的、在社会和经济方面没有保障的状况。如果外来商人不幸客死在了唐朝的境内，他的货物就会被封存起来，如果在短时间内找不到他的妻子或者是

---

① 这件事是 Abū Zayd 记载的。参见赖诺德（1845），第 48 页。桑原骘藏确信，这种过高的关税就是《新唐书》中记载的"下碇税"，或者是《唐国史补》里说的"舶脚"。见桑原骘藏（1930），第 188 页。

② 《全唐文》卷 75，第 3 页。特别值得我们注意的是，这道诏令中提到了福建，而且将这里作为唐朝对外贸易的一个重要地区，这是有关福建地区对外贸易的较早的一条史料。

后嗣的话，这些货物将由政府予以没收①，而寻找继承人的期限是不可能持续很长时间的。更为重要的是，如果外来居民娶了汉族妇女为妻，或者是纳汉族妇女为妾的话，他就得留在唐朝境内，绝对不允许外国人携带汉族妇女一起返回其故土。这是在贞观二年（628）颁布的一道诏令中规定的，目的主要是保护汉族妇女，避免她们与外国使臣及其随从之间的临时婚姻——这些人在离家外出期间，需要利用这种露水姻缘来得到一时的满足②。对于下嫁游牧部落酋领的唐朝公主来说，这种规定当然是不适用的。皇室公主毫无怨言地被送往草原地区，她未来的丈夫与唐朝的关系是否友好，对唐朝的政策来说是很重要的。九世纪初期，在回鹘政权鼎盛时期嫁给回鹘可汗的唐室公主就是这样一个例子。这位公主的出嫁是为了交换（事实的确是这样）回鹘使臣献给唐朝的以使公主成行的礼物：驼褐、白锦、白练、貂鼠裘、鸭子头玉腰带等，此外还有一千匹马、五十头骆驼③。不管是因为遵从唐朝的法令，还是出于自愿，我们知道在九世纪时，有许多外来居民已经在唐朝境内生活了四十多年，而且他们全都有了妻室儿女④。正如我们注意到的那样，外来居民都有义务服从专横的隔离法令，只是由于另外一些较为宽松的法令，才使这种情况部分地得到了缓和——这些法令允许唐朝城市中的外国移民选

---

① 中村久四郎（1917），第 245 页。正如中村久四郎所指出的，这些规定似乎可以用来解释为什么在唐代民间传说中记载，每当外国富商临死之际，总是将随身携带的财富（例如珠宝）交给那些与他情投意合的汉人。

② 《唐会要》卷 100，第 1796 页；《唐律疏议》卷 2，第 70～71 页。

③ 《唐会要》卷 97，第 1748 页。这件事在穆宗长庆元年（821），出嫁的公主是太和公主。译按，卷"97"，应为"98"之误。

④ 《资治通鉴》卷 232，第 18 页。

举他们自己的首领，而且在移民之间可以根据其本国的法律和习俗处理诉讼案件①。

进贡

一旦普通商人得到官方的允许，获准在唐朝的市场上进行贸易，他就可以在同胞中住下来，从事自己的商业活动了。但是，代表外国政府来唐朝的使臣与此不同，尽管他们的主要兴趣可能是在商业方面，或者说至少是为了有利可图地交换珍贵的物品，可是至少在表面上，他们却不得不去应付那些等待着每一个进贡国代表的豪华场面，这样一来，他们所代表的国家就当然地承担了进贡国的义务——虽然这些使臣即使是在与好友私下密谈时，对此也是佯作不知。但是也有一些属于例外的事例：当萨珊王室的末代后裔卑路斯来到长安，寻求唐太宗的保护和帮助时，我们无法猜测这位逃亡的萨珊王子究竟为唐朝皇帝带来什么象征性的礼物，或者说他究竟向唐朝皇帝进献了怎样的表示臣服的象征物②。但就一般情形而言，使臣大多是普通政客、国王的近亲、高僧大德，或者干脆就是由商人充任的。一般来讲，这些人对于俯首称臣这种事情是不太在乎的。那些路途遥远，但又希望促进与唐朝之间的贸易的国家，往往宁愿请求其友好邻邦的使臣代表他们出使唐朝，而不是派遣本国的使团。婆利国就是一个典型的例子。贞观四年（630），

① 《唐律疏议》卷 2，第 40 页。但是如果当事人双方的国籍不同，比如说一方是新罗人，一方是百济人（虽然他们都是朝鲜半岛人），则处理案件要按唐朝法律论定刑名。

② 《旧唐书》卷 198，第 3614 页。译按，卑路斯入朝是唐高宗时，此云"太宗"，误。

婆利国派了一位使者带着本国的方物，随同林邑使团一起到唐朝朝廷进贡①。

外国使臣到达唐朝都城时，必须携带正式的国书，只有这样才能得到合法的特权。外国君主如果想求得唐朝的帮助或保护的话，就得上表乞请，乞请的物事或是金带锦袍，或是一名作为常驻顾问的汉官，或是一部汉文经典著作，或者是乞求所有的这些东西。但是在所有的乞请物事中，外国君主最希望得到的礼物是一种精美的袋囊，他的使臣可以用这种袋囊盛放官方符信②。这种符信是一种铜制的鱼形符信，或者更确切地说，它只是一枚铜鱼的一半。对于每一个与唐朝保持外交关系的国家，唐朝政府都给它们分发十二枚这种被分作两半的铜鱼。每枚铜鱼都按顺序编号，并且刻上了接受铜鱼的国家的国名。"雄"的一半保留在唐朝宫廷之内；"雌"的一半赠送给"进贡"国。派往唐朝的使臣将鱼符放入锦缎袋囊中，他携带鱼符的顺序号，应该与他到达长安的那一月的月份相符合③。如果他带来的一半鱼符与唐朝保留的另一半契合，他就会得到与唐朝政府规定提供的权利和优惠相一致的接待。例如，外国使臣的粮料供应，就是按照该使臣所在国的距离远近比例来配给的。所以天竺、波斯、大食等国的使臣可以按规定分配到六个月的食粮；来自尸利佛誓④、真腊和诃陵的使臣也有四个月

①《旧唐书》卷197，第3609页。
②《册府元龟》卷999，第13～22页保留了请求所有这些物事的例证。这种袋囊叫"鱼袋"。
③《唐会要》卷100，第1795页。关于这种符信的详尽讨论，见戴何都（1952），第75～78页。
④ 地在今苏门答腊。关于这个地名的考定，见伯希和（1904），第321页及以下诸页。

的食粮；而来自与唐朝边界相邻的林邑的使臣则只能得到三个月的食粮①。即使是大国的代理商也不能轻易取得优先的待遇：例如在肃宗乾元元年五月壬申（758年6月11日），回鹘与黑衣大食的使臣携带"贡物"同时到达唐朝宫廷，他们为了优先进入宫门而相互发生了争执，为此皇帝专门发布了一道诏令，确定了他们进入宫门的礼仪，即允许双方使臣同时经由左、右门进入皇宫②。

长安城在东、南、西、北四个方向各设有一座城门，每个城门附近都备有客馆，当外国使臣最初到达长安时，就先在一所这样的客馆中临时安顿下来③。从这时起，外国使臣就在鸿胪寺官员的指导下进行活动④。鸿胪寺是唐朝设置的一个十分重要的官署，它的主要职责是掌管唐朝皇室成员的丧葬事宜和接见、款待外国的客使⑤，而且鸿胪寺还起着搜集有关外国资

---

① 《唐会要》卷100，第1798页。在武后证圣元年（695）颁布的一道诏令中规定了这些比例。译按，"四个月"，《唐会要》原文作"五个月"。

② 《旧唐书》卷10，第3089页。译按，"左、右门"系据《旧唐书·肃宗纪》，《旧唐书·回纥传》作"通事舍人乃分左右，从东、西门入。"文意更为显豁。

③ 《唐六典》卷18，第11～18页。这些客馆是归中书省管辖的。

④ "鸿胪"这个名称在古代的意思已经不清楚了。据说，"鸿胪"的原意是"传声"。但是虽然"胪"有时具有"宣布"或"传导"的含义，然而就"鸿"字而言（这个字通常是指野鹅），却很难将它解释为"声"（或者与此相近的意思）。译按，《汉书》卷19《百官公卿表》："典客，秦官，掌诸归义蛮夷，有丞。景帝中六年，更名大行令。武帝太初元年更名大鸿胪。"应劭曰："郊庙行礼赞九宾，鸿声胪传之也。"作者的理解似欠妥。

⑤ 武后光宅元年（684）至中宗景龙元年（707）之间，"鸿胪寺"被清楚地称为"司宾寺"。有关唐朝政府接待新到来的外国使臣的礼节，参见赖世和（1955），第283页及以下诸页对于文宗开成五年（840）日本使臣到达长安的描述。

料的情报交流机构的作用，这种职能与鸿胪寺的基本职责相去甚远，但是对于整个国家，尤其是对于军队的决策人物来说，却有巨大的价值。当外国使臣刚刚到达长安时，政府就会派一位兵部的特殊代理人来会见使臣。讯问其本国的山川、风土状况，然后再根据使臣提供的素材绘制成地图①。伟大的地理学家贾耽在八世纪曾经有一段时间担任鸿胪寺的长官。据说贾耽非凡的世界地理知识，就是从他本人会见来访的外交使臣时得到的②。

在外国使臣滞留唐朝期间，最重大的时刻就是受到皇帝接见的那一天。在这种场合，一切安排都是为了使唐朝统治者赫赫威严的气派和凌凌逼人的权势在外国使臣心目中留下深刻的印象。如果使臣官高位尊，有资格参加冬至那天为属国藩王召开的大朝会的话，他将会发现自己面对着召见大殿前的左右厢排列着十二列仪仗卫队——其中有刀手、戟兵、矛兵、弓手等。每一列仪仗卫士都披着艳丽夺目、色彩各异的大氅，而且每一列队伍都有相应的旗帜——鹦鹉或孔雀羽毛做的三角旗，或者是刺绣着野驴和豹子的旗子，或者是刺绣着其他象征勇敢的动物的旗帜。即使是官职卑微的使臣，在平时接受召见时也可以看到当番的皇室禁卫军。禁卫军的卫士分作五仗，其中有

① 《旧唐书》卷46，第3741页。译按，正文所说的"兵部的特殊代理人"就是指兵部"职方郎中"。据《旧唐书》原文，"凡蕃客至，鸿胪讯其山川、风土，为图奏之，副上于职方。殊俗入朝者，图其容状、衣服以闻。"则讯问、绘图都属鸿胪寺的职责，职方仅存其副本，而且也没有所谓"兵部的特殊代理人"。此说欠妥。

② 愚公谷相信贾耽本人就是一位摩尼教徒，他认为贾耽是从唐朝来朝贡的回鹘人那里学到了摩尼教的秘密宗教仪式。详见愚公谷（1934），第8～9页。

四仗身穿猩红衫，头戴东北雪雉尾羽装饰的帽子，而第五仗则穿着刺绣着野马形象的战袍。所有卫士"皆带刀捉杖，列坐于东、西廊下"①。这种浩大的场面使外国使臣茫然不知所措。在按照唐朝的规矩实行了跪拜礼之后，使臣们亦步亦趋地走上前来，将贡物陈放在召见大殿前。然后使团首领走近御坐，在陪同他的唐朝官员②的低声指点下，向皇帝致意，说"某国蕃臣某敢献壤奠"③。皇帝继续庄严端坐，缄默不语，由有司官员以皇帝的名义接受礼物，并且从使团随员手中接纳作为贡物的赠礼④。作为对奉献纳贡的酬答，进贡国国王及其使臣将会在唐朝政府中得到一个徒具虚名但却十分荣耀的官衔。这样他就名副其实地成了唐朝天子的封臣，而唐朝政府也会赐予他们丰厚的"俸薪"⑤。当尸利佛誓国王向唐太宗贡献了象征性的贡物之后，唐玄宗随即宣布了对其特许的权力的认可，并且宣称"嘉其乃诚，宜有褒赐，可遥授左武卫大将军，赐紫袍金钿带"⑥。

外国使臣以自己本国君主的名义接受了这些殊荣之后，就被引导出殿。这时他就可以享用比较轻松的宴飨，以洗去旅途的劳顿。八世纪初期的一位日本使臣就曾享受过这样的待遇。皇帝在召见之后下诏说：

---

① 《新唐书》卷 23 上，第 3677 页。译按，五仗分别是供奉仗、亲仗、勋仗、翊仗和散手仗。
② 即"侍中"。
③ "蕃"字的本义是"防御物、篱笆、缓冲国"。"蕃"是表示进贡国本身的作用的一个字。因为从理论上说，所有的外国都是唐朝的藩属，所以在习惯用法上，"蕃"字通常可以用来直接表示"外国"。
④ 《新唐书》卷 16，第 3667 页。《新唐书》本卷中叙述了蕃使奉见仪式的主要细节。
⑤ 赖世和（1955a），第 79～80 页。
⑥ 玄宗《褒赐尸利佛誓国制》，《全唐文》卷 22，第 17 页。

日本国远在海外，遣使来朝，既涉沧海，兼献方物， 28
其使真人莫问等，宜以今月十六日于中书省宴集①。

胡风

上面我们讲了唐朝接待那些带来奇珍异巧的异域人的方式。这些奇珍异巧就是唐朝的贵族阶层以及模仿贵族者梦寐以求的物品。唐朝人追求外来物品的风气渗透了唐朝社会的各个阶层和日常生活的各个方面：在各式各样的家庭用具上，都出现了伊朗、印度以及突厥人的画像和装饰式样。虽然说只是在八世纪时才是胡服、胡食、胡乐特别流行的时期②，但实际上整个唐代都没有从崇尚外来物品的社会风气中解脱出来。当时有些人物对这种新的观念感到痛心疾首。例如诗人元稹就是其中之一，他在八世纪末年写道：

> 自从胡骑起烟尘，毛毳腥膻满咸洛。
> 女为胡妇学胡妆，伎进胡音务胡乐③。

咸、洛是指长安（诗中用已经废弃的长安的前身咸阳来代指长安城）和洛阳两座都城。在唐代，这两座城市是胡风极为盛行的地方。

胡风的盛行波及了语言文字领域，唐朝有些汉人是懂得突

---

① 《全唐文》卷16，第1页。这件事发生在中宗时期。
② 向达（1933），第42页；石田干之助（1942），第55~56页。
③ 《法曲》，《元氏长庆集》卷24，第5页。

厥语的①。当时有一部供正经学者使用的突厥—汉语词典②，而且在唐朝的一些诗歌中，也表现出了突厥民歌对唐诗诗体的影响③。有许多虔诚的佛教徒还学习了梵文。但是对于其他一些外语，如高丽语、吐火罗语、吐蕃语以及林邑语等语种的学习是否也达到了这样的程度，我们还不清楚。

唐朝两京的风尚尤其注重效仿突厥人和东伊朗人的服饰。在唐代，当男人及女人出行时，特别是在骑马的时候，都戴着"胡帽"。七世纪上半叶时，贵族妇女喜欢一种带着包头巾的外衣，这种将帽子与面纱连接在一起的衣饰当时称作"羃羅"。其实这是一种类似披风的衣服，它将面部和身体的大部分都遮盖了起来，这样既有助于傲慢的贵妇人隐匿身份，又能够避免粗人闲汉好奇的窥视④。但是到了七世纪中叶之后，端庄淑静的风气日渐衰退，而长面纱也在这时被"帷帽"取代了⑤。帷帽是一种带有垂布的宽边帽，这种帽子的垂布只是下垂到肩部，甚至可以将脸露出来。帷帽最初是用来在灰尘扑面的长途旅程中保护头部的，它是一种男女都可以戴的帽子。帷帽的流行，尤其是妇女戴帷帽，当时在社会上曾经引起了强烈的物议，咸亨二年（671），唐朝发布了一道诏令，试图禁断那些"深失礼容"的女骑手，要她们在出行时体面地坐进带

29

---

① 费子智（1938），第 173 ~ 174 页。
② 刘茂才（1957），第 199 页。这本叫《突厥语》的书在日本一直保存到了九世纪末年或更晚。该书著录于藤原佑世《日本国见在书目》（890 ~ 891）。
③ 小川昭一（1939），第 34 ~ 44 页。
④ 向达（1933），第 41 页；索珀（1951），第 13 ~ 14 页；艾惟廉（1954），第 171 页，注（2）；郑振铎（1958），尤其请参见图版第 113；马珍妮（1959），第 108 ~ 109 页和图版 XXXI。
⑤ "帷帽"是一种带遮蔽物的帽子。

顶的马车。但是，人们对于这种诏令根本就不理会。到了八世纪上半叶，妇女们头戴胡帽，甚至靓妆露面、穿着男人们骑马时用的衣服靴衫在街市上到处策马驰骋①。在服饰方面，中唐时期流行的还有另外一些外来风尚。如丈夫戴豹皮帽、妇女穿伊朗风格的窄袖紧身服，并配以百褶裙和一种绕着颈部披下来的长披巾，甚至连妇女的头发式样和化妆也流行"非汉族"的样式。而八世纪的宫女则时兴"回鹘髻"②。九世纪时，正当凉州（这里以易于向外来风尚妥协而知名）这样的城镇中的居民随意地选择外来服装和生活方式时，处在吐蕃统治下的敦煌人民却在坚守祖国纯正风俗的精神鼓励下保留了汉装③。

追求突厥人生活习俗的热情，竟然使一些贵族能够忍受那种很不舒适的帐篷生活，他们甚至在城市里也搭起了帐篷。诗人白居易就曾经在自己的庭院里搭了两顶天蓝色的帐篷，他在毡帐中款待宾客，并且不无得意地向他们解释帐篷如何能够对人提供保护，免受冬季寒风之苦④。在这些都市里的毡帐居住

---

① 向达（1933），第42~43页；石田干之助（1942），第65~66页；索珀（1951），第13~14页；艾惟廉（1954），第171页，注（2）。另外一种外国样式的帽子是一种卷沿高顶圆锥形的帽子，但是我们还不能肯定汉人是否也戴这种帽子。参见向达（1933），第43页；马珍妮（1959），图版XIX。

② 元稹对这种装饰极力进行了丑化，认为"'堆'髻'赭'面非华风"。参见向达（1933），第42页；石田干之助（1942），第67页；马珍妮（1959），第18，32页，图版Ⅷ。马珍妮讨论了其他一些来源于伊朗的外国风尚。关于"回鹘髻"，见《髻鬟品》（《说郛》卷77），第2页。

③ 韦利（1960），第240页。

④ 石田干之助（1948），第144~145页；刘茂才（1957），第203~104页。但是总的说来，就像埃及一样，唐朝的建筑抵制了外来的影响。在洞窟寺中根据佛教宇宙观仿造的外国式的顶部建筑，似乎只是在敦煌那样的地区——即没有中国式建筑式样的先例可资参考的地区——才可以见到。

者当中，最著名的一位是伟大的唐太宗的儿子——不幸的皇太子李承乾。承乾太子在生活起居等各个方面都刻意模仿突厥人，他宁愿说突厥语而不说汉语，并且在皇宫的空地上搭造了一顶地地道道的突厥帐篷，而他本人则穿得像一位真正的突厥可汗，坐在帐篷前的狼头纛下，亲手将煮熟的羊肉用佩刀割成片大嚼大吃。伺候他的奴隶们也都是全身穿着突厥人的装束[①]。

尽管在当时模仿承乾太子的人肯定大有人在，但是具有这种粗野爱好的人的数目毕竟是很有限的。唐朝社会上更普遍流行的是从外国传来的食品，这些食品当时广泛地受到人们的喜爱。而在外来食品中，最流行的就是各种类型的小"胡饼"，其中特别是各式各样的带有芝麻子的蒸饼和油煎饼，尤其备受人们的青睐[②]。虽然胡饼深受外来居民和唐朝本地人的欢迎，但是制作胡饼的技术是从西方传来的，所以制作和出售胡饼的通常都是西域人。在唐代颇为流行的一个故事中，曾经提到过这样一位胡饼商。有一个姓郑的年轻人在黎明前从他的情人家里回来，这时他所在的里坊的大门还没有开，在等待开启里门的晨鼓声时，这位年轻人光顾了这样的一所胡饼店。据记载：

（郑子）及里门，门扃未发。门旁有胡人鬻饼之舍，

---

① 向达（1933），第41页；费子智（1938），第173～174页；麦切—赫尔芬（1957），第120页。

② 向达（1933），第45～46页；赖世和（1955），第297页。关于植物油加工对于饼和灯的重要意义，见谢和耐（1956），第146～149页。

方张灯炽炉。郑子憩其廉下，坐以候鼓①。

　　与大众食品形成鲜明对照的，是为富豪和体面人的餐桌上准备的精美菜肴。这些菜肴中有些是利用昂贵的进口配料制作的，但是在制作方法上却似乎没有根据外国的烹饪方法。在这类食品中，特别流行的是各种添加了香料的香味食品，例如在一种叫作"千金碎香饼子"②的食物中，就必定添加了香料。而有些食品则显然是根据外国传来的食谱制作的，例如在笼屉中蒸制的"婆罗门轻高面"就属于这一类食品③。

　　与衣、食、住以及日常生活其他方面的外来影响相适应的是，在当时的艺术作品中也表现出了对外来事物的浓厚兴趣。唐朝的诗人以及画家们都在他们的作品中描绘了纷纷涌进唐朝境内的外国人。由于艺术家本人的气质可能会与他所处的时代中广为流行的而且普遍受到人们信奉的文化潮流不相协调，所以每个时代都会出现一些崇尚异国情调的艺术家，这一点也不足为奇。但是对外来事物的兴趣最为浓烈的时代，却往往是那些开始或重新开始与异国他邦相互交往的时代。所以一个时代对于外来事物的兴趣是否强烈，尤其与扩大国家势力的征服以

30

---

①　本段记载摘引自八世纪的文人沈既济写的一篇关于狐仙的小说，这个故事名叫《任氏》（《太平广记》卷452，第1页）。在"龙王女"的故事中（《龙王女》，1954）翻译了这篇传奇。关于胡饼，又见《鬻饼胡》（《太平广记》卷402，第9页）的故事。这个故事的主人公在本国时曾是一个富人，但是他却在唐朝孤寂潦倒地生活了许多年。

②　《食谱》，第72页。这本书中具列了一次被称为"烧尾"的豪华宴会上的食单。所谓"烧尾"，就是在大臣升官时举办的盛宴。书中记载的这次特殊的宴会是为作者韦巨源本人举办的。又见爱德华兹（1937），第1卷，第192～193页。

③　《食谱》，第69页。

及商业扩张活动有密切的关系。典型的以反映外来事物作为创作主题的艺术家在赞颂自己国家的同时，也暴露了他们内心的愧疚——对外国的压迫和剥削使他们的良心受到谴责，而他们又是通过将被压迫者和被剥削者理想化来赞颂自己的国家的。正如德拉克洛瓦和高更的绘画作品中的阿尔及利亚人和塔希提人的形象一样，在戈佐利和贝利尼的画作中的摩尔人和撒拉逊人的形象也同样表现出了一种自大的和傲慢的文明的特征。在唐代，也有一些与此极为相似的艺术作品。甚至在外来题材的宗教作品中，也确实存在类似的情形。例如集中表现在文艺复兴时期艺术中的三贤人画像的特点，就与在远东佛教艺术中所见到的长着印度人面孔的阿罗汉的形象不无相似之处。

有些中世纪的评论家并没有将反映外来题材的绘画看作是一个特别的种类。例如著名的郭若虚就是如此。郭若虚是在十一世纪时评论九、十世纪的绘画作品，这样就使他正好处在一种不远不近、十分有利和客观的地位上。郭若虚将古代的绘画分作"观德""壮气""写景""风俗"等几个类目①，但是他并没有将反映外国人的以及内容与外国有关的绘画作品归作一个专类——即便他偶尔也曾讨论过以外来事物为主题的绘画，例如，他曾经指出了描绘来源于印度的神像的正确方法，认为在绘制因陀罗②的画像时"须明威福严重之仪"③。

相反，十二世纪书画鉴赏家宋徽宗收藏书画的目录书《宣和画谱》的佚名作者，却为我们留下了关于表现外国人的

---

① 译按，原文分作典范、观德、忠鲠、高节、壮气、写景、靡丽、风俗等八类。
② 译按，即帝释天。
③ 索珀（1951），第9~11页。

绘画作品的一个简要的叙论①。这位作者具列的描绘外国形象的著名画家中有胡瓌和他的儿子胡虔，他们的许多作品一直保存到了宋代。胡氏父子以擅长描绘边荒绝域的狩猎场面以及外来的马、驼、隼而著称于世②。这位佚名的目录学家声称，这类绘画的真正价值在于，与汉文化比较而言，这些作品描绘了蛮夷文化的粗俗低劣。类似这种说教式的沙文主义，在宋代肯定要比唐代普遍得多。在唐代，以外国为主题的绘画激发出来的感情，是一种屈尊俯就的自豪感；而在宋代，由这类绘画而产生的则是忧惧交加的妄自尊大。总之，有一点可以肯定，即大多数唐代的艺术爱好者以及大多数宋代的书画收藏家，都从这些绘画的风格和色彩中得到了最大的艺术享受。

　　尽管在艺术批评家的著作中很少对表现外来题材和其他时尚的艺术作品进行归纳总结，但是通过对批评家提到的艺术家们个人最擅长的题材进行综合概括，我们就可以很轻易地勾勒出唐代艺术潮流和风尚的简单轮廓。如果稍加总结的话，就不难发现，七世纪是唐代绘画中外来题材最流行的时代。这时唐朝皇帝的武功已臻顶峰，畏威臣服的蛮夷充斥朝廷，胜利的自豪使这些化外之民似乎也成了为公众所承认的适合于绘画的主题了。与绘画中的外来题材相比较而言，我们在下文中将会看到，在唐代文学作品中，外来题材最盛行的时代是在九世纪，而九世纪则是一个怀旧的时代。在七世纪时，表现外来题材的画家中名气最大的画家是阎立德。阎立德其人是阎立本的哥哥，阎氏兄弟二人齐名，阎立本曾以图写唐太宗本人的真容而

31

---

① 《宣和画谱》卷8，第222~224页。
② 《宣和画谱》卷8，第225~228页。

享有盛誉。据说在描绘外来题材方面，与阎立德同时或比他更早的画家中，没有一个人能够超过他的成就①。贞观三年（629），中书侍郎颜师古向朝廷引见了一位居住在今贵州省境内偏远山区的土著人。据记载，这位土著的西南蛮"冠乌熊皮冠，以金络额，毛帔，以韦为行縢，著履。中书侍郎颜师古奏言：'昔周武王治致太平，远国归款，周史乃集其事为《王会篇》，今圣德所及，万国来朝，卉服鸟章，俱集蛮邸，实可图写贻于后，以彰怀远之德'。上从之，乃命阎立德等图画之"②。

描绘外国山川形胜的图画，同样也是在讯问外国贡使的基础上画出来的。虽然在唐代，实用与审美二者在目的及其效果方面无疑都是判然不同的，但是尽管如此，我们几乎还是无法将表现外国山川形胜的美术图画与实用的战略地图区别开来。贞观十七年（643），阎立本曾受命描绘太宗朝万国输诚纳贡的场面。在阎立本的作品中，有两幅《西域图》③。距离阎氏兄弟之后一个多世纪，活跃在唐朝画坛上的是周昉与张萱两位画家。周、张二人都以擅长画仕女画而著称④。令人难以置信

① 索珀（1950），第 11 页。译按，《唐朝名画录》云："阎立德《职贡图》异方人物诡怪之质，自梁、魏以来名手，不可过也。"《太平广记》卷 211"阎立德"条引《谭宾录》称"至如万国来庭，奉涂山之玉帛；百蛮朝贡，接应之门序；折规旋矩，端簪奉笏之仪；魁诡谲怪，鼻饮头飞之俗——莫不尽该毫末，备得精神"。

② 索珀（1951），第 74 页。此处所引为索珀的译文。译按，汉译本所录为《图画见闻记》原文。所录之人为"东蛮（即东谢蛮）谢元深"。太宗以其地为应州，隶属黔州都督府。参见《新唐书》卷 222 下。

③ 《历代名画记》卷 9，第 273 页；《宣和画谱》卷 1，第 60 页。

④ 周昉的作品中尤其迷人的是他画的《杨妃出浴图》。参见《宣和画谱》卷 6，第 166～172 页。

的是，他们两人都曾画过《拂林（Prom，或 Hrom，或 Rome）图》，所谓拂林国是指拜占庭疆域内的某个地区。如果这些作品能够保留下来的话，对我们来说它们将是无可比拟的瑰宝，但是现在我们已经无法想象这些画家在画面中表现的那些异域景象的特点了①。甚至伟大的王维也根据某个"异域"创作了一幅风景画②，但是王维画的"异域"究竟是指哪里，现在也无从考证了③。

　唐朝画家描绘的这些远国绝域的居民的形象，通常都是穿着他们本地的服装，而且这类绘画都尤其突出地表现了异域人奇特的相貌。在所有表现外国人的艺术作品中，能够确认其年代的作品，大多数都是由唐朝工匠创作的赤陶小塑像。在这些塑像中，我们可以发现头戴高顶帽、神态傲慢的回鹘人，浓眉毛、鹰钩鼻的大食人（对他们还不能完全肯定），此外还有一些头发卷曲、启齿微笑的人物形象，不管这些卷发的形象属于哪个民族，在他们身上都表现出了希腊风格的影响④。然而，虽然外国人是唐朝大画家喜欢表现的一个主题，但是他们创作的外国人的形象留存下来的却很少。现在我们已经无法得见阎立本绘制的——进贡者在唐朝皇帝面前躬身致礼，将兽中之王狮子贡献给朝廷的图画了⑤。其他如李渐与他的儿子李仲和画

---

①　《宣和画谱》卷5，第155～159页；卷6，第166～172页。两位画家也都画过杨贵妃调教她的心爱的鹦鹉的图画。译按，即张萱《写太真教鹦鹉图》、周昉《妃子教鹦鹉图》。又，周昉作品收藏目录中有"《拂林图》二"，张萱有"《拂林图》一"。

②　译按，即《异域图》。

③　《宣和画谱》卷10，第262页。

④　马珍妮（1959），第81～84页。马珍妮在他的著作中多次提到了这个问题。

⑤　《宣和画谱》卷1，第60页。译按，此指阎立本《职贡狮子图》。

的骑在马上的蕃人弓箭手的形象①、张南本创作的《高丽王行香图》②、周昉画的《天竺女人图》③、张萱的《日本女骑图》④等，今天也都已经见不到了——但是在敦煌壁画中，我们还可以看到一些面貌古怪、帽子奇特、留着外国发式的中亚民族人物的形象⑤——然而，当武士、文吏以及疲惫不堪的朝圣者在唐朝驻军的保护下，通过当时西域的绿洲城市时，他们就会看到身穿希腊风格衣饰的佛陀形象，具有最纯正的伊朗人特征的供养人形象，还有直接表现热烈的印度史诗场面的裸体女像⑥。

在唐代这一段激奋人心的岁月里，对于艺术家而言，异域的野生动物（尤其是那些由外国使臣作为贡礼，带来献给唐朝朝廷的野兽）还有家畜（特别是唐朝人羡慕和渴望得到的那些家畜，如鹰隼、猎犬、骏马等），也都差不多具有同样强

---

① 《历代名画记》卷 10，第 324 页；索珀（1950），第 19 页。擅长描绘外国景致的另外两位画家是李衡和齐旻，齐旻或作齐皎。见《历代名画记》卷 10，第 313 页。译按，《唐朝名画录》，齐旻"画番马、戎夷部落、鹰犬、鸟兽之类，尽得其妙。"《历代名画记》卷 10，《图绘宝鉴》卷 2 均作"齐皎"，并称皎父齐玘（一作玘）曾任检校兵部侍郎。齐皎在建中四年（783）任泽州刺史。弟齐映也以擅画山水而知名。根据《新唐书》卷 75 下《宰相世系表》记载，齐玘有六子：即"昭、汶、映、（左日右皋）、照、煦"。其中第二子齐汶担任泽州刺史。"汶"《元和姓纂》作"玟"，依齐氏兄弟取名规律，当以"齐玟"为是，《新唐书》误。诸画史记载的"齐皎"当为"齐玟"之讹文。《名画录》之"齐旻"或为"齐玟"之异写。齐映，《旧唐书》卷 136，《新唐书》卷 150 有传。

② 索珀（1951），第 25 页。

③ 《宣和画谱》卷 6，第 166~172 页。

④ 《宣和画谱》卷 5，第 155~159 页。

⑤ 特别是九世纪时画的 158 窟的壁画中为佛陀送葬的人的形象，更具有中亚民族的特点。见格雷（1959），第 57 页。

⑥ 见格鲁赛（1948），第 XXXIV–XXXV 页描述的库车附近的克孜尔千佛洞的壁画。

烈的吸引力①。

　　最后，唐朝艺术家喜欢表现的外来题材还有外国的神祇和圣者，尤其是佛教发源地的神祇与圣人，更是他们喜欢表现的对象：瘦削憔悴的印度罗汉，璎珞被体、法相庄严的菩萨②，还有表现为佛法的守护神和中国的殿堂门庭里的保护

①　《历代名画记》卷10，第313、324页；索珀（1950），第19页。在动物雕刻方面的外来影响的特殊例证，是用大理石雕刻的"西伯利亚"或"伊朗"风格的黄道带动物的形象。罗兰认为："在这方面，与其说这些浮雕表现出了一种'风格'，倒不如说它体现了一种'时尚'……正如唐朝在崇尚外来事物方面其他所有的例证一样，（这些浮雕）在风格上真正脱离了中国雕刻按照时间顺序正常发展的轨道。"这一结论是否适合于反映外国题材的绘画作品，我们还无法断定。

②　这种服饰的式样在音乐史上产生过奇妙的影响。九世纪时，佚名的民间艺人曾经创作过一首叫作《菩萨蛮》的古曲，根据这种调式可以不断地填入新词。"菩萨（＊B'uo-sat）蛮"这个曲名的意思是"菩萨似的蛮人"，或者更确切地说，是"（穿得像）菩萨一样的蛮人"。根据苏鹗记载（《杜阳杂编》卷2，第58页），宣宗大中（847～859）初年，女蛮国向唐朝进贡，"其国人危髻金冠，璎络被体，故谓之'菩萨蛮'。当时倡优遂制'菩萨蛮曲'，文人亦往往声其词。"女蛮国现在已经无从详考了，但是它必定是指印度群岛上的某个"母权制"的国家。在中世纪的汉文史料中，经常以类似的字眼来描述印度支那和印度尼西亚地区的男女服饰。所以在《册府元龟》卷959，第17页称林邑王"着法服，加璎络，如佛象之饰。"成书于宋代的《萍州可谈》称（译按，原文见卷2），"菩萨蛮"这个名称是指居住在广州地区的"蕃妇"（印度尼西亚人或者印度支那人?），这种说法部分地反映了事实。夏德认这"菩萨蛮"是"Mussulman"的译音，他的这种看法是根本无法接受的。以上所有内容请参见桑原骘藏（1930），第67～69页。另外还请参见白思达（1953），第144页。近来有人对这种古曲的名称进行了研究［张琬（1960），第24页］，试图将"菩萨蛮"解释为缅甸的种族名称，例如"Pyusa-〈wati〉-man"的译音。但是这种论点同样是站不住脚的，因为它是以现代普通话的语音作为立论的基础，而普通话的发音与所要讨论的问题是风马牛不相及的。正如我们在下文中将要讨论的那样，《杜阳杂编》中提到的贡使，即使不敢说全部，起码有大部分都是虚构的，或者至少也已经在苏鹗的文章中进行了充分的加工润色。很可能"菩萨蛮"曲名的来源并不是什么起初真实的事件，而是出自苏鹗本人想象丰富的描写。

神的古代因陀罗和梵天①以及其他一些已经部分地同化于北
方游牧民族文化和汉族文化的守护神——例如北方的保护神
俱毗罗就被表现为身上穿着中国式的长袍，但是却长着颔毛
和胡髭的形象②。这种在绘画中将中国的和外国的特点混杂
在一起的现象，有时是因为描绘外来题材的画家使用了汉人
作为模特的结果，例如当时一所佛寺中的梵天女的形象，就
是一位侍奉大贵族的艺伎形象的写真③。这就如同意大利名妓
的外貌被借用来描绘文艺复兴时期的圣母形象一样。那些表现
佛教极乐世界的精美画像，必定也是由许多这种混杂的形象组
合而成的。而在表现虚无缥缈的仙境的图画中，也存在类似的
情形。初唐时期佛像画家中最著名的一位画家本人就是于阗的
胡人④。这位画家的塞语名字叫"Visa Irasangä"⑤，汉文史料
中称之为尉迟乙僧。尉迟乙僧大概是在七世纪中叶时被于阗王
推荐到唐朝宫廷中来的，他带来了一种来源于伊朗的新的绘画
风格。尉迟乙僧用这种绘画技法创作的形象带有强烈的立体感
和明暗色彩，人物形象凸现于画面之外，几至飘然欲出。这位
大师创作的一幅"天王像"，一直流传到了现在⑥。据说，他

---

① 索珀（1951），第11页，注（122）。

② 杰恩（1941），第7页。

③ 《酉阳杂俎》续集，卷5，第218页。这是在长安宝应寺中的画像。

④ 据《宣和画谱》卷1，第63页，以及《唐朝名画录》（索珀，1951年英
译本，第11页）记载，他是吐火罗人，但是《历代名画记》卷9，第
278～279页则将他归于于阗国人；长广敏雄（1955），第71～72页赞同
后说。

⑤ 塞语"Visa"，来源于梵文"Vijiya"。参见向达（1933），第6页。

⑥ 译按，向达先生在《唐代长安与西域文明》中说，尉迟乙僧的画作流传
到现在的很少，"有谓端方旧藏天王像为乙僧笔，亦未能定也。"作者此
说即来源于向达先生文章。

的画风影响了画坛巨擘吴道玄，而且为敦煌地区的石窟壁画所效法[1]。尉迟乙僧还因为帮助将"铁线描"（即用粗细不变的线条勾画人物的西方技法）带入了唐朝的大城市中而享有盛誉[2]。尉迟乙僧不仅用外国技法作画，而且他也并不鄙视表现外来题材，比如，他曾经创作过一幅"龟兹舞女"的画像[3]。

外来事物在文学中的反映

文学作品中反映外来事物的高峰时期比造型艺术中大量反映外来事物的时期几乎晚了整整两个世纪。文学作品中的这种转变开始于八世纪末期，它的出现也与反对"新的"骈体文（这种骈体文的出现只有几个世纪）的古文运动有关。 33但是文学作品对异域的风貌的兴趣不仅表现在这一时代的散文中，而且也体现在这一时期的诗歌的内容中。绚烂的色彩、奇丽的想象、浪漫的意境等，吸引了九世纪许多优秀诗人的注意。这一时代的典型人物是李贺。李贺是一位想象丰富、奇诡险怪、色彩鲜明的诗人。他在诗歌创作中总是喜欢使用夸张和举隅的手法，如以"琥珀"代表"酒"、用"冷红"

---

① 向达（1933），第 6~7、52~56 页；石田干之助（1942），第 179~180 页；索珀（1950），第 Ⅱ 页；贝利（1961），第 16 页。判定尉迟乙僧的年代是一个很复杂的问题，参见长广敏雄（1955），第 72~74 页。敦煌石窟的壁画中有些初唐的人物画像——例如 220 窟所画的贞观十六年（642）的那些画像——就是利用光亮部分来突出地表现人物的面部，"……使面部具有浓重的质感，从而在空间中占据明确的位置……"格雷（1959），第 54 页。这很可能就是由尉迟乙僧带来的，使唐朝朝野感到震惊的一种印度或者是西域的画风。

② 特鲁布纳（1959），第 148 页。

③ 此画见于宋人收藏，见《云烟过眼录》卷上，第 7 页。

借指"秋花"① 等。这位年轻的文人热衷于阅读丰富的古代典
籍"诸子"和禅宗的《楞伽阿跋多罗宝经》,李贺英年早逝②,
宋代批评家称他为"鬼才"③,而所有这些在我们看来则是毫
不足怪的。在李贺的诗歌中自然而然地流露出了奇妙的异域风
情,正如在《昆仑使者》一诗,或在他对一名卷发、绿眼的
胡人儿童的描写中反映出来的那样④。另外一位与李贺风格相
似的诗人是杜牧。杜牧是一位官僚,而且还因为写了一篇
《论兵事书》在当时享有盛誉。他在文章中主张"胡戎入寇,
在秋冬之际,盛夏无备,宜五、六月击胡为便"⑤。然而,无
论杜牧的经世才能如何,他都不失为一名浪漫派诗人。在他的
作品中,常常流露出对往昔的追忆:

> 长安回望绣成堆,山顶千门次第开。
>
> 一骑红尘妃子笑,无人知是荔枝来⑥。

这首诗通过对长安附近温泉地方的废弃的宫殿⑦景物的描

---

① 译按,李贺诗歌中这种比喻很多,例如《全唐诗》卷390,李贺《残丝
　曲》"绿鬓少年(一作"年少")金钗客,缥粉壶中沉琥珀。"又,卷
　391《南山田中行》"冷红泣露娇啼色。"都属于这类比喻手法。
② 译按,李贺生于德宗贞元六年(790),卒于宪宗元和十一年(816),享
　年仅二十七岁。
③ 荒开健(1959),第5~6、11~12页。"Demoniac"这个字是由汉文的
　"鬼"字译出的。实际上"鬼"在汉文里还有"神秘的"和"脱俗的"
　含义。
④ 《李长吉歌诗·外集》,第14~15页。译按,李贺《龙夜吟》原句作
　"卷发胡儿眼睛绿,高楼夜静吹横竹。"
⑤ 《旧唐书》卷217,第3747页。
⑥ 杜牧:《过华清宫》,《樊川文集》卷2,第6页。
⑦ 译按,即华清宫。

写，抒发了作者的胸臆。在很久以前，这里的宫殿曾经是唐玄宗李隆基与杨贵妃过冬的寓所。[①] 诗中谈到了一种奇怪的驿骑，这些驿骑专门负责将荔枝由广州运到华清宫，以满足杨贵妃任性的要求。九世纪时，第三位具有鲜明时代特色的诗人是元稹。这位伟大的作家热切地向往传说时代的古朴、典雅的准则规范。例如泗水河边有一种石头，在最古老的文学作品中，这种石头是以制作磬的原料而闻名的。八世纪时，人们放弃了泗滨石，转而选用一种新的石料作为制作磬的原料[②]。元稹对此痛惜不已；他也悲叹当时几乎已经无人欣赏古乐。元稹曾经不无感慨地写下了"玄宗爱乐爱新乐"（即唐玄宗虽然喜爱音乐，但他喜欢的是"新"的音乐）的诗句。甚至在他以当时流行的形式创作的歌诗中[③]，元稹也在哀惋新事物和外来事物的侵入。尽管元稹的诗歌力求返璞归真，但正是因为诗人在诗歌中讨论了与外来事物有关的主题——进口的犀牛、大象以及突厥骑手、骠国乐等——这些诗歌才得以产生了广泛的影响。简而言之，元稹是一位奇特的、反对外来事物的诗人。

　　但是，外来事物传入的历史在唐代诗歌中并没有得到充分

---

① 关于反映这种浪漫题材的文学作品，请参见薛爱华（1956），第 81～82 页。

② 在《书经》中曾经提到过"泗滨石"（意思是"在泗水岸边发现的响石"），此后，中国人一直希望能够在这里找到这种石料，以用来制作古磬。参见薛爱华（1961），第 50～51 页。替代"泗滨石"的材料叫作"华原石"。见《元氏长庆集》卷 24，第 4 页《华原磬诗》。唐玄宗似乎很喜欢试验用新材料来制作古磬，据说，他曾经为杨贵妃制作过一种用"蓝田玉"琢制的古磬。其实这种最新材料并不是玉，而是一种绿色的大理石。杨贵妃本人就是一位技艺娴熟的击磬行家。参见《开元天宝遗事》（《唐代丛书》，3）第 76 页。

③ 即"乐府"。

的反映，关于外国题材的传奇文学比反映外来事物的诗歌要有名气得多，反映外来事物的传奇故事构成了唐代传奇的一个重要流派。八世纪末的二十年和九世纪初的二十年，即八、九世纪之交的四十年间，是反映外来事物的传奇最兴盛的时期。特别是在九世纪初年，各种各样的奇妙的想象以及新奇的内容，形成了传奇文学的流行模式。幸运的是，许多反映外来事物的传奇作品一直流传到了二十世纪。通常有这么一类关于神奇宝石的故事，它或者由诡秘的异域人带入唐朝，或者是他们在唐朝境内寻找。这些宝石具有澄清污水的妙用，还有揭示埋藏的宝藏的功能，它能够为航海者带来顺风，或者天生就具备了其他一些同样能够满足人们的欲望的属性①。追求怪诞离奇的风气②，在晚唐那种令人惊叹不已的、嵯峨险劲、凛然肃穆的风景画中也表现了出来③。当然，这种风气也包括艺术品中表现的那些充满浪漫情调的外来之物。从种种荒诞不经的故事里和那些由国外传来的、深受人们喜爱的物品身上，我们可以列举出最典型的例证来证明这些风气。尤其是那些据说在唐代以前就已经进献给了中原王朝的最奢华的奇珍异宝，是最能说明这些风气的例证。因此，我们将要讨论的并不是真的进口货的魅力，而是在陆地和大海上无处不在的那些商货的魅力；不是真正的黄金制作的礼物，而是以这些贡物为

---

① 薛爱华 (1951)，第 417～421 页。

② 据认为，这种风气的进一步漫延，甚至影响了八至十二世纪的一些艺术家在绘画中对于幻觉形象的创作：例如在岩石风景画中的人和兽的幻象就是如此。这些幻象的出现，预示了某种西方超现实主义的表现手段。见巴尔塞斯特 (1955)，第 212～213 页。

③ 罗越 (1959)，第 71 页。这种画风为十一世纪末期的更为明朗、素净的风格开辟了道路。

原型而虚构的、传说中的贡品——向往的珠宝和想象的金银织品。

　　想象的贡品一开始并不是在唐代的文学作品中出现的，但是这些经过想象加工的贡物反过来确实刺激了人们的想象力。其实从古代时起，就已经有了向穆天子贡献奇妙贡礼的故事。自那时以后，每个时代都有种种由外国贡献的神奇的贡礼的传说。据记载，古代的"赤乌之人"曾经向周穆王敬献过两位美女，周穆王将她们纳为嫔妃[①]。这两个女孩子的原型，就是作为贡礼从科罗曼德尔海岸送来的两位黑人少女。据十三世纪的一部精详的史料书中记载，这种黑人少女"黑如昆仑，其阴中如火，或有元气不足者，与之一接，则大有益于人"[②]。古人相信，国外的旅途充满着自然界的险阻和精灵鬼怪的危害，在中国范围以外的任何地方，随时随地都会有大难奇险降临头顶，这种看法进一步增加了种种神奇传说的魅力。古人总是相信，精灵鬼怪等候在山间小径的每一处拐弯的地方，潜伏在每一次热带风浪的后面[③]。来自外国的人和物都自然地带有这种危险而又使人心醉神迷的魅力。即使晚至唐代时，外国传

---

① 《穆天子传》卷10。

② 《癸辛杂识》续集，卷下，第14页。这个地区叫"马八二"（请参见《元史》卷210，第6596页。"马八二"，《元史》作"马八尔"）。这里距离广州大约有一万零一百里。汉文"马八二"可能是从地名翻译过来的，阿拉伯文将这个地区称为"Ma'abar"。承保罗·惠特利（Paul Wheatley）教授见告，Ma'abar包括了科罗曼德海岸的部分或全部地区。

③ 江绍原（1937）。这是一部谈论旅行的饶有趣味的著作。书中认为古人将旅行看作是一种危险的、灵魂的冒险行为。它说明中国古代文学作品——或许仅仅是指口头传说——在很大程度上都是要向小心的行人表明可能会发生的事情和应该躲避的事情。《山海经》就是这种导游手册的一个典型的例证，它专门记述了旅行者在边荒绝域可能碰到的妖魅。

来的神祇可能还带有某种不确定的魔法和危险的妖术的味道。
然而在每个时代，只要一件事与某个遥远的地区有关，人们就
乐意相信各种离奇古怪的迷信说法，在我们这个时代也不能例
外。简而言之，这种幻想的贡物的概念，在九世纪并不是新鲜
玩意儿。当时记载这种贡物的书籍仅仅是给那些古老的、未加
修饰的传说赋予了新的活力。但是九世纪的这些著作，也从唐
代前半期的历史事件中去寻找原始素材，因为这在九世纪的唐
朝所能见到的外来事物中已经成为稀罕之物了。在七、八世
纪，尚慕胡风的倾向在物质以及精神方面都得到了充分的发
展。域外之人以及他们新奇的服饰随处可见，仿效外国人的风
气到处盛行。在这活跃而开放的时代中，天子甚至必须要一次
次地发布禁令，禁止灾祥符瑞、异兽奇禽以及各种奇形怪状的
物品的贡献，以便为他的那些奢靡而轻信的群臣做出榜样。唐
朝的创建者在他登基的第一年里发布的一道诏令，就是这种示
范简朴的一个显著的例证①。当然我们首先应该指出，这道诏
令的颁布还有另外的意图，这就是特意强调在唐朝之前的隋
朝政权的奢靡无度。在这道诏令中规定"其侏儒短节、异兽
奇禽，皆非实用，诸有此献，悉宜停断，宣布远迩，咸使闻
知"。其实这道诏令并没有实施很长的时间，此后，唐朝皇帝
又一次次地发布了类似的禁令②。在这些诏令中不是将矛头指
向类似来自诃陵的五色鹦鹉这样的奇禽，就是直接将东北地区
的白如霜雪的猎隼那样的没有实用价值的禽鸟作为被禁断的

①《全唐文》卷 1，第 13 页。又见《新唐书》卷 1，第 3634 页，武德元年
十一月壬申（618 年 11 月 29 日）。

② 例如，唐中宗和唐宪宗都发布过类似的诏令，见《全唐文》卷 16，第 23
页；卷 59，第 6 页。

对象。

但是，在经历了八世纪下半叶的动乱之后，在唐朝这块饱经蹂躏的土地上，人们能够见到的从海外和陆路传来的珍奇物品越来越少了。而且经过黄巢的劫掠（例如掠夺广州期间对外国商人的大屠杀）之后，外来的奇珍异巧就更为罕见了。也就是在这同一个世纪里，唐朝政府开始了对外来宗教的大规模的迫害运动。从一般唐朝人的眼光来看，这次迫害运动不仅是要铲除外国宗教、外国僧侣以及外来宗教的信仰者，而且也要铲除外国书籍和外国神像。

从九世纪初期开始，唐朝的国际时代、进口时代、融合时代和黄金时代都已经一去不复返了，对于跨越大海、翻过大山而来的珍奇物品的渴求——不管是佛教手稿还是医书，也不管是昂贵的锦缎还是珍奇的美酒，甚至哪怕是想要一睹来自突厥斯坦的杂要艺人的风采——都已经不可能轻易地得到满足了。于是古代传奇得到了新的、旺盛的生命力，它为怀旧的想象提供了感官所不能给予的东西。在我们看来，这些情形的发生是一点也不足为怪的。

有关虚构杜撰的进口物品和怪异荒诞的贡物的唐代传奇，绝大部分创作于九世纪时，而在这一时期，真实的新奇物品已经无法到达唐朝境内了[①]。在贸易品方面追求外来物品的风气，在九世纪时被文学作品中对外来物品的夸张描写取代了。一位现代学者是这样说的：

---

① 小川昭一将唐朝衰败时期的诗歌的典型主题分为边疆冲突、内战和历史回忆等类型。我们现在讨论的"想象的贡物"就是属于最后一种类型。

我们看到已经不再是一个现实的世界。我们已置身于梦境之中，灵魂像蜡烛之光，在梦境中微微闪烁。自然景致变成了一种"内在的特征"。世界淹没在了无边无际、朦朦胧胧的海洋之中，留下来的只有"一缕香魂"①。

在传奇故事中，有许多是假托叙说唐玄宗统治时期的故事。在唐朝历史上，玄宗是一位神话般的国王，是唐朝处在世界主义时代的一位最荣耀的君主，而且他本人就是一个内行的外来物品的鉴赏家，甚至在他去世之前，玄宗就已经成了一切具有浪漫色彩的事物的象征②。在玄宗时代，人们可以随处听到龟兹的琵琶！而到了九世纪时，这一切就已经成了梦想。

下文列举的几个故事，就属于九世纪的这种创作性回忆的典型范例。

据一则故事中记述，在唐朝一位大臣献给唐朝皇帝的"定国宝"③中，有两枚"西王母"的白环——西王母是一位模糊而久远的人物，她与居住在世界之巅的山里的神仙的梦想有密切的关系——这种白玉环与其他那些民间传说中非常有名的、具有魔力的玉环很相似。据信，谁要是有了这种玉环，他

---

① 吴经熊（1939），第165页。我们摘引的这一段内容是讨论唐朝最后几十年的诗歌，其中包括李商隐、杜牧、温庭筠和其他一些诗人的作品。

② 在九世纪的怀旧文学中，对于八世纪后半期的代宗统治时代的眷恋，仅仅稍逊于玄宗时代。代宗时代被认为是一个中兴的时代。

③ 意思是"使国家得到安定的宝物"。

就能使所有周边的国家臣服①。

另一个故事讲的是由交趾国进贡的一枚犀牛角②，这枚犀牛角"色黄如金"，放置在皇宫的金盘里。据带来犀角的使臣解释，这种犀牛角具有驱寒的功能——在犀牛角周围也确实"温温然有暖气袭人"③。与辟寒犀功能类似的，是被称作"瑞炭"的一百根炭条。据说，这种炭是由甘肃境内的一个古代国家，即西凉国贡献的。瑞炭坚硬如铁，"烧于炉中，无焰而有光。每条可烧十日，其热气迫人而不可近也"④。

来自龟兹的一件贡礼是由一块酷似玛瑙的光滑的石头制作的做工"甚朴素"的枕头。有幸能够枕在这个枕头上睡觉的人，就可以在梦中四处漫游，海洋陆地无所不至，甚至还能到俗世凡人闻所未闻的仙境中游历。故事告诉我们，这个幸运的人是新贵官僚杨国忠。由于杨国忠是唐玄宗所宠爱的杨贵妃的

---

① 《酉阳杂俎》卷1，第3~4页。这件事发生在代宗朝。尽管故事的细节是虚构的，内容描写是神话的，但它确实是以历史事实作为根据的。《肃宗朝八宝》的故事（见《太平广记》卷404，第1~3页所引）精彩地叙述了由天帝赐予一位尼姑的珍宝，这些珍宝在八世纪六十年代为国家带来了和平与繁荣。这件事感动了皇帝，所以他将年号改为"宝应"。《酉阳杂俎》更为简略地叙述了同一个故事，本文所说的玉环，就是本于《酉阳杂俎》的记载。这些珍宝其实是以我们在书中描写的形式，即由当时的大臣进献给皇帝的。见《旧唐书》卷10，第3090页。参见叶德禄（1947），第101~113页。译按，献宝在肃宗"元"年建巳月（四月）壬子（三日），同月甲寅（五日），太上皇（玄宗）崩，肃宗病转剧，肃宗长子豫（代宗）以皇太子身份监国。甲子（十五日）改元为宝应。丁卯（十八日）肃宗崩。己巳（二十日）代宗始正式继位。宝应是肃宗的年号，作者在这里归之于代宗，误。

② 译按，原文作"辟寒犀"。

③ 《开元天宝遗事》（《唐代丛书》，3），第42~43页。关于犀牛角的神奇性能，见劳费尔（1913），第315~370页。

④ 《开元天宝遗事》，第45页。

表兄，所以他真可以说是幸而又幸了[①]。

下面要讲的这个故事反映了唐朝对美玉以及最华贵的矿石的长期不懈的追求：在玄宗朝中期，唐玄宗对于近年的贡物中没有用五色玉制成的贡品感到惊奇——五色玉是一种近乎传说的玉石——虽然玄宗的库藏中有一条用美丽的五色玉作为饰物装饰成的腰带和一个用五色玉雕成的玉杯，但这些都是很久以前由西方贡献的。于是唐玄宗命令其主管"安西"的军将谴责进贡的诸蕃玩忽职守。虽然文献中没有记载所谓"诸蕃"的具体名称，但是这里提到的失职的诸蕃，可能就是指于阗人。因为于阗国拥有无穷无尽的玉石资源，而且，于阗的音乐尽管优雅动听，于阗的妇女虽然美丽动人，但是对于汉人来说，当时的于阗似乎还是属于诸蕃之例。不管故事中提到的"诸蕃"究竟是指哪个国家，实际上它们并没有忘记将这种美丽的五彩宝石运往长安，不幸的是，他们派出的商队遭到了小勃律的袭击，货物也被抢劫一空。袭击商队者来自帕米尔雪原[②]边缘的寒冷而狭窄的山谷之中，他们是一群"缠巾、食虱"的强盗。当这坏消息传到宫禁之时，天子大怒，命令四万汉军和无数附属的蕃军包围抢劫者的首都，重新夺回珠宝。小勃律王很快就献出了他抢夺的珠宝，并且谦恭地请求得到每年向唐朝进贡的殊荣。他的请求遭到了拒绝，不幸的吉尔吉特城也惨遭劫掠。得胜的唐朝将军带着掠夺来的三千名幸存者班师还朝。勃律的一位蕃人术者宣称，唐朝将军会遭到毁灭的厄运。这位术者不幸而言中了。后来这批唐朝的士兵全都在一场

---

① 《开元天宝遗事》，第 41～42 页。

② 汉文史料中将这个地区称作"小勃律"。这个地区的国王居住在吉尔吉特。参见张星烺（1930），第 5 册，第 160 页。

暴风雪中丧生，只有一位汉人和一位蕃人幸免于难。于是倒霉的玄宗最终失去了已经到手的财宝，"即令中使随二人验之。至小海侧，冰犹峥嵘如山，隔冰见兵士尸，立者、坐者，莹彻可数，中使将返，冰忽消释，众尸亦不复见"①。

八世纪是一个神奇魔幻、无所不能的时代。那些在其作品中虚构外来物品的作家们力图发挥想象重新创作的，正是这一去不复返的八世纪的世界。

写作于九世纪末叶稍前的一部著作，就是这种类型的小说的一个重要的范例。这本书与大多数备采各类灵异志怪的传奇著作不同，它的内容几乎全部都是反映与外来物品传奇有关的主题。这本著作取名为《杜阳杂编》②，是由一位叫苏鹗的文人在僖宗乾符六年（879）撰写的③。下文列举的就是他所描

37

---

① 《酉阳杂俎》卷14，第109~110页。

② 译按，《四库全书总目提要·小说家类三》《杜阳杂编》之"提要"云："其曰《杜阳杂编》者，晁公《读书志》谓，鹗居武功之杜阳，盖因其地以名其书。"

③ 见作者本人所写的"《杜阳杂编》序"，《全唐文》卷813，第27页。苏鹗自称"予髫年好学，长而忘倦。尝览王嘉《拾遗记》、郭子横《洞冥记》及诸家怪异录，谓之虚妄。复访博问（闻?）强记之士或潜夫辈，颇得国朝故实，始知天地之内无所不有。"《杜阳杂编》收录在《唐代丛书》。爱德华兹博士曾经对这本书进行过简短的讨论。见爱德华兹（1937），第83~85页。爱德华兹转引伟烈亚力的观点，认为这本书"是仿照《术异记》的风格，根据许多荒诞不经的说法写成的"。见伟烈亚力（1867），第194页。这是一种很有见地的看法！然而白寿彝在他的研究唐宋时代进口香料的文章中（白寿彝，1937），却正式引用了这本纪异书中的奇闻逸事，好像书中记载的都是具有真凭实据的史实。《杜阳杂编》能够一直留传到现在，对我们来说实在是很幸运的事。在苏鹗之后的许多世纪中，他写的故事一直被志怪家引用，例如十四世纪时杨瑀的《山居新话》就是如此（译按，文渊阁本原书亦作《山居新话》，中华书局影印浙江杭州本《四库全书总目提要》卷141讹作《山居新语》。附志于此）。参见傅海波（1955），第306页。

写的一些珍奇物品。

"灵光豆"① 是由一个叫作"日林"的国家进献的，"日林"或许可以解释为"日之源"，也就是指"日本"②。日林国在隔海东北方向遥远的地方，这里出产一种巨大的光石，并因此而享有盛名。据称这种石头就如同现代的 X 光机一样，"可鉴人五脏六腑"，所以医生可以利用它来检查患者内脏器官的状况，以便更快地治愈疾病。灵光豆自身颜色殷红，光芒可长数尺，"和石上菖蒲叶煮之，则大如鹅卵"。皇帝本人曾试尝了一枚这种奇异的灵光豆，结果发现味道"香美无比"，而且吃了以后"数日不复言饥渴"③。

另一种神奇的食物，是神秘的南海某国进献的一种芳香的小麦④，吃了这种小麦，可以使人身轻御风。此外还有一种紫色的稻米⑤，具有返老还童、延年益寿的功能。南海还贡献了一个水晶枕⑥，在这种枕头里可以看到由建筑物和人物构成的奇妙景观，与水晶枕一起进献来的是一床由"水蚕丝"织成

---

① 爱德华兹（1937），Ⅰ，第 84～85 页有这一段故事的完整译文。

② "日林"或许可以订正为"日本"。这个国家的名称和这块怪石的传说，是苏鹗从五世纪时任昉的《术异记》转录来的。参见《术异记》卷下，第 12 页。译按《术异记》应作《述异记》。据《四库全书总目提要》考证，传本《述异记》中记事多有任昉死后的事，所以判断此书出自中唐前后，是后人的依托之作。"或后人杂采类书所引《述异记》，盖以他书杂说，足成此书。"

③ 据说在公元前三世纪时，就已经知道了这种具有 X 光性质的石头，但是当时所知的这种石头就在中国境内，而不是在外国，秦始皇将它称作"照骨宝"。见《酉阳杂俎》卷 10，第 73 页。"灵光豆"在其原产地被称作"诘多（＊k'iĕt-tâ）珠"。

④ 译按，原文作"碧麦"。

⑤ 译按，原文作"紫米"。

⑥ 译按，原文作"重明枕"。

的"神锦衾"①，这种织物在濡湿之后即可扩展，而当受热时又能收缩。

龙是水之神，由神龙显化，是精气凝结而成的细微精妙之物，它是另一种深受欢迎的贡礼。"龙角钗"和"履水珠"就是这方面的典型例证。神奇的龙角钗是与灵光豆一起贡献给唐朝的一件贡礼。它是用一种深酱紫色、类似于翡翠的玉石制作的，"上刻蛟龙之形，精巧奇丽，非人工所制"。代宗皇帝将它赐给了美丽的宠妃独孤氏②。有一天，当代宗与独孤氏在龙舟池泛舟时，一团紫云从龙角钗上生成，皇帝将钗放在手掌中，在它上面喷上了水，于是雾霭凝成两条龙，腾身跃入空中，在东方冉冉消失。履水珠"色黑类铁，大于鸡卵，其上鳞皱，其中有窍"。携珠的人可以自在无虞地来往于波涛之中。唐代宗曾试着用五色丝（毒龙害怕五色丝）将履水珠捆在一个擅长游泳的人的胳膊上。于是这个人就能行走于水面，跃入水底，而出来时身上竟没有濡湿。后来，当一位宫女拿着履水珠在海池中嬉戏时，履水珠变成了一条黑龙。

奇异的鸟以及鸟之精灵，也是唐朝人盼望得到的理想贡物。"却火雀"就是这样一种鸟。却火雀是在顺宗继位时进献来的一种黑色的雀形目鸟。它是一种象征性的贡物。却火雀的特点是不怕火的侵害。简单地说，与西方通常误称为"phoenix"的中国传说中的"凤凰"不同，却火雀才是真正的"phoenix"。这种鸟就是印度的"samandal"（据阿拉伯人讲，

---

① 关于水蚕这种生物及其有关的产品，我们将在下文第十二章"纺织品"中进行比较详细的讨论。

② 关于独孤妃，请参见《旧唐书》卷52，第3281页。

在沃格沃克也发现过这种鸟），正是这种鸟的皮，才不会被火焚毁①。唐顺宗在寝宫中用了一个水晶鸟笼来盛放这只神奇的鸟。宫里的侍女用蜡烛烧鸟来取乐，但是却火雀的羽毛却丝毫没有受到损伤。另外一个国家②曾贡献过两名舞女，一名"轻凤"，一名"飞鸾"③，所谓飞鸾、轻凤是人们所能想到的最为轻盈缥缈的飞禽形象。这两位舞女头戴金冠，金冠上饰有想象中的鸟的形象，她们的得名可能就是因为头上戴的这种想象的鸟，或者是因为她们自身具有这种想象的鸟的神韵。她们进餐的食物大都是荔枝、金屑和"龙脑"。

离奇的供暖器具是《杜阳杂编》记载的外来异物的一个特殊的类别。"常燃鼎"是一种不用生火即可做饭的器物。这种非常有实用价值的器物是由一个神秘的王国④贡献的。书中用充满幻想的笔调描述了常燃鼎，其中有许多内容都涉及一千多年以前的汉朝历史上提到的国家。与常燃鼎性质相近的一种贡物是"火玉"，火玉是一种红色的玉石，它的作用与煤炭的余烬相同，"积之可以燃鼎，置之室内则不复挟纩"。

与供暖器具作用相反，但却具有同样重要的实用价值

---

① 劳费尔（1919），第 320～321 页。昆内尔曾经描述过在沃格沃克发现的"samandal"，说这种鸟"就像绿啄木鸟一样，它的羽毛斑驳陆离，点缀着红、白、蓝、绿等颜色"。见昆内尔（1928），第 148 页。但是我们在汉文史料中发现的火鸟却是黑色的。

② 译按，即渤东国。

③ 有些人认为"鸾"就是"Argus pheasant"（阿古斯鸟）的一种修饰性的译法。波斯文中的"simurgh"实际上就是汉文中想象的"鸾"。这种说法较之更为流行的将西方的"phoenix"（长生鸟）与汉文中的"凤"等同起来的看法，应该更容易被人接受。

④ 译按，即吴明国。

的是冰凉器具，在这本书中，有关冰凉器物的记载也非常之奇妙。"常坚冰"发现于一座大山之中，山里的冰川已经历时千年之久。即使是放在最炎热的阳光之下，这种冰也不会融化。"松风石"是一种呈半透明状的石头，"其中有树，形若古松，"松风石中的古松的枝条能够生出一阵阵凉爽的微风。每逢盛夏酷暑，皇帝就将松风石放在靠近自己的地方消暑。

"变昼草"虽然没有上面说的器物那样合意、适用，但也足以使人惊叹不已。这种草似乎属于芭蕉属植物，"树之，则百步内昏黑如夜"。变昼草的这种不可思议的特征，使皇帝很不高兴，认为这种草"背明向暗"，不足为贵。

《杜阳杂编》记载的这些带有浓厚的想象色彩的奇珍异宝中，有些无疑是真实的东西，或者至少是根据真实的东西加工改写而成的。如同苏鹗描写的其他许多贡品一样，由朝鲜半岛的新罗王国贡献给唐代宗的"五彩氍毹"①就是属于这个类型。五彩氍毹制度巧丽，冠绝一时，"每方寸之内，即有歌舞伎乐，列国山川之像。忽微风入室，其上复有蜂蝶动摇，燕雀飞舞，俯而视之，莫辨真假"。

"万佛山"也是新罗国进献的贡礼。万佛山高约十尺，是用印度尼西亚的伽罗木雕刻而成的，并且还镶嵌了宝石作为饰物。山上以建筑和树木作为衬景，雕刻了各式各样的精细微妙的佛像，"其佛之形，大者或逾寸，小者七八分。其佛之首，有如黍米者，有如半菽者。其眉目口耳，螺髻毫相，无不悉具。而更镂金玉水晶为幡盖、流苏，庵罗、薝葡等树。构百宝

① "五彩"这个短语是指"所有的色彩"或"彩虹的色彩"。

为楼阁台殿，其状虽微而势若飞动。又前有行道僧徒，不啻千数，下有紫金钟，径阔三寸，上以龟口衔之，每击其钟，则行道之僧礼首至地。其中隐隐谓之梵音，盖关戾在乎钟也。其山虽以万佛为名，其数则不可胜纪。"唐代宗本人就是一位虔诚的佛教徒，他将这件象征天堂的雕刻品放在了一座圣殿中，并将五彩氍毹铺在了地板上。像万佛山这样奇妙的贡礼，很可能并不是完全出自想象①。

唐德宗皇帝常常得到一些受过训练的野兽和珍奇飞禽，但是他总是按照佛教的戒律将这些生物放生。可是唯独对于一只建中二年（781）由南方某国贡献的美丽的"朱来鸟"，他却没有按照以往的做法将它放生。就文献记载的某些体形特征而言，唐朝可能确实有过"朱来鸟"这种珍贵的禽鸟。朱来鸟的喙部是红色的，紫蓝色的尾巴甚至比身体还长。这种鸟非常聪明伶俐，"巧解人语，善别人意"。它的嗓音高亢而尖利。显然这是一只热带鹊②。这只鸟中的花花公子备受宫女的喜爱，她们用最昂贵、最精美的食物来喂它，"夜则栖以金笼，昼则翔于庭庑，而俊鹰大鹊不敢近"。不幸的是，有一天它被一只巨雕抓住杀害了。宫里的人们真诚地举行了哀悼活动，并由一位擅长书法的朝臣书写了一部《般若波罗蜜多心经》③，为这只可爱的小鸟超度

---

① 在唐宋时代，这种精细复杂的人工制品实际上是很普遍的。

② 印度支那的青鹊（kitta chinensis）就长着红色的喙、绿色的羽毛、带有白色条纹的红色和蓝色的尾巴。还有一些其他种类的鹊，也与朱来鸟的颜色特征相符。朱来鸟聪明伶俐的样子，刺耳尖厉的嗓音，再加上它的颜色，所有这些特征都说明朱来鸟就是青鹊。

③ 简称《心经》。

亡灵①。

此外，南海某个不知名的国家曾贡献过一位十四岁的少女。这位少女名叫"卢眉娘"，她"幼而慧悟，工巧无比，能于一尺绢上绣《法华经》七卷，字之大小，不逾粟米，而点划分明，细于毛发"。卢眉娘可能也实有其人。

上文列举的这些奇珍异物，只是苏鹗著作中描述的洋洋大观的外来异物中的一些典型的例证。正如我们所看到的那样：在这些异物中，有些是由现实存在国家贡献的，例如日本、新罗等；有些是那些年代久远、闻所未闻的国家的贡物；而有些贡物的产地则全都属于神话传说中记载的地方。但是如果我们将唐代的可靠文献中的朝贡记录加以考查的话，就会发现在这些文献中并没有记载《杜阳杂编》中描述的任何一种贡物，甚至连那些"现实中存在的国家"的贡物也不见于正史记载。苏鹗在《杜阳杂编》中叙述的时代包括了八世纪下半叶和九世纪上半叶，相当于苏鹗自身所处的时代之前的一个世纪。这时正是大唐盛世的薄暮和日落时分。而苏鹗亲身经历的萧瑟衰败的时代在这时还没有到来。在苏鹗本人声称要描述的年代中，在唐朝境内实际上还有来自回鹘的骏马，来自渤海的舞女，来自骠国的乐师，来自林邑的犀牛以及被世人遗忘的波斯

①　这种鸟还被用来作为朱泚政权兴起的预兆。朱泚是一位军阀，他将顺宗皇帝赶出了京城，进入了东北，后来自称皇帝。这个预兆的根据是"朱来鸟"的汉文名字可以解释为"姓朱的人要来"。另一方面，朱来鸟又似乎确实是当时进奉的一件贡物。译按，德宗建中四年（783），泾原兵变，德宗出奔奉天，朱泚僭位，自称大秦皇帝，次年（德宗兴元元年，784），朱泚兵败，死于宁州彭原县西屯城。注文中之"顺宗"应为"德宗"之误。又，作者称，顺宗"进入了东北"云云，显然是将唐代陕西的奉天（今陕西乾县），误当成了清代以后的"奉天"（今沈阳市）。

帝国的某些残余势力贡献的珍珠和琥珀。苏鹗本人的作用仅仅是用一些诡怪灵异、赏心悦目的物品填充了这个没落时代在实际进口物品方面的空白。简而言之，他的著作描述了关于商业贸易的仙地奇境和古代外交现实的传奇。这部著作的魅力在于它收录了古代的外来之物，其中既有荒诞不经的珍宝，也有被人忽略的奇物。虽然我们也许可以相信其中有些传说来自八世纪末年唐朝日薄西山时期对于实际存在的贡使的记载——只是通过苏鹗的想象进行了加工润色——但是这些记载只能用作怀古感今的好素材，不能作为经济学家研究工作的依据①。

① 正如十四世纪时，这本书的素材被杨瑀使用那样。参见傅海波（1955），第306页。

金、银、宝石、珍珠、细麻布、紫色料、绸子、朱红色　⁴⁰料、各样香木、各样象牙的器皿，各样极宝贵木头和铜、铁、汉白玉的器皿，并肉桂、豆蔻、香料、香膏、乳香、酒、油、细面、麦子、牛、羊、车、马和奴仆、人口。

——《启示录》，第二章，第 18 行

第二章 人

战俘

中世纪带入唐朝的物品中，最引人注目的一种就是"人口"。异域（包括唐朝人已知的和未知的地方）的男人、女人和儿童大量进入唐朝境内，在唐朝社会中扮演了各种各样的角色。其实他们并不是生来命中注定就要扮演这种角色的，只是由于命乖运蹇，或是由于唐朝皇室成员一时的古怪念头，才使他们承担了在大唐的天空之下扮演的角色。

在七世纪，当胜利的唐朝军队横扫他们面前各个角落的野蛮人部族时，大批战俘在唐朝境内被迫陷入了遭受奴役的境地。突厥人在战俘中所占的数量最大，当时从蒙古草原和西域的荒漠中带来了大批的突厥战俘。东北地区和朝鲜半岛诸民族中也有许多人落入了唐朝军队的手中，这些战俘被送给唐朝的天子和他的宠臣，为他们做苦工。甚至连唐朝境内的居民也有可能会交上厄运，成为战俘。贞观十九年（645），在唐朝征伐高丽的战役中，有一万四千名辽东城的居民被宣布没为奴婢，他们是因为胆敢抗拒王师，在战争中被唐朝军队俘获的。只是因为后来唐太宗格外降恩，才将他

们放免，"赦为百姓"①。但是，上千名不幸的俘虏却被送回了
长安都城。在凯旋仪式上，先以这些俘虏向城里的居民耀功，
然后由得胜的将军献给天子和太庙中天子祖先的神灵。

在举行凯旋庆功仪式时，得胜的将军身上穿着游牧骑士的
服装，他的部队全身甲胄，停在都城的东门之外。东门外排列
着身穿盛装的神策军，他们是来欢迎凯旋者的。当典礼官发出
信号时，凯旋仪式就开始了。走在前面的是两列骑马的军乐
队，演奏着箫、笛、筚篥、笳②、鼓、铙等乐器，凯旋行列中
还有一支合唱队，演唱专门为这种盛大的场合而准备的四首颂
歌。他们唱的凯歌叫《贺朝欢》，歌词如下：

> 四海皇风被，千年德水清。
> 戎衣更不著，今日告成功③。

在这些颂歌中，至少有一首专门设计了舞蹈动作：最先进
行演奏的凯歌和舞蹈是《破阵乐》，这首乐曲是在贞观六年
（632）为纪念唐太宗的武功而创作的，有一百二十八名身穿
银铠的童子参加舞蹈④。跟在乐队后面的是兴高采烈的得胜的
军队。军队后面是使市民们凝神屏息、钦羡异常的活战利品和

---

① 《旧唐书》卷 199，第 3615 页。有关唐代之前平民百姓集体沦为奴隶的情
况，参见王伊同（1953），第 303 页。
② "箫"相当于英文"syringes"（panpipes）；"笛"相当于"flutes"；"筚
篥"相当于"oboes"；"笳"相当于"clarinets"。
③ 戎衣，即作战时穿的衣服，是指包括靴子、裤子在内的"戎人"穿的式样
的服装。参见韦利（1923），第 117~118 页。"鞑靼"服饰是正规的战服。
④ 费子智（1933），第 153~154 页。译按，《通典》卷 146《坐部伎》、《唐
会要》卷 33《雅乐下》《旧唐书·音乐志》均作"一百人"，只有《新
唐书·礼乐志》作"一百二十八人"，此说未可作为定论。

战俘的行列。他们渐次通过城区，到达皇宫，停在太庙门前。这时，乐工下马，在神殿外面列队等待皇帝完成向已经去世的诸王神灵的奉献、谢恩的神圣仪式。然后，乐队再次开始演奏，得胜的将军及其僚属来到皇帝等待他们的大殿前。在这里，他们将重新正式接受颂歌的赞美。最后被带进来的是那些垂头丧气的俘虏，他们是作为对于造反者、冥顽不化者以及胡人的警戒而被展示出来的。这样做的目的是要人们知道，如果效法这些俘虏，将会有什么样的命运在等待着他们①。这些不幸的俘虏拖着脚步从御前走过之后，就开始对立功军队的主要将领论功行赏，而且立功者还可能会受到盛大的宴会招待②。

当伟大的唐太宗去世之后，他的继承人唐高宗为了庆祝俘获西突厥叶护阿史那贺鲁的胜利，在凯旋盛典中采用了一种新的仪式。他首先将西突厥王室的俘虏敬献给昭陵（位于长安东北的太宗的陵墓）的太宗之灵，然后再根据惯常的礼仪，在太庙举行献俘仪式，并在太庙前大会文武百僚、夷狄君长③。这种新奇的做法也许是对古代习俗的恢复，但是当时对恢复这种习俗的认识却是很模糊的。这种古代习俗就是将被击败的国王作为祭品杀戮，以祭祀皇室的亡灵。高宗献俘昭陵的举动，为将来开了先河④。但是在首开先例的昭陵献俘仪式中，阿史那贺鲁却被高宗宽宏大量地赦免一死。

将贵族俘囚献给祖先的做法出于一种虔敬的动机，而传统

---

① 《唐会要》卷 33，第 607～610 页对这种仪式作了详细的描述。
② 《唐会要》卷 14，第 321 页记载了高宗总章二年（669）献高丽俘囚之后，为李勣和他的下属举办的宴会。
③ 《唐会要》卷 14，第 320～321 页。
④ 例如在高宗乾封元年（666）就曾仿照此例，将高丽俘囚"便道献于昭陵"。见《唐会要》卷 14，第 321 页。

的政治信念又促使这种动机进一步得到了加强。我们说的政治信念，是指那种认为异族酋领理所当然地应该是唐朝的封臣的信念。在进行反对唐朝皇帝的战争中，这些异族酋领实际上就是在领导叛乱，反对他们的合法的君主，所以这种异族酋领完全应该受到死刑的惩罚。塔什干①王的罪行和他的命运就是如此。他是在天宝十载（750）被为唐朝效力的高仙芝将军俘虏的②。但是这种凄惨的结局似乎并不是被唐朝将领俘虏的大多数异族首领命中注定的选择。最明显的例子是西突厥首领都曼。显庆五年（660），大将军苏定方俘虏了都曼，并将他带回了东都。但是由于苏定方本人为都曼进行了申辩，结果都曼得到赦宥③。有时，贵族囚徒还有幸会获得意想不到的殊荣。例如龟兹王的遭际就是如此。贞观二十三年（649），龟兹王被唐朝军队俘虏，送回了京城。在将他献给诸皇帝的亡灵之后，他就得以获释，而且被授予了左武卫大将军的官衔④。

对于有些被俘的王室俘囚，唐朝政府甚至在他们死后还赠予他们谥号——即使这种谥号的含义是模糊不清的——我们说它模糊不清，是与那些有名的战马得到的荣耀比较而言的，而这些战马的名气则是由作为马主的皇帝本人的经历决定的。例如，王玄策（他是一位雄心勃勃、精明强干的使臣）出使天

---

① 即"石国"。

② 《新唐书》卷 135，第 3980 页。

③ 《唐会要》卷 14，第 321 页。

④ 《唐会要》卷 14，第 320 页。另外有两名在历史上很有名的俘虏也曾经获此殊荣，见《唐会要》卷 14，第 329 页，永徽元年（650）条；《唐会要》，同卷，第 321 页，永隆二年（681）条。这两名战俘都是突厥人。译按，这里说的是车鼻可汗和阿史那伏念。高宗拜车鼻为左武卫将军，但是阿史那伏念被高宗斩于东市。作者此说误。

竺时，为了对中天竺国冒犯唐朝声威的行为进行报复，召集了一支混杂着吐蕃人和泥婆罗人的军队，掠夺了壮美的摩揭陀城，并且俘虏了两千名男女战俘和大批牛马[1]。在这批俘虏中，就有摩揭陀的"反"王，他在贞观二十二年（648）被解送到了唐朝。两年以后，当唐太宗（王玄策就是他派出的使臣）去世时，这位反抗过唐朝的天竺人的形象被刻在了石头上，列于太宗昭陵之前[2]。这样一来，这位天竺国王就得到了永恒的声名——但只是作为战利品和唐朝征服的象征。

然而就一般俘虏而言，等待他们的通常只有死亡或者是当奴隶这两条道路[3]。白居易在宪宗元和四年（809）写的《缚戎人》诗中，描写了这些俘虏的遭遇。阿瑟·韦利的译文如下[4]：

> 缚戎人，缚戎人，耳穿面破驱入秦。
> 天子矜怜不肯杀，诏徙东南吴与越。
> 黄衣小吏录姓名……[5]

在战俘中，有些人被分配给了文武官吏，成了个人的奴隶，而大多数战俘则成了"国家奴隶"，被迫从事国家统治者给他们分配的任何工作[6]。在一定的条件下，俘囚也有可能通

---

① 译按，《旧唐书·天竺传》作"虏男女万二千人"（《新唐书·天竺传》同）。此作"二千"，误。

② 《旧唐书》卷198，第3613页；《酉阳杂俎》卷7，第57页。

③ 王伊同（1953），第301页。

④ 译按，此从汉文原文。

⑤ 韦利（1941），第174页。这首优秀诗歌的篇幅很长，我们只引了其中的一小部分。

⑥ 王伊同（1953），第302页。

过特赦法令而获得自由，如内战时俘获的汉人俘虏就有获得这种机会的可能。魏武定三年（545）"齐献武王请邙山之俘，释其桎梏，配以人间寡妇"①（这件事虽然不是发生在唐代，但是距离唐代并不远）。可是并不是所有的战俘都有资格获得这种自由，比如像蛮夷俘虏就不可能指望得到这种幸运的结果。

不管俘囚从事的劳役是公共的还是私人的，种族出身可能会决定落难囚徒一生的工作种类。来自蒙古草原和中亚的俘虏，通常都从事牧马人、马夫以及贵族车仗的骑马侍从等职业。智慧和教育会使国家奴隶在重要的工业部门得到一个职务，这些职务可能是在纺织行业，也可能在陶瓷业；如果更好些的话，也可能会在皇宫中获得一个受到信任的职务②，这类职务可能是侍卫③、译师或者是舞师。对于没为奴婢的俘囚而言，最倒霉的就是被送往南方的边疆地区去服役。这些地区不仅有暑热瘴气，而且有鳄鱼出没，更有甚者，这里的居民还将敌人的头颅割下来作为战利品。白居易笔下描述的突厥战俘的遭遇就是如此，大中五年（851）被解送到岭南的吐蕃和回鹘战俘的境况也同样如此④。九世纪时，唐朝政府一反常态，对

---

① 《魏书》卷12，第1932页。

② 梅德利（1955），第267～268页。根据梅德利的意见，"八、九世纪时，由于希望减缩为国家服役的奴隶的数量，许多奴隶都在市场上被出卖，市场上的奴隶价格是很高的。宫内奴隶受到了特别的重视，这不仅是因为他们的工作质量和日常的行为举止都要高出一般的奴隶，而且因为他们具有很高的'声望价值'，能够讲述宫里的丑闻佚事和流言蜚语。"

③ 沦为奴隶的战俘曾经被吸收为唐太宗和唐玄宗的个人侍卫。参见蒲立本（1955），第142页。

④ 《唐会要》卷86，第1573页；白乐日（1932），第10页。

间谍活动感到惊恐不安，他们深信，这些湿热瘴疠的边疆地区是最适合安置那些被俘的高山地区居民和北方土著人的地方。而在七世纪时，唐朝政权对于其自身的权势和武力的自信程度是很强的，这时的俘囚要获得自由也就容易得多。然而就异族奴隶而言，不管是士大夫的私人奴隶，还是属于政府的国家奴隶，他们所能期待的最好的出路，就是依靠才能和计谋获得权力和财富。有些具备军事才能的家内奴隶也确实成了朝廷里的重要人物。王毛仲就是这样一位人物。王毛仲其人本来是一个因事没为官奴的高丽人的儿子，他曾经在唐朝政权中被提拔到了很高的位置，只是由于野心太大，最后才使他一败涂地①。

但是，除了幸运地被分配到出身高贵、功勋卓著的大臣之家之外，战俘们通常只能成为与个人无关的国家奴隶。在集权统治下，这也是那些被宣布犯有叛逆罪者的家庭的命运。俘囚与叛逆者的亲属的遭遇是相同的，他们被迫从事收集石料的工作，这些石料是为了修建保卫国家的城墙和保护农田的堤防使用的。这种劳役一直要持续到他们获得自由为止。朝廷的特殊恩典，或者是一般的大赦，都可能会使他们得到自由②。

奴隶

汉奴主知仓库，胡奴检校牛羊。

---

① 蒲立本（1955），第42、46页。
② 白乐日（1932），第2～3页。

> 斤脚奴装鞍接蹬，强壮奴使力耕荒。
>
> 孝顺［奴］盘鸡炙䐑，谄韶奴点醋行姜；
>
> 端正奴拍筌箍送酒，丑掘奴添酥酪浆；
>
> 细腰婢唱歌作舞。锉短［奴］擎炬子食床。

　　这首诗歌反映了一位野心勃勃的新郎的梦想，他渴望富家之主的显赫与奢华的生活。这首诗的英文译文是阿瑟·韦利根据敦煌写本翻译的①。

　　家庭奴隶从事各种各样的家务劳动，从夫人的婢女干的活计，到猎场看守人的工作都属于家庭奴隶的劳动范围②。在唐朝后期，无力还债的债务人和佃户成了家内奴隶的一个新的、重要的来源。这些人在规定的时间内，甚至是终其一生，将他们本人或者是子女出卖给地主或其他的债权人③。但是典型的唐朝奴隶是异族奴隶，商人们通过出卖异族奴隶，将钱全部装进了自己的袋囊。元稹是一位在道德方面正统而严谨的人，外来物品在他的眼中永远都是稀奇古怪的东西，他在一首长诗中描写了一位商人的形象。元稹笔下的这位商人是个行商，他精疲力竭地追逐利润，逐利的欲望使他的心境无法得到安宁，贪婪驱使他在世上到处游

---

① 韦利（1960），第162页。译按，英译文删略了"孝顺［奴］盘鸡炙䐑，谄韶奴点醋行姜"与"丑掘奴添酥酪浆"诸句，此从原文。本段原文出处承复旦大学戴岱先生提示，谨致谢忱。

② 白乐日指出，在中世纪的中国，奴隶在农业生产中几乎没有发挥过多少作用，这一点与罗马奴隶制度有明显的区别。见白乐日（1932），第11页。但是王伊同的研究表明，在北魏和隋代，一些重要人物在获取国家授予的土地的同时，也会得到大量的作为田间劳动者的奴隶。见王伊同（1953），第334～335页。

③ 白乐日（1932），第13页。

荡，如果有利可图的话，他会随时准备出卖任何东西——无论是活的还是死的：

> 求珠驾沧海，采玉上荆衡。
> 北买党项马，西擒吐蕃鹰。
> 炎州布火烷，蜀地锦织成。
> 越婢脂肉滑，奚童眉眼明[1]。

狡黠的奴隶贸易者尽量不去买卖唐朝境内土生土长的汉人。法律保护古代习俗，使贩卖汉人变成了一件非常担风险的事情。如果商人诱拐了奴隶，则犯罪的商人多半会被处死。但是当被生活所迫时，一家之长却可以出卖自己家中的妻小，在当时的社会里，家长的意志就是被出卖的家庭成员的意志[2]。可是就一般情况而言，经营异族奴隶的买卖却是相当保险的，而且买卖异族奴隶还不会受到良心的谴责。因为从严格意义上来讲，异族奴隶并不完全是人[3]。所

---

[1] 《元氏长庆集》卷23，第10页。"火烷布"就是石棉。炎州是中国南方的一种富有诗意和充满想象的名称。"蜀"即四川的别称。"奚"是指东北地区的一个部落。

[2] 韦慕庭（1943），第90页。

[3] 参见蒲立本（1958），第206～207页。在法律上，奴隶与自由人之间是不平等的。奴隶不得控告自己主人的罪行，不管控告的内容真假如何，奴告主者都要被处以死刑；奴隶对自由人使用暴力者，也要处以死刑。法律禁止奴隶与享有自由的妇女之间发生奸情，即使妇女本人同意也不允许。见韦慕庭（1943），第151页，注（156）。唐朝法律还严禁异族奴隶与汉人结婚，或者被自由的汉人收养。参见白乐日（1932）第11页；韦慕庭（1943），第158页。这些法律规定的本质是害怕劣等血统的污染。唐代与奴隶有关的法律条文，见蒲立本（1958），第212～217页。

以，只要当时没有赦免异族奴隶的法令的话，不管他属于哪个种族，异族奴隶都是很畅销的。奴隶商人的货物可以是波斯人——例如被大海盗冯若芳连同其他战利品一起掳掠来的、安置在海南岛万安州附近的波斯人[①]；他们也可能是突厥人——这些突厥人不是战俘，而是由萨曼王朝作为商品从河中地区出口的突厥奴隶[②]；奴隶商人的经营对象，可能还有那些性情平和的牧人和他们的子女，这些人是被诱拐来送入唐朝境内的——在盛唐时期，唐朝与难以管制的游牧人和睦相处，所以这种做法在当时是被禁止的[③]；他们甚至有可能是由发现了远东的道路的花剌子模人输出的斯拉夫奴隶[④]；这些奴隶也可能是高丽奴隶，尤其可能是高丽女奴——在唐朝的富豪之家，大多都非常希望能够得到高丽、新罗国的少女作为贴身女婢、姬妾和演艺者[⑤]。高丽、新罗的奴隶贸易养活了一大批黄海水域的海盗，同时也引起了朝鲜半岛政权的反对。武后长寿元年（692），山东地区的唐朝地方官员奏请朝廷，指出这种违法的贸易妨碍了唐朝与新罗国的友好关系（山东是新罗奴隶船靠岸的地方），"'伏乞特降明敕，起今以后，缘海诸道应有上件贼诙卖新罗良人等，一切禁断'。

---

① 中村久四郎（1917），第488页；高楠顺次郎（1928），第462页。

② 巴托尔德（1958），第236、240页。萨曼朝国家曾经为经营突厥奴隶的商人发放过特许证。突厥奴隶是费尔干纳的重要出口品。译按，萨曼王朝（819～999年）是中亚的一个地方政权。

③ 大足元年（701）唐朝发布诏令，规定"西北缘边诸州县不得畜突厥奴婢"。见《唐会要》卷86，第1569页。

④ 见巴托尔德（1958），第238页引用的麦格迪西（十世纪时的地理学家）的著作。

⑤ 韦慕庭（1943），第92～93页。

敕旨宜依"①。但是在有些地方，肯定还有买卖新罗奴隶的现
象。虽然蓄买新罗女奴有时也会受到一些思想保守的人的猛烈
抨击，但是新罗、高丽少女的娇艳美丽在当时确实是非常有名
的。例如在贞观二十年（646），高丽派遣使臣前来唐朝致谢，
感谢唐太宗在前一年赦免了被包围的辽东城里的居民。这位使
臣带来了两名美女作为谢礼。但是唐太宗对高丽使臣说：

> 归谓尔主，美色者，人之所重。尔之所献，信为美
> 丽。悯其离父母兄弟于本国，留其身而忘其亲，爱其色而
> 伤其心，朕不取也。

45

就这样，唐太宗又将她们送回了故土②。

但是非汉族奴隶的最重要的来源是唐朝南方的各部
族——完全与外界隔绝的傣人和那些新近归附唐朝的福建、
广东、广西、贵州等地的其他一些土著居民。奴隶贸易者毫
不怜悯地对这些不幸的"蛮人"大加掠卖，与此同时，皇帝
也一道道地发布诏令，对这种罪行加以谴责和禁止，但是这
些诏令显然没有起到多少作用③。最典型的是在八世纪末年唐

---

① 《唐会要》卷86，第1571页。两年之后，来了一位新罗使臣，他要求唐
　朝皇帝安排那些滞留在山东沿海一带漂泊不定、无家可归的新罗人返回
　故土。译按，据《唐会要》原文，此事在穆宗长庆元年（821），《旧唐
　书·穆宗纪》系于同年三月丁未。作者此云"692年"，显然是将"长
　庆"误当作了"长寿"。

② 《旧唐书》卷199上，第3651页。

③ 白乐日（1932），第6~7页；蒲立本（1958），第207、217页。在唐代
　之前的若干世纪里，居住在更北部的一些地区的土著居民，也是当时的
　奴隶来源。例如四川的獠部落，事实上就是官方政策允许掠卖、奴役的
　对象。参见王桐龄（1953），第307~308页。

德宗发布的一道诏令。这道诏令表明，一直到了这时，仍然在从遥远的邕府（位于现在的安南边界附近）将年轻的奴隶作为年贡送往朝廷，诏令中指出："使其离父母之乡，绝骨肉之恋，非仁也，罢之。"① 这道诏令的颁布可能结束了由官府主持的进贡土著人奴隶的活动，但是私人买卖奴隶的活动却并没有终止。九世纪中叶，唐宣宗发布了一道禁止岭南货卖男女的诏令，宣宗称"如闻岭外诸州居人，与夷僚同俗，火耕水耨，昼乏暮饥。迫于征税，则货卖男女，奸人乘之，倍讨其利"，这道诏令中还指出，买卖奴隶的结果"遂使居人男女与犀象杂物，俱为货财"②。有许多迹象表明，正如同在高丽人中一样，在南方土著居民中，奴隶贩子寻求的主要猎物也是年轻的女奴。元和十三年（817），当著名的广州都督孔戣在任时，他最先发布的法令之一，就是禁绝从本地村庄里买来的女口③。当时的诗人张籍曾经用这样的词句描写了一位女奴：

> 铜柱南边毒草春，行人几时到金麟？
> 玉环穿耳谁家女，自抱琵琶迎海神④。

---

① 《全唐文》卷50，第6～7页。
② 《全唐文》卷81，第9～11页。
③ 《旧唐书》卷154，第3486页。中村久四郎（1917），第364页。
④ 《张司业诗集》卷6，第18页。"铜柱"相当于西方传说中的"赫拉克勒斯门柱"，在这里，它标志了汉族文明在南方的传统界限。"金麟"很可能是"金邻"的异称。这两个词的发音是相同的。金邻是唐朝在安南的一个守镇的名称，在唐代之前，它是指岭南的一个界限不太明确的地区，即"金州"（"Suvarzadvīpa"或"Suvarzabhūmi"，金半岛）。见伯希和（1903），第226页；卢斯（1924），第151～154页；惠特利（1961a），第116～117页。

　　唐朝奴隶的另外一个重要来源是恒河流域印度以外地区的奴隶。从印度群岛输入的奴隶被称作"昆仑奴"，所谓昆仑奴就是来自"Kurung Bnam"（山帝）[①]地面的奴隶，而"Kurung Bnam"则是使用了柬埔寨国家的古名。这个字实际上相当于梵文的"Śailarāja"，它表示吉蔑人对神山的象征性的霸权，这与爪哇和苏门答腊的"Śailendra"王表示的含义不无相似之处[②]。据《旧唐书》记载"自林邑以南，皆卷发黑身，通号为昆仑"[③]。其实这些奴隶就是最广义的"马来人"。就其"卷发"的特点而言，他们一般是指"维达人类型"的种族，但是也可以指吉蔑人和其他一些波状头发的种族，甚至还有可能是指达罗毗荼人以及其他一些印度洋民族。昆仑奴最使人称道的是他们的游泳技能，他们能够睁着眼睛潜入水下，从水底找回失物。有许多昆仑奴肯定是受过专门训练的潜水采珠人。

　　八世纪和九世纪初年，伟大的佛教词典编纂者慧琳是这样描述昆仑奴的：

---

① 　克里斯蒂（1957a），第352页。即现代高棉语的"Krong phom"。唐朝人将吉蔑人的国家称作"扶南"（Bnam，山地）；但是这个词在现代汉语中的发音已经与古代有了很大的区别（参见本书的"导言"部分）。

② 　关于这种概念的流传，见布拉德尔（1956），第16页。

③ 　《旧唐书》卷197，第3609页。《旧唐书》在这里将林邑以南的人称作"昆仑"，"昆仑"是"Kurung"这个字最常见的汉文译写——虽然其他一些译法更接近构拟的吉蔑语的原来的读音。"骨论"（Kurrung?）和"古龙"就是属于更忠实于原来的读音的译法，尤其是"古龙"这个名字，在汉文史料中还被说成是扶南国王的姓。见伯希和（1904），第230页。其他与"昆仑"有关的土语是"Prum"和"Krom"，这两个字在阿拉伯文中作"Komr"和"Kāmrūm"。参见石泰安（1947），第238页。

时俗语便，亦称骨论（Kurung），南海洲岛中人也。其黑裸形，能驯伏猛兽、犀象等。种类数般，即有僧祇（Zānjī）、突弥［Turmi（?）］、骨堂［Kurdang（?）］、阁蔑（Khmer）等，皆鄙贱人也。国无礼仪，抄劫为活，爱啖食人，如罗刹、恶鬼之类也。言语不正，异于诸蕃。善入水，竟日不死[①]。

从这段记载中，我们不难看出当时的汉人——尤其是那些对黑皮肤（他们将波斯人也称作"黑人"！）和相对裸体（从汉代以来，就认为这是有伤风化的）持反对态度的汉人——的种族偏见的典型例证。在其他一些史料中，则将中国以南的所有国家都划归为"昆仑"，或者是将"昆仑"等同于梵文著作中的"Dvīpāntara"[②]。但是慧琳的意见似乎是将"昆仑"这个字眼局限于那些尚未接受印度文化移入的"恩惠"的印度尼西亚人，也就是指还没有接受印度宗教的海岛居民。

当唐朝大臣李德裕被流放到潮州时，在一次船只失事的事故中，他失去了自己珍贵的艺术收藏品，于是李德裕派遣"昆仑奴"潜水去寻找。这位潜水的蛮人最后没有能够找回失物。他之所以失败，不是因为他不可信任，而是因为水中有许

---

① 《一切经音义》卷81，第835页。伯希和认为"阁蔑"（＊Kâpmiet），就是"Khmer"，此从伯希和的观点。请参见伯希和（1959），第699页。我在这里将"突弥"（＊Tuɛt-mjiɛ）和"骨堂"（＊Kuɑt-dʻâng）比定为"Turmi"与"Kurdang"。

② 伯希和（1959），第600页；惠特利（1961a），第183页。

多鳄鱼出没①。生长在沿海地区的印度人和生活在水上的马来人，都是唐代传奇故事中喜欢表现的主题。其中一则反映昆仑奴的故事是这样记载的②：有一位足智多谋、四处漂泊的昆仑奴，他为自己的主人解释清楚了一个歌伎做出的含糊不清的手

---

① 中村久四郎（1917），第263页引《岭表录异》。又见张星烺（1929），第96页引《萍洲可谈》。张星烺认为，中世纪中国的昆仑奴是由大食人从非洲带来的黑人，他也是这种观点的主要倡导者。见张星烺（1929）；同作者（1930），第3册，第48～81页；同作者（1930a）。张星烺的主要依据是那些用"黑"这个字眼来形容昆仑奴的汉文文献。但是在中世纪时，汉文文献中的"黑"字可以用来形容任何一个肤色比汉人更黑的民族。例如林邑人就是如此。甚至连波斯人在当时也被用"黑"来形容。这就正如同现在许多殖民地民族对于赤道地区的所有居民的称呼一样。张星烺的另一个根据是关于昆仑奴卷曲的或是波浪式的头发的记载，可是卷发是印度、印度支那以及印度尼西亚各民族的共同特征。正如我们现在所见到的，东印度群岛诸民族与非洲黑人是有明显的区别。其实真正难以解释的倒是十二世纪初期，宋代文献《萍洲可谈》中记载的"发卷而黄"的"鬼奴"。张星烺在他的文章的英文译文中，在翻译汉字"黄"时，没有使用字义清楚的"yellow"（黄），而是使用了文意模糊的"yawn"（褐黄）这个字。但是即使采用这种译法也是无济于事。这些"色黑如墨"的"鬼奴"与"昆仑奴"显然有很大的差别。那些生性勇敢、擅长游泳的"昆仑奴"或许是来自巴布亚和美拉尼西亚的某些类似黑人的种族，比如现代生活在这一地区的那些长着波浪型头发的部落。可以相信，他们中也有一些非洲黑人。郑振铎将唐墓中出土的一些马夫陶俑认定为"昆仑奴"，他主要是根据陶俑的卷发特征得出这一结论的。见郑振铎（1958），第5页。这些陶俑形象的身上都有一种腰布或围裙；见马珍妮（1959），第84、88页。其实早在1911年时，夏德和柔克义就已经公允地指出，"'昆仑奴'……多半是马来人或者马来半岛和南方诸岛的黑人"。见夏德和柔克义（1911），第32页。伯希和认为，卷发的昆仑奴后来逐渐与真正的僧祇黑人混淆了，"换句话说，印度尼西亚的矮小黑人可能也曾被称作僧祇人，但他们并不是非洲黑人；而非洲的僧祇人后来在中国也以僧祇人知名。"我们认为伯希和的这种看法可能是正确的。见伯希和（1959），第600页。

② 裴铏：《昆仑奴》，见《太平广记》卷194引裴铏《传奇》。

势，从而促成了年轻的男主人公与这位美貌的歌伎的一次幽会。这位奴隶后来从复仇心切的歌伎主人手中逃脱，此后人们发现他在洛阳市中卖药①。这段故事虽然在外表上蒙上了一层中国的色彩，但是听起来却非常像是一个印度或阿拉伯的故事。在唐朝后期以反映外来事物为主题的文学潮流中，这种特点是极有典型性的②。

非洲黑人奴隶只是在唐代的一个短暂的时期内，而且只是在少数显贵集团中知名。在马来群岛，相当普遍地将非洲黑人称作"Zāngī"，而汉人正是沿用了这个名字，将他们称作"僧耆"（Zenj）或"僧祇"（Janggi）③。僧祇（或僧耆）是指最古代和最广义的"Zanzibal"（桑给巴尔）的土著人，这个名称的内涵并不限于现代的桑给巴尔，而是指相当于东非的广大地区，而东非地区则是趁着东北季风从波斯湾出发的船只可以到达的自然终点。广而言之，凡是非洲黑人都可以称作僧祇人。诃陵国是一个爪哇人的国家，据唐朝传说记载，诃陵国有"毒女"④，凡与毒女交合，都会致死。据记载，从元和八年（813）到元和十三年（818），诃陵国三次遣使向宪宗朝贡献了少量的僧祇童、僧祇女以及生犀、五色鹦鹉等珍

① 《龙王女》（1954），第 89 页。张星烺（1930a），第 44～59 页具列了这段故事和其他有关昆仑奴的文献。

② 关于手势语言，见伯顿（1934）第 1 卷，第 774 页；特别参见第 1 卷，第 931 页"阿齐兹与阿齐宰海的传说"。

③ 这个字的汉文译文发音为"∗səng-gʻji"和"∗səng-gʻjie"。施莱格尔误入歧途，想将这个字考定为"暹罗人"（见施莱格尔，1898），伯希和指出了施莱格尔的错误。见伯希和（1959），第 597～603 页。

④ 关于"毒女"的来历，见彭泽（1952），第 3～71 页。

稀之物①。史料中仅见的另外一次记载是尸利佛誓国——就梵文学问和佛教信仰而言，当时尸利佛誓是一个世界性的中心——在开元十二年（724）向唐朝"Deva-putra"② 贡献的一名僧耆女③。这些体貌黝黑的僮、婢，在当时的文学作品中没有任何踪迹可寻，只是在史书中留下了一些简短的记载。对于八、九世纪时具有高度文化教养的唐朝宫廷而言，这些非洲黑奴仅仅是昙花一现的新奇之物。在欧洲人罗可可式艺术中，长久地保存着头戴缠头巾的矮小黑种人的生动、逼真的形象，但是却没有留下任何有关僧祇人的类似的形象资料④。虽然一般都假定僧祇人来自非洲，可是他们最初究竟是在什么地方落入了诃陵国王的手中，现在还无法断定。据说在玄宗先天元年（712），印度海盗曾经掠夺了一艘由斯里兰卡统治者派往哈利

---

① 有关元和八年（813）贡献的四名僧祇童，见《唐会要》卷100，第1782页；《新唐书》卷222下，第4195页。元和十年（815）贡献的五名僧祇童，见《旧唐书》卷15，第3111页；《旧唐书》卷197，第3601页；《册府元龟》卷972，第76页。另外，在元和十三年（818）还贡献了两名僧祇女，此事见《旧唐书》卷197，第3610页；《唐会要》卷100，第1782页；《册府元龟》卷972，第7页。译按，细审作者所引各书及《太平御览》卷924的记载，元和八年（813）与十年（815）的记载实为同一事件，八年、十年必有一误。诃陵贡献僧祇童为两次而不是三次。作者所据《旧唐书·诃陵传》之"五人"，当为"五色"之讹文。具体考证从略。

② 译按，即"天子"。

③ 《册府元龟》卷971，第6页。在印度尼西亚语中，将汉文"天子"译作"deva-putra"，见高楠顺次郎（1896），第136页。译按，《册府元龟》原文作"价耆"，"价"当为"僧"之讹文。

④ 白乐日认为，黑人奴隶——他接受张星烺的看法，认为"僧祇奴"包括了黑人奴隶在内——在唐朝经济中没有起什么重要作用。见白乐日（1932），第13页。事实上卷发的马来奴隶（如果他们是的话）作为私人侍者，在当时是很普遍的，而"僧祇奴"则大多属于稀罕之物，而且出现的时间也只有十年。

夫的海船，从这艘船上得到了一批"阿比西尼亚奴隶"①。所以我们有理由认为，献给唐朝的黑奴最初很可能就是在印度洋沿岸买进的，然后他们又被带到了远至爪哇②的地方③。在桑给巴尔和索马里沿海发现的唐朝钱币，或许就是由唐朝商人带去经营人口贸易的④。但是从爪哇和苏门答腊⑤转输到唐朝的所有非洲黑人，可能同样都是在东南亚地区沦为奴隶的。甚至现在，在东南亚还有矮小黑人。在唐代，唐朝人知道有一个"葛葛僧祇国"的国家，这个国家是在苏门答腊西北角的一个岛上，这里的居民凶悍残暴，所以水手都非常害怕他们⑥。靠近诃陵和尸利佛誓的这样一个地方，很可能就是被送往长安的黑人的故乡。

侏儒

如同对中世纪的其他民族曾有过强烈的吸引力一样，矮人

---

① 穆克杰（1957），第33页。译按，"阿比西尼亚"是"埃塞俄比亚"的旧称。

② 译按，即指上文提到的诃陵国

③ 宋代的桑给巴尔岛被称作"昆仑层期国"，意思是"昆仑"（南海）的"层期"（黑人）国，参见张星烺（1929），第97页。关于元代的黑人奴隶和明代的印度尼西亚奴隶（来自巽他群岛）的记载，见富路特（1931），第138～139页。

④ 马修（1956），第52页。这些钱币发现于英属索马里的摩加迪沙和桑给巴尔保护领地的卡泽哇地方。

⑤ 译按，指上文的尸利佛誓国。

⑥ 《新唐书》卷34下，第3736页。这个地方显然是在马来半岛的西岸某地。保罗·惠特利教授指出，葛葛僧祇国很可能与托勒密所记载的某个叫"Konko-"或"Kokko-nagara"的地方有关（1959年10月19日的私人通信）。译按，《新唐书》卷34无"葛葛僧祇国"的记载。卷43下引贾耽"广州通海夷道"云，葛葛僧祇"在佛誓西北隅之别岛，国人多钞暴，乘舶者畏之"。即此。原文"34"当为"43"之误。

也使唐朝人产生了浓厚的兴趣。我们这里说的矮人，是指唐朝本土的侏儒和外来的俾格米人。但是，唐代追求侏儒的风气似乎并不比唐代之前中国诸朝代统治时期更明显。孔子本人在谈到一个叫作"僬侥"[①]的矮小民族时，曾经将矮人的标准尺寸定为三尺，"僬侥"这个名字也有"鹪鹩"的意思。虽然有人说矮人是在东南方海上的一座岛上发现的，但是根据传说，小矮人生活在位于中国西南的遥远的地方。古代的僬侥国曾经向中国贡献过象牙、水牛和封牛[②]。据记载，僬侥国的矮人"穴居善游"[③]。虽然我们现在还无法断定在周、汉时代曾经见到过热带的俾格米人，但是，无论古代记载的矮人是矮小黑人，还是像现代的塞诺伊人那样长着波浪形头发的矮人，总之在周、汉时代就已经有了侏儒，他们是演艺者、舞师和乐师。

　　在唐朝皇帝的宫廷里，侏儒扮演的角色与前代相比并无不同。现代湖南省南部的道州城，在唐代就以大量出产土生的侏儒而著称。道州的侏儒每年都要作为土贡贡献给朝廷。九世纪时，白居易曾在诗中描写过道州的侏儒。阿瑟·韦利的译文如下[④]：

48

---

① "僬侥"这个词有几种不同的写法，其中一种是"僬僚"。这两种写法的古音分别读作"＊dz'iä-ngieu"和"＊dz'iäu-lieu"。"僬侥"与"鸤鸮"（＊tsiäu-njau）或"鹪鹩"（＊tsiäu-lieu）（小鸟；鹪鹩鸟）有密切的关系。这个词的本义显然有"微小之物"的意思。见《辞通》第7卷，第105页。《辞通》也引用了《国语·鲁语》中孔子的话。

② 《辞通》第7卷，第105页。有关中国历史上的侏儒的概况，见和田清（1947）。据《酉阳杂俎》卷10，第80页记载，唐代一位鉴赏家有一枚"人腊"，"长仅三寸，云是僬侥国人"。

③ 《通典》卷187，第1002页。

④ 译按，此从原文。

> 道州民，多侏儒，长者不过三尺余。
>
> 市作矮奴年送进，号为道州任土贡。
>
> 任土贡，宁若斯，不闻使人生别离……①

八世纪末年，道州刺史阳城哀怜道州人民生离之苦，自作主张停止了这种稀有的土贡。不久之后，就从京城来了一位使者，责问为什么规定的岁贡没有按时送到朝廷。阳城写了一份正式的奏折，宣称"州民尽短，若以贡，不知何者可贡"。这种机智的答复可能比据实回奏要高明得多。不管怎么说，道州岁贡侏儒就这样被正式废除了。于是"州民感之，以'阳'名子"②。

对于过分讲究排场的唐朝人来说，从外国进口的侏儒，较之于唐朝本土出产的侏儒更使他们感到惊异，当然也就更能使他们感到满意。外国贡献的侏儒，使他们回想起了古代的"僬侥人"。开元十二年（724），占据着苏门答腊制海权的尸利佛誓国（即"Śrībhoja"，又称"Śrivijaya"，在唐朝人和大食人中，它以"Śrībhoja"知名）派遣某个俱摩罗——意思是"皇太子"，或许此人果真是一位皇太子③——来到长安，他为唐朝天子带来了许多珍奇的贡礼，这些贡礼主要是人，例如贡礼中有杂乐人一部、僧祇女一人（在上文中已经提到过），此

---

① 韦利（1941），第 148 页。

② 《新唐书》卷 194，第 4083 页。

③ 伯希和（1904），第 321、335 页。Sriboza = Śrībhoja = Śrivijaya。从九世纪末年起，游历东方的大食人将"Sriboza"称作"Serboza"或"Zabedj"，而在汉文献中则称之为"三佛齐"（ ＊Sâm-b'ịuət-dz'iei）。参见惠特利（1961a），第 177 ~ 183 页。

外还有侏儒二人①。同一年，土地肥沃、物产丰饶的康国②也向唐朝贡献了一位侏儒。距离康居很远的地方，有一个被称为"短人国"的侏儒种族，中国人从很早起就已经听说了这个国家③。据说短人国地面盛产珍珠和夜光明月珠。根据另一种传说记载，短人国的居住地在突厥以北的西伯利亚地区，那是一个"俗无寇盗"的地方，只有一种大鸟是短人的天敌，这种鸟"常伺短人而啄之，短人皆持弓矢，以为之备"④。这些短人显然就是古代希腊人记载的侏儒，只是在这个故事的东方译本中，将短人国的位置说成了东欧或西伯利亚地区，而不是在非洲的腹地。在原始的西方传说中，往往都说侏儒国在非洲，而这一类的传说也流传到了中国人的耳中。史书中这样说：

> 小人国在大秦（即罗马）之南，躯才三尺，其耕稼
> 之时，惧鹤所食，大秦每卫助之，小人竭其珍以酬之⑤。

---

① 《册府元龟》卷971，第6页。三世纪时，在汉文文献中曾经提到日本以南很远的朱儒国，说见《太平御览》卷378，第4页引《魏志》。

② 《唐会要》卷99，第1775页；《册府元龟》卷971，第5页。取经人玄奘将飒秣建国（译按，即康国）描绘成了一个真正的天堂。见《大唐西域记》卷1。

③ 见《通典》卷193，第1042页的简略记载。《通典》的内容主要是根据《魏略》的记载。参见《太平御览》卷368，第4页。译按，《太平御览》卷368无此条，原文在卷378，此"368"当为"378"之误。

④ 这个故事显然起源于希腊，它在中国出现的时间是在公元三世纪。参见李约瑟（1959），第505页。这个故事的改写本见《通典》卷193摘引的《突厥本末志》。

⑤ 《通典》卷193，第1042页。关于这些以及在古典文学中与这些故事同源的故事的描写，见夏德（1885），第202～204页。在敦煌地区发现的、经过改编的天鹅女的故事中，植入了小人国的故事。见韦利（1960），第154页。

可是康国王贡献的侏儒并不是传说中虚构的短人国的人，而是有根有据、真实可信的侏儒。那么，这些侏儒究竟是从哪里来的呢？

49 人质

除了上文提到的奴隶之外，唐朝境内的异族人中有许多种族的人也是在违背个人意愿的情况下臣服唐朝的主人的。八世纪时被派遣来帮助郭子仪将军镇压安禄山叛乱的大食兵，就是这样一群身不由己的傀儡。他们与其他国家的那些完全只能听命于他人，被唐朝平民百姓当作稀罕物品来观赏的人质们遭遇的情况是一样的。人质被留在唐朝京城之内，目的在于确保他们在境外的贵族和王室宗亲对待唐朝政权的友好态度。或许除了在社会地位方面的差异之外，人质的处境与那些留在唐朝境内的外国军人并无多少区别。虽然就中国人的传统而言，他们是反对人质制度的，但是国际政治的实际情况常常总是要求他们对这种传统弃置不顾。确实，促使唐朝人放弃人质制度的理由经常是出于对自身实际情况的考虑，而不是出于人道主义的动机。这些理由根源于畏惧异族的守旧思想：持有这种思想的人认为，留居在唐朝境内的异族人不是惹是生非者就是间谍①。而在七世纪时，只要唐朝政府认为将外族王子留下来不失审慎的话，那么要求一位突厥王子或者是高丽王子留在长安的皇宫里完全是一件稀松平常的事情；甚至连萨珊朝的王子Narsē（泥涅师）② 也被当成了一名受到尊敬的人质。当然就

---

① 杨联陞（1952），第519～520页。
② 此 "Narsē" 是根据汉文 "泥涅师"（＊Niei-niet-si）翻译的。

泥涅师而言，他很可能是一位自愿归顺的质子，因为他是在父
亲卑路斯死于逃亡途中以后来到唐朝的[1]。尽管唐朝政府为人
质颁赐了只有名义却毫无实际价值的官服，还为他们提供了诱
人的奢侈生活，但是事实表明，这种强制性居留的时间漫长得
简直使人质无法忍受。为了抚慰那些出身高贵的男性人质，唐
朝政府在宫廷里授予他们一些名义上的职务——一般来说都是
委任为宫廷侍卫——而这些人质就这样舒服地消磨着背井离乡
的生活。毫无疑问，这些穿着色彩鲜艳的唐朝服装的外国王室
后裔，看上去一定丰神俊伟，仪表堂堂[2]。一直到唐玄宗在位
的和平时期，唐朝政权才下令将那些在皇宫里居住了几十年之
久、领取国家俸禄的质子送回其本国[3]。就表面而言，这些留
居在唐朝境内的人质的境况是相当风光体面的，但是在这些人
质所在的国家里，对人质的看法却大相径庭。根据他们国内的
看法，充当人质是一种屈辱和奴役，"高贵的突厥男儿成了唐
人的奴隶，清白的少女成了女婢"[4]。

贡人

所谓"贡人"，就是作为贡品献给唐朝皇室的礼物，或者
是如唐人解释的，是作为"土贡"送往唐朝宫廷的男子和妇
女。因为这些人是要提供特别服务的，所以就人身自由而言，
他们甚至比不上人质。而且我们也几乎无法将他们与奴隶区别

---

[1] 德雷克（1943），第 7 页；《新唐书》卷 221 下，第 4155 页。

[2] 对于已经在唐朝政府中担任武职的异族人，并不要求他们住在宫里，即
使有些人已经担任了皇室禁卫官职，但是他们还是被安置在玄武门。见
《唐六典》卷 5，第 12 页。

[3] 杨联陞（1952），第 510 页。

[4] 格鲁塞（1932），第 16 页。本段引自和硕柴达木发现的突厥文碑铭。

开来。据认为，任何不同寻常的人都适合于充当"土贡"的角色，自古以来，中国各地的城邑就已经习惯于将各种各样古怪的或者是畸形的物品送往朝廷，而这些畸形的怪物很可能就是人。在这方面，相当典型的一个例子就是在八世纪初期，由西北一座城镇送来的一位妇女，非常奇怪的是，她的"身上隐起浮图塔庙，诸佛形象"①。同样使人惊异的是扶南贡献的两位肤理如脂、岩居穴处、患有白化病的"白头人"②。漫长的距离和罕见的外貌，赋予了这些来自边荒绝域的人神秘的色彩，而他们自身也就完全成了奇珍异物。长庆二年（822）由一位回鹘人从巴尔喀什湖地区送来的"葛禄口四人"③，咸亨元年（670）由一位日本使臣带来的长胡须的虾夷人④，作为贡礼的突厥女人⑤，或者是作为庆贺延庆节的特定纪念品而送来的两位吐蕃女⑥，所有这些见于记载的"贡人"都属于此类。

在所有作为土贡进献的人当中，最珍贵的贡礼是来自远国绝域的博学多艺的人，唯其来自外国，他们那超凡入圣的洞察力也就更为可信。开元七年（719）由吐火罗国王推荐并贡献

---

① 《朝野佥载》，（《唐代丛书》，1），第52页。

② 这件事在七世纪初年，见《新唐书》卷222下，第4159页。希腊的地理学家也知道白化病的传说。见惠特利（1961a），第158～159页。

③ 《旧唐书》卷16，第3116页。

④ 赖世和（1955a），第45页。译按，此事见《新唐书·东夷传》记载，但是《新唐书》记载的时间在咸亨之前。

⑤ 《旧唐书》卷16，第3116页。

⑥ 《旧唐书》卷19上，第3225页。这两位吐蕃女是唐朝沙州（敦煌）节度使张议潮为庆贺延庆节（可能是一位皇帝的生日），与四只青鹘鹰和两匹马一起送到朝廷来的。这件事在懿宗咸通七年（866）。第二年，唐朝政府就发布了一道诏令，"禁延庆节、端午节献女口"。见《新唐书》卷9，第3655页。译按，延庆节是庆祝唐懿宗诞辰的节日，具体时间在十一月十四日。

给唐朝的"大慕阁"就是这样一个例证。大慕阁是一位摩尼教徒，据记载，他"智慧幽深"，善解"天文"①。另外一个例子是"和药方士"那罗迩娑婆寐（Nārāyaṇasvāmin），这位方士是在贞观二十二年（648）由王玄策从摩揭陀带来的②。他自称已经活了二百多岁，能够配制长生不老的灵丹妙药。这位智者向唐朝的朝臣讲了一通诡谲的谎话。据他说，只有在印度深山里的一种石臼内，才能够找到一种药性十分强烈的神奇药水，能够溶化肌肉、草木和金铁等物。这种药水只能盛放在骆驼的骷髅之内，然后再转而注入葫芦里。凡是有这种药水的地方，都有石像人守护，如果住在山里的人将药水的事泄露给了陌生人的话，泄密的人就会死去。这位信口开河的老人得到了唐朝皇帝的隆重礼遇，"太宗深加礼敬，馆之于金飚门内，造延年之药。使兵部尚书崔敦礼监主之，发使天下，采诸奇药异石，不可称数"③。似乎是由于他的努力遭到了失败，那罗迩娑婆寐的权势逐渐下降，最终被解除了为宫廷服务的工作。那罗迩娑婆寐在长安度过了他的余生，他无疑得到了大批追随者的支持④。另一位与他类似的奇迹创造者是来自西国的胡僧。

---

① 《册府元龟》卷971，第3页；陈垣（1928），第63~64页。
② 伯希和（1923），第278~279页。关于王玄策与其他的唐朝行人，请参见吴连德（1933）。
③ 见伯希和（1912），第376~377页。这种溶剂的汉文名称叫作"般茶"（＊pʻuân-dʻa）与"畔茶（＊bʻuân-dʻâ-kʻjʻa），前一种称呼的意思是"祭神水"，后一种的意思是"水"（伯希和）。李约瑟正确地将这段记载看作是有关无机酸——很可能就是硫酸——的早期资料。详见李约瑟（1954），第212页。
④ 《西阳杂俎》卷7，第57页；《唐会要》卷82，第1522页。在《西阳杂俎》中，还记载了他讲述的另一种神奇的印度药。参见韦利（1952），第95~96页。

据称这位胡僧能够利用咒术起死回生。唐太宗在飞骑中挑选了"志愿者"来试验他自称的这种法力。胡僧果真用咒语使他们死去，然后又使用同样的方法使他们复活。故事告诉我们，有一位德行出众的大臣告诉皇帝，这是一种邪法，而"邪"终究是不能犯"正"（当然是指这位大臣本人）的。结果胡僧在对这位大臣施行咒术后，自己却倒在了地上，呜呼哀哉，"不复苏矣"[1]。这位不幸的炫奇耀能的胡僧显然是一位技艺娴熟的催眠大师，而他的死因则肯定是在流传过程中被歪曲（和加工过）了。

乐人和舞伎

我们已经讨论了各种各样的流落到唐朝的异族人，但是在所有那些由异族政权贡献给唐朝的，社会地位不易确定而又具有专门技能的人当中，最常见和最有影响的是乐人（包括器乐演奏者、歌唱者和舞蹈者）以及由他们带来的乐器与乐调。当我们看到历史文献中记载大中七年（853）日本国来朝贡献"音乐"时[2]，我们就应该认识到，"音乐"这个词在这里必定包括了曲式、乐曲以及演奏者和他们使用的乐器等内容在内。曲式和乐曲在当时被看作是一种与真正的财产一样，可以转让的东西。许多世纪以来，欣赏西域音乐的人在中国各朝代都大有人在。在隋代，欣赏西域音乐的社会风气尤其盛行一时，而这种风气也一直延续到了唐代。在唐代，西域诸国处于唐朝政权的控制之下，所以西域音乐也可以说

---

① 《刘宾客嘉话录》（《唐代丛书》，3），第15页。

② 《册府元龟》卷972，第10页。

是被唐朝"俘获"来的，而到了后来，唐朝政府便要求西域诸国将音乐作为"土贡"贡献给朝廷。在唐朝的宫廷演奏者当中，大量地吸收了异族的管弦乐队，在"非正式的"宫廷燕乐演奏的场合，往往都有异族管弦乐队为唐朝的大臣和藩属演奏。相比较而言，在"正式的"仪式上，则要求用中国古代传统的乐器，特别是要求用钟、磬、琴等古典乐器来演奏传统的曲调①。

欣赏外来音乐的习惯以及在当时的社会时尚中表现出来的对外来音乐的热情，从宫廷传到了贵族之中，接着又蔓延到了城市居民的各个阶层：

城头山鸡鸣角角，洛阳家家学胡乐②。

诗人讽刺性的比喻描述，并没有能够逆转社会上的摩登潮流。设在长安的两个官方的"教坊"，是在普通人民中间传播这种"上流社会"音乐风气的主要机构。唐朝的教坊类似于现代京都的"Gion"和"Pantochō"坊。一个教坊专门从事歌唱，而另一个教坊则专门从事舞蹈③。教坊里的那些天才的乐工、歌伎以及舞伎的社会地位与"官伎"④——最高贵的一种

---

① 《唐会要》卷33，第609～610页。有关外国音乐与唐朝宫廷音乐的融合的详细情况，见岸边成雄（1948）。

② 王建《凉州行》，《全唐诗》第5函，第5册，第21页。"山鸡"一般都是指"雉"（Syrmaticus reevesii）。

③ 前者即右教坊，位于光宅坊；后者为左教坊，位于延政坊。在洛阳也有两个教坊，都在明义坊。《教坊记》（《唐代丛书》，8，第80页）。

④ 王伊同认为，各阶层"歌女"的社会地位实际上"相当于奴隶"。见王伊同（1953）。

艺伎——的社会地位很相似，她们被训练来演唱非正式的音乐，供那些得到"天子"宠信的人享乐。新音乐首先从教坊的乐人那里传播到那些独立的高级妓女当中，再由此传入下层娼妓中，最后通过市井放荡浮华少年，融进唐朝文化的伟大洪流之中。这些从事演唱流行音乐的美女们潜心钻研最新的曲调，为原来受到欢迎的曲调填写轻快明艳的歌词。像《放鹰乐》《泛龙舟》《破南蛮》《绿头鸭》以及其他一些流行的曲调，都是属于她们演唱的乐曲。她们演唱的乐曲在朝野上下备受赞赏——除了朝廷提倡谨言慎行、克勤克俭的时期之外。例如当皇帝表示他决心要限制宫廷范围内的奢侈行为，发布诏令禁止聚敛珍宝，限制穿着华丽的饰带，反对上演女乐时[1]，她们就会成为被轻蔑的对象。不过这种时期何时到来虽然难以预料，但它持续的时间一般都很短暂。可是当唐朝政权不是过分拘谨的时候，就会鼓励这些歌伎演唱诸如《突厥三台》《南天竺》《龟兹乐》以及《望月婆罗门》这样的曲调[2]。这些歌曲大多数都是在异族人的影响之下，特别是在那些充当"土贡"的异族乐人演奏的乐曲的启迪下创作出来的。为了不致过分地违逆大众的观赏情绪，创作者对这些曲调进行了适当的修改。我们完全可以想见，正如现代的《印度之歌》《恒河流过的地方》《异教徒恋歌》一样，唐朝类似的这种歌曲，也是一些假冒的外来歌曲。

　　这种唐朝人并不是非常熟悉、带有外来的"内容"和

① 例如在开元二年（714）发布的一道诏令中，就有类似的内容。参见《新唐书》卷5，第3644页。

② 《教坊记》（《唐代丛书》，8），第80～90页。参见白思达（1953），第119～120页。

"风格"的音乐，是七世纪音乐的显著特点①。到了八世纪时，这种冒牌的音乐就被货真价实的外来音乐取代了。从八世纪开始，唐朝的流行音乐听起来与中亚城郭国家的音乐简直就没有多少区别了。著名的《霓裳羽衣曲》总是使我们联想起唐玄宗——玄宗是一位音乐爱好者，据说在他的宫廷里有三万名乐工——但是实际上这首曲子不过是西域的"婆罗门曲"的改写本。龟兹、高昌、疏勒、安国②、康国、天竺以及高丽等地的音乐风格，就这样在唐朝官方的保护之下，与传统音乐融为一体。九世纪时，在宫廷之内又开始再度强调庄重肃穆的古典音乐③，这样一来就割断了外来影响的潮流。虽然一些印度支那的音乐，特别是骠国和南诏的音乐被带进了唐朝，但是它们似乎并没有对唐朝音乐产生多少影响④。

在所有西域音乐文化中，龟兹音乐对唐朝音乐的影响最大，远远超出了其他音乐。尤其是龟兹乐中的"鼓舞曲"，更是唐朝雅俗共赏的一种乐曲⑤。龟兹乐工演奏的乐器也备受唐朝人的赞赏。龟兹乐器中最重要的一种是龟兹四弦曲项琵琶，

① 唐朝初期宫廷乐师演奏的音乐，实际上与隋朝是相同的，唯一增加的是"高昌（Qočo，即吐鲁番盆地）乐"。

② 唐朝人这时以古代帕提亚王朝的名称"Arsak"（译按，即安息）来称呼布哈拉，简称作"安国"。

③ 到九世纪时，七世纪的"教坊"已经衰落了，八世纪的"梨园"也已经被废除了。它们的职能被一个规模较小的机构取代，这个机构叫"仙韶院"，仙韶院是一个很典雅的名字，它不仅带有古风，而且还具有虔诚的和道教的味道。

④ 本段内容概括了岸边成雄（1952）第 76~82 页的论点。岸边成雄将西方对唐朝音乐的影响归为三类，（1）以于阗为中心的古伊朗音乐；（2）以龟兹为中心的吐火罗音乐（经过革新的伊朗音乐）；（3）以康国为中心的粟特音乐。

⑤ 《唐会要》卷 33，第 611 页。

唐代流行音乐的二十八调就是建立在四弦曲项琵琶的技法和曲式的基础上的，而且二十八调的旋律也是由此而发展起来的①。筚篥与横笛在龟兹乐器中也占有相当重要的地位，所以这两种乐器在唐朝也很流行②。但是在所有的龟兹乐器中，唐朝人最喜欢的是一种形制很小，涂了漆的"羯鼓"③。当演奏羯鼓时，不仅可以听到羯鼓敲击出的铿锵激奋的音乐，而且能够欣赏到伴着羯鼓的乐声歌唱的外国歌曲——可是这些梵文歌曲的发音大多数都是错误的④。就像其他的达官显贵一样，伟大的唐玄宗本人就是一位演奏羯鼓的大行家⑤。

在唐代音乐中，最有名的是混杂了各种成分的"西凉乐"。西凉是一座边疆城镇的名称，在唐代，这里其实是叫"凉州"。西凉乐是龟兹乐与传统中国音乐的奇妙的混合物。它是用龟兹琵琶和古典的石磬这样一些极不谐调的乐器来进行演奏的。八世纪和九世纪之后的诗人们都对西凉乐赞叹不已⑥。

唐朝北方邻国的音乐听起来使人感到"苍凉"而"粗犷"，北方音乐对唐朝音乐的影响几乎全都局限在军乐方面。北方的这些"鼓吹"乐⑦是用大角、鼓、钹等乐器来演奏的，

① 向达（1933），第56页；孔德（1934），第44～46页；特别请参见潘怀素（1958）的新研究。

② 向达（1933），第58～59页。

③ "羯"也是一支北方部落的名称。可见羯鼓的起源应该与羯人部落有关。羯鼓在突厥斯坦和印度很常见，但它是从龟兹传到唐朝的。

④ 孔德（1934），第62～66页。关于羯鼓乐在现代的遗留，见哈里奇—施奈德（1955）第4页的论述。

⑤ 向达（1933），第58页。

⑥ 向达（1933），第58页；孔德（1934），第51～52页。

⑦ 沙陀突厥中使用的"胡琴"（匈奴三弦琴），可能在这时就已经传入了唐朝。见埃伯哈特（1948），第55页。

用鼓演奏的音乐激越动人，这种音乐最适合在宫廷庆典、正式的凯旋仪式以及其他一些具有爱国主义气氛的场合演奏①。

起源于印度的音乐传入中国的途径有多种，除了中亚以外，还有印度支那诸国即林邑、扶南、骠国等。这些国家也将它们的管弦乐以及舞伎等贡献给了唐朝。印度支那乐工演奏的曲目大多数主要都是来源于佛教经典，如"佛印""斗羊胜""孔雀王"等曲目都属于此列②。

虽然这些深受唐朝人喜欢的音乐现在已经在亚洲大陆上绝迹了，但是其中有些乐舞却仍然借改变了的和业已僵化的舞蹈形式，在日本的宫廷里残留了下来。二十世纪日本宫廷的乐工和舞伎以及日本的古典音乐爱好者们，都能表演这些乐舞③。日本宫廷中残存下来的，在唐乐中伴奏的这些管弦乐器，与唐朝的管弦乐器肯定是非常接近的。它们由三组乐器构成：第一组是木管乐器，其中包括横笛、竽篥以及"口琴"等，这种乐器用来表现高音区的旋律，而且它还可以利用和音来增强演奏效果；第二组是打击乐器，包括钹，放在鼓架上的小"羯鼓"，还有悬挂在一个顶部金黄灿灿的朱红色的框架中的"太鼓"；第三组是低音弦乐，即筝④与琵琶。这些管弦乐器演奏

53

---

① 孔德（1934），第30～31页。

② 孔德（1934），第75～79页。

③ 日本的礼乐总称为"雅乐"（gagaku），或者是如果有伴舞的话，又被称作"舞乐"（bugaku）。具体说，它包括了古代日本的歌曲和舞蹈（utamai）、唐朝音乐（tōgaku）、古代高丽音乐（komagaku）、改编为中国管弦乐的日本民歌（saibara）以及吟诵汉文和受汉文强烈影响的日文诗歌的器乐伴奏（rōei）。我们在这里谈的只限于唐朝音乐。见哈里奇—施奈德（1954），第1卷。

④ 这种乐器的弦柱可以移动，而且不用定音的档子，汉文称作"筝"，日文作"koto"。

的乐曲可以分成明显不同的几个部分，通常包括一个自由舒缓的前奏，前奏根据"口琴"定出的音调来确定乐曲的调式，然后是一个展开部和急骤的尾声①。在十九世纪的日本分谱中，保留了一出叫作"迦陵频伽"②的唐朝乐舞，这出乐舞仍在继续上演。迦陵频伽是佛教天界的一种神鸟的名字，据说这首乐曲是由一位天使泄露给人类的。迦陵频伽最初创作于印度，后来可能是通过林邑的途径传到了中国③，最后又流传到了日本。九世纪时，迦陵频伽在日本相当流行④。懿宗咸通二年（861），甚至在日本奈良东大寺为毗卢遮那大佛的头像举行开光仪式时，也进行了迦陵频伽乐舞的表演。当时是由一位移居国外的汉人舞师表演舞蹈，由横笛乐师演奏林邑风格的新音乐⑤。日本的迦陵频伽舞是由四位身着双翼、头戴花冠的男僮表演的。表演者敲击小铙钹，模仿迦陵频伽鸟颤动而美妙的鸣叫声⑥。另外一首当时仍然在日本表演的唐朝乐舞叫作"拔头"⑦。这支舞蹈表现了一位身穿素衣、披头散发的年轻人，

① 哈里奇—施奈德（1954），第 3 ~ 5 页。
② 日文中通常叫作"Karyōbin"。
③ 高楠顺次郎（1928），第 27 ~ 28 页；戴密微（1925），第 223 ~ 224 页。
④ 哈里奇—施奈德（1954），第 4 页。
⑤ 根据戴密微的研究，这种音乐最初必定出于扶南。当隋炀帝大业元年（605）隋朝入侵林邑之后，将它带入了中原地区。但是汉人并不喜好扶南乐（似乎也不喜欢林邑乐），所以他们为这种音乐重新配置了当时在中国很有名的，同时也更为"纯粹"的印度风格的音乐。
⑥ 戴密微（1925），第 226 页；戴密微（1929），第 150 ~ 157 页。在戴密微（1929），图版 16 的第 1 图中，展示了迦陵频伽舞者的服饰。
⑦ 古称"拔头"（＊puât-dʼəu）或"拔头"（＊bʼwat-dʼəu）。高楠顺次郎认为，"拔头"是吠陀王 Pedu 的名字的译音，舞者表现了他的那匹能够杀毒蛇的马。详见高楠顺次郎（1928），第 27 ~ 28 页。向达对这种解释表示怀疑，他表示相信，由王国维提出的，"拔头"这个词来源于中亚"拔头国"的国名的观点可能是正确的。见向达（1933），第 65 页。

在寻找吞噬了自己父亲的野兽。与迦陵频伽一样，拔头舞也是
通过唐朝传到日本的，但它与迦陵频伽一样，最初也是起源于
印度的乐舞①。通过唐朝传到日本的乐舞还有《醉胡乐》《破
阵乐》《打毬乐》等。《醉胡乐》表现了一位喝醉酒的胡人酋
领的形象。《破阵乐》表现面目狰狞的湿婆神的事迹，而《打
毬乐》则反映了波罗球游戏的场面②。但是在所有的原封不动
地从唐朝传入日本的乐舞中，最新颖、最有趣的还是"泼胡乞
寒戏"。这是在冬至时表演的一种舞蹈，表演者是一大群赤身裸
体的胡人和汉人青年，他们戴着稀奇古怪的面具，在鼓、琵琶、
箜篌的喧闹声中跳跃舞蹈，用冷水互相泼洒，而且也向过往行
人的身上泼水。对于生活在道德礼仪之邦的唐朝市民而言，这
种粗俗的表演确实是一种有伤风化的事情。所以在开元元年十
二月（714 年初），唐玄宗宣布敕令，禁断泼胡乞寒戏③。

　　从外来音乐在唐朝招致的物议来看，唐朝人一般并不认为
百戏、幻术的表演比这些音乐更低贱。幻人、走绳伎、柔软
伎、吞火者以及侏儒伎等，各种各样的艺人的表演都被称作
"散乐"④。许多散乐艺人都是从突厥斯坦和印度进入唐朝各地
的城市中的⑤。在凉州和洛阳等地的祆神寺里，往往都有定期

54

---

① 哈里奇—施奈德（1954），第 5 页。高楠顺次郎认为，正如许多印度音乐
　舞蹈的传入路线一样，林邑乐也是经由林邑传到中国内地的。

② 高楠顺次郎（1928），第 27～28 页；哈里奇—施奈德（1954），第 4～5
　页。

③ 向达（1933），第 65～69 页。在日本，舞者穿蓑衣。

④ 我认为，开元七年（719）由吐火罗叶护送到长安的"解支之人"就是
　一名柔软伎。见《唐会要》卷 99，第 1773 页。

⑤ 孔德（1934），第 59～62 页。烈维列举了在贞观廿年（646）来到长安的
　五位擅长音乐、视术、走绳、续断的印度人。见烈维（1900），第 327
　页。参见韦利（1952），第 90 页；韦利（1956），第 125 页。

举行的幻术表演，其中有些显然是属于自残的表演①。虽然唐朝官方大体上对幻术表演采取了默认的态度，而且像玄宗那样的皇帝甚至采取了鼓励的态度，但是这些来自异域的江湖骗子的表演有时也会遭到当权者的禁止。例如在唐高宗时，高宗曾命令将一位婆罗门胡人遣送还乡。驱逐的理由是他"以剑刺肚，以刀割舌，幻惑百姓，极非道理"。而且高宗还下令"仍约束边州，若仍有此色，并不须遣入朝"②。

虽然从古代起，在中国就已经能够见到羊皮纸影戏了，但是据认为，牵线木偶最初是在七世纪时从突厥斯坦带到长安的③。

有一种观点认为，就唐朝本地人的资质而言，他们在音乐技能方面是无法胜过异族人的，这种看法无疑大大伤害了唐朝人的自尊心，但是唐朝人的确是尽了自己最大的努力来学习新音乐的。异族的音乐大师，尤其是来自河中地区和东突厥斯坦的大师，始终都受到唐朝人的欢迎。来自安国的乐人，来自康国的横笛演奏者，来自于阗的筚篥演奏者以及来自塔什干的舞伎或者是来自龟兹的歌曲作者等等，肯定都能够在远东找到自己的用武之地④。然而根据一位作家写的一件逸事，太宗朝的一位宫女只听了一遍由一位著名的异族音乐大师演奏的乐曲之后，就完全准确无误地重新演奏了这首曲子——这种事情在当时是完全有可能的——这位狼狈的艺术家于是灰溜溜地离开了

---

① 《朝野金载》卷 3，第 34 页。
② 《全唐文》卷 12，条 1 页《禁幻戏诏》。
③ 劳费尔（1923），第 38～39 页。
④ 岸边成雄（1952），第 68～72 页搜集了三十一位唐代西方音乐家的姓名；我在这里列举的证据全都出自岸边成雄列的列表。

唐朝，"西国闻之，降者数十国"①。唐朝在文化方面的统治地位就是如此之强大。

在演艺者中间，有许多人是被远国绝域的君主作为礼物送给唐朝君主的；属于这类的演艺者及其音乐，大都在唐朝的编年史中记载了下来。但是当时也有许多慕名而来的、自由的音乐家。后一类人及其音乐虽然没有能够像龟兹和康国的音乐那样，汇入唐朝官方的音乐之中，但是他们的音乐在唐朝民间社会里却十分流行。被唐朝史官忽略的，帕米尔山下的无名音乐家；或者是被唐朝称作"曹国"的，劫布呾那的音乐家；等等，都属于这一类。劫布呾那的音乐家大多数都是琵琶演奏家，在留居唐朝境内的外来音乐家当中，来自劫布呾那的琵琶演奏家比其他所有的国家都要多得多②。这些具有独立身份、四处漫游的艺术家，不属于我们在本节要讨论的对象，我们现在必须言归正题，讨论那些属于国王或者是平

---

① 《朝野佥载》（《唐代丛书》，1），第51～52页。译按，原文云："太宗时，西域进一胡，善弹琵琶，作一曲。琵琶弦拨倍粗。上每不欲番人胜中国，乃设酒高会，使罗黑黑隔帷听之，一遍即得。谓胡人曰：'吾宫人能之。'取大琵琶，遂于帷下令黑黑弹之，不遗一字。胡人谓是宫女，惊叹辞去。西国闻之，降者数十国。"据《资治通鉴》卷203武则天垂拱二年载，"太宗时，有罗黑黑善弹琵琶，太宗阉为给使，使教宫人"。则罗黑黑是受过宫刑的宫廷音乐师，并不是"宫女"。其实《朝野佥载》称"胡人谓是宫女"者，已经指明弹奏者并不是"宫女"，而是琵琶名手罗黑黑。作者在这里恰恰弄反了。

② 其他一些西方人的国籍，可以通过他们的汉文名字来推断。这些人的汉名往往是从其所在国的国名转化而来的。有些国家确实向唐朝提供了音乐和乐人，但是在朝廷官方承认的音乐中，却没有具列这些国家的音乐。在这些国家中，我们已知的主要有米国（Māimargha）、史国（Kish）、曹国（Kabūdhān）、石国（Chāch）、穆国（Merv）、何国（Kushaniyah）、于阗国（Khotan）以及俱密国（Kumādh）等。参见岸边成雄（1952），第86页。

民的财产的外来音乐家。

在这些具有特殊才能的奴隶当中，地位最低的是作为横笛①演奏者在贵族中备受宠爱的孩童。例如唐玄宗在其梨园弟子中蓄养的"胡雏"，就是属于这种类型的例证②：

　　卷发胡儿眼睛绿，高楼夜静吹横竹③。

在音乐奴隶中，地位最高的是那些已经成年的音乐大师。无论是作为演奏家，还是作为指导者，他们都是人们欢迎的对象。至少就某些乐器而言，文人雅士要想学到这些乐器的演奏艺术的真髓，就必须以异族音乐家为师，认真地进行学习。据汉文史料记载，八世纪时，有一位很有才华的汉人，是个笛子④演奏家，一位听众对他的演奏技能很欣赏，但发现他演奏的音乐中杂有夷乐，于是就问他："得无有龟兹之侣乎？"这位演奏家高兴地回答说："本师实龟兹人也。"⑤ 龟兹人白明达（虽然我们不知道他是奴隶还是自由人）就是类似这样的一位演奏家⑥。白明达谱写过一首流行乐曲叫《春莺啭》，这首乐曲具有强烈的龟兹音乐的色彩，元稹在一首诗歌中曾对《春

---

①　即"横吹"；但是到了唐代，先前只限于称呼竖笛的"笛"字，也已经用来称呼横笛了。

②　《国史补》卷4，第63页。

③　李贺《龙夜吟》，《李长歌诗·外集》，第14页。

④　译按，原文作"lute"，此处所引为笛子演奏家李謩的故事，原文之"lute"（琵琶）显然应是"flute"（笛子）之讹文。此姑译作"笛"。

⑤　《李謩吹笛记》（《唐代丛书》，10），第11页。

⑥　一般来说，流入唐朝的龟兹人都姓"白"，白姓也是龟兹的王姓。据认为，龟兹（Kucha/Kutsi）国名就是来源于一个意思是"白"的印欧语系的字。见贝利（1937），第900～901页。

莺啭》大加称颂，这首曲子也流传到了日本①。

在中国，那些作为乐师、舞伎、歌伎而受过专门训练的漂亮女子，自古以来就可以被当作礼物在王公贵族间相互馈赠——虽然"儒家"的传统道德将她们看作是最轻浮、最堕落的礼物。在唐代，许多统治者仍然从他们下属的王公，特别是从突厥斯坦的印度化的政权那里接受这些女乐人。例如开元二十一年（733）骨咄王贡献的"女乐"就是如此。骨咄国地处阿姆河上游的山区之中，那里盛产良马、赤豹以及乌盐矿等物产②。

在来自中亚的演艺者中，唐朝人最喜欢的是年轻的男童和女童。按照惯例，他们表演的舞蹈被分成"软舞"和"健舞"两大类③。白明达创作的《春莺啭》就是属于最典型的软舞。《春莺啭》是一曲风姿婀娜、细腻优雅、富有诗意的舞蹈。但是在当时最为流行的，因而在唐朝诗人的笔下提到得最多的舞蹈则是健舞。唐朝的健舞中，有三支舞蹈是相当有名的，而"胡腾舞"就是其中之一。舞胡腾者一般都是石国的男童。他们身穿窄袖伊朗上衣，头戴尖顶高耸的帽子，帽子上缀着光珠。这些男童的身上还系着长长的飘带，当他们伴随着琵琶与横笛音乐蹲身、旋转、快速跳跃时，长飘带的另一端也随着飘逸高扬④。

---

① 向达（1933），第 57 页。元稹这首诗歌题目叫《法曲》（《元氏长庆集》卷 24，第 5 页），本书第一章中翻译了这首诗的部分内容。

② 《册府元龟》卷 971，第 95 页；《新唐书》卷 221 下，第 4155 页。

③ 向达（1939），第 59 页。

④ 向达（1939），第 60～61 页。刘言史在《王中丞宅夜观舞胡腾》（《全唐诗》第 9 函，第 9 册，第 24 页）这首诗中描述了胡腾舞的姿容。这首诗被石田干之助翻译成了日文，后来在石田干之助（1932）的著作中（第 74 页），又由黑格诺尔译成了法文，在同一著作中还将李端写的内容相同的一首诗也翻译成了法文（第 73 页）。

"柘枝舞"① 是因起源于现代的塔什干附近的地区而得名的②。舞柘枝者是两名女童。她们的身上穿着饰有银带的五色绣罗宽袍和典型的西极③才有的窄袖罗衫，头上戴着尖帽，帽子上装饰着金铃，脚上穿着红锦靴。演出开场时，台上有两朵人工制作的莲花，莲花绽开之后，两名舞女从花瓣中缓缓地显现在观众面前，然后随着急剧的鼓点翩翩起舞。这是一支含情脉脉的舞蹈：舞女频频向观众暗送秋波，舞至曲终，则脱去罗衫，裸露出圆润丰腴的酥肩④：

> 平铺一合锦筵开，连击三声画鼓催。
>
> 红蜡烛移桃叶起，紫罗衫动柘枝来。
>
> 带垂钿胯花腰重，帽转金铃雪面回。

---

① 据向达考证，"柘枝"是波斯语"Chaj"的译音。参见向达（1933），第95页。巴托尔德认为，"柘枝"的波斯语形式为"Chāch"；阿拉伯语作"Shāsh"。见巴托尔德（1958），第169页。但是沙畹认为，汉文"柘枝"译自"Châkar"，这个字是指康国、安国一带的国家的精锐部队。参见沙畹（1903），第313页。

② 巴托尔德（1958），第171~172页。

③ 译按，"西极"在古代泛指当时人们知识范围以内最西的地方。屈原的《离骚》以及《史记·大宛传》《汉书·礼乐志》中就已经出现了"西极"这个字，到了唐代，使用更加普遍。以后随着地理知识的增长和人们对西方的了解的加深，"西极"这个词逐渐变成了一个非常生僻的词，而且在近现代的词汇中似乎已经找不到与此意思相近的词语——明代及此后出现的"泰西"（指欧洲）、"西洋"（初指大西洋沿岸的国家，后来指欧美）以及现代的"西方"（泛指欧美）等一般都有比较明确的含义——所以我们在译文中使用了对读者来说相对比较陌生的"西极"来对译"Far West"。

④ 向达（1933），第61~62页。此外还有一种经过改编的独舞形式的柘枝舞。在宋代，柘枝舞曲由一个人独舞，男童合唱队伴唱。这与唐代的柘枝舞已有明显不同。

看即曲终留不住，云飘雨送向阳台①。

白居易写的这首《柘枝妓》是九世纪初期唐朝诗歌中反映外来事物诗歌的一个优秀范例。在这首诗歌的最后一行中，揭示了诗歌的爱情主题。诗中以"阳台"以及"云雨"等象征性的描写，将这些貌若天仙的舞伎与巫山神女的传说联系了起来，并由此来暗示性的结合。"桃叶起"句很不好理解，它似乎是指一种焰火表演②。

在所有这些来自西域的年轻舞伎中，最受唐朝人喜欢的是"胡旋女"③。许多胡旋女都是作为礼物，由俱密、史国、米国，特别是由康国的统治者在唐玄宗在位时期，也就是在公元八世纪前半叶被送到唐朝来的④。这些粟特女子穿着锦缎做成的绯红袍、绿锦裤、红鹿皮靴，舞台上放着一个大球，随着球

56

① 《全唐诗》第 7 函，第 5 册，卷 23，第 8 页，白居易《柘枝妓》。白居易还写了另外一首有关柘枝妓的诗歌，见《全唐诗》第 7 函，第 6 册，卷 25，第 18 页（译按，即《柘枝词》）。

② 有关"桃花"，见王桐龄（1947），第 164 页。译按，王献之有妾名"桃叶"。《隋书》卷 22《五行志·诗妖》："陈时，江南盛歌王献之《桃叶》之词曰：'桃叶复桃叶，渡江不用楫。但度无所苦，我自迎接汝。'"《通典》卷 145："桃叶歌者，是晋王子敬妾名，缘于所爱，所以作歌。"《太平御览》卷 573 引《古今乐录》也记载，桃叶，"晋（原文误作"音"）王献之所作"。白居易诗中的"桃叶"或用此典，不必与焰火有关。附志于此，供参考。

③ 有一种观点试图将"胡旋"的语源归结为"Khwārizm"（译按，即《新唐书·西域传》之"火寻国"），但是这种看法的根基是很薄弱的。

④ 俱密国献胡旋女是在开元七年（719）（《册府元龟》卷 971，第 3 页）。开元十五年（727），康国两次献胡旋女（《册府元龟》卷 971，第 7 页；《唐会要》卷 99，第 1777 页）。开元十七年（729）米国献胡旋女（《册府元龟》卷 971，第 8 页）。开元元年（713）和开元十五年（727），康国两次献胡旋女（《唐会要》卷 99，第 1775 页；《册府元龟》卷 971，第 7 页）。

的滚动，舞女在球的顶端腾跃、旋转，以满足富豪和权贵奢侈
放纵的心目之好。唐玄宗非常欣赏胡旋舞，杨贵妃和安禄山也
都学会了表演这种舞蹈①。就某些方面而言，这种欣赏胡旋舞
的风气，在当时确实被看成了天将乱常的一种征兆②。

　　来自亚洲其他地区的乐工和舞伎，要比中亚地区少得多。
然而印度支那和印度尼西亚各国也曾经向唐朝贡献过乐舞。贞
元十六年（800）位于唐朝西南边疆的南诏国向唐朝宫廷贡献
了一部乐舞，为唐朝皇帝表演助兴③。这种外来音乐在当时可
能就已经是一种混杂的音乐了，因为在几年之前，一位前往南
诏的唐朝使臣曾经在南诏本地见到过龟兹乐人，而这些乐人则
是在很久以前由唐玄宗赐给南诏的。直到这位使臣见到他们的
时候，龟兹乐人仍然还在南诏的乐队中演奏④。八世纪末年，
当南诏被最终征服⑤，通往唐朝的道路开通之后，骠国在贞元
十八年（802）贡献了一支由三十五位乐工组成的乐队。据记
载，"骠国乐多演释氏之词，每为曲皆齐声唱，各以两手十指

---

①　石田干之助（1932），第 71 页；向达（1933），第 63 ~ 64 页；孔德
　　（1934），第 54 ~ 55 页；《乐府杂录》（《唐代丛书》，11），第 10 页。关
　　于唐朝宫廷的官方"夷乐"服饰方面的详细描写，见《通典》卷146，
　　第 762 页。白居易和元稹也写了关于胡旋女的诗歌。这些诗歌的法文译
　　文见石田干之助（1932），第 66 ~68 页黑格诺尔的译文；马珍妮（1959）
　　第 147 ~ 149 页的译文是在黑格诺尔的法文译文的基础上译出的。
②　《新唐书》卷 35，第 3716 在页。
③　《唐会要》卷 33，第 620 页。节度使韦皋促成了贞元九年（794）唐朝与
　　南诏之间的和约，而且在贞元十六年（800）负责进献南诏乐。他很可能
　　是"迄今为止最早记载详细列明了器乐调音的一部管弦乐"的作者，
　　"直到很晚以后，在西方音乐中也还没有出现类似的文献，其他任何一部
　　亚洲的管弦乐也没有可以与之相比的记载。"杜希德和克里斯蒂（1959），
　　第 179 页。
④　杜希德和克里斯蒂（1959），第 179 页。
⑤　戈岱司（1948），第 179 页。

齐开齐敛，为赴节之状"，当他们演奏乐曲时，是用海螺壳和镌刻精美的铜鼓来伴奏的，这种铜鼓与唐朝"南蛮"富室豪酋拥有的铜鼓非常相似①。早在开元十二年（724），尸利佛誓国就曾经向唐玄宗贡献过"杂乐人一部"②。九世纪后半叶，诃陵国也曾遣使向唐朝献女乐③。大历十一年（777），渤海国遣使来朝，并且贡献"日本舞女一十一人及方物"④。另外还有一次，一位日本使臣带来了稀有的海螺作为贡礼⑤。

　　七世纪时，当高丽、百济被唐朝政权平定之后，它们的音乐也成了战利品，整个的乐队及其乐器、曲谱都被胜利地带回了唐朝⑥。高丽乐工及其后代忠实地为唐朝朝廷演奏了一个多世纪，直到七世纪末期，他们还知道二十五首乐曲，但是到了八世纪末，他们就已经只记得一首了。这些音乐俘虏的祖先穿戴的本民族的服装，到这时也已经完全失传了。而被俘的百济

----

① 《旧唐书》卷13，第3105页；《唐会要》卷33，第620页；《唐会要》卷33，第620页；《唐会要》卷100，第1795页；《岭表录异》卷上，第4页；杜希德和克里斯蒂（1959），第176～179页。《旧唐书》卷197误将贞元"十八年"，记载成了"八年"。印度的七弦琴（vīṇā）在骠国乐器中是比较特殊的，这种琴的共鸣器呈葫芦形，在汉文文献中称之为"匏琴"。隋炀帝平林邑时，曾带回了一种朴陋的竹七弦琴。但是就汉人的爱好而言，这种乐器过于粗笨。大型乐器大多都是用丰富的色彩来装饰的。骠国乐工使用的很可能就是这种乐器。参见平冈武夫（1925），第444～452页。唐朝当局因为骠国献乐而对大唐声威远播感到志得意满。白居易对此提出了批评，他在诗中说道："骠乐骠乐徒喧喧，不如闻此刍尧言"。这句诗的译文根据哈维（1925）第14～15页引用的阿瑟·韦利的译文。译按，此从原文。

② 《册府元龟》卷971，第6页。

③ 《新唐书》卷222下，第3619页；《册府元龟》卷972，第3页。

④ 《旧唐书》卷199下，第3619页；《册府元龟》卷972，第3页。

⑤ 赖世和（1955a），第82页。

⑥ 《唐会要》卷33，第619页。

的乐工则在八世纪初期就已经散失殆尽了①。北朝鲜人（即高丽人）的乐工之所以具有更强的耐久性，可能要归功于元和十三年（818）连同乐器一起贡献给唐朝的两部高丽乐人（当时他们已经臣服了新罗），故国同行的到来，激发了那些软弱的高丽乐人的生活勇气②。新罗是朝鲜半岛新兴的一个国家，也是唐朝的友好邻邦。贞观五年（631）新罗向唐太宗贡献了两名绝色的女乐人，她们楚楚动人的秀发就如同她们的音乐才能一样出众。唐太宗先是讲了一些诸如"朕闻声色之娱，不如好德"③之类的格言，接着对站在一边肃立恭听的新罗使臣讲，他如何将林邑贡献给唐朝皇室的两只白鹦鹉送回了本土，最后，他郑重地宣布，这些美貌可爱的少女比外国来的鹦鹉更使人同情，所以必须将她们送回新罗④。

---

① 《唐会要》卷33，第619页。
② 《册府元龟》卷972，第7页；《唐会要》卷95，第1709页。
③ "声色"特指"音乐与美女"。
④ 《新唐书》卷220，第4149页；《旧唐书》卷199上，第3616页。译按，有关此事的记载，《新唐书》删节较多，《旧唐书·新罗传》："太宗谓侍臣曰：'朕闻声色之娱……宜付使者，听遣还家。'"显然太宗这段话是向左右侍臣说的，而不是直接对新罗使臣讲的。

皇太子：一匹飞马，一匹神马，它的鼻子里喷着火焰！我 骑在它身上就像在飞，我变成了一头鹰。它凌空奔驰——它接触到地球时，地球就唱起歌来——长在它蹄上的最微不足道的老茧，比赫尔墨斯的横笛还富于音乐性呢。

——威廉·莎士比亚《亨利五世》，第三幕，第七场①。

---

① 译按，本段译文采用了方平的汉译文，原文见《莎士比亚全集》，第5册，第300页（人民文学出版社，1978）。

第三章 家畜

马

　　在与流动的敌人——特别是与唐朝的贪婪的对手——游牧民族的战争中，马是供战士骑乘和驮运给养的重要工具，唐朝统治者在亚洲民族中的崇高地位及其广被天下的权威，在很大程度上依赖于他们能够得到的战马的数量，所以对唐朝统治者而言，马具有极为重要的意义。在《新唐书》里，明确表示了国家武备最终依赖大批战马的观点。当谈到因为遭受疾疫而损失了十八万匹监牧马时，《新唐书》指出："马者，国之武备，天去其备，国将危亡。"[①] 七世纪早期，正当唐朝建立之初，唐朝统治者发现在陇右（即现在的甘肃）草原上牧养的，他们所掌握的马匹只有五千匹。其中有三千匹是从已倾覆的隋朝所继承的，其余是得自突厥的战利品[②]。通过负责马政的地方官吏的悉心照料，到七世纪中叶时，唐朝政府就宣布已经拥有了七十万六千匹马。这些马被分开安置在渭河以北（即西

---

　　① 《新唐书》卷36，第3718页。

　　② 《新唐书》卷50，第3752页；戴何都（1948），第884页。

京北部）的乡村里的八坊之中①。从这时起，唐朝政府尽了一切努力，使马匹的数量一直保持在这样高的水平上，只有在玄宗统治时期之后，即在八世纪中叶，唐朝的养马业才发生了重大的变化。八世纪中叶的战乱使农村变成了荒芜的不毛之地。战祸带来了中央集权的崩溃，此后，大贵族和地方豪强占有了大量的牲畜，其数量最终超过了政府拥有的牲畜②。

　　然而，对于马的极大的需求，并没有使唐朝统治者感到非得接受作为贡礼的马匹不可。可能是出于坚定的信念，或者是出于权宜之计，唐朝的君主往往拒绝接受贵重的礼物——不管是舞女还是舞马。因为要坚持讲求符合道德、清正廉洁的统治，就不应该去接受类似的贵重礼物。唐朝初年的三位皇帝就是这样做的③。另一方面，在七世纪期间，外族政权却总是想要同唐朝联姻，进而从中得到好处。于是他们就成群地送来唐朝政权非常渴望得到的战马，以便提出与唐朝公主结姻的要求。所以就唐朝政府而言，接受礼物就等于是宣布了"对外政策"。例如，唐朝在处理两个突厥政权的贡礼时表现出来的不同的态度，就非常值得我们深思——贞观十六年（642），铁勒献马三千匹，同时向唐朝提出了联姻的请求。但是经过旷日持久的争论之后，唐朝政府最终还是拒绝了这种不体面的妥协，"下

---

① 八坊分布在岐州、豳州、泾州和宁州之间的地区。见《新唐书》卷50，第3753页；戴何都（1948），第887页。关于唐朝牧马的管理情况，见马伯乐（1953），第88～92页。
② 薛爱华（1950），第182页。
③ 例如在永徽二年（651）唐高宗下令禁止进犬、马、鹰、鹘。打猎在当时是一种要受到谴责的行为。参见《新唐书》卷4，第3638页。译按，原文在《新唐书》卷3。此"卷4"应为"卷3"之误。

诏绝其婚"①。然而仅仅是在第二年，唐朝政府却答应了薛延陀提出的请婚要求，薛延陀因此派遣其突利设向唐朝贡献了五万匹青白杂色和黑鬃②的薛延陀马以及大量的牛、驼和羊③。

唐朝人在观念上将马看作是外交政策和军事策略的工具，与这种观念相适应的，是将乘马看成是贵族的一种特权——乾封二年（667），唐朝政府企图实施一项歧视性的法令，禁止工匠和商人乘马④。

马是一种贵族动物，除了对于地主来说具有的实用价值之外，它在古时候还具有更高的特殊的地位。古代的种种传说使马这种动物罩上了一层神圣的色彩，它不仅被赋予了奇异的品性，而且显然被印上了出自神种的烙印。有一则将马神化的神话传说中称，马是龙的近亲，而龙则具有与水的神秘力量近似的神力。的确，几乎所有的名驹都被当作是龙的化身。例如虔诚的玄奘骑过的骏马就是如此。在后来的传说中正是玄奘的这匹马从印度驮回了佛经。在古代时，中国人甚至直接将他们饲养的高大的马称作"龙"⑤。

在所有的古代名马中，最负盛名的是穆天子被称作"八骏"的神奇的坐骑。"骏"在古代汉语中用来指称纯种和健壮的马，这个字常常具有超自然血统的含义，即指那些出自神秘的西方神马种系的名马，甚至它还隐喻地表示具有人性的英雄。马是一种非同寻常的但又如同天使一般的动物，它曾经陪

---

① 《旧唐书》卷 199 下，第 3617～3618 页。

② 《唐会要》卷 72，第 1306 页。《唐会要》原文将"黑鬃马"称作"骆马"；"青白色马"作"骢马"。参见段玉裁《说文解字注》。

③ 《旧唐书》卷 3，第 3037 页。

④ 《新唐书》卷 4，第 3639 页。译按，"卷 4"应为"卷 3"之误。

⑤ 厄克斯（1940），第 43 页。

伴伟大的周穆王穿过了被视为圣地的昆仑荒漠。对于马的艺术
表现，形成了中世纪中国想象艺术的一个重要的主题。五世纪
时描绘的骏马的荒诞不经的形象，被唐朝的收藏家视为珍宝秘
藏。他们解释怪异的骏马的形象，认为这是因为"世闻其骏也，
因以异形求之"，他们指出，古代的圣贤，甚至连孔子本人的形
象，在世人的眼中都是迥乎寻常的。但凡是神圣之物，不管是
人还是马，其本质与形象都必定是怪异和超凡脱俗的①。

60 　　在西极，生长着被称为"骏骨龙媒"的神奇的天马，天
马的骨头长得类似于理想中的西方神骑的双翼，天马是致龙之
兆，也是神龙之友②。李白是这样描述天马的：

　　　　天马来出月支窟，背为虎纹龙翼骨③。

　　关于西方龙马的信仰，可以追溯到公元前二世纪，当时汉
武帝想借助炼丹术士配制的神奇的食物，或者通过精心安排的
（和可疑的）古代仪式，来保证他本人的神性，以及做到长生不
老，他渴望能得到一批超自然的骏马，以便带着他飞升天界④。

　　据我们所知，在突厥斯坦各地都有水中出生的马的传说。
例如龟兹地区就是如此。七世纪时，唐玄奘曾经路过龟兹城。
根据他的记载，龟兹一座天祠前有一处龙池，"诸龙易形，交

---

① 柳宗元《观八骏图说》，《增广注释音辩唐柳先生文集》卷16，第8页。
② "骏骨"和"龙媒"是通常用来形容骏马的两种说法。
③ 李白《天马歌》，《李太白文集》卷3，第5页。"月支窟"（即贵霜窟）
　　是诗人从更流行的"月窟"的说法中引申出来的。"月支窟"用来隐喻
　　"西极"。后来在陆龟蒙的诗中也出现过这种描写，我们在下文中将会提
　　到陆龟蒙的诗。
④ 韦利（1955a），第100页。

合牝马，遂生龙驹，忧戾难驭。龙驹之子，方乃驯驾"[1]。其实这个故事必定来源于更西部的伊朗地区。长着双翼的马，普遍存在于伊朗地区的艺术作品和神说传说之中[2]。甚至长着长腿、小腹的"大食（Tajik）马"（即阿拉伯马）据说也是"西海"[3] 岸边的龙与牝马交合所生。到汉武帝的时代，典型的神马就已经被定在了锡尔河流域的"大宛"（Farghana），大宛马与波斯诸王骑乘的米底亚的尼萨（Nisaean）种马是同一个种系，这种马在东、西方都以"汗血马"著称[4]。汉代著名的张骞可能就承担了寻找汗血马的使命。其实张骞只是皇帝的个人使节，但也正是他，在公元前二世纪时就已经打通了中国人进入西方的道路。这种神奇的骏马宣告了汉民族龙的时代的到来[5]。

　　虽然张骞本人并没有带回神马，但是最晚到公元二世纪时，中国人就已经从西方得到了一种品系优良、外观神骏的良马[6]，他们将这种马看作是传说中的龙马。虽然这种马并没有

---

① 比尔（1885），第 1 卷，第 20 页。
② 在日本收藏的一枚伊朗银瓶上，绘有这种翼马的形象。石田干之助（1942），第 186 页。在中国境内大型墓葬附近的石刻翼马，肯定也是来源于这种伊朗类型的翼马。
③ 《经行记》，第 5 页。
④ 施瓦茨指出，所谓"汗血"，是由一种寄生虫（即"Parafiliaria multipapillosa"）引起的。参见德效骞（1944），第 132～135 页；韦利（1955），第 102 页。希罗多德曾经提到过米底亚的汗血马。见德效骞（1944），第 135 页。尼萨种的汗血马以身材高大而著称，而其他的汗血马以及身材较小的"米底"（Medes）汗血马，则以其古怪的头部形状而知名。见安迪森（1961），第 127 页。
⑤ 韦利（1955），第 96 页。
⑥ 耶茨（1934），第 342 页。弗纳尔德认为，中国人最早得到的西方马是乌孙马，这种马显然是巴克特里亚马与草原矮种马的杂交种，汉代画像砖上出现的这种马的形象有双翼。这就是最初的"天马"；而大宛马则是在乌孙马之后传入中国的。见弗纳尔德（1959）。

长双翼，但它们却长着"龙翼骨"。这种龙马比蒙古种的马身材更高大，而且它经过驯化的变种在中国也很普遍，可是龙马似乎并没有被用作战马，而是被训练成了在仪式上使用的立仗马①。这些神奇的骏马在动物学上的归属到现在还无法确定。有一位学者曾经将它们描述为"雅利安"马。雅利安马在古代的里海地区附近，这种马以身材高大，繁殖迅速而著称于世②。或许从现代的突厥马中，我们可以识别出雅利安马的后代。

> 土库曼马或突厥马是从突厥斯坦这个地名而得名的。但是这种马的分布范围却很广泛，主要散布在波斯、亚美尼亚以及小亚细亚等地区。突厥马有好几个种系，其中最优良的品种栖息在咸海和锡尔河以南的地区或者是阿姆河地区。这种马的身高一般有十五到十六掌宽，具有非常强的耐力。突厥马的体形特征是头部硕大，高鼻梁，母羊式的脖颈，身材纤细，四肢修长。虽然它们的颜色一般都呈栗色和灰白色，但有些则是黑身白蹄。从突厥马的速度以及它们所具有的美丽的身材来看，我们可以将它们看作是阿拉伯马系与本地的一种原始品种的杂交种马。毫无疑问，它们或多或少与蒙古草原野马也有近亲关系……③

汉代中国人观察到的"双脊"，揭示了这种马表现出来的阿拉伯马的成分④。所谓"双脊"就是指在马的脊椎两侧之上的

---

① 韦利（1935），第96、101～102页。韦利将这种马与巴泽雷克冰墓遗物中发现的蒙面黄马进行了比较。
② 江上波夫（1951），第94页以下。江上波夫认为，大宛的汗血马就是汉代匈奴的"駃騠"；他认为"駃騠"与蒙古语"*külütei"（流汗）是同源词。
③ 莱德克（1912），第148页。
④ 德效骞（1944），第133页。

两条肉脊，长了这种肉脊的马，骟背骑起来非常舒服。"双脊"也是西方古典时代非常欣赏的一个特点①。而另一方面，李白诗中提到的"虎纹"，则表明了这种马表现出来的返祖成分。"虎纹"就是"鳗纹"，它实际上是马背部下方的一种暗色条纹。就如同挪威产的暗褐色马一样，鳗纹是许多原始马具有的共同特征，从亚细亚野驴身上也可以非常明显地看到这种特点。

唐朝人将康国出产的马引进唐朝，作为繁殖唐朝战马的种马。他们确信，从土地丰饶的康国引进的这种马，就是最初的大宛马的种系②。唐朝人还了解到了"多雪不风"的迦湿弥罗的山谷中出产"龙种马"的消息③。根据十一世纪初期的一个故事中的记述，我们知道在八世纪中期时，拔汗那国曾经向唐玄宗贡献过六匹真正的汗血马。这六匹马的名字分别叫作"赤叱拨""紫叱拨""绯叱拨""黄叱拨""丁香叱拨"和"桃花叱拨"。"叱拨"（Cherpādh）这个词在粟特文中的意思是"四足动物"。唐玄宗高兴地接受了这些马，并且给它们起了新的、更典雅的名字，将马的形象画在了大殿的墙壁上④。这个故事的编者是一位叫秦再思的文人，他生活的时代距离这

---

① 安迪森（1961），第 26 页。

② 《唐会要》卷 72，第 1306 页。

③ 《新唐书》卷 221 下，第 4155 页。

④ 《纪异录》卷 3，第 6 页。"叱拨"又作"什伐"，两相比较，"什伐"（*ziəp-b'i̯wɐ）第一个音节的齿音同化了第二个音节开头的唇音。"什伐"还作为太宗"六骏"之一的名字出现过（见下文）。原田淑人认为"什伐"相当于伊朗语的"aspa"，但是这种说法是根本站不住脚的。参见原田淑人（1944），第 387 页。承弗赖伊（R. N. Frye）见告，这个字在粟特语中的意思是"四足动物"，尤其主要是用来指马的。这个字的发音很可能是"*čərθpāδ"，而在中国被叫成了"*čirpāδ"，由此就有了汉文中的译写和我的拼读。

起传说事件大约有三个世纪之久。人们可能会将这个美妙的故事单单归结为作者本人的怀旧想象，例如，对于这种马的原产地，秦再思浪漫地使用了这个地区的古名"大宛"。但是我们认为，对秦再思记载的这个故事不能彻底加以否定。首先，中国人对于外国，总是倾向于使用已经废弃的名称；其次，在可靠的历史记载中，确实有关于大宛向唐朝贡马的说法（遗憾的是，在记载中既没有对马加以描述，也没有具列马的名称）①。而且，"赤叱拨"这个名称也不止一次地出现在八世纪的文学作品当中，这个名称甚至还被用来称呼一种特殊品种的中国猫，而这种猫则的确出产于甘肃的灵武②。总之，我们倾向于相信这些关于唐朝汗血马的记载和关于唐玄宗的马的壁画的传闻。然而不管有关这些马的记载是否属实，中国古时候所说的汗血马的种系带有想象的特点，这一点应该是无可置疑的。

自古以来，中国人所熟知的马是一种头部硕大、马鬃毛直立，冬季全身长满了粗毛的矮种马。这种马曾经生活在北亚和欧洲的大部分地区，法国和西班牙旧石器时代的人们也常常可以见到这种马。它就是亚洲草原上的野马。在中国北部鄂尔多斯地区更新世的沉积物中，曾经发现过亚洲草原野马的骨殖③。现在只有在准噶尔地区才可以见到这种草原野马④，但是准噶

---

① 这件事发生在开元二十九年（741），见《册府元龟》卷971，第13页。《册府元龟》将"大宛"译写作"拔汗那"（ ＊bʼuât-γân-nâ）。
② 另外还有一只猫也因马而得名，这只猫叫"青骢"。见《酉阳杂俎》卷8，第242页。
③ 安特生（1943），第29页。耶茨指出，这些马及其特有的垂直的鬃毛，正是商代卜骨上表现的那种马，这是一种很有见地的看法。见耶茨（1934），第237页。
④ 莱德克（1912），第71～72页；江上波夫（1951），第104～105页。江上波夫认为，这种马就是汉文史料中记载的匈奴的"駒騄"。

尔的草原野马也已经濒临灭绝①。这种草原野马（Equus przewalskii）也有其经过驯化的亲支散布在世界各地，无论是像挪威产的暗褐色马那样的比较纯的种系，还是那些由于与阿拉伯马血统混合而发生了很大变化的种系，都与草原野马有亲缘关系②。中国人依赖的主要是经过驯化的蒙古矮种马，而蒙古矮种马大体上也属于草原野马的种系。这种马与典型的草原野马的区别在于，它有长而飘逸的鬃毛、额毛以及粗大的尾巴，而这些特点很可能也是与阿拉伯马杂交的结果③。古代的许许多多毛色各异、种类不同的马的种系，可能都是以草原野马为祖系，在其他一些未知种系的马的血统的影响下，逐步演变、发展而来的。例如，传说中与夏代有关的黑鬃白马，商代的黑头白马以及周代的红鬃黄马，等等，都属于这种类型。甚至早在周、汉时代，汉文中有关马的种类的词语就已经很丰富、很复杂了。这表明当时中国人在繁育马的技术上已经达到了很高的水平④。

　　尽管唐朝人非常渴望能够得到身材更为高大魁伟的西方马，但是他们似乎仍然还保留着某种对于野生矮种马的爱好。例如在永徽五年（654）时，吐蕃人曾将一百匹野马作为贡礼献给了当时在位的天子，这表明他们认为唐朝天子是乐意接受这种贡礼的⑤。与草原野马出自同一原始种系，但是或多或少混杂了西极马的血

62

---

① 最后的避难地（1956），第 212 页。
② 莱德克（1912），第 107 页。或许"阿拉伯马"这种说法也不是很确切。有些学者认为，现代的阿拉伯种马是从草原野马和一种利比亚种马衍生出来的。参见耶茨（1934），第 251 页。
③ 莱德克（1912），第 107 ~ 108 页。
④ 厄克斯（1940），第 34，41 ~ 44 页。
⑤ 《册府元龟》卷 970，第 3730 页。劳费尔认为，这种"野马"不过是一种半野生的马，即这种马已经习惯了骑乘，但是仍然是在草原上放养，而不是在马厩里喂养。见劳费尔（1916），第 371 页。

统的，还有一些非常少见而且又独具特色的中世纪中国马的类型。例如，唐代在今天的陕西繁育出来的一种"朱鬃"白马就是属于这种类型①，这种马很可能是典型的周代马的残遗种；瘦削而结实的四川矮种马，是唐代嶲州的特产，但是在许多世纪以前，中原的西邻各国就已经听说了这种马②。唐朝的"国马"（即由政府选育的马，例如驿马、战马等）中有许多是草原野马和阿拉伯马的杂交种马，而有些则主要是阿拉伯马。有时候，为了国防目的喂养的马的数量太少时，就需要引进外来的马，以补充国马数量的不足。例如在八世纪初年，唐玄宗曾经下诏，批准与"六胡州"市马③。但是阿拉伯马的种系在唐朝处于不利的境地，蒙古矮种马就在毗邻唐朝的地区，所以阿拉伯马很难保持与蒙古矮种马相抗衡的地位。到了唐朝灭亡之后，西方骏马的种系就开始渐次消亡，而随着元、明时代蒙古矮种马的大量涌入，到了近代的初期，西方马的种系就完全绝迹了④。

在唐朝帝国统治期间，北方矮种马和西方的战马这两种外来马以及处于两者之间的杂交种马和其他品种的马，都大量进

---

① 《册府元龟》卷 971，第 5 页。这种类型的马出自丹州，但是据史料记载，其他地区也出产这种马。
② 《新唐书》卷 42，第 3730 页；索尔伯（1937），第 284 页。这里说的"蜀马"，可以看作是公元四世纪时吐谷浑人的马；参见《晋书》卷 97，第 1336 页。莱德克描述的现代中国南方的矮种马，很可能与当时的蜀马是同一种马，或者说非常接近于当时的蜀马。关于现代四川的矮种马的图片，见菲利普斯、约翰逊和迈耶（1945），第 20 页。这种四川矮种马和其他的中国南方矮种马的共同特点是"肌肉比蒙古马更强健，脖颈发育得更为丰满，头的姿态也稍高一些……这种马脚步稳健，它们已经习惯了跑着上下石阶，这样的石阶在重庆地区是很常见的"。见菲利普斯、约翰逊和迈耶（1945），第 21 页。
③ 《新唐书》卷 91，第 3899 页。
④ 苏柯仁（1937），第 283 页。

入了唐朝的境内。唐朝人对于外来的马非常喜爱，也非常欣赏。唐朝这种崇尚外来马的风尚部分地可以归结为西方龙马传说的影响，部分地则应该归结于突厥人以及那些与突厥有血亲关系的遥远的游牧统治氏族。而且更重要的原因是，对于唐朝这样一个庞大的帝国，众多的骑马者以及玩波罗球游戏的贵族对马的需求甚大，而唐朝境内牧养的马匹一向很缺乏，这就自然地导致了对外来马的喜爱。

有关远国绝域出产的良马的传闻，也深受唐朝人的欢迎，他们甚至连那些简直令人难以置信的传闻也深信不疑。例如，唐朝人听说常年积雪的极北地区有一个"駮马国"①。国家的名称很可能是从突厥部落的名称"Ala-yondlu"（有花斑马者）翻译来的。根据传说，这种马在其原产地受到了屈辱的待遇，被用来耕田，我们不知道这种身上带有花斑的马是否曾经到过唐朝的境内②。大食国甚至比駮马国还要遥远，大食人的战马能解人语，唐朝人对这一点惊叹不已③。长安三年（703），一位穆斯林使臣曾经将一批这种纯种的马带到了唐朝④。但是这些马后来的命运如何，我们对此一无所知。

唐朝的更为可靠的马的来源是东北地区，即来源于渤海靺鞨⑤、

---

① 伯希和（1959），第135页。对于"駮马"这个汉文名称，我将它译作"dappled"（译按，意思是"花斑马"），而伯希和则译作"piebald"（译按，意思是"黑白斑马"）。

② 《新唐书》卷217，第4143页。

③ 《酉阳杂俎》卷10，第78页。

④ 《册府元龟》卷970，第18页。汉文史料中恰如其分地将这些马称作"良马"，而"良"字的主要含义之一就是"良种"的意思。

⑤ "靺鞨"这个词的古汉语拟音是"*muât-yât"（可能读作"*marghat"）。他们是一支"鞑靼"部落（至少有一部分是东胡人），有时还将他们等同于（根据换位原则）忒俄菲拉克图斯·西摩卡记载的"Moukr（i）"。

室韦和奚部落。渤海靺鞨分布在黑龙江以南的地区①，室韦②的居住地在渤海靺鞨以西③，而奚部落则在更南的地区。元和十一年（816），奚人"遣使献名马，尔后每岁朝贡不绝，或岁中二、三至"④。契丹人也分布在东北地区，日后他们将注定成为中国北部地区的统治者。七、八世纪期间，契丹曾经派遣了许多使臣，带着形体矮小、惯于驰走于林木之间的契丹马向唐朝朝贡⑤。

突厥人位于唐朝的北境，突厥马是唐朝马的主要来源。"突厥马技艺绝伦，筋骨合度，其能致远，田猎之用无比，《史记》匈奴蓄马，即駒騄也"⑥。突厥马对于自傲的唐朝人是如此重要，以至于他们为了得到急需的马匹，被迫在许多细枝末节的问题上纡尊降贵，折节相求。例如在唐朝初年，汉阳郡王李瑰有一次亲自到了遥远的突厥汗帐。突厥可汗"始见瑰，倨甚。瑰开说，示以厚币（这些丰厚的礼物中必定有成匹的丝绸和成瓮的佳酿），乃大喜，改容加礼，因遣使随入献名马"⑦。突厥人除了得到礼物之外，还可以得到其他一些小小

---

① 开元十八年（730），渤海靺鞨曾向唐朝进贡了两群马，每群各三十匹。见《册府元龟》卷971，第8页。

② 现代研究认为，室韦与奚一样，都是蒙古人种。

③ 天宝六载十二月（747～748年冬）室韦献马数目不详；开成元年十二月（836～837年冬）室韦献马五十匹。见《册府元龟》卷971，第16页；《唐会要》卷96，第1722页。

④ 《册府元龟》卷972，第7页；《旧唐书》卷199下。据《唐会要》记载，"奚马胜契丹马"。见《唐会要》卷72，第1308页。

⑤ 契丹贡马的具体时间分别在武德二年（619；《唐会要》卷96，第1717页）；贞观六年（632；《旧唐书》卷199下，第3618页）；开元七年（719；《册府元龟》卷971，第6页）；开元十二年十二月（724～725；《册府元龟》卷971，第6页）；开元十八年（730；《册府元龟》卷971，第8页）。根据《唐会要》记载："契丹马，形小于突厥马，能驰走于林木间。"

⑥ 《唐会要》卷72，第1306页；江上波夫（1951），第158页。

⑦ 《新唐书》卷78，第3872页。

的好处。然而唐朝人并不总是利用物质的礼物来作为获取突厥良种马的代价。在开元十九年十二月（731～732）突厥雄主毗伽可汗向唐朝京城送去了五十匹马。而这些马则纯粹属于谢恩的性质。原来在此之前不久，可汗的弟弟去世了，唐朝派了六名画工前往草原帐篷城，为死去的突厥特勤写真，画像工妙绝伦，"毗伽每观画处，嘘唏如弟再生，悲泣不自胜"。于是毗伽可汗在护送画工返回唐朝的同时，顺便献马谢恩①。唐朝人就是这样通过各种各样的手段，诱使北方的突厥部落——不管是薛延陀还是乌古斯（九姓部落）——将大量的马匹送进唐朝的马厩，有时一次就有五千匹之多②。但是在唐朝马匹的供应者当中，最大的也是最傲慢的供应者是回鹘人。八世纪中叶以后，回鹘人就控制了唐朝的马市。当时唐朝对内、对外的战争连绵不绝，从而使得正在衰落的大唐帝国对于马的需求无法满足。回鹘和吐蕃这时也成了唐朝主要的外敌和天然的对手，于是唐朝政权将外交政策转向回鹘一边，利用回鹘来与吐蕃对抗。在这一时期，吐蕃人不仅尽数赶走了唐朝在陇右牧放的成千上万匹良马③，而且甚至还攻陷了唐朝的都城长安；而

---

① 《册府元龟》卷999，第18页。

② 上文中已经提到过薛延陀贡献的大群的马（译按，上文作"五万匹"，与《旧唐书·太宗纪》合，此处之"五千"当为"五万"之误）。天宝六载（747）和天宝七载（748）九姓贡马，见《册府元龟》卷971，第16页。来自"突厥"的贡马使团动辄贡马上千匹，见于记载的有武德九年（626）（这次贡马被唐朝拒绝了，见《册府元龟》卷970，第5页）；贞观二年（628；《册府元龟》卷970，第6页）；长安四年（704）（据记载这次贡献的是名马，见《册府元龟》卷970，第18页）；开元五年（717；《册府元龟》卷971，第2页）；开元十五年（727；《册府元龟》卷971，第7页）；开元十九年十二月（731～732；《册府元龟》卷999，第18页）。

③ 《新唐书》卷50，第3753页；戴何都（1948），第898页。

傲慢自负的回鹘人则以各种各样的方式对卑躬屈膝的唐朝人颐指气使——因为正是回鹘人凭借他们自己的优势才赶走了高原上的吐蕃人。回鹘人的傲慢已经到了无以复加的地步，他们甚至公然在唐朝的土地上袭击唐朝人。尽管社会上对回鹘人野蛮无礼的行为怨声载道，但是唐朝政府还是将有利可图的马匹贸易垄断权交给了回鹘，以此作为他们帮助唐朝的回报[①]。以前，谄媚奉承的回鹘使臣将免税纯种马作为贡礼送到长安，希望能讨得东方君主的欢心，现在他们已经不用这样做了。如今的回鹘使臣与唐朝的关系，是精明练达而讲求实际的商人与素有教养但又柔弱的汉人（对于外族人而言，他们似乎确是如此）之间的关系。这时的汉人对回鹘人表示出了应有的敬意，而且要按照卖方的价格支付马价。在八世纪后期的几十年中，一匹回鹘马的普通价格为四十匹绢，这对于唐朝来说是一笔令人触目惊心的支出[②]。九世纪初年，衰落凋敝的唐朝政权一年支付上百万匹绢来交换北方边境地区淘汰下来的老弱不堪的驽马，已经成了一件稀松平常的事情[③]。唐朝皇帝一度也确实想限制这种虚耗国力的交易。大历八年（773），回鹘派遣一名特别代理商，赶着一万匹马来到唐朝请求互市。这批马的价钱甚至比唐朝政府每年的收入还要多[④]。当时在位的唐代宗是一

---

① 《新唐书》卷51，第3754页；白乐日（1932），第53页；李豪伟（1951），第19页。
② 《册府元龟》卷999，第25页；《资治通鉴》卷224，第19页。
③ 《新唐书》卷50，第3753页；《新唐书》卷51，第3754页；《册府元龟》卷999，第25~26页；白乐日（1932），第53页。
④ 译按，据《册府元龟》卷999原文"帝以马价出于租赋，不欲重困于民"。所谓"马价出于租赋"，是说买马的费用是从租赋收入中支付的。作者将此句理解为"马价比政府每年的租赋收入还要高"，误。又，关于此事请参见《资治通鉴》卷224，大历八年十一月条。

位很有头脑的皇帝，他因为费用过大，"不欲重困于民，命有司量入计，许市六千匹"①。

九世纪初期，黠戛斯人②危险地游荡在突厥本土的北方边缘地区。黠戛斯人将是回鹘亡国的祸根，他们被描述为身材长大、皙面、绿瞳、赤发的人③。在七世纪下半叶和八世纪上半叶，黠戛斯努力使他们的马通过敌对的地区，顺利地送到唐朝的边境④。从唐朝的玉门关到咸海地区，横断整个中亚地区的是西突厥和臣属于西突厥的雅利安种居民。他们也将本地的马送到了唐朝庞大的马厩之中⑤。

来自河中地区的辽阔平原、富庶的城市及其附近山区的马，都具有近乎纯正的阿拉伯马的血统，这些地区的马主要是在八世纪时，即充满活力的唐玄宗统治时期引入唐

① 《册府元龟》卷999，第25页。

② 某个阿尔泰语系中类似于＊kirkon/kirkot 的名称在汉语中被译成了"坚昆"（＊kien-kuən）或"结骨"（＊kiet-kuət）。

③ 《唐会要》卷100，第1785页。这些情况是会昌三年（843）的一位使臣提供的。译按，《唐会要》原文及《册府元龟》卷996引盖嘉运《西域记》作"赤发、绿睛"，引译吏语云"黄头赤面"，无"皙面"语。"人皆长大，赤发、皙面、绿瞳"数语在《新唐书》217下《黠戛斯传》。

④ 黠戛斯贡马分别在仪凤元年（676；《旧唐书》卷5，第3074页；《册府元龟》卷970，第16页）；开元十二年十二月（724～725；《册府元龟》卷971，第6页）；天宝六载（747；《册府元龟》卷971，第6页）；天宝六载十二月（747～748；《册府元龟》卷971，第16页）。

⑤ "西突厥"贡马的记载见于武德五年（622；《册府元龟》卷970，第4页）；贞观元年（627；《旧唐书》卷194下，第3599页）；贞观九年（635；《旧唐书》卷194下，第3599页）。铁勒贡马在贞观十六年（642；《旧唐书》卷199下，第3617页）。突骑施贡马分别在开元五年（717；《册府元龟》卷971，第2页）；开元十四年（726；《册府元龟》卷971，第6页）；天宝三载（744；《册府元龟》卷971，第14页）。处密贡马见于贞观元年（627；《册府元龟》卷971，第4页）。西突厥使团在贞观元年（627）一次就带来了五千匹马。

朝的。康国①、安国②、拔汗那国③、吐火罗国④、石国⑤、史国⑥、曹国⑦、米国⑧以及骨咄国⑨等国都曾向唐朝贡马。

在唐代，蒙古种吐谷浑人先前值得骄傲的地位已经大大衰落了，永徽三年（652）吐谷浑从吐蕃边界地区向唐朝贡马⑩，两年之后，吐蕃人自己也为唐朝朝廷送来了一百匹马⑪。但直到九世纪的最初几十年间，即受挫于回鹘之后，吐蕃马才成了唐朝马的一个比较重要的供给来源⑫，而且即使是在这一时

---

① 康国贡马分别在武德七年（624；《唐会要》卷99，第1774页）；开元十二年（724；《册府元龟》卷971，第5页）；天宝三载（744；《册府元龟》卷971，第14页）；天宝九载（750；《册府元龟》卷971，第17页）。

② 安国贡马分别在开元十四年（726；《册府元龟》卷971，第·7页）；开元十五年（727；《册府元龟》卷971，第7页）；天宝九载（750；《册府元龟》卷971，第17页）。

③ 拔汗那贡马在开元二十九年（741；《册府元龟》卷971，第13页）。

④ 吐火罗贡马分别在开耀元年（681；《册府元龟》卷970，第17页）；开元八年（720；《册府元龟》卷971，第4页；《唐会要》卷99，第1773页）；天宝三载（744；《册府元龟》卷971，第14页）；天宝七载（748；《册府元龟》卷971，第14页）。

⑤ 石国贡马在天宝五载（746；《册府元龟》卷971，第15页）和天宝六载（747；《册府元龟》卷971，第16页）。

⑥ 史国贡马在天宝三载（744；《册府元龟》卷971，第14页）。

⑦ 曹国贡马在天宝三载（744；《册府元龟》卷971，第14页）。

⑧ 米国贡马在天宝三载（744；《册府元龟》卷971，第14页）。

⑨ 骨咄国贡马分别在开元十七年（729；《册府元龟》卷971，第8页）；开元廿一年（733；《册府元龟》卷971，第9页）；天宝五载（746；《册府元龟》卷971，第15页）；天宝九载（750；《册府元龟》卷971，第17页）。大食地理学家麦格迪西也谈到过骨咄国出口的马。参见巴托尔德（1958），第236页。

⑩ 《册府元龟》卷970，第1页。

⑪ 《旧唐书》卷4，第3075页。

⑫ 吐蕃贡马的记载见于元和十二年（817；《册府元龟》卷972，第7页；《唐会要》卷97，第1737页）；太和元年（827；《册府元龟》卷972，第8页）；开成元年（836；《唐会要》卷87，第1739页）。

期，由吐蕃贡献的马与傲慢的回鹘人相比，也是微乎其微的。

西域城郭诸国也是向唐贡献良种马的地区之一。其中龟兹曾几次贡马①，于阗也至少贡献过一次良马②。在七世纪后期，胜利的大食人也曾经有一次向唐朝贡献他们的第一流的骏马③，正如我们在上文中提到的，八世纪初期，大食又献过一次名马。在唐玄宗统治的黄金时代，大食人特意几次遣使来朝献马④。罽宾国（即古代的 Gandhāra）位于印度西北边疆地区，这里适宜于热带稻米的生长，盛产大象；佛法非常兴盛但却处在突厥的统治之下。在君临天下的天可汗（Tängri Qaghan）唐太宗在位期间，甚至连遥远的罽宾国也在贞观十一年（637）遣使贡献名马⑤。地处唐朝西南边疆，正在兴起的南诏国，也在贞元十一年（795）遣使向朝廷贡献了六十匹品

---

① 贞观五年（631；《册府元龟》卷970，第7页）；上元三年（676；《册府元龟》卷970，第16页；《旧唐书》卷5，第3074页）；开元二年（721；《册府元龟》卷971，第4页）。

② 时间在天宝元年（742）或稍后。见《新唐书》卷110，第3933页。

③ 《册府元龟》卷970，第17页。

④ 具体时间分别在开元十二年（724；《册府元龟》卷971，第5页）；天宝三载（744；《册府元龟》卷971第14页）；天宝十三载十二月（753~754；《册府元龟》卷971，第19页）。

⑤ 《册府元龟》卷970，第8页；《旧唐书》卷198，第3614页。突厥人将唐朝天子，特别是将唐太宗称为"天可汗"。其他向唐朝贡献过马的政权有谢䫻国，贡马的时间在天宝三载（744；《册府元龟》卷971，第14页）；识匿国在开元十二年（724）和开元十三年（725）向唐朝献马（《册府元龟》卷971，第5、6页）；开元廿一年（733）"可汗那"（这个名字应该是"拔汗那"或"石汗那"的讹文）贡马（《册府元龟》卷971，第9页）；"苏颉利发屋阑"贡马在天宝七载（748；《册府元龟》卷971，第17页）；天宝五载（746），陀拔斯单也曾献马（《册府元龟》卷971，第15页）。译按，"陀拔斯单"《册府元龟》原文作"施拔斯单"，"施"当为"陀"之讹文。此从英译文。

种不详的马①。

开元十五年（727），唐朝政权准许在政府官方的监督之下，在鄂尔多斯地区边界设立"互市"，互市的设置，将唐朝与北方游牧民族之间的重要的马匹贸易制度化了。互市政策的目的，是要增加唐朝马的数量，并且通过与合乎需要的胡马的杂交来改进"国马"的品种②。设立互市的一个直接原因，是唐玄宗收到了突厥毗伽可汗贡献的三十匹名马的友好贡礼，与此同时，毗伽可汗还送来了一封吐蕃君主写给他本人的信件。吐蕃人在信中怂恿毗伽可汗与吐蕃一起入寇唐朝边境，但是毗伽可汗却派使臣将这封信转而献给了唐玄宗。玄宗对毗伽可汗的友好举动非常赞赏，于是下诏：

> 仍许于朔方军西受降城为互市之所，每年赍帛数十万匹，就边以遗之③。

这样一来，西受降城就成了北方部落的马匹进入唐朝的固定地点。此后，我们就可以在唐史中见到如下的记述，"令西受降城使印而纳之"④ ——这段文字是附在九姓、坚昆以及室韦在天宝六载十二月（748）献马六十四匹的呈文之后的。开

---

① 《旧唐书》卷197，第3611页；《唐会要》卷99，第1764页。有关其他一些外来品种的马，见《唐会要》卷72，第1305～1308页。

② 《新唐书》卷50，第3755页；戴何都（1958），第895页；蒲立本（1955），第106页。

③ 《旧唐书》卷194上，第3599页；《资治通鉴》卷213，第5～6页。唐朝有三座边城叫"受降城"。其中西受降城的位置在鄂尔多斯边缘的灵州境内，同时西受降城也在朔方军的管辖范围之内。

④ 《册府元龟》卷971，第16页。译按，《册府元龟》原文作"献马六十匹"，作者此云"六十四"，当是误以"匹"为"四"所致。

元二十九年（729），唐朝政府又在与吐蕃交界的赤岭地区设立了类似的贸易机构①。

在政府允许的范围以外，在唐朝边界地区也存在活跃的私人贸易活动。尤其是居住在唐朝西北边疆地区的党项居民，他们就是因为从事私人贸易而致富的。在九世纪初年，党项人"以部落繁富，时远近商贾，赍缯货入贸羊马"②。可是这种繁荣是很不稳定的，就在九世纪三十年代，党项人因为贪暴的唐朝官吏的巧取豪夺而被迫反抗，"藩镇统领无绪，恣其贪婪，不顾危亡，或强市其羊马，不酬其直，以是部落苦之，遂相率为盗，灵、盐之路小梗"③。

在由政府管理的大规模的边疆贸易集散地，马和骆驼、驴、羊等牲畜都是由政府主管人进行接收、检查和登记工作，然后送往特定的牧场或朝廷的马厩。在由边疆递送往内地的路途上，每十匹马分为一组，每组由一个牧人单独管理④。从启程时起，这些马就受到政府的精心照料，政府最为关心的是要使这些马尽可能少地受到伤害，避免丢失或者被盗。无论在什么时候，管理政府马匹的人员都要对他管理的马的安全和健康负责。马若不死尚可，如果死了马的话，管理马的人就得提供死亡的确切证据，报告使用马的人应负多少责任等。按照规定，要尽可能

①　《资治通鉴》卷213，第14页。译按，《资治通鉴》开元十七年（729）无此条，十九年（731）九月辛未云"吐蕃遣戎相论尚它硉入见，请于赤岭互市，许之"。作者将"十九"误作"十七"。
②　《旧唐书》卷198，第3612页。
③　《旧唐书》卷198，第3612页。
④　此外，分配给一个牧人管理的牛为十头。但是一个牧人所能管理的驼、驴或骡分别是六头。而一个牧人管理的羊则多达七十只。见《通典》卷22，第30页。

详细地履行这一套程序，哪怕是最细微的情节也不能遗漏。例如，如果长行马（即用于长途旅程的马，长行马与用于固定路途的驿马不同）死在途中的话，就得将马肉卖掉，而马皮则要送回政府的仓库。但是如果马是死在沙漠里，而且附近又没有买马肉的人的话，骑马人只需带回马身上那块烙有政府印记的马皮（如果他本人还能够回来的话）就可以了[①]。

一旦外来马被国家牧场接纳之后，就被指定入"群"。群是大牧"监"之下的一个单位，每个群由一百二十匹马组成，而唐朝的一个大牧监所照料的马匹则多达五千匹。牧监里的马要一直饲养到能够为国家服役为止——或是作为战马，或是作为驿马，或是作为皇室成员抑或是宠臣的坐骑。马身上的许多部位都烙上了烙印，以表明马主的身份以及马的年岁、类型、品第和状态等情况。凡是国马，都"以小'官'字印印右膊，以年辰印印右髀，以监名依左右厢印印尾侧"。还有用来表示马的出生国的印记，表示马的轻快程度或耐久力等性能的印记，例如"飞""龙""风"等字样的印记；此外，还有一些印记是用来表明马的用途的，例如"官马赐人者，以'赐'字印，诸军及充传送驿者，以'出'字印，并印右颊"[②]。监理马匹的牧人和官员必须将属于自己管理的马匹的定额维持在正常的水平，而且还应该增加马的数量。如果牧监官员注册的马匹少于要求他达到的定额数的话，就会受到严厉的惩罚。短缺一匹马，就要受到抽打三十竹杖的处罚[③]。

---

① 马伯乐（1953），第113~149页；杨联陞（1955），第150页。
② 《唐会要》卷72，第1305页；《唐六典》卷17，第24~25页；马伯乐（1953），第88~89页。
③ 马伯乐（1953），第89页。

假如一匹外来的马有幸被管理宫廷马匹的官员看中的话，那么这匹马就会被从牧场转送到京城分配给附属于宫廷本身的某个"闲"或者"厩"。宫廷里的马往往都根据其类型或者是特性，分别被关进"飞黄闲""吉良闲""龙媒闲""騊駼闲""駃騠闲"或"天苑闲"①。六闲中有五个闲是根据古代的骏马而得名的。通过文学作品和民间传说，这些骏马的名字得以久远地留在了人们的记忆之中②。"天苑闲"的"天苑"是对天子禁苑的一种富有诗意的称呼，天苑就是天子骑着龙马狩猎的地方。在左右六闲中饲养的外来的骏马，既能用来供武将骑乘，也可以供皇帝狩猎或贵族玩波罗球游戏时使用；既可以用于仪仗，也可以用于其他一些恢宏堂皇的场合。

波罗球戏是在唐初或稍前，从伊朗经由西域传入唐朝的一种游戏③，此后又经唐朝传到了朝鲜和日本。唐朝人将波罗球戏简单明了地称作"打毬"④。玩波罗球游戏时使用的击鞠杖的形状是弯曲的，杖端形如偃月，以网囊作为球门。擅长玩波罗球游戏的人有皇帝、朝臣、贵妇人甚至还有文人，而且在皇宫里就有波罗球场⑤。唐朝人究竟认为骑什么样的马打波罗球

① 《新唐书》卷 50。第 3753 页；戴何都（1948），第 86 页。

② "飞黄"是一种神马（《淮南子》）；"吉良"是古代的一种带斑点的马（《山海经》注），我们在上文中已经提到过"龙媒""騊駼"（古代草原野马？）和"駃騠"（古代汗血马？）。

③ 向达（1933），第 74 页。这是一种得到公认的观点。但是唐豪认为，波罗球戏是在大约公元二世纪初年在中国发明的。此后，向西传到了波斯，并且在萨珊波斯人统治时期得到了发展，然后又转过来传到了整个东亚。他谈到的主要证据是曹植诗中提到的一种马背上玩的田赛游戏，而这条证据是相当缺乏说服力的。见唐豪（1957），第 2～7 页。

④ 又称"击鞠"。向达认为汉文"毬"字来源于波斯文"gui"，而唐豪的看法则恰恰与此相反。

⑤ 向达（1933），第 74～79 页。

最好，对此我们还一无所知。但是有记载表明，开元五年
（717）于阗曾经向唐朝贡献过两匹打毬马①。或许据此可以推
测，这种上等的打毬马来自突厥斯坦和伊朗地区；而吐蕃人也
被唐朝人认为是特别熟练的打毬能手②。

但是反过来说，唐朝人也有使吐蕃人眼花缭乱的绝技：

> 中宗时，殿中（宴吐蕃跕马之戏，皆五色彩丝，金
> 具装于鞍上，加麟首凤翅。乐作，马皆随音跕足）遇作
> "饮酒乐"者，以口衔杯，卧而复起。吐蕃大惊③。

根据以上记载，唐中宗养的这些舞马可以随着音乐节拍舞
蹈嬉戏，所以使吐蕃人惊讶不已。这时是在公元八世纪初年。
大约过了几十年之后，唐玄宗又养了一批专门用来表演的舞
马。与中宗的舞马相比，玄宗养的这批舞马的名气就要大得多
了。玄宗有一百匹舞马，它们是从那些外国贡献的资质最优良
的贡马中挑选出来的。每当表演时，舞马全都分作两队盛装上
场。"衣以文绣，络以金银，饰其鬃鬣，间杂珠玉。其曲谓之
'倾杯乐'者数十回。奋首鼓尾，纵横应节，又施三层板床，
乘马而上，旋转如飞。或命壮士举一榻，马舞于榻上。乐工数
十人立左右前后，皆衣淡黄衫，文玉带，必求少年而姿貌美秀

---

① 《册府元龟》卷971，第2页。
② 向达（1933），第76页。
③ 《景龙文馆记》。译按，查上海人民出版社影印《说郛三种》（涵芬楼百
卷本，明刻百二十卷本，《说郛续》四十六卷本）之百二十卷本所录武
平一《景龙文馆记》一卷，所录内容比作者转引的内容要简单得多。在
本节汉译文中，括号内的文字是译者根据宋顾文荐《负喧杂录》补入的。
内容与英文原文完全相同。

者"。八月五日的"千秋节"是庆祝皇帝诞辰的节日，每年此时在"勤政楼"下举行的庆典活动中，照例都少不了健美的舞马表演。每当在此吉庆的场合，"北衙四军陈仗，列旗帜，被金甲，短后绣袍。太常卿引雅乐，每部数十人，间以胡夷之技"，"五坊使引象、犀，入场拜舞，宫人数百衣锦绣衣，出帷中，击雷鼓"。而舞马这时当然也是众人注目的焦点①。

当玄宗被赶出长安之后，这些著名的舞马也随之流散到了民间。其中有些被安禄山送到了东北边疆地区。流落到东北的舞马有少数被当成了战马，但是它们的癖好仍然一如既往，每当营帐中演奏军乐时，这些马就会情不自禁地应节起舞。仅仅根据这一点，就可以轻易地将它们与其他的战马区别开来②。

九世纪反对奢华的诗人陆龟蒙写过有关舞马的诗歌，并且将它们与传说中的大宛的龙马联系了起来：

> 月窟龙孙四百蹄，骄骧轻步应金鞯。
> 曲终似邀君王宠，回望红楼不敢嘶③。

陆龟蒙诗中的"月窟"，就是李白诗中提到的西突厥斯坦的"月支窟"④。由此可知，这些舞马应该属于中唐之际外来 68

---

① 《新唐书》卷22，第3677页；《明皇杂录》（《唐代丛书》，4）第8～9页。关于这些舞马的故事以及它们的不幸结局的完整译文，见韦利（1952），第181～183页。又见白思达（1953），第121～122页。译按，关于舞马表演的一段引文，英译文内容不全，而且与原文略有出入。译者照录了《明皇杂录》的原文。"数十回"，《新唐书》作"数十曲"，"乐工数人"，《新唐书》作"十数人"。

② 《明皇杂录》（《唐代丛书》，4），第9页。

③ 《甫里先生文集》卷12，第12页。

④ 参见第148页注③。

的珍奇异物。

在唐朝政权统治时期，尤其是在那些崇德尚武、道貌岸然的君主统治下，一次次发布的郑重其事的诏令中的一个经常性的主题，就是禁止进献那些微不足道但又招人喜爱的小宠物，这种物品对于国计民生毫无益处，所以理所当然地被认为是轻浮浅薄之物。例如在唐朝建立的第一年，唐高祖就发布了一道禁止进献小马的诏令①，表明他欣赏高大健壮的战马而拒斥娇小玲珑的小马。然而仅仅过了三年以后，也正是高祖其人，却接受了朝鲜半岛西南部的百济国贡献的微型"果下马"②。显然这时他已经将即位初年做出的庄重诚挚的姿态置诸脑后了。七世纪时，唐朝风气严厉而尚武，到了八世纪唐玄宗统治时期，代之而起的是更儒雅、更浮华的"文治"时代。这时，小巧娇柔的小马以及其他那些精巧美妙的奇珍异宝开始受到了唐朝朝廷的欢迎。八世纪时，新罗国在朝鲜半岛占据着统治地位。玄宗时代的小马就是由新罗国贡献的③。新罗国的小马与高宗时代百济国贡献的果下马肯定是同一个品种，这种马是一种在岛屿（就是朝鲜海峡的济州岛）上进化而成的小型草原野马品种——正如同我们所熟知的

① 《新唐书》卷1，第3634页。在那些开疆拓土、不受清规戒律约束的帝王之后继位的君王们，往往在他们统治的初期发布类似的具有代表性的禁令，例如太宗（在隋炀帝之后。译按，炀帝之后是唐高祖，而不是唐太宗，根据上下文意，此"隋炀帝"或为"高祖"之误）、中宗（在武后之后）、肃宗（在玄宗之后）、德宗（在代宗之后）在继位初年发布的禁令就是如此。这是一种非常明显的左右摇摆现象。

② 《旧唐书》卷199上，第3616页；《册府元龟》卷970，第4页。

③ 开元十一年（723）新罗献果下马一匹，开元十二年（724）又贡献了两匹果下马（《册府元龟》卷971，第5页；《唐会要》卷95，第1912页）。开元廿三年（734）新罗再献"小马"两匹（《册府元龟》卷971，第10页）。吐谷浑的地面也出产"小马"（《新唐书》卷221上，第4156页），但是没有吐谷浑贡献小马的记载。

设得兰岛矮种马和厄兰岛"小仙马"一样①。其实从公元前一世纪时起，中国人就已经知道了名叫"果下马"的这种小马，当时果下马是用来拉皇太后乘坐的辇车的②。公元二世纪时，中国的这种矮种马是由今朝鲜中部的濊国贡献的③，另有一个后出的传说中记载，英雄"朱蒙"本人骑的马就是果下马④——在传说中，朱蒙是一位善射者，正是他缔造了高句丽国家。以上提到的这些矮种马是否全部都是出自济州岛阻碍发育的环境，目前尚不能确定。在唐代，矮种马的名字在汉文记载中作"果下"，字面意思是"果树之下"，当时通行的解释是，所谓"果下马"就是指可以在果树最低的枝条下面通行无碍的马⑤。但是"果下"这个名字肯定是来自当时东北地区某种语言中的一个字的译音。这个字的本意已佚，后来被汉人望文生义，解释成了"果树之下"⑥。十二世纪时，果下马这个名称甚至被用来称呼中国南方的一种热带小马⑦。唐代另外还有个习惯，就

① 莱德克（1912），第110页；劳费尔（1913），第339~340页；西特韦尔（1953），第77~78页。

② 《汉书》卷68，第529页。关于"果下马"这个名字，我们是根据颜师古注文中引用的三世纪历史学家张晏的说法。《汉书》本文只作"小马"，不云"果下马"。但是"果下马"这个名称在下个世纪时就已经出现了。

③ 《后汉书》卷115，第897页；《三国志》（《魏书》）卷30，第1005页。

④ 《北史》卷94，第3033页。

⑤ 唐朝学者李贤和其他许多学者都是这样讲的。见《后汉书》卷115，第897页。

⑥ 劳费尔（1913），第359页；《辽史》卷116，第5951页。劳费尔说，他曾经想在朝鲜文里找出"果下"这个词的来源，但是迄无所获。见劳费尔（1916），第375页。

⑦ 《桂海虞衡志》，第16页。范成大说，"果下"是指为皇帝拉小马车的马，这种马最高者不满三尺。来自"德庆之泷水"（今广东省境内）。最优秀的果下马有古代天马的双脊（译按，原文作"骏者有双脊，故又号双脊马"），这一点表明，果下马具有部分阿拉伯马的血统。到了明代时，果下马仍然是这个地区的土贡。见劳费尔（1916），第375页。

是将朝鲜的矮种马说成是身高三尺①。然而，所谓的"三尺"，其实是对一切矮小生物的高度的一种象征性的尺寸。自古以来，三尺就被用来形容侏儒的身高②，因此，我们也就无法确切地知道唐朝的矮种马的尺寸。但是有一点不难推知，就是唐朝果下马的用途与汉代的果下马基本上是相同的——即用来拉后妃乘坐的辇车，作为仪仗行列中的装饰以及打扮那些抛头露面的柔弱的年轻人。在春天的赏花时节，很可能正是这种装饰华美的矮种马，载着唐朝的纨绔子弟们赶赴都市花园中的宴集③。

在唐朝的外来马中，最有名的当属唐太宗亲冒矢石，与群雄逐鹿中原时骑乘的"六骏"，我们对这些马中之龙的了解，是通过文学作品和艺术品而得到的。太宗本人对六骏怀有深厚的钟爱之情。他曾经写过一篇赞文描写这六匹马，或更确切地说是描写了这六匹马的雕像。而且还为每匹马作了一首颂诗④，下面就是其中的一首：

> 什伐赤，纯赤色。平（王）世充、（窦）建德⑤时乘。前中四箭，背中一箭。赞曰：瀍涧⑥未静，斧钺伸威；朱

---

① 《北史》卷94，第3033页；《后汉书》卷115，第897页"李贤注"。

② 参见上文第一章之"贡人"部分。

③ 《开元天宝遗事》（《唐代丛书》，3），第49页；石田干之助（1942），第9页。据说有日本学者注意到了敦煌有一幅变化为佛教背景的图画，表现了这种场景。见石田干之助（1942），第9页。很遗憾，我没有亲眼见到这幅图画的原作（《长安之春》，图版75）。

④ 《六马图赞》，《全唐文》卷10，第20～21页。

⑤ 他们是与唐太宗争夺皇位的对手。译按，隋末大乱，群雄逐鹿中原，高祖李渊登基之后，太宗李世民以秦王的身份平定王世充、窦建德（时在高祖武德四年，621），作者此说不确。

⑥ 这条河在洛阳附近。

汗骋足，青旌凯归①。

唐太宗对于这匹战马是用诗歌和雕像来纪念的，而对同一次战役中他骑乘的另一匹叫作"黄骢骠"的战马，唐太宗则利用了其他的艺术形式来追怀：黄骢骠死于高丽战役之后，太宗命乐工谱写了一首名为《黄骢骠曲》的乐曲来纪念这匹战马，这首曲子显然是模仿了一首汉代的古曲②。

通过"朱汗"这个比喻，至少在想象中将太宗钟爱的"什伐赤"与大宛的汗血马联系了起来。虽然就其气质而言，太宗的六骏全都具有西方马的血统，从它们的名字，我们就可以看出，有些马必定是太宗从突厥人那里得到的，例如"特勤骠"③就是如此。贞观十年十一月（636～637）太宗命令以大画家阎立本画的图形为蓝本，将这些著名的骏马"刊石镌真形"④。太宗去世之后，这些石雕被安置在了今陕西省境内的"昭陵"之侧。但是现在这些雕像已经被转移到了博物馆里⑤。

---

① 请比较费子智的译文，见费子智（1933），图版3。译按，此从原文。
② 《新唐书》卷21，第3676页。在古代，有一首叫作《黄骢曲》的笛曲。
③ "特勒"即"特勤"，见原田淑人（1944），第389页。
④ 《册府元龟》卷42，第12页。
⑤ 两匹马的雕像现在收藏于宾夕法尼亚大学博物馆，其他四匹马的雕像由陕西省博物馆收藏。见弗纳尔德（1935）；弗纳尔德（1942），第26页；原田淑人（1944），第385～397页。唐太宗的赞文曾由欧阳询手书，镌刻在雕像的侧面，但是现在已经被损毁了。韦利正确地指出，那位正在从马的胸前拔箭的人的形象，并不是原来人们想象的胡人马夫，而是身穿"胡人"战服的丘行恭将军。他穿的这种战服当时在唐朝军队中是很普遍的。

石马马鬃的鬃毛都表现为经过修剪或是捆扎成束的式样，像是齿状的雉堞。这种形式最初可能起源于伊朗，它是中亚和西伯利亚古时的风气，但是自从汉代以后，这种样式在中国内地就已经湮没无闻了。齿状鬃毛的再现，证明了这匹骏马的突厥血统，也证明了马本身和马主的高贵身份①。但是六骏理想中的种系却可以一直追溯到汉代之前的周穆王的八骏。周穆王作为伟大的、征服蛮夷的国王的楷模，他的八骏的形貌一直在一幅古代绘画中保留了下来，而且被当成了唐朝的国宝②。

太宗的"十骥"虽然没有六骏那样著名，但是它们也是当时难得的奇骥。这些稀有而健美的骏马是在太宗在位的末年进献的，所以它们与太宗之间缺少一种生死与共的亲密关系，而正是这种关系，使得此前的六骏能够在过去历尽磨难、艰苦创业的岁月里获得特有的崇高地位和荣誉。后来的十骥是太宗本人亲自从突厥骨利干国贡献的上百匹名马中挑选出来的③。牧养这些骏马的北方牧人是贝加尔湖以北，一片长满百合的土地上的居民，他们培育的这些马筋骼壮大、强健有力，类似于叫坚昆马的名马。这些马的身上未作烙印，只是很奇怪地被截去了耳朵，在鼻子上做了印记，然后贡献给了唐朝的伟大的君主④。唐太宗亲自为他选定的这十匹马起了

① 麦切—赫尔芬（1957），第119～138页。
② 索珀（1953），第73～74页。
③ 《旧唐书》卷3，第3070页；《册府元龟》卷970，第12页。
④ 《新唐书》卷217下，第4143页；《旧唐书》卷3，第3070页；《旧唐书》卷199下，第3618页；《酉阳杂俎》卷1，第1页；《唐会要》卷72，第1305页。

名字①，它们分别是"腾霜白""皎雪骢""凝露骢""悬光 70
骢""决波騟""飞霞骠""发电赤""流金𬳿""翔麟紫"和
"奔虹赤"②。

虽然我们可以想见，骨利干马的姿容必定被某个七世纪的
画师画了下来，以取悦皇帝，但是却没有见到有关这种作品的
记载。七世纪正处在中国画马的画家中最著名的韩幹之前——
韩幹生活在下一个世纪，即唐玄宗统治的时代，而玄宗本人就
是一位画马的行家里手。韩幹对马的生动描绘是因为他的绘画
直接取材于唐朝内厩里的名马，而不是以古代帝王座骑的传统
画像作为蓝本，而韩幹本人对这一点也颇为自诩③。从我们现
在所能见到的古代表现马的绘画作品中，清楚地显示出唐代以
前的绘画风格倾向于象征性的，甚至是幻想的画风，即用古怪
的线条和色彩来表现皇帝的马是天马所出。而韩幹在画马方面
似乎是第一位采取一丝不苟的写实主义原则的大画家。这是一
个了不起的转变。马在外来家畜中的至高无上的地位，并不仅
仅是由于它在保卫国家方面所起的作用，外来马与人们崇拜的
古代传说中的超自然的神物之间的姻亲关系，也是同样重要的

① 《新唐书》卷 217 下；《旧唐书》卷 3 和《旧唐书》卷 199 下，具列了十
骥的名字。在这些史料中有四匹马的名字各有异同。一般说来，《新唐
书》卷 217 下与《旧唐书》卷 199 下记载的马名是一致的，本文所引就
是根据以上二书。《新唐书》卷 217 下"翔麟紫"之"翔"，《旧唐书》
卷 3 作"祥"，而《旧唐书》卷 199 下则作"翱"。"翱"字通常与
"翔"有密切的关系。译按，《旧唐书》卷 3，太宗贞观廿一年八月"辛
未，骨利干国贡名马"。不载马名。又，《唐会要》卷 72，《册府元龟》
卷 971，《太平御览》卷 895 均作"翔麟紫"，不知作者所说的"祥"果
真出自何书。姑存疑。
② "騟"字的意思是栗色，"𬳿"的意思是黄色。
③ 《历代名画记》卷 9，第 303 ~ 305 页。索珀（1950），第 12 页。

一个原因。从某种意义上来说，正是韩幹将外来马永远地带回了现实之中，将天上的龙马视为一种可信的尤物，八世纪的唐朝人应该是最后的一批。从此以后，对外来物的喜尚就带有了自然主义的态度，而不再是虔诚恭敬的象征主义。

骆驼

在唐朝统治的初年，北方的中国人知道使用大夏双峰驼至少已经有一千多年的历史了。早在汉代时，在新开拓的西域地区，商业性和军事性的驼队中就使用了成千上万的大夏驼[①]。在这一古典时代，汉朝人不得不依赖像匈奴这样的边境游牧民族，以满足汉朝对这些贵重牲畜的需求。大夏驼在运送士兵、商品通过戈壁和塔里木的高原荒漠时表现出来的安全性能，使它身价百倍，备受珍爱[②]。唐代的情形也是如此。当唐朝帝国再次拓展到了远至中亚以外的地区时，对骆驼的需求就变得同样重要了。像对马匹一样，唐朝政府不得不从外国寻求骆驼，以满足国内的巨大需求。骆驼作为献给皇帝的礼物，作为土贡、商品以及战利品，源源不断地进入了唐朝境内。回鹘[③]和吐蕃[④]都曾经向唐朝贡献过骆驼；来自玛纳斯河流域的处密[⑤]以及突骑施[⑥]使团也带来了骆驼。于阗还向

---

① 薛爱华（1950），第 174，176 页。
② 薛爱华（1950），第 177 页。
③ 这件事发生在元和十一年（816）。见《册府元龟》卷 972，第 7 页。
④ 吐蕃贡驼在开成二年（837）。见《唐会要》卷 97，第 1739 页。吐蕃贡献的骆驼可能就是大夏驼，但是在吐蕃本地也有一种脚程很快的阿拉伯单峰驼。见《新唐书》卷 216 下，第 4153 页。
⑤ 开元九年（721），《册府元龟》卷 971，第 4 页。
⑥ 开元五年（717），《册府元龟》卷 971，第 2 页。

唐朝贡献过一头"风脚野驼"①。一般说来，在突厥部落中，骆驼的确像金、银、女童以及奴隶一样，被列入最贵重的物品②。在占卜术和诗歌中，骆驼则是作为慈善和高贵的牲畜而出现的③。沿着古代商道，在塔里木盆地的城郭诸国都可以买到骆驼。高仙芝曾经在石国得到了许多财宝和大批的骆驼④。斗驼是龟兹重大节日的一个显著的特色⑤，而黠戛斯部落也有"弄驼"之戏⑥。

外来的骆驼大大丰富了唐朝巨大的驼群，如同国马一样，唐朝的骆驼也是由牧监的官员负责管理的。唐朝规定每个驼群的牧长只负责七十头骆驼，而标准的马群则由一百二十匹马组成⑦。骆驼与大批其他种类的牲畜一起，在关内、陇右两个道——现在的陕西、甘肃省——的草场上牧养。我们对唐朝驼群的确切数量还不得而知，但是在天宝十载（754），陇右有牛、驼、羊共二十七万九千九百头⑧。中产缙绅之家也将骆驼作为私人坐骑和驮畜。杜甫的名句中有"胡儿制骆驼"的说法⑨。据此判断，唐朝政府和私人雇佣的牧驼人、驯驼人以及赶驼人中，大多数可能都是来自蒙古草原、中亚和吐蕃的外

71

---

① 《册府元龟》卷971，第2页。
② 劳泽（1959），第46页。
③ 劳泽（1959），第59页。
④ 《旧唐书》卷104，第3391页。
⑤ 《酉阳杂俎》卷4，第37页。
⑥ 《新唐书》卷217下，第4143页。
⑦ 《唐六典》卷17，第24~25页。马群、牛群各有一百二十头，驼、骡、驴每群各有七十头，但是每群羊有六百二十只。
⑧ 薛爱华（1950），第182页。与此相比，当时陇右有马三十二万五千七百匹。译按，这组数字见于《新唐书》卷50《兵志》。
⑨ 薛爱华（1950），第185页。译按，原诗见《钱注杜诗》卷10《寓目》。

族人。

脚程非常迅速而又安全可靠的骆驼，尤其是白色的骆驼往往被官方委派为"明驼使"，以作为国事应急之用，特别是用来传递边境危急的信息[①]。但是正如一个有关唐玄宗的宠妃杨贵妃的故事中叙述的那样，这些良种的骆驼可能被用在了不急之务上。故事中说，印度支那的交趾国向玄宗贡献龙脑香，玄宗将十枚龙脑香赐给了杨贵妃，而杨贵妃则私发明驼使，秘密将龙脑香转送给了她的情人安禄山（看起来禄山好像真是她的情人），当时禄山正在遥远而危险的东北边疆地区[②]。

唐朝的厩苑中还有一种"飞龙驼"。八世纪末年时，当长安城的粮食供应无法满足禁中酿酒的需要时，曾经使用这种优良的牲畜来运送稻米，而并不认为这样做是一件有失体面的事情[③]。在唐朝的土地上，骆驼似乎命中注定要被用在一些违反常情的古怪用途上。

但是骆驼与那些侵入北部边境的残暴的游牧者的联系，又似乎使它在唐朝人的心目中成了一种可怕的动物。八世纪初期流行的一首民谣，称骆驼为"山北金骆驼"，据称"山北，胡也，金骆驼者，虏获而重载也"[④]。这首民谣的意思是说，来自蒙古草原的掠夺者带着他们的驮畜，这些驮畜身上满载着从唐朝抢来的猎获物。八世纪后半叶，骆驼成了凶猛残暴的安史叛

---

① 薛爱华（1950），第182页。
② 薛爱华（1950），第272页。故事全文见成书于宋代的《杨太真外传》。
③ 薛爱华（1950），第182页。这件事发生在德宗时期，全文见《新唐书》卷53，第3756页。
④ 《新唐书》卷35，第3716页。

军的一个特别的象征，"贼之陷两京，常以橐它（即骆驼——引者）载禁府珍宝贮范阳，如阜丘然"[1]。杜甫诗《哀王孙》中，典型地表达了人们对北方叛军以及骆驼运输的这种态度。诗中描述了玄宗皇宫中一位离散的亲王，他盼望能够从叛军手中逃生，诗人告诉他肃宗在灵武继位的消息。并告诉他肃宗"圣德"远被，已经得到了回鹘的帮助以抗击叛军。诗人断言，唐朝先祖圣陵的"佳气"将会为唐朝以及王孙带来永久的希望：

> 长安城头头白鸟，夜奔延秋门上呼。
>
> 又向人家啄大屋，屋底达官走避胡。
>
> 金鞭断折九马死，骨肉不待同驱驰。
>
> 腰下宝玦青珊瑚，可怜王孙泣路隅。
>
> 问之不肯道姓名，但道困苦乞为奴。
>
> 已经百日窜荆棘，身上无有完肌肤。
>
> 高帝子孙尽龙准，龙种自与常人殊。
>
> 豺狼在邑龙在野，王孙善保千金躯。
>
> 不敢长语临交衢，且为王孙立斯须。
>
> 昨夜东风吹血腥，东来橐驼满旧都。
>
> 朔方健儿好身手，昔何勇锐今何愚。
>
> 窃闻天子已传位，圣德北服南单于。
>
> 花门剺面请雪耻，慎勿出口他人狙。
>
> 哀哉王孙慎勿疏，五陵佳气无时无[2]。

---

[1] 《新唐书》卷225下，第4173页。

[2] 《九家集注杜诗》卷44，关于这首诗的译文，请比较艾思库（1929），第220～222页；冯扎克（1952），第85～86页以及洪煨莲（1952），第101～102页的译文。

作为一种驮畜，骆驼的重要价值自不待言，其实除此之外，骆驼还为文明生活做出了其他的重大贡献。驼毛可以制成柔软舒适、质地优良的布，后世的马可·波罗曾对这种布赞赏不已。在唐代，这种驼毛褐是由甘肃境内的会州和鄂尔多斯的丰州出产的，会、丰二州都位于骆毛的主要产地——西北边疆地区。驼毛褐是这两个州每年必须向朝廷进献的土贡①。

骆驼肉可以食用，驼峰尤其被当成是不可多得的珍馐美味。杜甫诗中说："紫驼之峰出翠釜"。而岑参也在描述酒泉太守的一次宴会时写道：

> 琵琶长笛曲相和，羌儿胡雏齐唱歌。
> 浑炙犁牛烹野驼，交河美酒金叵罗②。

73　　除了盛产骆驼的地区和胡风盛行的地区之外，炖驼肉或烧驼肉可能并不是中国北方烹饪中常见的一种菜肴。

牛

我们很难想象，牛也会作为一种重要的家畜被列入唐朝人必需和渴求的外来物品之中。从古代起，中国人就有许多品种的牛，其中也包括一些毛色驳杂的品种。这些奇异的品种是为了献给古代神祇的牺牲。到唐代，古时候用来献祭的品种大多数都已经被人们淡忘了。但是这些复杂多样的品种大体上可以分为相对来说

---

① 薛爱华（1950），第 283 页。
② 薛爱华（1950），第 184～185、273 页。译按，正文引杜甫诗摘自《丽人行》，《钱注杜诗》卷 1；岑参诗摘自《酒泉太守席上醉后作》，《岑参集校注》（上海古籍出版社，1979 年）卷 2，第 188 页。

比较简单的三大类。在唐代就已经得到公认的这三种主要类型，与现代的分类基本是相同的：八世纪伟大的药物学家陈藏器将它们称作"黄牛""乌牛"和"水牛"①。水牛就是"carabao"或"water buffalo"。而黄牛据说是欧洲家牛与印度封牛的杂交种牛②。黄牛虽然遍布唐朝各地，但它却起源于南方，而且保持了最显著的南方特色。黄牛在南方的分布范围与健壮的水牛（carabao）的分布范围在有些地方是交叠的。南方的黄牛被用来拉水车和耕种松软的土地，而水牛则被用于耕翻稻田中厚实的土地③。在唐代，海南岛还属于唐朝新近经营的蛮荒之地，黄牛在这里要比在北方更为重要，海南没有驴和马，所以人们就像别的地区装饰马一样，为黄牛装备鞍鞯缰辔，以供骑乘之用④。中国北方的黑牛具有某种神秘的色彩，黑牛可能掺杂了远东本土的一种野牛的血统，比如象兕或者是爪哇野牛⑤。总而言之，在唐朝境内到处都可以看到这种或那种的牛。

　　与亚速尔群岛之科尔武岛的"小牛"⑥相比较，中国本土从非常遥远的时代起就有了自己的矮种牛。据认为，周朝的"稷牛"⑦和"纨牛"⑧，就是用来作为牺牲的小牛⑨。此外从

---

① 引自《本草纲目》卷50上，第19页。陈藏器认为，这种分类法甚至在他生活的时代就已经非常古老了。

② 苏柯仁（1937），第283页；菲利普斯（1958），第544页。斯温霍甚至将这种杂交种牛定名为"bossinensis"。

③ 苏柯仁（1937），第286页。

④ 《岭表录异》卷下，第15页。

⑤ 苏柯仁（1937），第286页。

⑥ 西特韦尔（1953），第77~78页。

⑦ 这个名字的意思相当于英文的"miller ox"。

⑧ "纨"（﹡ĝi̯əu）字的含义实际上是很难确定的，而且这个字经常还写作"纵"，纵的意思是"白色的细绢"。

⑨ 《本草纲目》卷50上，第19页。

很早起，广州西南的高凉就出产另一种叫作"库牛"的小牛，正如朝鲜和广东的小马被称作"果下马"一样，这种小牛又被称作"果下牛"①。武德元年（618），唐高祖曾经发布诏令，宣布"禁献侏儒短节，小马库牛，异兽奇禽"②。外来的矮人小兽，可能也在被禁之例，如孟加拉的小美妇大概就属于此类③。

在唐朝流传的有关外来的牛的故事中，有些是非常引人入胜的，而有些则相当枯燥乏味。唐朝人了解到，赤发、皙面的坚昆人不承认他们出自狼种——这是突厥人的一个特点——而自称他们是神与牸牛在一个山窟中交合而生的后嗣④，但是这种图腾祖先究竟是一种什么样的家畜？坚昆人所放牧的畜牛的种系是否与这种牸牛类似⑤？对于这些问题，史料中没有记载。唐朝人还知道，龟兹国在新年节日期间，照例要举行斗牛（以及马、驼）的仪式，"观胜负，以占一年羊马减耗、繁息也"⑥。在唐朝本土，尚未见到有关这种雄壮的畜牛的记载。根据一位唐朝行人所见，有一种硕大的野牛，"高丈余，其头若鹿，其角丫戾，长一丈，白毛，尾似鹿"⑦。虽然有关这种野牛存在的说法是相当可靠的，可是在中亚并没有任何关于这种野牛的记载。

贞观二年（628），突厥可汗曾经向唐朝贡献了数以千计

---

① 《述异记》卷下，第 17 页；《广志》，引自《太平御览》卷 898，第 1 页。
② 《新唐书》卷 1，第 3634 页。
③ 见玉尔和伯内尔（1903），第 407 页。
④ 《酉阳杂俎》卷 4，第 36 页。
⑤ 《新唐书》卷 217 下，第 4143 页。
⑥ 《酉阳杂俎》卷 4，第 37 页。
⑦ 《酉阳杂俎》续集，卷 8，第 241 页。

的牛。虽然这些牛在当时肯定是有目共睹的，但是对这批牛的特点，却没有任何可靠的资料加以记载①。至于吐谷浑②和吐蕃③统治者所贡献的"牛群"，看起来必定是牦牛。因为根据记载，唐代吐谷浑和吐蕃的家畜中，仅有的一种牛就是牦牛④。更为珍贵的是，他们贡献的是一种雄牦牛与雌封牛的杂交种后代（zobos）。身材高大、黑褐色的野牦牛以及没有完全驯化的亚种牦牛（这种牦牛与野牦牛相似，但形体较小）只有在高原山地的寒冷气候环境中才能繁衍生息，而唯有多毛、矮小、毛色驳杂的混血种牦牛，才能忍受闷热的低地环境⑤。

吐谷浑故地在宽阔无际、清澈湛蓝的青海湖周围，这里"多鹦鹉，饶铜、铁、朱砂"⑥。从六世纪初起，吐谷浑就开始贡献被确切地称为牦牛的贡物以及他们著名的白色小马。而吐蕃人"宴大宾客，必驱牦牛，使客自射，乃敢馈"⑦。八世纪初期，吐蕃也曾经向唐朝贡献过牦牛⑧。我认为这些孤独的动物可能不是温顺的杂交种小牦牛，而是毛色黝黑、元气充沛的

---

① 《册府元龟》卷970，第6页。
② 吐谷浑贡牛在贞观十一年（637），见《册府元龟》卷997，第8页。
③ 吐蕃献牛在开成二年（837），见《唐会要》卷97，第1739页。
④ 《新唐书》卷221上，第4151页；《新唐书》卷216上，第4135页。
⑤ 莱德克（1898），第54～55页；莱德克（1912a），第191页。"zobos"的毛色为黑白相间或灰白相间，或者全身为白色。此外还有一种"无角小黑牦牛"。
⑥ 《北史》卷96，第4143页。
⑦ 《新唐书》卷216上，第4135页。
⑧ 具体时间在元和十二年（817），《册府元龟》卷972，第2页；长庆四年（824），《册府元龟》卷972，第8页。译按，正文"八世纪"应是"九世纪"之误。

原始牦牛①，它们是被送来供衣冠荟萃之都的人们赏玩的。

在唐朝文学作品中的牦牛形象，并没有能够反映出野牦牛的危险性格。例如杜甫曾经写道：

> 青草萋萋尽枯死，天马趻足随牦牛。
> 自古圣贤多薄命，奸雄恶少皆封侯②。

在这首诗中，表现高贵的天马由于干旱和饥荒（象征在那艰难的年代里好心人精神食粮的贫乏）的折磨，只能拖着脚步与牦牛为伍。牦牛在这里被描述成了迟钝笨拙的动物（象征气质愚钝的人）。

从古代时起，当蛮夷舞动牦牛尾装饰的节杖接待王宾时③，牦牛尾作为旄、旌，缨帽以及贵族车辇的饰物，就成了中国低地地区非常渴望得到的物品了④。在唐朝统治之下，牦牛尾作为每年的例贡，由四川最西部的城镇送往朝廷⑤。四川西部的大山一直延伸到了吐蕃境内。向朝廷贡献的牦牛尾是尾毛浓密的杂交种牦牛尾，这种牦牛尾还被用作印度的拂尘⑥。在唐代，贡献给朝廷的牦牛尾最后是由"司辇"细心照

---

① 野牦牛现在已经面临灭绝的危险。见《最后的避难地》（1956），第213页。

② 《锦树行》，《九家集注杜诗》，第193～194页。

③ 《周礼·春官》"旄人"。

④ 《本草纲目》卷51上，第21页。

⑤ 牦牛尾是由剑南道的一些主要军镇，如翼州、维州、保州等地贡献的。见《新唐书》卷42，第3729，3730页。

⑥ 莱德克（1898），第54～55页；莱德克（1912a），第191页。译按，《太平御览》卷703"秦嘉妇与嘉书"云："今奉旄牛尾拂一枚，可拂尘垢"（参见《北堂书钞》卷136《服饰部·拂》）。则最晚至东汉时，就已经有了以牦牛尾作为拂尘的习惯。

管的。司辇的职责是主管后宫嫔妃的舆辇以及驾舆辇的贵重牲畜，"掌舆、辇，缴、扇，文物，羽、旄，以时暴凉"①。

75

绵羊和山羊

在唐朝境内的许多神奇的绵羊（或者可能是山羊，因为唐朝人完全有他们的理由将绵羊和山羊归为同一类）都是得自传闻。而其中最使人惊讶的可能就是拂林的"土生羊"了：

> 有羊羔生于土中，其国人候其欲萌，乃筑墙以院之，防外兽所食也。然其脐与地连，割之则死，唯着甲人走马及击鼓以骇之，其羔惊鸣而脐绝，便逐水草②。

学者们曾试图将这则故事看作是阿尔戈英雄（武装的人）与金羊毛的传说的翻版，但是这则故事是与贻贝的故事混淆在一起的，所以故事中的着甲人，很可能代表着与软体动物进行战争，并且割断其生命线的甲壳纲动物。在下文中我们将会见到更多的有关贻贝的记载。从某种程度上说，"土生羊"也就是传说中的"羊草"（planted sleep），而所谓"羊草"就是指能够生产植物羊毛的棉花植物③。

---

① 《新唐书》卷47，第3734页。译按，正文引文按照英译文标点，中华书局标点本作"掌舆辇、缴、扇、文物、羽旄"。
② 《旧唐书》卷198，第3614页。《新唐书》卷221下，第4155页也简略记载了这个传说。
③ 劳费尔研究了最完整地在汉文记载中保留下来的这个传说。见劳费尔（1915d），第115~125页。伯希和纠正和改进了劳费尔的研究成果，伯希和的研究说明了这些故事是怎样被混淆在一起的。关于对阿尔戈英雄的看法，应该归功于伯希和的研究。见伯希和（1959），第507~531页。从公元三世纪时起，在中国就已经知道了土生羊的传说。

唐代史料还记载："康居出大尾羊，尾上旁广，重十斤。"① 这种羊并非出自想象，而是布哈拉和吉尔吉斯草原出产的尾巴肥硕的德姆巴羊，著名的阿斯特拉罕羔皮，就是利用德姆巴羔羊皮制作的。从很古的时候起，这种大尾羊就以布哈拉和吉尔吉斯草原为中心，传播到了波斯和叙利亚地区②。

另外根据当时资料的记载，罽宾国出产一种"尾如翠色"的野青羊。这种羊必定是身材高大的婆罗勒岩羊，或者是古怪的盘角"青羊"③。这种敏捷的动物分布在从巴勒提斯坦穿过昆仑山脉到中国境内的、海拔超过一千英尺的地区。这种羊的暗青毛色，在高山地区裸露岩石的背景下，成了一种保护色④。

据著名的旅行家玄奘记录，帕米尔雪原高山下的居民饲养着一种大羊，我们很难断定这种羊究竟是什么品种⑤。

武德九年（626），一位突厥可汗曾经向唐朝提供了一大群马和一万只羊，但是这批礼物并没有被接受。这除了政治原因之外，在很大程度上还因为当时唐朝人并不非常需要外来的羊。中国人从很早起就已经知道了山羊，但是对于食肉饮酪、气味腥膻的游牧人来说，绵羊更适合他们的生活习性。我们推测，这批被拒绝的突厥羊必定是尾部肥硕、耳朵下垂，具有中亚和西伯利亚羊特点的那种羊。唐朝人是熟知这种羊的⑥。

---

① 《酉阳杂俎》卷 16，第 135 页。
② 莱德克（1912b），第 171～177 页。
③ 即"pseudois nahura"。这是一种介于绵羊和山羊之间的羊。
④ 莱德克（1912b），第 305～306 页。
⑤ 《酉阳杂俎》卷 16，第 135 页。
⑥ 莱德克（1912b），第 194～195 页。

驴、骡与野驴

就像骆驼一样，驴是在古典时代末期，也就是说到了周朝末年，才在中国境内出现的。驴是从其北非故地逐渐而缓慢地传播到中国来的。但是对于一千年之后的唐朝人来说，驴已经成了中国本地的家畜。既不足以使人惊异，而且似乎也并不属于进口的物产——除非我们将一条可信的史料中记载的，吐蕃人在永徽五年（654）连同一百匹马一起贡献的高达五丈的驴也计算在内①。但是像这样的一种庞然大物很可能是出自一个热昏了头的谣传，或者是出自传抄者的笔误——要不就是由于某种原因，将神话与一次真实的事件搅在了一起。药物学家陈藏器在记述海马、海牛时，也曾经提到过一种"海驴"。这种海驴有一种奇特的功能，就是当它感觉到海风将要来临时，浑身的毛就会直竖起来。但是陈藏器是从哪位旅行者口中了解到了这种动物的情况，我们尚不得而知。所谓海驴肯定是遥远的大海中的一种生物，就如同海象和海獭一样，这种动物的毛也不会被海水浸湿②。

骡子与其父系祖先一样，上古之后便已传入了中国。实际上到了汉代时，骡子在某种程度上还是一种罕见之物。但是在唐代，骡子已经是一种很常见的家畜了。在缺少马匹的河南南

① 《旧唐书》卷4，第3071页。译按，中华书局标点本《旧唐书》作"大拂庐"。"校勘记"说："'拂庐'二字，各本原作'驴'，据本书卷一九六上《吐蕃传》《册府》卷九七〇改。"今按：下文明载"广袤各二十七步"，显然不是指动物而言，当从标点本，作者此从《旧唐书·高宗纪》，误。

② 就如同李时珍在十六世纪时指出的那样。见《本草纲目》卷50下，第22页。

部地区，甚至有骑着骡子作战的"骡子军"①。

与驴、骡同类的是另外一种马科动物，唐朝人对于这种动物的了解只限于八世纪时西方贡献的土贡。这种奇异的动物叫作"驳"，这个字在语音上表现出了与驴和骡的密切的关系。驳是在开元八年（720）与开元二十二年（734）分别由吐火罗②和波斯③贡献的。据记载，波斯是盛产驳的地区④。但是中国的词典编纂者没有能够对这种动物进行归类。有人认为它是一种马，而有人则认为是驴的一种。其实所谓的"驳"是一种难以驯服的野驴（onager），这种野驴与中亚和蒙古的野驴（chigetai）以及西藏的骞驴（kiang）都有密切的关系，但是却被误称为突厥斯坦、波斯和近东的"野驴"（wild ass）⑤。

---

① 在蔡州及其附近地区。见《新唐书》卷 214，第 4127 页。

② 《唐会要》卷 99，第 1773 页；《册府元龟》卷 971，第 4 页。

③ 这次贡献了两匹。见《新唐书》卷 221 下，第 4153 页。译按，遍查《新唐书》本卷的内容，并无波斯贡驳的记载。又，《新唐书·波斯传》，开元、天宝之际波斯遣使者十辈（《旧唐书·波斯传》《唐会要》卷 100《波斯》云："自开元十年至天宝六载"；"十年"，《太平御览》卷 794 作"七年"），据《册府元龟》卷 971 记载，开元七年至天宝六载之间，波斯来朝十一次，贡品有狮子、香药、犀、象、豹、玛瑙床等，也没有驳。据《册府元龟》卷 999，开元七年二月安国王笃萨波提遣使上表，请求唐朝救助，并"奉献波斯驳二"。《新唐书》卷 221 下亦载此事，只是作开元十四年之"后八年"，沙畹认为"后"应为"前"之误（沙畹《西突厥史料》第 129 页，冯承钧译，中华书局，1958）。作者显然是将《新唐书》中的安国遣使"献波斯驳二"，误解成了"波斯献驳二"。

④ 《新唐书》卷 221 下，第 4135 页。

⑤ 莱德克（1912），第 180，183 页；索尔伯（1937），第 285 页。中亚和蒙古的野驴与骞驴都属于 Equus hemionus 的异种。在中国本土的青铜时代遗址中，就曾发现过这种驴的遗骨。见安特生（1943），第 29 页。江上波夫断言，汉代匈奴中很常见的"騨騱"和"駏驴"就是属于这种野驴。他的观点看来也不无道理。见江上波夫（1951），第 122 页。

犬

据说，各种家犬都出自五种古代的犬种①。这些家犬的原始先祖中有几种在中国都有其后裔。例如"中国种黑鼻狗"就是由原种丝毛犬衍生而来的，而原种丝毛犬在萨莫耶特人以及东胡民族中，甚至在印度尼西亚的热带地区也都有许多后代②。灵猩是一种非常古老的犬，在汉代的画像石上就已经出现了灵猩的形象，灵猩肯定是在那漫长久远、已经被人们遗忘的年代里从埃及传来的③。在古代中国的所有家犬中，最常见的是尾巴在背部高高卷曲的狮鼻"獒"，这种犬出自西藏狼（canis niger）的血统，而西藏狼还繁衍出了亚述、罗马莫洛西斯、圣伯纳德、纽芬兰的猎犬，即喇叭犬。尤其是它还培育出了中国的小型狗种系，例如哈巴狗④。甚至大画家阎立本也画过一头在七世纪时作为贡物送来的獒，西藏是獒种犬的故乡，所以它很可能是吐蕃贡献的⑤。

突厥斯坦诸国也曾经向唐朝贡献过犬，康国在开元元年（713）⑥ 和开元十二年（724）⑦ 两次向唐朝献犬，龟兹也在开元九年（721）向唐朝贡献过犬⑧。虽然我们对这些犬的种

---

① 凯勒（1909），第 91 页。这五种犬分别是丝毛犬（出自胡狼）、牧羊犬（可能出自高山犬）、灵猩（可能出自亚述狼）、杂种犬（也出自胡狼）以及獒（可能出自西藏狼）。

② 开勒（1902），第 49~50 页。

③ 劳费尔（1909），第 267~277 页。

④ 开勒（1902），第 76 页；劳费尔（1909），第 248，262~263 页；劳费尔（1923a），第 445 页。

⑤ 阎长言《阎立本职贡图》，《图书集成》，"犬部"，《艺文》2，第 2 页。阎长言生活在金朝。

⑥ 《唐会要》卷 99，第 1775 页。

⑦ 《册府元龟》卷 971，第 5 页。

⑧ 《册府元龟》卷 971，第 4 页。

属一无所知，但是它们很可能是唐朝官员们大量需要的狩猎用猎犬。如果真是这样的话，这些犬就会被送进狗坊①。在唐朝的外来犬中，有些犬并没有实用价值，它们只是作为珍稀异物被送到朝廷来的。比如在万岁通天二年（697）向武后朝贡献的一只畸形"两头犬"就属于这种情况②。

唐朝还有一种来自波斯的犬，这种犬身上带有斑点，唐朝人直接称其为"波斯犬"，直到现在这种犬的祖先对我们来说还是个谜③。六世纪时，以"波斯犬"知名的狗是一种身材高大、凶猛残忍的动物，它甚至能够噬而食人④。六世纪的这种犬与唐代的波斯犬很可能是同一种属。

唐朝从西亚进口的另一种犬是"拂林狗"⑤，这种狗就是"罗马犬"。罗马犬最初出现于七世纪初期，它是由高昌（Qočo）王向唐朝贡献的礼物。据史书记载：

> 文泰又献狗雄雌各一，高六寸，长尺余，性甚慧，能曳马衔烛，云本出拂林国⑥。

这种小动物的外貌如何，我们尚一无所知。但是有人提出它正是典型的古代马耳他种的犬，即古典时代的巴儿狗⑦。这种看法或许不失为一种合理的解释。究其根源，这种面部尖

---

① 见《新唐书》卷47，第3743页；谢和耐（1947），第222页。
② 《册府元龟》卷970，第17页。
③ 《旧唐书》卷198，第3614页。
④ 《北齐书》卷12，第2216页。
⑤ "拂林"即"Hrom"的译音。
⑥ 《通典》卷191，第1030页。同样的记载还见于《旧唐书》卷198，第3612页；《册府元龟》卷970，第5页。这些史料中都明确指出，"中国有拂林狗，自此始也"。
⑦ 科利尔（1921），第143页。

削、毛发茸茸、聪明伶俐的小玩物属于尖嘴丝毛犬系的犬类，它们曾经是希腊妓女和罗马主妇珍爱的宠物①。这种品种的犬显然一直保留了下来，因为至今仍然有这类犬的白色的异种。在宋朝的一幅绘画作品中，曾经出现过一只白犬，虽然我们对其种系还无法确定，但是它很可能就类似马耳他种白犬②。我们还无法确定高昌贡献的这对小狗是否在中国留下了它们的后代，可是很可能就是在高昌贡献"拂林狗"以后，与拂林狗类似的巴儿狗就开始源源不断地补充着远东巴儿狗的种群。唐玄宗与他的宠妃的这段故事，值得引起我们的注意：

> 上（玄宗）夏日尝与亲王棋，令贺怀智独弹琵琶，贵妃放康国猧子立于局前观之。上数杅子将输，贵妃放猧子于坐侧，猧子乃上局，局子乱，上大悦③。

扮演这出颇有心计的闹剧的主角，很可能就是一只拂林狗。在一首由唐代佚名的诗人填写的《醉公子》词中，我们再次见到了有关"猧子"的描写（但是没有暗示出它的祖先）。这首词表现了一位热切期待年轻公子到来的荡妇或者是妓女：

> 门外猧儿叫，知是萧郎至。
> 刬袜下香阶，冤家今夜醉④。

----

① 凯勒（1909），第 94 页。
② 西伦（1928），图版 21。
③ 《酉阳杂俎》卷 1，第 2 页。这个故事还有更多的内容，但是将其他的内容放在"樟脑"部分讨论更为合适一些（见页边码第 167 页）。
④ 《全唐诗》第 12 函，第 10 册，卷 11，第 2 页。

在以上这几句译文中，我将汉字"猧"译作"toy dog"①，因为这个汉字与"矮"字有关②，所以也就无法为我们提供这种动物的地理来源。杨贵妃的猧子是康国种，这就表明它是属于拂林狗，因而也就是马耳他种的狗③。虽然有些权威认为，凡是被称作"猧"的狗（即我们翻译的 toy dog），都应该属于出自罗马系统的狗，但是对于那条报知萧郎归来的消息的巴儿狗，我们还不能像对康国猧子一样，断定它是拂林狗。总之，现代中国的狮鼻巴儿狗似乎并没有表现出马耳他种狗的特点，当然也有一种可能是，它们只保留了那些不为人注意的特点④。然而不管这种小巧的宠物是不是唐朝本土的出产，自从唐朝起直到十七世纪，它们一直是诗歌偏爱的主题或意象⑤。

---

① 译按，意思是供玩赏的小狗。

② 正如劳费尔所指出的那样，"矮"和"猧"是同根字。见劳费尔（1909），第 277 页。

③ 白鸟库吉表示，他确信杨贵妃的巴儿狗是一只拂林狗，而不是康国的出产。见白鸟库吉（1956），第 254 页。

④ 科利尔认为，它们保留了马耳他狗的血统，而劳费尔则表示根本无法确定它们究竟保留了多少这种品种的血统。见科利尔（1921），第 128 ~ 131 页；劳费尔（1909），第 278 ~ 281 页。

⑤ 常常用来表示小狗的"猧"与"猧儿"这两个词现在已经被废弃了。表示供玩赏的小狗的另外一个词是"伯狗子"，但是我不相信伯狗子是表示一个专门的种类的词，当然更不可能像白鸟库吉指出的那样，单独指拂林狗了。见白鸟库吉（1956），第 247 ~ 249 页。至于伯狗子是否可以与一种被称作"罗江狗"的短尾小红狗等同起来，这是另外一个有待解决的问题。有关罗江狗，见《东轩笔录》卷 12，第 89 页。现在已经有学者提出了罗江狗就是伯狗子的观点。关于这些问题见劳费尔（1909），第 277 ~ 280 页；科利尔（1921），第 130 ~ 131 页。还有人认为罗江狗就是被称作"chin"（据说出自"chiisai-inu"）的日本哈巴狗的祖先。译按，"伯狗子"原出《释迦方志·遗迹篇》，原文云，波剌斯国"西北接拂林国。出伯狗子，本赤头鸭，生于穴中"。

我祈求——

祈求上帝将新的造物

带进海岛；

我祈求——

为索尔兹伯里平原的鸵鸟，

为梅德韦河的水獭，

为泰晤士河的银鱼。

——克里斯托佛·斯玛特《欢乐归于耶稣》①

---

① 译按，斯玛特（1772～1771），英国宗教诗人，因创作《献给大卫的一首
歌》而出名。曾经由于疯癫三次入狱，后来死于伦敦的一所债务人监狱。

第四章 野兽

大象

对于中国人而言，大象并非从来就是外来之物。在青铜时代，当商代诸王统治黄河流域时，大象还是常见的野兽。有证据表明，当时人们不仅捕捉大象，并且为了实用的目的而豢养大象[1]。但是随着中国北部森林覆盖面积的减少和人口的增加，这种庞大的动物后来逐渐迁徙到了南方。到了见于记载的历史时代，人们就只能在长江流域的小片边远地区以及长江以南地区见到大象的踪迹了。九世纪时，在广东省的山区里仍然有许多大象[2]，而十世纪时在广东省温暖的森林地区也还有大象出没[3]：广州东面的东莞的一座佛塔中有一块宋太祖建隆三年（962）刻的石碑，内容记载了一群大象践踏了农民的庄稼[4]。广州向来以出产大象的桃红色的长牙和味道精美的象鼻而著称于世，这种象牙是制作笏板的最好的材料，而象鼻则是

---

① 薛爱华（1957a），第289页。
② 《岭表录异》卷1，第8页。
③ 《宋史》卷287，第5246页。
④ 《南汉金石记》卷2，第21页。译按，事见《镇象塔记》。

本地厨师引为自豪的美味①。更有意思，同时也更神秘的是，长江流域有一种黑色或"青黑色"的大象，当地人给这种象起了一个丑陋的名字，叫作"江猪"②。

在从商朝灭亡到宋朝兴起的这一段漫长的历史时期中，对于北方人而言，大象已经成了偶或一见的观赏动物，但是南方人有时还在使用大象。这时南方人对大象的使用，其实仅仅是限于战争之中，而且即使在战争中，使用大象的事例也非常少见。鲁定公四年（公元前506），楚国的武士就曾经驱赶着大象与对手决战；到了梁承圣三年（554），南梁也曾利用以弯刀武装起来的大象作战；在后汉高祖乾祐元年（948）和宋太祖开宝四年（971）的大战中，富庶的南汉国也曾使用象兵作战③。

但是这些罕见的例子并不足以改变大象在人们的头脑中作为一种巨兽和奇异之物的形象。大象的真正故乡是在中国南方边疆遥远的一隅。据说在汉代时，安南海岸的人们骑着大象入海，寻找海底的宝物，并将这些宝物带回来。他们寻求的宝物主要是一种美丽的珍珠，这种珍珠就是传说中的鲛人的眼泪④。到了唐代，大象仍然被看作是南方特有的动物，是印度支那热带地区的象征。诗人张籍是这样描写大象的：

> 海国战骑象，蛮州市用银⑤。

---

① 《岭表录异》（《唐代丛书》，7），第40页；《北户录》卷7，第63页。
② 《岭表录异》（《唐代丛书》，7），第40页；《酉阳杂俎》卷16，第13页；张（1926），第105页断言，到了唐代，长江流域已经没有大象。但是他似乎忽略了我们在本文中引用的这些文献的记载。
③ 薛爱华（1957a），第290~291页。
④ 《洞冥记》（《汉魏六朝三百家集》）第1页。（在古代汉语中）这个国家的名字被叫作"＊Bʻiwǎd-lək"（吷勒）。
⑤ 《送南迁客》，《全唐诗》第6函，第6册，卷3，第2页。

　　在这首诗中，张籍将象与银对举，这是因为大象和银子在唐朝同属很稀有的物品，而印度支那则盛产象、银。交州（即现代的北部湾）当时是唐朝的一个军镇，也是距离"海国"最近的地区。在九世纪的诗人杜荀鹤的诗歌中，充满了对南方异物风情的描述，诸如"花洞响蛮歌"① "花鸟名皆别"② 以及"风弄红蕉叶叶声"③ 等诗句就是如此。当然他也没有忘记他想象中的安南的大象。安南当时被视为流放之地，杜荀鹤在一首诗中是这样描写安南的情形的：

　　　　舶载海奴镮硾耳，象驮蛮女彩缠身④。

　　林邑位于唐朝实际控制的地区之外，大象在林邑的社会生活中起着更为重要的作用，据记载，林邑"王卫兵五千，战乘象，藤为铠，竹为弓矢，率象千、马四百，分前后。不设刑，有罪者使象践之"⑤。每当国王出行时，首先由大批大象前后簇拥，凭借这种巨兽来显示王者的威严和权势⑥。在909年的一件梵文铭文中，我们可以了解到一些国王婆陀跋摩罗三世时的情景：

---

① 《全唐诗》第10函，第8册，卷1，第7页（译按，原诗题为《送人南游》）。

② 《全唐诗》第10函，第8册，卷1，第14页（译按，原诗题为《送友人游南海》）。

③ 《全唐诗》第10函，第8册，卷3，第2页（译按，原诗题为《闽中秋思》）。

④ 《赠友人罢举赴交趾辟命》，《全唐诗》第10函，第8册，卷2，第8页。

⑤ 《新唐书》卷222下，第4159页；《旧唐书》卷197，第3609页。

⑥ 《旧唐书》卷197，第3609页。

　　他——林邑之王，就如同 pāṇḍu 诸子一样，他的光芒照耀着战场……硕大而美丽的大象的吼叫声，淹没了四下里的战鼓的轰鸣，（他）登上了一头（大象），前前后后簇拥着无数军队。他威严显赫，他本人的光辉就如同太阳的光辉一样。高悬在头顶的孔雀羽的大蠹，遮住了他的光芒①。

　　在真腊地区，大象同样也具有崇高的地位：扶南（即古代的南真腊国）王每当出行时都要乘象②。后世吴哥王朝的祖先真腊（北真腊国）国王也与其在林邑的先祖一样，拥有五千头战象。战象的背上装上了木楼，木楼上有四个士兵，都手持弓箭。普通的战象是用"蔬食"来喂养的，而最好的战象则要饲以"饭肉"③。九世纪中叶时，天王阇耶跋摩通过他的首都哈里哈罗拉耶统治着真腊的全境，作为一位名副其实的真腊之王，阇耶跋摩本人就是一个杰出的大象狩猎者④。

　　盘盘国久已湮没不闻，但是这个国家一度曾经是马来半岛的一个强大的政权。在唐代，盘盘国也是一个以战象知名的国家。"每战以百象为一队，一象百人，鞍若槛，四人持弓稍在中"⑤。这种情形与真腊地区基本上是相同的。唐朝西南的泰、缅民族也是著名的役使大象的能手。《岭表录异》的作者刘恂曾经作为官方使臣出使云南，他惊奇地发现，云南地区的豪族

---

① 马江达（1927），第 118～119 页。这段铭文出自 Tourane 附近的 Hoá-Quê 地方。

② 《新唐书》卷 222 下，第 4159 页。

③ 《新唐书》卷 222 下，第 4159 页；《旧唐书》卷 197，第 3610 页。

④ 戈岱司（1948），第 178 页。

⑤ 《新唐书》卷 222 下，第 4159 页。

家中都饲养着大象。就像唐朝人使用马一样，他们将大象作为驮畜来使用①。

据说在一个叫作诃伽②的国家，有一种长着四枚牙齿的白象，"象之所在，其土必丰"，所以有人建议唐高宗发兵获取这种大象，但是高宗拒绝了这种代价昂贵的冒险。因为对于一位提倡节俭政策的君主而言，进行这种冒险是不值得的。更何况正如高宗所言："夫作法于俭，其弊犹奢。谁能制止？故圣人越席以昭俭，茅茨以诫奢。《书》云'珍禽异兽，不育于国'。方知无益之源，不可不遏，朕安用奇象③？"

大象随着异国物产进入唐朝境内，与此同时在唐朝的口头传说中，也出现了少量关于大象的珍闻。虽然我们还无法断定这些口头传说的可信程度如何，但是它们很可能是由猎人或者是象牙商人带来的。有些传说称，"南人言象妒，恶犬声。猎者裹粮登高树构熊巢伺之。有群象过，则为犬声，悉举鼻吼叫，循守不复去，或经五、六日，困倒其下，因潜杀之。耳后有穴，薄如鼓皮，一刺而毙"④。有些则说，"象性久识，见其

---

① 《岭表录异》（《唐代丛书》，7），第40页。译按，据《岭表录异》（鲁迅校勘本，广东人民出版社，1983）卷上，第10页记载"徇有亲表，曾奉使云南，彼中豪族各家养象，负重致远，如中夏之畜牛马也"。另外《太平广记》卷441亦作"亲表"，显然奉使云南者是刘徇的亲表，并不是刘徇本人。作者在这里说，此事是刘徇奉使云南时所见，误。

② 这个地方目前还无法考定。

③ 《太平御览》卷890，第6页引《旧唐书》；《西阳杂俎》卷16，第131页。关于这种大象的传闻，是在咸亨二年（671）由来自"周澄国"的一位使臣提供的。译按，"其弊犹奢"文气未尽。《册府元龟》卷168作："夫作法于俭，其弊犹奢，作法于奢，岂能制止？"《太平御览》"其弊犹奢"下当夺"作法于奢"四字。

④ 《西阳杂俎》卷16，第132页。

子皮必泣"①。而另外有些传说还称，随着季节的转换，"象胆，随四时在四腿"②。

　　虽然有些不走运的南方农民偶尔可能会碰到野象，而且商人也能够为唐朝城市里的工匠提供必需的象牙，唐朝真正的活的驯象则来自印度支那诸国，特别是由林邑的使臣带来。在唐高宗统治的初年，即在永徽元年（650），林邑国曾屡次向长安的唐朝朝廷贡献驯象③。武后统治时期，林邑国又在调露二年（680）和天授元年（690）贡献驯象④。到了八世纪上半叶中宗和玄宗统治时期，林邑国还在继续进贡驯象⑤。而且林邑王在这时还因为向唐朝贡献了著名的白象而远近闻名。林邑献白象在景龙三年（709）和开元二十三年（735）⑥。此后，我们再也没有见到过林邑的驯象通过正常途径来到北方的记载。可是在九世纪初期，唐朝的张舟将军从环王的手中收复了两座安南城镇，斩首三万级，在虏获铠甲、王子的同时，张舟还缴获了大批的战象⑦。

---

① 《酉阳杂俎》卷16，第131页。
② 春在前左，夏在前右，秋在后左，冬在后右。见《酉阳杂俎》卷16，第131～132页。
③ 《旧唐书》卷4，第3071页；《册府元龟》卷970，第14页；《唐会要》卷98，第1751页。
④ 《册府元龟》卷970，第19页。译按，680年即唐高宗调露二年，与武后无涉。且诸书均无调露二年贡象事，唯《册府元龟》云，则天垂拱二年（686）林邑献驯象，则正文"680年"当为"686年"之讹误。又据《册府元龟》同卷载，林邑国再贡象在天授二年（691）十月，并非天授元年（690），作者此云"690年"，是又将"二年"误当成了"元年"。
⑤ 《册府元龟》卷970，第17页；卷971，第1，9，11页；《唐会要》卷98，第1751页。
⑥ 《册府元龟》卷970，第19页；卷971，第11页。
⑦ 《新唐书》卷222下，第4159页。

当时在唐朝境内，偶尔也有来自其他国家的驯象：永徽二年（651）和大历六年（771）真腊国两次向唐朝贡献大象①。显庆二年（657）时，另一个位于真腊国附近，被称作"瞻博"（＊Ziäm-pâk）的未知国家也向唐朝贡献了驯象②。853（大中六年）十二月苏门答腊占卑国向唐朝献象③，甚至像"波斯"这样不可能出产大象的地区，也在天宝五载（746）来唐朝献象——其实这次献象的所谓"波斯"，很可能是位于呼罗珊或河中地区的某座脱离者的城市④。这些作为贡品或礼物的大象，被关在唐朝宫廷的兽苑之中，每天供给定量的大米和豆类食物，在严寒的冬天里，大象身上披着羊皮和毛毡，瑟瑟地在兽苑里等待参加大唐朝廷的庆典活动⑤。

我们完全可以设想，这种来自林邑的庞然大物，在唐朝宫

82

---

① 《册府元龟》卷970，第13页；《唐会要》卷98，第1752页；《旧唐书》卷11，第3094页。永徽二年（651）的驯象是由真腊贡献的，而大历六年（771）则由"＊Miuən-tân"（文单），即"陆真腊"或"北真腊"贡献。

② 《册府元龟》卷970，第15页。《册府元龟》在这里记载的国名有误。这个国家的名称清楚地见于《新唐书》卷222中，第4159。《新唐书》中还记载了这个国家的另一个译名，这个译名省略了后面的"-k"（译按，即指"瞻婆"）。据《新唐书》记载，瞻博国"多野象群行"。保罗·惠特利教授在1959年11月12日的一次私人通信中指出，瞻博国应该就是周去非记载的"三泊国"。译按，《册府元龟》原文作"瞻国、博国遣使献驯象、犀牛"，《新唐书》则曰："瞻博，或曰瞻婆"。作者认为《册府元龟》将瞻博分作了两个国家，"记载的国名有误"，即指此。又，此云"《新唐书》卷222中"，"中"（原文作"b"）应是"下"（本书中作"c"）之误。

③ 《唐会要》卷100，第1795页。

④ 《册府元龟》卷971，第15页。据记载，波斯国派遣呼兹国（＊Xuo-dz'i）大城主献兽。我们怀疑，呼兹的读音或者就是"龟兹"（Kucha／Kuci）的异读。

⑤ 《唐六典》卷17，第20页。

廷的车仗行列中必定占有崇高的地位。在四、五世纪时，南越的大象在当时朝廷的车仗中总是占据显著的位置，这些大象由南越的驱象人导引，拉着乐师乘坐的大车驾，威风凛凛地走过。到了十世纪以后，宋朝人又恢复了这种习俗。唐朝虽然从其南方的邻人那里得到了许多大象，但是还没有证据表明他们也像后者一样使用大象①。唐朝的大象有时候根本就无所事事。正如上文中所指出的，唐朝的君主不时地受到那些循规蹈矩、恪守传统道德的人的攻击，这样就迫使他们不得不将那些由蛮夷使臣贡献的"珍禽异兽"关进兽苑，弃而不用。大历十四年（780），当唐德宗继位时，为了表明他的统治的简朴，下令释放了三十二头大象，一起被释放的还有鹰犬和一百多名宫女。这些大象全都被送到了"荆山之阳"，而这里正是长江中游中国种黑象的栖息之地，也许这样做是为了用稀有的真腊象来丰富唐朝本土的大象品种②。

输入唐朝的大象通常扮演着一种相当轻浅无聊的角色：它们被用来在皇宫里进行斗象和舞象的表演。神龙元年（705），唐中宗本人就曾经在洛阳南门观看斗象表演③。但是最有名的还是玄宗统治时期的舞象表演。每当唐玄宗在皇宫里大设宴席时，就会有精彩的大象表演。"大象入场，或拜或舞，动容鼓旅，中于音律"，在大象表演的同时，还有舞马，山车、陆船以及散乐、杂戏的演出④。这些皇家舞兽的结局都很悲惨。当

---

① 《通典》卷64，第364页；《宋史》卷148，第4833页。
② 《新唐书》卷4，第4159页；《旧唐书》卷12，第3096页。
③ 《新唐书》卷4，第3643页。
④ 《资治通鉴》卷218，第17页，特别请参见胡三省的注。又请参见陆龟蒙《杂伎》，《甫里先生文集》卷12，第15页。

安禄山攻克洛阳之后，在洛阳大宴群臣，要利用大象率舞来表明自己是受命于天的真命天子。据记载："初，禄山至东都，大设声乐，揣幽燕戎王未之见也，因诳之曰：'吾当有天下，大象自南海奔走而至，见吾必拜舞。鸟兽尚知天命有归，何况人乎？'于是左右引象来至。则瞋目愤怒，略无舞者。禄山大怀惭怒，命置于槛阱中，以烈火爇之，以刀槊俾壮士乘高投之，洞中胸臆，血流数丈。鹰人、乐工见者，无不掩泣。"[①]

但是对于唐朝人来说，大象的意义并不仅仅局限于作为几个热带大国的象征，与汉人生活方式中崇尚的文明教化相比，大象作为攻坚陷阵的象征，实在是鄙陋粗野的。这只是大象的世俗的形象。在阎立本的一幅绘画作品中体现的可能就是大象的这种形象，这幅画表现了一个胡僧，正在用一把硕大的刷子"非常怪异"地擦洗大象的场面[②]。就唐朝人而言，大象的宗教的形象同样也是非常鲜明生动的。在有关大象的意象中，佛教的形象与世俗的形象融合在了一起，这种例子在唐代的文学作品中屡见不鲜。"Gajapati"（象主）是分主南方的天神，"Gajarāja"（象王）象征着佛陀至尊无上的权威，而拥有"香象"称号的菩萨则是信众奉行的榜样。如同在宗教文学中一样，大象的这些宗教的形象在绘画中也得到了充分的表现[③]。通过汉文"象王"这个词，我们的确可以联想到觉悟者佛陀和印度支那的威严的国王，后者也带有大象的禀性。

83

---

①　《避暑杂钞》第 1 页引《明皇杂录》。我在现存的《明皇杂录》中没有发现这段记载。《避暑杂钞》是十二世纪时的著作。

②　《云烟过眼录》卷下，第 50 页。

③　苏慧廉、何乐益（1937），第 390～391 页。

犀牛

犀牛和大象一样，在史前时代，也可能在历史的初期就是中国北方常见的一种动物。但是到了有文字记载的历史时期，犀牛就已经很少见了。亚洲的三种犀牛中，很可能有两种在中国上古时代属于司空见惯的动物。在商、周、汉时代的遗物中，我们仍然可以见到独角犀牛和双角犀牛的小雕像；这两种犀牛必定是爪哇（或者是巽他）犀牛与苏门答腊犀牛。这些犀牛曾经广泛地分布在大陆和岛屿之上，但是现在它们的活动范围局限在印度尼西亚的偏远地区，而且在这些地区也已经濒临灭绝的边缘①。

在唐代，犀牛活动在中国长江以南的一个相当广阔的地域之内，其中包括湖南省南部和西部的大部分地区以及周边诸省与湖南接界的偏僻地区②。在岭南的偏远地区还有残留下来的双角犀牛，这里与双角犀牛在印度支那的主要分布地区是相毗邻的③。

唐朝人可能从来没有捕捉到过他们自己境内的这种厚皮动

---

① 《最后的避难地》（1956），第 212 页；杰宁斯（1957），第 35、43 页。关于中国犀牛在语言学沿革方面的争议，参见杰宁斯（1957），第 35、43 页。在这些争论当中，似乎将犀牛与各种类型的古代的野牛，特别是与兕与水牛，甚至可能与牦牛混淆在了一起。

② 我们是根据唐朝江南道的土贡中有犀角这一点来判断的。参见《新唐书》卷 40，第 3725 页；卷 41，第 3729 页。进贡的犀角主要是来自湖南的西部和南部地区，此外还有四川、湖北以及贵州的省的一些与湖南毗邻的地区。

③ 《岭表录异》（《唐代丛书》，7），第 39 页。在这段史料中，向我们提供了唐朝有关犀牛的几个种类的划分，但是在书中将岭南犀牛看作是双角（苏门答腊）类型之下的种群。

物来加以训练：如同用来表演的大象一样，唐朝用于表演的犀牛也是外来的异物。段成式是一位专门搜集奇闻轶事的伟大的学者。他非常惊讶地记载下了某个舶主的祖国用来捕捉犀牛的狙杙。这位舶主对广州的一位医生讲了这种捕捉犀牛的方法，而医生又向段成式转述了这个故事①。

驯犀作为一种令人惊叹不已的、献给唐朝皇室的礼物，当时由位于中国南方的大国负责向唐朝皇帝贡献。例如，在大中八年（854），"南蛮"曾经向朝廷直献过一头犀牛，但是这头犀牛立刻就被退了回去②。林邑是唐朝犀牛的最重要的来源，这点不足为奇。早在七世纪初年，林邑就向唐朝贡献过一头犀牛③。贞观十四年（640），林邑国又向朝廷献"通天犀"（可能是大型独角印度犀牛）十一头④，到贞元九年（793），再次贡献了一头犀牛⑤。贞元九年贡献的这头犀牛被陈列在了太庙之中，以供死去的祖先和在世的活人欣赏。公元七世纪时，瞻博（这是一个我们尚不清楚的国家）也曾向唐朝贡献驯犀⑥。八世纪时真腊的吉蔑国⑦，九世纪时的诃陵国也都曾经向唐朝贡献犀牛，其中诃陵国在贡献犀牛的同时

① 《酉阳杂俎》卷16，第133～134页。
② 《旧唐书》卷18，第3131页。
③ 《旧唐书》卷197，第3609页。这次进贡是在唐太宗统治的初期。
④ 《唐会要》卷98，第1751页。根据传说，"通天犀"长着一只一尺多长的独角。译按，《唐会要》明谓林邑国本年献"通天犀一十枚，诸宝称是"。则所献当是犀角，而不是犀牛。作者误。又，具体数亦应是"十"。
⑤ 《旧唐书》卷13，第3103页；《册府元龟》卷972，第5页；《唐会要》卷98，第1751页。
⑥ 《册府元龟》卷970，第15页。关于这个地区，请参见上文的注释。
⑦ 《册府元龟》卷971，第18页；《唐会要》卷98，第1752页。

还献了著名的僧耆女①。八世纪初期，某个当时仍然自称为"波斯"的西方国家也向唐朝贡献了犀牛，所谓的"波斯"贡献犀牛，远远不像"南蛮"贡献犀牛那样在我们的意料之中。据记载，这次是由一位"波斯"王子率领一个使团进献的②。长庆四年（824），吐蕃在贡献其他野兽的同时，也向唐朝贡献了犀牛③。

犀牛这种热带的巨兽，并不总是能够适应中国北方的气候
84　环境，例如一头在贞元十二年（796）送到京城的犀牛，到第二年冬天就因为忍受不了严寒的天气而死在了唐朝的兽苑之中④。但是也有一些犀牛最终活了下来，与大象一起在唐玄宗举办的大型宫廷宴会上表演助兴。也许日本东大寺收藏的一面镜子背面镶嵌的珍珠母上表现的双角犀牛的原型，就是当年唐玄宗朝廷中的一头犀牛⑤。

但是作为一种外来之物的形象，犀牛却是无足轻重的——确切地说，这种动物只是中国古代的一种象征，一种在蛮夷当中保留了下来的，但是在中国古典时代本来就有过的庞然大物。正如我们在下文中将要看到的那样，是犀牛角及其神奇的效力在崇尚外来事物的这段历史中扮演了一种意义深远的角色。

---

① 《旧唐书》卷197，第3619页；《册府元龟》卷972，第7页；《唐会要》卷100，第1782页。
② 这件事发生在开元十八年（730）和天宝五载（746）。见《册府元龟》卷971，第8页；《册府元龟》卷971，第15页。
③ 《册府元龟》卷972，第8页。译按，据《册府元龟》原文，长庆四年"十月，吐蕃贡牦牛等，又献铸成银犀牛、羊、鹿各一"。则吐蕃所献的是用银铸成的犀牛，而不是活犀牛。作者误。
④ 元稹《驯犀》，《元氏长庆集》卷24，第6页。
⑤ 《资治通鉴》卷218，第17页；正仓院（1960），南库房，第5号。

狮子

亚洲狮的历史是一首凄惨哀婉的悲歌，在古代亚洲，在印度、波斯、巴比伦、亚述以及小亚细亚地区，狮子这种巨大的猫科动物是很常见的动物。在古典时代，甚至在马其顿和色萨利也可以见到狮子的身影[①]。从那以后，狮子在亚洲的分布范围和数量就开始不断地缩小，到十九世纪时，只有在美索不达米亚的部分地区，在伊朗的设拉子以南和在古杰拉特还仍然能发现一些狮子，但是现在除了古杰拉特之外，在上述所有这些地区都已经见不到狮子的踪迹了；根据不可靠的推测，在卡提阿瓦半岛还仍然残留着数量极少的狮子[②]。

在古代和中世纪，狮子这种王兽的许多品种都传到了中国。随着狮子的传入，表示狮子的两个词也在中国出现了。一个词是"狻猊"，这个词的读音相当于"＊suangi"[③]，这是在公元前由印度传到中国的一个词。到了唐代，这个词已经不再使用了。第二个词就是"狮子"，它的读音相当于"śiśäk"[④]，这个词是在"狻猊"传入若干世纪以后从伊朗传入中国的，这也是中世纪时一个常用以称呼这种动物的名称。非常奇妙的是，在中世纪的文献中，"狮子"这个名称最常见的形式是用来表示我们现在称之为斯里兰卡的这个地区。斯里兰卡岛（这里曾经是一片无人居住的鬼魂栖息区）还以"多奇宝"[⑤]

---

① 凯勒（1909），第35，37～38页。
② 最后的避难地（1956），第212页。
③ 这个词在古汉语中的发音为"＊suân-ngiei"上古汉语的发音是"＊swân-ngieg"。
④ 根据蒲立本（1962），第99页。这个字属于吐火罗A语。
⑤ 《新唐书》卷221下，第4155页。

和"有一座锆石与钻石的山"而著称于世①。关于宝石的种种传说使斯里兰卡岛得到了古代印度对这一地区的称呼"Ratnadvīpa"（宝石洲）和九世纪时大食人的称呼"Jazīrat al-Yakūt"（红宝石岛）②。然而，尽管斯里兰卡宝石在中国也很有名，但中国人并没有选择以宝石来命名斯里兰卡岛。在古代，斯里兰卡岛本地的名称叫作"僧伽罗"（狮子国），在中国出现的"狮子国"这个名称似乎就是起源于"僧伽罗"，而这个名字则是从波斯湾、细轮叠（源自僧伽罗洲？）来的水手带到中国来的③。斯里兰卡在汉语中之所以叫"狮子国"，还因为据说那里的人"能养狮子"④。实际上，斯里兰卡岛并不以狮子著称，所以汉文的"狮子国"必定是根据僧伽罗这个地名本身翻译而来的；另外一种可能是，它来源于某种传说。正如一个传说中记载的那样："……南印度有一国王，女娉邻国，吉日送归，路逢师子，侍卫之徒弃女逃难。女居辇中，心甘丧命。时师子王负女而去，入深山，处幽谷，捕鹿采果，以时资给。既积岁月，遂孕男女，形貌同人，性种畜也。"⑤

作为动物界中最强大、最可怕的动物，狮子在中国人的想象中留下了深刻的印象。贞观九年（635），太宗皇帝得到了一头由康国贡献的狮子。太宗命虞世南作赋赞誉⑥，这位诗

85

---

① 昆内尔（1928），第154～155页。
② 玉尔和伯内尔（1903），第181页。
③ 玉尔和伯内尔（1903），第181页。
④ 《新唐书》卷221下，第4155页。
⑤ 玉尔和伯内尔（1903），第181页。译按，汉译文根据《大唐西域记》卷11"僧伽罗国"条下记载的"执师子传说"原文。
⑥ 《旧唐书》卷198，第3614页；《旧唐书》卷2，第3068页；《册府元龟》卷970，第8页；《唐会要》卷99，第1774页。

人、学者于是写了一篇辞藻华丽的《狮子赋》，在这篇文章中形象、生动地表达了中世纪时中国人对于兽中之王的敬畏态度。其中写道：

> 瞋目电曜，发声雷响。
>
> 拉虎吞貔，裂犀分象。
>
> 破道兕于龈腭，屈巴蛇于指掌……①

另外牛上士也写过一篇有关这头雄狮的赋，牛上士的赋是在这件事过了很久以后才写的。与虞世南不同的是，牛上士并没有亲眼见到过这头狮子，他只是在《实录》中了解到了康国贡狮的记载。既然贡狮能够书之于《实录》，显然在当时这被认为是一个很值得纪念的事件②。

吐火罗国也曾经三次向唐朝贡献狮子，一次是在七世纪，另外两次在八世纪③。开元七年（739）吐火罗派来的使臣特别引人注意。根据记载，这次进贡的两头狮子是由吐火罗国代表拂林国向唐朝贡献的④，过了不到几个月的时间，"拂林"

---

① 《全唐文》卷138，第1~2页。神秘的"貔"就是"熊"的简称，这种简称很容易会引起误解；"兕"很可能一度是指"犍"，但是到了唐代，对这种动物已经无法识别；专横古怪的"巴蛇"，其实就是"蟒蛇"。

② 《全唐文》卷398，第3页。对于这位诗人的具体活动时间我们还不太清楚，但他大体上是中唐时代的人。

③ 一次是在显庆二年（657），另外两次是在开元七年（719）。第一次见于《新唐书》卷221下，第4155页；《旧唐书》卷198，第3614页；《册府元龟》卷971，第3页；《唐会要》卷99，第3页。第二次见于《册府元龟》卷971，第3页。

④ 《新唐书》卷221下，第4155页；《旧唐书》卷198，第3614页；《唐会要》卷99，第1779页。

的"大德"僧也亲自到达了唐朝长安。毁坏圣像者利奥这时正统治着君士坦丁堡，但是由于拂林（"Rome"或"Rūm"）在当时主要是指臣服于大食的叙利亚地区，所以我们无法断定这些使臣是否就是由利奥派来出使唐朝的使臣。

其他的一些进贡的狮子来自米国[①]、波斯（可能是动乱中的呼罗珊地区）[②]，以及大食国。它们贡献的时间全部是在公元八世纪前半叶。大食国贡献狮子的事件，为唐中宗提供了一次具有某种特色的，道德说教的机会。依照佛教的戒律，中宗继位之后不蓄鹰犬，悉停渔猎，表现了他保护有情众生的善良的意愿。现在为了保持这种政策的一贯性，他拒绝接受狮子这种食肉的贡物——当然我们也不能忽略另外一个原因，即一位大臣提出的，喂养这种动物的费用极为高昂[③]。

对于唐代的中国人来说，狮子是一种西方来的动物，而老虎则是西方的象征，因而狮子毫无疑问便有着与老虎同样的禀性[④]。狮子确实像虞世南在《狮子赋》中描写的那样，甚至是一种比老虎更加残暴的动物，加之狮子来自远国绝域，在唐朝本土极为少见，这样就更增添了它那凛凛逼人、令人畏惧的威仪。所以在唐朝人的心目中，狮子超凡入圣的神力与传说中的

---

① 《新唐书》卷221下，第4154页；《册府元龟》卷971，第7页。

② 《旧唐书》卷8，第3082页；《册府元龟》卷971，第5页。

③ 《新唐书》卷102，第3918页；《旧唐书》卷89，第3353页。译按，根据新、旧《唐书》原文，这件事发生在武则天当政时，拒绝贡狮的是武则天，与中宗无关。《通鉴》卷205系于则天后万岁通天元年（696）。作者置于中宗名下，误。

④ 译按，《礼记》卷3《曲礼》上："行，前朱鸟而后玄武，左青龙而右白虎"。疏曰："前南后北，左东右西。朱鸟、玄武、青龙、白虎，四方宿名也""右为阴，阴沉能杀，虎，沉杀也"。作者说，老虎是西方的象征，即指此。

老虎的神力相比是远远地被夸大了。从狮子这种强有力的形象中，我们甚至可以看到前伊斯兰时代阿拉伯人的狮神"业欧赛"（Yaghuth）的模糊的影子①——虽然这种联系充其量不过是一种非常疏远的和间接的关系；而且唐朝人是否知道狮神，也是大可怀疑的。在下面的这个故事中，就描写了狮子具有的这种超乎寻常的力量：

> 开元末，西国献狮子。至长安西道中，系于驿树。树近井。狮子哮吼，若不自安。俄顷，风雷大至，果有龙出井而去②。

狮子作为代表西方的老虎的改变了的自我，显然具有感知代表东方的龙所散发的体臭的超自然的能力。

狮子的这种可怕的力量——不管是有形的还是无形的——也在其他方面显示出来；特别值得一提的是，哪怕是狮子身体的某一局部，都可以散发出一种可怕的气味。例如苍蝇和蚊虫都不敢落在狮子尾制作成的拂尘上，否则很快就会送命③。又比如，如果一位乐师用狮子筋制成的弦来弹奏的话，其余的琴弦就会断绝，这种思想的出现，显然与狮子可怕的吼叫声有关④。唐朝人认为狮子粪是一种高效的药物，甚至有一种传说认定苏合香其实就是狮子粪，唐朝的药物学家陈藏器对这种看

---

① 黑斯廷斯（1927），Ⅰ，第 521 页。
② 《国史补》卷上，第 2 页。
③ 《酉阳杂俎》卷 16，第 131 页。
④ 《酉阳杂俎》卷 16，第 131 页；《尔雅翼》卷 18，第 192 页。

法进行了纠正①。据当时的药物学家记载，真正的狮粪（真狮粪确实是非常少见的）用来内服可以活血化瘀。狮粪还具有克制"百虫"的功能，而且燃烧狮粪可以"去鬼气"②。

甚至连狮子的画像也能使百兽敬畏。八世纪的宫廷画家韦无忝以画异兽擅名，由他创作的狮子画像，甚至能使野兽见了害怕：

> 曾见貌外国所献狮，酷似其真。后狮子放归本国，唯画者在图。时因观览，百兽见之皆惧③。

这位画家的作品很受九世纪的收藏家的青睐④。而贡狮在唐朝艺术家中似乎也确实是比较受喜欢的主题。例如我们知道于阗贡献的一头狮子，就由画家李伯时画了一幅"白描画"⑤。表现贡狮的最著名的作品是由画师阎立本画的《职贡狮子图》。这位大师显然画了不只一幅狮子图，因为我们知道阎立本在名为《西旅贡狮子图》的作品中画过一头"类熊而貌猴，大尾"的狮子，这头狮子的颜色是黑色的⑥，而从段成式的记载中也可以证实，当时在西域确实有一种黑色的狮子⑦。此外，阎立本还在《职贡狮子图》中画了一组狮子，据周密所

① 《酉阳杂俎》卷16，第131页；《本草纲目》卷51上，第25页。
② 《本草纲目》卷51上，第25页引陈藏器语。
③ 我们引用了索珀（1958），第13页的译文。译按，汉译文据《太平广记》卷212引《画断》。
④ 索珀（1958），第14页。
⑤ 《云烟过眼录》卷上，第23页。
⑥ 《云烟过眼录》卷上，第30页。
⑦ 《酉阳杂俎》卷16，第131页。

见，这幅画中有"大狮二，小狮数枚。虎首而熊身，色黄而褐，神彩焕然，与世所画狮子不同。胡王倨坐甚武，旁有伎女数人，各执胡琴之类。有执事十余人，皆沉着痛快"①。记载了这些史料的周密指出，这两幅作品中表现的狮子，都不是他所处的那个时代（即十三世纪）的绘画中表现的那种狮子——虽然在谈到黑色的狮子时，他又说，听说近来外国贡献的狮子就正是这种②。阎立本画的狮子与南宋和元代绘画中的狮子形成了鲜明的对比。如果周密见到的确实是阎立本的真迹的话，我们就可以推知，宋元时代绘画中常见的狮子，不过是想象出来的形象，或者是一种陈旧画法的蜕变，而阎立本画的狮子则来源于生活③。

狮子在人们的心目中还具有一种宗教的象征意义：就如同大象一样，狮子在中国也唤起了人们对印度和佛教的想象。首先，"狮子吼"是佛陀向世间一切有情说法的一种公认的隐喻。其次，佛陀被认为是凡人中的雄狮，他的座席就被称为"师子座"，这一比喻后来被进一步引申指佛教高僧的座席，而工匠们也依据这种比喻而制成了真正的狮子座。所以李白在向一位僧人朋友表示敬意时，就曾经写过"黄金师子乘高座"这样的诗句④。最后，在佛教艺术中相当流行的文殊师利塑像本身，就表现为文殊师利骑在一头狮子上的形象。

---

① 《云烟过眼录》卷下，第50页。
② 《云烟过眼录》卷上，第30页。
③ 阎立本创作的贡狮作品中有一幅保存在宋徽宗的宣和收藏目录品中。见《宣和画谱》卷1，第60页。我们将这幅画作看成是周密在后来提到的《职贡狮子图》中的一种——其实这种可能性是完全存在的。
④ 《李太白文集》卷7，第9页，《峨眉山月歌送蜀僧晏入中京》。

豹与猎豹

从很早的时代起，中国人就已经知道了亚洲豹的几种类型①。在中国古代的象征传统中，豹扮演了一种很重要的角色。在古代，它是勇士和尚武贵族的象征，所以在一种仪式化了的射箭比赛中，豹的形象被画在了专门供大贵族射击的箭靶上。在一则古老的格言中，也将君子的"变"与"豹"联系在一起加以比较②。虽然就我们所见，对这种说法的权威解释是，它意味着君子应该谦恭，乐于适应环境，并且做出必要的让步。但是我们认为"豹变"的更为古老的意思很可能是"诡诈"和"狡猾"，或许它特别是指"战斗中诡计多端的"。这种朴实的比喻使我们想起基督教中的象征，欧洲中世纪寓言中的那些抽象的动物——牡鹿被作为渴望灵魂得到洗礼的象征。"豹"至少一直保留着"富有战斗精神"的含义。在唐代，将曾经被称为"骁骑"的战士又重新命名为"豹骑"③，而"威卫"也就相应地成了"豹韬卫"④ ——"豹韬"是一本论述战略的权威性著作中的一章的篇名⑤。而且就像狮子的形象一样，豹的画像也具有驱邪镇魔的法力。正是豹子的这种法力，促使唐朝的一位公主为自己做了一个豹头枕⑥。

---

① 即印度、印度支那和中国南部的"Panthera pardus fusca"，中国北方的"P. p. fantancirii"以及西伯利亚和东北地区的"P. p. orientalis"等。

② 译按，《周易正义》卷5："君子豹变，小人革面""君子豹变，其文蔚也"。即作者所称之古代格言所从出。

③ 《唐六典》卷24，第21页。

④ 《新唐书》卷49，第3747页。

⑤ 译按，此即指古兵书《六韬》中的"豹韬"篇。

⑥ 《新唐书》卷34，第3713页。

作为贡品的豹大都是由西域地区贡献的，而进贡的时间也多在公元八世纪前半叶。豹来自南天竺①、米国②、史国③、珂咄罗国④（珂咄罗国所出产的是赤豹），此外还有安国⑤、康国⑥、波斯⑦以及大食国⑧。简而言之，尽管豹在远东有久远的历史，但是在唐代，它还是一种外来的动物。

在唐朝境内，从外国传来的比较驯服的豹是非常普遍的，远非大大少于狮子的稀有的犀牛所能比拟。通过对先天元年（713）康国贡物的记载的分析，我们可以发现一条很有益的线索——史籍中将康国的贡物形容为"狗豹之类"，或者说是"类似于狗豹的动物"，这种说法表明，在唐朝人的心目中，豹与狗是非常相似的动物。其实这两种动物唯一的相似之处是，它们都是可以被训练来狩猎的动物。在一处不同的记载中，我们正好也发现了措辞相同的说法：宝应元年（762），唐肃宗发布了一道"停贡鹰鹞、狗豹"的诏令⑨。在另一处记载中也提到，朝廷制定了有关外国贡使进贡物品价值的规定，以作为他们贡献"鹰鹘、狗豹"的回报⑩。鹰、鹞、鹘、狗全部都是唐朝人熟知的用

88

---

① 《册府元龟》卷971，第4页。

② 《册府元龟》卷971，第8页。

③ 《册府元龟》卷971，第7页；《唐会要》卷99，第1777页。

④ 《新唐书》卷221下，第4154页。

⑤ 《新唐书》卷221下，第4153页；《册府元龟》卷971，第6～7页。安国曾经两次遣使臣贡豹。

⑥ 《册府元龟》卷971，第7页；《唐会要》卷99，第1775页。康国曾三次派遣使臣献豹。

⑦ 《册府元龟》卷971，第16页。

⑧ 《册府元龟》卷971，第16页。

⑨ 《新唐书》卷6，第3647页。

⑩ 《新唐书》卷48，第3746页。

于狩猎的动物，据此推论，豹在唐朝也非狩猎动物莫属。

用于狩猎的豹子或猎豹（cheetahs）[①]，尤其是用来猎取羚羊的豹，需要花费很长的时间来驯化和训练。似乎苏美尔人就曾经使用过猎豹，而勇敢的赫梯人甚至驯化了真正的黑豹，并将其用于狩猎[②]。埃及第十八、十九王朝的艺术作品中出现过戴着昂贵的项圈的猎豹[③]，印度、波斯、亚美尼亚、阿比西尼亚[④]都曾经使用过猎豹，十七世纪时在德国，十八世纪时在法国也曾使用猎豹[⑤]，而蒙古汗在大型狩猎活动中甚至使用过上千头猎豹[⑥]。猎豹的使用在西亚和南亚如此普遍，所以我们说，唐朝的中国人必然对猎豹的应用也会有所了解。然而文献中有关猎豹的记载非常少见，这说明猎豹的使用在唐朝只限于宫廷的范围，而且使用的时间必定也非常短暂。尽管如此，古代作为外来动物传入远东的也并不是野生豹，而是勇猛的猎豹。

黑貂或白貂

唐朝有关进贡的记载表明，来自东北地区的使臣向唐朝贡献了一种被称作"丰貂"的动物。贡献丰貂的使团中，有两

---

① 猎豹有两种类型，即非洲猎豹（Felis guttata 或 Cynailurus guttatus）和亚洲猎豹（即 F. jubata 或 C. jubatus）。
② 弗里德里克斯（1933），第 31 页。
③ 凯勒（1909），第 86 页。
④ 译按，阿比西尼亚是埃塞俄比亚的旧称
⑤ 沃思（1954），第 92 页。根据 1959 年 10 月 2 日萨克拉门托（加利福尼亚）的《蜜蜂报》报道，因为印度的猎豹品种濒临灭绝的危险，曾经有人试图将非洲猎豹引进印度。
⑥ 凯勒（1909），第 87 页。

个使团都是由契丹派来的①，而另一个则是由契丹的北邻，即位于克鲁伦河，在唐朝以"室韦"知名的民族②。虽然这种动物的名称在五、六世纪的文献中，尤其是在诗歌作品中相当常见，但是遗憾的是，这种动物在唐朝的文学作品中却非常少见。五、六世纪的诗歌中提到这种动物时多用换喻的手法，即指一种毛色漂亮光滑、外形类似豹的动物的尾巴。根据古代的习俗，这种动物的尾巴通常与蝉一起用来装饰各式朝服，或者是在仪式上使用的冠冕，尤其是被用于装饰武官的冠冕。这种时尚似乎是在北方游牧民族的影响下形成的③。

"丰"字在一般情况下与这种长着华丽、喜人的尾巴的动物连用。"丰"的含义是"茁壮、饱满；肥硕、光滑"，因此也就具有"上等的，精选的"意思。而"貂"在中国北部最常见的用法是指石貂——但是它同时也可以用来指貂、鼫鼠、鼬等类似的动物。所以我们在文献中所见的，作为贡物的丰貂，应该是指生长在东北或西伯利亚的"上等貂"或"精选的鼬鼠"（这种动物的尾巴最适合于装饰北方贵族首领的冠冕）；尤其可能就是黑貂或者白貂——黑貂与白貂（即"sable"与"ermine"）在中世纪的文献中经常出现。贡献的样品（很可能是活貂）或许仅仅是为了在皇家苑囿中供炫耀

89

---

① 一次在武德二年（619），另一次是在武德六年（623），见《旧唐书》卷199下，第3618页。

② 这件事发生在贞观三年（629）。见《旧唐书》卷199下，第3619页；《册府元龟》卷970，第6页。《册府元龟》的记载中提到了进贡"丰豹"。对于这个词的解释，看来部分地还要依赖我们在本文中讨论的问题的解决。

③ 关于这个问题，可以参见《隋书》卷12，第2373页的记载。豹尾是武将冠冕上的最合适的装饰品。特别是六世纪的诗人江总所作的《花貂赋》，对此进行了联想丰富的描写。见《江令君集》卷1，第6页。

和赏玩，或者可能是作为繁殖用的种畜，以提供唐朝本土所需要的貂尾。关于貂尾和貂皮，我们将在下文中进一步详细讨论。

瞪羚或小羚羊

上文在讨论拂林使臣贡献的一对狮子的厚礼时，曾经提到了通过吐火罗国的代理人作为媒介，派到唐朝来的神秘的拂林使臣。正是这次派来的使臣带来了两只唐朝人称为"羚羊"的动物①。在汉文的语义中，"羚羊"这个名称的含义是相当清楚的。所谓羚羊（有时候单独写作"羚"，这个字意思是灵异的、神秘的）就是指西文中的"gorals"。但是在汉语中有时候将"山羊"也叫作"羚羊"，所以尽管文献中明确地称为"羚羊"，但是这对于我们识别拂林贡献的羊的身份并没有多少实际的帮助。在西方，羚羊及其近亲——包括欧洲小羚羊和美洲"山羊"——因为彼此外形相似而被共同称作"goat antelope"（山羚羊）②。但是在西亚和欧洲，却并不知道羚羊（goral）。羚羊生长在中国南方和北方的山区③。唐代的北方人

① 《新唐书》卷221下，第4155页；《旧唐书》卷198，第3614页；《册府元龟》卷971，第3页；《唐会要》卷99，第1779页。《唐会要》之"开元十年"（722）应为"开元七年"（719）。译按，《册府元龟》作"零羊"。

② "山羚羊"就是"Naemorhedus goral"。羚羊这一称谓，有时显然也用来指称中国的两种羚羊的近亲，即鬣羚（Capricornis sumatraensis）和扭角羚（Budorcas taxicolor）。

③ 苏柯仁指出："奇怪的是，像鬣羚和羚羊这种在山区相当普遍的动物，竟然没有在中国的艺术品中出现过。"见苏柯仁（1940），第67页。这一点确实相当奇怪，但这也许是因为羚羊没有引起那些见过它们的艺术家的注意。

和南方人都食用羚羊肉，尤其是南方人，还将羚羊肉作为被蛇咬伤的解毒药来使用①。羚羊角在唐朝的药物中也是很重要的一种药：作为"土贡"，宫廷里用的羚羊角是由陕西和川北山区的城镇向朝廷贡献的，将制成粉末状的羚羊角调入蜂蜜中，可以缓解各种严重的高烧症状②。

羚羊角还有另外一种神奇的功能：有一则古老的故事记载，只有坚硬的羚羊角，才能击碎扶南出产的一种"体如紫石英"的彩色金刚石③。我们从七世纪的一个传说中，可以见到关于这个故事的另外一种不同的说法：

> 唐贞观中，有婆罗门僧言得佛齿。所击前无坚物④。（于是士女奔凑，其处如市）傅奕（方卧病），闻之，谓其子曰：'非佛齿。吾闻金刚石至坚，物莫能敌，唯

① 七世纪的药物学家是这样记载的。本文引自《重修政和证类本草》卷17，第19页。

② 这是根据苏恭和孟诜的记载。转引自《本草纲目》卷51上，第28页。苏恭还指出，"山羊角"可以制作优质的"鞍桥"。羚羊的角很短，而且"山羊"这种名称有时候也用来指其他各种野绵羊和野山羊，所以我们可以断定，苏恭所说的不是指羚羊。与此类似的是，现代中国药品中，以"羚羊"和"山羊"的名义出售的羊角，就是出自各种羚羊（antelope）。例如在1948年时，在中国的药品市场上，西伯利亚高鼻羚羊角可以卖到二百五十元的高价。见布里奇斯（1948），第221页。

③ 劳费尔（1950c），第21～22页。这个传说见《本草纲目》卷10，第5页引《抱朴子》。又见《本草纲目》卷51上，第28页。关于羚羊和羚羊角的记载，劳费尔认为文献中记载的"公羊角"（他将这个词译作"ram's horn"）应该是"公羊血"的讹误。根据普林尼记载，公羊血可以使钻石软化，从而将其弄碎。在中世纪的诗歌中，公羊血就成了基督所流的血的象征。见劳费尔（1915c），第24～26页。

④ 虽然我们在本文中是这样翻译的，但是这句话在汉文文本中的意思并不十分清楚，译按，"所击前无坚物"，英译文作"……and that there was nothing hard enough to stand being struck by it" 此句原文或有脱误。姑存疑。

羚羊角破之，汝可往试焉'。僧缄縢甚严①，固求，良久
乃见。出角叩之，应手而碎。（观者乃止。今理珠玉者用
之。）②

难道这是羚羊角吗？这位轻信的婆罗门僧带来的是佛牙
呢，还是钻石？或者二者都不是？傅奕儿子大胆而轻率的实
验，实际上也并没有解决这些问题。拂林的"羚羊"究竟是
一种什么样的动物呢？如果它们果真是来自高加索和喀尔巴阡
山的小羚羊（chamois）的话，那么对于唐朝人来说，这实在
算不上是很稀奇的动物，因为这种小羚羊就是鬣羚（serow）
和羚羊（goral）的远亲。也许它们是另外一种很吸引人的外
90 来动物，这种动物大概与羚羊相差不会太远，比如波斯瞪羚、
阿拉伯瞪羚，或者是叙利亚的漂亮小巧的多卡斯瞪羚都属于这
类动物。瞪羚驯服乖巧，天性柔善，这就使它成了近东常见的
一种玩赏动物③。

---

① 在我引用的文献中，这句话似已被后人窜改。
② 见《图书集成》收录的《国史纂异》。在涵芬楼《说郛》卷67中也收录
了这本佚书中的片段，但不是本书中引用的这段。《国史纂异》或称
《国史异纂》，书的作者不详，但很可能写于唐末或宋初。译按，《太平
广记》卷197 "傅奕"条引《国史异纂》内容比英译文更详，括号内的
文字都是译者据《太平广记》所补。又，《资治通鉴》卷195贞观十三
年亦载："又有婆罗门僧，言得佛齿，所击前无坚物。长安士女辐凑如
市。奕时卧疾，谓其子曰：'吾闻有金刚石，性至坚，物莫能伤，唯羚羊
角能破之，汝往试焉。'其子往见佛齿，出角叩之，应手而碎，观者乃
止。"《通典》卷188 "扶南国"下称："出金钢，可以刻玉，状似紫石
英，其所生乃在百丈水底盘石上，如钟乳，人没水取之，竟日乃出，以
铁锤锤之而不伤，铁乃自损，以羖羊角扣之，濉然冰泮。"《通鉴》"胡注"
引此条，"羖羊"作"羚羊"，姑附此以供参考。
③ 斯克莱特和汤姆森（1897～1898），第107页。

未确认的有蹄动物

贞观二十一年（647）由吐蕃和突厥共同贡献给唐朝朝廷的"马蹄羊"，可能是某种陌生的叉角羚①。

同一年由薛延陀贡献了一种长着类似牛角的、体形像是鹿的动物，唐朝人将这种动物叫作"拔兰"（﹡barlan 或﹡ballan）②。这个名称或许与中世纪的突厥人所知的一种独角兽（Bulan）有关，这种独角兽的角是收集雨、雪的③。拔兰可能与（在后来的传说中的）回鹘英雄乌古斯可汗所杀的肉食独角兽是同一种动物④。它也有可能是东胡人和蒙古人所谓的"guran"——丑陋的大鼻赛加羚羊⑤。它会不会就是"bharal"呢⑥？

① 《册府元龟》卷970，第12页；《唐会要》卷100，第1796页。译按，《册府元龟》原文作："西蕃突厥献马蹄羊，其蹄似马。"此"西蕃"当指西突厥而言，作者说是指吐蕃，误。以"西蕃"指"西突厥"是唐代文献中很常见的一种说法，比如，显庆中，苏定方平定西突厥，《旧唐书》卷83云"余五咄六部闻贺鲁败，各向南道降于步真，于是西蕃悉定"。再如，《唐会要》卷73也说："西蕃部落所置府州，各给印信。"都是指西突厥而言的。《册府元龟》卷985，太宗讨伐高昌的诏书中提到当时的西突厥时也记载："西蕃突厥，战争已久，朕悯其乱离，志务安辑，乃立咥利始可汗兄弟。"明确以"西蕃突厥"指称"西突厥"，与本书引文中的用法正复相同。

② 《册府元龟》卷970，第12页；《唐会要》卷100，第1796页。这个词古汉语的发音是"﹡bʰʷât-lân"。

③ 布罗克尔曼（1928），第42页。"拔兰"与"Bulan"在语音上的联系，最先是由卜弼德提出的。

④ 班和拉什玛蒂（1932），第687～688页。这个看法也应该归功于卜弼德。

⑤ 拉姆斯蒂德（1949），第125页。突厥语称作"qūlān"（野驴）。斯蒂芬森（1928），第22页。

⑥ 译按，"bharal"是一种野羊，学名叫"Pseudois nahoor"。这种野羊的角向下卷曲，生活在喜马拉雅山和西藏的高海拔地区。

一种未确认的食肉动物

一个现在还无法考定的国家，在唐高宗继位时贡献了一头非常可怕的熊。这个国家叫伽毗叶［＊Gaviyap（?）］①，这个国家的名称或许与梵文 gavya（"宜牛"）有关。这种熊被唐朝人称作"天铁"（这个名称可能是记录了"＊tenter"或者是某个与此发音类似的词的读音）。天铁熊惯于擒食白象和狮子②。这是一种凶猛得令人难以想象的动物。天铁熊凶悍的性格使十六世纪的李时珍留下了深刻的印象，他曾经写道："天铁熊能擒狮象，则狮虽猛悍，又有制之者也。"③ 这种强悍的动物似乎不像是棕熊，因为棕熊虽然体形很庞大，但它主要是以食草为生。而栖息在山里的喜马拉雅黑熊虽然体形比较小，但却是一种凶猛的食肉动物。可以想见，赢得了食狮者的名声的，可能正是喜马拉雅黑熊。

土拔鼠

或许我们不应该将喜马拉雅的土拔鼠算作唐朝的外来动物，因为这种动物虽然生活在大约海拔一千五百英尺的吐蕃边界地区，但是也有一部分土拔鼠向下生活在唐朝剑南道的边境地区。唐朝人根据蒙古名称"tarbagha"（鼹鼠鼠）来称呼这种小动物④。其实这个名称用来称呼与喜马拉雅土拔鼠同种、蒙

---

① 这个词的发或者是"＊Gabiyap"或"＊Gavyapa"，古汉语的发音是"＊gʻia-bʻji-iäp"。

② 《酉阳杂俎》卷16，第134页；《册府元龟》卷970，第13页。

③ 《本草纲目》卷51上，第25页。

④ 古汉语发音为"＊tʻuo-puât"或"＊dʻâ-bʻuât"。

古地区喜爱群居的土拔鼠更为合适。在英文中，土拔鼠也以
"tarbagha" 知名①。唐代的吐蕃人喜欢将这种小啮齿类动物从
其洞穴中挖出来食用，而陈藏器也建议瘵疬患者煨炖鼢鼲鼠，
所以我们可以推测，唐朝的鼢鼲鼠正是为了这个目的而从吐蕃
传来的②。总之，鼢鼲鼠是从兰州与麝香、麸金一起作为"土
贡"贡献给朝廷的③。兰州位于陇右道（今甘肃省），正处在
蒙古土拔鼠与吐蕃土拔鼠分布的中间地带，所以我们无法推测
文献记载中的这些"鼢鼲"（土贡记载中是这样称呼的）究竟
是属于蒙古种还是属于吐蕃种。

91

猫鼬

在唐朝的史料中有这样一段记载："是年，罽宾国遣使献
'褥时'鼠，喙尖而尾赤，能食蛇。有被蛇螫者，鼠辄嗅而尿
之，其疮立愈。"④

这里说的"是年"，指贞观十六年（642）。大约过了十
年之后，罽宾国又一次向唐朝贡献了这种具有天赋奇能的

---

① 蒙古土拔鼠（Tabargan marmot）就是"Marmota bobak"，喜马拉雅土拔鼠
是"M. himalayana"。

② 引自《本草纲目》卷 51 下，第 35 页。李时珍指出，土拔鼠皮可以
制成暖和的皮衣，但是我们不知道，唐代的土拔鼠是否也具有这种用
途。

③ 《新唐书》卷 40，第 3726 页。

④ 《册府元龟》970，第 9 页。《新唐书》卷 221 上，第 4153 页；《旧唐书》
卷 198，第 3614 页的记载实际上与《册府元龟》的记载是相同的。这种
鼠的名称，在《册府元龟》中作"褥时"（＊nẓiʷok-zi），《新唐书》作
"褥特"。《新唐书》中的"特"（-dʻɔk），显然应该是"时"（-zi）的讹
文。但是我相信，我们应该用"褥"（如《唐会要》所载）来代替各种
史籍中记载相同的"褥"（nẓiʷok-）字。

动物①。这种动物肯定是印度或爪哇的猫鼬②。这种猫鼬的梵文名称叫作"nakula"，在各种不同的印度方言中它又被称作"newal""nedlā"或"nyaūl"等。在中国的南方地区，也有一种食蟹的猫鼬③，但是当时似乎并没有将唐朝本土的猫鼬与外国传来的这种小而凶猛的猫鼬联系起来。我们不知道印度猫鼬制服蛇的能力是否如有关记载中说的那样名实相符，也不知道这种小动物是否在唐朝的皇室繁殖出了后代。据记载，印度人与猫鼬的关系是很密切的：

> 人有好此兽者，辄与共眠。虽其喜怒无常，然为猫鼬所伤，终胜亡于毒蛇之口④。

这是好哲学议论的印度人的看法，但中国人也许并不同意这种说法。

鼬鼠或白鼬

据史书记载："波斯国献活褥蛇，其状如鼠而色青，身长七、八寸，能入穴取鼠。"⑤

---

① 《册府元龟》卷970，第13页；《唐会要》卷99，第1766页。这件事发生在永徽二年十二月（652年1月、2月之间）。《册府元龟》作"褥池"（＊ńźi^wok-d'iə）。

② 印度猫鼬的学名叫"Herpestes edwardsii"，爪哇猫鼬的学名是"H. javanicus"，猫鼬在南亚是一种很常见的动物。

③ 这种食蟹猫鼬的学名是"H. urva"。

④ 玉尔和伯内尔（1903），第59页引《斯里兰卡史》（巴黎，1701）。

⑤ 《唐会要》卷100第1796页与《册府元龟》卷970，第12页也有类似的记载。所谓的"活褥（或褥）蛇"，很可能是这种动物的波斯语名称的译音。

　　这里提到的"褥蛇",看起来就像是白鼬。在西方古典时代,希腊人和罗马人就已经驯化了鼬鼠,用它来捕捉老鼠和野兔[①]。甚至连伟大的成吉思汗也不鄙弃使用白鼬来狩猎[②]。另一方面,鼬鼠这种高贵的捕鼠动物在古典时代也是家养的,特别是作为贵妇人的宠物[③]。至于波斯贡献的活褥蛇究竟是白鼬还是鼬鼠,我们现在还无法确定。

---

① 凯勒 (1909),第 163 ~ 164 页;汤普森 (1951),第 476 页。

② 汤普森 (1951),第 476 页。

③ 凯勒 (1909),第 164 ~ 165 页。

金灿灿，银熠熠——
羽翼光辉闪烁。
鸟儿翱翔，婉转高歌——
飞来了，飞来了，
唱着美妙的歌。

　　　　　　　　——克里斯蒂娜·罗塞蒂《极乐鸟》

第五章　飞禽

　　唐朝时人们已经开始利用飞禽来做一些有益的工作——比如以鹰为狩猎者，用信鸽来当信使等；另外，飞禽的肉可以食用，飞禽还可以入药，当然唐朝人最主要地还是将飞禽作为观赏的对象。就观赏而言，色彩斑斓、体形更大、更美丽的飞禽，自然最受人们的青睐；而从远国绝域来的飞禽亦特别受人们的赞赏，因为它们更能激发人们的想象力。因此，正如我们将要看到的那样，外来的禽鸟自然而然地出现在了当时的文学作品之中，而且在艺术品中也得到了表现：例如阎立本就曾经画过一幅《春苑异鸟图》①，遗憾的是，这幅作品没有流传下来。

　　唐朝的花园和苑囿中蓄养着各种各样稀奇罕见的或者是娇媚可爱的飞禽。唐朝皇室的收藏家们有的是无限的财富，他们可以收集到数量众多而且价值昂贵的飞禽，供自己和朝臣们赏玩。天资聪颖、性情好动的唐玄宗就是一个典型的例子。开元

---

①　李惠林（1959），第44页。译按，《旧唐书》卷77《阎立本传》云："太宗尝与侍臣学士泛舟于春苑，池中有异鸟随波容与，太宗击赏数四，召座者为咏，召立本令写焉。时阁外传呼云：'画师阎立本。'时已为主爵郎中，奔走流汗，俯伏池侧，手挥丹粉，瞻望座宾，不胜愧赧。"作者所云"春苑异鸟"即是指此。请参见《新唐书》卷100《阎立本传》；《历代名画记》卷9。

四年（716），玄宗曾专门派遣宦官前往长江以南地区搜罗禽鸟，据史书记载：

> 上尝遣宦官诣江南取鸂鶒、鸂䴔等，欲置苑中，使者所至烦扰。道过汴州，倪若水上言："今农桑方急，而罗捕禽鸟以供园池之玩，远自江、岭，水陆传送，食以粱肉。道路观者，皆不以陛下贱人而贵鸟乎！陛下方当以凤凰为凡鸟，麒麟为凡兽，况鸂鶒、鸂䴔，曷足贵哉？"上手敕谢若水，赐帛四十段，纵散其鸟①。

倪若水或许是一位故作庄重的说教者——作为中世纪中国守旧者的论调，他的观点简直是太典型了——但是真正促使唐玄宗放弃捕鸟的原因，可能是这次大规模捕鸟探险引起的骚扰。唐玄宗是一位性情中人，尽管喜欢奢华，但基于人道的目的提出的要求，他还是乐于听从的，这也正是唐玄宗的性格特点。

鹰与鹘

从公元前三世纪以来，放鹰打猎就已经为中国人所熟知。据说，当李斯丞相将要被处死时，就曾经谈到过他所珍爱的一只灰色的苍鹰②。自那以后，这种消遣在中国北方就越发受到人们的喜爱，五、六世纪时，在"胡人"统治着的中国北部地区，汉文化中深深地渗入了北方草原和森林地区的风俗与艺术，放鹰走狗也更加普遍，六世纪的北齐更其如此③。

---

① 《资治通鉴》卷211，第12页。
② 薛爱华（1959），第295页。
③ 薛爱华（1959），第297页。

在唐朝诸君主的统治之下，这种娱乐活动继续盛行不衰，尤其是当一些精力充沛的统治者在位时，这种风气就更其炽盛。例如唐太宗和唐玄宗就是醉心于放鹰走狗的典范①。但是传统道德认为这是一种轻薄无聊的行为，所以当一位兢兢业业的统治者恪守传统道德规范时，就会是另外一种情形。七世纪时，唐高宗曾下诏禁止进贡鹰鹘②；八世纪时，唐德宗在罢梨园伶人的同时，也放走了朝廷豢养的鹰鹘③；而在九世纪，唐僖宗又效法高宗，罢贡鹰鹘，以表明他继位后施行的德政④。

皇宫中的大鹰坊紧邻狗坊，鹰坊里养着四种猎鹰。最稀有、最显贵，同时也使人印象最深的是雕，尤其是金雕⑤。最高雅、最具有贵族派头的是黑眼睛、长翅膀的鹘——即捕捉苍鹭和其他大型猎鸟的猎隼，以及捕捉野鸭和其他水禽的游隼。而特别受到珍视的是白色的"格陵兰"鹘⑥，唐太宗本人就有这样一只白鹘，他还为它起了叫"将军"的名字⑦。此外，鹘类中还有一种从东北地区传入的上等的鹘，这就是"霜雕"。有一首诗歌这样描写霜雕：

> 截海上云鹰，横空下霜雕⑧。

---

① 薛爱华（1959），第298页。
② 《新唐书》卷3，第3638页；薛爱华（1959），第303～304页。
③ 薛爱华（1959），第304页。
④ 《新唐书》卷9，第3655页。
⑤ 薛爱华（1959），第309页。
⑥ 这种鹘产于亚洲东北部，学名叫"gyrfalco grebnitzkii"。
⑦ 薛爱华（1959），第308～309页。
⑧ 陆龟蒙《奉酬袭美先辈吴中苦雨》，《甫里先生文集》卷1，第11页。

再就是鹞。这是一种体形小的短翅鹰属飞禽，人们喜欢用它猎取鹌鹑和其他一些生活在树木繁茂地区的小鸟①。最后一种，同时也是最常见的是苍鹰，苍鹰的眼睛是黄色的，身材较大，而且像鹞一样是森林中的猎手，主要捕捉雉、兔等传统的猎物②。有一种从东北地区传来的白色的苍鹰，是价值最昂贵的苍鹰③，但还有一种黑色的苍鹰也很宝贵。杜甫曾经写过两首诗描写黑色和白色的苍鹰，其中第二首这样写道：

> 黑鹰不省人间有，度海疑从北极来。
> 正翮抟风超紫塞，立冬几夜宿阳台。
> 虞罗自各虚施巧，春雁同归必见猜。
> 万里寒风祇一日，金眸玉爪不凡材④。

玄宗朝有一位王子养了一只赤鹰，另一位皇室青年也养了一只黄鹰，两只鹰正好是一对，被宫廷里的养鹰人称作"决云儿"⑤。

毫无疑问，有大量猎鹰来自唐朝疆界以外，其中最优秀的猎鹰中有不少是作为贡品献给皇帝的。咸通七年（866），独立的沙州节度使张义潮进"青骹鹰四联，吐蕃女子二人，马

---

① 薛爱华（1959），第309页。

② 薛爱华（1959），第310页。

③ 这种鹰的学名叫"Accipiter gentilis albidus"。薛爱华（1959），第311页。这种鹰主要来源于靺鞨国。参见《新唐书》卷219，第4146页。

④ 《见王监兵马使说，近山有白黑二鹰二首》，《九家集注杜诗》，第495页。

⑤ 《开元天宝遗事》卷3，第68页。译按，据原文云："申王有高丽赤鹰，岐王有北山黄鹘，上甚爱之。每弋猎，必置之于驾前，帝目之为'决云儿'。"作者此说不确。

四匹"①；开元三年（715），东夷君长贡献白鹰两只②；八世纪时，紧靠朝鲜半岛的渤海部落贡献了许多鹰、鹘③。诗人窦巩在诗歌中描述了位于朝鲜半岛的新罗贡献的一只稀有的猎禽：

> 御马新骑禁苑秋，白鹰来自海东头。
>
> 汉皇无事须游猎，雪乱争飞锦臂鞲④。

朝鲜半岛与东夷之地是优良的鹰鹘的主要供给来源；其次，鹰鹘来源于蒙古与突厥斯坦。但是我们也不能忽视唐朝北方本土出产的鹰。特别是位于今陕西省境内的代北地区，一直被认为是名鹰的产地。位于渭水与黄河交汇处，即今陕西省东部的华州出产的鹞和乌鹘，必定是最上等的猎禽，因为朝廷曾要求华州的鹞、乌鹘作为土贡进献⑤。

从一位九世纪的学者撰写的一篇有关鹰鹘的简短论述中，我们可以了解到唐朝人对本土出产的鹰的分类方法——我们这本书之所以能够写成，在很大程度上也要感谢这位学

---

① 《旧唐书》卷 19 上，第 3135 页。

② 苏颋《双白鹰赞》，《全唐文》卷 256，第 12 页。

③ 贡献的时间分别在开元十年（722；《册府元龟》卷 971，第 5 页）；开元廿五年（737；《册府元龟》卷 971，第 12 页）；开元廿七年（739；《册府元龟》卷 971，第 12 页）；开元廿九年（741；《册府元龟》卷 921，第 13 页）；天宝八载（749；《册府元龟》卷 971，第 15 页）；天宝九载（750；《册府元龟》卷 971，第 15 页）；大历十二年（777；《册府元龟》卷 972，第 3 页）。

④ 窦巩《新罗进白鹰》，《全唐诗》第 4 函，第 10 册，第 23 页。窦巩生活的年代大约在 762 ~ 821 年间。

⑤ 《新唐书》卷 37，第 3719 页。位于西北地区的灵州的年贡中有"雕、鹘、白羽"，但是我们还无法肯定，这句话的意思应该解释为"雕鹘的白羽"呢？还是应该解释为"雕、鹘；白羽"呢？

者——他就是段成式，其实段成式本人就是一位业余的养鹰爱好者[1]。段成式记述了好几种唐朝的鹰，而且提供了这些鹰的品种名称。这些名称主要是以颜色来命名的，但是有些也以出生地来命名。其中有"白兔鹰"（这是一种第一流的猎鹰）、"烂雄黄""赤斑唐""荆窠白"（出自陕西省北部的沙漠中）、"房山白"（生于河北东北部的白杨树上）、"土黄"（生于北方的柞栎树上）以及"白皂骊"等[2]。

中世纪时，中国人就已经掌握了捕捉和训练猎鹰的技艺，在这方面，他们并不是非得依靠外来的行家里手不可[3]。当幼鹰移栖时，他们利用鸽子来进行侦察，然后使用囮子和精致的猎网捕捉幼鹰。为了使猎网的颜色与土地的颜色一致，他们在网上涂染上了黄檗和杼汁——这种汁液还具有防止蠹虫的功能[4]。而对付更容易驯服的雏鹰，办法就简单多了——只要将尚未离巢的雏鹰从它们栖息的杨树或栎树上的鹰巢中捉出来即可[5]。不管是幼鹰还是雏鹰，都要被装上玉、金或者其他雕镂金属做成的尾铃，而鹞子则佩戴着刺绣的项圈。所有猎禽都配有皮革、青丝或"云锦"的脚带，带有玉旋轴的皮带、镀金的栖木以及雕绘而成的鹰笼[6]。

不管是出自唐朝本土，还是产于边荒绝域，鹰鹘都是唐朝

---

[1] 这本小册子作为《酉阳杂俎》的最后一章出现，名为《肉攫部》。在汉代时，曾经有过一本关于猎鹰的专题论著，叫作《鹰经》，但是到唐代，这本书已经佚失。

[2] 薛爱华（1959），第 325～334 页。

[3] 薛爱华（1959），第 298～299 页。

[4] 薛爱华（1959），第 320 页。

[5] 薛爱华（1959），第 298 页。

[6] 薛爱华（1959），第 312～314 页。

画家喜欢表现的题材。据说唐太宗的弟弟李元昌就是一位比阎立本和阎立德还要优秀的鹰鸟画家①。在唐玄宗统治的黄金时代，也出现了许多画鹰的大画家。在他们当中，名气最大的当属姜皎（这位画家本人还是荒淫无度的玄宗皇帝的幸臣），杜甫曾经专门为姜皎画的一只"角鹰"写过一首诗歌②——所谓"角鹰"，实际上可能就是"鹰雕"或者"冠雕"，也就是见于波斯养鹰人手册中的"Shāh-bāz"③。

鹰、鹘、雕又是唐朝的诗歌中经常被描写的对象，诗歌一般都使用了象征性的手法——"同西洋诗一样，汉文诗也多使用明喻和暗喻的手法来表现鹰，例如'嘴利吴戟，目类星明''流星曜景，奔电飞光''擒狡兔于平原，截鹄鸾于河渚'。鹰又是一种残忍的食肉动物，所以诗歌中多以格言警句来描绘它们的形象"④。诗人章孝标即将驯化的猎鹰作为一种陷于桎梏中的勇敢、自由精神的象征：

遥想平原兔正肥，千回砺吻振毛衣。

纵令啄解丝绦结，未得人呼不敢飞⑤。

在唐朝人的心目中，猎鹰与基本方位具有一定的关系，这

---

① 薛爱华（1959），第 300～301 页。
② 薛爱华（1959），第 300～301。译按，原诗见《钱注杜诗》卷 5《姜楚公画角鹰歌》。
③ 薛爱华（1959），第 307 页。
④ 薛爱华（1959），第 300 页。译按，本段译文中有关汉文诗文中形容鹰的语汇，汉译本是根据英文的原义，从《初学记》卷 30 中摘录的。
⑤ 薛爱华（1959），第 299 页。译按，原诗见《全唐诗》第 8 函，第 4 册，章孝标《饲鹰者》。

种关系带有强烈的人为的和传统的色彩。有时猎鹰与"西方"有关——"西方"为"秋",而秋季则正是"猎鹰离开其北方的巢穴,经由中国平原向南方迁徙的季节"[1]。实际上猎鹰与北方的关系要直接得多——北方是鹰隼的家园,而且也是将猎鹰带到唐朝境内的胡人的故乡。

> 越鸟从南来,胡鹰亦北渡[2]。

这是一首李白的诗歌。诗歌中形象地说明了唐朝人对于鹰与北方的关系的看法。诗人薛逢也写过一首反映少年侠士的七言绝句。在这首诗歌中,"胡"(北方或西方的野蛮人)鹰长着绿色的眼睛(这种说法好像有一点太随意,与鹘的黑色的眼睛相比较,鹰的眼睛实际上应该是黄色的),以此来暗示胡人那蛮横无情的绿眼或蓝眼。在这首诗歌中,薛逢还将绿眼胡鹰与外来的五花骢马以及白貂裘相提并论:

> 绿眼胡鹰踏锦鞲,五花骢马白貂裘。
> 往来三市人不识,倒把金鞭上酒楼[3]。

基于同样的理由,"回鹘"的意思就是"捷鸷犹鹘"[4]。唐朝还有"豹则虎之弟,鹰则鹘之兄"的说法[5],唐朝的一位官

---

① 薛爱华(1959),第 300 页。
② 李白《独漉篇》,《李太白文集》卷 4,第 1 页。
③ 薛逢《侠少年》,《全唐诗》第 8 函,第 10 册,第 10 页。诗人生活在九世纪时。
④ 薛爱华(1959),第 308 页。
⑤ 《太平御览》卷 926,第 5 页引"古乐府"。

员"以刚挚为治"，由此也就得到了"皂雕"的称号①。

在唐代，有些猛禽也被直观地作为勇敢的象征。在武后统治时代，几组侍卫将军的紫罗衫上都饰有狮、虎、豹以及鹰、鹘等生性凶悍的禽兽形象②。鹰在唐朝的医药中的用法，也表明了唐朝人的头脑中以鹰象征勇敢的观念。鹰在唐代的药用方法，说明了同一观念的原始形态：吃鹰肉，能够主治"野狐邪魅"；将鹰爪烧成灰水服，也可以治疗"狐魅"（还可以治疗"五痔"）③。甚至将鹰粪烧成灰，调入一匙酒中，就成了一剂主治"邪恶"的解毒药——不过绝对不能告诉患者，这是一种什么药④。鹰是动物世界的恐怖者，它那凶猛的而且是半异域的禀性，就这样传递给了患者，给了他以战胜鬼魅和邪恶的力量。

孔雀

在古代，即汉代之前，中国人所知道的孔雀只有印度孔雀⑤。根据一则传说记载，某个现在还不能确定的西方国家曾经向周朝的第二个国王贡献过这种美丽的鸟，这件事发生在大约公元前一千年初期⑥。这则传说虽然未必全然可信，但毫无

---

① 《新唐书》卷128，第3968页。这是在八世纪初期，人们对王志愔的称呼。
② 《旧唐书》卷45，第3258页。
③ 此说出自陈藏器。见《本草纲目》卷49，第12页转引。
④ 此说出自苏恭。见《本草纲目》卷49，第12页转引。
⑤ 这种孔雀的学名叫"Pavo cristatus"。
⑥ 即周成王。见《太平御览》卷924，第4页引《周书》。厄克斯根据《九歌》中"华盖"这个词，认为在公元前四世纪时，周朝就已经有了驯化的孔雀。这种说法的证据是很不充分的，所谓"孔雀华盖"最多只不过意味着阔人通过某种来源得到了孔雀的羽毛。厄克斯还认为当时的孔雀是从印度带来的。见厄克斯（1942），第34页。译按，《九歌》云："孔盖兮翠旍，登九天兮抚彗星。"作者所说的"孔雀华盖"当是指此。

疑问的是，到了汉朝时，中国人就已经认为孔雀主要是一种西方的鸟，孔雀的家园位于克什米尔①和安息王的疆域的某地②。然而汉朝人对于孔雀的了解也只是限于传闻，这些传闻可能是由过往的行人带来的。正是在这一时期，即在世界另一端的意大利，正将孔雀饲养在林木葱茏的小岛上，而且这种鸟已经成了他们餐桌上的珍馐美味③。但是不久之后，现代中国南方的热带地区就得到了开发，中国人在南方发现了印度支那的绿孔雀。到了三世纪时，这种披着绿色和金色的金属光泽的美丽的生灵，就与香药、珠宝、象牙以及鹦鹉一起被带进了中国的内地④，而对这种神奇的鸟的需求也随之迅速增长起来。吴永安五年（262），南方的吴国派遣了一位官员前往交趾征调三千只孔雀。这次征发再加上交趾的地方官的类似的掠夺行为，导致了一次起义，吴国派出的征发使节也在次年

97

---

① 《汉书》卷96上，第606页。

② 《太平御览》卷924，第5页引《续汉书》和《汉纪》。这两本书中都记载孔雀来自条枝，而对条枝的考定迄今还没有定论。沙畹认为条枝就是位于底格里斯河河口的 Chiu ko 地方的阿拉比王国，公元前二世纪初期，这个国家臣服于安息帝国。

③ 凯勒（1913），第150～151页。公元前二世纪时，罗马人就已经知道喂养孔雀了。

④ 《三国志·吴书》卷8，第1048页。绿孔雀（Pavo muticus）在爪哇也有发现。绿孔雀比印度孔雀更雍容华贵，色彩也更丰富艳丽。见达文和乌斯塔里特（1877），第402～403页；德拉库尔和雅布依利（1951），第311页。在云南发现过绿孔雀，而且有的权威认为，云南还有印度孔雀。见里德（1932），第78～79页。关于中世纪时云南的孔雀，见《通志》卷197，第3164页。据认为白孔雀是吉祥的象征。在中国偶尔也可以见到有关白孔雀的记载，比如在461年，就有白孔雀的记载。但是就我所见，在唐代没有记录过白孔雀。参见《北户录》（《学海类编》第91册），第1页。近来在非洲发现了孔雀的第三个品种，即刚果孔雀（Afropavo congensis）。译按，《宋书》卷二九《符瑞志》下载："孝武帝大明五年（461）正月丙子，交州刺史垣闳献白孔雀。"即作者所指。

被杀害了①。

但是随着唐朝移民日渐熟悉岭南热带环境，他们发现在唐朝本土的孔雀实际上同在印度支那的一样多，所以到了唐代，孔雀就开始从雷州半岛的罗州和雷州，与斑竹、鹦鹉以及白银一起作为年贡被源源不断地送往长安②。作为公认的南方的象征，孔雀在唐朝人的心目中成了"越鸟"——在公元十世纪时，养鸟行家李昉也确实是将孔雀称作"南客"③。这些南客在北方的苑囿里神气活现地炫耀着它们那闪闪发光的羽毛：

> 摇动金翠尾，飞舞碧梧桐④。

与通用的名称相比，"越鸟"是一种更具有象征意义，也更有文学意味的称谓。"peacock"一般被称作"孔雀"，"孔雀"是一个很古老的名称，就如同它自身也十分古老一样，"孔雀"这种称呼也颇有几分神秘的味道。我们也许会因而记起希腊人将鸵鸟称作"利比亚雀"（Libyan sparrow）或"阿拉比亚雀"（Arabian sparrow），特别是他们还将鸵鸟称作"雀驼"（sparrow camel），而在拉丁语中则将鸵鸟称为"海外雀"

---

① 《三国志·吴书》卷3，第1038页；《晋书》卷57，第1234页。《晋书》将这件事记载于数年之后，显误。译按，《晋书·陶璜传》云"三千头"；《太平御览》卷924引《晋书》亦作"三千"。《资治通鉴》卷78，景元四年（263）条作"三十头"。当有一误，此姑存疑。

② 《新唐书》卷43上，第3731页；《北户录》（《学海类编》第91册），第1页。《本草纲目》卷49，第11页引苏恭说，在岭南和交趾（Tonking）有许多孔雀。

③ 《本草纲目》卷49，第11页。

④ 《全唐诗》第5函，第7册，第7页武元衡（八世纪至九世纪初）"无题诗"。

（overseas sparrow）①。这些名称似乎都是用雅正的词语来称呼俚俗名称的。根据古代汉语的惯例，"孔"字的意思可以训为"大"，但是我们还不能断定这种语源学的解释是否有充足的根据。如果"孔"字果真可以理解为"大"的话，则对于如此光彩夺目的飞禽而言，"大雀"这个名称不仅很不相称，而且显得很滑稽。

九世纪时房千里写的《南方异物志》，是一部有关中国南方地理和博物学的重要论著，遗憾的是，这本书现在已经散佚，只是有一些片段在其他的书籍中保留了下来。其中有一段记载可以作为唐人对孔雀的传说的概述：

> 孔雀，交趾、雷、罗诸州甚多。生高山乔木之上。大如雁；高三、四尺，不减于鹤。细颈隆背，头戴三毛，长寸许。数十群飞，栖游冈陵，晨则鸣声相和，其声曰"都护"。雌者尾短，无金翠。雄者三年尾尚小，五年乃长二三尺。夏则脱毛，至春复生。自背至尾，有圆文，五色金翠，相绕如钱。自爱其尾，山栖必先择置尾之地。雨则尾重不能高飞，南人因往捕之。或暗伺其过，生断其尾，以为方物。若回顾，则金翠顿减矣。山人养其雏为媒。或探其卵，饲以猪肠生菜之属。闻人拍手歌舞则舞。其性妒，见采服者必啄之②。

"人又养其雏为媒，旁施纲罥。捕野孔雀，伺其飞下，则

---

① 凯勒（1913），第 174 页。
② 《本草纲目》卷 49，第 11 页引《南方异物志》。

98

牵网横掩之。"① 不管是野生的孔雀，还是驯养的孔雀，对于这些南方人来说，这种鸟除了能够供应羽毛贸易之外，还有其他的用途。就像罗马讲究饮食的人一样，南方人也吃孔雀肉，但是他们不是将孔雀肉作为珍馐美肴来食用，而是"或遗人以充口腹，或杀之以为脯腊"②。孔雀肉对"解药毒、蛊毒"有显著的疗效，而且孔雀血也是一种被称作"蛊"的剧毒药的解毒良药③。

这些金翠闪烁的鸟儿的性生活，也使南方人着迷。一位研究南方的珍奇异物的唐代学者指出："孔雀不匹，以音影相接而孕。"④ 以太（ether）的活动似乎在孔雀性交时产生了特殊的影响。因为如果雌孔雀在下风鸣叫，而雄孔雀在上风鸣叫，则（据说）雌孔雀就会怀孕⑤。段成式引用的可靠的佛典中记载，孔雀也会因为雷声而孕⑥。另外，据说孔雀还能与毒蛇交媾⑦。

房千里记载的，孔雀会随着音乐起舞的癖性，特别值得引起我们的注意。在中世纪的文学中，这是一个永恒的主题。早在公元三世纪初年，在史书中就已经出现了这样的记载，据说当时有一只西域贡献的孔雀，善"解人语，弹指应声起舞"⑧。根据另外一则传说记载，当雉（或者是凤凰，这两种飞禽差

---

① 《北户录》（《学海类编》第91册），第1页；《岭表录异》（《太平广记》卷461），第1页。

② 《岭表录异》（《太平广记》卷461），第1页。

③ 《本草纲目》卷49，引《大明日华本草》（十世纪）。

④ 《北户录》（《学海类编》第91册），第1页。

⑤ 《本草纲目》卷49，第11页引《北户录》。

⑥ 《酉阳杂俎》卷16，第127页。

⑦ 《太平广记》卷461，第2页引《纪闻》。

⑧ 《太平御览》卷924，第5页引《晋书》。

不多是相同的）见到自己在镜子中的影子时，它们也会欣然起舞①。被自己的形象所陶醉的，翩翩起舞的孔雀在西方往往是用来形容类似"vain as a peacock"（像孔雀一样爱慕虚荣）的陈词滥调，在中古汉语中，也有与此类似的用法。八世纪末年，新罗国贡孔雀，由伟大的写实画家边鸾为这只孔雀写真，"鸾于贲饰彩翠之外，得婆娑之态度，若应节奏"②。这位著名的艺术家后来离开了宫廷，成了一位流浪画家，他另外还创作了不少表现孔雀的作品，其中有许多一直保留到了宋代。在徽宗皇帝的收藏目录中，收录了他画的《芭蕉孔雀图》《牡丹孔雀图》以及其他许多画作③。

　　佛教文学，特别是孔雀王概念的出现，大大丰富了对孔雀的形象化描写：求法僧玄奘曾经讲过这样一个故事，说"如来在昔为孔雀王，与其群而至此（即乌仗那国），热渴所逼，求水不获。孔雀王以嘴啄崖，涌泉流注，今遂为池，饮沐愈疾。石上犹有孔雀遗迹"④。而且当时有一首纪念神圣的孔雀王的骠国乐曲也传到了唐朝⑤。另一位孔雀神是"大孔雀明王"，这是在真言密宗中很受欢迎的一位女神。在中国，她具有兴云布雨、祛病驱鬼的法力；有时她变作男身，这个强有力的神灵，被表现为坐在孔雀背上的一朵莲花之上⑥。在唐代有许多皈敬她的汉译经典，我们能够见到的有一种是著名的义净

---

① 汉斯福特（1957），第 82 页。
② 索珀（1958），第 224 页。译按，汉译文据《宣和画谱》卷 5 原文。
③ 《宣和画谱》卷 25，第 398 ~ 340 页。
④ 哈克曼（1951 ~ 1954），第 307 ~ 308 页。
⑤ 《新唐书》卷 222 下，第 4160 页。
⑥ 哈克曼（1951 ~ 1954），第 307 ~ 308 页。有关这位孔雀女王的故事，见维瑟（1920）。

的译本，而另一种则是由不空翻译的[1]。表现孔雀王的文艺作品并不仅仅限于佛教文学，像阎立本[2]、吴道子[3]这样著名的大画家也都创作过孔雀明王的画像。

鹦鹉

从古代起，中国人就已经有了本土出产的鹦鹉。这些鹦鹉栖息在古代的商道附近，即位于今陕西、甘肃交界处的陇山之中。这些古代的鸟因为具有说话的能力，所以有时又被称作"西域神鸟"，陇山里的鹦鹉大多数是一种紫胸的绿色长尾小鹦鹉，这种鹦鹉又被称作德比安长尾小鹦鹉[4]，现在它是四川、云南以及西藏东部的土生鹦鹉，但是在北纬30度以北已经见不到这种鸟的踪迹了[5]。遗憾的是，在中世纪时，当地鹦鹉聚生之地不断遭受劫掠，被捕捉为笼鸟，因而这一品种以后便濒于灭绝了。九世纪时，皮日休写了一首哀怜陇山居民的诗歌：他们冒着生命危险，捕捉作为"土贡"献往朝廷"金台"的陇山鹦鹉。诗歌中写道：

> 陇山千万仞，鹦鹉巢其巅。
>
> 穷危又极崄，其山犹不全。
>
> 蚩蚩陇之民，悬度如登天。
>
> 空中觇其巢，堕者争纷然。

---

① 南条文雄（1883），第79页。译按，不空即阿目佉跋折罗。

② 《宣和画谱》卷1，第59页。

③ 《宣和画谱》卷2，第70页。

④ 这种鸟的学名叫"Psittacula（或 Palaeornis）derbyana"。

⑤ 薛爱华（1959a），第271～273页。《通志》卷195第3130页与卷197第3164页提到了云南和西藏的孔雀。

　　百禽不得一，十人九死焉。

　　陇川有戍卒，戍卒亦不闲。

　　将命提雕笼，直到金台前。

　　彼毛不自珍，彼舌不自言。

　　胡为轻人命，奉此玩好端。

　　吾闻古圣王，珍禽皆舍旃。

　　今此陇民属，每岁啼涟涟①。

　　从唐朝统治的第二个世纪起，新品种的鹦鹉，即"南鸟"（象征与孔雀同类的鸟）就开始在唐朝北方地区出现了。这些鹦鹉是从唐朝新开发的岭南、交趾地区送来的。这时候在唐朝本土的雷州半岛和广东西部地区，人们也可以见到玫瑰色环纹鹦鹉、红胸鹦鹉以及蓝头（或花头）鹦鹉②。这些鹦鹉的外貌就像它们的名字一样美丽动人。如同孔雀一样，这些艳丽的小鸟为当地的土著人提供了一种不经常的食物，但是与那些被婆罗门作为高贵、神圣的食物的印度鹦鹉，或者是那些被人们带到了罗马，最后连同烤火烈鸟一起被埃拉加巴卢斯那样的真正称得上是风雅、奢侈的美食家吃掉的鹦鹉相比，唐朝南方的鹦鹉之所以被食用，只是因为一个不值一提的理由：即它们在当地太多了③。但是也有一些鹦鹉被送进了北方的玩鸟人的鸟笼里和庭园里，这些"南鸟"在这里与人们熟悉的陇山的鹦鹉

---

① 薛爱华（1959a），第273~274页。译按，原文见《全唐诗》第九函，第9册，皮日休《哀陇民》。

② 它们的学名分别是"Psittacula krameri""P. alexanderi"与"P. cyanocephala"。薛爱华（1959a），第275页。

③ 薛爱华（1959a），第278页；凯勒（1913），第49页。

比美争宠。当时在北方必定还有许多地道的陇山鹦鹉，因为即使到了十世纪时，在李昉的庭园里的鹦鹉还被称作"陇客"①。

　　但是从唐朝统治的第三个世纪起，唐朝西北和南方地区的长尾小鹦鹉却遇到了一个耀眼夺目的有力竞争对手。有钱的玩鸟人或达官贵人都对这种鸟宠爱有加，西北和南方的长尾小鹦鹉则受到了冷遇。这种新出现的鸟就是印度支那和印度尼西亚的鹦鹉②。这些光彩夺目的鸟儿或者由热带的大国作为献给唐朝皇帝的贡礼，或者由远航的水手和商人从地球的尽头带进（无论何时何地，都可以轻易地捉到鹦鹉）唐朝的境内。这个事例生动地证明，与本土的出产相比，来自远国绝域的物品往往更加为人夸饰：

　　　　　　看，揭开了——
　　　　　　东方的帷幕，
　　　　　　晨曦微红，光芒闪烁，
　　　　　　金刚鹦鹉抖动鲜红的羽毛，
　　　　　　飞逐银色的波涛。

　　以上诗句引自查特顿写的《非洲之歌》，这首诗反映了异国他乡所具有的永恒光彩——但是金刚鹦鹉并不是非洲鸟，而是美洲鸟，直到现代，这种鸟才被东半球所知。由航海家和使臣带进唐朝境内的鹦鹉是长尾小鹦鹉的一种新品种，即猩猩鹦

---

① 薛爱华（1959a），第 274 页。
② 薛爱华（1959a），第 275～277 页。

鹉和白鹦。

　　猩猩鹦鹉和白鹦在唐代被称作"五色鹦鹉"，这两种鸟在当时因美丽最负盛名。正是由于同样的原因，在中世纪的印度也将摩鹿伽[①]的猩猩鹦鹉称作"pañcavarṇgini"（五色鹦鹉）[②]，这种鹦鹉通身都闪烁着五彩缤纷的颜色。甚至汉语中的"五色鹦鹉"这个词，也有可能是从印度翻译过来的。

> 我的弯弯的小嘴，我的精灵的小眼，
> 我的羽毛碧翠光鲜，
> 我的脖颈就像那富丽华贵的宝石环，
> 我的纤巧的小腿，
> 我的被拴住的洁净的脚爪——
> 呵，我是侍奉女王的宠玩。

　　约翰·斯克尔顿的《说话吧，鹦鹉》中的主人公就是如此[③]。唐朝外来的长尾小鹦鹉很可能也是如此。"红鹦鹉"也在这时来到了唐朝的境内，这些红鹦鹉肯定是稀有的猩猩鹦鹉和华莱士线——这条线将太平洋的两个大的动物群系区别开来——以东的澳大拉西亚红鹦鹉。至于中国文学作品中出现的"白鹦鹉"，则肯定是来自遥远的九译绝域的"cockatoos"（白鹦）。

---

① 译按，即马鲁古的旧称。
② 玉尔（1903），第521～522页。
③ 译按，斯克尔顿（约1460～1529），英国都铎王朝时代的诗人，以擅长创作政治与宗教题材的讽刺文学作品而著称于世。作者写的韵律诗节奏流畅，亲切自然，被称为"斯克尔顿体"。《说话吧，鹦鹉》是一首讽刺诗，创作于1521年。

虽然"红鹦鹉"在唐代之前就已经输入了中国，但是在流传下来的有关的唐朝文献中，我们还没有发现将红鹦鹉作为贡品的记载。可是在开元八年（720），"南天竺"的使臣曾经向唐玄宗贡献过一只"五色能言"的鹦鹉。文献中关于这位使臣的记载是比较详细的。据说是因为大食、吐蕃的大量暴行，这位使臣来到了唐朝，乞求唐朝皇帝出师征讨大食和吐蕃。这位使臣显然是个非常机敏的人，他对玄宗说，"蕃夷唯以袍带为宠"，于是玄宗就赐给了他"锦袍、金革带"等物①。在此之前，即在上一个世纪，林邑国曾经向太宗朝贡献过一只五色鹦鹉，"太宗异之，诏太子右庶子李百药为之赋"②。这只五色鹦鹉与另外一只一起送来的白鹦鹉屡屡诉说寒冷难耐，为此太宗特意下诏，将这聪明的鸟释放，送回了本国③。永徽六年（655），位于马来半岛的一个盛产大象的山国④也向唐朝贡献过一只五色鹦鹉⑤。八世纪时，贡献过鹦鹉的国家还有尸利佛誓⑥、吐火罗⑦——这次是由吐火罗大酋"摩罗"代表其邻国诃毗邻贡献的。九世纪初年，诃陵国也曾经两次向唐朝贡献鹦鹉⑧。伟大的唐玄宗本人就有一只色彩艳丽、聪慧能言的鹦

---

① 《新唐书》卷221上，第4153页；《旧唐书》卷8，第3082页；《旧唐书》卷198，第3613页；《册府元龟》卷971，第4页；《唐会要》卷100，第1787页。

② 《新唐书》卷222下，第4159页；《旧唐书》197，第3609页。

③ 《新唐书》卷222下，第4159页。

④ 这个国家的名称叫作"拘蒌蜜"。

⑤ 《新唐书》卷222下，第4159页；《唐会要》卷100，第1794页。

⑥ 《册府元龟》卷971第6，7页。

⑦ 《新唐书》卷221下，第4155页；《册府元龟》卷971，第3页。我在此尝试将"诃毗邻"（＊Xâ-bʼji-śiḙ）译作"Kapiśa"（罽宾）。

⑧ 《新唐书》卷222下，第4159页；《册府元龟》卷972，第7页。

鹉，这只鹦鹉一直是玄宗心爱的宠物。张说在献给唐玄宗的表文中，甚至认为这只鸟就是传说中预示吉祥的"时乐鸟"。在一本古代的图册中，表现了时乐鸟的形象特征：这是一种"丹首、红臆、朱冠、绿翼"的鸟①。

在上文中，我们已经提到了由林邑贡献的白鹦鹉（但是白鹦鹉并不是林邑的土产，它肯定是在印度尼西亚的最边远的地区捕获的）。由于这只鹦鹉"精诚辩慧，善于应答"。于是"太宗悯之，并付其使，令放归林薮"②。这只白鹦鹉与另外一只一同贡献的五色鹦鹉，当时都由阎立本画了下来。宋代批评家周密称他本人家里就收藏了这幅画。据周密本人记载：

> 余家旧藏《林邑进鹦鹉图》，盖唐贞观中经献太宗。以其思归，并二女送还国。乃阎立本真迹也③。

另外一只在绘画中留传下来的白鹦鹉是杨贵妃的宠物"雪衣女"。根据一则广为流传的轶事记载，当唐玄宗在"双陆"中快要输的时候，贵妃就使雪衣女飞入局中，"鼓翼以乱之"，从而避免天子将要遇到的窘境④。这个动人的

---

① 薛爱华（1959a），第 278 页。译按，关于"时乐鸟"，请参见《册府元龟》卷 840，《酉阳杂俎》卷 16 以及《唐文拾遗》卷 16，张说《请以时乐鸟编国史奏》。

② 《旧唐书》卷 197，第 3609 页；《唐会要》卷 98，第 1751 页。

③ 《云烟过眼录》续集，第 5 页。译按，《云烟过眼录续集》是元代汤允谟仿宋代周密所作，不是宋代周密的作品，作者在正文中说，周密家藏云云，误。又，文渊阁本《云烟过眼录续集》"鹦鹉"作"鸡鹅"，依唐史所记，当误。附志于此。

④ 薛爱华（1959a），第 281 页。

场景（另一次发生在康国的猞子身上）是由周昉大师画下来的①。

比这些鹦鹉更引人注意的是一种"首有十红毛，齐于翅"的白鹦鹉，这种鹦鹉必定是塞兰和安波那出产的，长着玫瑰色鸟冠的白鹦②，它们是远隔重洋的一个岛国的贡礼。这个岛国距离广州有五个月的路程，它很可能是摩鹿伽群岛中的一个岛③。这个国家的使臣带来了婆律膏、白鹦鹉，"仍请马及铜钏，诏并许之"④。

一般来说，在有关鹦鹉的口头传说中，有一种古老的说法，认为抚摩鹦鹉会导致一种致命的疾病，其实这种病就是鹦鹉热，它是通过污染了鹦鹉粪便的粉尘进入人的肺部而引起的⑤。有不少广为流传的故事，内容是说主人将鹦鹉作为密探，监视家里的仆人和红杏出墙的妻子。这种故事很可能来源于印度⑥。最后，鹦鹉又象征笼子里的智慧——虽称乖巧，却非明睿。不过"当鹦鹉象征着为丈夫的利益而牺牲自己利益的新娘，或者是为了主人的利益而牺牲个人利益的仆人时，牺牲自由或许就是无偿的或是出于利他的目的。从另一方面来说，美丽的羽衣——这是其

---

① 索珀（1951），第 10 页。译按，《宣和画谱》卷 6 所录有周昉"白鹦鹉践双陆图"。
② 这种白鹦的学名叫"Kakatoë moluccensis"。
③ 这个国家的名字叫"褥陀洹"（﹡Nəu-dᵃ-Yuân）。
④ 《新唐书》卷 222 下，第 4159 页；《旧唐书》卷 197，第 3610 页；《唐会要》卷 99，第 1779 页。《唐会要》将本年（贞观廿一年，647）的遣使与此前的通使事件混淆在了一起。
⑤ 薛爱华（1959a），赵汝括曾经描述过鹦鹉翅膀上的粉尘，这种粉尘被错误地认为是鹦鹉热病的根源。参见惠特利（1961），第 123 页。
⑥ 薛爱华（1959a）第 279～280 页。

主人的自负的根源——会使它被捕捉，被禁闭，而这也正是它的大不幸"①。

鸵鸟

在唐朝，没有别的动物能够像鸵鸟那样更使人感到惊叹不止，而且也没有比鸵鸟更为罕见的动物了。七世纪时来到唐朝的只有两只鸵鸟。在此之前，中国人通过传闻对这种形体巨大的鸟已经有所了解，因为早在汉和帝永元十三年（101），安息国就已经贡献过一只鸵鸟②。毫无疑问，它们就是吐火罗种的鸵鸟。吐火罗种鸵鸟与生长在叙利亚和阿拉伯沙漠，直到1941年才灭绝的那种鸵鸟很相似③。成年雄鸵鸟的头部和颈部呈红色或粉红色，通体羽毛光滑而略显苍色，尾部和翅膀上长着白色的羽毛。波斯人将这种鸟称作"ushtur murgh"（骆驼鸟）④，这个名称被译成了汉文，成了中世纪远东地区对于鸵鸟的俗称，从而取代了早先使我们联想起鸵鸟的希腊和拉丁名称的"条枝大爵"⑤。但是鸵鸟的古名在唐代并没有完全绝迹。

---

① 薛爱华（1959a），第280页。
② 《后汉书》卷4，第659页；《后汉书》卷118，第904页。
③ 这种鸵鸟的学名叫"Struthio camelus syriacus"。见韦利（1952），第74页。
④ 夏德和柔克义（1911），第129页。
⑤ 《册府元龟》卷970，第13页特意提出"夷俗呼为鸵鸟"，而在《汉书》和其他的史料中都称作"条枝大爵"。另请参见我们在上文中讨论孔雀时提到的西方对鸵鸟的称谓。唐朝学者在注释《汉书》"条枝大爵"时说"即禽之鸵鸟也"。班固在《西都赋》（《六臣注文选》）中径将这种鸟称作"条枝之鸟"。唐朝李善在此下注云"大鸟，卵如瓮"（译按，《文选》原注云："条枝国临大海，有大鸟，卵如瓮。"）。李善此注出自《广志》，见《本草纲目》卷49，第11页引《广志》文。关于"条枝"见上文236页注②。译按，《汉书·孝和殇帝纪》引郭义恭《广志》文与《本草纲目》所引稍异，请参见。

据武德三年（620）有关西突厥的一位使臣的记载说，这位使臣贡献了一只"条枝巨鸟"①。而最有名的则是永徽元年（650）由吐火罗贡献的一只鸵鸟。唐朝的有关史料中大量地记载了这只鸵鸟的情况，它具有很强的奔跑能力，可以"鼓翅而行，日三百里"，而且能够"食铜、铁也"②。最后提到的这种食铜嚼铁的能力，使唐朝人选择鸵鸟粪入药，并声称"人误吞铁、石入腹，食之立消"③。

吐火罗贡献的那只美丽的鸵鸟，由唐高宗在太宗墓前献给了其光荣的祖先的英灵④，而在高宗的墓前，至今还立着这只鸵鸟的石像⑤。此外在睿宗的墓前也立着一尊鸵鸟像，我们虽然还不知道这只鸵鸟的来源，但是这只鸵鸟与其他的那些鸵鸟的形象一样栩栩如生，显然也是以活的鸵鸟作为模特而雕造出来的。

对我们来说，李白笔下的鸵鸟也是一个难解之谜：

> 秋浦锦鸵鸟，人间天上稀。
>
> 山鸡羞渌水，不敢照枝衣⑥。

正如我们所熟知的那样，雉对于自己美丽的倒影是很有些自我陶醉的，但是在这首绝句中，它却在红色、苍色的"锦"

103

---

① 《旧唐书》卷1，第3065页。
② 《新唐书》卷221下，第4154页；《旧唐书》卷4，第3071页；《册府元龟》卷970，第13页；《本草纲目》卷49，第11页引陈藏器文。
③ 《本草纲目》卷49，第11页引陈藏器文。
④ 《旧唐书》卷4，第3071页。
⑤ 劳费尔（1926），第29～33页；薛爱华（1950），第288页。
⑥ 《李太白文集》卷7，第5页《秋浦歌》。《秋浦歌》共有十七首。诗人就生活在秋浦。

鸵鸟面前自惭形秽了。"锦"字最初的确是形容雉的一个字——金色的雉有时被称作山鸡，而有时则像这首诗中形容的那样，因为它彩色光亮的羽毛而被称为"锦鸡"①。李白在这里所写的，是他亲眼见到而非仅仅得自传闻的鸵鸟呢？还是这里仅仅是喻指一位才华横溢的文人呢？

频伽鸟

在佛教的文学作品中，经常提到频伽鸟和它那悦耳动听的歌喉。频伽鸟这位神奇的歌手之所以在佛教文学中出现，并不是由于它自身的缘故，而是因为它是佛陀及其声音的定型。它会告知天下众生形色世界一切皆苦，人生无常的伟大真理②。杰出的佛教词汇编纂者慧琳曾经描绘过这种鸟。他写道："此鸟本出雪山，在壳中能鸣，其音和雅，听者无厌也③。"

我们发现，这种神鸟在远东宗教艺术中的意义是很不明确的，它与"kinnara"（真达罗）混淆了起来，而频伽鸟与"kinnara"本是风马牛不相及的④。在一首来源于印度，被称作"伽陵频伽"的唐朝舞蹈中，曾经表现过频伽鸟的形象（在上文中已经谈到），至今频伽鸟的形象在日本还是由身着双翼的男僮扮演⑤。人们或许会猜想，作为一种纯粹存在于宗

---

① 这种鸟的学名叫"Chrysolophus pictus"。参见里德（1932），注（271）。

② 戴密微（1935），第153页；苏慧廉、何乐益（1939），第307页；哈克曼（1951~1954），第70页。

③ 《一切经音义》卷23，第456页。又见《一切经音义》卷25，第463页。

④ 埃克和戴密微（1935），第61~62页。据他们声称，在泉州的一座花岗岩宝塔上有一个长着双翅、脚爪、鸟尾，外形类似人的形象，这种形象看起来好像是印度的kinnara的形象，但是实际上应该是频伽鸟的形象，因为kinnara在中国和日本是从来不以鸟的形象出现的。

⑤ 见戴密微（1929），图版15是表现他们服饰的绘画。

教隐喻和图像中的禽鸟，要想在现实世界中找到它们是徒劳无益的。然而事实却证明这种看法是错误的，因为在八世纪初年，一位来自诃陵国的使臣向唐朝皇帝贡献了鹦鹉、若干名僧祗童、许多异香，此外还有一只频伽鸟[1]。那么这只印度尼西亚鸟究竟是什么样的呢？要想明白这一点，我们首先必须找到一种原产于印度和印度尼西亚的鸟，而这种鸟还应该具有嘹亮、悦耳的歌喉。要满足这些条件简直太容易了，因为在这些条件中允许有具体的和品种的差异，在这两个地区有许多共有的鸟，而其中不少声音都很动听。十二世纪的一位中国学者的记载帮助我们缩小了这个范围。张邦基在描述浙江的一座佛寺时说：

> 佛殿上有频伽鸟二枚。营巢梁栋间，大如鹎鶪[2]，毛羽绀翠。其声清越如击玉，每岁生子必引去，不知所之[3]。

---

[1] 在两种史料（《新唐书》卷 222 下，第 4159 页；《唐会要》卷 100，第 1782 页）中将这件事记载于元和八年（813），根据另外两种资料（《旧唐书》卷 197，第 3610 页；《册府元龟》卷 972，第 7 页）的记载，这件事发生在元和十年（815）。我认为应该以 815 年为是。

[2] 中国常见的黑卷尾（Dicrurus cathoecus）有各种不同的名称，如鹎鶪（＊pjiĕ-kap）、鶪鹎（＊p'iei-kap）、批颊（＊p'iei-kiep）和鹡鵊（＊b'ji̯-g'i̯əp）等等。这种鸟长着带有金属光泽的黑羽毛和一条长尾巴，能从晚上一直叫到黎明。它还以勇敢而著称——这种鸟甚至可以袭击鹰和乌鸦。黑卷尾广泛分布在中国的大地上，但是，有时候这个名称也适用于毛冠卷尾（D. hottentotus），毛冠卷尾是一种候鸟。这种鸟的名称的识别最初是由莫伦道夫（Mollendorf）提出的，见里德（1932），注（295）A；参见《本草纲目》卷 49，第 10 页；怀尔德和哈巴德（1924），第 171 页。译按，"大如鹎鶪"，四部丛刊本、文渊阁本《墨庄漫录》作"鸭颊"，"鸭颊"文义不通，或是"鹎鶪"之讹文。此从英译文。

[3] 《墨庄漫录》（《丛书集成》），第 5 卷，第 57 页。

104 　　由此可知，我们所讨论的这种神秘的鸟与中国常见的卷尾科鸣禽是非常相像的。卷尾科鸣禽长着带有金属光泽的羽毛——但是它的羽毛是黑色的，而张邦基说的频伽鸟的羽毛是深蓝色的。而且卷尾科鸣禽还有格外高亢而清越的嗓音。在印度群岛和印度有类似的这种鸟吗？有，它就是凤卷尾[①]。这种鸟还有一种更加众所周知（也更通俗）的名称，叫作"大盘尾卷尾"。爪哇种"美凤卷尾"（Dicrurus paradiseus formosus）长着光亮鲜华，略显紫黑色的羽尾，修长而呈弯曲状的外侧尾羽，而且"能够发出一连串悦耳动听的啭鸣声和音调，具有很强的模仿能力"[②]。而印度种的卷尾则据说"或许是东方最好的鸣禽"[③]。

　　所有的条件都满足了。这种美丽的鸟长着闪烁着蓝色光泽的鲜亮的羽毛，在山林之中宛转鸣叫，它美丽动人，勇敢无畏，它的歌喉成了佛陀觉者说法的象征；而这种鸟十二世纪时流入浙江的一只印度尼西亚亚种或云南亚种与印度种的卷尾并无二致。这种鸟曾经使张邦基感到惊叹不止，而诃陵王则将这种美丽的凤卷尾作为一种天生的奇物和忠诚的象征送到了长安[④]。

---

① 这种鸟的学名叫"Dicrurus（或 Dissemurus）paradiseus"。在印度、缅甸、越南和云南以及印度尼西亚有这种鸟的几个亚种。见德拉库尔和雅布衣利（1931），第84~86页。

② 德拉库尔（1947），第340~342页。

③ 弗莱彻和英格利斯（1924），第31页。

④ 劳费尔曾经讨论过识别来自诃陵的频伽鸟的可能性，但是他没有得出明确的结论。见劳费尔（1915b），第284页。

她一身汇集了令人目眩的色彩，

朱红的斑点，金黄、碧绿或湛蓝；

条条纹路如斑马，点点金钱如豹斑，

有如孔雀的翎眼，

又像是红若鸡冠的条痕；

她全身都是晶莹的光晕，当她呼吸时，

那光或消失无踪，

或转而分明，

将银色的光与暗淡的条纹交融在一起——

就像彩虹镶上了边，与暗云相连，

刹那之间，她就像是正在赎罪的女妖，

或者像是那魔王的妻子，

要不，她就是魔王自己。

——济慈 《拉弥亚》①

---

① 译按，济慈（1795～1821），十九世纪英国最伟大的诗人之一。他的诗歌
意境优美，笔触传神。擅长借助神话题材来表达哲理，并从而探求诗歌
艺术的完美境界。主要作品有《许佩里翁》《心灵》《哀感》《夜莺》
《秋颂》等。

第六章　毛皮和羽毛

毛皮和羽毛是人们残暴地从动物身体上剥取下来，供自己享用的东西。穿戴皮货和羽毛的爱好几乎与人类的历史一样古老，这种时尚至今也没有一点过时的征兆。总而言之，在最初的时候，穿着皮毛和羽衣，是人们获取现成的衣服的一种简便易行的方式。穿着兽皮、羽衣的人既得到了温暖，又获得了一种野性的美和神奇的魔力——从某种意义上来说，一旦穿上了兽皮或羽衣，则穿戴这种衣服的人本身也就变成了一头熊、一只狐狸，或者是一只天鹅，同时他也就具备了这些鸟兽的惊人的本领。

在古代中国，身穿裘皮有一种特别尊贵的意味，穿"大裘"是天子才有的特权。天子在祭祀昊天上帝时，就是"服大裘而冕"①。据说天子神圣的皮裘是用羔皮制作的，上面装饰着象征性的图形和星辰、山川以及现世生物的形象。

许多世纪以来，裘皮成了北方游牧民族或汉族武士的标志，甚至仅仅是北方人过冬御寒的服装。在唐代，供人们穿着的皮衣种类繁多，不胜枚举。有狐皮、白虎皮、黑豹皮、虎皮，还有千金裘、紫霜裘、翠云裘，甚至还有白布裘、锦衣

---

① 《周礼·天官·司服》。

裘、布裘和褐绫裘等等①。最后的这几种表达方式显然是自相
矛盾的，它们似乎是指那些部分地由纺织品做成的披风和暖
和的大氅，这种衣物往往是采用动物皮作衬里，或者是用动
物皮来镶边，而有些则干脆就是用厚布来当皮毛的代用品。

在唐朝本土，最大的皮毛生产地是陇右道（大体上相当
于现在的甘肃省）。唐朝官方具列陇右道的土贡称"厥贡麸
金、砺石、棋石、蜜蜡、蜡烛、毛毼、麝香、白氎及鸟兽之
角、羽毛、皮革"②。在唐朝其他任何一个道的贡物中，我们
都没有见到过类似的记载。但是对于唐朝的朝臣而言，他们穿
戴的皮毛也有来自遥远的日本的裘皮③。虽然唐朝进口的裘皮
有些来自西极，但是北方一直是唐朝裘皮的最重要的产地，所
有的外来的裘皮都充满了原始粗犷的情调。

鹿皮

遥远的花剌子模是历史上著名的皮毛出口地。这里出产的
皮毛产品有"黑豹皮、白毛皮、雪貂皮以及草原狐、貂、狐、
海獭、花斑兔和山羊的皮"④。虽然我们还没有证据说明唐朝
与河中地区进行过大宗的皮毛交易，但是在天宝十二载

---

① 见《图书集成·礼仪典》卷340。
② 《唐六典》卷6，第17页。
③ 李白《送王屋山人魏万还王屋》，《李太白文集》卷14，第2页。译按，
李白诗中有"身着日本裘，昂藏出风尘"句。李白自注云："裘则朝卿
所赠日本布为之"。此即作者所本。但是以"朝卿"作为"朝廷的官员"
似不常见。据《李白集校注》，此"朝卿"即"朝衡"，亦即历史上有名
的"晁衡"。此人就是日本遣唐学生仲麻侣，汉名朝衡，又作晁衡（见
卷16，及卷25《哭晁衡》注）。果尔，则朝卿与"朝官"无涉。姑志此
以存疑。
④ 巴托尔德（1959），第235～236引 Maqdisī（十世纪时人）。

（753）来自花剌子模的使臣曾经将紫鹿皮带到了长安①，而且在附属于唐朝宫廷的工匠作坊中也有"从波斯传到凉州"的"赤麖皮"②。这种绯色的鹿皮是由波斯经漫长的西域通道而送入唐朝边疆地区的。唐朝人将这种伊朗鹿称作"麖"。麖皮也是唐朝本土的一种产品，唐朝人非常喜欢用这种皮革制作靴子。

靴子在中国有漫长的历史。它是在古典时代从游牧民族那里接受来的，主要用于武士的装束。但是甚至晚至唐代，人们也还没有完全忘记靴子是蛮夷之物。我们可以在唐代的文学作品中见到这样的记载，当一位长沙的名妓舞罢《柘枝舞》之后，在诗歌中形容她：

便脱蛮靴出绛帷③。

在七世纪上半叶之前，穿着靴子进入庙堂殿省甚至也一直属于被禁止之例。一直到靴帮经过改造，加了装饰之后，才允许着靴进入殿省④。

---

① 《册府元龟》卷971，第19页。这是一只紫色的鹿。《册府元龟》作"麖""麖"字未经证明，很可能"麖"是"麖"的讹字，而"麖"则是"麖"的俗体字。关于"麖"，我们将在下文中讨论。译按，影宋本《册府元龟》作"紫麖皮"。

② 《唐六典》卷22，第14～15页。译按，《唐六典》原文称赤麖皮等物产"出波斯及凉州"，作者说，从伊朗传到凉州，误。

③ 《全唐诗》第11函，第10册，《妓女》第2页。译按，本诗《全唐诗》重收，卷489诗题为《赠李翱》，作者为舒元舆；卷802题为《献李观察》，作者为"舞柘枝女"。

④ 《资治通鉴》卷221，第12页胡三省在注解中叙述了靴子发展的简要过程。他指出："《释名》曰：靴本胡服，赵武灵王所作。《实录》曰：胡履也。赵武灵王好胡服，常短勒，以黄皮为之，后渐以长勒，军戎通服。唐马周杀其勒，加以靴毡。开元中裴叔通以羊皮为之，隐麖，加以带子装束。故事，胡房之服不许着入殿省，至马周加饰，乃许之。"

　　唐朝最优质的靴子是桂州（在今广西壮族自治区北部）出产的"麂皮靴"，在唐代，这种靴子甚至是桂州的一项专门的土贡①——虽然我们知道在后晋高祖天福三年（938）时，福建地区也曾制作过麂皮靴②。柔软的麂皮在唐朝的靴匠中竟然如此盛行，所以我们认为，所谓的"麂"，可能就是小毛冠鹿③。这种鹿外形与麂很相似，长着长长的犬齿和几乎观察不到的鹿角。这种机灵活泼的动物生活在长江以南的中国沿海地区和西南地区。由于证据相互抵牾，我们还不能完全断定麂就是毛冠鹿，但是有一点可以肯定，中亚波斯的麂必定不可能是毛冠鹿。

107　　总之，红色的鹿皮靴在唐代曾经风行一时。在日本正仓院的珍宝库中保留着一双用绛色的皮革制作的，在举行礼仪时穿的靴，靴上用金色的饰带、银花、彩珠装饰，这种靴的式样依稀保留了唐朝的麂皮靴的影子④。据说正仓院的这双靴是圣武天皇本人穿的靴。在唐代宗统治时期，即在公元八世纪后期，唐朝的宫廷里盛行穿一种用红锦制作成的长靴⑤，这种靴子必定是为了满足宫中纨绔弟子的需要而模仿制作的，或者可能是仿照用林邑紫胶染色的桂州鹿皮制作的靴子。

---

①　《新唐书》卷43上，第3732页。又见李群玉有关桂州麂皮靴的诗。《全唐书》第9函，第2册，第12～13页。译按，李群玉《薛侍御处乞靴》诗云："越客南来夸桂麂，良工用意巧缝成。看时共说茱萸皱，着处嫌无鸲鹆鸣。百里奚身悲堪似，五羊皮价敢全轻。日于文苑陪高步，赢得芳尘接武名。"诗在第9函，第3册。此处之"2册"当为"3册"之误。

②　薛爱华（1954），第69页。

③　这种鹿的学名叫"Elaphodus cephalophus"。

④　石田茂作与和田军一（1954），图版119。

⑤　索珀（1951），第14页。

马皮

在唐朝控制之下的河西走廊、鄂尔多斯以及蒙古边界地区每年都要将马皮作为土贡送往唐朝的都城长安①。自古以来，马皮就是制作小皮船或柳条艇（在北方用作摆渡）以及"鞍褥"②的重要材料。在下文中我们将会看到，马皮甲就是从突厥地区输入的③。制作皮甲在中国有悠久的传统，到了唐代，人们似乎还在利用马皮来制作甲胄。

海豹皮

带状海豹栖息在鄂霍次克海附近的海域。这种动物因为身上带有斑点④而被中国人称作"海豹"⑤。海豹皮是在玄宗开元年间由渤海靺鞨和新罗国贡献的⑥。

貂及貂类动物皮

在上文中我们已经谈到，唐朝人继续保持了将貂尾系在服装上，特别是系在帽子上的古代习俗。不仅武官如此，唐朝有

---

① 《新唐书》卷37，第3720～3721页，卷40，第3727页。
② 或许我们应该如是称，它是用来垫在鞍子下面的。中野江汉（1924），第59～60页。
③ 《册府元龟》卷971，第3页。
④ 即"Phoca equestris"。
⑤ 劳费尔（1913），第340页。
⑥ 开元十八年（730）渤海靺鞨献海豹皮六张（《册府元龟》卷971，第8页）；开元十一年（723）新罗国献海豹皮，未指明数量（《册府元龟》卷971，第5页）；开元廿二年（734）新罗献海豹皮十六张（《册府元龟》卷971，第10页）。

些阶位高的文官也戴着这种象征勇敢的标志①。但是貂皮主要是仗剑出塞，或者是返回故土放鹰走狗的任侠少年的特殊标志：

错落金锁甲，蒙茸貂鼠衣②。

类似的诗句在唐朝的诗歌中是很常见的。貂皮和雪貂皮都具有美观而温暖的特点，但是它们又很容易使人联想起貂和雪貂这种动物的残忍性格。人们在心里总是倾向于将貂皮、雪貂皮与北方、严寒、食肉饮酪的蛮夷以及边疆战争的危险等联系在一起。李颀在他写的《塞下曲》中就提到了貂皮：

黄云雁门郡，日暮风沙里。
千骑黑貂裘，皆称羽林子。
金笳吹朔雪，铁马嘶云水。
帐下饮蒲萄，平生寸心是③。

无论这里提到的是黑貂还是雪貂，这种小动物的毛皮作为

---

① 即"侍中"与"中书令"。一般来说，很难确定唐代文献中提到的貂究竟是指亚洲貂、黑貂或者是雪貂中的哪一种。我们所知道的只是相同的集合名词。参见《本草纲目》卷 51 下，第 391 页。韩燰（1953），第 391 页。

② 崔颢（八世纪）《古游侠呈军中诸将》。《全唐诗》第 2 函，第 9 册，卷 1，第 1 页。

③ 李颀是八世纪的诗人。原诗见《全唐诗》第 2 函，第 9 册，卷 1，第 1 页。

唐朝的军事装备曾大量地引进。甚至唐朝边疆诸道每年也将貂皮送往朝廷，以用来制作骑兵使用的器具①。七世纪时，乌罗浑部②曾向唐朝贡献貂皮——乌罗浑位于靺鞨以西、突厥以东、契丹以北的地方。八世纪时的貂皮主要是由位于松花江与黑龙江的东胡靺鞨诸部贡献的，有时候数量竟达到上千张③。

豹皮

开元八年（720）"南天竺"（Pallavas?）向唐朝朝廷贡献了一张豹皮④，四年之后，新罗也贡献了一张豹皮，新罗贡献的无疑是一头西伯利亚长毛豹的皮⑤。唐朝一位诗人曾经写过

---

①　《唐六典》卷22，第18页。

②　乌罗浑（＊uo-lâ-yuən）与蒙古语"ulayan"（红色）可能出自是同一词源。

③　渤海靺鞨使臣曾数次向唐朝贡献貂鼠（《册府元龟》卷971，第8页；卷971，第12页；卷971，第13页）。《册府元龟》在记载靺鞨最初两次贡献时，将貂鼠误作"豹鼠"。黑水靺鞨贡献过八次（《新唐书》卷219，第4146页）；"大（或"太"）拂涅靺鞨"贡献过一次（《册府元龟》卷971，第4页）。黑水靺鞨似乎就是现代的赫哲人，契丹人将他们称作"weji"（林人），见和田清（1955），第16页。

④　《唐会要》卷100，第1787页。这无疑是一种南方种的豹，即"Panthera pardus fusca"。

⑤　即"P. p. orientalis"。《唐会要》卷95，第1712页。译按，《唐会要》云，开元"十二年，兴光遣使献果下马一匹、牛黄、人参……镂鹰铃、海豹皮、金银等"。《册府元龟》卷971、《新唐书》卷200《新罗传》均作"海豹皮"。由此可知，新罗贡献的是"海豹皮"，而不是"豹皮"，作者断句有误。又，十二年，《册府元龟》作"十一年"；且《唐会要》下文云："至十二年，遣其臣金武勋来贺正"，则《唐会要》前"十二年"显为"十一年"之误。作者从《唐会要》，亦误。

"寒宜拥豹裘"的诗句①。如果谁有幸像这位诗人一样，能够得到一件斑驳豹皮裘的话，的确是一件使人感到非常惬意的事情。可是暖和固然可喜，但是穿用豹皮也不无危险。豹子凶残的本性很可能会对穿豹皮服装的人产生不利的影响，药物学家陈藏器就曾告诫人们，豹皮"不可藉睡，令人神惊，其毛入人疮中有毒"②。当然也有人对这种忠告置之不理，例如典型的道教隐士张志和就是如此，张志和"豹席樵罽，每垂钓不设饵，志不在鱼也"③。

豹皮还是唐朝文人学者的日常用品，就像文人的砚台要用织着图案的锦缎遮盖，以防止灰尘一样，他们的墨锭也须放入豹皮囊中以防受潮④。

狮皮

"四月，西突厥叶护可汗遣使献狮子皮。"⑤ 这件事发生在武德五年（622）。狮皮是真正有名望的猎人或者是大力神的胜利纪念品。

其他兽皮

据说唐玄宗曾经有过一张兽皮，这种野兽的胡语名称的意思是"碧芬"，这是在太宗时期由一个遥远的国家贡献的

---

① 李咸用（九世纪）《和殷衙推春霖即事》，《全唐诗》第 10 函，第 2 册，卷 2，第 12 页。
② 《本草纲目》卷 51 上，第 26 页引陈藏器语。
③ 《新唐书》卷 196，第 4087 页。
④ 《云仙杂记》卷 1，第 6 页。
⑤ 《册府元龟》卷 970，第 4 页。

礼物①。据悉这种动物是豹子与中国古代传说中被称作"驺虞"（∗tsiəu-ngiu）的动物的杂交种。它的皮比波斯的蓝靛还要更蓝，而它的香味则在几里之外就能闻出来②。虽然有人认为，这种动物的亲本应该并非完全出自传说的熊猫③，但是实际上我们对这种动物的亲本一无所知，所以要确定这种动物的种属就越发困难了。这种动物使我们联想到西藏的"蓝熊"。

最后，八世纪时大拂涅靺鞨部在进献貂鼠皮的同时，还曾经贡献过白兔皮，白兔是他们的林海雪原中残遗的物种④。

鲨鱼皮

在长江口以南，中国沿海各地都出产鲨鱼皮，我们在这里将鲨鱼皮作为外来物品，只是因为在北部湾也出产鲨鱼皮，而北部湾当时又是唐朝的保护国⑤。据古代传说记载，鲛人居住在林邑沿海的海底，他们能产出许许多多珍珠（这是他们的

---

① 这个国家叫作"林氏国"，这种动物的名字叫"鲜渠（∗siän-giʷo，即蓝靛）上沮（∗ziang-tsiʷo，即香料）"。译按，《明皇杂录》"辑佚"（田廷柱点校，中华书局，1994 年）据《唐人说荟》转录佚文作："玄宗与贵妃避暑兴庆宫，命进碧芬之裘。碧芬出林氏国，乃驺虞与豹交而生，大如犬，碧于黛，香闻数十里。太宗时致贡，名之曰鲜渠上沮。鲜渠，华言碧；上沮，华言芬也。"明人周嘉胄《香乘》卷七"碧芬香裘"条引《明皇杂录》内容详于中华本所引，可参看，此略。
② 《明皇杂录》（《唐代丛书》，4），第 16 页。
③ 戴闻达（1939），第 402 页，注（1）。他对这种看法也没有什么把握。
④ 《新唐书》卷 219，第 4146 页；《册府元龟》卷 971，第 4 页。
⑤ 《新唐书》卷 43 上，第 3733 页。

眼泪），而且能够纺织出一种奇异的茧绸①。尽管传说中的人
鱼身上穿的很可能就是鲨鱼皮，但是实际上鲨鱼皮在日常生活
中极为普通，也不带有任何特殊的魅力。早先有一种铠甲就是
用鲨鱼皮制作的，而且这种材料还能作砂纸般的研磨材料用。
但是在唐代，人们主要是将鲨鱼皮作为一种装饰和实用的包装
材料缠在剑柄上，因为鲨鱼皮的表面呈颗粒状，握在手中不易
使剑滑落②。至今在日本的奈良，我们仍然可以见到一些唐朝
的刀剑，这些剑上面装饰着诸如金、银以及斑驳的犀角等珍贵
的材料，而剑柄则是用颗粒状的鲨革包裹的③。

兽尾

作为一种象征标志，兽尾不仅能够表示整个的动物，而且
在其含义中还代表了动物的一些本质性的特征。这就正如同一
柄剑可以表示国王的神授的权力，或者一块头皮能够代表敌人
的灵魂精气一样。然而就某些特定的兽尾而言，它仅仅是一种
荣誉的标志；我们可以肯定地说，牦牛尾就属于这一类。唐朝
的牦牛尾是由西藏或者是与西藏相邻的唐朝的西部地区（即
现代的四川和甘肃省）贡献的④，甚至位于现代蒙古草原地区

---

① 薛爱华（1952），第156，159～160页。译按，"鲛人"，英文原文作
"shark-people"（鲨鱼人），据张华《博物志》卷2载"南海外有鲛人，
水居如鱼，不废织绩。其眼能泣珠"。此即作者所本。汉译文从《博物
志》作"鲛人"。

② 远在唐朝以前的《南越志》说（据《本草纲目》卷44，第31页转引）：
"鳞皮有珠，可饰刀剑。"唐朝以后，苏颂也曾写道："其皮以饰刀靶"
（据同一史料转引）。

③ 例如正仓院（1928～），Ⅳ，第37页；石田茂作与和田军一（1954），图
版第25。

④ 《唐六典》卷22，第18页；《新唐书》卷42，第3729、3730页。

的唐朝的保护国也向朝廷贡献牦牛尾①。来自东北的白马尾②
和来自西方的狐尾③，可能比牦牛尾具有更多的神力的意味，
但是如果仅仅就豹尾言，它毫无疑问是充满了玛纳神力和驱邪
避恶的力量的④。"阴阳家有豹尾神，车驾卤簿有豹尾车。"⑤　110
豹尾曾经是上古的军事装备，但是到了汉代时，它就已经成了
大驾分界的标志，大驾的分界就如同宫廷本身的分界一样，是
不可造次擅越的。在唐代，豹尾车是标志皇权的大驾卤簿中的
一个重要的组成部分。豹尾高悬在一根漆成绛色的旗杆上，由
豹尾车里的一位"武弁、朱衣、革带"的队正举着旗杆，另
外还有十二名驾士陪伴⑥。豹尾车在大驾卤簿中有自己固定的
位置：豹尾由辅助驱邪而成了备受尊敬的守护神。很久以后，
到了宋代时，豹尾就已经在卤簿中消失，而代之以由漆点装饰
的一面黄色的旗子⑦。

羽毛

　　从某种意义上来说，人希望能够像鸟儿一样自由自在、无

---

① 《新唐书》卷37，第3721页。

② 《唐六典》卷22，第18页。

③ 《新唐书》卷42，第3730页。

④ 《重修政和证类本草》卷17，第30页引陈藏器语。今按，原文谓："陶
　隐居云：'豹至稀有，为用亦鲜，惟尾可贵。'《唐本注》云：'阴阳神豹
　尾及车驾卤簿豹尾，名可尊重，真豹尾有何可贵，未审陶据奚理？'今
　按，陈藏器《本草》云：'豹主鬼魅神邪，取鼻和狐鼻煮食之，亦主狐
　魅也。'"供参考。

⑤ 《本草纲目》卷51上，第26页引《唐本草注》。

⑥ 《唐六典》卷17，第17页；《宋史》卷149，第4837页。

⑦ 《宋史》卷149，第4837页。甚至在唐代，有些人认为，车仗中的豹尾只
　是一种象征，它本身并不值得尊重。例如药物学家苏恭就执这种看法，
　见《本草纲目》卷51上，第26页引《唐本草注》。

拘无束地飞翔，实在是远甚于获得别的动物的能力。举形登天，神游太极，乘虚御风，便是古人的这种观念和希望的体现。而到了唐代，这仍然是人们迫切追求的理想。虽然，这些意象只是在我们称之为"道教"的传说中才得到了充分的表达——道教的理想归宿就是乘虚御风和"羽化成仙"——但是这种想象也正是每一个中国人的梦想的一个组成部分。因此对于中世纪的中国人来说，鸟羽就如同兽皮一样，能够用于装饰，同时它还可以转化人的存在，或者说至少在美化人们的身体的同时，激发起人的想象力①。

羽饰是为了满足人们的爱美之心，所以优雅的羽毛必须要有艳丽悦目的色彩。正如夏威夷皇家工匠捕捉取食花蜜的旋蜜雀②一样，唐朝长安的皇室工匠迫切希望得到像黄鹂那样的明黄色的羽毛③和色彩像闪光的绿松石一样的翠鸟的羽毛。不管是用来美化人体，还是装饰寓所，翠鸟的羽毛都是最重要的装饰品。从最早的时代起，翠鸟的羽毛就被用来作为珠宝的饰物和当作最富丽堂皇的装饰品。唐代的文学作品中提到了大量与翠鸟羽毛有关的物品，大如帐幕或华盖④，小如戒指或其他妇女使用的小饰物等，都是用翠鸟的羽毛装饰的：

---

① 今陕西省北部出产的白雕的羽毛的用途与此不同，它是被朝廷工匠装在箭上使用的。李时珍说"其翮可为箭羽"。见《本草纲目》卷49，第12页；薛爱华（1959），第307页。

② 译按，旋蜜雀是鸦科蜜鸟亚科的一种美洲热带鸟，体形很小，色彩艳丽，多在热带丛林或庭园中觅食花蜜。

③ 这种鸟的学名叫"Oriolus cochichinensis（＝chinensis）"。参见《唐六典》卷22，第14～15页。

④ 例如八世纪时，王涯为了向皇帝"讽谏"，曾写过一首《翠羽帐赋》。见《新唐书》卷76，第3686页。

泥沾珠缀履，雨湿翠毛簪①。

这种鸟的极为珍贵的暗绿色羽毛，有些是来自岭南的偏远地区②，但大多数则是安南的产品。安南当时仍然是由不安定的唐朝安南都护府统治的③。

鸟羽还被用来"绘画"——我们还不知道这是什么鸟的羽毛。有一幅屏风，上面的画面表现了一位站立在一棵树后面的日本圣武天皇宫里的仕女，屏风上还书写着格言。仕女和格言都是用羽毛做成的。这幅作品现在收藏在正仓院，我们认为它即使不是中国人的作品，也是受到了中国作品的启发才创作出来的④。

早在唐代以前很久，安南白鹭的羽毛⑤就已经被用来制作周朝舞蹈者的仪仗了；而在唐朝时，它则被当作是军队的标志⑥。在皇帝宴见蕃王的场合，在由勋卫组成的壮观的队列中，第七队武士的标志特别醒目，这就是从印度群岛传来的"小五色鹦鹉毛氅"——这队武士穿着"黄地云花袄、冒"⑦。

但是自古以来，军队里使用的羽毛中最享有盛誉的还是那些美丽的雉和其他鸡形目鸟的羽毛。在中国境内，尤其是在中

111

---

① 李华《咏史》，《全唐诗》第3函，第2册，第4页。这首诗的内容是写一位碰上了风雨的妇人。
② 例如位于广州最西部的钦州。见《新唐书》卷43上，第3732页。
③ 交州、陆州。《新唐书》卷43上，第3733页。夏德和柔克义曾经提到宋徽宗大观元年（1107）关于禁止采集羽毛作为纺织品的政府禁令。见夏德和柔克义（1911），第235~236页。
④ 石田茂作与和田军一（1954），图版第33、34。
⑤ 有几种白鹭的羽毛可以使用。见郑作新（1955），第15~17页。
⑥ 《唐六典》卷2，第18页。
⑦ 《新唐书》卷23上，第3678页。

国的西方、南方以及与东亚相邻的地区都是这些鸟的大量繁殖
区①。现在，首先让我们来看看能够供唐朝人利用的鸡形目鸟
究竟有哪些种类：秦岭山中长着绛色尾巴的血雉（David's
blood pheasant）②；中国西部的长着角羽、白点羽毛和蓝头的
红腹角雉（Temminck's tragopan）③；长着蓝黑冠、红颊和长长
的白尾的岭南银雉④；白角羽、红颊、身体羽毛呈青灰色，闪
烁着绿色、紫色光泽的甘肃的蓝耳雉⑤；绿、黄背，红腹，金
冠，生长在西部和西北部的金雉⑥；在所有这些鸟中，最华贵
的可能要属红腹锦鸡（Lady Amherst's pheasant）⑦ 了，这种鸟
生长在西藏和唐朝的西南地区，羽毛呈现出鲜艳夺目的红、
白、蓝、黄和黑色，特别是它的身上还闪烁着美丽的绿色光
泽。此外还有其他许多种的鸟。在这些多彩华丽的鸟当中，究
竟唐朝官方的工匠使用的是哪几种鸟的羽毛，我们现在还无法
断定。但是可以肯定的是，在古代传说中最有名的"翟雉"
（Reeves's pheasant）⑧ 确实是当时使用的饰物。这是一种美丽
的金褐色的鸟，身上长着白色、黑色的斑点和条纹，而白色的
头部则隐隐地透出一点黑色，它还长有非常长的尾巴。这是中
国北方土生的一种飞禽，从记载模糊而又辉煌灿烂的远古时代

---

① 以下雉类引自德拉库尔（1951）；请参见里德（1932），第 269～273 页；
郑作新（1955），第 90～109 页。有关角雉与雉，请读者最好阅读西特韦
尔（1947），第 186～196 页。

② 学名叫"Ithaginis cruentus sinensis"。

③ 学名叫"Tragopan temmincki"。

④ 学名叫"Lophura nycthemera"。

⑤ 学名叫"Crossoptilon auritum"。

⑥ 学名叫"Chrysolophus pictus"。

⑦ 学名叫"C. amaherstae"。

⑧ 学名叫"Syrmaticus reevesii"。

起，它那招摇耀目的羽毛就被制作礼仪器物和军事装备的工匠们用来装饰麾杖、旗帜和冠冕了。就唐朝而言，我们认为贡献的羽毛是由宫廷中管理厩苑和军械的部门来掌管的[①]，而它的用途则必定是用来作传统的标志、朝廷的羽扇[②]和最高雅的羽盖[③]。

但是必须指出的是，这些羽毛并不完全属于外来之物。

孔雀尾

没有哪种飞禽的尾羽能比孔雀的尾羽更受人们的喜爱了。孔雀尾与华美的丝绸以及虫胶等物品，都是从安南的诸城邑输入的[④]。安南当地人采集"金翠"的孔雀羽毛，用来制作扇子和拂尘。他们获取孔雀尾的办法通常是"生截其尾，以为方物，云：'生取则金翠之色不减'"[⑤]。

唐朝由尚辇局的官员负责安排一百五十六把孔雀扇在国家朝会大典时的配署。唐朝人对于使用孔雀尾的扇子，多少感到有些新奇（虽然这在他们之前并非没有先例），因为这种扇子是取代了翟雉尾羽的扇子而进入朝廷的。在八世纪初年，朝廷出于经济上的考虑，用孔雀羽毛装饰的复制品代替了传统的翟雉尾羽制作的扇子[⑥]。当皇帝出巡时，在那些锦绣辉煌的旗帜

112

[①] 《唐六典》卷22，第18页。译按，作者这里是指少府监之右尚署。

[②] 《新唐书》卷48，第3747页。

[③] 《事物纪原》卷8，第290页引《通典》。

[④] 《唐六典》卷22，第18页；《新唐书》卷43上，第3733页。《全唐诗》第11函，第2册，卷3，第11页李洞诗称，孔雀尾来自"南海"，即经由广东到达岭南。译按，李洞原诗《赠入内供奉僧》有"数条雀尾来南海"句。

[⑤] 《太平广记》卷461，第16页引《岭表录异》。

[⑥] 《唐六典》卷11，第30页。

（比如"朱画团扇"）当中，有两组孔雀扇簇拥着皇帝，一组是由四扇组成，另一组是八扇①。根据对唐朝皇帝的一幅画像（疑为吴道子的作品）的描述可知，孔雀扇的形状很可能是方的。在这段资料中谈道："方孔雀横于二肘间。"② 这种扇子适用于各种各样的场合，以表示特殊的威严和神圣。册立皇帝的场合就是这样一种使用孔雀扇的神圣场合。我们发现了一首与这一主题有关的诗歌，这首诗是在九世纪时创作的，当时在宫中宣政殿前同时为两位皇帝举行册封尊号的仪式，诗歌中写道：

孔雀扇分香案出，衮龙衣动册函来③。

在唐朝的诗歌中往往会提到这种华丽的扇子，而在温庭筠的诗歌中尤其常见。孔雀扇在他的诗中被用来作为唐朝的庄严堂皇和悠闲雅致的表示和象征。例如：

弯堤弱柳遥相嘱，雀扇团圆掩香玉④。

---

① 《文献通考》卷117，第1054页。译按，《通考》原文云："……次孔雀扇各四（分左右也）……次……孔雀扇八……。"则第一组孔雀扇也是八扇，只是分作左右两排。作者在这里误解了原意。

② 《云烟过眼录》卷上，第24页。译按，文渊阁本《云烟过眼录》卷一："帝释，彼以为吴道子。上有采幡居中立，有四围火焰，手合掌，以方孔雀（阙）横于二肘间，后者凡十二，其二类天官手执圭璧，细而乏力。"原文认为"方孔雀"下有阙文，不得与"横于二肘间"连读，又所绘画像也应是"帝释"，而不是"唐朝皇帝"。

③ 薛逢（853年前后在世）《宣政殿前陪位观册顺宗、宪宗皇帝尊号》，《全唐诗》第11函，第2册，卷3，第12页。这首诗描述了唐顺宗和唐宪宗两位皇帝的册封仪式。

④ 温庭筠《晚归曲》，《全唐诗》第9函，第5册，卷2，第1页。

再如：

> 绣毂千门妓，金鞍万户侯。
> 薄云歆雀扇，轻雪犯貂裘①。

无须赘言，在这里"雀"就是"孔雀"的简称，也就是指"peacock"。

羽衣

当代的马里布羽毛披肩和鸵鸟毛的斗篷虽然还保留了一点古代的流风余韵，但是这种羽毛制品多半已经失去了它们在古代所起的作用。在古代时，人们穿上羽衣，就可以获得羽毛的许多魔力；与任何单纯的羽饰相比，一件羽毛的大氅，或者是一套羽毛的服装更能使人接近鸟的灵魂，或接近精神形态的鸟，抑或是接近被认为是理想形式的鸟。很难说民间传说中的鸟人究竟是指穿着鸟毛大氅的人，还是指脱去了羽毛的鸟？也许提出这个问题本身就是多余的。总之，以天鹅少女及其姊妹为主题的故事在世界各地广为流传，在这类故事中，天鹅女可以随意变成美丽的少女，也能够轻易地变作飞翔于天空的小鸟。但是这类天鹅的故事，只不过是将鸟想象为精灵的表现形态。在《一千零一夜》中，我们可以了解到有关鸟的这种传说的更世俗，也更普及的类型。在"贾沙赫的故事"和"巴索拉赫的哈桑的故事"中，我们可以看到变化成鸟的少女。有一则波斯的巴拉米古尔的故事，说他抢走了仙女的鸽衣，而

118

---

① 温庭筠《过华清宫》，《全唐诗》第9函，第5册，卷6，第5页。

在印度也有这种传说的另一种类型①。变化为女性的鸟及其同类的传说——长着羽毛的仙女、道教的仙人以及其他诸如此类的形象——在中国早期的文学作品中是很常见的②。下面试举唐代的一个传说为例：

> 夜行游女，一曰天帝女，一名钓星。夜飞昼隐如鬼神，衣毛为飞鸟，脱毛为妇人。无子，喜取人子。胸前有乳。凡人饴小儿不可露处，小儿衣亦不可露晒，毛落衣中，当为鸟祟，或以血点其衣为志。或言，产死者所化③。

在这些古老的神话传说中，除了想象的成分之外，在中国疆域以外的地区也确实存在这种神话的现实的原型：唐代行者唐玄奘亲自观察了印度的湿婆教徒，据他记载这些人中间除了"饰骷髅璎珞""无服露形"者之外，还有"衣孔雀羽尾"的苦修者，但是他并没有说这些人为什么要穿这种服饰④。其实，印度苦修者的这种怪癖并不使我们感到十分惊奇，真正使我们大感不解的是中国境内的真的羽衣。虽然我们知道"羽衣"是对道教隐士的一种隐喻，而且特别是指那些已经羽化升仙的道士，但是我们惊奇地发现，那些活着的道教高士实际上也穿着羽毛制成的长袍，甚至连有

---

① 伯顿（1934），第 2942 页。
② 艾伯华（1942），第 2 卷，第 156、287～289 页。关于天鹅女故事的现代汉文译本，见艾伯华（1937），第 55～59 页。
③ 《酉阳杂俎》卷 16，第 130 页。
④ 《大唐西域记》卷 2，第 4 页。

些受人尊敬的居士也是如此。到了相当晚的历史时代，情况仍然如此。

在几乎被当成是羽衣原型的公元前二世纪，当汉武帝受到道士方术的骗术蛊惑时，"羽人"这个词并不是指闲云野鹤的方外之士。例如汉武帝曾经"使使衣羽衣"，赐给方士栾大一方玉印，而栾大本人"亦衣羽衣，夜立白茅上受印"[①]。唐代学者指出："羽衣，以鸟羽为衣，取其神仙飞翔之意也[②]。"

但是羽衣并非是道人术士的专用品。东汉大姓赵纲带着从士百余人赴宴时，赵纲"带文剑，被羽衣"[③]。另据记载，公元五世纪时，南齐有一位太子"善制珍玩之物"，他曾经裁制了一件孔雀羽毛的"裘"——很可能是一件短斗篷——"光彩金翠，过于雉头矣"[④]。对于这些记载，我们又应该怎样去理解呢？

根据一则故事记载，七世纪末年则天武后时，"南海郡献集翠裘，珍丽异常。张昌宗侍侧，则天因以赐之。遂命披裘，供奉双陆。宰相狄仁杰时入奏事，则天令升座。因命仁杰与昌宗双陆。狄拜恩就局，则天曰：'卿二人赌何物？'狄对曰：'争三筹，赌昌宗所衣毛裘'。则天谓曰：'卿以何物为对？'狄指所衣紫绅袍曰：'臣以此敌。'则天笑曰：'卿未知，此裘价逾千金。卿之所指，为不等矣。'狄起曰：'臣此袍乃大臣朝见奏对之衣，昌宗所衣，乃嬖佞宠遇之服。对臣此袍，臣犹

① 《史记》卷 12，第 43 页。
② 见《汉书·郊祀志》所载同一事件下的颜师古的注。
③ 《后汉书》卷 107，第 872 页。
④ 《南齐书》卷 21《文惠太子传》，第 1750 页。

114

快快'"①。从这段引文中可以看出，穿紫袍的狄仁杰出于另外一种价值观而表现出的对宠臣的傲慢，狄仁杰坚持其书生气的正统观念，从他的态度中我们发现了一种对于位尊权重的道士的反宗教的藐视，他显然隐隐感到了寻求升天的古代道士的长袍，即羽裘的"迷信"魔力——这就如同一个在主教的冠冕、教士的长袍以及其他的罗马天主教礼仪前的清教徒的感觉是一样的。

我们从可信程度很高的文献中得知，唐朝一位灵巧的公主②裁制了两条用各种鸟的羽毛做的裙子。"正视为一色，傍视为一色，日中为一色，影中为一色。而百鸟（这纯粹是表示数量的套语）之状皆现，以其一献韦后。公主又以百兽毛为鞯面，韦后则集鸟毛为之，皆具其鸟兽状，工费巨万。"虽然守旧的舆论将这种新式服装称为"服妖"，但是羽毛裙却在社会上受到了人们极度的羡慕，以至于"贵臣富室多效之，

---

① 《集异记》（《唐代丛书》，17），第18页。十八世纪末期，广东的非汉族居民仍然在制作羽毛服装。"其中有天鹅绒做的丝织品衬底；制作方法是在一架普通的织机上将羽毛精巧而又熟练地交杂编织进衣服。绯红色的羽衣是最昂贵的。野鹅毛也可以制成两种衣服。一种在冬天穿，一种是在夏天穿。这种衣服不会被雨淋湿。它们分别被称作'雨缎'和'雨纱'。这种使用普通羽毛，并将鹅毛与布混合纺织在一起的产品是由广东人始创的。"关于制作这种羽衣的有趣的记载，见麦高恩（1854），第58～59页。麦高恩还提到广东地区的一种用孔雀羽毛制成的女用斗篷。但是到了十九世纪中叶时，制作这种斗篷的技术就已经失传了。《岭表录异》卷上，第5页描述了唐朝时在岭南制作的一种鹅毛被。考虑到广东的羽毛制品在古代和现代所占据的重要地位和其他的一些证据，我们愈加有理由认定，羽衣在中世纪以及近代都是岭南的特产。据加兹尼记载，在十四世纪时的阿拉伯纺织品中也织进了彩色的羽毛。见斯蒂芬森（1928），第62、83页。或许阿拉伯人的这种技术就是从中国传入的。

② 译按，即安乐公主。

江、岭奇禽异兽毛羽采之殆尽"①。

利用柔和的金黄色羽毛制成的凤羽金锦，是唐玄宗接受的贡物。这个故事出现得相当晚，很可能不足凭信。据说，唐玄宗宫里的许多饰物都用这种锦装饰；到了晚上，这些锦就会发出明晃晃的亮光。后宫的嫔妃中，只有杨贵妃才有资格得到足够的这种锦来制作衣物和帐帷，用它做成的衣物看起来光明耀眼，就像太阳光一样炫目②。

围绕着信奉道教的玄宗朝廷和玄宗那仙女般的贵妃，产生美丽的羽衣的传说是一点也不奇怪的。著名的《霓裳羽衣曲》是一首仙乐，杨贵妃为了取悦玄宗，常常踏着这首曲子飘然起舞。就这支舞曲而言，羽毛的服装不仅是十分适宜的，而且非羽衣不足以舞此曲。虽然根据传说记载，玄宗皇帝最初是在渺远的夜空中的月宫里见到仙女在表演这支舞蹈，于是以仙女的服饰取名为《霓裳羽衣曲》，但实际上这支曲子原来是古代中亚的《婆罗门曲》，后来经过玄宗润色、改名而成。十一世纪的科学家沈括记载道："今蒲州逍遥楼楯上有唐人横书梵字，相传是《霓裳谱》，字训不通，莫知是非。"③ 如果传说不误的话，这很可能就是《婆罗门曲》的原文，即用某种西域文字书写的《霓裳羽衣曲》的最初的原本，但是我们对此还无法定论。总之，虽然霓裳羽衣舞的舞、曲现在都已经亡佚，但是这支舞曲的名称

115

---

① 《新唐书》卷34，第3713页。参考劳费尔（1915d），第144页。宋徽宗大观元年（1107）因为过度杀害鸟类以供给装饰精制的丝绸织锦，宋朝政府被迫禁止采集翠鸟的羽毛。见夏德和柔克义（1911），第235～236页。

② 劳费尔（1915d），第1114页。

③ 《梦溪笔谈》卷5，第32页。

及其与月宫中的仙女、禽鸟、唐玄宗、杨贵妃的联想，则仍然留存在世上，历久而不衰。类似的传说不仅在中国世代相传，而且在日本被称之为"Hagoromo"的能剧中也保存了下来。这出能剧的情节与古老而广为流传的窃取了天使羽氅的凡人的故事有几分相似——唐朝的这类故事叫"天鹅女"，故事中的女主角是一只天鹅，当天鹅变成人形时，羽氅就成了素练服装①。在日本的诗剧中也汲取了霓裳羽衣舞的成分，作为收回她的羽衣的回报，天使为乡下人翩翩起舞。阿瑟·韦利翻译了这首诗：

> 羽氅在天际飘啊飘，
>
> 飘过三保松林的上空，飘过浮岛，
>
> ——在云层脚下飞绕，
>
> 飞过爱鹰山的群峰，飞过高高的富士山，
>
> ——身影渐消，
>
> 融进天空的云雾，
>
> 惟见天际云缥缈②。

我们说杨贵妃那窈窕的轻歌曼舞在这里保存了下来，这一点可能不会有人反对，但这种日本式的"霓裳"是真正唐朝的遗物，还是仅仅是一种优美的、模拟古风的舞蹈，我们仍然无法确定。

---

① 韦利（1960），第 149～155、258～260 页。最晚从四世纪起，这个故事就已经在中国出现了。

② 韦利（1922），第 177～185 页。

虫饰

唐朝宫廷的工匠在为其高贵的主顾制作衣服和器皿时，需要许多珍贵的原料，除了象牙、玉石以及玳瑁壳之类的原料外，还有一种甲虫的鞘翅，这种被称为"青虫"的甲虫是在岭南和安南采集来的①。青虫有时又称"玉虫"，有时则称为"金龟子"，这种金绿色的甲虫主要生长在西江以北的广西境内②。这里出产的青虫就如同翠鸟和孔雀一样，闪烁着美丽的青绿色的光泽，非常适宜于装饰妇女的服装，尤其适合作为妇女的头饰。除了表面上看起来具有的魅力之外，更重要的是这种虫子可以作为爱情的护符。这种小生物"喜匿朱槿花中，一一相交"。③青虫的情欲可以通过某种交感术传给普天之下的风流妇人。在李贺的一首诗中，描绘了这种典型的装束：

> 洞房思不禁，蜂子作花心。
>
> 灰暖残香柱，发冷青虫簪。
>
> 夜遥灯焰短，熟睡小屏深。
>
> 好作鸳鸯梦，南城罢捣砧④。

这些金绿色甲虫的闪闪发光的鞘翅在朝鲜和日本也具有类

116

① 《唐六典》卷 22，第 14～15 页。
② 《本草纲目》卷 41，第 16 页引陈藏器。这些虫子主要是在宾州和澄州收集的。
③ 见下文所引李贺诗，王琦注解。
④ 李贺《谢秀才有妾缟练改从于人秀才引留不得，后生感忆。座人制诗嘲谢贺复继四首》，《全唐诗》第 6 函，第 7 册，卷 3，第 2 页；《李长吉歌诗》卷 3，第 7 页。

似的功用——在日本它被称作"Tamamushi"（玉虫）。而它的用途也超出了作为人的装饰物：人人都知道奈良精美的"玉虫橱子"；而在正仓院的珍宝库中还保留了一把象牙柄、茎皮镶边的短剑，短剑的木制剑鞘就是用玉虫的黄绿色鞘翅装饰的[1]。

金黄碧绿的青虫虽然好像是宝石工匠工艺中最经常使用的昆虫，但是它并不是唯一可供利用的昆虫。另外有一种金绿色，外形类似蜜蜂的"金虫"，也被农妇用来装饰手镯和当作头饰使用[2]。此外，还有某种身体上带有异斑的蚱蜢或蝗虫，这种虫子也是妇女衣服上的贵重饰物。据记载，五月五日收集的这种虫子具有强烈的媚药性能——这时正是这种虫子不可思议地与蚯蚓交配的时间[3]。但是我们的议题已经从外来异物的魅力转移到了两情相悦、娇艳生媚的问题来了。

---

[1] 正仓院（1928~），第Ⅵ卷，第26页。

[2] 李贺《恼公》，《李长吉歌诗》卷2，第30页。这个地方就是利州。译按，李贺原诗云："陂陀梳碧凤，腰袅带金虫。"则诗中说的"金虫"并不是作为头饰来使用的。姑录此以存疑。又，《全唐诗》卷894顾敻《酒泉子》"掩却菱花，收拾翠钿休上面。金虫玉燕锁香奁，恨厌厌"。可参看。

[3] 《本草纲目》卷41，第16页引陈藏器。

全是千变万化的田园美景：

有珍奇的树木渗出芳香的脂汁；

又有果实，金黄色闪闪发亮，

挂枝头，真可人——赫斯珀洛斯寓言，

只在这梦境里实现——还滋味鲜美。

——弥尔顿《失乐园》，第四章①

---

① 译按，弥尔顿（1608 年 12 月 9 日——1674 年 11 月 8 日），英国历史上最
伟大的诗人之一，地位仅次于莎士比亚。《失乐园》是弥尔顿作品中最著
名的一部长篇史诗，几经修改，最终完成于 1665 年。这部史诗以《圣
经》中人类始祖亚当和夏娃受魔鬼撒旦的引诱而堕落，从而失去了神的
护佑为主题创作而成。本段译文据金发燊的汉译本（湖北人民出版社，
1987）。

第七章　植物

我们已经将七世纪时康国（撒马尔罕）向唐朝贡献的金桃，当成了中世纪时中国的所有的外来事物的代表和象征①。这些金桃来自遥远的、名义上向唐朝"称臣纳贡"的属国。金桃那金黄灿灿的颜色，使唐朝宫廷乐于将它栽种在皇家的果园里。唐朝的花园和果园从外国引进了大大小小许多植物品种，其中有些植物长久地留传了下来，而有些则只存在了很短的时期。作为这些外来植物的代表和象征，金桃确实是很合适的。目前还没有记载表明，这种金桃曾经传播到长安御苑之外的地方，甚至就是在御苑中，七世纪之后也没有金桃存在。有意思的是，唐朝曾经培育过"金桃"，也许这是对康国原产的模仿，也许就是某位目不识丁的园丁的创造。据称，唐朝境内自己培育的金桃是通过将桃树的枝条嫁接在柿子树上而长成的。而有意思的是，唐朝最著名的园丁郭橐驼，竟然也知道通过嫁接生产金桃的技术。郭橐驼其人是长安城里的一位驼背人，我们从柳宗元的一篇优美的讽喻作品中得知，此人种树讲究"顺木之天以致其性"，这种植树的方法使他在长安大受欢

---

① 参见本书《导论》。又，主要请参见《唐会要》卷100，第1796页。

迎,"凡长安豪富人为观游及卖果者,皆争取迎养"①。有关这种柿子色的桃子的记载出现在一本起名为《种树书》的著作中。这部书的作者署名是"郭橐驼"②——他的栽培技术顺其自然,深得道家之妙,这就使长安城里的达官贵人都乐于延请他。但是仔细研究一下《种树书》,就会发现这是一部元代的著作。其实,即使柳宗元笔下虚构的郭橐驼在实际生活中确实存在真实的原型,我们也还是没有把握说,郭橐驼其人培育了一种足以与粟特进口的金桃相媲美的"金桃"。有一点可以肯定的是,正是柳宗元的文章为郭橐驼(不管是否真有其人)带来的声誉,使《种树书》的真实作者托名郭橐驼,以提高《种树书》的名声③。在下文中讨论外来植物时,我们还会提到郭橐驼这位驼背人。

另一方面,唐朝皇宫里的桃树幼苗也有可能会被移植到宫禁以外,由园丁传播或者是引种,通过这种途径,作为皇室贡品而被引进的外来植物,就可以传播到全国各地。在这方面的一个显著的例证是,在贞观廿一年(647),曾经从各国献给唐朝的"土贡"中直接征集了许多外国植物产品,结果有许多食用的和其他的植物新品种被带到了长安,并且详细地在档案中记录了这些植物的品种和习性④,其中有不少植物一直留传了下

---

① 柳宗元《种树郭橐驼传》,《增广注释音辨唐柳先生文集》卷17,第2页。参考翟兰思的译文,翟兰思译作"Pas trop gouverner",翟兰思(1923),第142~144页。

② 《说郛》,第212册(第106函),第7页《种树书》。

③ 加里·莱迪亚德(Mr. Gari Ledyard)对这一文献进行了研究,并得出了以上的结论。

④ 《册府元龟》卷970,第11~12页;《唐会要》卷100,第1796页;劳费尔(1919),第303~304页。

来，成了中国国内常见的植物。除了这些由皇家进口的植物之外，当时许多士人为了娱乐玩赏，也购进了许多植物品种，其中有些注定将在中国的土地上生根、开花、结果。从诗人张籍在九世纪初为一位将要赴广州从军的朋友所写的诗句中，我们可以看到在南方的确存在这种情形。在南方的城市中，引进新植物的机会是相当多的，特别是热带的花果，更易被引进种植：

海花蛮草连冬有，行处无家不满园①。

不管是在南方，还是在长安，生活在唐朝政府保护之下的外国人，必定也带来了许多新的庭园植物。留居在唐朝境内的外国人肯定会有这种感受，没有他们深深眷恋的故土植物，简直就无法生活下去。这就正如同前往美洲的欧洲移民也将他们故土的石竹、樱草、郁金香留在了美洲一样。虽然现在要来考定这些植物的引进及其影响是很困难的一件事，但是在唐朝时甚至连外国的花园布局必定也已经传到了中国②。幸运的是，历史传统为当时的风气营造出了一种有利于接受这样的外来事物的社会氛围。正如我们在司马相如那辞藻华丽、想象奇诡的文章中所了解到的，从汉代起（如果不是更早的话），朝廷的苑囿实际上就成了天子意志支配之下的连接天地万物的巫术图解和植物符咒。虽然到汉代以后，供人享受的苑囿就已经更多地具有了世俗的意义，但是巨大的朝廷苑囿则从来没有能够完全丧失其巫术的特性。而就一般情况而言，普通人的园苑只是

① 转引自中村久四郎（1917），第567页，原诗在《全唐诗》第6函，第6册。译按，原诗题为《送侯判官赴广州从军》。
② 村上嘉宾（1955），第77页。

在较小的规模上模仿了那些崇尚异国风物的朝廷苑囿而已①。

杰弗里·格里格森的研究表明，本地植物在英国的诗歌中是如何反映和激励更深层的人的情感的，而外来植物则由于与英国人民缺乏悠久而密切的联系，所以充其量只能够在诗人的诗歌作品中增添一些新奇而光怪陆离的色彩②。唐朝的情形也同样如此。李子，代表了充满希望的春天以及生命力与希望的复苏，而在口头传说和传奇中，桃子则象征着丰饶多产和长生不老——例如桃子常常是极富人情味的长寿的神仙的食物。而外来植物的情况就不是如此。试以荔枝为例：虽然自汉代以来，北方人就已经知道了荔枝，但是甚至在唐朝的诗歌中，它还是被当成一种外来植物，荔枝虽然色彩艳美、妩媚可人，但它却无力表现大众的梦想和情感——而那些新奇的水果和花卉（首先是金桃）在这方面就显得更加无力，而这也是我们在本章中要讨论的主题。对于我们来说，虽然这些外来植物也附带丰富了自中世纪以来中国人对外来事物的憧憬，但是在唐朝，这些植物在丰富人们的想象力方面所起的作用，与芙蓉在现代人关于南方海洋的想入非非中所起的作用是一样的，不管它们在其故土享有多么大的荣耀，它们也无法与故乡的百合花和玫瑰花唤起的情绪相提并论。

保鲜与传播

正如大家所熟知的那样，唐朝要利用驿马将荔枝运送到长安，就不得不从岭南驰越唐朝的全境，玄宗朝杨贵妃喜欢吃荔

---

① 薛爱华（1961），第 4~5 页。
② 格里格森（1947），第 79~85 页。

枝，而且她也如愿以偿地得到了新鲜的荔枝。虽然这种水果"一日而色变，二日而香变"，可是杨贵妃得到的竟然是"色味不变"的新鲜荔枝①。这怎么可能呢？

首先我们知道，鲜美的"马奶葡萄"当时可以新鲜完整地穿越戈壁沙漠边缘，从高昌转输到长安。如果要问当时为何就具有了如此高超的保鲜技艺，我们在唐朝的文献中是找不到现成答案的。但是在其他的记载中可以发现一些有益的线索。例如在九世纪时，花剌子模出口的西瓜是用雪包裹起来，放进铅制的容器之中来保鲜的②。由此我们可以推测，西域的葡萄必定也是放置在从天山中采集的冰雪之中，然后再运送到长安来的。但是这还是不能够解释来自唐朝酷热的南方边境地区的荔枝的保鲜方法。当时肯定使用了我们目前还不清楚的某种保鲜方法。同样我们也没有把握知道，那些来自遥远的国家的植物是如何保持鲜活状态，到达唐朝境内的（假定带来的并不是种子）。既然对这些问题没有希望找到明确的答案，那么让我们先来简单地看看唐人在冷冻保鲜和植物保活方面残留的一些习惯吧。

十四世纪的诗人洪希文曾经见过一幅画，这幅作品表现了唐玄宗与杨贵妃在暑日里安憩的情形③。他写了一首诗描述画中的场面，这首诗题名《明皇太真避暑按乐图》：

---

① 《资治通鉴》卷215，第13页，天宝五载（746）7月。胡三省注云："自苏轼（十一世纪）诸人皆云此时荔枝自涪州致之，非岭南也。"又，胡三省引白居易的话说，荔枝："若离本枝，一日而色变，二日而香变，四五日外色香味尽去矣。"

② 马珍妮（1959），第73～74页。马珍妮此说是依据巴托尔德的观点。中国人对西瓜似乎并不熟悉，一直到十世纪时，他们仍然将"watermelon"称作"Western melon"（译按，即"西瓜"）。参见劳费尔（1919），第439页。

③ 洪希文《明皇太真避暑按乐图》，《元诗选》续集，第14册，第10页。

已刨冰盆金粟瓜，旋调雪水试冰茶。

宫娃未解君恩暖，尚引青罂汲井花①。

简而言之，这位侍女简直是太迟钝了，她竟然会看不出明皇很想单独与贵妃在一起。遗憾的是我们既不知道这幅画的名称，也不清楚原画作者的时代；这幅画也许是一件宋代甚至是元代的作品。所以，作为八世纪用冰来冷却瓜和用雪来冷却茶的证据，这幅画是没有价值的。然而幸运的是，不管八世纪时有没有雪茶，有大量证据表明，唐朝在夏天时真的是使用冰来冷却食物的，而且这种做法还可以追溯到周朝。每当盛夏酷暑时，冰有时甚至被用来直接食用。陈藏器认为食冰是致病的根源之一，所以他告诫人们不要食冰——据他认为，冰可以用来冷却食物，而它本身却不可吞食入腹②。在唐代，瓜的确是被存放在冰里来保鲜的，当时主要是将瓜保存在冰室或者冰窖之中（这种做法古已有之），其次是保存在冰壶或者冰瓮里③。在夏季，瓜是长安城里很常见的一种消暑解渴的水果，盛冰的壶有时甚至是用玉做成的。唐朝诗人经常提到瓜和玉壶。甚至在唐代以前，"清如玉壶冰"④ 的比喻，就已经成了表示真正的士人坦荡、纯真的气质的一种套语。隋唐时代还使用了某种形制的一种"冰盒"，据一位著名的炼丹术士称，钟乳石质的

① "金粟"是长安附近的一个地名，我在此取此说。但是这个词的意思也可能是指"金黄色的颗粒"。

② 《本草纲目》卷5，第22页记载的陈藏器转述《食谱》的观点。

③ 石田干之助（1942），第215～216页。

④ 这是鲍照（五世纪）的诗句。译按《文选》卷28，鲍照《白头吟》有"直如朱丝绳，清如玉壶冰"句。

石灰石是制作"冰盒"的最适合的材料①。据此推测，大概当时有一种专门供实验室使用的冰盒，这种冰盒是用来储藏容易腐烂的试剂的器皿。

至于冰室与冰窖，皇宫里的冰室是无与伦比的。皇宫的冰室由上林署令负责主管——上林署令是管理朝廷苑囿、庭园和果园的一个官职。每年冬天，唐朝政府都要在冰室里贮藏上千块三尺见方、一尺半厚的冰块，这些冰块是在寒冷的山谷里切凿而成，然后由地方官送到京城里来②。

既然有了如此切实有效的方法来保证宫廷里在夏天享用清凉可口的新鲜美味，我们就可以断定，也有同样合适的方法来保证那些来自唐朝边远地区的水果、花卉和树苗的安全运输。隋炀帝曾经使用蜡将四川运来的柑橘的茎干密封起来③，十一世纪时，为了将洛阳最名贵的牡丹一路安全运送到宋朝的都城开封，也使用了同样的方法。正如欧阳修所记载的运送牡丹的方法：先将牡丹放进小竹篮里，竹篮上面盖上几层绿色的蔬菜叶，这样就能避免颠簸和摇晃，然后再将花的茎部用蜡封起来，几天之内花都不会枯萎④。唐朝人必定也使用了同样的方法。而且据我们所知，在九世纪初期，唐朝人就已经在利用纸来包裹柑橘进行运输了⑤。所以我们完全可以有把握地说，其他的植物产品在运输途中同样也得到了类似的保护。

---

① 《重修政和证类本草》卷 3，第 13 页引《丹房镜源》。独孤滔《丹房镜源》一书，显然成书于七世纪时——有些内容反映隋代，而有些则为唐代的内容。
② 《唐六典》卷 19，第 19 页。
③ 叶静渊（1958），第 159 页。
④ 《洛阳牡丹记》，第 6 页。
⑤ 叶静渊（1958），第 159 页。

外来植物也正是通过与上述办法类似的方式运送到长安来的，管理这些植物也属于上林署令的职责范围，"凡植果树、蔬菜以供朝会、祭祀，其尚食进御及诸司常料亦有差"①。来自康国的金桃和银桃也都如此，史书中明确记载，"康国献金桃、银桃，诏令植之于苑囿"②。

唐朝的禁苑在"大内宫城之北，北临渭水，东拒灞川，西尽故（汉）都城。其周一百二十里③，禽兽、蔬果莫不毓焉"④。

禁苑是一座巨大的苗圃和庭园，禁苑里不仅种植着世界各地的各种庭园果木，而且它还是唐朝各地营林植树的一个重要的树种供给来源。开元廿八年（740），唐玄宗曾经发起过一场特别的美化唐朝北方大都市的运动，当时他要求在"两京及城中苑内种果树"⑤。果树的树种，很可能就来自上林苑。

尽管私人苑囿的规模无法与朝廷广袤的苑囿相提并论，但是有些私人庭园的规模必定也相当可观，而且其中的植物种类也为数不少，甚至有些还有外来的植物。杨国忠是杨贵妃的表兄，通过史书中记载的杨国忠家的年轻人对园林艺术所做的革新，我们就可以窥见当时的私人园林的一般情形。他们建造了一种可以移动的木制花园，这种花园安置在木轮上，园中种植了"名花异木"。每逢春日，就向公众展示这种新奇的花园车⑥，车子一边走，一边还在缓慢地旋转，这样就能够使每个

---

① 《唐六典》卷19，第15页；《唐六典》卷7，第13页。
② 《册府元龟》卷970，第8页。
③ 此处夹行注云："《册府元龟》云'东西二十七里，南北三十三里'。"
④ 《唐六典》卷9，第13页。
⑤ 《旧唐书》卷9，第3085页。
⑥ 译按，即所谓的"移春槛"。

人都可以详细地看到车上的奇花异草①。

最后，从外国引进植物的另一个来源，是由"药园师"掌管的药园，药园师本人是由"太医署令"管辖的。太医署坐落在京师之内，由专门课药的州负责种植、采集草药供太医署使用。太医署中有一批十六岁至二十岁的年轻人，他们在供实践用的药园中，由"医博士"指导——医博士不仅讲授药物学，而且负责向诸生传授各种医科的知识——学习"阴阳"理论，以辨别药性；了解草药的地理分布，掌握合适的收集季节；了解植物的各个部分的特性，区分有毒无毒的草药；配制处方以及学习其他各种科目的知识②。唐朝人对于草药的需求量非常大，这种专门化的百草园对于唐朝的草药而言，一定是一个非常重要的补充手段。

枣椰树

金桃和银桃并不是唐朝由西方引进的唯一的果树。唐朝从西方引进的果树还有枣椰树。枣椰树作为波斯的物产，久已为中国人所知③，但是只是到了唐代才被正式引进。九世纪的药物学家详细描述了广州进口的波斯椰枣"皮肉软烂，味极甘"的特点④，而在八世纪的本草中就已经指出了波斯枣"补中益气，除痰嗽，补虚损，好颜色，令人肥健"的优点⑤。

---

①　《开元天宝遗事》（《唐代丛书》，3），第53页。

②　《唐六典》卷14，第51、52页。

③　劳费尔（1919），第385页。在《魏书》和《隋书》中都已经提到了枣椰树。

④　这种说法出自刘恂的《岭表录异》。参见桑原骘藏（1930），第13页。

⑤　《本草纲目》卷31，第15页引陈藏器。

122

椰枣以各种名称为人所知，其中最为常见的名称大概就要属"波斯枣"了[1]。唐朝也曾经通用过枣椰树的两种借用外来语的名称——虽然这些名称并不是十分流行。其中一种名称有点类似来源于波斯语的"鹘莽"（*gurmang）或"窟莽"（*khurmang）；而另一种则是"无漏"（*miu-ləu），"无漏"看起来比其他的名称更难理解，但是有一位学者倾向于将这个名字看作是埃及字"bunnu"，甚至是与希腊字"phoinix"同源的名称[2]。天宝五载（746），位于里海附近，气候温暖、土地肥沃的陀拔斯单国的国王向唐朝贡献了"千年枣"[3]，所谓的千年枣，就是枣椰树。但是我们还不清楚，这位使臣带来的究竟是枣椰树呢？还是保存下来的枣椰树的果实？在长安的气候环境中，这种树是几乎无法生存的，但是我们有足够的证据说明，九世纪时在广州已经种植了枣椰树[4]。

菩提树

菩提树在印度是被奉为神圣的无花果树，它是觉悟（菩提）之树。虽然这种树具有浓厚的宗教意味，但是唐朝人对这种树却并不感到新奇。贞观十五年（641），一位印度国王曾经向唐朝皇帝贡献了一棵菩提树[5]，贞观廿一年（647），摩

---

① 劳费尔（1919），第 385 页。"波斯枣"这个名称出现于《酉阳杂俎》和陈藏器的著作中。
② 劳费尔（1919），第 385 ~ 386 页。
③ 《册府元龟》卷 971，第 15 页。
④ 见刘恂《岭表录异》；劳费尔（1919），第 386 ~ 387 页。于景让（1954），第 193 ~ 194 页讨论了已经由劳费尔研究过的这些史料，但是没有提出任何新的见解。
⑤ 《册府元龟》卷 970，第 9 页。

揭陀国又贡献了一棵菩提树①。摩揭陀国是这种神奇的树的发源地，所以由摩揭陀作为菩提树的提供者是完全合乎情理的。萨谢弗雷尔·西特韦尔是这样描绘摩揭陀的环境的：

> 金香木开着蓝色的花，空气中漾溢着金香木的花香。更令人心旷神怡的是，这里是花树的天堂。就像阳光照耀着朗朗晴空一样，蒲桃和硕大的蔷薇树使这座花之城显得格外的明媚耀目②。

据汉文史料记载，来自摩揭陀的菩提树"叶似白杨"③，"一名波罗（pala）"。"波罗"这个名称是梵文"pippala"的缩译，这与在英文中将菩提树称作"peepul"的道理是一样的。"pippala"④ 是"菩提（觉悟）树"（bodhidruma）的俗名，菩提树这个名称使我们想起乔达摩⑤在一棵荜钵罗树下证得菩提（觉悟）的故事。据一则广为流传的故事记载，在阿育王皈依佛教之前，在比哈尔邦普提伽耶的那棵最初的菩提树曾经被阿育王焚毁，但是这棵树后来又奇迹般地在自身的灰烬中再次复活了。据说其他的灾难也曾降临到这棵菩提树的身上，但是通过不断地移植枝条，它一直生长繁衍到了现代。这棵菩提树最著名的后裔是斯里兰卡阿努拉达普罗的菩提树，这棵树被认为是世界上有文献记载其谱系的最古老的菩提树。它

---

① 《新唐书》卷221上，第4153页；《册府元龟》卷971，第11页；《唐会要》卷100，第1796页。

② 西特韦尔（1936），第181页。

③ 译按，《册府元龟》原文作"百杨"。

④ 译按，一译荜钵罗，或钵罗。

⑤ 译按，即释迦牟尼的姓氏。

几乎已经成了智慧之树的普遍象征。在印度，菩提树甚至还有一些诸如"Puṇḍarîka"和"Aśvattha"之类的别称。在佛教中，智慧之树并非一定就是菩提树，黄金、水晶以及宝石等闪光的物体，似乎都是智慧的象征①。段成式对于佛教的传说有浓厚的兴趣，他为我们留下了所有关于菩提树的最美妙而又充满神奇色彩的历史记载——当佛寂灭之日，菩提树如何变色凋落，阿育王如何焚烧菩提树，六世纪时设赏迦王如何毁树，菩提树有哪些不同的名称，以及其他许许多多有关菩提树的记载，他还告诉我们摩揭陀国摩诃菩提寺中菩提树的情况，据段成式记载，这棵树：

> 树高四百尺，下有银塔周回绕之。彼国人四时常焚香散花，绕树作礼。唐贞观中，频遣使往，于寺设供，并施袈裟。至高宗显庆五年（660），於树立碑，以纪圣德②。

菩提树在唐朝以前就已经传入了中国，人们常常将这种树种植在佛寺的空地中，佛寺里的菩提树作为佛陀以及佛陀向世人昭示的觉悟的象征，受到人们的高度崇敬。汉文中的"菩提树"这个名称有时被用来称呼其他的树种，尤其是用来称呼欧椴③。我们尚不知道那些被唐朝人尊为神圣的无花果树，是否确实就是真正的伽耶的菩提树的分枝。如果摩揭陀国曾经

---

① 戴密微（1929），第 90~91 页。
② 《酉阳杂俎》卷 18，第 149~150 页。"kaṣāya"（袈裟）是佛教僧人穿的法衣。译按，本段引文中"唐贞观中"的"唐"字，应该是后人抄校时所加。参见方南生点校本（中华书局，1981），本卷"校勘记"。
③ 学名是"Tilia miqueliana"。见戴密微（1929），第 90~92 页。

贡献过这样一棵神奇的插枝的话，那么在唐朝的有关档案中肯定会记载它的特殊性质，但是现在却找不到这样的记载，由此我们可以断定，那些被唐朝人尊为神圣的中国无花果树，其实只不过是一些普通的荜钵罗树，只是出于对佛陀的尊敬，人们才将它们称作"菩提树"，而这种敬意通常都扩大到了每一棵这种树的身上。印度距离中国路途迢迢，可以想见，正是遥远的路程增加了人们对菩提树的虔敬之心，同时也使将荜钵罗树当作菩提树的做法更容易被人们所接受。皮日休在一首用"齐梁体"写的七言绝句中，谈到了在浙江天台宗的一所重要寺院中种植的一棵受到尊崇的、从外地移植来的这种"菩提树"，这座寺院叫"国清寺"。诗中说：

> 十里松门国清路，饭猿台上菩提树。
>
> 怪来烟雨落晴天，元是海风吹瀑布①。

娑罗树

娑罗木是由印地语"sāl"而得名的。娑罗木就是指粗壮娑罗树的木材，粗壮娑罗树是一种生长着黄花的优良树木。它能够生长出厚重、坚实、暗色的木材，这种木材在印度，尤其是在生长着粗壮娑罗树的孟加拉平原边缘地区备受人们的欢迎②。这种树在印度支那和印度尼西亚地区有不少关系相当密切的亲本树种，其中有些在耐久性方面甚至比广为人知的印度

---

① 皮日休《寄题天台国清寺齐梁体》，《全唐诗》第 9 函，第 9 册，卷 8，第 7 页。

② 玉尔和伯内尔（1903），第 798 页；伯基尔（1935），第 2005 页。

品种更为优良——现在它们大多以诸如"桃花心木""新加坡杉""婆罗洲杉"之类的讹称知名于世①。虽然娑罗树在中世纪时就已经引入了中国，而且被广泛地种植，但是还没有证据表明，当时在中国使用了娑罗树的原木，至少在唐代时是如此。娑罗树在中国备受人们的赞美，不仅因为它来源于外国，而且生长着美丽的黄花，此外还因为它与宗教有密切的关系。如同菩提树一样，娑罗树与乔达摩本人的经历是联系在一起的。佛祖当年在拘尸那揭罗的娑罗树林中涅槃，并因此得到了"＊śālendra-rāja"（娑罗树王）的称号，观音（Avalokiteśvara）的父亲妙庄严王（Śubhavyūha）也曾经得到过这个称号②。根据传说，伟大的唐玄宗曾经被不可思议地放逐到了月亮上的水晶宫里，在那里，他见到了穿天入云的娑罗树，叶色如银，花色如云③。

　　唐代以前，这种圣树似乎就已经被虔诚地引进了中国④，它的枝叶被当作礼物馈赠。梁天监十八年（519），暹罗湾的"马来族"⑤扶南王遣使南梁，"送天竺旃檀瑞像、婆（娑）罗树叶；并献火齐珠、郁金、苏合等香"⑥。但是甚至晚至七世纪时，娑罗树在中国还不是十分普及，它还被认为是外来之物。开元十一年（723），文人李邕为楚州淮阴县的娑罗树写

---

① 如"Shorea Kunstleri"等等；参见伯基尔（1935），第 2001～2005 页。
② 苏慧廉、何乐益（1937），第 323 页。
③ 韦利（1952），第 150 页。这是一个道教的传说。
④ 例如据段成式记载，在五世纪初期，一位外国僧人就曾在湖南的一所寺院中认出了一棵娑罗树。见《酉阳杂俎》卷 18，第 147 页。
⑤ 克里斯蒂告知作者，他确信林邑（Champa）应该与马来有密切的关系，这里是指说马来方言的地方。
⑥ 《南史》卷 78，第 2730 页。

过一篇纪念性的碑文。七世纪末年，求法僧义净从西域取经归来时，曾经在这片娑罗树林中逗留过，淮阴的娑罗树林因此而著称于世。这位诗人写道："婆（娑）罗树者，非中夏物土所宜有也。"①"中夏"在这里就是指中国而言。

几十年之后，在唐玄宗天宝初年，唐朝四镇的长官在拔汗那得到了二百茎娑罗树枝，派人专程送到了长安。在《进树状》中称，娑罗树"不比凡草，不栖恶禽，耸干无惭于松柏，成阴不愧于桃李"②。若干年后，在代宗统治时期，有更多的娑罗树被唐朝当局从西方运来，在唐朝慈恩寺的殿庭中就栽种了一棵品种优良的娑罗树。九世纪时，段成式曾经在慈恩寺里亲眼见过这棵树③。在宋代的文献中，有关娑罗树的资料已经很常见了，看起来唐朝引进的枝条有许多已经生了根，所以娑罗树的有效引进必定是在公元八世纪中叶。

郁金香

郁金香是古代最稀有、最名贵的花之一，它也是供贵族享用的一种花。这种芬芳馥郁的紫色花朵在秋季开放。郁金香的起源地显然是在波斯附近和印度西北的地区。这些地区自古以来就精心培植了这种花。从郁金香深橙色的柱头里提炼出来的芳香染料，是古代商业贸易中的一宗重要的商品。在普林尼的时代，郁金香生长在希腊和西西里，罗马人用它来调配甜酒，作为一种优质的喷雾剂，它还被当作香水喷洒

---

① 李邕《楚州淮阴县婆（娑）罗树碑》，《全唐文》卷263，第1页。
② 张谓《安西道进娑罗树枝状》，《全唐文》卷375，第2页。《酉阳杂俎》卷18，第147~148页也简略地引用了《进树状》的原文。
③ 《酉阳杂俎》续集，卷6，第227页。

在剧场里①；郁金香还是深受罗马妇女喜爱的一种染发剂——当然这是教会的神父所不允许的②。这种植物在中世纪传入中国，在唐代，郁金香香粉在中国有很好的销路，它在当时是作为一种治疗内毒的药物和香料来使用的，但是唐朝人是否已经将郁金香作为染料，目前还无法断定③。

汉文中将这种植物称作"郁金香"，意思是一种金黄色的物质，香气馥郁，就像古代用来酿制祭神酒的郁草④。遗憾的是，"郁金"这个词已经被用来译写进口的"turmeric"。虽然"郁金"的名称里没有"香"字，但是它和"郁金香"还是常常混淆在一起的。在世界上的其他地区，由于这两种物质也仅仅是以粉末状的商品为世人所知，所以在这些地区它们也是经常被混淆的⑤。就这方面来说，郁金香常常还与红花和蓬莪术相互混淆——红花在很久以前就引进了中国，它经常被用来假充郁金香；而蓬莪术则是印度和印度尼西亚出产的一种芳香的

① 《博物志》ⅩⅪ，第18章。陈藏器称，郁金香生长在"大秦"，大秦在这里是指罗马的亚洲领土。参见《本草纲目》卷14，第40页转引陈藏器。

② 劳费尔（1919），第309~329页详细地讨论了郁金香与郁金混淆的问题。参见《本草纲目》卷14，第38页。

③ 此据陈藏器说，《本草纲目》卷14，第40页转引。劳费尔（1919），第312页谨慎地得出结论说，在元代以前，郁金香似乎还没有传入中国，也没有在中国得到应用。但是有相当多的证据与他的结论是抵触的。

④ 译按，《周礼》卷17《春官宗伯第三》"郁人"下"注"云："郁，郁金香草，宜以和鬯。""疏"："郑云：'郁，郁金香草者'，王度记谓之鬯，鬯即郁金香草也。云：'宜以和鬯'者，鬯人所掌者为秬米，为酒不和，郁者，若祭宗庙及灌宾客，则鬯人以鬯酒入郁人，郁人得之，筑郁金草煮之以和鬯酒，则谓之郁鬯也。"姑附录于此，供参考。

⑤ 于景让（1955），第33~37页曾对这种混淆进行了讨论，但是并无新的见解。

根茎，它与郁金有近亲关系，在香料贸易中也占有重要的地位①——我们应该特别注意的是，药物、香料以及香在中世纪并没有被清楚地区别开来，为了将一种植物置于这样或那样的标题之下，我在此用现代标准对中世纪栽培的植物进行了硬性的划分。为了强调唐代的人已经知道了活着的郁金香，我们既没有将它归于"药物"名下，也没有将它划分在"香料"类中，而是将它放在了引进植物里进行讨论，这样做应该是一种最妥善的处理办法。

贞观十五年（641）和天宝二载（743），天竺国和安国分别向唐朝贡献郁金香，但是我们不知道他们贡献的是干柱头，还是整枝的郁金香。贞观廿一年（647），有一条关于郁金香的弥足珍贵的记载，据称：

> 伽毗国（Kapiśaa，罽宾？）献郁金香，叶似麦门冬（Liriope graminifolia，黑韭葱）。九月花开，状如芙蓉（即呈杯子的形状），其色紫碧，香闻数十步。华而不实，欲种取其根②。

显然这里所记载的是送到唐朝的整枝的郁金香。

总而言之，经过特别处理的郁金香——不管是外国进口的，还是新近栽培的——在唐代被用来洒在衣服和帘帷上，使

---

① 劳费尔（1919），第 322～323 页；伯基尔（1935），第 714～715 页。红花就是"Carthamus tinctorius"，郁金即是"Curcuma longa"，蓬莪术是"C. Zedoaria"。此外还有一种与蓬莪术性能类似的"C. aromatic"。
② 《唐会要》卷 100，第 1796 页。又见《册府元龟》卷 970，第 11 页。"九月花开"，《册府元龟》讹作"九月色开"，文义不通。

其散发香味。七世纪上半叶很活跃的诗人卢照邻为我们留下了
这样的诗句：

> 双燕双飞绕画梁，罗帷翠被郁金香[①]。

而九世纪的陈陶也写道：

> 轻幌芳烟郁金馥[②]。

这里所指的应该是某种焚燃的香剂，也有可能是一种用来
喷洒的雾剂。但是至少到了十世纪初年，就已经有了郁金香
油。据记载："周光禄诸妓掠鬓用郁金油，傅面用龙消粉，染
衣用沉香水，月终人赏金凤凰一只。"[③]

如同有些罗马的酒一样，某些唐朝酒也是用郁金香来调味
的，李白曾经描述过这样一种芳香的饮料：

> 兰陵美酒郁金香，玉碗盛来琥珀光[④]。

九世纪的诗人大多喜欢采用色彩的比喻，而且乐于标新立
异——虽说他们的比喻手法还处在不成熟的阶段。我们在这里
引用的李白诗歌中提到的琥珀色的酒，为后来李贺用"琥珀"
比喻酒开创了先例。而九世纪的文学作品中常见的，以"郁

---

① 卢照邻《长安古意》，《全唐诗》第 1 函，第 9 册，卷 1，第 10 页。
② 陈陶《飞龙引》，《全唐诗》第 11 函，第 4 册，卷 2，第 16 页。
③ 《云仙杂记》卷 1，第 7 页。
④ 李白《客中作》，《李太白文集》卷 20，第 2 页。

金香"作为隐喻的表现手法，则滥觞于李白的另一首诗歌。李白在这首诗歌中写道：

> 燕麦青青游子悲，河堤弱柳郁金枝[①]。

诗人在这里表现的是对红黄两色叶簇的一种视觉印象。或者如我们现代的词书中对"郁金香"的颜色的定义："浓重而明快的一种淡黄红色的黄色色调"。简而言之，这是一种色调高雅而凝重的橘黄色的色调。甚至在一个世纪之后，温庭筠也还不敢使用李白那样大胆的比喻，而只是使用了"春树郁金红"的描写[②]；但是在同一个世纪，李商隐则将牡丹园想象为舞女，而花瓣则被拟作舞女的衣裙。他甚至还使用了"折腰争舞郁金裙"[③] 这样的语句。"郁金"（或 saffron）在这时已经不再是指外国来的香料，而是指一种美丽的颜色。但是促成这种比喻的是"郁金香"呢？还是"郁金"呢？遗憾的是对于这样一个学术问题，我们还无法做出回答。

那伽花

在唐代，有一种花叫"那伽花"，这种花似乎是"Nāgapushpa"的译音。段成式曾经记述过这种印度的"蛇花"。据他说："那伽花，状如三秦无叶花，色白心黄，六瓣，出舶上。"[④] 但是有好几

---

① 李白《春日独坐寄郑明府》，《李太白文集》卷11，第11页。
② 温庭筠《清明日》，《全唐诗》第9函，第5册，卷1，第10页。
③ 李商隐《牡丹》，《全唐诗》第8函，第9册，卷1，第26页。
④ 《酉阳杂俎》续集，卷9，第246页。译按，英译文"Tree chine"（三秦），方南生点校本《酉阳杂俎》（中华书局，1981）作"三春"，未出校记。当有一误。姑录此以存疑。

种印度花的名称都叫作"Nāgapushpa"，那么究竟是哪一种引起了段成式的注意呢？对此，我们尚不得而知。段成式是一位博闻强记的学者，在某种程度上，也可以说是一个"横通"，由于他是佛教传说的爱好者，熟读佛教典籍，所以他记载的外国植物中有许多很可能是通过阅读得到的，而不是亲自观察的结果①。我们相信，早晚会有印度学家将段成式记载的这种花识别出来。

佛土叶

另外一种无法考定的印度植物是"佛土叶"②，这种植物的样品是由健达国在贞观廿一年（647）贡献的，据记载"佛土叶，一茎五叶，花赤，中心正黄，而蕊紫色"③。这里记载的汉文名称译自梵文"Buddhakṣetra"，这个梵文词在好几种佛教宗派以及大乘末世学中有各种不同的解释。它指佛陀的权威得到公认，其教诚得到遵从的国土，但是它也指某个神秘地想象出来的、圣洁的国度，佛法最终将在这里流行——用我们的话来说，这就意味着"天国"——有时它甚至是指虔诚的佛教信徒所渴望的极乐世界，尤其是指阿弥陀佛的西方极乐世界④。

① 段成式的传记见于《新唐书》卷89，第3896页；《旧唐书》167，第3515页。
② 劳费尔（1919），第402页"叶"作"菜"，这显然是出自我所未见的某个重要版本的讹误。译按，中华书局标点本《新唐书》卷221下《西域传》云，贞观"二十一年，有健达王献佛土菜，茎五叶，赤华紫须"。亦作"佛土菜"，亦未出校记。此姑存疑。
③ 《册府元龟》卷970，第12页；《唐会要》卷100，第1796页。除了《册府元龟》中的记载顺序稍有差异之外，两本书所记的内容完全相同。
④ 苏慧廉、何乐益（1937），第12页；哈克曼（1951～1954），第204页；特别请参见戴密微（1929），第198～203页。

是这种圣洁的植物的叶子代表了五方佛土或极乐世界呢？还是神的蓝图不可思议地描绘在了每片叶子上呢？

水仙

水仙是传入中世纪中国的罗马植物。但是它的汉文名叫作"∗nai-gi"（捺袛），这个名字很像希腊名"narkissos"，很可能是从波斯名称"nargis"[①] 翻译过来的。段成式笔下的捺袛是一种"红白色，花心黄赤"的花。这位坚持不懈的观察家还写道："取其花，压以为油，涂身，除风气。拂林国王及国内贵人皆用之。"[②] 普林尼也曾经记载，从水仙中榨取的一种油对于冻伤具有加热升温的效用[③]。根据中医的看法，冻伤也是属于"风"疾的一种病症。但是就实情而论，并没有证据说明段成式曾经见过这种花或者是油。虽然我们可能假定会有行人向段成式出示这种花或者油的样品，然而他留给我们的毕竟只是有关水仙花的描述，而没有说他是否亲眼见过这种植物。

莲花

宋朝的大哲学家周敦颐在他写的一篇脍炙人口的著名散文中，曾经对莲花倍加赞美[④]。在他所处的时代，雍容华贵的牡丹是上流社会和平民百姓共同喜爱的花——在唐代，牡丹就深受世人的青睐——而与牡丹相比，菊花则备受人们的冷落，周

---

①　劳费尔（1919），第 427~428 页。
②　《酉阳杂俎》卷18，第 153 页。
③　《博物志》ⅩⅪ，第 12 章，第 12、15 页。
④　周敦颐《爱莲说》，《周濂溪集》卷8，第 139 页。

敦颐将道德清高的隐逸者的品性归之于菊花，他还特别声称
"吾独爱莲"，称赞莲花是"花之君子"。平心而论，这也正是
莲花应该得到的赞誉。就某种意义上而言，周敦颐的这种评判
确实不失为一种公正的看法。在唐代，莲花虽然比不上牡丹那
样广泛受到人们的赞美，但是有唐一代颂扬莲花者却也大有人
在。留存下来的大量有关莲花的诗歌。尤其是对泛舟采莲的抒
情描写，说明了莲花在唐朝人心目中的地位。伟大的唐太宗本
人就曾经写过以采莲为主题的诗歌①，甚至在非常严谨的正史
《太宗本纪》中，也记载了唐太宗"幸芙蓉园"的事②。下面
引录的是一首白居易写的观赏采莲人的诗歌：

> 小桃闲上小莲船，半采红莲半白莲。
> 不似江南恶风雨，芙蓉池在卧床前③。

在这首以采莲人为主题的诗歌中，恰如其分地表现了南方
湖区娇艳的少女采摘美丽的莲花的场面。这些少女红润、白皙
的面庞与雪白、粉红的莲花相映成趣，妙不可言。她们就是美
丽迷人的"越艳荆姝"或者"吴姬越艳"。尽管事实上在唐代
以前很久，中国人就已经知道了印度的红莲花和白莲花，但是

---

① 译按，《全唐诗》第 1 函，第 2 册，卷 1 收录有太宗《采芙蓉》诗。
② 《新唐书》卷 2，第 3637 页。时在贞观七年冬十二月甲寅（633～634 年
  的冬天）。
③ 《白氏长庆集》卷 28，第 7 页。译按，此诗作于太和四年（830）白居易
  在洛阳任太子宾客分司时，诗中描写的是白居易在洛阳履道坊私宅中的
  园池景色，即所谓"五亩之宅，十亩之园，有水一池，有竹千竿"。事与
  江南无涉。但莲花确是白居易从苏州移至洛阳。参见朱金城《白氏长
  庆集笺校》卷 28《看采莲》、卷 29《感白莲花》。此园至宋称"大字寺
  园"，见李格非《洛阳名园记》。

到唐朝时，这两种植物仍然还保留着外国的风韵，陈藏器在他的本草中写道："红莲花、白莲花生西国，胡人将来也。"① 正是因为莲花在唐朝人心中还保留着外来物的新奇感觉，所以晚唐那些喜爱外国题材和浪漫题材的诗人创作了大量有关莲花的诗歌，这一点也不足为奇，温庭筠和陆龟蒙就是他们当中的佼佼者。

唐朝末年的画家也发现了某些与莲花情景交融的事物，像刁光胤就是属于这一类画家中的一位。刁光胤曾在四川境内佛寺的墙壁上画过许多花、竹，他创作的《芙蓉鸂鶒图》一直保留到了宋代，另一位晚唐艺术家周滉也创作过两幅同一主题的绘画作品和另外一幅表现莲花与各种鸟的作品②。

由于来自印度的佛像不断涌入，保留在人们对莲花的认识中的，逡巡不去的异国情调也就得以长久地流传了下来，莲花作为自生的实体的象征，起源于佛教之先的印度宗教。莲花由梵天的象征转而成为佛陀的象征，它出淤泥而不染的品性，代表着一种纯洁无瑕的存在，而在阿弥陀佛崇拜中，莲花还意味着西方极乐世界中的纯洁无瑕的再生③。特别是"Padamapānzi"菩萨——他的名字在汉文中译作"莲花手菩萨"——充分说明了莲花的比喻对大乘佛教的渗透，这就正如同天台"莲宗"——这个教派的经典是"Saddharma-pundarika-sūtra"汉译作"妙法莲华经"——所体现的意义是一样的。莲宗曾经在唐朝产生过很大的影响，据信，这个教派

---

① 转引自《本草纲目》卷33，第23页。
② 《宣和画谱》卷15，第403，405页。
③ 莱辛（1935），第44～47页。在莱辛的文章中我们将会看到关于莲花在佛教中的象征意义的最完备的论述。

是在四世纪末年由比丘僧慧远在"白莲池"创立的，但是这里的"莲"很可能是指"睡莲"①。

汉文"白莲"这个词在唐代就已经成了一种固定的称谓，无论它是指真正的莲花（Nelumbo/Nelumbium），还是指睡莲（Nymphaea）。就像其他植物的奇异品种一样，白莲的罕见品种也被当作祥瑞，常常成为人们赞美的对象。白莲中的一茎二花，多瓣花等等都是作为祥瑞而著称于世的，这些品种也是画家喜欢表现的题材。常见的莲花品种是粉红色，其次是白色。有一种莲花我们称之为"重瓣"白莲，而唐朝人则称作"千瓣"白莲，这种莲花曾经是太液池中令人钦羡的一大景观②——太液池是长安唐玄宗大明宫里的一个湖。但是这些富丽堂皇的白莲品种似乎没有流传到宫廷范围以外的地方——如果我们将太液池中的白莲作为例外，且将当时的文献资料中提到的北方白莲置诸一旁的话（很可能文献中将白莲与睡莲混淆在了一起，所以才会有所谓的北方的"白莲"），那么当时在中国北方地区似乎还并没有种植白莲。十二世纪的一位学者告诉我们，九世纪以前，在洛阳还没有白莲，白莲是在九世纪时由田园诗人白居易最先带到洛阳种植的③，而在白居易的诗歌中也确实有许多关于白莲的诗。与白居易同时代的李德裕曾经不无夸张地认为，是他最先以白莲为题作赋的。他在《白芙蓉赋》中说："古人惟赋红蕖，未有斯作，因以抒思，庶得

① 在敦煌发现的僧人贯休的一首诗中，将"妙法莲花经"称作"白莲经"，见吴其昱（1959），第356页。

② 《开元天宝遗事》（《唐代丛书》，3），第64页。译按，英译文原作"thousand-petaled"（千瓣），《开元天宝遗事》原文作"千叶"。

③ 《演繁录》卷9，第2页。

其仿佛焉。"① 简而言之，即使到了九世纪时，白莲在人们的心目中仍然是一种带有新奇感的植物，甚至对于像白居易、李德裕那样，在当时主要以热衷园艺著称的人来说也是如此。皮日休在一首称为"白莲"的短诗中，使用了充满印度情调的笔触，现在据实直译如下②：

> 但恐醍醐难并洁，祗应薝葡可齐香。
> 半垂金粉知何似，静婉临溪照额黄③。

额黄是象征性地涂抹在少女额头上的黄色的粉末，这在当时是一种流行的化妆用品，这种颜色是由铅黄，或者可能是雌黄染成的。

如果说红莲是唐朝人习以为常的一种莲花，白莲是一种不常见的品种，那么青莲和黄莲就属于非常稀有的品种了。虽然有一种美洲的莲花是黄色的，但是在旧大陆的莲花中，黄色并不是一种正常的颜色。唐朝人即使是知道黄色的莲花，那也只能是从宗教艺术品中得知的。例如，我们知道有一幅在敦煌发现的绘画，表现了一位女身的菩萨——很可能是救度母或者女性化了的观世音——身上穿着桃红色的女裙，胸前有黄褐色的披巾，系着灰色的腰带，披着长条披肩。这尊神像呈现坐的姿势，在一朵黄莲花上"轻轻地盘着腿"④ 莲花就是印度化崇拜

① 李德裕《白芙蓉赋》，《全唐文》卷696，第5页。
② 译按，此照录原文。
③ 皮日休《白莲》，《全唐诗》，第9函，第9册，卷8，第3页。薝葡（Michelia champaka）是一种香花，中国人将它比作栀子。见苏慧廉、何乐益（1937），第465页。
④ 韦利（1931），第160页。原件为斯坦因收藏第CLX号。

的产物。虽然真实的"黄莲"在宋朝的花迷中是非常之有名的，但是在唐代，黄莲却非常少见。赵嘏在九世纪中叶写的一首题为《秋日吴中观黄藕》的诗中告诉我们，他如何在一个"莲余片片红"[①] 的红莲池中发现了黄莲。我们知道浙江是一个园艺技术非常普及的地区，这些黄莲究竟是莲花的变异品种呢？还是技艺熟练的浙江园艺工匠培植的品种呢？很可能是后者。但是甚至在唐朝以前，在文献中就已经有了关于"黄莲"的记载。例如大约写于四世纪的一本志怪古书中，就曾经提到过湖南山溪中的"黄莲"[②]。但是十之八九，这里提到的根本就不是真正的黄莲，而是较为少见的、适应性很强的黄莲的近亲植物，即黄睡莲或者萍蓬草[③]。

黄莲只是非常少见的珍品和自然造化的奇观，而青莲则与超自然之物混同在了一起。在唐代，似乎只有在那些近于巫术的艺术作品中，我们才能见到现实世界中存在的青莲——虽然这一点并不足以使我们否定青莲作为一种幻想之物的存在。作为圣天与神的标志出现在敦煌宗教画卷中的莲花，大多数都是白色、桃红色或绯红色，但是也有很少的一些是青色的莲花。有一幅纯粹"吐蕃风格的"观世音像，肌肤金黄，手执青莲枝[④]。我们还见

---

① 赵嘏《秋日吴中观黄藕》，《全唐诗》，第 9 函，第 1 册，第 1 页。译按，上海古籍出版社缩印康熙扬州诗局本《全唐诗》（1986）作《秋日吴中观贡藕》。一作"黄藕"，一作"贡藕"。据原诗云："野艇几西东，清冷映碧空。褰衣来水上，捧玉出泥中。叶乱田田绿，莲余片片红。激波才入选，就日已生风。御洁玲珑膳，人怀擢拔功。梯山谩多品，不与世流同。"度以文意，当以"贡藕"为是。

② 《神境记》（《说郛》，第 60 函 = 第 122 册），第 1 页。

③ 即 "Nuphar japonica"。

④ 韦利（1931），第 150～152 页（第 CXL 号）。韦利又说："这是迄今所知最早的，我们后来与吐蕃艺术联系起来的一幅绘画作品。"

到一幅文殊师利的画像，外表涂着深红色和其他鲜艳的色彩，文殊师利坐在一朵青莲花之上，而青莲则"安放在狮子背部的底座上——狮子的鬃毛、颔毛以及尾巴都是绿色"①。青莲并非总是用在高贵的场合，它也出现在两个彩色陶制的"侍女"的鞋尖上，侍女头上的双盘假髻中插着花，穿着"美第奇（medici）领"的长袖短上衣②。

在自然界里并没有青莲。但是在唐宋时代的文献中却一再声称，人力能够培植出青莲来。有一部宋初的类书中转引了一个湖州的染户家的故事（出处原缺，但是可以推定为唐代的著作）③，这家染户就能种出青莲（浙江是中国园艺业的中心，而湖州则在浙江的北部，因而我们更乐于相信这则传说）：

> 湖州有染户家，池生莲花。刺史命收莲子归京。种于池沼，或变为红莲。因异之，乃致书问染工。染工曰："我家有公，世治靛瓮。尝以莲子浸于瓮底，俟经岁年，然后种之。若以所种青莲子为种，即其红矣，盖还其本质，又何足怪？"④

---

① 韦利（1931），第265页（德里收藏，第CDLIV号）。

② 这是芝加哥野外博物馆收藏的塑像。

③ 译按，本段原文见《北梦琐言》（贾二强点校本，中华书局，2002）卷10"杜儒休种莲花条"，内容与《太平广记》所引稍异，可供参考。中华书局标点本《太平广记》（1961）卷409"染青莲花"条下"注"云："原缺出处，明钞本作'出《北梦琐言》。'"作者说出处不详，不确。

④ 《太平广记》卷409，第8页。译按英译文"gentleman"是根据原文"我家有公"之"公"字译出。中华书局标点本"公"作"三"。"校勘记"说："'三'原作'公'，据陈校本改。"今按，《北梦琐言》正作"三"，以上下文意，当以"三"为是。作者断句"我家有公，世治靛瓮"，当作"我家有三世治靛瓮"。

这样一来，西方极乐世界才有的菩萨的花，竟然生长在了世俗百姓家的庭园之中。甚至据信驼背园丁郭橐驼也掌握了在靛青染料瓮中浸泡莲子，以种植深蓝色的莲花的技艺①。对于这位并非虚构的矮小的人来说，这究竟可能吗？

更值得注意的是韩愈的那位狂放不羁的族侄的传说，据说他是一位精通道术的人，在后来的传说中，他变成了"八仙"之一的韩湘子和算命卜卦者的保护神，他的形象被表现为携带竹鼓、拍板，或挎花篮，或擎仙桃，或吹长笛②。这位年轻的奇迹创造者（如九世纪时段成式所载）使用诸如紫胶、甘汞之类的化学试剂处理牡丹花的根部，过一个星期之后，他就能随心所欲地得到青、紫、黄、赤等各种颜色的牡丹。据说他还能使有些花朵上清晰地显示出完整的诗句③。也许本书的许多读者自己就能够通过向花根部附近的土壤里输送铁盐的办法，来使他们的绣球花变成青色，这种办法其实很简单，只需要将旧铁钉、金属罐埋进土里即可。所以本书读者对韩愈族侄人为控制花的颜色的方法不会感到太惊讶，但是普林尼记载的罗马人使用的办法，也许还没有引起世人的注意。据普林尼记载：

¹⁸¹ 此外，还发明了一种给睡莲染色的方法，……将花梗浸泡在黑色的酒糟或者是希腊酒里，以使花梗染上浸泡物的颜色，然后种在畦沟里，在四周填进大约一盎司的酒

---

① 《种树书》《说郛》，第 106 函（＝212 册），第 14 页
② 高罗佩（1954），第 121～123 页。韩愈的这位族侄实际上是一位道教徒，他曾经不止一次见过大诗人韩愈。见高罗佩（1954），第 136～137 页。
③ 《酉阳杂俎》卷 19，第 157，参见高罗佩（1954），第 135 页。高罗佩说："他利用染料处理植物根部的办法，在中国一直延续到了近几年。"古利克相信，有关紫色字的部分，"是传叙者增添的细节"。

糟。通过这种方法就可以得到紫色的睡莲……①

人们对普林尼的看法通常是：他总是采撷一些纯属于无根之谈的说法。而翻译这段记载的严肃的学者们也赞同这种看法，他们在注解中说："费依认为，普林尼在这里一本正经地记载的这种不经的栽培法，根本就不值得一提，普林尼的这种态度显然是非常滑稽可笑的。"我们相信随着富有想象力的科学的发展，随着对可能性范围的日益模糊，贬低普林尼的人将必定会越来越少。

总而言之，青色的花的存在，总是最容易引起人们的怀疑。伟大的中国植物收藏家罗伯特·福琼（Robert Fortune）在给伦敦园艺学会干事约翰·林德利（John Lindley）的一封信中写道："长着青花的牡丹，这种植物的存在无论如何是难以置信的。"② 或许在中国的典籍中残留下来的青牡丹，只是民间传说中对道教徒韩湘子的技能的回忆。但是现在我们知道，从与秋水仙属和秋天的藏红花有关的一种植物中，可以提取出有毒药物秋水仙碱③，而秋水仙碱则可以在其他植物中引起变异——例如多瓣花的变种。道教徒的奇技秘术，现在已经面临着成为平常技能的危险。

青睡莲

与青莲恰恰相反，青睡莲虽然是由外国传入唐朝的，但它

---

① 博斯托克和赖利（1956），317 页。
② 考克斯（1945），第 80 页。考克斯认为："类似这样的中国植物都值得进行特别的调查，例如'在皇帝的御花园里栽种的，重量达两磅的京桃'，就应该属于被调查之列。"
③ 即"Colchicum sp."。

却是一种很普通的花。贞观十八年（647）的一段记载云：

> 伽失毕国（Kashmir）献泥楼婆罗花（nīla-utpala），
> 叶类荷叶，圆缺，其花色碧而蕊黄，香芳数十步①。

这种印度睡莲有时也称作"青莲"（这种混淆是很普遍的——"青莲"也指"埃及青莲"），印度青莲出现在文殊师利菩萨的手中②，这种花的国际通用名称是"Nymphaea caerulea"。

就在同一年，与伽失毕为邻，"人性暴犷""服用毛氈"的罽宾国③也"遣使献俱物头（kumuda）花，丹白相间，其香远闻"④。如果我们根据它的梵文名称来判断的话，这种外来花应该就是"Nymphaea esculenta"，即一种白睡莲（或许就是"N. alba"，但是根据其斑杂的色彩，我们可以断定，这是一种典型品种的稀有变异。白睡莲是女神吉祥天女和观世音菩萨的法座。在敦煌发现的一轴十世纪的绢画中，就表现了观世音坐在一朵白莲花上的情形⑤。但是，与这种美丽的花有关的外来神并不止一个，白莲还是月天（candra）神的现世形象，而月

---

① 《册府元龟》卷 970，第 11～12 页；《唐会要》卷 100，第 1796 页。两本书的记载都有讹误。但是幸运的是通过相互比较，就可以轻易地加以更正。"伽失毕"就是"克什米尔"。《唐会要》将伽失毕置于罽宾与健达之间的地方。"伽失毕"这个名称必定是根据类似"＊Kashpir"的形式过录的。
② 苏慧廉、何乐益（1937），第 265 页。
③ 比尔（1885），第 I 卷，第 54 页。
④ 《唐会要》卷 99，第 1776 页；这里将年代误作"贞观廿二年（648）"。参见《唐会要》卷 100，第 1796 页；《册府元龟》卷 970，第 11 页。
⑤ 戴维森（1954），图版第 26。

天有时又被称作"白莲主"（Kumuda-pati）①。虽然我们必须 132
时时提醒自己注意，这种花常常与文献和绘画中的大白莲相混
淆，但是同样我们必须看到，在神学价值上，它与埃及圣莲
（Nymphaea lotus）具有同等重要的地位。唐朝人通过佛教艺
术，必定已经熟知了印度睡莲（不管是青莲，还是白莲），但
是还没有证据表明印度睡莲曾经在中世纪的中国完全扎根，甚
至在今天，它似乎还是一种稀罕的外来植物。

在唐朝境内也有一种土生的睡莲，这种睡莲的分布范围限
于南方极边地区，即使是对这种土生睡莲的了解，在唐代几乎
也只是模糊不清的传言和含混的记载，在汉文中称之为"睡
莲"的这种花实际上是"矮睡莲"，即"N. teragona"，这种植
物开一种白色的小花，其所以得名"睡莲"，是因为事实上这
种花：

> 凡五种色，当夏昼开，夜缩入水底，昼复开也。与梦
> 草昼缩入地，夜即复出，一何背哉?②

所以，甚至连这种土生的睡莲也有些类似于来世的生物。

---

① 苏慧廉、何乐益（1937），第156页。
② 《北户录》（《唐代丛书》，7），第71页。《酉阳杂俎》卷19，第159页也
记载了这种花。李时珍认为睡莲类似于萍蓬草，见《本草纲目》卷19，
第3页。

我的主人看不起他自己国家的木材，

作为外国迷，他太爱外国的树木了：

"天啊！在胡桃木桌上吃饭，叫我如何忍受！"

只有红色纹理的桃花心木才适合我享受！

在我居室里摆设的每个柜子，每把椅子，

都是通过险恶的海洋，从异国他乡运到的舶来品。

——托马斯·沃顿《论奢侈》①

---

① 译按，沃顿（1728～1790）英国桂冠诗人，第一部英国诗史的作者。早年就已获得了很高的声誉，1785 年成为桂冠诗人之后，所作多为应酬之作。沃顿在英国文学史上具有非常高的声誉。

第八章　木材

　　唐朝人拥有优良的本地木材品种，本地的木材已经完全能够满足他们制作自己所熟悉的实用器具的需要：青龙木①可以用来制作斧柄；坚韧结实，纹理美观的酸枣木是制作车轴、调羹和筷子的好材料；长江以南的樟木可以用来做船②；四川出产的美丽的泡桐则可以制作五弦琴（配以玉琴栓和浙江产的丝弦）和中世纪中国的优雅的箜篌③。非常幸运的是，我们在正仓院可以见到一把以高超的技艺复原的，已经"失传"的唐代箜篌。这把箜篌是用泡桐制作的，表面有用珍珠母镶嵌而成的花鸟图案，二十三根弦系在鹿骨轸子上④。我们可以将这把箜篌看作是唐代精湛的木器工艺的代表之作。

　　唐朝对于其极南部地区的木材的需求量是很大的，因为南方比北方保留了更多的原始森林，而且在南方亚热带地区有丰富的硬木资源。在中国南方生长的硬木，有许多品种同时也生长在印度支那地区，所以我们可以将南方的树木产出的木材算

①　学名是"Dalbergia hupeana"。
②　《本草纲目》卷35上，第35、37、46页；以及第34、29页引陈藏器。
③　李贺《李凭箜篌引》，《李长贺歌诗》卷1，第1页和王琦的注释；又见《追和柳恽》，《李长贺歌诗》卷1，第11页。
④　石田茂作与和田军一（1954），第131号。

作是一种"半外来"的木材。生长在岭南和印度支那，被称作"桄榔"的羽叶棕榈，就属于其中的一种①。除了提供维系船板的椰子皮壳纤维和糕饼师所需要的西米之外，桄榔树还是一种带有漂亮木纹的紫黑色的木材，而这种木料尤其是制作双陆板的绝好的材料。印度支那也属于唐朝羁縻统治的地区，在岭南和印度支那出产的所有木材当中，竹子属于最有用的木材之一，它是制作各种各样的器具的原料。在唐朝的中部和南部地区也生长着许多品种的竹子，但是在富豪和权贵之家，最推崇的还是用"斑竹"制作的器具②——斑竹的茎干部分生长着紫色的斑点，这种斑点适合于各种各样的装潢目的，尤其是常用来制作最高雅的毛笔的笔杆。在正仓院的收藏品中，就有这种毛笔的样品：这些毛笔是用象牙、金银以及紫檀装饰而成的③。漂亮雅致的斑竹出自北部湾的骥州④。斑竹的声名是如此显赫，以至于有时还会出现假冒的赝品。在正仓院珍宝库收藏的斑竹制品中，就有用假冒的斑竹制成的物品。例如一件用来盛放墨锭的盒子外衬就是这种假冒的斑竹——目前还没有鉴别出这是一种什么材料⑤。

八世纪初期，在建筑和装饰皇室成员以及豪门权贵的宅第、宫殿和一些重要的佛教寺院方面，追求奢华的风气达到了前所未闻的程度。当时对于优质木材的需求量必定非常巨大，

---

① 学名是"Arenga sacchariferā"。

② 这种"斑竹"或许就是"phyllostachys puberula var. boryana"，这种品种生长在中国的中部地区，我们还不能断定本书中讨论的安南出产的斑竹与这种斑竹是否是同一个品种。

③ 正仓院（1928~），第38~42页。

④ 《新唐书》卷43上，第3733页。

⑤ 正仓院（1928~），第38~42页。

其数量之巨，竟然到了将长有这些树木的山林全部砍伐殆尽的地步①。这种过分的需要不仅加剧了唐朝本土森林资源的消耗量，而且也将外来木材尤其是彩色和芳香木材的输入推向了新的高峰。在当时的贵族阶层中，拥有各种外来木材制作的家具，已经成了一种时尚，所以唐朝权贵的家里都散发着一种热带木材的芳香气味。李贺对一位唐朝皇室公主出行的描述，为我们提供了很好的例证：李贺笔下的公主以及仆从顶盔贯甲，一身戎装，"奚骑黄铜连锁甲，罗旗香杆金画叶"②。为了维持这种挥霍奢侈的场面，同时也为了满足国家庄重的礼仪大典的需求，宫廷工匠需要有大量的印度群岛的稀有木材，结果这种木材通过唐朝安南羁縻地区和广州的大海港源源不断地进入了唐朝境内。在外来木材中，主要有在唐朝被称作"紫檀"的"sanderswood"，被称作"榈木"的"flowered rosewood"以及被称为"白檀"或"香檀"的"sandalwood"。

紫檀

"紫真檀出昆仑、盘盘国，虽不生中华，人间遍有之。"③苏恭告诉我们，紫檀在唐朝各地随处可见，他对这种木材的称呼，使用了部分由梵文名构成的名称，称为"紫旃檀（candana）"④，"紫旃檀"就是"紫檀"，因为在中世纪中国，一方面认为这种精美的细木家具用材与檀香木有关，另一方面

---

① 谢和耐（1956），第19页。

② 李贺《贵主出行乐》，《李长贺歌诗》卷2，第186页。

③ 《本草纲目》卷34，第28页引苏恭。

④ 译按，苏恭原文作"真檀"，真檀就是旃檀的别称，李时珍说："释氏呼为'旃檀'，以为汤沐。犹言'离垢'也。番人讹为'真檀'。"

又认为它与椆木有关，所以起了这样一个混合的名称。在古代汉语中，"檀"字是指"rosewood"（椆木）而言的，但是这个字同时又被用来译写"candana"（檀香），这种语音上的联系，突出地表明了它们之间在语义上的密切关系。马来亚的檀香木（sanders）[①] 是在中国常见的一个树种，这种树带有类似玫瑰的香味，木质为淡黄或淡红色。或许这种树的更为疏远的亲系也传到了中世纪的中国——例如像安达曼群岛的紫檀木（padouk）[②] 和印度的檀香木（sanders）[③] 都属于这一类。安达曼群岛的紫檀木是一种精良的木材，而印度的檀香木不仅可以用于建筑的用途，它的无味的木材还可以提供一种有色的粉末，以作为种姓的标记。实际上印度檀香木之作为颜料与它作为木料的用途相比，几乎是同样出名的。印度檀香木产出的染料在中世纪欧洲被用来给酱油着色[④]，而马来亚檀香木产出的染料末，在唐朝则被用来浆染衣物[⑤]。"紫檀"还是制作弦乐器，尤其是制作琵琶的最优质的材料，紫檀琵琶在唐朝的诗歌中随处可见，例如孟浩然就曾经描写过一把用金粉装饰的紫檀琵琶[⑥]。在日本奈良正仓院，至今仍然可以见到各种装饰精美的紫檀琵琶，例如这里的收藏品中有一把用紫檀制作，由珍珠母嵌花、利用龟甲以及琥珀装饰成的唐朝的五弦琵琶（这是

---

① 檀香木的学名是"Pterocarpus indicus"。伯基尔（1935），第 1830 页。
② 紫檀木的学名是"Pterocarpus dalbergoides"。伯基尔（1935），第 1829 页。
③ 印度檀香木的学名是"Pterocarpus santalinus"。伯基尔（1935），第 1832 ~ 1833 页。"Pterocarpus marsupium"是另一种实用的印度檀香木。
④ 玉尔和伯内尔（1903），第 789、790 页。
⑤ 薛爱华（1957），第 131 页。
⑥ 薛爱华（1957），第 131 页。参见李贺《感春》，《李长贺歌诗》卷 3，第 23 页，尤其请参见王琦在十八世纪时所作的注解。

仅存的一把)①。可以见到一把"阮咸"（日文"genka"）或
"秦琵琶"。这种乐器是以古代"竹林七贤"之一的名字命名
的。这把阮咸也是用紫檀制作而成的，而且在装饰工艺上同样
也使用了与以上五弦琵琶相同的三种珍贵材料，镶嵌了鹦鹉和
其他的图案②。

　　不过美观的紫檀木在当时也被用来制作大量其他的小型器
具，幸运的是现在留存下来了不少类似的实物样品。在正仓院
有一个用来向佛陀提供祭品的矩形的盒子，顺着木料的纹理镶
嵌着黄金，在彩色花卉的画面上覆盖着一层水晶饰板；圣武天
皇使用过的一个扶手，是用黄金、樟木以及着色象牙装饰的；
一件用象牙镶嵌成动物图案和玫瑰花饰的棋盘；一块带有在透
明龟甲下面用金叶和银叶装饰成花卉图案的双陆板；还有一个
用黄金、水晶以及瓶料玻璃嵌成花、鸟、蝴蝶图案的长柄香
炉——所有这些奇珍异宝，全部都是用紫檀制作成的③。文献
资料也能为我们提供其他众多的，由紫檀制作的物品的描述：
九世纪时，值得称许的是一副半为"婆罗洲樟木"④，半为紫
檀⑤的棋子⑥；同一时期的一位宫廷丽人有一个能产生共鸣的
"白玉"盘，她将玉盘悬挂在紫檀框架上，用一枚犀角槌来敲
打⑦；九、十世纪时，活了八十多岁的诗僧贯休，曾经描写过

---

① 石田茂作与和田军一（1954），图版第 1（彩色）。在日本的出版物中，
　　"sanders" 被称作 "shitan"，即 "紫檀"。
② 石田茂作与和田军一（1954），图版第 31。
③ 石田茂作与和田军一（1954），图版第 2、20、37、39、40。
④ 译按，原文作 "瑞龙脑"。
⑤ 译按，原文作 "紫檀心"。
⑥ 《云仙杂记》卷 4，第 30 页。
⑦ 《丽人集》[《说郛》第 78 函（＝第 157 册），第 2 页]，这段记载的年代
　　大约是在公元 1000 年。

一个"赤旃檀"塔——很可能是一种小型的木塔①；太宗皇帝极度推崇王羲之的书法，据说他收集了三千纸二王父子的书迹，以一丈二尺为卷，连缀成为卷轴，"装背率多以紫檀轴，首白檀，身紫罗褾织成带"②。

榈木

严格地说，这里的"rosewood"（榈木）是指黄檀属的各种树木，这些树木因其美丽优雅的淡黑的颜色和引人注目的斑驳的花色而受到制作家具的工匠的普遍珍视；它的得名是因为它本身具有的香味③，而不是它的颜色。黄檀属树木（有些因其黑褐色的颜色而被称作"青木"）生长在亚洲、非洲和美洲的热带地区。其中特别知名的种类是爪哇的"Dalbergia sissoides"和印度的"D. latifolia"以及"D. sissoo"这两个品种④。在这些昂贵的榈树中，最后提到的这种榈木在阿契美尼王朝统治时期的古波斯有很好的销路，例如在苏萨，它与雪松和丝柏一起被用来制作奢华的椅子和床架⑤。

唐朝的细木工匠利用榈木的一些种类作为原料，其中大多数很可能是被称作"花榈木"的"D. hainanensis"，正如同它的学名所表示的那样，这种树木是由海岛船运到广州的；但是唐朝使用的榈木很可能也包括印度支那的黄檀属树木。八世纪

① 贯休《书石壁禅居屋壁》，《全唐诗》第 12 函，第 3 册，卷 12，第 15 页。
② 《法书要录》卷 10，第 146 页。
③ 译按，"rosewood"英文意为"玫瑰味的木材"，故作者有此说。现代汉语中将这个英文字译作"黄檀"，而唐代作"榈木"，此从唐代原名。
④ 伯基尔（1935），第 753～756 页。
⑤ 格谢维奇（1957），第 317～320 页；伯基尔（1935），第 753 页。

时，陈藏器写道，桐木"出安南及南海，用作床几，似'紫檀'而色赤，性坚好"①。这种花纹美观的木材还因为医学上的缘故而受到人们的欢迎——桐木制作的枕头可以治疗头疼②。

檀香

檀香是一种小寄生树③的白色或淡黄色的心材，这种树生长在印度、爪哇以及巽他群岛等地④。陈藏器写道，檀香"树如檀"⑤，意思是说这种木材类似于中国黄檀的淡黄色的木材。尽管檀香通常又被称作"白檀"，但黄色的确是这种芳香木材的本色。檀香自身可以散发出芳香的气味，而且具有细密的木纹，它还能够依靠自身的油来防止腐烂，所有这些特点使檀香深受人们的喜爱⑥。檀香是制作精雕细琢的艺术珍玩的理想选材，例如微型小圣像、珠宝盒以及其他类似的小型珍品，都可

---

① 《本草纲目》卷35下，第41页引陈藏器。参见薛爱华（1957），第132页。
② 薛爱华（1957），第132页。当与中世纪时中国使用的含义一样，以"花桐"指"海南桐"时，阅读有些日本出版物的读者必须注意书中对于"花桐"的解释，例如石田茂作与和田军一（1954），第68页就是使用了同样的拼法来表示日本字"karin"（"日本榲桲"，chaenomeles. sp）。所以在（正仓院）中所描述的用"karin"（花桐）制作的器物，很可能其实并不是桐木制品。译按，作者此云陈藏器认为桐木枕头可以治疗头疼，查《本草纲目》卷35下"桐木条"，主治项下引陈藏器全文云："破血块、冷嗽，煮之热服。为枕令人头疼，性热故也。"则桐木为枕"令人头疼"，而不是可以治疗头疼。
③ 学名是"santalum album"。马来名"chěndana"（梵文名"candana"）也可以用于赤檀的近亲"Pterocarpus santalinus"。马来的"白檀"（chěndana puteh）有时用于称呼"Eurycoma"的木材，但是"黄檀"则是指真正的檀香。伯基尔（1954），第1953~1955页。
④ 其他种类的檀香生长在澳大拉西亚和大洋洲。
⑤ 引自《本草纲目》卷34，第28页。
⑥ 伯基尔（1935），第1956页。

以选用檀香来制作。檀香最显著的特点就是它在宗教方面的用途，檀香在南亚和东南亚的作用，就相当于雪松在古代近东所起的作用——在近东地区，所罗门圣殿的木材以及代表灵魂不朽的埃及木乃伊箱使用的木材，都是选用雪松。

我们现在还不能确切地知道唐朝檀香的主要来源。尽管唐朝使用的未加工的檀香原材以及综合加工成的檀香人工制品都是来源于印度和印度支那地区，但是它的确切的来源以及这两个地区各自贡献的相应的数量，现在都还是个谜①。贞观廿一年（647），一个叫作堕婆登（ * Dabatang，或许就是苏门答腊）的印度尼西亚国家曾经向唐朝贡献"白檀"②。檀香的其他进口地我们并不知道，相关文献在言及檀香时，只是说进贡"异香"或别的什么笼统的名称。

檀香在东方医学中占有重要的地位，陈藏器称，檀香具有"治中恶鬼气，杀虫"的功能③。所谓"治中恶鬼气"的性能，被解释为可以排出肠胃中的胀气，而中世纪的阿拉伯人也确实是用檀香来解除肠绞疼的④。毫无疑问，这种做法与将檀香作为化妆品的习俗一样，最初也是起源于印度⑤——在印度化的

---

① 山田宪太郎（1957），第405页称，直到唐代时，印度都一直是中国檀香的主要来源，但是从宋代起，弗洛勒斯群岛，特别是帝汶岛出口的大部分檀香都用来供应中国。但是有关唐朝的证据是不明确的，或许我们可以将唐代看作是一个过渡的时期，或者是看成一个世界性的贸易时期。

② 《旧唐书》卷197，第3610页。保尔·惠特利认为，"堕婆登"可能就是婆罗洲（个人通信）。

③ 引自《本草纲目》卷34，第28页。

④ 阿拉伯人利用檀香治疗肠绞疼是从十一世纪时开始的。胡雅尔特、王明（1958），第59页。

⑤ 伯基尔（1935），第1955页。

印度支那诸国中，也盛行以檀香末作为化妆品的习惯①。但是在中世纪时代，医疗与美容并不是截然分开的：这就正如神龙元年（705）般剌蜜帝在汉译密宗《楞严经》中所记载的那样："白旃檀涂身，能除一切热恼。"②

就人的感官而言，檀香那神奇芳香的气味表现出了隐藏在它如神一般的躯干中的抵抗恶魔的性质。由于同样的原因，檀香木是雕刻佛像芬芳的法身的最理想的材料，例如唐玄奘就曾经见过一尊檀香木的观世音像③。其他大大小小的许多檀香木像也在东方各地广泛受到人们的顶礼膜拜。由于这种思想发展的结果，檀香就进一步成了佛自身的称号。例如十方十佛中的南方佛就称作"南方欢喜界旃檀德如来"④。

在印度佛教的影响之下，早在唐朝之前几百年，檀香木以及与其有关的情感和想象就已经传入了中国。旃檀（candana）这个词在晋穆帝升平元年（357）出现于中国，但是当时这个字仅仅是作为印度群岛的一个国家的名称而出现的⑤；宋孝武帝孝建元年（454），旃檀又作为树名出现⑥。最初译为汉文的这个外来词的读音大体上相当于"candana"，用来指称"旃檀"和"真檀"⑦。这很可能是因为汉文中将"rosewood"（桐木）

---

① 李时珍称："今西南诸蕃酋皆用诸香涂身。"见《本草纲目》卷34，第28页。
② 《本草纲目》卷34，第28页引《楞严经》。
③ 哈克曼（1951～1954），第30页。
④ 哈克曼（1951～1954），第30页。
⑤ 《晋书》卷8，第1095页。译按，标点本《晋书》（中华书局，1974）作："扶南竺旃檀献驯象。""校勘记"说："'竺'上原有'天'字，《校文》：《扶南传》作'竺旃檀'，《南史》《梁书》同，此语衍'天'字。今据删。""旃檀"与"竺旃檀"当有一误，此姑存疑。
⑥ 薛爱华（1957），第130页。
⑦ 薛爱华（1957），第130页。

137

也称作"檀",所以"檀"字作为一种专有的成熟名称,也就自然而然、顺理成章地演变成了这种芳香心材的名称——檀香。

唐朝作为佛教文化的顶峰时期,在这时出现了大量的佛像,其中许多佛像都是用檀香制作的。唐朝行僧鉴真曾经亲眼在广州见过一尊白檀雕像。据鉴真记载:"(广州)开元寺有胡人(遗憾的是他的名字不详)造白檀'华严经九会',率工匠六十人,三十年造毕。用物四万贯钱……敕留开元寺供养,七宝庄严,不可思议。"[1] 另一位虔诚的朝圣僧,日本和尚圆仁也曾经提到过一尊按照权臣李德裕的命令制作的释迦牟尼像;这座像高三尺,用白檀木雕刻而成,安置在扬州的开元寺。圆仁曾与这位大僚一起在"瑞像阁"(坐在椅子上!)啜茶。当时瑞像阁在波斯和占婆商人捐赠的帮助下,重新进行了整修[2]。

可信程度不如上述记载的是佛僧不空的故事。据说,当唐玄宗招来不空,令他祈雨时,不空曾经"焚白檀香龙"[3]。无论是采取以人作为神的代用品的方式,还是如这里所举的例子一样,采用焚烧偶像的办法,焚烧雨神都是中国本土一种历史悠久的习俗[4],在这个故事中,不空和尚使得中国古老的习俗适应了印度固有的习惯。

用檀香制作的实用器具大小不等,小到正仓院收藏的八叶盒[5],大到李白诗歌中提到的"旃檀阁"[6],各形各色,应有尽

---

① 高楠顺次郎(1928),第 466 页。
② 赖世和(1955a),第 213 页。
③ 《酉阳杂俎》卷 3,第 23 页。
④ 笔者曾考证过这种习惯的沿革,见薛爱华(1951a)。
⑤ 石田茂作与和田军一(1954),图版第 54。奇怪的是在正仓院的收藏品中,檀香木的制品非常少见,相反,紫檀木的制品则大量见于记载。
⑥ 李白《赠僧行融》,《李太白文集》卷 11,第 7 页。

有。檀香既是一种宗教用材，同时也是一种奢华排场的材料。天宝十载（751），唐玄宗在长安为安禄山建造了一所豪华的住宅，而且为他配置了最昂贵的家用器皿，例如金、银制作的厨具，在家具中还有"帖白檀床二，皆长丈，阔六尺"①。咸通十二年（871），唐懿宗也曾赐给安国寺的僧人两个高台讲座，用来讲经说法。讲座高两丈，由檀香和沉香构架而成。这两个讲座比唐玄宗赐给安禄山的檀香床更为豪华壮观②。同样华丽堂皇的是九世纪时五台山天台寺的禅台，这座禅台的表面覆盖了一层檀香膏，微风拂过，幽香可以飘到很远的地方③。

檀香甚至还相当普遍地成了当时诗人们信手拈来加以应用的、带有异国情调的比喻：例如对偶句"檀香塑"与"贝叶写"④，就为我们提供了一幅印度或者印度化的社会环境的无意识的图画。更为稀见的是天资聪颖的妓女赵鸾鸾在一首情诗中所用的暗喻"檀口"⑤，这个暗喻显然是指"口香如檀"。

乌木

柿属树是柿树的近亲，也是印度、印度群岛等地的土产，柿属树中有许多树能够产出一种美观的黑色硬木，我们将这种木材通称为"乌木"⑥。早在公元四世纪时，乌木的有些种类

---

① 《酉阳杂俎》卷1，第3页；《资治通鉴》卷216，第8页。
② 《资治通鉴》卷252，第6页；白寿彝（1937），第49页。
③ 赖世和（1955），第255页。
④ 韦蟾《岳麓道林寺》，《全唐诗》第9函，第3册，第4~5页。
⑤ 《全唐诗》第11函，第10册，"妓女"，第8页。我认为"檀口"（rosewood mouth）的字面意思相当于"旃檀口"（candana mouth）。
⑥ 伯基尔（1935），第825~826页。这种树包含着广泛作为鱼毒使用的氢氰酸。伯基尔具列了二十六个品种，其中通常认为最好的品种是印度南部和斯里兰卡的"Diospyras ebenum"产出的无纹理的黑木材。

138

就已经随着波斯舶进口到了中国，当时将这种木材称作"乌文木"①。到十二世纪时，我们又见到了进口的乌木，例如当时一位文人曾经清楚地描写了古琴乌黑的表层，并且指出："古琴历年既久，漆光退尽，惟黯黯如海舶所货乌木，此最奇古"②。唐代正好处在上面提到的两个时代的中间，但是我们却没有发现唐朝进口乌木的直接证据。如果乌木确实是八世纪中国使用的外来木材中的一种重要的用材，那么我们完全有理由期望在正仓院的珍宝库中发现用乌木制作的器物。正仓院的收藏目录中经常提到"黑柿木"制作的精美的细木工家具——例如一张六角小桌和一个带有蝶绞门的柜子③，但是这种木料似乎并不是真正的乌木，而是一种用苏方汁染过的淡色的柿属木材④。总之，这个问题仍然有待于进一步加以讨论。

---

① 《本草纲目》卷35下，第41页引《古今注》。伯基尔错误地认为，在宋元时代之前，在中国早期文献中没有提到过乌木。参见伯希和（1959），第101～102页。

② 《洞天清录集》，第3页。这本书的作者生活在1180～1240年。

③ 石田茂作与和田军一（1954），图版第65、81。

④ 石田茂作与和田军一（1954），图版第65，注释。

大商船上从斐济运来的玛哪和蜜枣，

从盛产丝绸的撒马尔罕

到生长着雪松的黎巴嫩的

各种各样的美味的食物。

　　　　　　　——济慈《圣阿格尼斯之夜》①

---

① 译按，关于济慈的生平简介，见上文第六章 253 页注①。

第九章　食物

正如我们无法在远东文明中的化妆品与药物之间划分出一条严格而固定的界线一样，任何想要在食品与药物之间，或者是在调味品与香料之间做出明确区分的企图也都是徒劳的，而且这种区分会导致对于食品在唐代文化中的作用的错误认识。须知，食品在唐朝文化中的作用是错综复杂的，而不是单纯一律的①。经过博学的医师，尤其是经过道士精心研究过的每一种食品都兼有医疗的作用。对于道士而言，饮食与养生尤其具有密切的关系，他们的目的是要使人延年益寿、青春常驻。特别是用于调味的香料——尤其是外国的调味香料——因为其本身具有芳香的气味（它能够凭借鲜明气味而传递神奇的特性），从而被当作最有效的药物。虽然香料也是豪华盛宴上的调味佳品，但是它的作用却远远不止于此。更重要的是我们应该记住（即使是这种说法也过于简单了）：调味香料和香料既有医药方面的效能，也有宗教方面的功用，而且在日常生活中也起着不可或缺的重要作用。香料具有保藏食物，驱除讨厌的

<hr />

① 山田宪太郎（1957），第 2 页讨论了这一问题，他使用了"kōyaku（香料/药物）"这个字眼来统称香料、调味香料和医药。

虫子，净化污浊的空气，保洁净身，美化肌肤，诱发冷漠的心上人的恋情以及提高一个人的身价等许多方面的用途[1]。这种用途的多样性和复杂性，远不是某些轻易随便，而且略带贬义的字眼所能表述的——例如"奢侈品贸易"（好像只是有钱人才渴望的健康和漂亮）的说法就属于这种表述方式。就外来的调味品以及对它的嗜好而言，我们必须将香料用途的多样性和复杂性作为伟大的中世纪调味品和香料贸易的真正基础。它们既是魅药，也是治病的灵药，更有其他广泛的用途[2]。可以这样说，我们这里对这些食用香料或香料食品的划分并未遵循通常的标准。我们根据香料在烹调、香味与香气以及在医疗等方面的作用，将它们分别归之于不同的类目之下。有时我们的分类归目看起来似乎很奇怪，这不仅因为我们的分类是随意的和片面的，更重要的是因为这种分类法没有服从现代的习惯和信条。试以丁香和肉豆蔻为例：我们将在下一章中，即在"香料"章中对它们进行讨论，而不是放在这里进行讨论，我们认为，将它们放在香料中间是最合适的，因为没有证据说明，在唐朝的烹调中曾经大量地使用过这些香料，相反却有许多事实表明，它们在香水和药品制作方面有重要的用途。

　　唐朝的行僧义净曾经对于印度尼西亚和印度的烹调有过切身的丰富感受，而且他明显地对上述地区的烹调有浓厚的兴趣。义净曾经饶有兴味地记录了在这里可以买到的精美食品，并将它们与唐朝的饮食进行了比较，他说："东夏时人，鱼菜多并生食，此乃西国咸悉不餐。凡是菜茹，皆经烂煮，如阿

---

①　山田宪太郎（1957），第4页以下讨论了这个问题。

②　山田宪太郎（1957），第4页。

魏、酥油及诸香合，然后方啖。"① 或许我们应该接受这段对于七世纪时中国的烹调特点的论述，因为这是由一位杰出的观察家记载下来的。但是这种记载与当代人对中国烹调的看法，尤其是与对南方烹调的看法是相互矛盾的。义净的记述使唐朝的烹调听起来就好像是现代日本的一样——我们可以设想这是一种清淡的食物，有时甚至还可能是生的，只是在饮食中增加了少量的美味佐料或者是一些可口的酱油。如果真是这样的话，那么相对来说，中国现代的烹调大多只是在近代才发展起来的，而且我们也不难推测，中国烹调之丰盛香醇的特点，也只是到了唐代时才出现的，而这些特点的出现则毫无疑问地受到了外国食物口味习俗的影响，特别是受到了印度本地以及那些位于荒漠之中和小岛之上的印度化地区的食物的影响。

但是，说实在话，关于唐朝的饮食习惯我们了解得还很少。在唐朝人吃的食物中，哪些是经常食用的，哪些是偶然一吃的，对这一类的问题我们在本文中能够做的只限于提出一些初步的看法，这些看法主要是根据一些可以见到的实例。但是至于这些食物是如何调制的，我们在此还无法提供任何现成的答案——这个课题只有留待将来的历史学家去完成了。

我们知道，有些食物在唐代曾广泛地被人们食用，例如粟、稻、猪肉、菜豆属植物、鸡肉、李子、葱属植物以及竹笋都属此列。我们还可以在文献中了解到唐朝的一些地方的特产——可以想见唐朝的食物品尝家们在办事和游玩的途中必定非常喜欢品尝这种乡村的菜肴。例如像青蛙这样的美味，就是西南偏远的贵阳地区特别欣赏的一种食物——虽然根据有关记

---

① 　高楠顺次郎（1896），第137页。

载，知书达礼的北方人对南方土著人的这种爱好采取了嘲笑的态度①。此外还有广州的"西米饼"②和用来下酒的牡蛎③以及浙江的"栗子粉"④等，都是当时南方的土特产品。每当一种地方的土产珍馐在宫廷和京城里引起人们的垂青时，这种食品就会被列入土贡的名单，定期供给御厨：如陕西南部的"夏蒜"，甘肃北部的"鹿舌"，山东沿海的"文蛤"，长江流域的"糖蟹"，广东潮州的"海马"，安徽北部用酒渣腌制的"糟白鱼"，湖北南部的"白花蛇"（一种有麻点的毒蛇）肉干，陕西南部与湖北东部在稻浆中腌渍的"糟瓜"，浙江的干生姜，陕西南部的枇杷和樱桃，河南中部的柿子以及长江流域的"刺橙"，都是当时的土贡⑤。

由于开疆拓土的结果，唐朝不仅得到了由它控制的新领土，而且将各种各样的新文化也带进了内地。这样一来，长安所需要的食谱也就自然而然地随着扩大了，新的土贡中包括了一些新鲜而奇异的珍馐美味（由于朝廷为地方开风气之先，所以地方上的食谱也有了改变）——例如伊吾的"香枣"⑥；由高昌贡献的，从一种无叶沙漠植物中流出的"刺蜜"⑦；龟兹的"巴旦杏"⑧以及安南的香蕉和槟榔（汉文名

---

① 《云仙杂记》卷6，第44页；卷7，第49页。
② 《岭表录异》卷下，第11页。
③ 薛爱华（1952），第161页。
④ 即"scirpus tuberosus"。见《重修政和证类本草》卷23上，引《食疗本草》。
⑤ 这些只是《新唐书·地理志》中所具列的土贡名单中的一小部分实例。
⑥ 即"Zizyphus vulgaris"的异种。
⑦ 即"Alhagi maurorum"。
⑧ 汉文称作"偏桃"，但是中国也知道它的波斯名"bādām"（婆淡）。见劳费尔（1919），第405～409页。

称译自马来文 Pinang)①——这些食物以及与此类似的其他食物，形成了一批"半外来的"过渡性食物。也就是说，就文化而言，它们应该是外来的，但是就政治归属而言，它们的产地则属于唐朝的领土。到了一定的时代，它们也就成了中国文化的一个组成部分。我们在下面要讨论的是属于真正的外来食物。

食物的进口（其处置办法与药物相同）是在唐朝政府的严密监督之下进行的。据史书记载："若诸蕃献药物、滋味之属，入境州县与蕃使包匦封印，付客及使，具其名数，牒寺。寺司勘讫，牒少府监及市，各一官领识物人定价。"② 这些外来美味中的最上等的食物，就这样成了被称作"尚食"的官员监管下的御厨的菜肴。尚食由"食医"六人和"主食"十二人辅助工作，主要职责是"掌供天子之常膳，随四时之禁，适五味之宜"，而且在大朝会宴飨百官时，尚食还要负责"视其品秩，分其等差"，供应膳食等事宜：

> 当进食，必先尝。凡天下诸州进甘滋珍异，皆辨其名数，谨其储供③。

随着有关这些珍馐美味的知识不断由宫廷传入民间，在唐朝的乡镇和城市中对于外来食物的爱好也日渐滋长，而外来食

---

① 据《新唐书》卷40，第3727页记载是中亚的贡物。但是根据《新唐书》卷43上，第3733页记载，这是安南的贡品。关于安南槟榔（Areca catechu），又见《本草纲目》卷31，第14页引苏恭。
② 《唐六典》卷18，第17页。
③ 《唐六典》卷11，第9页。

物的贸易也随之不断地增多了。现在让我们来看一看其中的一部分外来食物。

葡萄与葡萄酒

就像大陆上的其他民族一样，自从中国人通过耕作获取谷物以来，他们就已经精通从谷物中提取发酵性的饮料的方式了——发酵饮料是与谷物一起出现的。中国人的发酵饮料（或者可以称之为我们通常所说的酒）是用粟、稻和大麦发酵而成的，这是他们日常饮用的清淡饮料。此外，他们还饮用果酒和用马乳发酵的乳酒①；像类似姜酒和蜜酒这样的美味佳酿，也是中国人饮用的饮料②；而另外几种带有香味的葡萄酒，则是用来供奉神灵的。到了唐朝时，这些古时候的饮料有些还在继续酿制，而有些则久已失传了。但是就大致情况而言，这时稻米已经成了酒精饮料的主要来源。

142   在唐代，至少已经听说了许多种外国酒：据记载林邑能够用槟榔汁制酒③，诃陵国从椰树花中提取一种汁液，制作一种棕榈叶酒④；而党项羌则"求大麦于他界，酝以为酒"⑤。但是

① 凌纯声（1958）。
② 《本草纲目》卷25，第24页引孟诜。
③ 《旧唐书》卷197，第3609页。
④ 《旧唐书》卷197，第3610页。译按，《旧唐书》原文称："俗以椰树花为酒，其树生花，长三尺余，大如人髆，割之取汁以成酒，味甘，饮之亦醉。"今按：异花或可"大如人髆"，但何以"割之取汁"，殊不可解。《太平御览》卷972引《唐书》载："其树生花，长三尺余，实大如人胫，割之取汁以成酒，味甘，饮之亦醉。"《旧唐书》"大如人髆"上夺"实"字，也就是说，割取汁液作酒者是"椰实"而非"椰花"。姑录此供参考。
⑤ 《旧唐书》卷198，第3611页。

我们还没有发现唐朝人饮用这些外国佳酿的证据，唯一的例外是西域的葡萄酒。

汉朝初年张骞凿空西域，将西域的葡萄种子引进了内地，在都城中种植了葡萄，并且以食用为目的，开始小规模地种植这种水果①。根据唐朝的一则传说，葡萄有黄、白、黑三个品种②。据记载，五世纪时，在敦煌附近的地区非常适宜这些葡萄品种的生长③。但是葡萄在当时并不是一种重要的农作物，而与此相应的，用葡萄酿制的葡萄酒也仍然是一种稀有的外来饮料。

所以直到唐朝统治初年，由于唐朝势力迅速扩张到了伊朗人和突厥人的地方，而葡萄以及葡萄酒也就在唐朝境内变得家喻户晓了。甚至到了唐代，葡萄在人们的心目中还仍然保持着与西方的密切关系：在几百年中，一串串的葡萄一直被当作外来装饰的基本图样而在彩色锦缎上使用；而在唐镜背面的"古希腊艺术风格的"的葡萄纹样式，则更是为世人所熟知④。更能说明问题的是：罗马人、大食人以及西域的回鹘人等，全都以精于栽种葡萄和善于饮酒而知名⑤。但是当唐朝征服了西域之后，葡萄以及葡萄汁就失去了其原有的某些"外国"的风味，这与"半外来的"巴旦杏和槟榔的情形是很相似的。

---

① 《本草纲目》卷 33，第 20 页；《酉阳杂俎》卷 18，第 148 页。

② 《酉阳杂俎》卷 18，第 148 页。

③ 《本草纲目》卷 33，第 20 页引陶弘景。

④ 据认为在"锦"上也有葡萄纹的饰样。"＊bʻuo-dâu"（葡萄）或许与希腊文"bótrys"（葡萄串）是同源字。见石田干之助（1948），第 246 页。但是切梅列夫斯基令人信服地推断，"葡萄"这个词来自与于阗语"bātaa"（酒）有关的，假设的大宛语"＊bādaga"。另外一则与希腊文有关的，更合适的证据出自 Athenaios（大约公元 200 年）的著作，据记载"batiákē"："就是波斯字'酒杯'。"

⑤ 劳费尔（1919），第 323 页。

长安的唐朝廷要求高昌以年贡的形式进贡不同品种的葡萄产品，"干""皱""煎"是高昌进贡的葡萄干的三个不同的种类；此外高昌还向朝廷进贡葡萄"浆"，当然也少不了葡萄"酒"①。最重要的是一种新的，主要用来酿酒的葡萄在这时传进了唐朝，葡萄酒的制作工艺也随之传入内地，从而产生了一种新型的工业。这种新传入的葡萄就是著名的"马乳"葡萄。据我们所知，最早记载了确切时间的，传入唐朝的马乳葡萄，是突厥叶护可汗的礼品。贞观廿一年（647）春天，叶护可汗向唐朝皇帝进贡了这种浑长的紫色葡萄②。正如著名的圆葡萄被称作"龙珠"一样③，"马乳"这个名称表明了这种葡萄细长的形状。名妓赵鸾鸾曾经写过五首诗，生动地描写了妇女身体上格外具有魅力的几个部位，其中有一首诗歌中出现了与"马乳"相同的意象派的比喻。这五首诗分别是"云鬟""柳眉""檀口""纤指"和"酥乳"。在"酥乳"诗中，就是用"紫葡萄"这个隐喻来表示女性的乳头的。但是出于一般的体面，要求我们将这种独具匠心、隐晦而风雅地用于形象化比喻的"紫葡萄"，理解为某种其他类型的葡萄，它比"马乳"更小，即大小比例更合适的一种葡萄④。

我们虽然不知道西方马乳葡萄藤插条传入唐朝的具体时间，但那必定是在贞观十四年（640）唐朝征服高昌之后。马乳葡萄被成功地移植到了长安的皇家园林之中⑤，到了七世纪

148

---

① 《新唐书》卷40，第3727页。
② 《册府元龟》卷970，第11页；《唐会要》卷100，第1796页；劳费尔（1919），第223页。
③ 《酉阳杂俎》卷18，第149页；《本草纲目》卷33，第20页。
④ 这五首诗见于《全唐诗》第11函，第10册，"妓女"，第8～9页。
⑤ 《唐会要》卷100，第1796、1797页；劳费尔（1919），第247页。

末期，在长安禁苑的两座"葡萄园"中，大概还可以辨认出
这些葡萄的后代①。到了适当的时候，它们就传播到了深宫禁
苑以外的地方。在韩愈写的一首诗中，我们就发现了唐朝民间
栽种马乳葡萄的记载。韩愈在这首诗中谴责了一座衰落破败的
葡萄园的主人：

> 新茎未遍半犹枯，高架支离倒复扶。
> 若欲满盘堆葡萄，莫辞添竹引龙须②。

我们不知道这座葡萄园究竟在哪里，但是有事实表明，干
旱的陇右道在当时必定已经广泛地栽种了葡萄树，在下文中我
们还将提到陇右道出产的西凉酒。唐朝时中国的另一个葡萄产
地是山西西北部的太原地区，所谓的"燕姬葡萄酒"，就是指
太原出产的葡萄酒③。唐朝本土出产的各种葡萄品种，在这些
备受人们称赞的葡萄园里得到了发展，除了用于酿酒的葡萄之
外，我们知道在十世纪时，在河东（山西）出产一种硕大的
食用葡萄，这种葡萄是如此鲜美，以至于运送到京城之后，它
就成了无价之宝④。

七世纪时，葡萄在唐朝已经很知名了，足以使得专门的饮
食学家向公众说出他们对葡萄的看法，孟诜声称，葡萄汁虽然

---

① 《唐两京城坊考》卷1，第25页。
② 《韩昌黎集》卷9，第29页。
③ 石田干之助（1948），第248页。这首诗是白居易的作品。《新修本草》
认为陇右——尤其是敦煌地区——是最重要的葡萄产地。译按，原诗见
《全唐诗》第7函，第7册，卷34《寄献北都留守裴令》，"燕姬酌蒲萄"
句下注云："蒲萄酒出太原。"
④ 《清异录》卷上，第2页。

可以治疗"孕妇子上冲心",而且效果明显,"饮之即下",可是却不能多吃,因为"多食令人卒烦闷眼暗"①。

但是葡萄毕竟还不是非常普通的水果,甚至在八世纪时,葡萄虽然已经移植到了唐朝的土地上,然而杜甫还是在一组新奇陌生、非汉地物品的比喻中使用了葡萄这个词。他在诗中以"葡萄熟"对"苜蓿多"——这两种植物都是在公元前二世纪时由张骞引进的,而且都是相当古老的比兴对象,在这首诗中,杜甫还以"羌女"与"胡儿"相对②。杜甫在这里描述的可能是一座类似于凉州的边镇。我们知道,凉州——就如同旧金山的唐人街一样,这是一座唐朝的胡城——的葡萄酒在当时的确被认为是一种能够唤起迷人的联想的、精纯稀有的饮料。但是甚至在驼路更西的敦煌,葡萄酒也是重要庆典上的一种珍贵的附加饮料,这就正如香槟在我们的宴会上的作用一样③。在非正式的杨贵妃的传记中,就曾经提到过"妃持玻璃七宝杯,酌西凉葡萄酒"的事④。九世纪初年,唐穆宗皇帝曾喝过

① 《本草纲目》卷33,第21页引《食疗本草》。
② 杜甫《寓目》,《九家集注杜诗》第323页。译按,原诗全文云:"一县蒲萄熟,秋山苜蓿多。关云常带雨,塞水不成河。羌女轻烽燧,胡儿制骆驼。自伤迟暮眼,丧乱饱经过。"
③ 正如韦利(1960),第196页引的敦煌的婚歌描写的那样。
④ 原田淑人(1939),第62页引《杨太真外传》。"七宝"是一个与佛教有关的古代术语,在现代日语中将这个词读作"shippō"意思是"景泰蓝"(cloisonné)。"七宝"在中古汉语文献中屡见不鲜,意思是表示某种有多种色彩、用宝石装饰的装饰品。鉴于正仓院收藏的令人吃惊的景泰蓝背镜(这很难解释),可以认为在十四世纪西方著名的珐琅工艺传入之前,"七宝"可能是表示一种中国传统的古老的珐琅制品。在唐朝以前和唐朝的工艺中,是在浇铸的彩色玻璃杯中滴入景泰蓝,再由黏合剂加以固定。见布莱尔(1960),第83~93页。有关雕刻铜版搪瓷器皿很可能起源于唐代的一种陶瓷技艺的创见,见戴维斯(1960),第650页。

一杯这种美妙的酒，据他评价说：“饮此顿觉四体融合，真‘太平君子’也。”[1]“太平君子”的称号不禁使人联想起人们对老子的尊称，这种称号似乎是模仿了希腊人将酒看作是神的观点。

在一个相当长的历史时期内，葡萄一直是人们羡慕和赞美的对象。有些品种的葡萄酒在三至四世纪时就已经传入了中国[2]。古代的百科全书《博物志》中记载了许多古时候的奇迹和异物，据载：

> 西域有葡萄酒，积年不败。彼俗传云，可至十年。欲饮之，醉弥日乃解[3]。

144

在唐朝时，在长安的酒店中还可以买到用波斯诃黎勒酿成的一种奇异的酒[4]和黑如纯漆的“龙膏酒”。龙膏酒是九世纪初期由乌弋山离贡献的[5]。但是乌弋山离贡献龙膏酒的记载，很可能是小说家苏鹗想象丰富的头脑中凭空编造出来的。而八世纪时用波斯法制作的葡萄酒则无疑来自石国[6]，当时制作葡萄酒的技术已经在唐朝立足生根了。

贞观十四年十二月（641年初），当高昌王以及高昌国的最优秀的乐师等战利品被运送到太宗面前时，唐太宗宣布在长安“赐

---

① 《清异录》卷下，第37页。
② 《唐会要》卷100，第1796～1797页。
③ 转引自《太平御览》卷845，第6页。译按，“弥日”，英译文原文误作“month”（月），此改从原文。
④ 向达（1933），第47页。
⑤ 向达（1933），第48页。向达认为确实有这种酒。
⑥ 《册府元龟》卷971，第7页。

酺三日"①——这是一种大众的酒节。这种庆祝活动与平定高昌的事件是很适宜的，因为葡萄酒正是出自唐朝的新属地高昌（唐朝将"高昌"改名为"西州"）。唐朝"破高昌，收马乳葡萄实，于苑中种之。并得其酒法，帝自损益造酒，酒成，凡有八色（即八个品种），芳辛酷烈，味兼醍醐，既颁赐群臣，京中始识其味"②。对于这种新型工业而言，马乳葡萄似乎占有重要的地位。而制作葡萄酒也就成了太原葡萄园的一项附属工作——太原每年都要被迫向朝廷进贡大量的美味葡萄酒③。在刘禹锡写的一首《葡萄歌》诗中，充分表现了太原"马乳"葡萄制作的葡萄酒在当时的崇高声望。桑普森在 1869 年将这首诗歌翻译成了优美感人的英文④，诗中的"晋人"，就是指山西太原地区的人：

> 野田生葡萄，缠绕一枝蒿。
>
> 移来碧墀下，张王日日高。
>
> 分歧浩繁缛，修蔓蟠诘曲。
>
> 扬翘向庭柯，意思如有属。
>
> 为之立长檠，布濩当轩绿。
>
> 米液溉其根，理疏看渗漉。
>
> 繁葩组绶结，悬实珠玑礭。

---

① 《新唐书》卷 2，第 3637 页。

② 《册府元龟》卷 970，第 12 页；《唐会要》卷 100，第 1796～1797 页。有另外一种记载，说高昌曾经贡献过一种冻酒。这种酒与白兰地酒很可能有某种关系，但是这种说法的含义还不是很清楚。关于对《太平御览》卷 845，第 5～6 页转引的一段《梁四公子传》记载的讨论，见劳费尔（1919），第 233 页。

③ 《册府元龟》卷 168，第 11 页记载的，开成元年十二月（837 年初）停止河东贡献葡萄酒的诏令，无疑是一项临时性的措施。

④ 译按，此从原文。

　　马乳带轻霜，龙鳞曜初旭。

　　有客汾阴至，临堂睑双目。

　　自言我晋人，种此如种玉。

　　酿之成美酒，令人饮不足。

　　为君持一斗，往取凉州牧①。

145

　　酿制葡萄酒的新技术甚至被转而用于中国出产的一种野生的小葡萄，这是一种果实为紫黑色的葡萄，现在这种葡萄仍然生长在山东。这种葡萄的名称叫作"蘡薁"。据唐朝本草记载，用蘡薁果实酿制的酒的滋味，正与甘肃、山西的外来的葡萄酿造的酒类似②。段成式在一则佚闻中曾经提到过的"蒲萄谷"的葡萄可能就是蘡薁（但是段成式使用了"蒲萄"这个外来词）。这条山谷显然是在山东境内③；据段成式说："谷中蒲萄可就其所食之。若有取归者，即失道。世言'王母蒲萄'也。"他在这里将这种葡萄与仙山里生长的长生不老的仙果联系了起来。他还说："天宝中（八世纪时），沙门昙霄因游诸岳，至此谷，得蒲萄贸之。又见枯蔓堪为杖，大如指，五尺余。持还本寺植之，遂活。长高数仞，荫地幅员数丈，仰观若

<hr />

①　桑普森（1896），第50～54页。原文见《刘梦得集》卷9，第5页。上文在谈到"青莲"时，曾经提到过托名郭橐驼写的《种树书》（《说郛》第212册，第7页），这本书中有一段关于葡萄栽培的有趣的讨论，这段记载可能没有多少价值。其中还介绍了将稻汁涂敷在葡萄藤的根部，以改善葡萄籽实质量的办法。其实《种树书》即使不是唐朝的著作，也会保留一些唐朝的技术。

②　《重修政和证类本草》卷23，第10～11页引《唐本草注》与《蜀本草》。这种葡萄树就是"Vitis thunbergii"。

③　段成式说蒲萄谷在"贝丘之南"，"贝丘"是山东的一个古地名。

帷盖焉。其房实磊落，紫莹如坠，时人号为'草龙珠帐'
焉①。"

诃子

天宝五载（746），一个来自突骑施、石国、史国、米国
和罽宾的联合使团向唐朝宫廷贡献了一批贵重的物品，其中有
一种礼物是庵摩勒②。但是这种水果更常见的来源，通常是南
方海路，特别是通过波斯舶进口③。三种印度古代的诃子都统
称为"triphalā"，梵文的意思是"三果"④。汉文也将它们称作
"三果"或"三勒"，"勒"（＊-rak）是吐火罗方言中这三种
水果各自名称的最后一个音节⑤。吐火罗语是中亚的一种重要

---

① 《酉阳杂俎》卷 18，第 148～149 页。
② 《册府元龟》卷 971，第 11 页。译按，《册府元龟》原文云："突骑施、
　 石国、史国、米国、罽宾国各遣使来朝。"揆诸文意，显然不是所谓的
　 "联合使团"（a joint mission），此姑仍其旧。又，"庵摩勒"，《册府元龟》
　 原文作"余甘子"，据《本草纲目》卷 31，"庵摩勒"又名"余甘子"，
　 此从英译文"emblic myrobalans"（庵摩勒）。
③ 唐朝的药物学家萧炳曾经提到过波斯舶上带来的这种黑色、六棱的果实，
　 但是在《本草纲目》卷 35 下，却将萧炳的这段话放在了汉—梵名"诃黎
　 勒"之下，而诃黎勒其实是五棱的。很可能是李时珍在什么地方弄错了。
④ 玉尔和伯内尔（1903），第 107～610 页；韦曼（1954），第 64 页。
⑤ 劳费尔（1915a），第 275～276 页。劳费尔认为梵文名"harītakī"（诃黎
　 勒），就是吐火罗语"＊arirāk"。而梵文"vibhītakī"（毗黎勒），就是吐
　 火罗语"＊virirāk"。这两个字的吐火罗语字音的构拟是根据汉文"诃黎
　 勒"（或"呵黎勒"）与"毗黎勒"的读音。但是遗憾的是，他没有给出
　 汉文"阿麻勒"或"庵摩勒（梵文"āmalakī"）的相应的吐火罗语的拟
　 音。很可能与这个字相应的吐火罗语是（＊amalāk）。陈藏器（《本草纲
　 目》卷 31，第 13 页）所过录的"yükan"的汉文译音，显然是另外一个
　 印度—伊朗语族的名称。此外，陈藏器还提供了一个汉地本土的汉文名
　 "余甘子"，陈藏器解释说："其味初食苦涩，良久更甘，故曰'余甘'。"
　 上文中提到的突骑施等国所贡献的贡物的名称，也正是作"余甘子"。

的印欧语系语言，而"三勒"各自的汉文名称似乎也是来源于吐火罗语。这三种名称分别是"庵摩勒"（梵文"āmalakī"）[1]、毗黎勒（梵文"vibhītakī"）以及诃黎勒（梵文"harītakī"）[2]。

天竺人、吐蕃人以及其他受印度文明影响的民族赋予这三种苦涩的果实以最神奇的特性。一份吐蕃文献将它们全都描写成长生不老的灵丹妙药，称诃黎勒生长在因陀罗神居住的香山，无论在哪里，都是最受人们极度赞美的果实[3]。诃黎勒"果熟，具六味八效，取其三（味），可成七德，祛百疾"[4]。然而在印度，毗黎勒则被认为是魔鬼栖息之所；不过这种水果在鞣皮和医疗方面确实具有真正的价值，特别是在成熟后作为泻药，或在未成熟时作为止血药，尤其具有神奇的效验[5]。

唐朝的医药学家们，尤其是官方药典的校订者苏恭声称，这三种重要的药用植物全都生长在当时在唐朝控制之下的安南地区，而在岭南地区，至少也生长着庵摩勒和毗黎勒[6]。而十一世纪时，宋朝的药物学家苏颂则称，在他所处的这个时代，

---

[1] 韦曼（1954），第 64 页。如果我们将劳费尔的论点稍加引申的话，那么这个汉文名称也应该来自吐火罗语。"庵摩勒"极易与来自梵文的"āmra"（杧果）的"＊am-la"混淆在一起。朝日奈安彦也确实错误地以"庵摩勒"作"＊am-la"；另外他还混淆了"诃黎勒"与"毗黎勒"。见朝日奈安彦（1955），第 491 页。

[2] 这三种植物的学名分别是"Phyllanthus emblica"、"Terminalia bellerica"以及"T. chebulla"。实际上大量热带树木都属于以上三种植物，它们的共同特点是在其组织中都有单宁酸，而这也正是它们的果实味道苦涩的原因。

[3] 伯基尔（1935），第 2135 页。

[4] 韦曼（1954），第 67 页。

[5] 伯基尔（1935），第 2135 页。

[6] 引自《本草纲目》卷 31，第 13 页。

146 诃黎勒"岭南皆有而广州最盛"[1]。看来虽然古代的三果是通过波斯水路经由天竺舶输入的，但是印度支那所特有的，而且具有与三果相同的本质属性的其他品种，似乎也就近输入了中国。可是，或许我们必须接受学识渊博的药物学家苏恭的考定，承认在南方大港的周围地区也栽培了这三种果树。航海僧鉴真也曾说过，他在广州大云寺见到过一棵果实像大枣一样的诃黎勒树[2]，或许鉴真和尚并没有看错。但是很可能，距离唐朝本土较近的地区所出产的，与三果有亲缘关系的那些品种在当时经常与真正的三果混淆在了一起。

不管它们的来源如何，这些果树的自然属性以及随着佛教文明一起从印度传来的有关它们的信念情结，使它们在中医药中占据了重要的地位。在奈良正仓院中从八世纪时起保留下来的珍贵药物中，也发现了完全皱缩了的三果。就三果在中医药中的重要作用而言，将它珍藏在正仓院中是一点也不足怪的[3]。根据七世纪时的医师甄权记载，庵摩勒"作浆染发，发变黑色"[4]，这就是庵摩勒具有恢复青春能力的明证。著名的苏恭也曾经记载，毗黎勒"似胡桃，子形亦似胡桃……蕃人以此作浆，甚热"[5]。苏恭在这里提到的应该是一种饮料，而

---

① 引自《本草纲目》卷31，第13页。又见胡雅尔特、王明（1958），第56页。

② 高楠顺次郎（1928），第466页。

③ 朝日奈安彦（1955），第491，194页。

④ 引自《本草纲目》卷31，第13页。译按，查《本草纲目》原文，甄权此语在毗黎勒条"主治"项下，全文为："暖肠腹，去一切冷气，作浆染发，发变黑色。"庵摩勒条下无正文所引甄权语。同书"庵摩勒"条引陈藏器云："补益强气，合铁粉一斤，用变白不老，取子压汁和油涂头，生发，去风痒，令发生如漆黑也。"作者或因两种果实具有同一种功能而误。此姑仍从原文。

⑤ 引自《本草纲目》卷31，第13页。

且显然是一种酒精饮料。因为"三勒浆"在唐朝是被归为"酒"类的。这种酒在唐朝的北方地区已经是很流行了；据说它的制作方法是从波斯人那里学来的①。十世纪初期，人们戏谑地将诃黎勒称为"涩翁"② ——"翁"字必定是指这种商业产品的皱皮而言。或许这种名称是对耄耋之年的一种暗示。八世纪时的诗人包佶得病时，一位同情他的友人给他赠送了一片诃黎勒果树上的叶子，包佶为此作了一首很夸张的诗，赞扬诃黎勒叶能够"祛老疾""驻韶华"的神奇特性③。

蔬菜

在唐代，有不少蔬菜传入了唐朝境内，其中有叶状的，也有其他种类的。这些蔬菜有些确实移植到了唐朝，而有些则不过是加工过的食品。菠菜就是泥婆罗国——对于唐朝人来说，泥婆罗国是以"气序寒冽，风俗险诐，人性刚犷，信义轻薄"知名的④——在贞观廿一年（647）贡献的许多稀有的移植蔬菜之一。这种植物最早似乎是来源于波斯，而且它也的确被道教方士称为"波斯草"。"波斯草"作为一种带有神秘色彩的名称，到了唐代以后大概就已经不再行用了⑤。对于方

147

----

① 《国史补》（《唐代丛书》），第56页。参见向达（1933），第47页。
② 《药谱》，第62～67页。译按，侯宁极《药谱》一卷，见于陶穀《清异录》卷上转录，作者在参考文献目录之"原始资料"部分误将《药谱》写作《乐谱》，此改从《清异录》原文。
③ 包佶《抱疾谢李吏部赠诃黎勒叶》，《全唐诗》第3函，第9册，第4页。
④ 李时珍《本草纲目》卷27，第34页。
⑤ 《册府元龟》卷970，第12页；《唐会要》卷100，第1798页。关于菠菜的讨论，见劳费尔（1919），第392～398页。泥婆罗国的人文特征，见玄奘《大唐西域记》的记载；劳费尔（1885），Ⅱ，第80～81页。译按，原文见卷7，"泥婆罗国"条。

士而言，这种蔬菜或许有一种特殊的用途。因为食品专家孟诜曾经说过，菠菜能够"解酒毒""服丹石之人食之佳"①。也就是说，服丹药求长生的道士可以通过吃菠菜来抵消摄入汞化合物带来的不适感。总之，根据史料记载，菠菜"火熟之，能益食味"②。这种新输入的蔬菜的汉文名称，似乎是记录了某种类似"＊palinga"（波稜）的外国语的名称。根据托名郭橐驼的《种树书》记载，"波稜"是国名③。

当时还有一种属于球茎甘蓝的甘蓝，陈藏器将这种植物称作"甘蓝"或"西土蓝"。据陈藏器观察，这是一种阔叶形植物，这使他联想到了中国的木蓝。陈藏器是将甘蓝作为一种能够"益心力，壮筋骨"的植物来介绍的④。其实甘蓝最初是欧洲植物，它显然是经西域、吐蕃、河西走廊的通道流传到唐朝来的⑤。

七世纪时，泥婆罗国还进贡了好几种新的植物，其中有一种"其状如葱"（可能是一种青蒜或者冬葱）的白色植物⑥，另一种是类似莴苣的"苦菜"⑦，此外还有一种被称为"酢菜"

① 引自《本草纲目》卷 27，第 34 页。
② 《册府元龟》卷 970，第 12 页；《唐会要》卷 100，第 1791 页。
③ 《种树书》（《说郛》，第 212 册，第 12 页）；劳费尔表示他相信这本书是一真正的唐朝的书。见劳费尔（1919），第 392 页。
④ 引自《本草纲目》卷 16，第 22 页。
⑤ 见《本草纲目》卷 16，第 22 页李时珍的评论。
⑥ 《册府元龟》卷 970，第 12 页；《唐会要》卷 100，第 1790 页。《唐会要》之"白"，《册府元龟》作"甘"。这种植物有一个外国名称（译按，即"浑提葱"），劳费尔认为这个名称很可能就是指冬葱，相当于波斯文"gandena"。但是他的译文有几处不太准确。见劳费尔（1919），第 303～304 页。
⑦ 《册府元龟》卷 970，第 12 页；《唐会要》卷 100，第 1796 页。劳费尔有关中国古代菊苣的推测，似有离题之嫌。在中国很早就有一种"苦菜"（即莴苣）；见《本草纲目》卷 27，第 35 页。据汉梵语汇，"苦菜"相当于印度的"kākamāci"，伯希和考订为"Solanum indicum"。师觉月（1929），第 88、301 页。

的阔叶菜①，以及带香味的"胡芹"②。以上植物没有一种是真正属于尼泊尔的出产，很显然，这些植物全都是通过泥婆罗国王献给其友好邻邦——唐朝的珍奇外来植物。

天宝五载（746）由突骑施和其他国家的联合使团贡献给唐朝的"千金藤"，对我们来说还是一个谜——陈藏器记载了许多种以"千金藤"知名的中国植物③。

---

① 《册府元龟》卷970，第12页；《唐会要》卷100，第1796页。劳费尔对这种植物的身份提出了好几种看法，但是好像哪一种都没有能够证实。见伯希和（1919），第400～402页。

② 《册府元龟》卷970，第12页；《唐会要》卷100，第1796页；劳费尔（1919），第402页。劳费尔认为这是园中栽培的芹菜或欧芹。译按，本段记载《册府元龟》与《唐会要》互有异同，且脱讹较多，在此将二书所载内容罗列如下，试加标点，并参照其他记载略作校勘说明，以供参考。《册府元龟》："泥婆罗国献波棱菜，类红蓝（据《唐会要》，此处脱"花"），实如蒺梨，火熟之，能益食味；又有酢菜，状类慎火，叶阔（《北户录》卷二"蕹菜"条作："又，醋［酢］菜，状似慎火，叶阔而长，味如美酢，绝宜人，味极美。"当从《北户录》，《册府》有夺文，据《北户录》及《唐会要》，原文应作"叶阔而长，味如美酢，绝宜人，味极美。苦菜，状如苣，其叶阔，味虽少苦"），久食益人；胡芹，状似芹而味香；浑提葱，其状犹葱而甘辛；嗅药，其状类凌冬而青，收干为末，味如桂椒，其根能愈气疾。"《唐会要》："泥婆罗国献波棱菜，类红蓝花，实如蒺藜，火熟之，能益食味；又酢菜，状如菜阔而长（"状如菜"不句。参照《册府元龟》《北户录》，应作"状如慎火，叶阔而长"，此漏书"慎火"二字，"菜"应为"叶"之形讹），味如美鲜（"味如美鲜"，文意不顺。中华标点本及劳费尔均以"美鲜"与下文"苦菜"连读，文意亦欠顺畅。据《北户录》，"鲜"应作"酢"，下夺"绝宜人，味极美"数字）；苦菜，状如苣，其叶阔，味虽少苦，久食益人；胡芹，状如芹而味香；浑提葱其状如葱而白。辛嗅药（《御览》卷976作"浑提葱，其状犹葱，而味甘辛"，参以《册府》，《唐会要》"白"当为"甘"之讹文，字属上句，作"浑提葱，其状如葱而甘辛"，"嗅药"当属下条）（后略）"由以上对史料的比定可知，作者称"白色植物"，当从《唐会要》误。

③ 《册府元龟》卷971，第15页；《本草纲目》卷18下，第46页引陈藏器。译按，此所谓"联合使团"，误。参见上文"诃子"节附译注。

一位现代学者指出，"甜菜"在中国以波斯文的译音而知名①，这种植物很可能也是在唐代传入中国的——或许就是"由大食人"传入的②。

以上提到的这些具有实用价值的草木，都被当时的诗人们忽略了。

珍馐美味

唐朝从朝鲜进口了一种籽实硕大、香甜可口的朝鲜松子③，当时将这种松子称为"海松子"或"新罗松子"。这是一种可以去皮食用的松子④。

唐朝还进口了阿月浑子。这是一种生长在粟特、呼罗珊以及波斯等地的美味坚果。在上述地区，阿月浑子有好几个品种。大约从九世纪时起，在岭南地区就已经种植了这种坚果⑤。虽然我们在汉文文献中偶尔也能够见到阿月浑子的发音古怪的波斯文名称，但是唐代时通常都将它称作"胡榛子"⑥。这种果实不仅香美可口，而且享有能够壮阳健身的美誉⑦。

从西南地区的南诏传来的，有一种称作"蔓胡桃"的果实，它的味道与真正的胡桃一样，蔓胡桃有时又称"蛮中藤子"⑧，而

① 译按即"军荙"。
② 劳费尔（1919），第399~400页。
③ 学名是"Pinus koraiensis"。
④ 《本草纲目》卷31，第14页，引李珣；同卷同条引萧炳。
⑤ 劳费尔（1919），第247~250、410~414页。
⑥ 《本草纲目》卷30，引陈藏器。
⑦ 《本草纲目》卷30，第11页引李珣。关于"阿月浑子"的波斯文语源，见劳费尔（1919）。
⑧ 《酉阳杂俎》卷19，第160页。劳费尔（1919），第270页提到了这种植物，但是没有进行具体的考证。

真正的"walnut"在当时则被称作"胡桃"。

在唐代时，至少已经从传闻中知道了齐墩果的波斯文名称"zeitun"，据记载，"齐暾树出波斯国，亦出拂林国……子实似杨桃，五月熟，西域人压为油，以煮饼果"①。但是我们还没有证据说明齐墩果或齐墩果油曾经被带到了唐朝。至于所谓"中国橄榄"当然与齐墩果全不相关，它只是两种中国土生树的果实②，其中一种"乌榄"（Canarium pimela）的树液中可以产出一种黑色的橄榄树脂或榄脂，它可以用来上清漆和填塞船缝。

唐朝时从苏门答腊③传来了一种"辛香"的籽实，这显然就是"dill"④，这种植物籽实在唐朝以"莳萝"知名，这个名称不是梵文"jira"的译音，就是中古波斯文"jīra"的译音⑤。在药物学家李珣引用的一本古书中，确实声称莳萝"生波斯国"，但是我们要知道，前代所说的波斯的物产，往往都是指从波斯舶上得到的物品，而并不是说它们都出产于波斯。据记载，莳萝子"善滋食味，多食无损，即不可与阿魏同食，夺其味也"⑥。

位于现代贵州（当时还是一片荒凉的山区）的牂牁部落曾经向唐朝献"腊"⑦，有关"腊"，我们还缺乏更多的材料，

---

① 劳费尔（1919），第414~419页，原文见《酉阳杂俎》卷18，第152页。
② 学名为"Canarium album"和"C. pimela"。
③ 译按《本草纲目》原文作"佛誓"。
④ 《本草纲目》卷26，第33页引陈藏器。劳费尔认为这种植物籽实就是"小茴香"。见劳费尔（1919），第383页。但是，我相信山田宪太郎和其他近代权威的观点。见山田宪太郎（1957），第46页。
⑤ 劳费尔（1919），第383~384页。
⑥ 引自《本草纲目》卷26，第33页。
⑦ 《册府元龟》卷971，第12页。在这里我将"腊"字译成了"pickled meat"（腌肉），宋朝时，"腊"字有腌肉的含义，但是我想在唐朝时，这个字就已经有了这个意思。

但是我们相信将它放在"美味"中进行讨论还是比较合适的。

海味

身体上带有条纹的鲻鱼①生活在河流和大海之中，它是水獭的美味食品。中世纪时，鲻鱼在中国很有名，而且深受中国人的喜爱。在唐代时，在沿海地区可以张网捕捞到这种鱼②，可是在开元十七年（729），渤海靺鞨却遣使向唐朝皇帝进贡鲻鱼③。所以，我们也可以将鲻鱼算作唐朝的外来食品。南方的中国人用这种带条纹的鲻鱼制作一种配菜或调味品。这种菜有个很奇怪的名字，叫"跳鲢"。具体做法是用盐将鱼腌好，"生擘点醋下酒，甚有美味"——对于为什么叫"跳鲢"，《岭表录异》的作者有一段很有意思的解释。据他讲："捕者以仲春于高处卓望，鱼儿来如阵云，阔二三百步，厚亦相似者。既见，报渔师，遂将船争前而迎之。船冲鱼阵，不施罛网，但鱼儿自惊跳入船，逡巡而满，以此为'鲢'，故名之为'跳'。又云：船去之时，不可当渔阵之中，恐鱼多压沉故也④。"

几年以后，东北地区的这支渔猎民族又遣使向唐朝贡献了

① 即"Mugil cephalus"，这是一种灰色的鲱鱼科鱼，它与红色的鲱鱼科鱼有着明显的区别。汉文中将这种鱼称为"鲻"。

② 长江中可能也有这种鱼，如苏州献给朝廷的土贡中就有"鲻皮"（用途不详）。见《新唐书》卷41，第3728页。

③ 《册府元龟》卷971，第8页。

④ 《岭表录异》卷下，第17页。译按，"下酒"，英译文作"dipped in wine"（浸入酒中），误。

一百条干"文鱼"①。"文鱼"这个名称具有一层神秘的光环。在心驰神游的伟大史诗《离骚》中就已经出现了"文鱼"——"乘白鼋兮逐文鱼"②。公元三世纪时，曹植在《洛神赋》中也提到过"文鱼"：

　　腾文鱼以警众，鸣玉鸾以偕逝。 149

　　"玉鸾"就是马具上的一种铃饰。但是古代的这些"文鱼"与东北靺鞨人送来的、名称不详的腌制"文鱼"之间的关系究竟如何，我们还没有任何足以说明问题的资料。

　　最后，不管怎么说，唐朝的医生已经知道，或者是得到了一种从新罗传来的朝鲜双壳软体动物，这种软体动物是新罗人的一种食物。陈藏器推荐说，这种软体动物与一种叫作"昆布"③ 的食用紫菜做成羹，可以治疗"结气"④。这无疑是一种朝鲜的处方。但是我们还不清楚除了医嘱之外，人们平时是否也吃这种羹。这种贝类名叫"担罗"（＊tâm-lâ）。"担罗"显然是奎尔帕特岛或济州岛的古名"Tamna"的译音⑤。济州

---

① 《册府元龟》卷971，第12页。
② 译按，查《离骚》中没有作者引用的这句诗，原诗在《楚辞·九歌·河伯》。
③ 即"kompo"，汉文作"昆布"。但是这个字显然是译音。可是我们在这里使用的虾夷语"kompo"究竟是外来语呢，还是他们本地的土语，目前还不清楚。见拉姆斯蒂德（1949），第123页。在下文第11章中，我们将设专节对这种海草进行讨论。
④ 引自《本草纲目》卷46，第31页。
⑤ 关于"担罗"即"tamna"的考证，我要特别感谢加里·莱迪亚德（Mr. Gari Ledyard）。

岛以盛产甲壳类动物而著称，中国人则直接以这种美味软体动物的原产地的名称来命名这种软体动物。

调味品

在得到胡椒之前，中国人自己使用的辛辣调味品是"椒"[1]。在印度、中国和日本，都是以各种椒来代替真正的胡椒的，在以上这些地区，在烹调和医疗中都使用这种果实的表皮，有时也将表皮与籽实一起使用[2]。"秦椒"[3] 是古代广泛使用的一种椒类食物，它在中世纪的医学中有很多用途，例如秦椒能够延缓月经期，治疗几种痢疾，而且还具有生发的功能[4]。段成式称"椒，可以来水银"，但是椒怎样才能"来水银"，他却没有加以解释[5]——很可能是因为椒是探矿人的指示物，所以才出现了这种说法。"蜀椒"（四川椒）是与"秦椒"极为相近的同类植物，由四川往北一直到秦岭以南的地区，都生长着蜀椒。但是一位权威声称，最优质的蜀椒出自西域[6]。

如同其他香草一样，古时候常常在祭祀用的酒和肉里加入这种为人所熟知的调味品，这样做的目的是防止祭品腐坏，增加祭品对于神的吸引力[7]。尤其是加入了椒类香料的神酒，

---

[1] 即 "Zanthoxylum sp."。

[2] 伯基尔（1935），第 2284～2285 页。

[3] 即 "Zanthoxylum piperitum"。

[4] 甄权，见《本草纲目》卷 32，第 16 页引。

[5] 《酉阳杂俎》卷 18，第 148 页。

[6] 《本草纲目》卷 32，第 16 页引苏恭。

[7] 山田宪太郎（1957），第 22～23 页。

是古代和中世纪专门用于新年大典的祭奠用酒①。但是到了后来，添加了椒和其他香料的饮料以及盘菜逐渐地被世俗化，走下了神坛，搬上了贵族的餐桌②，甚至还进入了寻常百姓之家。据记载，德宗皇帝（八世纪末期）在他的茶里加了凝乳和椒③，而神秘的诗僧寒山（他也生活在八世纪）在以蔑视的语气描写利己贪食者饭桌上的菜肴时，也提到了椒。他写道：

> 蒸豚揾蒜酱，炙鸭点椒盐④。

正如我们现在将胡椒和盐调和在一起来调味一样，在我们看来，唐朝人的这种做法是很有道理的。将椒与盐结合起来，很可能是当时南方烹调独有的特点，这也为当今得到公认的、味道浓郁的"粤菜"开了先河。韩愈在诗歌中描写了他最初食用南方菜肴时的情形。他这样写道：

150

> 我来御魑魅，自宜味南烹。

---

① 关于这一点，可以参考任何一本标准的百科全书中有关"椒酒"和"椒糈"条目的解释。本文中所说的椒酒在新年之际的用途，是指在唐朝之前的汉朝和之后的宋朝时的情况。

② 山田宪太郎（1957），第 22～23 页。

③ 这件事见《佩文韵府》第 771 页引《郏侯家传》以及《图书集成》"草木"卷 250，"胡椒条"。但是我未能检出这段引文的出处。《说郛》卷 113（第 225 册）和《古今说海》有《郏侯家传》，但是其中都没有收录现在的这段引文。译按，宋人曾慥《类说》卷二引《郏侯家传》之"茶诗"条载："皇孙奉节王煎茶加酥、椒之类，求泌作诗，泌曰：'旋沫番成碧玉池，添酥散作琉璃眼。'奉节王即德宗也。"即此。

④ 这是一首没有标题的诗。原诗见《全唐诗》第 12 函，第 1 册，第 21 页。

　　　　调以咸与酸，芼以椒与橙①。

　　综上所述，我们完全有理由说，胡椒并不是作为一种完全陌生新奇的调味品而输入的，它是一种外来的，或许是很昂贵的"椒"的代用品。而当时创造的"胡椒"（意思是"胡人的椒"）② 这个名称，也突出地表明了它作为代用品的身份。同时，"胡椒"与"蜀椒"（蜀椒是古代家常使用的"秦椒"的对立物）一样，都被当成是"椒"的一种优良品种，而"胡椒"甚至还要更好——但是它们都是用于同一目的的。随着胡椒的传入，可能也一起带来了一些新的菜肴。例如，据记载："胡椒，出摩揭陀国，呼为昧履支③，子形似汉椒，至辛辣，六月采，今人作胡盘肉食皆用之。"④ 显然使用外国方式制作菜肴，就需要有外国的香料来做调味品。

　　黑胡椒是由胡椒科（Piper nigrum）的浆果穗制成的，制作方法是"（将浆果穗）堆成一堆，使其发酵，在发酵过程中它们就会变黑，然后再摊在席子上晾干即可"。白胡椒是由同

---

① 韩愈《初南食贻元十八协律》，《韩昌黎集》2（第6卷），第69页。

② 除了唐朝时传入的，可以证明为同一植物的胡椒之外，我们还应该注意到在贞观廿二年（648）由泥婆罗贡献的奇草中的"辛嗅药"。据记载："辛嗅药，其状如兰，凌冬作末，味如桂椒，其根能愈气疾"（《册府元龟》卷970，第12页；《唐会要》卷100，第1796页）。这里说的很可能就是胡椒。译按，《册府元龟》原文称："浑提葱，其状犹葱而甘（《唐会要》误作'白'）辛；嗅药，其状类凌冬而青，收干为末，味如桂椒，其根能愈气疾。"《太平御览》卷976"浑提葱，其状犹葱，而味甘辛"，可证。"甘辛"是指浑提葱的味道，与下文"嗅药"无涉，作者误以"辛"字属下文，遂有"辛嗅药"（acride-smelling drug）之误。

③ 梵文作"pepper"。汉文"昧履支"（＊mudi-lji-tsię），很可能是"maricha"这个字的阴性形式。

④ 《酉阳杂俎》卷18，第152页。

样的浆果制作的，方法是将最大最好的浆果浸入水中，一直浸泡到表皮脱落为止，这样就得到了白胡椒①。胡椒属植物最初生长在缅甸和阿萨姆，先是从这些地区传入了印度、印度支那以及印度尼西亚②，然后，又由印度传入波斯，再从波斯与檀香木和药材等一起由波斯舶转运到中世纪的亚洲各地③。唐朝的药物学家只是简单地提到胡椒生在西戎④。但是正如我们已经指出的那样，胡椒与摩揭陀有密切的关系，而且在梵文中，"Magadha"（摩揭陀）这个字又的确是胡椒的一种别称⑤。据此推测，摩揭陀必定曾经是一个非常重要的胡椒生产中心。在中世纪的末期和近代初期，胡椒昂贵的价值曾经给垄断胡椒贸易的商人带来过巨量的财富，这一点在现代已经是尽人皆知的历史事实了，但是在八世纪时，这种香料似乎也是非常昂贵的。大历十二年（777），唐朝宰相元载被贬赐死，在籍没他家的财产时发现，除了其他大量的财物（例如有五百两钟乳——这是一种药效强烈的内服药）之外，他家里还有一百担真正的胡椒——这是一个惊人的数字，而且也是他家财富的一个明显的标志⑥。

　　大体上来说，中世纪胡椒的医疗价值，与其作为香料的价值几乎是同样重要的。胡椒的医疗价值主要在于它具有刺激功

① 伯基尔（1935），第 1746～1751 页。
② 伯基尔（1935），第 1746～1751 页。
③ 劳费尔（1919），第 374 页。
④ 《本草纲目》卷 32，第 17 页引苏恭。
⑤ 劳费尔（1919），第 374 页。
⑥ 《新唐书》卷 145，第 3994 页。译按，标点本《新唐书》（中华书局，1975）作："胡椒至八百担。"

能，能够刺激肠胃分泌，并以此来帮助消化①。据孟诜介绍，将胡椒放入清水中服食，可以治疗"心腹冷痛"②。但是胡椒也有它的副作用，另一位专家曾告诫人们，"多食损肺，令人吐血"③。

唐朝人还知道另外一种胡椒，即"长胡椒"④。他们根据梵文名称，将这种胡椒称为"荜拨梨"（pippali）⑤，当时更常见的是将它省称为"荜拨"（pippal，这种称呼很可能是"pitpat"或"pippat"的误读）。当然，现代英文中的"pepper"⑥也是出自同一语源⑦。长胡椒甚至比常见的黑胡椒更早遍布了南亚各地⑧。在普林尼时代的罗马，长胡椒比黑胡椒更贵重⑨。根据段成式记载，长胡椒和黑胡椒一样，也是出自摩揭陀国⑩。但是苏恭则认为，长胡椒生长在波斯，所以他说"'荜茇'生波斯国"，其实苏恭之所以会这样说，是因为长胡椒是在与"波斯舶"的贸易中进口的。苏恭还指出："（长胡椒是由）胡人将来，入食味用也⑪。"在唐代时，中国

---

① 伯基尔（1935），第 2285 页。
② 《本草纲目》卷 32，第 17 页引《食疗本草》。
③ 《本草纲目》卷 32，第 17 页引李珣。
④ 即"piper longum = chavica roxburghii"。
⑤ 这个词的拟音是"*piě-puâ-lji"。《酉阳杂俎》卷 18，第 152 页记录了这个名字，其中还提到了另外一个据说是拂林国称呼的名称。
⑥ 译按，即胡椒。
⑦ 关于胡椒的其他的印度名称，见伯基尔（1935），第 1744～1745 页。
⑧ 伯基尔（1935），第 1746～1751 页。还有一种日本的长胡椒（Piper retrofractum），这种胡椒比印度长胡椒或黑胡椒还要辣。它在腌渍、做咖喱饭菜以及医疗中都有很重要的作用。这种胡椒大部分都出口到了中国。可以设想，这种胡椒也传到了中世纪的中国，而当时对它的称呼与印度长胡椒是一样的。
⑨ 伯基尔（1935），第 1744～1745 页。
⑩ 《酉阳杂俎》卷 18，第 152 页。
⑪ 《本草纲目》卷 14，第 37 页引苏恭。

似乎还没有种植荜拨，而且它在唐朝的诗歌中也没有出现过，但是在十一世纪时，岭南就已经种植了这种植物①。伟大的宋朝诗人苏轼就因为其香味而多次提到荜拨。事实上，虽然荜拨"茎叶似蒟酱"，但是却"辛烈于蒟酱"，所以荜拨被认为是比其他的胡椒更具有效力的一种药材。据记载，作为滋补药，荜拨可以"温中下气，补腰脚"；而就帮助消化而言，它又具有"除胃冷阴"等功效②。根据唐朝史料记载，唐太宗"以气痢久未痊，服名医药不应，因诏访求其方，有卫士进黄牛乳煎荜拨方，御用有效"③。

东南亚地区普遍有咀嚼蒟酱叶的习惯④，这里的人们一般都将蒟酱叶与槟榔子片放在一起咀嚼⑤，以作为一种柔和的兴奋剂和洁口剂。唐朝有时将面向市场的蒟子称作"蒟酱"（betel sauce），这是指岭南地区配制蒟子的一种方式，嚼蒟子是岭南地区的一个古老的习俗⑥。有时这种蒟子又被称作"土荜拨"⑦。它可以放进酒和食物中作为调味品，也可以和其他胡椒一样，用来治疗胃病⑧。苏恭称："蒟酱生蜀中……西蕃亦时将来。"⑨

中国还有一种印度群岛土生的胡椒，这种胡椒在唐朝人中间

---

① 《本草纲目》卷14，第37页引苏恭。
② 《本草纲目》卷14，第37页引陈藏器。
③ 《本草纲目》卷14，第37页引《太宗实录》。
④ 即"Piper betle"或"Chavica betel"。
⑤ 伯基尔（1935），第1737~1742页。有关蒟子的丰富知识，见彭泽（1952），第187~300页。嚼起来最有滋味的是上面枝条上的叶子，下面枝条的叶子次之，主要是作医疗用。在阳光下将叶子晒干，可以使味道变得更好。
⑥ 彭泽（1957），第274页。
⑦ 《本草纲目》卷14引苏恭及《食疗本草》。
⑧ 《本草纲目》卷14，第37页引李珣。
⑨ 引自《本草纲目》卷14，第37页。

以"毕澄茄"知名①。在唐代，毕澄茄是从佛誓国带来的②，中世纪阿拉伯人的毕澄茄也正是从印度尼西亚得到的。在印度，这种胡椒被称作"kabab chini"（中国毕澄茄），这有可能是因为中国人参与了毕澄茄贸易的缘故③，但是可能性更大的解释是，因为毕澄茄在"中国贸易"中非常重要，相沿成习，于是含糊地将它叫成了"中国毕澄茄"。欧洲人在中世纪初期也是将毕澄茄作为调味品来使用的④。在中国，毕澄茄（viḍanga）这种胡椒又被称作"毗陵茄"（vilenga），而毗陵茄显然是印度方言中的一种黑胡椒掺杂剂的名称，在这里它被转而用来指称马来半岛的这种植物⑤。"viḍanga"是与"vilenga"同源的一个梵文字。李珣认为，毕澄茄与黑胡椒长在同样的树上⑥。总而言之，唐朝的医生是用毕澄茄来恢复食欲、治疗"鬼气"、染发和"香身"的⑦。虽然我们还没有唐代将毕澄茄当作调味品来使用的证据，但是我在这里还是将它与其他胡椒放在了一起来讨论。

在中国当地本来有一种土生的芥子⑧，但是在唐代，还有

①　即"Piper cubeba"。"毕澄茄"是将未成熟的浆果晒干来使用的。
②　《本草纲目》卷32，第17页引陈藏器。苏恭说，十一世纪时在广州地区也种植了毕澄茄。见《本草纲目》卷32，第17页引。
③　山田宪太郎（1959），第139页。
④　伯基尔（1935），第1743～1744页。
⑤　这个梵文字被用来称呼"Emelia ribes"。见劳费尔（1919），第282页以下。
⑥　引自《本草纲目》卷32，第17页。
⑦　《本草纲目》卷32，第18页引陈藏器。毕澄茄可以刺激泌尿系统的黏膜，所以往往被当成利尿剂来使用，十六世纪时，果阿还将它作为春药使用。伯基尔（1935），第1743～1744页。
⑧　即"Brassica juncea"。伯基尔谈到了中国的这种芥子和其他的东方的芥子。现在我们的餐桌上使用的芥子是"B. nigra"。见伯基尔（1935），第358～363页。

一种由外国商人带来的西方的芥属植物，这种植物就是与甘蓝和芜菁有密切关系的白芥①。白芥是中国人对这种植物的称呼，同时它又被中国人称为"胡芥"②。白芥原本是地中海地区的一个土生品种，但是到了八世纪时，山西地区就已经种植了白芥③。这种植物籽实硕大，辛辣异常，用温酒吞下可以治疗呼吸道的疾病④。但是与毕澄茄一样，我们也不知道白芥在当时的烹调中所起的作用如何。

152

糖

唐朝人普遍有吃甜食的习惯，当时通常是用蜂蜜来制作甜食的。陕西的南部出产蜜⑤，而位于长江口附近的扬州和杭州则出产蜜姜⑥。蜂蜜与姜汁各一盒，"水和顿服，常服面如花红"⑦。虽然蜂蜜在中国有很长的食用历史，中国人对它也非常了解，但唐朝还是有一种从氐羌传来的高级蜂蜜⑧。

在中国，谷物是为人们所熟知的，糖的另一种来源。像黏质的粟和稻这样一些谷类植物，都曾经为古人提供过甘饴的糖浆和糖果制品，而且至少在公元前二世纪时，中国人就已经制

---

① 即"Brassica（-Sinapis）alba"。伯其尔（1935），第358～363页称，白芥是"作为一种野草传到中国的"。
② 《本草纲目》卷26，第29页引《蜀本草》。
③ 《本草纲目》卷26，第29页引陈藏器。参见劳费尔（1919），第380页。
④ 《本草纲目》卷26，第29页引孙思邈。
⑤ 《新唐书》卷40，第3726页。
⑥ 《新唐书》卷41，第3727、3728页。
⑦ 《本草纲目》卷39，第5页引甄权。
⑧ 《本草纲目》卷39，第4页引苏恭。这位药物学家将这种蜜称为"土蜜"，有时它也被称作"石蜜"——采自岩石中的蜂蜜。遗憾的是在汉文中，"石蜜"（stone honey）还可以解释为"像石头一样的蜜"（stonelike honey），即"硬糖饼"——这样就引起了许多理解上的混乱。见下文。

造出了"麦芽糖"①，到了唐代，对于当时的人来说，谷类植物制作的糖已经索然无味，成了一种低劣的食品——因为在当时的土贡名单中根本就没有提到谷类植物做的糖。造成这种情形的一个重要原因，就是从甘蔗中榨取汁液和结晶的技术已经被中国人所掌握，蔗糖也已久受欢迎。

虽然也有许多人喜欢甜菜、高粱以及扇叶树头桐所制的糖，但在所有的植物糖中，最受欢迎的还是蔗糖。在热带亚洲和大洋洲，生长着数不胜数的蔗糖品种。蔗糖正是从这一片广大的地区传到了西方——似乎在公元五世纪时就已经传到了波斯，七世纪时就已传到了埃及，到了八世纪则传入了西班牙②。从甘蔗中提取糖的办法有好几种。最简单的办法莫过于咀嚼甘蔗，或者挤压甘蔗，以得到可口的饮料。比这种办法更复杂一些的方法，是将甘蔗汁熬干，得到一种适合制作甜食使用的固体物质③。最后一种方法是通过提纯工艺去除糖的杂质，以防止其变质。在中国文化发展史上，以上三种方法，分别代表了三个不同的发展阶段。

作为南方暑热地区，尤其是安南的出产，甘蔗在东周和汉代时就已经为人们所熟知了④。司马相如所提到的"蔗浆"⑤，很可能就是指南方人用甘蔗发酵成的饮料。总而言

---

① 石声汉（1958），第 77～79 页。
② 伯基尔（1935），第 1932～1933 页。
③ 伯基尔（1935），第 1925 页。
④ 《容斋随笔》卷 6，第 48～49 页。
⑤ 译按，英文原文作"sugar liquor"，遍查司马相如文，无此记载。惟《子虚赋》有"诸柘巴且"的描写，李善注称"诸柘，甘柘也"，但不言"浆"。惟《楚辞·招魂》称"有柘浆些"，所谓"sugar liquor"或即指此，作者误植于司马相如，此姑存疑。又，《容斋随笔》卷 6 亦载："自古食蔗者，始为'蔗浆'。"附志于此，供参考。

永泰公主墓壁画，唐朝宫女

永泰公主墓壁画，唐朝宫女

萨珊波斯银碗

胡人持酒瓶形象陶俑

《五台山图》（局部），敦煌壁画

撒马尔罕壁画动物形象

永泰公主墓出土，胡人狩猎陶俑

李昭道《明皇幸蜀图》

安伽墓石门，祭祀供案物品

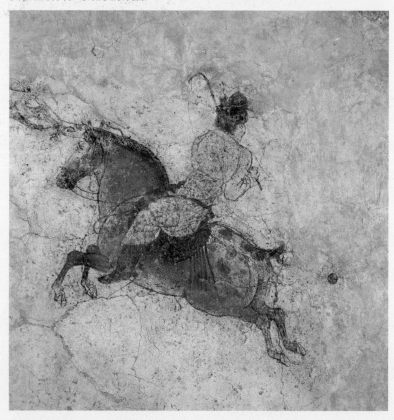

章怀太子墓壁画，马球图（局部）

唐三彩，胡人与骆驼

龙门石窟

婆罗浮屠 / 左上

阎立本《职贡图》，或为晚出摹本 / 左下

阎立本《职贡图》/ 右上

陶俑，侏儒 / 右下

敦煌壁画，天国景象

敦煌壁画，牵马图

胡瓌《出猎图》

陶器，载货骆驼

周昉《蛮夷执贡图》

观世音坐在黄莲花上

陶俑，胡商

大象造型的盛器

观音引导灵魂

柏林国家博馆藏品，景教徒礼拜

章怀太子墓壁画，礼宾图

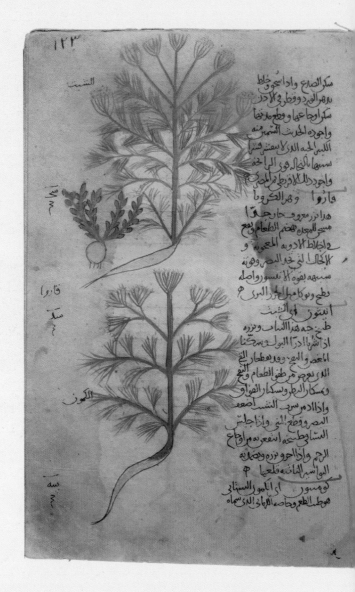

撒马尔罕 10 世纪出版的植物学图谱的一份抄本，
11 世纪伊斯兰时代

之，中国人很喜欢这种汁液，而且经过了一段时间之后，他们也就学会了自己种植甘蔗。到了唐代时，四川中部、湖北北部以及浙江沿海地区都种植了不少甘蔗①。但即使如此，甘蔗在当时仍不是一种常见的植物，甘蔗茎秆在唐朝的北方地区仍然属于很贵重的物品。甚至一直到了八世纪时，情况也仍然如此——作为一种稀有的珍贵礼物，唐太宗曾经将二十根甘蔗赠送给了他的一位臣民②。而且更重要的是，甘蔗还像孔雀、莲花等许多自然产物一样，也被用在了佛像周围的装饰图案中：释迦牟尼又称"Ikṣvāku"（甘蔗）。因为据说他的一位祖先就是从这种植物中生出来的③。唐朝的韦皋是缅甸边境藏—缅部落的征服者，他曾经向朝廷贡献南诏舞乐，其中之一就叫作"甘蔗王"，"谓佛教民如蔗之甘，皆悦其味也"④。

153

唐朝有一种形制像糕点或者面包形状的糖，这种糖通行的名称叫"石蜜"，它是为了日常消费而制作的。早在公元三世纪时，北部湾地区就已经能够制作这种"石蜜"了，制作方法是先在日光下将甘蔗汁晒干制成糖，然后再用糖来做"石蜜"⑤。有时候这种糖还会被做成小人、小老虎、小象等形象。东汉时的"猊糖"（lion sugar⑥），就是这种糖果动物造型的一

---

① 甘蔗是这些地区的土贡。详见《新唐书》卷40，第3725页；卷41，第3728页；卷42，第3729~3730页。四川的贡品实际上称作"蔗糖"，似乎是在进贡以及进贡以前就已经提炼成了糖。

② 《容斋随笔》卷2，第19页。洪迈是宋朝人，他具列了一些历史上的例证，讨论甘蔗在北方价值昂贵的问题，这件事就是他引证的一个例证。洪迈距离唐朝较近，他的话应该是可信的。

③ 苏慧廉、何乐益（1937），第195页。

④ 《新唐书》卷222下，第4160页。

⑤ 见《南方草木状》。

⑥ 译按，意思是"狮子糖"。

个例证①。但是我们还无法肯定，制作这些小动物的糖，就是由南方的甘蔗做成的。在唐代，有好几个城市都能够制作"石蜜"。为朝廷御厨指定的糖饼来自山西东南部的潞州，除了糖饼②之外，潞州的土贡还有人葠、赀布和墨③；石蜜还是浙江北部越州的土贡，越州贡献的土贡还有丹砂、瓷器以及绫绢等物品④；此外，湖南南部的永州在贡献葛、笴以及一种很有趣的化石⑤以外，也向朝廷进贡石蜜⑥。

虽然在各地配制的石蜜中，糖的来源因地而异，但是凡是石蜜都要掺入牛乳。唐朝京师附近还出产一种味道甜美、可以长久保存的石蜜，这种石蜜是用白蜜与凝乳调制而成的⑦；在有些地方"石蜜用水牛乳、米粉和煎成块，作饼坚重"⑧；但是最优质、最洁白的石蜜是用蔗汁与牛乳和煎成的，这种工艺只在四川和"波斯人"当中使用⑨。就一般而论，这里说的"波斯人"必定是指东波斯人，因为在八世纪时安国和火寻国都曾经向唐朝贡献过石蜜⑩。康国也出产石蜜，因为我们知道

---

① 《本草纲目》卷33，第21页。这种糖被称为"猻糖"，即"（猲）猻糖"［（suan）-ni t'ang］。
② 译按，《新唐书》原文作"石蜜"。
③ 《新唐书》卷39，第3723页。
④ 《新唐书》卷41，第3728页。
⑤ 译按，即"石燕"。
⑥ 《新唐书》卷41，第3729页。
⑦ 《食疗本草》卷20，第3页引苏恭。
⑧ 《本草纲目》卷33，第21页引苏恭。
⑨ 《本草纲目》卷33，第21页引孟诜；《重修政和证类本草》卷23，第28页引《蜀本草》。苏恭认为南方所出产的石蜜块质量优于四川的石蜜。这种看法与朝廷的土贡名单是一致的。但是孟诜却认为，四川和波斯用甘蔗制作的石蜜质量最好。
⑩ 《新唐书》卷221下，第4153页；《册府元龟》卷971，第19页。

在这个地区：

> 人嗜酒，好歌舞于筵。王帽毡，饰金杂宝。女子盘
> 髻，幪黑巾，缀金花，生儿以石蜜啖之，置胶于掌，欲长
> 而甘言，持珧若黏云①。

因为西域出产的石蜜质地优良，所以唐太宗曾经派遣使臣
去摩揭陀国学习他们的奇技秘术，他们的方法似乎是依靠更合
理的配料，据史书记载："西蕃胡国出石蜜，中国贵之，太宗
遣使至摩揭陀国取其法，令扬州煎蔗之汁，于中厨自造焉。色
味逾于西域所出者。"② 这种糖叫作"砂（或"颗粒"）糖"③。
其实新制作的这种砂糖很可能不过是一种优质的"红糖"，虽
然这种糖是颗粒状的，但它却不是真正的经过提纯的砂糖。用
未经提纯的糖制作的糖饼的成分除了蔗糖以外，还包含一些其
他的成分，这种糖饼很快就会分解成一种黏腻的食品④。就制
作砂糖的工艺而言，必须经过反复而有效地去除沸液中的渣滓
的工序，才能够做出纯洁、雪白的结晶质糖，唐代似乎并没有
采用这种工艺，甚至从摩揭陀国传入的制糖方法也不是这种方
法⑤。经过提纯的结晶质糖在汉语中称作"糖霜"⑥，这种糖似

154

---

① 《新唐书》卷 221 下，第 4153 页。

② 《册府元龟》卷 970，第 12 页；《唐会要》卷 100，第 1796 页。

③ 在唐朝的语汇中，与"砂糖"同义的词似乎是印度—伊朗语族的
"gunu"（梵文"guda"）。见师觉月（1929），第 90 页。

④ 伯基尔（1935），第 1934 页。

⑤ 伯基尔声称，在七世纪时，大食人曾经生产过一种经过提纯的糖。见伯
基尔（1935），第 1935 页。

⑥ 在宋代时，"糖霜"又被称为"糖冰"。

乎是在宋代研制成的。但是传说记载，在唐朝时，有一个人知道糖霜的制作方法，宋代的炼糖法多半就是上承于他。据说在八世纪六十或七十年代，某个姓邹的和尚来到了四川中部小溪城正北的繖山并住了下来。他知道制作"糖霜"的技术，并且将它传授给了一位姓黄的农民。经过了一段时间之后，就出现了许多依靠这座山附近的蔗田为生的，提炼砂糖的"糖霜户"①。

---

① 这是洪迈在《容斋随笔》卷6，第49页记载的一个故事。我们认为上述在中国提纯糖的经过，大多出自洪迈本人的想法。参见志田不动磨（1957），第126页。

那从旷野上来的，

155

形状如烟柱，

以没药和乳香，

并商人各样香粉薰的，

是谁呢？

           ——《所罗门的歌》，第三章，第六节①

---

① 译按，本段汉译文转引自圣书公会印发《新、旧约全书》（上海，1934）。

第十章 香料

焚香与香炉

在此有必要略加重复：中世纪的远东，对于药品、食物、香料以及焚香等物品并没有明确的区分——换句话说，滋补身体之物与怡养精神之物，魅惑情人之物与祭飨神灵之物，它们之间都没有明确的区别。本章中所要讨论的香料，是指那些以香味为其特质的物品，而并不考虑它的作用是取悦于人还是取悦于神。唐朝上层社会的男男女女都生活在香云缭绕的环境之中。他们的身上散发着香味，浴缸中加了香料，而衣服上则挂着香囊。庭院住宅内，幽香扑鼻；公堂衙门里，芳香袭人；至于庙宇寺观，就更是香烟袅袅、香气弥漫的所在了[①]。仙境、极乐世界以及民间传说和诗歌中，尤其是道教极力灌输的天界奇境——当然佛教的传说也与香料不无关系——就正是这种高雅的现实世界的理想化的和想象化了的变形。在这如梦如幻的世界中，总是弥漫着一种令人

---

① 山田宪太郎认为不管焚香在远东做什么使用，与西方相比，焚香在东方基本上没有被用作洁身的香料。他还将此归结为这样一个原因，即黄种人相对来说没有体臭，而在中世纪的文献中，则反复地强调了突厥斯坦的白种人强烈的体臭。但是事实上，古代和中世纪的中国人就在身上大量地使用了香料。参见山田宪太郎（1957），第22页。

心醉神迷的蒙蒙香气，它被当作精神的食粮，具有升华和净化的作用，从而赋予人生以超凡脱俗的意义，使感官享受的美感得以扩展。

由于大量使用有香味的树胶、树脂以及合成香料，使儒教崇拜礼仪笼罩着更浓重的神圣气氛。儒教崇拜的中心是"皇帝"，而皇帝——（更确切地说）就是天授之君——则联系着出自昊天的神圣权力，担负着有关芸芸众生福祉的责任。有这样一个例证：大历十年（775），当某位原来是安禄山裨将的藩帅①认识到，安禄山的对手李正己（为唐朝所录用的一位高丽将军）称王已经在所难免，于是释放了被他囚禁的李正己的使节，并向这位将军赠送了丰厚的礼物：而且"又图正己之像，焚香事之。正己悦，（遂按兵不动）"②。简而言之，这位藩帅的做法，就是将神的荣誉奉献给了那位幸运的高丽将军。焚香标志着君王秉受神谕，意味着贯穿天人之际的、活生生的、超自然的智慧。或者可以说，在皇帝承天命而理人事的过程中，焚香代表着纯粹的天意：大中元年（847），唐宣宗即位时想要恢复严谨合度的朝廷礼仪，他发布了一条诏令，诏令中除了其他的革新措施之外，还规定皇帝本人只有在"焚香盥手"之后，才能阅览大臣献进的章疏③。唐朝制度规定，凡是朝日，必须在大殿上设置黼扆、蹑席，并将香案置于天子的御座之前，宰相面对香案而立，在弥漫着神奇魔幻的香气中处理国事④。这种做法揭示了焚香在神圣肃穆的朝廷政治生活

---

① 译按，即田承嗣。
② 《资治通鉴》卷225，第5页。
③ 《旧唐书》卷18下，第3130页。
④ 《资治通鉴》卷220，第3页，至德二年（757），"香案"下胡三省注。参见《新唐书》卷23上，第3678页。香案是放香炉用的。

中的重要的、象征性的作用。当"进士"候选人要进行考试时，主考人与考生要在考试殿堂前的香案前相互行礼①，这种场合虽然规格较低，但是香案在这里同样表示了神与君主的恩宠。

唐朝君主还向其宠臣和侍从赠送香料，以表示他的恩宠。至今还保留着许多唐朝的大臣献给皇帝的"谢表"，感谢皇帝赠给他们香药、香脂和异香。张九龄写的感谢唐玄宗的《谢赐香药面脂表》，就是一个典型的例证②。另外一位官员也写过类似的谢表，内容是感谢皇帝所赐的冬至后在祭祀百神时使用的香料，他具列的皇帝的赐物为"香药金银合子两枚，面脂一盒，裛香两袋，'澡豆'一袋"③。

在对无形无质、无所不在的"神"——相对于世间的君王而言，神是肉眼凡胎所看不见的——的崇拜中，焚香也起着重要的作用。据记载，当天宝二年（743）安禄山入朝时，曾经向唐玄宗讲过这样一个故事：

> 禄山奏言："去年营州虫食苗，臣焚香祝天云：'臣若操心不正，愿使虫食臣心；若不负神祇，愿使虫散，即有群鸟从北来，食虫立尽。'请宣付国史。"从之④。

是否因为这位将军故作恭谦（平心而论，似乎确实是如此）才发明了这样一通表白，但从这段话仍然可以证明，在

---

① 《梦溪笔谈》卷1，第5页。
② 《全唐文》卷288，第7页。
③ "澡豆"是一种以豆子为主，类似肥皂的制剂。邵说《为郭令公谢腊日赐香药表》，《全唐文》卷452，第12页。
④ 《资治通鉴》卷215，第5页。

157 中国神祇崇拜中，焚香是一种普遍的手段。袅袅香烟可以将祈告者的请求带往缥缈的天空之中。

佛教与外来的印度文化为中国的寺庙带来了大量的新香料，而众多的有关焚香和香料的习俗和信仰也随之传入了中国，从而加强和丰富了中国古老的焚香的传统。但是毫无疑问，这些新的方式和态度并没有能够像它们在印度支那一样，对中国产生具有压倒优势的影响。由于印度支那的文化更为简朴，所以它们吸收的东西也就要多得多。例如位于马来亚的"赤土国"（很可能是现代威利斯省的罗克塔米尔提喀，这个判断是根据一份五世纪的铭文做出的）的印度化的贵族就是用香油来涂身的①，而丹丹国诸王则用香粉涂身②。可是在唐朝，香料的使用远远没有达到这样广泛的程度。但另一方面我们也应该看到，唐代是佛教在中国的顶峰时代，所以焚香也有非常重要的作用——不仅在礼仪庆典中，就是在文学和想象的领域里也同样如此。佛教的典籍中充满了有关香的比拟，而梵文"gandha"（香的），也确实常常直接指"与佛相关的"意思。寺庙可以称作"gandhakuṭī"（香殿）；焚化佛陀的薪堆称为"香塔"；"香王""香象"都是菩萨的称号；而在"gandhamādana"（香山）上则居住着乾闼婆——香神和乐神③。所有这些用语以及其他许多类似的说法，都被译成了汉文，在丰富唐朝的语汇的同时，也大大丰富了唐朝人的思想。

沁人心脾的香气也进入了唐朝社会的世俗生活，而在缙绅

---

① 伯希和（1904），第 231 页，注（2）；戈岱司（1948），第 68 页；惠特利（1961a），第 32 页及以下诸页。

② 《通典》卷 188，第 1009，1010 页。

③ 苏慧廉、何乐益（1937），第 319 页。

阶层的生活中就更是如此。我们知道八世纪时有一位王子有一种口中含香的嗜好，除非口中含有沉香和麝香，否则他是不会对人开口讲话的，"方其发谈，香气喷于席上"①。这类人十之八九都是要在香汤沐浴之后，才会去参加社交聚会②。如同现代的太太们相互攀比她们的糕饼和果子冻一样，当时的男人也会互相攀比他们的香料：中宗时代有一种高雅的聚会，大臣们在会上"各携名香，比试优劣，名曰'斗香'"，结果有一种香膏常常得魁③。韩熙载是十世纪的一位纵情享乐的人，就风流雅致而言，他已经达到了极致。他想方设法要使焚香与自己庭园中的花香自然地融合起来，根据他总结出的经验："对花焚香有五味相和，其妙不可言者，其'五味说'为：木犀宜龙脑；酴醾宜沉水；兰宜四绝；含笑宜麝；薝葡宜檀。"④

与这些风流儒雅的行为相近的是，利用香气来吸引异性，以增添风月场中的情趣。唐朝的妓女常常是用香来刺激性欲的。八世纪时，长安有一位国色无双、深受欢迎、名叫"莲香"的妓女，她竟然能够将自己弄得香到这种程度，以至于她"每出处之间，则蜂蝶相随，盖慕其香也"⑤。此外还有一个故事，说有一位受到宰相元载（如上文中所说，他被籍没

---

① 《开元天宝遗事》（《唐代丛书》，3），第70页。
② 见《全唐诗》第10函，第7册，卷4，第5页《咏浴》。
③ 《清异录》卷上，第59页。
④ 《清异录》卷上，第37页。"酴醾"即"bramble"（Rubus rosifolius 或 R. commerrsonii），"含笑"就是"magnolia"（Magnolia fuscata）。我们还不能断定"四绝"究竟指何物，暂时译作"four exceptions"。"四绝"又见于《清异录》卷下，第61页。《清异录》的作者将"四绝"与"三匀"相提并论，则当是中国的一种香。译按，原文见"乞儿香"条："林邑、占城、阇婆、交趾以杂出异香剂和而范之，谓中国三匀、四绝为乞儿香"。
⑤ 《开元天宝异事》（《唐代丛书》，3），第40页。

的家产中有大量的胡椒）保护的妓女，她的肌肤洁美如玉，从来不需要像别的妓女那样刻意打扮修饰，这是因为她的母亲很有些先见之明，好像早就知道自己的女儿注定要成为流芳百世的窈窕淑女一样，从小就给女儿喂香吃，这样她的身上就发出了自然的香味。这种事情简直令人难以置信！这位好色之徒见到的香肌，以及其中涉及的有关道教的说教，都见于苏鹗的《杜阳杂编》，所以我们只能将这件事看作是当时的那些风流时尚的贵妇人苦心追求而从未遂愿的一种理想①。

就香料的本性而言，它更容易直接使用于春药中，而这与香料在一般药物中的重要地位是一致的。当唐玄宗最初迷恋上杨贵妃时，他已经有些力不从心了，安禄山"因进助情花香百料，大小如粳米而色红，每当寝处之际，助情发兴，筋力不倦"②。

中国人曾经利用其本国土产的动物、植物生产出了相当数量的香料和焚香。例如肉桂、龙脑、胶皮糖香液（或 rose mallow，木槿）③，都是从中国的木本植物中提炼出来的，从中国的草本植物中榨取出来的香料有紫花勒精④和香茅。紫花勒精的主要产地是湖南省的永州附近⑤，香茅⑥可以与桃花瓣一

---

① 《杜阳杂编》（《唐代丛书》，2），第 33 页。

② 《开元天宝遗事》（《唐代丛书》，3），第 47 页。

③ "rose mallow" 来自梵文 "rasa-mālā"（香冠）。玉尔和伯基尔（1903），第 770 页。

④ 这就是著名的"零陵香"，它显然属于"罗勒"（Ocimum basilicum）的一个特别芳香的品种，或许这个品种就是在中国本地培育出来的。但是它也可能是祭献毗湿奴的"圣罗勒"（Ocimum sanctum），"圣罗勒"在亚热带地区是很普遍的。

⑤ 《唐六典》卷 20，第 18 页。

⑥ "香茅"就是"Cymbopogon（= Andropogon）nardus"或与其有密切关系的一个品种。"柠檬草"（Lemon grass）是汉文中称作"茅"（floss grasses）的一个品种。白茅是由安南传入的，它显然是属于一个不同的品种。见《本草纲目》卷 14，第 40 页"白茅香"条。

起制成香浴汤——虽然一般认为海外来的香茅质地更优良[①]。中国人以动物为原料制作的香料，多半来自香猫，尤其是麝。"麝猫香"多用于医药，主要可以镇静精神，消除梦魇[②]，在中国的北方和西方，都多有形体不大的麝。但即便是麝香的应用，也蒙上了一层淡淡的异国情调。八世纪时西南蛮大酋[③]和居住在饶乐府的东北的奚部落都曾经向唐朝贡献过香味浓郁，经久不息的香料[④]，唐朝人还知道，甚至像波斯那样遥远的民族，在敬事祆神时也"以麝香和苏点额，及于耳鼻"[⑤]。

尽管中国本地的香料和其他土产的质量都非常优异，但是我们也不能否认，来自异国他乡的奇香，尤其树脂和树脂胶——檀香、沉香、婆罗洲龙脑香和广藿香，安息香与苏合香，以及乳香与没药等等——无论品种还是数量都是相当可观的[⑥]。虽然传到唐朝的这些贵重的香料出产于世界各地，但是它们中绝大多数都是由海船通过南中国海运来的。例如在元和

① 《本草纲目》卷14，第14页引陈藏器、李珣。译按，海外来者质地更优云云，疑误。《本草纲目》原文说："（珣曰）《广志》云：'生广南山谷，合诸名香，甚奇妙，尤胜舶上来者'。"作者在这里显然是将原文的意思理解反了。

② 《本草纲目》卷51上，第31页引陈藏器。

③ 《册府元龟》卷971，第10页。

④ 《册府元龟》卷971，第5页。

⑤ 《旧唐书》卷198，第3614页。

⑥ 在中国，有些进口的香料与其说是被当作焚香和香脂使用，倒不如说是被当成药物来使用了，例如没药就是如此。中国的这种做法与其他地区的习惯形成了鲜明的对比。参见山田宪太郎（1957），第25页。胡雅尔特、王明评述了与西班牙穆斯林使用的五种主要香脂（麝香、龙脑、檀香、龙涎香和番红花）一致的，亚洲（包括中国在内）使用的五种香料药材。但是他们的这种说法是靠不住的，因为龙涎香在中医中的作用实在是微乎其微，而番红花的作用甚至更小。见胡雅尔特、王明（1958）。

十年（815）诃陵国派遣来贡献"异香"的大船就是取道南海到达唐朝的①。源源不断的香料船，使广州成了当时世界上最大的香料市场之一，而扬州的香料贸易则仅次于广州。唐朝的贵族阶层在使用香料方面毫无节制，他们甚至将香料用于建筑物，根据这种情况推测，当时进口香料的数量一定是相当惊人的②。除了中国的"乞儿香"③ 以及含义模糊的"南海"森林中的无穷无尽的香料和焚香资源——南海树林中繁茂的树木能够分泌出芳香的树胶和香脂④——之外，世人公认的印度支那的香料资源优势，使人们想象出了一种能够同时生出所有主要香料的香树。这种树的根是旃檀，节是沉香，花是鸡舌香，叶是藿香，胶是薰陆香。另外一种传说认为，这种树生长在中亚古代的祁连山脉中，叫作"仙树"⑤，后一种说法显然是将香树与道教的仙境联系了起来；十一世纪的药物学家苏颂对"古人"的这种观念提出了批评，声称这种思想最初出自扶南人，即暹罗湾的古代前柬埔寨王国⑥。其实，这种结论不过是将这神异的香树搬进了另一处仙山中的一个不同的伊甸园中——扶南诸王就是典型的宇宙之山的君王。

每当西方日落时分，古代的埃及人就要礼拜太阳神"瑞"

---

① 《册府元龟》卷972，第7页；《旧唐书》卷15，第3111页。对焚香、香料等物的中世纪的名称有兴趣的读者，可以查阅"Suvarṇa-prabhāsā-sūtra"（意译作《金光明经》），其中具列了用于香汤沐浴的三十二种材料的汉梵对照名称。见《大正藏》ⅩⅥ，注（665），第435页。

② 白寿彝（1937），第48～49页。

③ 《清异录》卷下，第61页。

④ 《失乐园》Ⅳ，第248行。

⑤ 《酉阳杂俎》卷18，第148页"仙树"。译按，这种树就是段成式说的"木五香"。

⑥ 《本草纲目》卷14，第40页。

（Rê）。在礼拜时，他们"要用一种精心制作的蜜饯。这种蜜饯叫作'kuphi'，它的配料不少于十六种成分，其中有蜂蜜、酒、葡萄干、树脂、没药和甜菖蒲"①。混合香料在古代近东和中世纪中国都是很常见的，而较为单一、纯正的香味，相对来说只是到了近代才受到人们的喜爱。东、西方使用的混合香料的区别，主要在于它们最常使用的配料的差异：在西方，混合香料的主要成分是乳香，配以没药、波斯树脂与甲香；而在东方，主要成分则是沉香，再配以乳香、檀香、丁香、麝香与甲香。一位现代的权威称，虽然唐朝官方药典中将沉香、乳香、丁香、藿香、榄香和胶皮糖香液作为配制香料的最基本的六种成分②，但是，根据坐落在西安东北方向，靠近袄寺附近的一所叫作"化度寺"的寺院里流传下来的配方记载，混合香料的成分有沉香一两半，白檀香五两，苏和香一两，甲香一两，龙脑半两，麝香半两，将各种配料"细挫捣为末，用马尾筛罗烁蜜溲和，得所用之"③。这种混合香料在诗歌中通常称作"百和香"。"百和香"这个词在唐朝之前很久就已经出现了④。杜甫有"花气浑如百和香"的诗句⑤，八世纪末九世纪初的诗人权德舆在诗中描写了一位闺房中的美女，他在诗中

---

① 最后的避难地（1956），XⅡ，第131页。古代的埃及人也使用一种长柄香炉，在下文中我们将会看到，中世纪的中国人使用的也是这种香炉。整体的香文化心理是否可能是由古代的近东传到东方的呢？

② 山田宪太郎（1957），第26页；《新修本草》卷12，第108～109页。

③ 《香谱》卷下，第28页。

④ "百和香"这个名称出现在一首古诗中。在这首诗中，"百和香"是郁金香、苏合香以及贯叶泽兰的混合物。译按，《九家集注杜诗》卷9《即事》"百和香"下注云："古诗：'博山炉中百和香，郁金苏和与都梁'。"即作者此说所本。参见《钱注杜诗》卷16《即事》诗下注。

⑤ 《即事》，《九家集注杜诗》，第430页。

写道：

> 绿窗珠箔绣鸳鸯，侍婢先焚百和香①。

唐朝出产的百和香在日本也很受消费者的欢迎，唐朝出口日本的产品通常都是沉香、糖和李肉等②。

但是唐朝似乎也进口类似的混合香料：开元十二年（724）吐火罗遣使向唐朝贡献"乾陀婆罗（Gandhaphala）等异药二百余品"③。在印度，许多结香果的，不同品种的树都称作"Gandhaphala"（香果），但是如果我们对"乾陀婆罗"的梵文原文认读不误的话，这里的"乾陀婆罗"应该是指一种外形为水果状的、混合的香药锭剂。

一旦这些气味芬芳的异物到达了唐朝土地上，根据它们各自的性能和占有者的需要，它们就会有不同的用途。唐朝奢靡之风盛行，木匠和家具匠往往直接使用木质香材营作各类器具。玄宗朝宰相杨国忠建造的"四香阁"，就是这种挥霍浪费的最有名的一个例证。史称"国忠又用沉香为阁，檀香为栏，以麝香、乳香筛土和泥为壁。每于春时木芍药盛开之际，聚宾

---

① 权德舆《古乐府》，《全唐诗》第5函，第8册，卷9，第3页。
② 山田宪太郎（1957），第336，361页。
③ 《册府元龟》卷971，第6页；《唐会要》卷99，第1773页；《新唐书》卷221，第4154页。"二百"，《册府元龟》作："三百"。"异药"，《册府元龟》及《唐会要》作"胡药"。"乾陀婆罗"的汉文译音是"﹡kan-dʿā-bʿuâ-lâ"。如果将这个词还原为"﹡Gandhabhala"，在这里是毫无意义的。而"Gandhaphala"在这里则是一个很合适的字。沙畹误以"﹡buʾâ"作"﹡sâ"，这样就使他白白地进行了一番推测，参见沙畹（1903），第158页。

友于此阁上赏花焉"①。

但只有豪门巨富才能如此挥霍香材。就一般情况而言，甚至是具有相当资产的缙绅之家，也是遵循习俗，将这些进口之物作为焚香和香脂使用。

在寝室或私宅焚燃香烛，是一件非常舒适而惬意的事情，在唐朝诗人的作品中，我们常常读到对香蕊和香烛的描写。最有名的是唐懿宗使用过的一种香烛。这种香烛虽然只有二寸长，但是却可以燃烧一夜，而且香气四溢，沁人心脾②。此外，还有一种特殊的带有刻度的香烛，可以用来在夜间计时，这种香烛最初很可能是和尚们在夜祷时用来计时的。在唐朝之前，这种香烛就已经很有名了。六世纪诗人庾肩吾的两句诗就是明证：

烧香知夜漏，刻烛验更筹③。

有一种香的用法与这种计时蜡烛非常相似，参照庾肩吾诗中第一行的表述，按照现在的说法，我们可以称之为"香钟"。这种用法是事先在一个平面上刻好用以区分不同时间的字样，然后将香末撒在平面上，形成精细的花格，细长的香末线将不同的时间标志连接起来。这样一来，随着香末一路燃烧过去，便可以读出时间。宫廷诗人王建就曾经做过这样一种用来消磨孤寂长夜的计时用具：

① 《开元天宝遗事》，第71页。
② 白寿彝（1937），第49页。
③ 庾肩吾：《奉和春夜应令》，《庾度支集》，第29页。

闲坐烧香印，满户松柏气。

火尽转分明，青苔碑上字①。

　　等到香钟燃尽，已经是黎明时分，诗人也就能够辨认出园中石板上刻上去的字了。正如我们在十世纪的一则史料中见到的一样，铺撒、焚烧香末的底盘一般都是用木范。在这条史料中记载了一种经过改进的古雅的木范。据记载："用香末布篆文木范中，急覆之，是为'曲水香'②。"但是也有些香钟使用的底板是石范。在正仓院，我们现在仍然可以见到这种石范：有一件石范为圆形的石板，石板镶嵌在一朵精雕细刻的木莲花之中，莲花的花瓣上镀上了金色，而且绘有神话中的人物③。这件珍品上刻的是天城体梵文，而不是汉字的印文。在香印上刻写天城文书的事例，在当时似乎是很常见的，这就说明香钟大多是在与佛教有关的环境中使用的，或者甚至就是印度的发明也未可知。在段成式的一首诗中，就提到了一件刻着梵文的香印：

　　翻了西天偈，烧余梵字香④。

　　但是在家里以及在平常的仪式中，香是放在香炉中焚

---

① 王建《香印》，《全唐诗》第5函，第5册，卷5，第2页。参见《香谱》卷下，第22页所载宋朝的"百刻香"和"香印字"。

② 《清异录》卷下，第59页。

③ 山田宪太郎（1957），第330页。又见正仓院（1928），XI，图版第22～26，27～31。

④ 段成式《赠诸上人联句》，《唐诗百名家全集》，第25册，第4页。译按，据《全唐诗》第11函，第9册，卷792，"联句"5，"梵字"（Sanskrit characters）作"梵字"。此姑存疑。

烧的。就像李贺在《神弦》诗中提到的玉香炉一样，香炉
在古时候是用很珍贵的材料做成的。在《神弦》中描写了
一位女巫。她用被称作"相思"的木拨弹奏琵琶，召神附
体：

> 女巫浇酒云满空，玉炉炭火香冬冬。
> 海神山鬼来座中，纸钱窸窣鸣飙风。
> 相思木帖金舞鸾，攒蛾一啑重一弹。
> 呼星召鬼歆杯盘，山魅食时人森寒。
> 终南日色低平湾，神兮常在有无间。
> 神嗔神喜师更颜，送神万骑还青山[1]。

更传统的是"博山式"香炉。博山炉的斜面上有时镂刻
着神的形象。王元宝的床前就曾放着一尊这种极为豪华的，古
代风格的香炉。王元宝是京师中极尽奢侈的巨富。他所建立的
礼贤堂，也是"以沉檀为轩槛"，王元宝"常于寝帐床前雕矮
童二人，捧七宝博山炉，自暝焚香彻晓，其骄贵如此"[2]。但
是与洛阳佛寺中的"百宝香炉"相比，七宝香炉简直就不值
一提。百宝香炉是唐朝的一位皇室公主[3]送给佛寺的礼物。香
炉高四尺，开四门，饰以珍珠、光玉髓、琥珀、珊瑚和各种各

---

① 李贺《神弦》，《李长贺歌诗》卷3，第37页。
② 《开元天宝遗事》（《唐代丛书》，3），第54页。关于"七宝"，见上文第
　9章注释。这种香炉叫作"博山炉"。人们一度认为博山炉是在汉代发明
　的，但是现在看来可以追溯到周代；有一个大约是在公元前五世纪到三
　世纪的香炉，上面饰有许多珠宝。见温利（1948），第8页。用来焚香的
　火盆更常见的名称是"香炉"或者是"熏炉"。
③ 译按，即安乐公主。

样珍贵的宝石，香炉上雕刻着飞禽走兽、神鬼、诸天伎乐以及各种想象的形象。百宝香炉造价昂贵，"用钱三万，库藏之物，尽于是矣"①。

流行的香炉的样式通常是真实的或想象的飞禽走兽的形象，如狮子、麒麟，有时候，袅袅香烟就是从这些动物造型的口里飘出来的。香炉中最常见的形制是鸭子②与大象③的形象。根据李商隐在一首诗中描写的情形来判断，有些香炉还装了云母窗④。

自从汉代以后，中国人就已经使用起了长柄香炉。在中亚和犍陀罗地区也有一种柄端饰有狮子的香炉，追本溯源，长柄香炉很可能起源于古埃及⑤。日本的香炉是由中国传去的，在奈良的正仓院和唐招提寺，至今还保留着这种精美的香炉的样品。通常这些香炉都是由紫铜掺杂以其他一些金属——锑、金等——铸成的，但是有一尊非常奢华的檀木香炉，上面有用

① 《朝野金载》卷3，第37页。
② 例如徐寅《香鸭》（《全唐诗》，第11函，第1册，卷1，第3页）诗中说："五金池畔质，百和口中烟"。
③ 见李贺《宫娃歌》，《李长吉歌诗》卷2，第22页；《答赠》，《李长吉歌诗》卷3，第21页。又见王琦注。温庭筠《长安诗》，《全唐诗》第9函，第5册，卷3，第21页。正仓院收藏有一些用作焚香炉的平底圆钵，它们是用白色的大理石和青铜制成的。见正仓院（1928），Ⅶ，图版第26~30。我不清楚这些器皿的汉文名称。
④ 李商隐《烧香曲》，《全唐诗》，第8函，第9册，卷3，第34页。译按，原诗云："八蚕茧绵小分炷，兽焰微红隔云母"。作者所说的"云母窗"即指此。
⑤ 山田宪太郎（1957），第328~329页。关于中亚发现的二世纪时的长柄青铜香炉，见勒克柯（1925），插图，第14。勒克柯将中亚的香炉与埃及类型的香炉做了比较。在斯坦因发现的敦煌绘画作品中，以及龙门和天龙山石窟罗汉的手中也都有长柄香炉。

金、银和珠宝装饰的花卉图案①。

"熏笼"是一种镂空为花卉或动物图案的空心金属球，球内平衡架上悬着铁杯，铁杯里盛放着焚香。这是一种用来熏衣服和寝具的器物，甚至还具有杀虫的作用。在正仓院的收藏品中，有用银和青铜制作的熏笼②。在王建创作的宫廷生活抒情诗中，就曾经提到过熏笼。例如他在一首诗中就有过"银熏笼底火霏霏"③的描写。但是熏笼并不是唯一的一种用来熏衣的器具，例如宰相元载的夫人王韫秀就发明过一种熏衣的方法，史载：

> （韫秀）以青丝绦四十条，条长三十丈，皆施罗、纨、绮绣之饰，每条绦下排金银炉二十枚，皆焚异香，香亘其服④。

正如贵族习惯使其车辇散发出香味一样，在衣物上，尤其是在腰带上悬挂各种各样的香囊、香袋的习惯，同样也可以追溯到中国古代。唐代原封不动地保留了这种习俗，只是气味芬

---

① 山田宪太郎（1957），第 328~329 页；正仓院（1928），Ⅺ，图版，第 23~25。

② 山田宪太郎（1957），第 329~330 页；正仓院（1928），Ⅲ，图版，第 43~47；Ⅶ，图版，第 23~25。山田宪太郎将熏炉的记载追溯到了《西京杂记》，据《西京杂记》记载，熏炉是一位汉代的工匠制作的。

③ 王建《宫词》，《全唐诗》第 5 函，第 5 册，卷 6，第 4 页；在同一组诗中（第 9 页），在另一处也提到了"熏炉"。

④ 白寿彝（1937），第 48 页引《云溪友议》。译按，原文见《云溪友议》卷下"窥衣帷"条，"三十丈"，英译文作"ten foot long"（十英尺），疑误。

芳的罗勒在这时成了衣香的主要成分①。与一般妇女不同，唐
朝的后妃宫嫔们特别喜欢使用焚香，一个个浓妆艳抹，香气袭
人②。寒山在诗中描绘了一群香气氛氲的唐朝妇女在佛寺中的
情形：

> 侬家暂下山，入到城隍里。
> 逢见一群女，端正容貌美。
> 头戴蜀样花，燕脂涂粉腻。
> 金钏镂银朵，罗衣绯红紫。
> 朱颜类神仙，香带氛氲气。
> 时人皆顾盼，痴爱染心意。
> 谓言世无双，魂影随他去。
> 狗咬枯骨头，虚自舐唇齿。
> 不解反思量，与畜何曾异。
> 今成白发婆，老陋若精魅。
> 无始由狗心，不超解脱地③。

就唐朝人而言，熏香并不是娇弱无力，有失男儿本色的事
情：在九世纪的一首诗歌中，描写了一位年轻武士赶赴一次有
京师胡姬歌舞的晚宴的情形，他骑着白马，穿着凤凰图案的花
衫，而且"异国名香满袖熏"④。甚至连皇帝身上也佩戴着香

168

---

① 《重修政和证类本草》卷9，第36页引《唐本草注》。
② 白寿彝（1937），第48页。
③ 《全唐诗》第12函，第1册，第17页《无题诗》。
④ 章孝标《少年行》，《全唐诗》第8函，第4册，第8页。

囊，而在腊日的庆典上，就更是非佩带"衣香囊"不可了[1]。

随杨贵妃一起下葬的香囊，就是一枚非常有名的香囊。唐玄宗从四川返京后，派遣中使秘密地将杨贵妃的遗体从马嵬驿路边的墓葬中改葬他处。"启瘗，故香囊犹在。中人以献，帝视之，凄感流涕"[2]。

一般来说，这些香囊都是用彩色或者是带有花卉图案的织物，尤其是用优质的薄纱制作的。正仓院存有几件用薄纱网和亚麻布做成的小香囊[3]。最后，在唐朝的诗歌中还提到过"香毬"，它可能是技艺熟练的唐朝舞女用来抛掷嬉戏的[4]。

沉香

阿迦嚧（Agaru）是在唐代特别受人们喜爱的一种香材的梵文名称，从这个名称中衍生出了许多英文的同义词。英文"garroo"（贸易行话中的"沉香"）"aloes"（沉香）"eaglewood"（沉香），甚至"agalloch"（沉香），就是分别从马来文"gahru"，希伯来文"ahaloth"和葡萄牙文"aguila"等词语中衍生而来的[5]。这些字及其关系词都是指东南亚土生

---

① 《唐六典》卷 22，第 14 页。

② 《新唐书》卷 76，第 3869 页。另外还有一首张祜以此为题写的一首诗，名为《太真香囊子》（《全唐诗》，第 8 函，第 5 册，卷 2，第 18 页）。这位九世纪的诗人以乐器、歌曲、宴会以及舞蹈（包括几首柘枝舞）为题，写了许多关于玄宗朝的诗歌。洪迈《容斋随笔》卷 9，第 89 页，评价了诗人张祜的作品对于保留玄宗朝风俗资料的重要意义。

③ 见石田茂作与和田军一（1954）；山田宪太郎（1957），第 490～491 页。

④ 例如张祜《陪范宣城北楼夜宴》就有"斜眼送香毬"的诗句，见《全唐诗》第 8 函，第 5 册，卷 1，第 10 页。还有人认为正仓院收藏的一种带盖的小笼，也是一种盛香的盒子。见山田宪太郎（1957），第 490～491页。

⑤ 玉尔和伯基尔（1903），第 335 页。

的沉香属树种的产品①。香料贸易中的沉香是指沉香木中木质沉重、颜色深暗且有病害的部分，以此可以将沉香与其周围那些木质较轻、质地较软的木材区分开来。沉香中饱含树脂，而且香气馥郁。有时，这种由病态形成的芳香的木材呈人形或兽形，这种形状可以大大提高沉香的市场价值②。

这种珍贵木材的最优质的部分，汉文名称叫作"沉香"，因为这种木材入水能沉，所以叫"沉香"。一位唐代学者记载了林邑人获取沉香的办法："土人破断之，积以岁年，朽断而心节独在，置水中则沉，故名'沉香'。"③ 但另一位学者又说："其肌理有黑脉，浮者为煎香，'鸡骨''马蹄'皆是煎香，（在医疗方面）并无别功，止可熏衣去臭④。"所谓"鸡骨""马蹄"，是这类香材中较为便宜的商业品种的名称。

在西方人的心目中，中国是一个有名的沉香来源地。例如，就我们所知，有一位阿曼的伊巴德派商人曾经在八世纪时到了中国，并且在中国买到了沉香⑤。尽管事实上广州每年送往长安的土贡除了银、藤簟、荔枝、蚺蛇胆之外，还有沉香（garroo）⑥，但是我们基本上可以肯定广州的沉香（aloeswood）

① 沉香属的树主要是印度尼西亚的"Aquilaria agallocha"此外还有马来亚的"A. Malayccenissis"，苏门答腊的"A. Moszkowskii"以及海南的"A. grandiflora"。婆罗洲和苏门答腊的"Gonystylus"属的品种也可以产出真沉香的代用品。见伯基尔（1935），第 198～301 页。

② 伯基尔（1935），第 197～199 页。

③ 《食疗本草》卷 12，第 48 页引《通典》。译按，原文见《通典》卷 188《边防四·林邑》。

④ 《本草纲目》卷 34，第 27 页引陈藏器，参见同页引苏恭。另外一种品种叫"栈香"，见《食疗本草》卷 12，第 48 页引《通典》。

⑤ 赫兰尼（1951），第 63 页。

⑥ 《新唐书》卷 43 上，第 3731 页。

是从安南边境地区得到的①。穆斯林所说的"China"（中国）并非指沉香的主要产地，而是指一个巨大的沉香市场。唐朝人使用的沉香或许大部分都是进口的，其中主要来自林邑。八世纪时，林邑王将沉香贡献给唐朝，其中有一次就贡献了多达三十斤"黑沉香"（lignaloes）②。唐朝的情形与现在可能差不多，已具备了文明教化的林邑人主要是依靠居住在山区的土著部落来搜集那些有病害的树材的。例如在十九世纪时，"gahlao"③——林邑人是这样称呼沉香的——是由平顺省的一个单一信仰伊斯兰教的村庄，在"森林人"（orang glai）的密切合作下，被郑重其事地收藏起来的。甚至晚至十九世纪时，收集沉香在林邑人和安南人的礼仪中仍然占有非常重要的地位④。

沉香在中医药中有很重要的作用，"主心腹疼，霍乱，中恶，邪鬼疰气，清人神；并宜酒煮服之；诸疮肿，宜入膏中"⑤。唐朝的焚香和薰香中盛行沉香这一事实证明：与印度一样，唐朝人也认为带有香气的烟对于治疗糜烂和创伤具有疗效⑥。不管十世纪初期撒那威的阿布赛义德记载的关于中国国王用沉香与龙脑制成防腐材料下葬的记载是否确有所据，我们

---

① 安南的骧州也贡献沉香。见《新唐书》卷43上，第3733页。

② 《册府元龟》卷971，第17页，这件事发生在天宝三载（749）。又见《册府元龟》卷971，第10页（开元廿二年，734）与《唐会要》卷98，第1751页。

③ 译按，即"伽罗"。

④ 艾蒙涅（1891），第276~280页。

⑤ 《本草纲目》卷34，第27页引李珣。参见胡雅尔特、王明（1958），第59页。

⑥ 伯基尔（1935），第198页提到，在印度中世纪早期，曾经将沉香作为医药使用。

现在尚未见到其他有关这方面的材料①。

总而言之，在中世纪中国的礼仪大典和个人生活中，沉香都是一种非常重要的香材。李贺写的一首绝句，具体而微地说明了沉香的重要作用。诗中描写了一位贵公子在孤寂的房屋中等待黎明的情景：

> 袅袅沉水烟，乌啼夜阑景。
> 曲沼芙蓉波，腰围白玉冷②。

据说有一种用沉香（garroo）调制的香水，被有些妓女用来"干"衣③，大概这是为了增强她们对于风流客感官的刺激。还有一种更奢侈的用法，是用这种珍贵的香木使建筑物散发出香味。具体做法是将沉香弄成碎末，然后涂抹在想要使建筑物散发香味的部位——以宗楚客为例，据记载，"宗楚客造一宅新成，皆是文柏为梁，沉香和红粉以泥壁，开门则香气蓬勃"④。这种芳香建筑没有一所能保留下来，但是在正仓院有一个长六边形的经盒，表层涂以沉香末，而且用丁香末和"野甘草"的红"相思子"装饰而成⑤，这是盛放佛陀箴言的一种很合适的容器。

用沉香（garroo）制作小巧而又珍贵的物品，应该说是再自然也不过的事情了。沉香制的毛笔就是一个突出的例证。这种笔所用的材料有一部分使用沉香，一部分使用斑竹，而笔的

---

① 索瓦格特（1948），第16页。

② 李贺《贵公子夜阑图》。《李长贺歌诗》卷1，第2页。

③ 《云仙杂记》卷1，第7页。

④ 白寿彝（1937）第49页引《朝野金载》卷3，第37页。

⑤ 野甘草的学名叫"Aburus precatorius"。见石田茂作与和田军一（1954），注（51）。

外层则是用桦树皮包裹起来的。正仓院的收藏品中就有这样的毛笔①。世上竟然有大得足以用来作为建筑用材的沉香木，似乎令人难以置信，然而这却明确地见于正史的记载之中。当唐敬宗新即位时，他还是一位务崇奢侈的年轻人，当时有一位波斯商人②向他贡献了一批足够建造一座亭子的沉香木——建造沉香亭确实是一件花费浩大、华而不实的事情，所以年轻的君主受到了一位大臣的严厉的斥责③。其实早在一个世纪之前，唐玄宗就曾经建造过一座类似的奢华的沉香亭阁，亭子前种着宫禁里收藏的红、粉、白三种颜色的牡丹。但是，据称杨国忠建造的沉香亭是最富丽堂皇的一座沉香亭④。虽然沉香属的无病害木并不是真正的"沉香"⑤，但是这种木材刚刚采伐下来时，也有一些芳香的味道，而且有些部分地掺入了树脂的无病害木段甚至还可以当成焚香来使用。或许构建这些奢华的建筑物所用的"沉香木"，就正是这种较为健康，但香味较少的木料做成的板材。

紫藤香

唐朝使用的另外一种木质焚香材料是"kayu laka"或"lakawood"，它是从印度尼西亚传入的黄檀藤的心材⑥。根据药物学家李珣记载"其香似苏方木。烧之，初不甚香，得诸

---

① 石田茂作与和田军一（1954），第52页。

② 这位舶商的名字叫李苏沙，他的名字似乎全部或部分是外来语的译音。

③ 《新唐书》卷78，第3871页；《资治通鉴》卷243，第8页；白寿彝（1937），第52页。进谏者李汉是唐朝宗室的一位成员。

④ 《香谱》卷下，第21页；《开元天宝遗事》卷3，第71页。

⑤ 伯基尔（1935），第202页。

⑥ 伯基尔（1935），第754~755页；薛爱华（1957），第134页。这种植物的学名叫"Dalbergia parviflora"。

香和之则特美"①。唐朝将这种香叫作"紫藤香"（但是
"wisteria" 在中国也叫"紫藤"！），而且，更重要的是，这种
香还是"降真香"。所谓"真"就是指道教中服气餐露、长生
不老的神仙。这个名称表现了这种香在道观中的特殊的重要意
义②。曹唐在一首以道士为题的诗中，甚至将这种香与长生药
相提并论：

> 红露想倾延命酒，素烟思爇降真香③。

要将紫藤香巫术或医药的用途与宗教的用途区分开来是非
常困难的，据记载，焚烧紫藤香既可以驱怪，又可以避恶。
"烧之，辟天行时气，宅舍怪异；小儿带之，辟邪恶气"④。

榄香

在中世纪时，中国人对于橄榄属热带植物所产出的多种含
油树脂都是很熟悉的。这些树脂被称作"榄香"或"榄脂"。
在唐代，广州地区土生的"中国橄榄"⑤ 的榄脂被用来当作堵
塞船缝的清漆。因为其独具的特质，这种榄脂又被称作"橄
榄糖"。但是在广州府的土贡产品中，另外还有一种榄香⑥，
这种榄香被称为"詹糖香"。"trâm"（詹）是安南语"kanari"

166

---

① 《本草纲目》卷34，第28页引李珣。
② 薛爱华（1947），第134页。
③ 曹唐（九世纪时人）《送刘宗师祗诏阙庭》三首之三，《全唐诗》第10
函，第2册，卷1，第5页。
④ 《本草纲目》卷34，第28页引李珣。
⑤ 中国橄榄的学名叫"Canarium album"或"C. pimela"。
⑥ 《新唐书》卷43下，第3731页。古汉语将"trâm"音译作"ts̨ïäm"（詹）。

（即橄榄属树）的读音。詹糖香实际上就是能够产出柯巴脂的橄榄的榄脂①。唐代时在岭南的某些地区——很可能是在靠近安南边界附近的地区——就生长着这种詹糖树。但是当时的北部湾是詹糖香的最主要的产地。它是一种带有柠檬和松节油香味的，略呈白色的颗粒状物质②，但是由于混合了炭③，所以用它制成的詹糖香通常都是黑色的。苏恭说："詹糖树似橘，煎枝叶为香，似沙糖而黑，出交、广以南④。"詹糖香在长安的使用，必定也和北部湾一样，是用来在神坛上焚烧的。

樟脑

中国（或"日本"）樟脑⑤为"右旋樟脑"。这种樟脑是从中国、日本以及北部湾的一种大树的木材中提取出来的结晶状物质。而婆罗洲（或"苏门答腊"）樟脑⑥则是"左旋樟脑"，它是从印度尼西亚和马来亚的一种高大的树木中提取出来的，类似于中国樟脑的一种产品⑦。中国最需要的就是婆罗洲樟脑，而且从中世纪起直到现在，与欧洲贸易的也是这种樟脑⑧。

在中世纪的中国，婆罗洲樟脑有两个很流行的名称，其中

---

① 即"Canarium copaliferum"。

② 詹糖香在其本地的名称叫"trâm-trăng"（白橄榄）。

③ 克里沃斯特（1925），第 28 页，关于这种产品的比较完备的解释，主要请参见第 28～29 页。

④ 《本草纲目》卷 34，第 31 页引《唐本草》。

⑤ 中国樟脑的学名叫"Cinnamomum camphora"。

⑥ 婆罗洲樟脑的学名叫"Drybalanops aromatica"。

⑦ 伯基尔（1935），第 338 页。

⑧ 伯基尔（1935），第 546、862～864 页；彭泽（1952），第 196 页。近来在商业中，樟木的价值高于樟脑本身的价值；伯基尔（1935），第 548、864 页。胡雅尔特、王明（1958），第 58 页具列了一份樟脑表，但是这个表错误百出，几乎没有可资利用的价值。

一个是从马来亚的商业行话 "Kapur Baros"（婆律樟脑）翻译来的；有时径自就称作 "婆律膏"①。"婆律"（Baros）是苏门答腊西海岸的一个村落，这里曾经是樟脑的主要出口地②。婆罗洲樟脑的另外一个名称叫 "龙脑香"。那些从海外带来的奇异而珍贵的物质，很容易使人们在想象中将它们与主宰大海的龙联系起来，人们将 "阿末香" 叫作 "龙涎香" 也是同样的道理。唐朝人试图区分 "婆律膏" 与 "龙脑香"，但是他们谁也没有能够提供出正确的答案。有些人认为，由于龙脑香树有肥有瘦，所以就有 "婆律膏" 与 "龙脑香" 的区别，但是他们却不能断定在这肥瘦不同的两种树中，究竟哪一种树出哪一种香③。另一种说法认为，龙脑香是树根中的干脂，而婆律膏则是树根下面的清脂④。的确，"膏" 字常常与 "婆律" 连用，这说明它或多或少是作为油质产品在市场上出售的，这样就将它与结晶状的 "龙脑" 区别开了。除此之外，佛誓国还出产一种 "龙脑油"⑤。

唐朝人对于婆罗洲龙脑香的产地是不清楚的。它的产地究竟是 "婆律" 呢？还是 "婆利" 呢？这两个地名在汉文译名中几乎是指同一个地方⑥。而且根据唐朝人记载，波斯也出产

---

① 意思是 "ointment of Baros"。
② 玉尔和伯内尔（1903），第 69、151～153 页；伯希和（1904），第 341～342 页；夏德和柔克义（1911），第 194 页；劳费尔（1919），第 478～479 页。特别请参见伯希和（1912a），第 474～475 页。
③ 《酉阳杂俎》卷 18，第 150 页。
④ 《本草纲目》卷 34，第 31 页引苏恭。
⑤ 《本草纲目》卷 34，第 31 页引李珣。现在中国人还用蒸馏法来提取龙脑油。布赖恩特（1925），第 230 页。
⑥ 我们认为 "婆律" 就是 "Baros"，而 "婆利" 则是指 "Bali"。据苏恭记载是在 "婆律"（《本草纲目》卷 34，第 31 页）；而段成式则将其产地记载成了 "婆利"。段成式显然是搞错了。

龙脑香①——但是对于这种说法，正像通常出现的类似的说法一样，我们可以假定，这是由于将波斯商人带来的产品，当成了波斯出产的产品的缘故。据玄奘大师记载，在马拉巴尔沿海的一个叫作"秣罗矩吒"的地方也出产龙脑香②，这里的龙脑香"状若云母，色如冰雪"③。这说明龙脑树在当时很可能已经成功地被引种到了这个地区。另外据记载，在东诃陵国，"死者实金于口，以钏贯其体，加婆律膏、龙脑诸香，积薪燔之"④。

至于已知的唐朝进口的婆罗洲樟脑，七世纪时堕和罗的属国（耨）陀洹国曾经向唐朝贡献婆律膏⑤；盛产金、银、郁金香的大国乌苌国，也在七世纪时"遣使者献龙脑香，玺书优答"⑥。甚至距离樟脑产地非常遥远的大食也曾经遣使向唐朝贡献龙脑香，但这是八世纪时的事⑦。总而言之，樟脑为唐朝

167

---

① 《酉阳杂俎》卷18，第150页。

② 苏慧廉、何乐益（1937），第335页。对玄奘记载的地名，此从欧德里（Eitel）的比定。

③ 《大唐西域记》卷10（无页数）。译按，此据季羡林等《大唐西域记校注》（中华书局，1985年），第894页。

④ 《新唐书》卷222下，第4159页。伯基尔说："马来人在净尸仪式上使用樟脑香……苏门答腊人也是这样。巴达克王的尸体就是一直用樟脑保存起来，直到吉祥的日子才下葬的"（见伯基尔（1935），第866页）。译按，本段正文引自《新唐书·堕婆登传》，《新唐书》原文云："堕婆登在环王南，行二月乃至。东诃陵，西迷黎车，北属海……死者实金于口……"显然"东诃陵"者，是指堕婆登在诃陵西，诃陵在堕婆登东。此处英译文作："in eastern Kalinga the dead……"显系疏误。此姑从英文原著。

⑤ （耨）陀洹即仰光。《旧唐书》卷197，第3610页；《册府元龟》卷970，第11页；《唐会要》卷99，第1779页。

⑥ 《新唐书》卷221下，第4153页；《册府元龟》卷970，第9页。

⑦ 《册府元龟》卷971，第5页。

人带来了南方温暖的气息。

在中世纪后期，樟脑是装在竹节中输出的，而这种运输方法使旅行家伊本·巴图塔误认为樟脑就是这样长出来的[①]。很可能运往唐朝进行商业贸易的樟脑，也是使用了同样的方法来包装的。在中国，曾经将糯米、炭以及红色的"相思子"混合在一起，用来贮藏龙脑香[②]。

樟脑香的气味在唐代很受人们的喜爱，它是许多香水和焚香中都要使用的一种成分。最著名的一种樟脑是交趾贡献的"瑞龙脑"（宫廷里面是这样称呼的）。这种香气郁烈的樟脑被制作成蝉和蚕的形状，像护身符一样佩戴在衣物上。唐玄宗将十枚"瑞龙脑"赐给了他的宠妃杨贵妃。我们在上文中已经提到了唐玄宗下棋的故事。当玄宗下棋时，由贺怀智在一旁弹奏琵琶，这局棋后来被一只巴儿狗搅乱了。下面是这个故事的后半段：

> 时风吹贵妃领巾于贺怀智巾上，良久，回身方落。贺怀智归，觉满身香气非常，乃卸幞头，贮于锦囊中。及上皇复宫阙，追怀贵妃不已，怀智乃进所贮幞头，具奏他日事。上皇发囊，泣曰："此'瑞龙脑香'也"[③]。

另外还有一件轶闻，说明当时人们是如何喜欢使衣物上带上樟脑香气的。据记载，幼帝敬宗"造纸箭、竹皮弓，纸间密贮龙、麝末香，每宫嫔群聚，帝躬射之，中者浓香触体，了

[①] 玉尔和伯内尔（1903），第 151～152。

[②] 《本草纲目》卷34，第31页引苏恭。

[③] 《酉阳杂俎》卷1，第2页。对于"瑞龙脑"，《太真外传》说："上赐妃十枚，妃私发明驼使持三枚遗禄山"（《唐代丛书》，3，第77页）。

无痛楚"①。

根据唐朝官方本草记载，龙脑香主治"心腹邪气，风湿积聚，耳聋；明目，去目赤肤翳"②。又据八世纪时的术士张杲记载，樟脑与麝香混合在一起——这显然是一种常见的配方——可以治疗留在骨髓里的"风"③。印度有关樟脑作用的药方，也随着樟脑一起传入了唐朝。在一部汉译佛典中，盛赞观世音菩萨规劝一位被毒虫咬伤的人，将同等数量的婆罗洲樟脑与安息香调入净水中，"于观音像前颂'dharani'（陀罗尼）十遍，其疾即愈"④。龙脑这种实用的药物还有其更实际的解酒用途。十世纪初期，王延彬担任泉州刺史，他是后来在福建创立"闽"国的一位镇帅⑤的侄子。在王延彬任职期间，大力提倡进行与南海商舶的贸易，使泉州城及泉州地区更加繁荣，我们认为王延彬是泉州的名望以及泉州后来的鼎盛状况的奠基人之一。但是王延彬又是一位唯美是求、考究饮食的人，他有一套标准的治疗饮酒过量的办法，即在宴会结束后，在身上浇几桶龙脑液，然后一直睡到第二天中午⑥。

---

① 白寿彝（1937），第49页引《清异录》卷下，第35页。
② 《本草纲目》卷34，第31页引《唐本草》。
③ 《本草纲目》卷34，第31页引张杲。译按，《本草纲目》原文云："杲曰：'龙脑，入骨风病在骨髓者宜用之；若风在血脉、肌肉，辄用脑、麝，反引风入骨髓，如油辛散也。"据卷首李时珍所具列的征引书目，"杲"即元人李杲。此云"八世纪术士张杲"，疑误。又，《本草纲目》卷首"征引书目"有宋人张杲《医说》《玉洞要诀》《丹砂秘诀》等，或者作者误以"杲"为宋人张杲，又将"张杲"与唐代"张果"混在了一起，此姑存疑。
④ 萨蒂兰詹·森（1945），第85～86页。译按，本段未查到原文出处，是按照英文翻译的。
⑤ 译按，即王审知。
⑥ 薛爱华（1954），第16、18页。

樟脑甚至还可以用于饮食。宝历元年（825），宫廷的御厨中——又是那位年轻的敬宗在位时的事——曾经制作过一种叫作"清风饭"的佳肴，据载："宝历元年，内出清风饭制度，赐御庖，令造进。法用水晶饭、龙睛粉、龙脑末、牛酪浆调事毕，八金提缸垂下冰池，待其冷透供进。惟大暑方作。"[①]看起来对这种香料成分以及其他配料的选择，都很有些巫术的意思在里面；因为樟脑片看起来就好像是"雪片"一样，所以它也就有清凉的作用。

上文中已经提到了交趾贡献的形状如蝉、蚕一样的樟脑。在唐代或稍后，在中国也出现了制作类似的龙脑小人像的风俗。十世纪时，《清异录》的作者陶毂写道："以龙脑为佛像者有矣，但未见有着色者。"但是他接着又说："汴州龙兴寺惠乘，宝一龙脑小儿，雕制巧妙，彩绘可人[②]。"

苏合香

在唐代以前很久，苏合香就已经从拂林和安息传入了中国，中国古代的这种苏合香[③]是紫赤色的，有人说苏合香就是狮子粪，是一种很厉害的药物[④]。在唐朝以前，这种香树脂似乎就很流行，而且也很有名气。唐朝诗人陈标的写作风格带有强烈的"古风"，他在写诗凭吊古秦王宫室时，想到的就正是这种香树脂：

---

① 《清异录》卷下，第 52 页。
② 《清异录》卷下，第 58 页。
③ 汉文之"苏合香"或"苏合"即"Styrax officinalis"。
④ 《本草纲目》卷 34，第 30 页；《酉阳杂俎》卷 16，第 131 页。

> 秦王宫阙霭春烟，珠树琼枝近碧天。
>
> 御气馨香苏合起，帘光浮动水精悬。
>
> 霏微罗縠随芳袖，宛转鲛绡逐宝筵。
>
> 从此咸阳一回首，暮云愁色已千年①。

苏合香是一种西域的树脂，它的地位与没药相当，但又有所不同，因为没药是外来树脂中最鲜为人知的一种，而到了唐代，那些以苏合香为名流通的香料，实际上只是一种用来制作香膏的马来的枫胶②。十世纪时，人们为它想出了一个富有想象力的名称，将苏合香称作"帝膏"③。就像其他香料一样，苏合香片也是被人们戴在身上，通常都是悬挂在腰带上。所以李端在诗中这样写道：

> 游童苏合带，倡女蒲葵扇④。

安息香与爪哇香

中国人说的"安息香"⑤——即帕提亚香——具体所指的

---

① 陈标（831 年在世）《秦王卷衣》，《全唐诗》第 8 函，第 4 册，第 2 页。

② 这是从印度尼西亚的"Altingia excelsa（＝Liquidambar altingiana）"以及交趾的"Altingia gracilipes"中提取出来的产品。劳费尔（1919），第 456～460 页；伯基尔（1935），第 117～118 页。陈藏器区分了唐朝的苏合香与被称为"狮子粪"的苏合香，苏恭虽然承认苏合香来自西域和马来西亚两地，但是他却坚持认为苏合香是坚实、紫赤的苏合香脂。

③ "帝膏"见《药谱》，第 62～67 页。

④ 李端《春游乐》，《全唐诗》第 5 函，第 3 册，卷 1，第 1 页。这里"蒲葵"即"palm leaf"（"livistona chinensis"，一种棕榈叶的扇子）。

⑤ "安息（*·ân-siək）香"即"Arsacid aromatic"。

并不止一种物质。在唐代以前，安息香是指广泛用作乳香添加剂的芳香树脂或返魂树胶脂[1]。但是从九世纪起，同一名称又被用来指称爪哇香或印度支那和印度尼西亚小安息香树的一种香树脂[2]。安息香内容的这种变化，以及上文中说到的苏合香的含义的转化，说明了以叙利亚和伊朗的香料贸易的衰退作为代价的，印度群岛的产品在中世纪中国经济生活中的日益增长的重要性。正是由于这种变化的结果，唐代汉文史料中对安息香的记载完全是模棱两可的，因为这时将西域和南海的香料都称作安息香，而且二者的用途似乎又都是相同的。

四世纪时，以创造奇迹著称的术士佛图澄在祈雨仪式中使用了"安息香"，这里说的安息香是指返魂树脂[3]。这是在中国最早提到安息香的记载。五、六世纪时，安息香来自突厥斯坦的佛教诸国，其中尤其是与犍陀罗国关系密切[4]。这时对于中国人来讲，犍陀罗不仅是佛教教义的主要来源地，而且也是香料的主要供给国——虽然犍陀罗只是作为有利可图的香料贸易中的中间人来向中国供给香料的（因为犍陀罗地区不可能是香料的原产地）。而且，"Gandhāra"（犍陀罗）这个名字的意译就正是"香国"。犍陀罗曾经是安息国版图的一部分，所以用"安息"王朝的名称来命名这种从曾经由安息统治的犍陀罗地区传来的香料，当然是顺理成章的事情[5]。

----

① 即"Balsamodendron"与"B. roxburghii"。山田宪太郎（1954），第 14～15 页；山田宪太郎（1956），第 231～232 页。

② 即"Styrax benzoin"。劳费尔（1919），第 464～467 页；山田宪太郎（1956），第 2 页。

③ 山田宪太郎（1954），第 7 页。

④ 山田宪太郎（1954），第 7～8 页。

⑤ 山田宪太郎（1954），第 11～12 页。

　　到了中唐时期，在阿拉伯人中间以"Lubān Jāwi"（爪哇香）知名的，苏门答腊的"benzoin"作为返魂树树脂的代用品传入了中国，而且这种爪哇香的汉文名称也被称作"安息香"，正是因为如此，李珣才会说，安息香"生南海、波斯国"[1]。这两种香都可以，或者曾经假冒为乳香，而且二者都是通过商舶经由南中国海带来的——有些来自波斯——所以很容易造成混淆。

　　就这样，原来表示返魂树胶脂（gum guggul）的名称被爪哇香（benzoin）取代了。当段成式记载出产"安息香"的波斯树时，他又将这种树称为"辟邪树"[2]，他在这里所指的应该就是最初的帕提亚香，即返魂树胶脂。唐朝研究药物的学者断定，"安息香"主治"心腹恶气鬼疰"[3]"妇人夜梦与鬼交，同臭黄烧熏，丹穴永断"[4]。虽然他们所说的是传统的返魂树脂的除魔驱邪的属性，但是由于这时的"安息香"同时也指爪哇香而言，所以，他们所描述的药物有时实际上就是印度尼西亚的"爪哇香"。

乳香

　　"frankincense"（乳香）或称"olibanum"，是一种南阿拉伯树[5]以及与这种树有亲缘关系的一种索马里树[6]产出的树脂。

---

① 《本草纲目》卷34，第30页引李珣。
② 《酉阳杂俎》卷18，第15页。
③ 《本草纲目》卷34，第30页引苏恭。
④ 《本草纲目》卷34，第30页引李珣。
⑤ 这种树就是哈德拉毛的"Boswellia carteri"。山田宪太郎（1958），第208页。
⑥ 即"Boswellia frereana"。山田宪太郎（1956），第208页。与此有亲缘关系的印度植物"B. serrata"与"B. glabra"也可以出产出一种假乳香，这种产品可以作为乳香的代用品。山田宪太郎（1956），第231~232页。

这种树脂在中国以两种名称知名，一种可以追溯到公元前三世纪，是从梵文"kunduruka"（frankincense）翻译来的"薰陆"①；这种树脂的另外一种名称是形容其特有的乳房状的外形的，这个名称叫作"乳香"（teat aromatic）。无独有偶，普林尼也就其乳状描述过这种香。他说："然而，这种香料在所有香料中是最受敬重的，它的外形就像是幼姆或是乳房。当接住一滴（树脂）时，紧接着就会有另一滴滴在它上面，然后结为一体。这样就形成了这种乳状的香料。"②此外，乳香还有一个更为玄妙的名称，叫作"灵华泛腴"③，这可能是只有术士才使用的一个名称。

看来唐朝人并没有将乳香与其原产地——哈德拉毛或者是索马里——特意联系起来。在哈德拉毛，乳香是由长着翅膀的毒蛇守护着的④，而在索马里，哈特谢拉普苏特女王和其他的埃及统治者都曾经派遣探险队前往蓬特获取这种香料。根据苏恭的说法，乳香"生南海者色白，出单于者夹绿色，香亦不甚"⑤。而李珣则将乳香说成是波斯的出产⑥，其实，李珣的这种看法与他将其他许多同波斯人贸易得来的物品都归为波斯产

---

① 卜弼德（1937），第359页，注（60）。

② 博斯托克和赖利合译《博物志》，第12册，第32章。一位现代学者认为，乳香最初是指印度支那和印度尼西亚的"Pinus merkusii"的诱人的树脂，后来才被转称为"frankincense"；见沃尔特斯（1960），第331、333页。他还指出，乳香在现代还被用来称呼"Pistacia，即一种胶粘剂；见沃尔特斯（1960），第324、330~331页。我还无法断定他的第一个观点是否可以使人完全信服。

③ 《酉阳杂俎》卷2，第12页。

④ 黑斯廷斯（1927），Ⅶ，第200~201页。

⑤ 《本草纲目》卷34，第29页引苏恭。我将原文中的"单于"译成了"蒙古"。译按，汉译文从原文。

⑥ 《本草纲目》卷34，第29页引李珣。

品的道理是一样的。有时我们在史料中见到的，是在亚洲市场上广为流通的真的乳香，而其他的所谓乳香则毫无疑问是一些气味芬芳的赝品。

乳香与没药、甲香以及古蓬香脂一样，曾经是古代希伯来人在仪式中使用的圣香的一种配料，它在基督教徒的礼拜仪式中也具有独特的地位①。在唐代，乳香首先也是用作焚香——虽然只是在很小的范围之内使用。海南的海盗冯若芳是一个奢侈无度的人，他掠取了大量的波斯奴隶，据记载"若芳会客，常用乳头香为灯烛"②——这的确是一件非常特殊的挥金如土的事例。与此类似的是，为了表示蔑视世俗钱财的堂堂气度，曹务光曾经在盆里烧了十斤珍贵的乳头香，据他自称，这样做是因为"财易得佛难求"③。

乳香在医疗中也占有相当重要的地位。这种香料"主疗诸疮，令内消"④，"仙方用以辟谷"⑤。《历代名画记》的作者张彦远还发明了一种令人惊奇的使用乳香的方法：他将乳香末与糨糊调在一起，用来将画粘在画轴上，声称这样既可以使裱衬结实，又能防止蛀虫⑥。

没药

没药⑦如同乳香一样，是非洲和阿拉伯出产的一种树脂，

①　黑斯廷斯（1927），Ⅶ，第200~201页。
②　高楠顺次郎（1928），第462页。
③　《云仙杂记》卷8，第62页。
④　《本草纲目》卷34，第29页引陈藏器。
⑤　《本草纲目》卷34，第29页引李珣。
⑥　艾惟廉（1954），第244~245页。
⑦　即"Balsamodendron myrrha"与"Commiphora abyssinica"。山田宪太郎（1956），第211页。

而且在古代近东被视为圣洁之物。尤其是作为古代埃及人用于
尸体防腐的一种香药①，没药深深地留在人们的记忆之中。
尼科迪默斯就曾使用这种方法来保存耶稣的遗体。唐朝人对
于这种暗红色的香料所知甚少，当时了解没药性能的人的主
要只限于药剂师。他们将没药调入温酒中，用来治疗"金刃
伤和坠马伤"，这明显是将没药作为一种镇痛剂来使用的②。
唐朝的医生还用没药治疗"堕胎及产后心腹疼"③。唐朝人所
知道的"没药"这个名称，只是闪语名"murr"的一种近似
的译音④——虽然在十世纪的一份名称怪异的药物目录中，没
药是以"蛮龙舌血"的名字出现的⑤。我在唐朝的有关文献中
还没有发现将没药用作焚香或者是香脂的记载，而且除了关于
没药在医药方面的传闻之外，我们也没有见到能够将没药放到
下一章"药物"中进行讨论的材料⑥。

丁香

　　丁香或许应该放在"食物"或者"药物"章中进行讨
论，因为就像在西方一样，丁香在中国也有各种不同的用
途。但是丁香所具有的芳香的特点，似乎比它的其他属性
都更为突出。唐朝人经常将丁香用来作为调制焚香之类的

---

① 黑斯廷斯（1927），Ⅶ，第 201 页；鲁卡斯（1934），第 94 ~ 95 页。

② 《本草纲目》卷 34，第 30 页引甄权。

③ 《本草纲目》卷 34，第 30 页引李珣。

④ "murr"为阿拉伯语，希伯来语作"mōr"。汉语中以" * muət"（没）来
译写" * muər"。见劳费尔（1919），第 460 ~ 462 页。

⑤ 《药谱》，第 62 ~ 67 页。

⑥ 《本草纲目》卷三四"没药"下引甄权《药性本草》称："凡金刀所伤，
打损踠跌，坠马，筋骨疼痛、心腹血瘀者，并宜研烂热酒调服，推陈致
新，能生好血。"可参考。

芳香配料①，所以我们也将丁香放在本章中讨论。

丁香的较为古老的名称叫作"鸡舌香"，所谓"鸡舌香"是指尚未完全绽开的干燥花蕾的外形来说的，它的更近代的名称叫"丁香"。正如英文字"clove"一样，汉文的"丁香"也是指这种香的外形而言的——"clove"来源于拉丁文"clavis"，而它的英文名则是从古代法文"clou"（钉子）衍生而来的②。汉文的"丁香"一词最初是用来称呼中国土生的几种紫丁香种（lilacs）的花，这个名称也是根据这种小花的外形命名的。唐诗中的"丁香"通常可能都是指中国土生的"紫丁香"而言，而不是指进口的丁香。相反，晚唐诗人如李商隐、黄滔等人的诗歌中出现的"鸡舌香"的简称"鸡香"，则相当于英文的"clove"。无论从一般的观念意义上，还是具体的气味上，这些诗人都对丁香很感兴趣。

唐朝的鸡舌香是从印度尼西亚进口的。李珣提到的"东海"应该是指位于摩鹿加群岛的鸡舌香的原产地③。而苏恭则认定安南也出产鸡舌香。根据苏恭的记载，我们可以断定这种有用的树种已经传入了安南④。

去除口臭是鸡舌香的一种古老的、表示敬重的用途。这种

---

① 见《香谱》卷下的配方。丁香是"Carophyllus aromaticus（＝Eugenia aromatica）"的干燥花蕾。
② 虽然陈藏器认为鸡舌香与丁香只是名称不同（《本草纲目》卷34，第28页），但是研究应用药物的中国学者总是不能肯定这两种名称是否是指同一种产品。陈藏器之后的药物学家仍然对这个长期争论的问题表示怀疑。这两种名称同指一物，是经沈括考定之后才成为定论的。见《梦溪笔谈》卷26，第175～176页。
③ 《本草纲目》卷34，第28页引李珣。
④ 《本草纲目》卷34，第28页引苏恭。

用法可以追溯到汉代①，汉朝的郎官在向天子奏事时，必须在
口中含少许鸡舌香②。鸡舌香还可以用来合成焚香和香脂。根
据当时的权威记载，鸡舌香是由雄树的花"酿制"而成的③。

虽然鸡舌香在唐代烹调中的应用范围不像现代西方这样广
泛，但是据记载，在唐代有一种"浸在丁香中的"精制的肉
片，这种肉片应该就是放在调入了鸡舌香的汤汁中腌制成
的④。鸡舌香对于饮酒的人则有另外一种用途，据记载"饮酒
者嚼鸡舌香则量广。浸半天，回则不醉"⑤。

鸡舌香在医疗中也有各种不同的用途，其中包括"杀虫、
辟恶、去邪"等，至于治疗痔疮，就更不必提了⑥。此外，鸡
舌香"同姜汁涂，拔去白发，孔中即生黑者异常"⑦。但是最
主要的是，丁香自古至今都一直是治疗牙疼的首选药物。丁子
香酚是丁香油中的一种具有特效的成分，这使我们想到李珣建
议使用的，治疗牙疼的"丁皮"⑧。

青木香

马兜铃属或姜属植物的根茎可以产出一种挥发性的油，这

<hr>

① 《太平御览》卷 981，第 66 页引《汉官仪》。
② 《梦溪笔谈》卷 26，第 175～176 页。
③ 此说见《本草纲目》卷 34，第 28 页引《唐本草》，参见同书引陈藏器。
④ 《食谱》（《唐代丛书》，10），第 70 页。译按，查《说郛》卷 195 引《食
谱》无此条，此从英文译出。
⑤ 《云仙杂记》卷 3，第 19 页。
⑥ 《本草纲目》卷 34，第 28 页引李珣。
⑦ 《本草纲目》卷 34，第 28 页引陈藏器。
⑧ 《本草纲目》卷 34，第 28 页引李珣。参见斯图尔特（1912），第 975 页。
但是山田宪太郎认为"丁皮"是印度尼西亚桂皮的名称，桂皮油也可以
作为牙齿麻醉剂来使用（见山田宪太郎，1959，第 142 页）。然而中国的
药物学家是将"丁皮"作为出产鸡舌香的树的皮来看待的。

种油能够散发出异常浓郁的香味，故而在香料中占有重要的地位①。在汉文中，这种芳香的根茎叫作"木香"②。早在公元初年，木香就因其馥郁的香味见于汉文文献著录，而且已经在中国得到了应用。木香最初被认为是克什米尔的出产，但是在唐代，木香是以曹国和狮子国的产品而知名③。虽然在克什米尔的"贡物"名单中没有发现木香，可是在八世纪初年由克什米尔贡献的"蕃药"中，很可能就有木香④。文献中记载的木香来源主要是西域，但是在唐朝官修的药物学著作中却又说，木香"有二种，当以昆仑（Indies）来者为佳，西胡来者不善"⑤。

①　来源于"Saussurea lappa（= Aplotaxis lappa）"。

②　即"wood aromatic"。唐代木香的同义语是"青木香"，但是青木香现在也用来指称"Aristolochia contorta"的根茎。劳费尔（1919），第462～464页；朝日奈安彦（1955），第478页。"蜜香"有时也被认为是木香的同义语（李时珍《本草纲目》卷34，第28页；参见夏德和柔克义，1911，第211页），但是根据唐朝药物学家的记载，蜜香是印度支那的一种产品。由于名称类似，木香有时也与没药混淆。劳费尔说，木香的"汉文名称在植物学上的确没有价值，因为它仅仅是极不相同的各个地区出产的各种不同的根茎的通称"（劳费尔，1919，第462～464页）。我想这种说法并不完全正确，我们必须在东南亚的植物中去寻找"蜜香"。许多现代的资料将"Rosa banksia"叫作"木香"——例如斯图尔特（1911），第43、49、380页；里德（1936）。李时珍在《本草纲目》卷14，第35页就已经指出了这种错乱的叫法。

③　《太平御览》卷982，第1页引《唐书》（即《旧唐书》）。又见惠特利（1961），第62页。

④　《新唐书》卷221下，第4155页。译按，英译文原文作"western drugs"，《新唐书》原文："开元七年，遣使献天文及秘方奇药。"《旧唐书》作："开元七年，遣使来朝，进天文经一夹，秘药方并蕃药等物。"则此处之"western drugs"当是指《旧唐书》之"蕃药"，而不是《新唐书》。又，此事新、旧《唐书》均载于《罽宾传》。"罽宾"英文原文译作"Kashmir"（克什米尔），按一般看法，克什米尔是汉代的罽宾，唐代罽宾是迦毕试国（Kapila），则作者将汉、唐的罽宾混淆在了一起。姑志此以供参考。

⑤　《本草纲目》卷14，第35页引苏恭。

姜属植物的根茎当时在制作焚香和香脂方面所起的作用显然是比较小的①。木香还可以用于医疗的用途，尤其是能够治疗心疼的疾病，据记载"女人血气刺心，痛不可忍，末酒服之"②。

广藿香

有一种马来亚出产的薄荷③，能够产出一种芳香的黑油。在西方古典时代，这种油叫作"malábathron"或"phýllon Indikón"（天竺叶）④，藿香的梵文名是"tamālapattra"，但是英文"patchouli"（藿香）则来源于泰米尔语的"paccilai"（绿叶）。汉文"藿香"的意思是"豆叶香"⑤，这个名称是根据这种植物的外形命名的。

在唐代，藿香是顿逊国的产品⑥，但是到了十一世纪时，岭南就已经种植了藿香⑦，至今在广州还可以见到藿香⑧。大约自从公元三世纪之后，中国人就已经知道了这种来自马来亚

173

① 《香谱》卷下，第 32 页具列了一个配方，它是由龙脑、麝香、丁香、肉桂、胡椒与姜属植物根茎以及几种数量更少的成分配制成的。唐朝配方的调制可能也与此类似。

② 《本草纲目》卷 14，第 35 页引甄权。

③ "Pogostemon cabin"是曾经在马来半岛广泛种植的一种常见的藿香。南印度的"P. heyneanun"叫作"印度藿香"，但是这种藿香在马来半岛也很普遍，很可能它是从马来半岛传到南印度的。见伯基尔（1935），第 1782～1783 页。

④ 劳费尔（1958），第 5 页。

⑤ 即"bean-leaf aromatic"（豆叶香）。译按，《本草纲目》卷 14，李时珍云："豆叶曰藿，其叶似之，故名"。

⑥ 《本草纲目》卷 14，第 40 页李时珍引《唐史》。参见劳费尔（1918），第 29 页。

⑦ 《本草纲目》卷 14，第 40 页引苏颂。

⑧ 侯宽昭（1957），第 167 页。他指出有一种广东藿香（Pogostemon cablin）；这种藿香是马来亚常见的一个品种。

的藿香，而且还将它用来"香衣"①。而在印度，人们也曾经热心地选定藿香作为妇女头发的一种芳香剂②。在第二帝国和维多利亚时代中期，藿香的确与印度披肩有密切的关系，以至于当时的欧洲人坚持认为，印度披肩本身就有这种迷人的香味，他们甚至将藿香味作为真正的印度披肩的标准③。在汉文经典中经常出现藿香的梵文名——例如在天宝九载（750）翻译的密宗《楞严经》中就是如此——佛典中的藿香是用于净浴，尤其是浴佛的圣水中的一种配料④。唐朝的僧侣大概也是遵循这些礼规，使用藿香来沐浴的。

茉莉油

唐朝人知道两种外国来的茉莉，一种是以波斯名"yāsaman"（耶塞漫）知名⑤，而另一种则是来源于天竺名"mallikā"（茉莉）⑥。这两种茉莉在当时都已经移植到了唐朝的岭南地区⑦。香气浓郁的茉莉花与波斯、大食以及拂林都有关系，它象征着爱情与美丽，特别是指冰清玉洁、天香国色的美女⑧。

---

① 《本草纲目》卷14，第40页引《广志》；《太平御览》卷982，第36页引《南方异物志》。
② 劳费尔（1918），第38页。
③ 伯基尔（1935），第1780页。
④ 《本草纲目》卷14，第40页引。译按《本草》所引佛经中藿香诸名有《楞严经》之"兜娄婆香"，《法华经》之"多摩罗跋香"以及《金光明经》之"钵怛罗香"等。
⑤ 学名叫"Jasminum officinale"。实际上"yāsaman"的读音是"＊ia-sâi-muân"（耶塞漫），此名见于《经行记》。其阿拉伯文的名字"yāsmīn"在唐朝也很流行，例如"耶悉茗"就是来源于此。
⑥ 即"Jasminum osambac"，译言"茉莉"。
⑦ 薛爱华（1948），第66及以下诸页。
⑧ 山田宪太郎（1958），第600～601页。山田宪太郎将许多美丽的公主变为茉莉花的故事追溯到了林邑和菲律宾。

在八世纪中叶时，唐朝人就已经了解到大食人能够从耶塞漫花中挤压出一种滑腻、芬芳的油①。实际上茉莉油是一种很著名的波斯产品，达拉贝吉德、萨布尔和设拉子等地，都曾经是这种油的产地②。虽然到了宋代时，茉莉油已经传到了广东港③，但是我们还无法确知，这种奇妙的茉莉油是否也传到了唐朝。

玫瑰香水

据说，尼禄皇帝曾经有一个玫瑰香水的喷泉，艾利伽巴鲁斯据记载也曾在玫瑰酒中洗浴。一般认为，后周世宗显德五年（958）之前，在中国还没有见到过有关玫瑰香水的记载。也就是在这一年，占城国王释利因德漫派遣使臣向后周朝廷贡献"方物"，其中有"猛火油"八十四琉璃瓶，"蔷薇水"一十五琉璃瓶。这位使臣断言，这种香水出自"西域"，是用来喷洒在衣物上的④。这条史料在当今学界颇为人知，但是人们似乎还没有注意到，在中国有更早的有关玫瑰香水的报道。在此前二三十年，"后唐龙辉殿安假山水一铺，沉香为山阜，蔷薇水、苏合油为江池，芩藿⑤、丁香为林树，薰陆为城郭，黄紫檀为屋宇，白檀为人物。方围一丈三尺，城门小牌曰'灵芳园'。或云，平蜀得之者"⑥。

然而我们还发现在九世纪时，唐朝就已经有了玫瑰香水。

174

---

① 《经行记》，第5页。参见山田太宪太郎（1958），第593页。《酉阳杂俎》卷18，第153页将这种油归为九世纪的波斯人。参见薛爱华（1948），第61页。

② 劳费尔（1919），第332～333页。

③ 劳费尔（1919），第332～333页；薛爱华（1948），第61页。

④ 《册府元龟》卷972，第22页；《太平寰宇记》卷179，第176页；《妆楼记》（《唐代丛书》，10），第22页；桑原骘藏（1930），第130～131页。

⑤ 我们还不知道"芩藿"是一种什么香。

⑥ 《清异录》卷下，第58页。

据说，每当柳宗元收到韩愈寄来的诗时，他总是要"先以'蔷薇露'盥手，薰玉蕤香，后发读"①。这种做法表示柳宗元对韩愈的来信非常敬重。现在，蔷薇露在中国仍然是用来制作清凉饮料的成分②。所以看来在玫瑰香水在中国出现的问题上，存在两种可能性，其中一种是，在占城使团到来之前很久，制作玫瑰香水的技艺就已经传到了中国，而另外一种可能性则是，在法尔斯著名的贡腊布首次在远东出现之前，在中国本土就已经产生了一种制作玫瑰香水的技艺。总而言之，这些都还不是著名的"玫瑰精"——玫瑰精是一种精炼出来的玫瑰油，据认为这种油是在许多世纪之后，最初在印度制作成的③。

---

① 《云仙杂记》卷6，第46页。"Rose"在此作"蔷薇"（Rosa multiflora），它是一种白色或粉红色的芳香攀缘植物。其他有名的中国蔷薇属植物还有"玫瑰"（R. rugosa），长着粉红色或者品红色的花，叶多刺，秋天叶子变为橙色；月季（R. chinensis），红色或白色，香气馥郁；木香（R. banksia），这是一种白色或黄色的攀缘植物。见李惠林（1959），第92～101页。

② 李惠林（1959），第96页。

③ 夏德和柔克义（1911），第204页。在此似乎有必要专门讨论一下一些尚无法考定的草本香料。它们都是由陈藏器具列的新的品种。陈藏器大概是见到了这些香料的标本和一些官方的药物学家没有引用的，或者是被他们删去的资料。这些草本香料中有"瓶香"（《本草纲目》卷14，第40页），这是一种出自南海的香草，具有驱除"鬼魅邪精"的功能，还可以与生姜、芥子一起煎汤洗浴；"耕香"，生于"乌许（Oxus）国"（《本草纲目》卷14，第40页），其性能与瓶香相同——李时珍将以上两种香草列为"排香草"的异种是没有什么道理的。"排香草"显然是"Lysimachia sp."，芸香草（"L. foenumgraecum"）是中国妇女用来做头发芳香剂的一种中国香草，见伯基尔（1935），第1375页。另外还有"元慈勒"（《本草纲目》卷34，第31页），这是一种形状类似龙脑香的波斯树脂，主治心病、流血等症；"结杀"（《本草纲目》卷34，第31页），据说这是生长在"西国"的一种树上的香花，可以与胡桃仁一起合成一种药物润发香脂。李时珍将这种香草放在"詹糖香"之下，也是毫无道理的。

阿末香

阿末香是抹香鲸（"cachalot"或"sperm whale"）[1] 肠内的一种病态分泌物。这种分泌物是一种灰白发亮的物体。阿末香在香料中的特殊价值在于它能够使花香经日持久[2]。"ambergris"（阿末香）这个英文单词的意思是"灰琥珀"，但是先前这个字只是简单地作"amber"（琥珀），而"amber"则来源于阿拉伯单词"anbar"。到了九世纪时，这个阿拉伯单词就已经传入了唐朝，我们可以在段成式那部有名的著作中找到这个字的译音[3]。

在中世纪时，大食人是阿末香的主要贸易商。伊本·库达特拔说，大食商人将铁带给尼科巴尔岛的土著人，用来交换这种珍贵的凝结物[4]。段成式的记载则与此大相径庭，他将索马里看作是阿末香的主要产地。据他记载：

> 拨拨力国，在西南海中，不食五谷，食肉而已。常针牛畜脉，取血和乳生饮。无衣服，唯腰下用羊皮掩之……

段成式接着说，这个奇怪的民族的主要产品"惟有象牙

---

① 即"Physeter macrocephalus"。见山田宪太郎（1955），第3页；伯希和（1959），第33页。
② 山田宪太郎（1955），第3页。
③ 山田宪太郎（1955），第9～11页；山田宪太郎（1955），第246页；伯希和（1959），第33页。汉文译作"阿末"。
④ 山田宪太郎（1955），第150页，参见戈德（1949），第56页。

及‘阿末香’”。他们将这些产品卖给波斯海盗商人①。

　　在中世纪时，人们对于阿末香的真正来源并不清楚。有些波斯和大食的学者“将它看成是从海底的泉水中流出来的一种物体；有些人则认为它就是露水，这种露水是从岩石中生出来，然后流进了大海，最终在大海里凝结在了一起；而其他人却坚持认为它不过是一种动物的粪便而已”②。在中国，这个问题似乎直到唐朝末年才提出来。大约在十世纪或十一世纪时③，阿末香开始被称作“龙涎”④。虽然在唐朝的诗歌中就已经使用了“龙涎”这个词，但是当时只是在谈到有龙出没的水域中的浮沫时，才使用“龙涎”这个说法的⑤。“龙涎”一词的新用法的出现，大约是在宋朝的初年⑥，它的出现与阿末香真正传入中国的时间，似乎正好是在同一个时期——这时实实在在的阿末香开始取代了关于它的传说。鲸与龙是很相似的，因为它们都是大海的精灵，而且同样都与印度的摩伽罗

---

①　《酉阳杂俎》卷4，第37页。参见《新唐书》卷221下，第4155页。本段完整的译文请参见戴闻达（1949），第13页。

②　伯希和（1959），第34页。

③　山田宪太郎相信在九世纪或十世纪时，这个新名称就已经开始使用了，但是他所依赖的证据却是相当含混的，见山田宪太郎（1955），第200页。伯希和发现“龙涎”这个词最初确切地指“阿末香”是在十一世纪时苏轼的一首诗中，见伯希和（1959），第35页。译按，苏轼诗《过子忽出新意以山芋作玉糁羹色香味皆奇绝天上酥酏则不可知人间决无此味也》称“香似龙涎仍酽白，味如牛乳更全清。”即此。

④　即“dragon spittle”。

⑤　山田宪太郎（1957），第199页。

⑥　山田宪太郎（1957），第246、249页；山田宪太郎（1956），第2～5页。尤其是在后一部著作中，详细具列了宋朝有关龙涎香的习俗和技艺。

（它的脑中有一颗宝石）有关①。很可能是因为当时人们将从抹香鲸脑子里取出来的"鲸脑油"与"阿末香"混淆在了一起，所以他们就将阿末香当成了龙的涎水②。总而言之，像龙脑香、龙鳞香（"agalloch"的一种）、龙眼（类似荔枝的一种水果）、龙须菜以及那些丰富了中国人的世界的，与龙有关的物产一样，阿末香也加入了这稀有神奇之物的行列，被当成了"龙涎"③。但是正如茉莉油一样，对于唐朝人来说，阿末香在当时还只是外国来的一种传闻。

甲香

在长江以南的中国沿海地区，可以见到一种腹足纲软体动物厣，甲香就是从这种软体动物中得到的一种芳香剂。甲香是作为"土贡"送到长安的，贡献甲香的城市中有安南的陆州④，所以我们可以将甲香看作是一种"半"外来之物。这种动物的甲壳里还有一种鲜美的肉，据记载"诸螺之中，此肉味最厚，南人食之"⑤。根据厣的外形特征，汉文中将这种香称作"甲香"⑥。甲香可以与檀香、麝香等香料一起合成一种非常受欢迎的焚香，而甲香在其中所起的作用与它在拼制图案的焚香中所起的作用是相同的⑦。这种焚香就叫作"甲煎

① 山田宪太郎（1957），第197～198页。
② 伯希和（1959），第38页。
③ 山田宪太郎（1957），第197～199页。
④ 《新唐书》卷43上，第3733页。这种甲壳就是"Eburna japonica"。其图形见《食疗本草》卷22，第39页。
⑤ 《本草纲目》卷46，第39页。
⑥ 即"Plate aromatic"。
⑦ 《本草纲目》卷46，第39页。

香"①。根据传说记载，以奢侈无度著称的隋炀帝曾经像焚烧普通的柴火一样，在宫廷的院内焚烧甲煎香②。甲煎香还可以与蜡，以及香果、花的灰等混合在一起，调制成妇女美容用的唇膏③。

---

① 即"Plate decoction"。
② 见李商隐《隋宫守岁》，《全唐诗》第 8 函，第 9 册，卷 2，第 9 页。译按，此即指"沉香甲煎为庭燎"句。
③ 《本草纲目》卷 46，第 39 页引陈藏器。

向我炫耀名目繁杂的药草制剂，
讲述它们奇异、神妙的性能。

——弥尔顿 《科摩斯》①

---

176

① 译按，《科摩斯》是弥尔顿在 1632 年获得硕士学位以后，创作的第一部
假面舞诗剧。剧情以善恶斗争为主题，1634 年正式上演。

第十一章　药物

药物学

根据九世纪时阿布赛义德的记载，在中国有一种习俗，这就是在公共场合竖起一座巨碑，上面镌刻着人们易患的几种疾病和对症治疗的简要说明。这样一来，就可以使所有的人都能够得到足以信赖的处方；如果患者很穷的话，他还可以从国库中支取治疗费用。在同时代的著作中，我们还没有发现与这个美妙的传说类似的记载。但是在唐朝诸皇帝统治时期，用来教诲百姓的文告确实是刻在石碑上的，而且当时唐朝政府对于公众慈善事业，尤其是对病坊也的确具有强烈的兴趣①。这种出

---

① 索瓦格特（1948），第20页。在一份据说是苏莱曼写的八世纪的阿拉伯文写本中，提到了851年的一个镌刻着药方的石柱。在中国，已知的最早的药方石刻是北齐武平六年（575）在龙门立的一通石碑，这块碑是由佛教徒捐资竖立的。见鲁道夫（1959），第681、684页。译按，此即指北齐武平六年《都邑师道兴造石像记并治疾方》，原文见《金石萃编》卷35。又，作者说，九世纪时阿布赛义德记录的唐朝在公共场合有一座巨碑，镌刻常见病和药方的"传说"，在同时代的著作中，还没有发现类似的记载。其实在八世纪时，唐朝政府确实是将药方"榜示"于村坊要路，阿布赛义德的记述并非仅是"传说"，而是有确切的根据。开元十一年（723）唐玄宗御撰《广济方》"颁示天下"，德宗贞元十二年（796），也曾亲制《广利方》，"颁于州府"。更值得注意的是，玄宗 （转下页注）

于人道的兴趣以及服务于人道的活动得到了佛教的大力推动。大约在六世纪时，佛教这个外来的宗教就已经成了真正的中国化的宗教，也正是从这一时期开起，公共慈善事宜成了中国佛事活动的一个正式的组成部分，而并非仅仅是临时性的活动。食物和其他捐赠物由寺院的僧侣分发给穷人，而且还设立了免费的医疗机构，为贫穷无助者提供必需的药物。这些慈善活动构成了"悲田"的主要内容。悲田在当时被认为是宗教生活的两大内容之一，另外一项内容是"敬田"，敬田是指祈祷和宗教仪式等内容①。七至八世纪是远东中世纪佛教的全盛时期。这时在各地的大城市中普遍建立了固定的赈济穷人的病坊和其他以宗教为名的机构，这些机构通常都是秉承君主的旨意而设立的。武则天就是一位热心的佛教徒，她曾经任命专使监管为"矜孤恤穷，敬老养病"而设立的悲田②。八世纪中叶时，云游僧鉴真也曾在商业城扬州创设了类似的慈善机构③。唐玄宗本人信从道教，但即使这样，他还是遵照佛教徒的理想，在开元廿二年末（735年初），发布了一道诏令，"禁京城丐者，置病坊以廪之"④。会昌五年（845）禁佛以后，宰相李德裕提出了一项建议，将曾经由佛寺管理的病坊改由世俗任命的行政官员

177

（接上页注①）天宝五载（746）八月，曾专门颁布敕令，称"朕所撰《广济方》，宜令郡县长官，选其切要者，录于大版上，就村坊要路榜示，仍委采访使勾当，无令脱漏"（见《唐会要》卷83）。这与同一时期阿布赛义德的记载几乎是完全吻合的。

① 谢和耐（1956），第214～216页。
② 《唐会要》卷49，第863页；谢和耐（1956），第217页。关于唐朝病坊的更为详细的讨论，见戴密微（1929），第247～248页。
③ 谢和耐（1956），第217页。
④ 《资治通鉴》卷214，第3页。

管理——虽然病坊后来又恢复成了宗教性质的机构①。

唐朝刑法规定，医生治病必须严格遵照古药方和官修本草的规定，如果因"误不如本方"而导致病人死亡者，要处以"徒两年"的刑罚②，如果患者是皇帝的话，则医生要被处以绞刑③。这一套严格的官方律令的实施，对于因循守旧者是非常有利的，这也正是古代处方集被毫无创造性地抄进最新药典的原因——对于历史学者来说，这却是一件很幸运的事，因为若非如此，许多药方就会失传了。但是就医学界所应当进行的新尝试和医生的独立自主而言，这些律令却是很不利的。尽管唐朝官方在医疗方法上强调正统性，但是医生们实际的行医活动却有某种新的开明精神，这就大大地缓冲了官方那种有损为医之道的不利影响，这种医风甚至在官方和因循守旧者的圈子里也逐渐产生了影响，这不能不说是一件令人惊奇的事。这种新的医风是佛教伦理影响的结果。

孙思邈是中世纪最优秀的医生的楷模，也是杰出的、献身于佛教的慈悲原则的榜样④。作为一位博学多识、受人尊敬的道教徒，孙思邈曾经拒绝了隋朝的征召，只是在他年老时，才来到了唐太宗的朝廷，但是却没有接受官职⑤。这位矢志不渝的杰出人物曾经为《老子》和《庄子》作注；并写下了一部

---

① 《唐会要》卷49，第863页；戴密微（1929），第247～248页。"病坊"又称"养病坊"，意思是"hospital"（医院）。
② 《唐律疏议》第4册，第32页（卷26）。
③ 《唐律疏议》第2册，第78页（卷9）。
④ 胡雅尔特、王明（1957），第327～328页。
⑤ 孙思邈死于永淳元年（682），据官方传记称，他活了一百多岁。

叫作《千金方》的三百卷的药方总集①；他还撰写了第一部汉文眼科学论著②和其他一些著作。孙思邈在西方医疗化学家之前，就已经提倡使用无机药物。当孙思邈临终时"遗令薄葬，不藏明器，祭去牲牢"。最终，他在药王庙中被人们祀奉为神③。

孙思邈的一位门徒也在医药界享有盛誉。他就是孟诜。孟诜一生中，尤其是在武后统治时期曾经担任过多种官职，这一点与他的老师是大相径庭的。武后末年，孟诜致仕归山，以药饵为事。到了玄宗朝时，孟诜声誉日隆，一直活了九十三岁才去世。孟诜为后人留下了许多医方专著④。

当我们谈到唐朝的医药状况，尤其是较多地提到唐朝的药物学时，就不可能不提到陈藏器——恐怕这里已经漏记了许多值得一提但相对保守一些的药物学者。陈藏器详细而又审慎地记录了唐代物质文化的许多方面的内容，这些记载虽然与医药没有直接的关系，但是对于我们来说，却有很高的价值。《本草拾遗》就是陈藏器撰写的一部伟大的著作。正如书名所表

① 在道教经典中他被尊称为"孙真人"。《千金方》又作《备急千金药方》。译按，正文云，《千金方》"三百卷"。据《旧唐书》本传云，《千金方》三十卷。又，《四库全书》收《千金药方》九十三卷。《题要》说："晁、陈诸家著录，载《千金方》、《千金翼方》各三十卷。钱曾《读书敏求记》所载卷数亦同。又谓宋仁宗命高保衡、林亿等校正刊行，后列《禁经》二卷，合二书计之，止六十二卷。此本增多三十一卷，疑后人并为一书，而离析其卷帙。"作者"三百卷"，或应为"三十卷"之误。
② 即《银海精微》。"银海"是一个佛教的词语，意思是"眼睛"。译按，据《四库全书总目》之《题要》云："银海者，盖取目为银海之义。考苏轼《雪诗》有'冻合玉露寒起栗，光摇银海眩生花'。又，《瀛奎律髓》引王安石之说，谓道书以肩为玉楼，目为银海。"此与作者所说属于佛教词语不同，姑志此供参考。又，据《题要》，《银海精微》是宋代以后依托孙思邈所作，并不是孙思邈本人的作品。
③ 《新唐书》卷196，第4085~4096页；《旧唐书》卷191，第3590页。
④ 《新唐书》卷196，第4086页；《旧唐书》卷191，第3591页。

示的那样，这部著作是对保守的官方药物学著作的补充。到了宋代时，陈藏器的后辈们对《本草拾遗》中收录了那样多的非正统的资料而对他提出了尖锐的批评。但是在我们看来，这些资料中包含了许多中世纪初期刚刚开始使用的新的药物，所以具有重要的价值。唐史中没有为陈藏器立传——这是对他标新立异的惩罚。唐史中还毫不客气地指出，正是由于陈藏器称"人肉可治'羸疾'（结核病?）"，所以，从此以后"民间以父母疾，多刲股肉而进"[1]。

　　最后，作为一本专门论述外来文明的著作，我们也不能漏掉一位在中国被称为"李密医"的波斯籍医生。开元廿二年（734），李密医随同多治广必成一起到达了日本，他是对日本奈良时代文化做出了贡献的许多不同国籍的外籍人当中的一员[2]。

　　唐朝的药物学家已经有大量的药物学文献，其中既有旧的，也有新的。唐代药物学的基本藏书至少有以下几种：第一种是《神农本草》，这部药典是以管理稼穑、畜养之神的名字命名的，而且它还是一部被尊奉为"经"的药典。《神农本草》是一部原始时代的著作。虽然这本书很可能是在汉代才汇集成书，但是其中却包含了许多相当古老的资料。流传到唐代的《神农本草》是在五世纪末年由陶弘景编辑而成的，在原始资料的基础上，书中还增添了这位贤哲本人通过观察得来的知识。最初的《神农本草》正本将药物分作"三品"，这种分类法体现了鲜明的道教色彩：其一为"上品"，上品药可轻身延年，如朱砂、石青、云母、仙芝、茯苓、人参、麝香、牡

178

---

[1] 《新唐书》卷195，第4084页。
[2] 薛爱华（1951），第409页。

蛎都属于上品药；其二为"中品"，中品药可滋补抗病，像雌黄、雄黄、硫黄、生姜、犀牛角以及鹿茸之类都属于中品药；其三为"下品"，下品药是一些有毒的，只能用来治病的药物，例如赭石、铅丹、铅粉、狼毒乌头、蛙以及桃仁都被归为第三品。唐朝的第二种比较重要的药物学文献是《名医别录》，在六朝的药物学著作中，陶弘景的《名医别录》的重要性远在其他各书之上，这本书在具列后汉名医的同时，还记载了许多《神农本草》中的资料①。第三种是唐朝官修的《新修本草》，这部著作完成于显庆四年（659），是由李勣领衔编著的。但是更著名的唐朝本草是苏恭编撰的新版本的《唐本草注》。这部伟大的著作包括了大量的、自从陶弘景以来新得到的资料，尤其是收录了南方植物的资料，这部著作显然还是第一部绘图的本草②。在唐朝的插图稿本药物学著作中，在描绘南方药物的同时，必定也画下了那些真正由外国传来的药物的图形；甚至有一位医药插图画家的名字也一直流传了下来，他就是曾经画过《本草训诫图》的王定——王定是七世纪的人③。值得一提的第四种著作，就是我们已经说过的孙思邈的著作，这里必须再次提到他的《千金食志（方）》，在孙思邈

---

① 陶弘景还有一部七卷本的《神农本草注》，但是这部著作在唐代时就已经失传了；在敦煌发现了它的部分写本。译按，《新唐书·艺文志》"医术类"收录"陶弘景集注《神农本草》七卷"。

② 见《新唐书》卷59，第3971页，李勣《本草药图》。译按，查《新唐书》卷59《艺文志》"医术类"下依次排列"《本草》二十卷、《目录》一卷、《药图》二十卷、《图经》七卷"，都未书撰人，只是在"《图经》七卷"下小字注称"显庆四年，英国公李勣（中略）等撰"。作者所说的《本草药图》，应该就是指"《药图》二十卷"。但以"药图"为李勣领衔修撰，似乎不符合《新唐书·艺文志》的著录格式，姑存疑。

③ 《历代名画记》卷9，第279～280页；《新唐书》卷59，第3770页。

的这部著作中收录了价值"千金"的食疗药方。第五种是孟诜的《补养方》（八世纪初期）。第六种是张鼎的《食疗本草》，这部著作扩充了先前同类著作的内容，在后唐时代产生过广泛的影响[1]。第七种就是李珣写的《海药本草》（八世纪中叶）[2]。最后是王焘的《外台秘要》[3]。

179

这些最重要的"人文资料"，当然首先是用来为天子服务的，而我们所知的大多数药物，也正是为了唐朝皇室配药使用的。唐朝政府在京师拨出了一大片地方，用来作为皇家的药园，药园由"药园师"掌管。药园师是太医令管辖的五"师"之一，五师为药园师、医师、针师、按摩师和咒禁师[4]。药园师"以时种莳收采诸药。京师置药园一所，择良田三顷，取庶人十六已上，二十已下充。药园生业成，补药（园）师。凡药有阴阳配合、子母兄弟、根叶花实、草实骨肉之异，及有毒无毒者，阴干暴干，采造时月，皆分别焉"[5]。这些草药从药园中进入宫内，以备宫廷药房之需。宫廷药房有两位主管人，他们的头衔是"尚药局奉御"。这些高明的药剂师负责诊断、开方、配药。他们的药方是根据某种固定的原则配制的：

---

① 现在留传下来的只有这本书的引文，但是在敦煌发现了它的片段。

② 胡雅尔特、王明（1958），第 1 页。《海药本草》留传下来的也只有引文。有人说这部书是李珣的弟弟李玹撰写的。

③ 木村康一（1942）；胡雅尔特、王明（1958）。

④ 《唐六典》卷 14，第 50 页。译按，《唐六典》太医令下确有药园师、医博士、针博士、按摩博士、咒禁博士，但前文云："太医令掌诸医疗之法，丞为之二；其属有四，曰医师、针师、按摩师、咒禁师，皆有博士以教之。"不云"五师"；且"医"等四师均由博士教授，独药园师下云："取庶人十六已上，二十已下充，药园生业成，补药园师。"恐药园师不可与其他四师相提并论。

⑤ 《唐六典》卷 14，第 51 页。

每剂药应该包含一剂"上药"——为君养命以应天；三剂"中药"——为臣养性以应人；九味"下药"——为佐疗病以应地。更重要的是，唐朝宫廷的药剂师还必须考虑到药剂的味道与身体五脏之间的关系①以及其他错综复杂的事项。例如，病"在肺、膈者，先食而后服药；在心、腹者，先服药而后食"②。"凡药供御，中书、门下长官及诸卫上将军各一人，与监、奉御莅之。药成，医佐以上先尝，疏本方，具岁月日，莅者署奏；饵日，奉御先尝，殿中（尚药奉御的上司）次之，皇太子又次之，然后进御。"③

另外，对于普通老百姓使用医药的情况，我们知道得却很少——除了佛教病坊所起的重要作用之外——对于唐朝药物的零售情况，我们实际上甚至是一无所知。总的来说，可以推测在广州、扬州和长安等地应该有巨大的药材市场，除此之外，我们并不清楚民间是如何使用医药的。但也有一个例外，这就是位于四川平原的梓州。从九世纪中叶开始，在每年的九月初（时约公历十月），来自唐朝各地的药商都云集在梓州城，开办盛大的药材集市，这种集市一般要持续八天八夜④。

然而对于唐朝所采用入药的药物种类，我们知道的就多得多了。整个植物界、动物界以及矿物界的资源，都是药剂师利用的对象。几乎没有一样东西对治疗疾病是无用的，哪怕是非活性的、有毒的，或者那些只能令人作呕的东西也对治疗疾病有用。从当时数量庞大的药物名目中，只需很少的实例就足以

---

① 译按，即酸属肝，咸属肾，甘属脾，苦属心，辛属肺。
② 《唐六典》卷11，第12页。
③ 《新唐书》卷47，第3743页。
④ 《事物纪原》卷8，第309页。

说明唐朝使用的基本药物是多么的驳杂：浙江和四川出产的附子，广西北部和江西南部出产的桂皮和菌桂，西北出产的大黄，北方和东北出产的人参，长江口出产的莲根，湖北与四川出产的贝母，四川南部出产的香蒲，北方与漠北的甘草，陕西出产的茯苓，陕西的斑蝥与泌油甲，山西的山里出产的龙骨，四川、甘肃山里的羚角，从云南北部延伸，经由四川、西藏丘陵地带进入中国北部、蒙古草原以及东北地区所出产的麝香，四川和山东的公牛牛黄，湖南南部的犀角，岭南的蟒蛇胆，鄂尔多斯地区的野猪毛粪石，山西太原的砒霜，山东、湖北、广东的钟乳石，四川北部的芒硝，山西中部的硝石，山东和安徽北部的云母，甘肃的岩盐，长江三角洲地区的泻盐，中国中部地区，尤其是浙江出产的葛粉等等①，都是医治各种疾病的药材。

　　幸运的是，在奈良正仓院收藏了一些真正属于八世纪的药品的标本。这些药品是与兵器、游戏用具、家具以及其他的物品一起保留下来的，它们大都是由来访的外国人赠送给圣武天皇的礼物，756 年（相当于唐玄宗天宝十五年），圣武天皇死后，光明皇后将这些物品——包括大约六十多种药品一起——全都赠送给了东大寺（一所巨大的佛教寺院），正仓院就是收藏这些物品的仓库。正仓院的药物大部分都是属于中国出产，但也有一些比中国更远的亚洲其他国家的物产。亚洲其他地区出产的药物有伊朗的肉桂、五倍子、丁香、密陀僧；印度的胡椒、犀角；此外还有斑蝥、化石"龙骨"以及其他许多种药物，其中还包括一些在我们看来根本就不属于药物的物质，例如伽罗木、苏方、朱砂以及银粉。只是到了 1948 年以后，才

---

①　关于其他许多种药物，参见薛爱华和沃兰克（1961）。

有可能对这些珍稀药物进行系统的科学研究。对有些中世纪药物进行确认，就是1948年以后取得的重大发现之一，例如以前我们不知道"芒硝"实际就是泻盐的古名，换句话说，我们以前一点也不知道早在中世纪时，在中药中就已经使用了泻盐[1]。

即使我们只是根据已经刊布的最优秀的权威著作来推算，唐朝合成的药物也已经多达上千种，而且据称这些药物能够治疗当时已知的所有疾病。探讨许多古代医药的真正价值，近来已经成为学者和科学家热切关注的课题。当今大多数人所熟知的，从某些方面看来颇"现代"的特效药物，其实早在中世纪中国的中药中就已经使用了。如在唐代时，就已经使用白头翁来治疗阿米巴状的痢疾[2]，利用甘汞来治疗性病[3]，用酒中浸泡的葫芦来治疗脚气[4]。但是我们不大会相信最上等的龙化石，即多种颜色的化石中乳白色的一种，具有治疗梦魇和邪魔的功效[5]，当然我们也不可能接受将白马的干阴茎与蜂蜜一起泡入酒中，就能够治疗阳痿的说法[6]。而将桃符煮烂治疗"中恶、精魅邪气"，对我们来说似乎已经不属于医术，而是巫术了[7]。但是我们只有完全放弃我们的"科学的"和"美学的"成见，努力将唐朝的医学看作是中世纪生活的一个组成部分，并尽可能宽容地对待其中真实的和虚假的、美好的和丑陋的东西，才能做到客观公正地考察唐朝的医学。例如：在立春这一

---

① 见木康村一（1954）以及朝日奈安彦（1955）。
② 《千金方》（北京，1955），第280页。
③ 胡雅尔特、王明（1957），第308页。
④ 鲁桂珍和李约瑟（1951），第15页。
⑤ 《重修政和证类本草》卷16，第2页引《唐本草》。
⑥ 《食疗本草》卷34，第1页引孟诜。
⑦ 《食疗本草》卷29，第4页引孟诜。

天，如果夫妇在就寝前都饮用过雨水的话，妻子就必定能够怀孕；从花上收集的露水，对润肤增白大有奇效；由锡、金与水银调配的混合物制成的软膏，是医治极度忧虑的镇静剂；甘汞是医治"鼻上酒皶"的良药；雄黄对治疗"一切毒"都有特效；磁铁矿——一种作为炼金药的天然磁石，这种磁石的粉末可以治疗"阳事不起"——不仅有"益精除烦"的功效，而且能够主治"子宫不收"；根据记载，硝石有利尿调经的特殊功效；"诸药中甘草为君"，甘草因"调和众药有功，故有国老之号"，而且甘草尤其能够治疗各种腹疾；兰草是古代洒圣水祓除的一种香草，"此草浸油涂发，去风垢，令香润"；锦葵属植物可以作为润肠药使用；大黄根可"荡涤肠胃，推陈致新，通利水谷，调中化食"；青蒜①"煮食，主温中下气，补虚益阳，调和脏腑，令人能食"，捣汁服，则能"解药毒，疗狂狗咬人数发者，亦涂诸蛇虺蝎蛊恶虫毒"；冬葱有益于幼儿生长；干生姜能够治疗"霍乱腹胀，腹中胀满，胸肋满疼痛，大便不通"诸症；蕨有催眠的功效；薯蓣可作镇静药物；干杏对于心脏疾病有疗效；干桃可以治疗肺病；将箭笴和箭镞"密安所卧席下，勿令妇知"，则可以治疗"妇人产后腹中痒"；如果"人身上结筋"，用杓"打之三下自散"；捣碎的蜘蛛汁对治疗蛇伤有效验；海马主治难产，"妇人难产带之于身，甚验。临时烧末饮服，并手握之，即易产"；牡蛎可以治疗性功能失调，如夜间遗精；驴肉同五味煮食，"主风狂，忧愁不乐，能安心气"；食虎肉能"辟三十六种精魅，入山虎见畏之"；野猪脂"炼净和酒日三服，令妇人多乳，十日后可供

---

① 译按，《本草纲目》原文作"青韭"。

三四儿"①。诸如此类，举不胜举。

唐朝药物学知识的一个重要分支是由道教的传说和实验构成的，它着重强调矿物质——首先是可以延年的朱砂——内服的作用；不管道教徒这些做法是进步的还是保守的，唐朝的医学都受到了耽于幻想的炼金术士的看法的影响。这种情况正好可以说明这样一个事实，即当时的医药手册总是带有返老还童、复精壮阳以及沟通神明的空想色彩。但是"道教的"药方也并不是人人都接受的，例如甄权和张杲就告诫人们警惕朱砂的毒性②。然而，当时的时代环境对于"道教徒"的主张是有利的，而且道教徒的支持者们出于质真，也希望能够发现无所不能的灵药，在他们看来，这种药即使不是在唐朝科学家的丹房里，至少也在那些遥远的国家里——这些国家又是同传说中的，长生不老的神仙居住的琼岛之类的仙界混淆在一起的。所以，与唐朝之前的六朝时期相比，唐代对于外国药品的需求量非常巨大，而在六朝时，在海外贸易中占有头等重要地位的是宗教用品——如佛陀遗物、画像以及焚香③。既然唐朝人大量需要外来的药物，当然同时也需要有外来的药剂师。所以唐朝的贵族阶层，狂热地崇拜来自天竺的奇人异士、法术精深的瑜伽师以及善能密咒总持的僧人④。这

---

① 以上所有例证，均见于《本草纲目》所引的唐代药物学家的记载。

② 引自《本草纲目》卷9，第37～38页。译按，查《本草纲目》"金石部"卷首征引书目，"杲"为元人"李杲"，此作"张杲"，误。又据本卷，言朱砂有毒者是唐甄权，而不是李杲。请参见第十章"香料"附"译注"。

③ 王赓武（1958），第113页。

④ 师觉月（1950），第172～173页。

样一来，通过一种混合了许多宗教因素的、与时代风气（虽然在汉代已经有例在先）臭味相投的、想入非非的炼丹术，那些携带仙丹妙药的佛教徒和湿婆教徒，就都被看成了与唐朝本土的炼丹术士、服食药饵者相类的外来的奇人异士。

早在唐朝之前，印度的医学就已经对中国的医学产生了相当重要的影响，许多印度医学方面的著作，尤其是佛教的医典，都被翻译成了汉文。到了唐朝时，印度医药学著作的影响得到了进一步的增强，七世纪翻译的《千手千眼观世音菩萨治病合药经》就是其中的一个例证。在这本经书中既有医疗药方，也有巫术配方（dhāraṇi）①。具有特殊效验的印度眼科医学，似乎也是印度医学对唐朝发生影响的一个重要的领域。天宝七载（748），当鉴真行脚到达广东时，就曾经在广州附近的韶州找到了一位外国眼科医生，为他治疗眼病②。而我们在上文中提到的孙思邈撰写的开创性的眼科学专著，显然也是受到了佛教医学著作的启发③。

这些行事诡异、妄夸海口的天竺"假道人"，未必总是能够得到因循守旧的朝廷士人的善遇，朝廷的士人往往都谴责这种妖妄邪术。众所周知，唐朝有许多皇帝都曾服食道士的长生不老丹药，当时有人坚持认为，这些皇帝的不明死因，实际上就是服丹药中毒的结果。持这种猜疑态度的人，当然是直接反

---

① 萨蒂兰詹·森（1945），第71页。译文在《大正大藏经》，第1059页。
② 译按，原文云："和上频经炎热，眼光暗昧，爰有胡人，言能治目，遂加疗治，眼遂失明。"则鉴真的眼疾不但没有治好，反而因此失明。
③ 陈邦贤（1957），第150页。

对唐朝本地和天竺的方士。唐太宗和唐高宗都曾经邀请过著名的天竺医师为他们合制延年药。唐高宗的一位朝臣[①]曾经就高宗"欲饵胡僧'长生药'"一事进谏，他引用唐太宗的事例，说明长生药并无异效——当时确实有一种传言，认为唐太宗的死与服食胡僧的长生药不无关系[②]。与此类似的一件事发生在宪宗元和五年（810），当时唐宪宗向宰臣们询问对于长生不老仙药的价值的看法，一位宰臣郑重其事地回答说："服食求神仙，多为药所误。"这位大臣还以已故的唐德宗为例，说明服食丹药的害处——唐德宗曾经请一位天竺胡僧为他配制长生之药，结果"服药之后，遂致暴疾。及大渐之际，群臣知之，遂欲显戮胡僧，虑为外夷所笑而止"[③]。但是唐宪宗似乎并没有听信关于他祖父暴卒的这种解释，因为他本人后来仍然因为服食"金丹"而中毒[④]，而且据信在他的后代中，因为服丹而暴卒者，尚不止一人[⑤]。

虽然有大量的服食金丹而致死的教训，但是对或有奇效的道教—天竺药物的信仰却并没有减退，唐朝的使臣们还在继续为皇帝到处搜寻新的灵药，开元四年（716），有

---

① 译按，即郝处俊。
② 《旧唐书》卷84，第3347页；陈邦贤（1957），第150页。
③ 《唐会要》卷52，第899页；《旧唐书》卷14，第3108页。译按，此处之德宗（Te Tsung）应为"太宗"（T'ai Tsung）之误。《唐会要》及《旧唐书·宪宗纪》原文作"文皇帝"。太宗的谥号是"文皇帝"，而德宗的尊号为"神武孝文皇帝"，作者大概是因为德宗尊号末有"文皇帝"三字，而误以为是指德宗。其实，《唐会要》载李藩语明言："贞观末年，有胡僧自天竺至中国，自言能治长生之药，文皇帝颇信待之。"是指太宗无疑。正文下文所谓宪宗的祖父云云，也连带而误。
④ 《旧唐书》卷15，第3113页；何丙郁和李约瑟（1959a），第223页。
⑤ 何丙郁和李约瑟（1959a），第223页。

胡人向唐玄宗上言"海南多珠翠奇宝，可往营致；因言市舶之利；又欲往师子国（斯里兰卡）求灵药及善药之姬，置之宫掖"。但是这一次因为受命陪同那位姓名不详的胡人的大臣①向玄宗进谏说："彼市舶与商贾争利，殆非王者之礼。胡药之性，中国多不能知；况于胡姬，岂宜置之宫掖！……此特胡人眩惑求媚，无益圣德，窃恐非陛下之意，愿熟思之。"这样，唐玄宗才放弃了这次计划②。对于这些异域胡人的"眩惑"表示虔诚的厌恶，只是当时保守的君主们惯常的态度，因而玄宗放弃这一计划，对于那个时代来说，并不具有典型意义。外来的药物持续大量地进入唐朝境内。大量的药物又都特别集中在了佛寺里。九世纪时海外贸易的正常数量大大低于八世纪的数量，但即使是在九世纪，外来药物仍然多半集中在佛寺中。这种情况多少使我们有些诧异。根据九世纪诗人许棠的记述，当时的佛寺中有大量的"异药"③。另据皮日休记载，一位叫作元达的和尚有一所药园，元达虽然已经年逾八十，但是他还是喜欢在药园里莳弄珍异的药草④。很明显，就引入唐朝的药物的传播普及而言，寺院的草药园起了重要的作用。当然我们首先应该看到的是，虔诚的朝圣僧在引进这些药草方面所起的作用，在这些真诚的草药采集者中，有许多人是为唐朝统治者服务的外国人。中亚人那提就是这样一个人。

188

---

① 译按，即监察御史杨范臣。
② 《资治通鉴》卷211，第13页。
③ 许棠（862年）《题甘露寺》，《全唐诗》第9函，第8册，卷2，第9页。译按，许棠原诗中有"满栏皆异药"句。
④ 皮日休《重玄寺元达年逾八十好种名药……》，《全唐诗》第9函，第9册，卷6，第13页。

在经由海路来到唐朝之前，那提曾经在南亚各地到处游历，永徽六年（655），他带着大批梵文写本到达了唐朝的都城，但是在第二年，他就被派往印度群岛①采集异药，此行他只到了广东；龙朔三年（663），他又为了同一目的前往真腊国。遗憾的是，此后他的事迹阙载②。在类似的传记中，我们常常会发现一种大无畏的精神——采药者要完成他们的使命，就要有足够的冒险精神，这些人当中经常会有人因为搜集药物而丧生。

外来药材同样也会通过正常的商业渠道进入唐朝的境内，当然那些以"进贡"为名，从遥远的属国来到长安的半商业性质的外交使团也属于这一类。进口的药材要在边境地区接受严格的检查，进口药材的销售价格是根据药物本身的价值以及唐朝政策的要求而制定的③。我们虽然无法推测出这些药物的具体种类，但是却不难想象通过边关障塞运来的这些亚洲最上等的医药品的数量规模，尤其是在八世纪上半叶那万邦来朝的时代——吐火罗国曾经几次献"异药"④，波斯王子亲自献"香药"⑤，迦湿弥罗"间献胡药"⑥，罽宾国献"秘

---

① 译按，原文作"昆仑"。
② 《续高僧传·那提传》；师觉月（1950），第216页。关于另一位为唐朝皇帝在南印度收集珍稀药物的沙门玄照，参见师觉月（1950），第76页。译按，事见《大唐西域求法高僧传》。
③ 《唐六典》卷18，第17页；《新唐书》卷48，第3746页。
④ 《新唐书》卷221下，第4154页；《册府元龟》卷971，第8页；《唐会要》卷99，第1773页。
⑤ 《册府元龟》卷971，第8页。他的名字叫"继忽婆"，这个名字很可能是类似于" ＊Kihorba"的译音。
⑥ 《新唐书》卷221下，第4155页。

方奇药"①。到了九世纪，当商业渠道有所改变时，吐蕃也曾经遣使献"杂药"②。

随着唐朝的药物学家熟知这些奇方异药的特性，他们的研究成果就逐渐被收入已经刊布的药典里，从而开业医师也就得以了解这些药物的用途；而对这些药物的需求也同时随之增长；结果，许多药用植物也就移植到了唐朝的土地上。上文提到的李珣的伟大著作《海药本草》，就是这种社会背景下的产物。《海药本草》虽然足本已佚，但幸运的是其中的一些片段被宋代及以后的医书所大量引用，借此我们就可以了解到这本书的部分内容。郑虔的《胡本草》则远远没有如此幸运——《胡本草》很可能是一部专门论述伊朗药物的著作，这本书也是在唐朝以后散佚的，现在很难见到《胡本草》的引文③。

184

质汗

在印度传来的异药中，有一种叫作"质汗"（citragandha，即"多种香味的"）的药物④，这种药是在八世纪时由北天竺一位信奉佛教的国王派人送到长安来的⑤；更多的质汗药则来自吐火罗

---

① 《新唐书》卷 221 上，第 4153 页；《册府元龟》卷 971，第 4 页；《唐会要》卷 99，第 1776 页。

② 《唐会要》卷 97，第 2739 页。

③ 《新唐书》卷 59，第 3771 页；劳费尔（1919），第 204 页；胡雅尔特、王明（1958），第 16 页。

④ 我们在这里将汉文译音"质汗"，译作了"various fragrance"（多种香味的）。

⑤ 《旧唐书》卷 198，第 3614 页；《册府元龟》卷 971，第 8 页；《唐会要》卷 100，第 1787 页。

国①和一个来自突骑施、石国、米国、罽宾国的联合使团②。这种制剂含有桎、木蜜、松脂、甘草、地黄和"热血"等成分，（据陈藏器说）质汗药调入酒中，主治"金疮伤折，瘀血内损，补筋肉，消恶血，下血气，妇人产后诸血结"。陈藏器告诉我们，外国人有他们自己的试验这种药的效力的方法——"番人试药以小儿断一足，以药纳口中，将足蹋之，当时能走者良"③。

底也迦

乾封二年（667），拂林国使臣向唐朝皇帝献"底也迦"④，这是一种货真价实的万能解毒药。据普林尼记载，这种丸药有多达六百种不同的成分。据汉文史料记载，底也迦"出西戎，彼人云用猪肝作之。状似久坏丸药，赤黑色。胡人时将至此，甚珍重之"。苏恭也说，底也迦主治"百病中恶，客忤邪气，心腹积聚"⑤。至于这种万能药的制剂中是否会有诸如没药、鸦片以及大麻——中世纪伊斯兰的解毒药中通常就有这些药物——之类的成分，我们还不清楚⑥。

---

① 《册府元龟》卷971，第13页；《唐会要》卷99，第1713页。

② 《册府元龟》卷971，第15页。译按，此称"联合使团"，误，说见上文第九章"诃子"节附译注。

③ 《本草纲目》卷34，第30页引陈藏器。译按，陈藏器原文云："质汗出西番，煎桎乳、松泪、甘草、地黄并热血成之。"其中没有提到"木蜜"。

④ 《旧唐书》卷198，第3614页；《唐会要》卷99，第1779页。汉文"底也迦"是从"＊tiei-ia-ka"翻译而来的。译按"乾封二年"，《唐会要》作"乾封三年"（666），"遣使献底也迦"，《唐会要》误作"遣使兽底也迦"。

⑤ 《本草纲目》卷50，第24页引。

⑥ 夏德（1885），第276～279页；陈邦贤（1957），第158页；胡雅尔特、王明（1958），第15页；李约瑟（1954），第205页。

豆蔻

中国本土就有土生的豆蔻[1]，但是由于热带出产的豆蔻在唐代更受人们的喜爱，所以就有大量的热带豆蔻进入唐朝境内。"黑豆蔻"或"苦豆蔻"在汉文中又称作"益智子"[2]。黑豆蔻出自岭南与印度支那[3]，所以我们可以将这种植物看作是一种"半外来"的植物。据记载，将益智子"去核，取外皮，蜜煮为粽食"，可以起到健脑的作用，所以这种食物又叫作"益智粽"[4]。但是益智子还具有更多的一般性质的滋补作用，主"益气、安神、补不足"，"夜多小便者，取二十四枚入盐同煎，服有奇验"[5]。

"真豆蔻"[6] 出自交趾，早在公元前四世纪时，这种干果就已经从印度销往希腊，而且在罗马非常有名[7]。据李珣报

185

---

① "豆蔻"是一个集合词，包括中国土生的和外国的品种。里德认为中国的土产品种中有"中国豆蔻"（Amomum costatum）和汉文中称作"草豆蔻"的"野豆蔻"（A. globosum）。见里德（1936），第207～208页。但是豆蔻的分类学是一个非常混乱的问题。又见惠特利（1961），第87～88页。

② 另外，龙眼也称作"益智子"。里德（1936），第207～208页和斯图尔特（1911），第35～36页都认为益智子就是"Amomum amarum"。

③ 《本草纲目》卷15，第37页引陈藏器。译按，原文作："益智出昆仑国及交趾，今岭南郡往往有之"。

④ 《本草纲目》卷15，第37页引陈藏器。又见李时珍的释文。

⑤ 《本草纲目》卷15，第37页引陈藏器。

⑥ 学名为"Elettaria cardamomum"。虽然在热带地区广泛种植了这种植物，但它最初确实是印度和交趾的土生植物，而且在这两个地区还发现了它的野生品种。伯基尔（1935），第910～915页。这里说的"真豆蔻"必定是位于安南的峰州贡献的那种豆蔻。《新唐书》卷43上，第3739页。

⑦ 伯基尔（1935），第910～915页。

道，豆蔻叶"近苦而有甘"，豆蔻的叶、皮、果者可以入药①。

"变种豆蔻"② 是印度支那出产的一种带有樟脑味的豆蔻③，它也是唐朝进口的豆蔻中的一种，对于治疗"上气喘嗽"尤其有效④。

爪哇的"圆豆蔻"或"串豆蔻"⑤ 是从一个叫作伽古罗⑥的地方运到唐朝的，这个地方显然在马来半岛西海岸。这个国家的名字仍然保留在阿拉伯文里，它的意思就是"豆蔻"（qāqulah）⑦。看来这种植物是从爪哇带来的，而马来半岛则是出于商业的目的才种植这种植物的⑧。到了十一世纪时，圆豆蔻就被移植到了广东⑨。唐朝人将这种豆蔻称作"白豆蔻"，正如段成式所说，这是因为圆豆蔻"子作花如蒲萄。其子初出微青，熟则变白，七月采"⑩。白豆蔻有各种重要的医疗用

---

① 《本草纲目》卷14，第36页引李珣。
② 即"Amomum xanthioides"，在中国，它被称作"缩砂蔤"。人们还将这种植物与"毛豆蔻"（A. villosum）混淆在了一起。
③ 劳费尔（1919），第481~482页；里德（1943），第481页；伯基尔（1935），第136页。
④ 《本草纲目》卷14，第36页引陈藏器。李珣很奇怪地指出："缩砂密生西海及西戎波斯诸国，多从安东道来。"这在当时根本就不可能，因为这种植物只生长在印度支那和大洋洲，除非我们将这种进口植物看作是掌握在波斯商人手中，所以李珣才说它"生于西戎波斯"。
⑤ 即"Amomum kepulaga"。
⑥ 在伊本·拔都他的著作中发现了这个名称，这个名称已经被译成了汉文，而且出现在段成式《酉阳杂俎》卷18第152页和《本草纲目》卷14第36页引用的陈藏器的著作中。见伯希和（1912a），第454~455页。
⑦ 伯希和（1912a），第454~455页。
⑧ 伯基尔（1935），第133~134、912页。伯基尔指出，苏门答腊栽培这种植物，但是在马来半岛并不种植这种植物。
⑨ 《重修政和证类本草》卷9，第53页。
⑩ 《酉阳杂俎》卷18，第152页。

途，其中包括治疗支气管炎和肺充血①。

九世纪是一个诗人们被奢华、新奇的异国情调以及奇香异彩强烈吸引的时代。"豆蔻"这个词在九、十世纪的诗歌中是个很常见的词，在吴蟜、李贺、杜牧以及韩偓等人的诗歌作品中都出现过这个词。

肉豆蔻

陈藏器是记述"nutmeg"的第一位中国人②，他将"nutmeg"称作"肉豆蔻"③。据陈藏器记载，这种香料——虽然当时似乎并没有将它作为一种香料来使用——是由"大舶"带到唐朝来的，而且与豆蔻一样，是"迦拘勒"④地区的土产⑤。但是，根据李珣的说法，肉豆蔻生于"昆仑大秦国"⑥。这种说法并没有告诉我们肉豆蔻的原产地，但是却向我们提供了许多有关肉豆蔻贸易范围的信息。其实早在六世纪时，欧洲就已经知道了东印度出产的肉豆蔻⑦。在唐朝有一种用肉豆蔻研成末做成的粥，可以用来治疗各种消化功能紊乱的症状和腹泻⑧。肉豆蔻及其配方在中国显

---

① 《本草纲目》卷14，第36页引苏恭；参见伯基尔（1935），第134页。
② 夏德和柔克义（1911），第210页。
③ 即"Myristica fragrans"或"M. moschata"。
④ 译按，此名与上文"豆蔻"节中提到的圆豆蔻的来源地的"伽古罗"，英译文均作"Qaqola"，是作者认为两地为同名异译，故有此说。
⑤ 《本草纲目》卷14，第37页引陈藏器。参见夏德和柔克义（1911），第210页；斯图尔特（1911），第276页。
⑥ 《本草纲目》卷14，第37页引李珣。
⑦ 伯基尔（1935），第1524～1525页。
⑧ 《本草纲目》卷14，第37页引甄权与李珣。关于肉豆蔻在伊斯兰和印度的医疗中的用途，参见伯基尔（1935），第1529页。

然是很受欢迎的，因为到了宋朝初年，在岭南就已经种植了这种植物①。

郁金与蓬莪术

郁金属于姜黄属植物，是一种能够分泌出大量色素而且多少带有一些香味的根茎产品。从最狭义上来说，郁金在姜黄属植物中是一种微带辛味、多用作颜料的物种②；据悉，这种普通的郁金是中国西南地区土生土长的品种。与普通郁金有密切亲缘关系的一种植物，是在印度和印度尼西亚地区以蓬莪术知名的一种高级的芳香品种③。蓬莪术主要是用作香料的原料。在印度支那和印度尼西亚地区，还有姜黄属植物的许多其他的品种，它们分别被用作染色剂、医药、咖喱粉以及香料制剂等多种用途④。在汉文中，这些植物的集合名称叫作"郁金"，正如我们在上文中所指出的，虽然"番红花"在汉文中被比较明确地被称为"郁金香"，但是"郁金"这个字也是指"番红花"而言。总而言之，在贸易中和实际应用时，郁金与郁金香往往混淆不清，当有关文献中强调其香味时，我们就可以推知：这不是指郁金香就是指蓬莪术，反之，就是指郁金⑤。

---

① 《本草纲目》卷14，第37页，引苏颂。
② 即"Curcuma longa = C. domestica"。
③ 即"Curcuma Zedoaria"。蓬莪术的英文名称所指，还包括了印度的"C. aromatica"。
④ 伯基尔（1935），第705～710页；参见劳费尔（1919），第309～314页。
⑤ 《药谱》，第62～67页将"金母蜕"作为"郁金"的同义词。但是无论郁金在这里是指"郁金"，还是指"蓬莪术"，抑或是同指它们二者，这种说法都无法成立。

据唐史记载，天竺"有金刚、旃檀、郁金（或'蓬莪术'?），与大秦、扶南、交趾贸易"①。或者这里说的"郁金"是指郁金香也未可知。然而在很大程度上，它很可能是指郁金、蓬莪术和郁金香这三种植物。与这种情况类似的是，在唐代，"郁金"是大勃律②、谢䫻③、乌苌④、迦湿弥逻⑤等地的产品。这些国家大都位于印度的西北部地区，就这一点而言，唐史中记载的"郁金"很可能是指"郁金香"，尤其对于迦湿弥逻来说，它作为郁金香的故土实际上已经是确定无疑的了。

另外，波斯人则认为蓬莪术生于中国⑥。波斯人的这种看法，或许可以由中国称为"姜黄"的一种姜属植物得到解释。姜黄也是由西域传入的。苏恭告诉我们说，姜黄"西域人谓之'莲'"，这个字的发音类似于"Jud"或"Jet"；在另一处，苏恭又说因为普通的郁金可以医治马病，所以"胡人谓之'马莲'"⑦。或许汉字"莲"就是某种东方语言中的"Zedoary"（蓬莪术）的第一个音节的译音；在阿拉伯语中，蓬莪术叫作"jadwār"。

在唐朝医药中，郁金主要用于治疗"血积下气，生肌止血，破恶血"⑧。据记载，郁金还常常被用来涤染妇女的衣物，在染衣物的同时，它还能够使衣服上带上一股轻微的香味，但

---

① 《新唐书》卷 221 上，第 4153 页。
② 《新唐书》卷 221 下，第 4154 页。
③ 《新唐书》卷 221 下，第 4154 页。
④ 《新唐书》卷 221 上，第 4153 页。
⑤ 《新唐书》卷 221 下，第 4155 页。
⑥ 劳费尔（1919），第 544 页。
⑦ 《本草纲目》卷 14，第 38 页引苏恭。
⑧ 《本草纲目》卷 14，第 30 页引《唐本草》。

是这里的"郁金"究竟是指郁金（turmeric），还是指郁金香（saffron）——在古代，郁金香也被作为染料来用——我们还不能断定①。而与龙脑香一起铺在天子将要经过的道路上的"郁金"粉，则不是郁金香就是蓬莪术——请比较1960年发自布鲁塞尔的一条新闻："11月15日，在杜博安国王与多妮娅·伊·阿拉贡的婚礼上，将在布鲁塞尔购物街中最繁华的吕讷韦大街上喷洒香水②。"在九世纪中叶，唐宣宗出于经济上的原因废除了唐朝铺洒香粉的习惯③。

胡桐树脂

在汉文中，将许多很重要但是却相互无关的树都称为"桐"。大体上来说，"桐"一般是指泡桐属植物，由于泡桐长着美丽的紫花，所以它又被称作"花桐"。从语言上来看，可以与桐类植物归为一类的树主要有被称作"梧桐"或"青桐"的"凤凰树"④；有被称为"油桐"的"木油树"⑤；有被称作"刺桐"的"珊瑚树"⑥；还有被称为"胡桐"的"脂杨"⑦。胡桐的树脂又被称作"大叶钻天杨树脂"（tacamahac），这个名称还被用来称呼北美的香脂白杨树脂⑧和一种印度支那的树产出的芳香榄脂，而这种树却根本就

---

① 《妆楼记》（《唐代丛书》，10），第29页。
② 《观察家》（伦敦），1960年11有27日。
③ 《旧唐书》卷18，第3133页；参见白寿彝（1937），第49页。
④ 即"Firmiana simplex = Sterculia platanifolia"。
⑤ 即"Aleurites fordii"。
⑥ 即"Erythrina indica"。"刺桐"后来被用作"福建"的名称。
⑦ 即"Populus euphratica"。
⑧ 即"Populus tacamahac"。

不属于杨树①。到了唐代时，被称为"胡桐"的这种树脂就已经传入中国内地。所谓胡桐树脂出自一种杨树，这种树的木材还可以用来制作家具②。从中国的西北和戈壁地区一直向西通往欧洲的广大地区，到处都生长着这种杨树。这种树的汉文名称是因为它与"梧桐"（凤凰树）相似而得名，而不是因为与泡桐类似而得名③。这种杨树的树脂在唐朝的市场上叫作"胡桐津"④ 或"胡桐泪"。有些古时候的权威认为，胡桐泪是"虫食其树而脂下流者"⑤。胡桐树脂"有夹烂木者""有沦入土石碱卤地者" 等等。甘肃⑥、哈密⑦以及突厥斯坦和伊朗各地也是唐朝使用的胡桐树脂的来源地⑧。

医生们利用这种胡桐树脂治疗"大毒热，腹烦满"，而且还将它作为催吐剂来使用⑨。更重要的是，胡桐树脂还被珠宝

---

① 即"Calophyllum inophyllum"。在正仓院收藏有一件"胡桐泪"的标本，但是还无法确认它就是真的"胡桐泪"。

② 《重修政和证类本草》卷13，第33页引《唐本草》。

③ 《本草纲目》卷34，第32页引苏恭。苏恭也指出这种木材可以用来制作家具。

④ "津"与"律"字形相近，所以常常又讹作"胡桐律"。译按，据《汉书》卷96《西域传》"鄯善国"条下云，胡桐泪，"流俗讹呼'泪'为'律'"。《本草纲目》卷34，引李珣亦云："'泪'作'律'字者，非也；'律''泪'声讹也。"同卷李时珍则认为："或云'律'当作'沥'，非讹也。犹松脂名'沥青'之意，亦通。"诸说与作者所说全然不同。作者此云，当作"胡桐津"，未知何据。

⑤ 《重修政和证类本草》卷13，第33页引《通典》；《汉书》卷96，第0606页，颜师古注。

⑥ 《本草纲目》卷34，第32页引苏恭。

⑦ 《新唐书》卷40，第3727页。

⑧ 《唐六典》卷22，第14～15页；劳费尔（1919），第339页引《岭表录异》卷下，第13页。

⑨ 《本草纲目》卷34，第32页引苏恭。

工匠，尤其是隶属于宫廷的珠宝匠作为一种焊接金银器的焊剂来使用[1]。

刺蜜

陈藏器是记述西域交河出产的"刺蜜"的唯一的唐朝药物学家。他说："交河沙中有草，头上有毛，毛中有蜜，胡人名为'给勃罗'（khār-burra，即'羊羔刺'）。"[2] 这种说法使我们想起了阿拉伯的"骆驼刺"。陈藏器显然是研究了这种甜蜜的渗出液，他还具列了刺蜜能够治疗的多种疾病，其中包括"暴痢下血"。

另外还有一种与刺蜜相近的糖质物质，或许是与刺蜜出自同一来源。据记载，这种物质"生巴（四川）西绝域中"，陈藏器将它称作"甘露蜜"，这种名称将它与中国古代传说中的、天生神奇的甘露联系了起来。陈藏器主张用甘露蜜来治疗"胸膈诸热，明目止渴"[3]。

吉莱阿德香膏

吉莱阿德香膏又称"麦加香膏"，是一种阿拉伯植物的汁液，据说是示巴女王将它引进了巴勒斯坦。九世纪时，这种绿色的树脂引起了段成式的注意，他记载说，这种香膏"汁如油，以涂疥癣，无不瘥。其油极贵，价重于千金"。据段成式

---

① 《唐六典》卷22，第14～15页；《汉书》卷96，第0606页，颜师古注；《本草纲目》卷34，第32页引苏恭；劳费尔（1919），第339页。

② 《本草纲目》卷33，第21页引陈藏器；劳费尔（1919），第343页。据劳费尔考定"给勃罗"就是"khār-burra"。他认为这种植物实际上就是"Hedysarum alhagi"。

③ 《本草纲目》卷5，第22页引陈藏器。参见劳费尔（1919），第345页。

记载，这种香膏出自拂林国。的确，罗马人是知道这种香膏的，因为在庞培和韦斯巴芗的凯旋仪式上，就曾经展示过产出吉莱阿德香膏的勃参树。段成式所记录的汉文名"阿勃参"，是这种树的名称的叙利亚语形式"apursāmā"，它来源于希腊文"bálsamon"①。但是我们还没有确切的证据证明吉莱阿德香膏当时已经传入了唐朝。

波斯树脂

波斯树脂是一种有甜味的树脂，它是一种树的树液，这种树与生产阿魏的树有亲缘关系②。段成式也知道这种树脂。他还记录了波斯树的波斯文名称"bīrzai"（醁齐）和与阿拉姆语"khelbānita"同一语源的闪语名"预勃梨咃"。"khelbānita"是犹太人使用的圣香的四种成分之一的名称。普林尼和其他罗马作家也知道这种树脂。段成式说这种树脂生于波斯和大秦（一般指罗马的亚洲部分），并且认为它可以"入药疗病"③。但是我们同样也不能肯定在唐朝境内是否见到过这种树脂。

阿魏

与波斯树脂不同，阿魏作为一种药物和调料，在唐朝很有名气④。唐朝人普遍接受了这种药物的西域名称，将它称为

---

① 《酉阳杂俎》卷18，第153页。本段有关历史和语言方面的解释，主要参见劳费尔（1919），第429及以下诸页。这种植物就是"Commiphora opobalsamum"。

② 即"Ferula galbaniflua"和其他的树种。

③ 《酉阳杂俎》卷18，第152页。本节有关历史和语言方面的解释见劳费尔（1919），第312页。

④ 即"Ferula fetida"和其他的品种。

"阿魏"。这个名字很可能就是吐火罗语"aṅkwa"① 的译音，唐朝人还知道它的梵文名称"hiṅgu"（形虞）。进口的阿魏有晒干的树脂饼和根切片两种，据认为，后者的质量不及前者②。当时有许多亚洲国家都向唐朝提供这种昂贵的药材。其中主要者有谢䫻，此外还有波斯以及其他没有记载国名的南亚和中亚的国家③。阿魏进入唐朝有两条途径，其一是由位于准噶尔边缘的唐朝重镇北庭每年作为土贡向朝廷进贡④，另外一个途径就是由商舶经由南中国海运来⑤。

阿魏可以刺激神经，帮助消化，但是唐朝人利用最多的是它"体性极臭而能止臭"的奇异性能⑥。阿魏还是一种高效的杀虫剂⑦；而且"阿魏枣许为末，以牛乳或肉汁煎五六沸服之，至暮以乳服"，可以"辟鬼除邪"⑧。

贯休和尚是一位天才的画家和诗人，他生活在九、十世纪之交，享年八十多岁。据贯休写的《桐江闲居》诗来看，阿魏可以与茶同时服用：

---

① 劳费尔（1915a），第 274～275 页。即所谓的吐火罗 B 语。"阿魏"的汉文拟音是"＊·â-ngiʷĕi"。

② 《本草纲目》卷 34，第 31 页引苏恭。

③ 《酉阳杂俎》卷 18，第 151 页；《本草纲目》卷 34，第 31 页引苏恭；劳费尔（1919），第 353～362 页。

④ 《新唐书》卷 40，第 3727 页。

⑤ 《本草纲目》卷 34，第 31 页引李珣。

⑥ 伯基尔（1935），第 999 页；《本草纲目》卷 34，第 31 页引苏恭。

⑦ 《本草纲目》卷 34，第 31 页引苏恭、李珣。

⑧ 《本草纲目》卷 34，第 31 页引《纂药方》。伯基尔说，在马来亚是用阿魏烟来驱鬼的。译按，英文原文将"阿魏枣许"，理解为"阿魏与枣"，实际上"阿魏枣许"是说体积大体上如枣大小的一块阿魏。此从《本草纲目》原文。

静室焚檀印，深炉烧铁瓶。

茶和阿魏暖，火种柏根馨。

数只飞来鹤，成堆读了经。

何妨如支遁，骑马入青暝[①]。

这里说的"香印"当然是指香钟。支遁是四世纪时的一位隐居僧人，他还是一个非常喜欢骑马的人。我曾经反复强调过，段成式的笔记中的资料，更多的是得自广泛阅读各种语文的书籍，而不是靠他亲身的观察，所以我们不能根据他的书中记载有某种植物或动物，就贸然地断定这种植物或动物在唐朝出现过。但是从另一方面来说，我们又必须清楚地认识到，这位兴趣广泛的学者的知识来源并不是仅仅限于书本。在详细描述生产阿魏的树时，段成式曾经提到了向他提供了相互矛盾的资料的两位僧人，其中一位是"拂林人"，名叫"弯"，而另一位是某个叫"提婆"的摩揭陀人[②]。向段成式提供资料的这位拂林人很可能是小亚地区的人或叙利亚人。这件事表明，在段成式记载外来物时，他必定依靠了其他一些没有留下姓名的外国人所提供的口头资料。

189

蓖麻子

据苏恭说，"蓖麻"[③] 有唐朝种者，也有胡中来者，因其

---

① 贯休《桐江闲居作》（十二首之三），《全唐诗》第 12 函，第 3 册，卷 5，第 5 页。

② 《酉阳杂俎》卷 18，第 151 页。译按，"弯"，标点本（中华书局，1981）作"鸾"。"校勘记"说："'鸾'，《学津》《津逮》《稗海》本作'弯'，疑误。"附志于此，供参考。

③ 即"Ricinus communis"；"ricinus"的意思是"蜱"。

"结子如牛蜱"，故名"蓖麻"①。苏恭说的就是蓖麻子。在古代的许多地区，蓖麻都因为产油而受到人们的高度重视。据认为，蓖麻最初很可能是在埃及栽培的，埃及人用蓖麻油来点灯②。在唐朝，蓖麻子以及用蓖麻子榨的油都是用来治病的③。

清泻山扁豆

我们将印度的"金黄"或"王树"以及阿拉伯的"印度角豆树"或"项链黄瓜"④ 称作"天竺金莲花"或"金花"，或者更名副其实地将它称为"清泻山扁豆"⑤。这种树的花非常美丽，长长的荚中生着鲜红的籽实。它是一种印度土生的树，因为它籽实周围的黑色果肉是一种享有盛誉的、治疗便秘的药物，所以从很早开始，清泻山扁豆就传遍了所有的热带国家⑥。在唐代，清泻山扁豆被称为"婆罗门皂荚"⑦ 或"波斯皂荚"⑧，这是因为这种树与中国的"皂荚"（the Chinese honey locust）⑨ 或被叫作"墨皂荚"的"皂豆树"（soapbean tree）很相似的缘故。清泻山扁豆的印度名称叫"āragvadha"

---

① 《本草纲目》卷 17 上，第 28 页引苏恭。
② 劳费尔（1919），第 403~404 页。
③ 斯图尔特（1911），第 378~379 页写道："中国人的确是榨出了蓖麻油，但是除了蓖麻浆之外，他们并没有将蓖麻油用来治病……"从《本草纲目》"蓖麻"条的记载来看，他的这种说法是错误的。
④ 劳费尔（1919），第 420~424 页。
⑤ 即"Cassia fistula"。
⑥ 伯基尔（1935），第 475 页。
⑦ 《本草纲目》卷 32，第 15 页引陈藏器。
⑧ 《酉阳杂俎》卷 18，第 152 页。
⑨ 即"Gleditsia sinensis"。

（阿勒勃）①，阿勒勃对于唐朝医生来说是很熟悉的一种药物，他们用阿勒勃的籽实来治疗多种内科疾病。

海藻

食用海藻类植物在中国并不算鲜见，例如可以调制美味菜汤的紫菜②，就是中国中部和南部沿海地区的一种常见的出产——有时紫菜是从日本带来的③。石莼是一种生长在南海浅水域中的"海莴苣"，在唐朝时，它就以"石莼"知名④。当时石莼被作为一种利尿剂使用。唐朝人还注意到了石莼在"胡人"医学中的用法，并且将它记录了下来⑤。

淡海带⑥是一种褐色的海藻或海草，它含有丰富的碘、钾和糖。在唐代，淡海带被称为"昆布"，每年都由朝鲜半岛的新罗国贡献。东胡部落渤海靺鞨向唐朝朝廷贡献的土贡中也有昆布⑦。据记载"海岛之人爱食之，为无好菜，只食此物，服久相习，病亦不生，遂传说其功于北人，食之皆生病，是水土

190

---

① 陈藏器将这个字译作"阿勒勃"（∗·â-lək-bʼuət）（允许第二音节与第三音节的换位）。劳费尔曾经解释过《酉阳杂俎》列举的一个据称是拂林的名称和一个波斯名称，他所列举的波斯语名称与此很不相同，而且无从考定。

② 即"Porphyra tenera"。

③ 圆仁曾经将一些紫菜与茶叶末一起从日本带到了唐朝。赖世和（1955a），第82页。

④ 即"Ulva lactuca"（或"U. pertusa"）。

⑤ 《本草纲目》卷28，第41页引陈藏器、李珣。译按，原文作"胡人用治瘅疾"。

⑥ 即"Laminaria saccharina"。参见第九章，注（101）。

⑦ 《本草纲目》卷19，第41页引李珣；《册府元龟》卷971，第13页。李珣还说："胡人搓之为索，"不知他所说的"胡人"是不是指通常意义上的外国人。

不宜耳。"昆布作为治疗各种肿瘤的一种特效药，深受唐朝人的欢迎，其中有一种肿瘤看起来肯定是甲状腺肿①。

人参

在传统的中草药中，人参的人形根茎是真正的草本灵丹妙药②。这种"神草"③ 或"皱面还丹"④ ——所谓"皱面还丹"是一个拟炼丹术的名称，它表明了人参的神奇功效——生长在山西太行山脉中的紫团山⑤，但是大多数人参和最上等的人参都是从朝鲜半岛的高丽、新罗、百济诸国以及东北各地采集来的⑥。据记载：

> 新罗国所贡者有手足，状如人形，长尺余，以杉木夹定，红丝缠饰之⑦。

将人参作为礼物赠送友人，是唐朝的一种习俗。馈赠人参

---

① 《本草纲目》卷19，第4页引孟诜。
② 即"Panax ginseng"。日本的"P. repens"可作为人参的代用品。十九世纪初，美洲的"P. quinquefolius"就出口到了中国。
③ 皮日休的一首诗中是这样称呼的——《友人以人参见惠因以诗谢之》，《全唐诗》第9函，第9册，卷7，第4页。
④ 《药谱》，第62~67页。"还丹"是一种极精制的长生药，这种药由汞和硫化合而成的。
⑤ 李珣（《本草纲目》卷12，第15页）还提到了一种沙州（敦煌）出产的人参，但他指出："沙州参短小，不堪用。"
⑥ 《本草纲目》卷12，第15页引苏恭；《册府元龟》卷971，第5、10页；《唐会要》卷95，第1712~1713页。"黑水靺鞨"与"黄头室韦"曾经在天宝七载（748）贡献人参，《册府元龟》卷971，第16页。苏颂告诉我们，到十一世纪时"河东诸州及泰山皆有之"，《本草纲目》卷12，第15页。苏颂提到的人参显然是唐末宋初在中国精心培育的。
⑦ 《本草纲目》卷12，第15页引李珣。

就像赠送一首诗、一幅画或者是一枚宝石一样司空见惯。在唐朝的诗歌中留下了许多因接受人参而表示谢意的篇章。例如皮日休在一首言辞极为夸张的诗歌中称，这种根茎在益寿延年方面的价值远远在道家术士的力量之上①。唐朝的药物学家和其他许多人都认为，人参"主五劳七伤……补五脏六腑"②。中国—朝鲜出产的人参的价值可以与希腊—阿拉伯出产的曼德拉草相媲美。根据中国科学家新近的研究，古人所记载的人参的神奇药效，其实并不足为奇，他们的研究表明，人参实际上含有一种刺激交感、中枢神经系统和泌尿、生殖系统的兴奋剂。

各种药草

"延胡索"是蓝堇属的一种植物③，这种植物的黄色根茎是由奚国经安东都护府传入唐朝的。据记载，延胡索可以治疗肾病④。

"白附子"是远东的一种"麻风树"⑤的块茎，这种微毒、褐色的块茎生长在朝鲜以及甘肃的边远地区的沙地中，它在当时被用来治疗"心疼"⑥。

"仙茅"是一种星形花草本植物⑦的根茎，一位天竺僧人将它献给了唐玄宗。仙茅又称"婆罗门参"，意思是说它在滋

191

---

① 皮日休《友人以人参见惠因以诗谢之》，《全唐诗》，第9函，第9册，卷7，第4页。

② 《本草纲目》卷12，第15页引甄权。

③ 即"Corydalis ambigua"。

④ 《本草纲目》卷13，第28页引陈藏器、李珣。

⑤ 即"Iatropha janipha"，美洲的"I. curcas"也叫"麻风树"。

⑥ 《本草纲目》卷17，第33页引陈藏器、李珣。

⑦ 即"Curculigo ensifolia（＝Hypoxis sp.）"。

补健身、恢复元气方面的功能可以与人参相比。唐末或宋初，在中国种植了仙茅，到了十二世纪时，这种植物已经成功地移植到了广西[1]。

"乾陀木皮"这种药草见于李珣的记载，据李珣说，乾陀木皮"生西国，彼人用染僧褐，故名；乾陀，褐色也。……安南亦有"[2]。"乾陀"这个名字很可能就是梵文"gandha"（香料）或者"kanthā"（百衲衣）的译音[3]。在唐代，人们将乾陀木皮与酒一起煎服，用来"温腹暖胃"[4]。

"黄屑"是安南贡献的土贡，可以作为黄色染料，还能够止咳，治疗腹疼。它显然是黄檀末或与此类似的一种东西[5]。

"胡黄莲"[6] 生长在波斯沿海地区，它的根茎能够治疗肠道疾病和痔疮。胡黄莲究竟是一种什么植物，现在还没有定论[7]。宋代时，这种植物就已经移植到了陕西和甘肃地区，但是现在似乎已经绝迹了[8]。

唐朝人将某种有毒的种子称为"鹤虱"[9]。它是从包括波

---

① 《桂海虞衡志》，第 17 页。

② 《本草纲目》卷 33，第 55 页引李珣。

③ 苏慧廉、何乐益（1937），第 556 页。

④ 《本草纲目》卷 37，第 55 页引李珣。

⑤ 《政和证类本草》卷 12，第 58 页引陈藏器；《新唐书》卷 43 上，第 3733 页。

⑥ 黄莲即"Coptis teeta"。

⑦ 斯图尔特（1911）认为，"胡黄莲"就是"Barkhausia repens"。里德（1936）则认为是"Picrorhiza kurroa"。劳费尔（1919），第 199～200 页指出，"Barkhausia"并不生长在波斯。译按，《本草纲目》卷 13 "胡黄莲"条说，胡语作"割露孤泽"。

⑧ 《政和证类本草》卷 9，第 45 页。

⑨ 里德认为"鹤虱"是"Carpesium abrotanoides"的种子。见里德（1936）。但是其他权威学者的解释与此不同。

斯在内的西域传来的一种植物，外国人称之为"天鹅虱"。鹤
虱可以用来驱虫和治疗各种溃疡以及肿瘤①。

芦荟是从非洲多肉植物中提取出来的一种苦味的结晶②。
因为它"味苦如胆"，所以又被称为"象胆"。芦荟被用于治
疗"小儿诸疳热"，据说芦荟产于波斯③。

"雚菌"④ 是生长在东海芦苇盐泽中的一种白蕈，雚菌与
酒和服，可以治疗绦虫⑤。

其他还有一些神秘而未知的药草，例如由北天竺和吐火罗
的僧使带来供朝廷享用的那些无法考知的"胡药"⑥，以及由
那些研究外来药物的专家——如陈藏器、李珣等具列的药草
等。在这些药草中，甚至有一种"带之令夫相爱"的"无风
独摇草"⑦。

毛粪石

在中国，来源于动物的药物中还没有一种比毛粪石更有
名。确切地说，毛粪石是在许多反刍动物的第四胃中——尤
其值得我们注意的是在山羊的第四胃中——发现的一种结石；
作为一种解毒剂，毛粪石在近东地区享有盛誉。在中世纪中

---

① 《本草纲目》卷 15，第 9 页引苏恭。
② "芦荟"或作"奴会"。劳费尔（1919），第 480～481 说，这个名称来自
　　"阿拉伯希腊语'alua alwā'"。
③ 《本草纲目》卷 34，第 32 页引陈藏器、李珣。
④ 目前尚无法考定它究竟是一种什么植物。
⑤ 《本草纲目》卷 28，第 43 页引苏恭、甄权。译按，"东海"，英译文作
　　"满洲"，此从《本草纲目》原文。
⑥ 《册府元龟》卷 971，第 8、12 页。
⑦ 在《本草纲目》卷 21，第 9 页中，李珣和陈藏器列举了多种无法考知的
　　外来药物。

国，将"毛粪石"称作"牛黄"，但是当时中国所说的"牛黄"与毛粪石的经典定义往往是不相符合的。即使不是大多数，起码有一部分"牛黄"是从牛的胆囊中取出来的胆石①，而不是胃里的结石。这种胆石在医疗中的作用与其说是物质的，倒不如说是精神的。据记载："牛有黄者或吐弄之"，"尝有人得其所吐黄剖之，中有物如蝶飞去"②。这种怪异的记载，其实不足为奇，因为还有记载称，牛黄确实具有"安魂定魄，192 辟邪魅，卒中恶"的功能③。这种贵重的药材是中国本地的产品。大部分牛黄都出产于山东，作为土贡，山东的许多城镇每年都要向朝廷贡献牛黄，同时贡献的还有石器和可食用的软体动物。四川也出产一些牛黄④。甚至像波斯这样遥远的地区也非常需要这种中国的"毛粪石"。在波斯地区，牛黄作为辟邪物和药物，很受人们的珍视⑤。另一方面，唐朝也从新罗国得到了大量的牛黄⑥；另外还有一些牛黄来自东北和南诏⑦。上

---

① 《酉阳杂俎》卷10，第80页作"牛黄"；见《本草纲目》卷50下，第24页引苏恭。白鸟库吉（1939），第47～48页称《北户录》的"婆萨"来自波斯字"pāzahar"；劳费尔（1919），第55及以下诸页认为"婆萨"并不是牛黄。

② 《酉阳杂俎》卷10，第80页。

③ 《本草纲目》卷50下，第24页引陈藏器。孙思邈也相信牛黄有类似的功效，但他又特别指出，牛黄还有"益肝胆"的作用。

④ 《本草纲目》卷50下，第24页列举了出产牛黄地区的名单。位于山东省的登州、莱州、密州的土贡中都有牛黄，位于今四川的黎州的土贡中也有牛黄。见《新唐书》卷38，第3722页；卷42，第3730页。

⑤ 劳费尔（1919），第528页。

⑥ 《册府元龟》卷971，第5，10页；卷972，第2页；《唐会要》卷95，第1712～1713页。

⑦ 东北的牛黄是由黑水靺鞨和黄头室韦贡献的，《册府元龟》卷971，第16页。南诏贡献牛黄见《册府元龟》卷971，第10页；《新唐书》卷222上，第4157页。

元二年（761），拔汗那向唐朝进贡了一种被称作"蛇黄"的、形状像龙一样的结石，这在当时必定引起过很大的震动①。

腽肭

在《本草纲目》中，保存了一段由李珣从古代地志中摘录的引文，在这段引文中描绘了一种叫作"腽肭"的朝鲜动物。据记载：

> （腽肭兽）出东海中，状若鹿形，头似狗，长尾。每日出，即浮在水面。昆仑家以弓矢射之，取其外肾，阴干百日，味甘香美也②。

所谓"外肾"，当然是指动物的睾丸。"昆仑家"则是"昆仑儿"的异称，指印度尼西亚人。此处提到的在中国与日本之间的"昆仑儿"很令人费解——除非它只是泛指"熟练的海上渔猎者"。这种叫"腽肭"的动物显然是某种"海豹"③。如果我们将记载中的"长尾"当真的话，也有可能是

---

① 《册府元龟》卷970，第16页。
② 《本草纲目》卷51页，第31页李珣引《临海志》。
③ 《政和证类本草》卷18，第16页的插图画的是一头海豹；木村康一（1946），第195~196页将它称作"Otoes（= Callorhinus）ursinus"，虽然有许多其他动物可供我们参考——例如"Pusa hispida"（P. foetida），但是这些动物很可能是东北沿海、日本北部还有贝加尔湖和里海发现的"环纹海豹"。在这种海豹中，有些上了年纪的雄海豹身上带有一种"介于阿魏与洋葱之间"的气味，但是任何一种海豹的睾丸都有一种像麝香一样的甾类化合物。关于东亚沿海的各种海豹，见希福（1958），第57、61、81~82、95~102、103、109页。

指水獭。这种动物大多是在"新罗海内"① 捕得的。这种药与药草和酒服，可以治疗"鬼气尸疰，梦与鬼交"以及各种阳痿症②。很可能海狸香和麝猫香也是以腽肭的名义买卖的，在唐代时，还没有将它们区别开来③。

蚺蛇胆

在真腊地区的诸城邑，游荡着一些专门猎取人的胆汁的可怕猎手④，唐朝虽然没有这种以猎取人的胆汁为业的猎手，但是唐属安南的蚺蛇⑤却必须为了京城医师的需要而献出它们的

---

① 《本草纲目》卷 51 下，第 34 页引甄权。他将这种动物称为海狗，但是一般来说，海狗就是指海豹。

② 《本草纲目》卷 51 下，第 34 页引陈藏器。

③ 陈藏器与李时珍引用的《唐书》中都提到一种叫作"骨貀"的动物，这种动物生于东夷、突厥和西番。陈藏器说："其状似狐而大，长尾，脐似麝香，黄赤色，如烂骨。"或许开元五年（717）于阗国贡献的"貀"，实际上就是"骨貀"（《册府元龟》卷 971，第 2 页）。夏德和柔克义（1911），第 234 页认为，"骨貀"其实就是指西域贡献的"麝猫"和北方传入的"海狸"。陈藏器说它的胡名为"阿慈勃他你"，他们认为这个词就是阿拉伯文的"al-zabād"（麝猫）。但是他们也指出了另外一个与此发音相符的同根词。又见劳费尔（1916），第 373～374 页，惠特利（1961），第 105～106 页。香猫（Viverra zibetha）生活在中国南方、印度支那以及南亚地区，它的汉文名称叫作"香狸"或"香貀"。据段成式《酉阳杂俎》卷 16，第 134 页记载，香狸"取其水道（即尿道）连囊，以酒浇（译按，中华书局标点本作'烧'）干之，其气如麝"。据 Maqdisī 记载，十世纪时花剌子模出口海狸香（见巴托尔德，1958，第 235 页）。或许有些海狸香也被贩运到了唐朝。

④ 见艾蒙涅（1891），第 213 页。真腊地方将人的胆汁用来洒在皇室战象的身上。译按，此事见于《真腊风土记》"取胆条"，原文说："前此于八月内取胆，盖占城王每年索人胆一瓮，万千余枚。遇夜，则多方令人于城中及村落去处，遇有夜行者，以绳兜其头，用小刀于右肋下取去其胆，俟数足，以馈占城王。"

⑤ 汉文中的"蚺蛇"或者就是印度蚺蛇（Python molurus）。

胆囊①。这些爬行动物的胆囊也被普安（位于今贵州省）② 专门采集胆汁的人以同样的方式摘去。李珣仔细观察了南方的生活，他曾经目睹了每年五月五日"养蛇户"剥取蚺蛇胆的情形：

> 普安州有养蛇户，每年五月五日即担蚺蛇入府，祗候取胆。余曾亲见，皆于大笼之中，藉以软草，盘曲其上。两人舁归一条在地上，即以十数拐子从头翻其身，旋以拐子按之，不得转侧。即于腹上约其尺寸，用利刃决之。肝胆突出，即割下其胆，皆如鸭子大，暴干以备上供。却合内肝，以线缝合其疮口，即收入笼。或云舁归放川泽③。

198

---

① 《新唐书》卷43上，第3733页；蚺蛇胆是由交州和峰州贡献的。

② 即唐朝的剑州。见《新唐书》卷42，第3730页。虽然《新唐书》中剑州的土贡没有列入蚺蛇胆（剑州土贡有麸金、丝布、苏薰席、葛粉），但是下文所引的译文表明，在唐朝的某个时期，蚺蛇胆确实是列在剑州的土贡名单上的。译按，此处所说下引译文，即指《岭表录异》。剑州普安在今四川省剑阁，作者在正文中说在"贵州省"，误。又，《岭表录异》之"普安州"，《本草纲目》卷43 所引《岭表录》（即《岭表录异》之异称）作"雷州"。岭表即指唐岭南之地，此事即李珣亲见，似不应在四川或贵州。此姑存疑。

③ 《岭表录异》卷下，第22~23页。译按，《本草纲目》卷43 转录苏颂所引《岭表录》本段记载与《岭表录异》通行本不同，鲁迅校勘本（广东人民出版社，1983）也没有引用这段记载。此转录于下，供参考：

　　苏颂曰："《岭表录》云：'雷州有养蛇户，每岁五月五日即舁蛇入官，取胆暴干以充土贡。每蛇以软草藉于篮中盘屈之。将取则出于地上，用叉拐十数翻转蛇腹，按定。约分寸于腹间，剖出肝胆，胆状若鸭子大。取讫，内肝于腹，以线缝合，舁归放之。'或言蛇被取胆者，他日捕之，则远远露腹疮，以明无胆。又言取后能活三年，未知的否。"

段成式也听说过蚺蛇的传闻，他记录了一种更简单的捕蛇方法：

> 蚺蛇长十丈，尝吞鹿，鹿消尽，乃绕树，则腹中之骨穿鳞而出，养疮时，肪腴甚美。或以妇人衣投之，则蟠而不起。其胆上旬近头，中旬近心，下旬近尾①。

在药市上的人往往用其他动物的胆冒充真正的蚺蛇胆，但是内行的药物学家有一种识别真假蚺蛇胆的方法："试法，剔取粟许着净水中。浮游水上，回旋行走者为真"，而沉入水里的就是假货。一般情况下都是以猪胆和虎胆来冒充蚺蛇胆的②。

蚺蛇胆在唐朝医药中的应用，将唐朝与印度支那联系了起来；在柬埔寨和其他地区，蚺蛇胆也在医药中具有很重要的作用。唐朝医师用蚺蛇胆治疗"血痢，虫蛊下血"以及其他的疾病③。

白蜡

安南白蜡就是晒白的普通黄色蜜蜡④。在唐代，甚至连这种

---

① 《本草纲目》卷 43，第 23 ~ 24 页引《酉阳杂俎》；参见《酉阳杂俎》卷 17，第 143 页。今本《酉阳杂俎》收录的内容稍有省略。

② 《本草纲目》卷 43，第 24 页引苏恭。译按，《本草纲目》引苏恭原文有猪胆，但未提虎胆，但是同卷所引孟诜称："人多以猪胆、虎胆伪之，虽水中走，但迟耳。"作者此处误以孟诜为苏恭。

③ 《本草纲目》卷 43，第 24 页引陈藏器、孟诜；参见伯基尔（1935），第 1947 ~ 1948 页。

④ 白蜡是峰州和福禄州的贡品。《新唐书》卷 43 上，第 3733 页。关于安南蜜蜡的进口，见夏德和柔克义（1911），第 48 页。此外还有一种利用中国水蜡虫的分泌物制成的蜜蜡。

白蜡也有医疗上的用途。据记载，"孕妇胎动，下血不绝欲死，以鸡子大煎（白蜡）三五沸，投美酒半升服，立瘥（一种巫术治疗法?）；又主白发。镊去（白发），消蜡点孔中，即生黑者"①。

人发

八世纪时，大量人发从东北和朝鲜送到了长安②。读者可能对此会感到惊讶，究竟这些外国人的长发会有什么特殊的功效，使它们更胜过唐朝人的头发呢？除了巫医之外，这些头发是否还有其他的用途呢？相对来说，要探讨巫医使用头发的情形是比较容易的。对巫医而言，头发不仅具有很强的效力，而且还是很危险的药物。甄权的弟弟甄立言是与甄权齐名的医师，据唐史记载："有道人心腹㶄烦弥二岁，（立权）诊曰：'腹有虫，误食发而然。'令饵雄黄一剂，少选，吐一蛇如拇，无目，烧之有发气，乃愈。"③ 头发就这样自然而然地变成了蛇。另据记载：

取生人发挂果树上，乌鸟不敢来食其实。又，人逃走，取其发于纬车上，却转之，则迷乱不知所适，此皆神化④。

194

———————

① 《本草纲目》卷39，第5页引甄权。
② 头发主要来自新罗、黑水靺鞨以及黄头室韦。《册府元龟》卷971，第5、10、16页；《唐会要》卷95，第1712~1713页。有一次新罗也送来了一百斤头发。
③ 《新唐书》卷204，第4106页。
④ 《本草纲目》卷52，第37页；部分内容又见《酉阳杂俎》卷11，第84页。我对译文"carriage placed transversely"还没有十分把握。译按，此处所谓"carriage placed transversely"（横向放置的车）就是原文的"纬车"。纬车其实就是纺车的异称。陆龟蒙《袭美见题郊居十首次韵》之六："水影沉鱼器，邻声动纬车。"陆游《故里》："邻曲新传秧马式，房栊静听纬车声。"都是指纺车而言。作者的翻译显然是不合适的。

但是大多数与头发有关的药方，都与"自缢死，绳主颠狂"之类的药方属于同一类[1]。当时之所以认为头发具有这样的功能，是因为人们认为头发具有束缚、捆系、紧紧缠绕的功能。如果"小儿惊啼"，用"乱油发烧研，乳汁或酒服少许，良"；如果成人"无故遗血"，则用"乱发及爪甲烧灰，酒服方寸匕"[2]。

绿盐

"绿盐"产于中亚焉耆地区和伊朗，同时也有从海上运来的绿盐。绿盐与天然的青铜碳酸盐即石青类似，而且也和石青一样，可以用来治疗眼疾。绿盐有时又称作"胆矾"，我们认为，它肯定是一种结晶状的硫酸铜，这是一种假想的治疗沙眼的药物。唐朝人用金属铜和醋配制出绿色的碱式碳酸铜，以作为绿盐的替代品。但是医师警告说："以铜醋造者，不堪入药。"[3]

---

[1] 《本草纲目》卷11，第86页。

[2] 《本草纲目》卷52，第37页引《千金方》。在世界其他地方，普遍将头发与剪下来的指甲结合起来使用。见黑斯廷斯（1927），Ⅵ，第475页。苏恭列举其他各种可以利用头发来治疗的疾病。大凡头发入药时，都要先烧成灰。见《本草纲目》卷52，第37页引。

[3] 《本草纲目》卷11，第8页引苏恭、李珣。劳费尔（1919），第510页，里德和帕克（1928），第76页认为"绿盐"就是波斯语"Zingār"，即绿色的酸铜。很可能醋酸盐在当时确实是作为硫酸盐的替代物，由海上运到唐朝来的，这是由于它们的颜色非常容易混淆。

195

室内的帷幕都是用古代的锦绣制成，

象牙的箱子里满藏着金币；

杉木的橱里堆垒着锦毡绣帐、绸缎绫罗、美衣华服，

珍珠镶嵌的绒垫、金线织成的流苏

以及铜锡用具……

   ——威廉·莎士比亚《驯悍记》，第二幕，第一场①

---

① 译按，本段汉译文据朱生豪的译本（人民文学出版社，1978，第 3 册，
第 246 页）。

第十二章 纺织品

在九世纪中叶时，有个叫作"女蛮国"的国家。这里的人璎珞被体，危髻金冠，所以又被称为"菩萨蛮"。据苏鹗写的传奇故事中记载，九世纪中叶，当女蛮国向长安的唐朝宫廷进贡时，在他们的贡品中有一种叫"明霞锦"的纺织品：

> 大中初，女蛮国贡……明霞锦，云炼水香麻以为之也。光耀芬馥着人①，五色相间，而美于中华锦②。

在唐代，从印度尼西亚和印度支那地区传入唐朝的纺织品中，有一种以"朝霞"知名的纺织品，这些打扮得像菩萨一样的阿玛宗人③贡献的这种神奇的纺织品，似乎就是在"朝霞"的基础上，经过想象加工而形成的产物——"朝霞"是一种精美的棉纺织品，在下文中我们将对这种棉织品进行比较

---

① 译按，《太平广记》卷480作："光辉映耀，芳馥着人。"
② 《杜阳杂编》（《唐代丛书》，2），第58页。
③ 译按，阿玛宗人是古希腊在古代小亚地区的领地上的一个女性部族。这里的妇女勇敢善战，除了生育后代和在战场上厮杀之外，她们不与男性交往。为了射箭的便利，她们都割去了右乳，所以被称为阿玛宗人（意思是"无乳房的"）。

详细的讨论。正是因为唐朝在当时是世界上最华美的纺织品和最精致的编织品的原产地和生产中心，所以就自然而然地产生了这样一种思想，即世上必定有比唐朝生产的所有纺织品都更美丽的织品，而这种想法正好与苏鹗夸张的想象力不谋而合。

就唐朝纺织品的制作而言，最有用的纤维是蚕丝。蚕丝有两种，一种是由家蚕缫出的长丝，另一种是由野蚕缫出的短而易断的一种纤维，这种纤维需要纺成细丝。蚕丝之外，还有制作素雅的和装潢用的亚麻布的许多植物纤维，其中包括苎麻、葛、大麻、芭蕉和竹。羊毛在远东大多被用来制作毛毡，而当时的毛织品则更多地具有伊朗文化的特色。

利用这些纤维制作的纺织品名目繁多：由唐朝的织染署提供的一份正式的织物品目单上，规定了各种纺织品的制作种类：织纴之作有十个种类，其中包括绢、绫、罗、纱以及亚麻布和毛织品等，组绶之作有五种，紬线之作有四种，其中包括柞蚕丝[1]。在唐朝的纺织品中，最有特色的是一种纬线斜纹图案。有些学者认为，这是由西方传入的一种新的纺织方法。斜纹织作在西方有悠久的历史，而在萨珊织作物中，纬线斜纹尤其具有重要的地位。虽然在古代中国就已经知道了经斜纹，但是在纺织中并没有太多地使用。经面缎纹是唐朝的一项新发明，它是一种由许多精美的经线完全盖住纬线的经斜纹[2]。这种图案美丽的织物通常被称作"锦"，它实际上是一种彩色的绫。尽管有些锦在唐朝仍然是使用古老的经线样式制作的，但是绝大

---

[1] 《唐六典》卷22，第20～21页。

[2] 有关这一问题的论述，见西蒙斯（1956）。她指出，从西伯利亚巴泽雷克出土的公元前五世纪或六世纪的中国织物中，就已经出现了纬线斜纹，所以看来纬线斜纹织物在中国也有很古老的历史。

多数唐锦都是纬线棱斜纹图案①。不过唐朝也能够生产在丝线上编织着金叶的真正的锦。似乎是在八世纪时，墙毡织物也已经通过回鹘突厥人传到了中国内地②。此外，唐朝还能生产印花织物。这些织物都是通过"底片"的方式印染成的，即先将设计图案刻在印花模板上，织物则被压在模板之间，然后将染料注入镂空的地方。从八世纪起，唐朝人就已经掌握了这种技术。这与印度和西方典型的以蜡作为排色物的印染方法正好相反。

我们可以将"孔雀罗"——或如我们所说的"peacock net"——看作唐朝纺织品所具有的华美艳丽的特色的一个典型的例证。孔雀罗是由河北道恒州织造的，它是一种精美华贵、表面闪光的织物③。从六世纪起，孔雀罗就成了追求奢侈时尚的妇女们喜爱的一种织物④。下文就是隋朝宫女丁六娘为她的心上人穿着打扮的"十愿"：

> 袖裁孔雀罗，红绿相对参。
>
> 映以蛟龙锦，分明奇可爱。
>
> 粗细君自知，从郎索衣带⑤。

唐朝最大的纺织工业中心分布在长江口一带和四川。在这

---

① 汉代的彩色绫就已经是经线棱纹。汉文"锦"，通常都译作"brocade"。

② 杨联陞（1955a），第275页。

③ 《唐六典》卷3，第13页。淮南道土贡中有一种"孔雀布"。这种布肯定是仿照孔雀尾羽鲜艳的光泽织成的，甚至有可能是将羽毛织进了纺织品中。

④ 参见《北史·祖珽传》（卷47，第2904页）。祖珽生活在六世纪末年，他是一位经常出没于青楼娼馆的浮华子弟，但又是一个很有学问的人，并且还能"通四夷语"；在他的家里就收藏有许多匹孔雀罗。

⑤ 丁六娘《十索》，《全隋诗》（收于《全汉三国晋南北朝诗》）卷4，第10页。

些地区，众多劳动者辛勤织作，生产了大量美艳鲜亮的纺织品，以满足唐朝豪门权贵的需要。据说有七百名织工专门为杨贵妃生产她所需要的各种各样的纺织品。精美的纺织品促使唐朝的社会风气日益腐败，因而庞大的纺织行业就成了时时遭受诋毁的目标，有时还因此局部地呈现出了衰退的迹象。例如唐代宗曾经在大历六年（771）下诏，禁断有复杂的文字图案的纺织物，其中包括单色和彩色的绫以及带有图案的纱。禁断这些纺织品不仅因为它们"异彩奇文，恣其竞夸"，而且也由于"纂组文绣，害女工也"。虽然在诏令中规定"其常行'高丽白锦'，杂色锦及常行小文字绫、锦等，任依旧例造"，但是蟠龙、对凤、麒麟、狮子、孔雀、天马以及芝草等纺织物上的形象都在被禁止之列①。唐文宗也在太和三年（829）颁布了一道类似的诏令，规定"四方不得以新样织成非常之物为献，机杼纤丽若花丝布、缭绫之类，并宜禁断。敕到一月，机杼一切焚毁"②。

在唐代宗允许流通的纺织品中竟然会发现朝鲜的织物——如果"高丽白锦"并不仅仅是一种描述性的名称的话——这实在是一件很新鲜的事情。看来外来的纺织品并不一定会使唐朝的风气腐败。尽管唐朝有卓越的纺织业，但还是进口了大量外国制作的布匹，也许正是由于唐朝自身具有最发达的纺织业，才促成了外来纺织品的大批进口，因为发达的纺织业刺激了人们对于新奇的纺织品的强烈兴趣。作为亚洲各地精美货物

---

① 代宗《禁断织造淫巧诏》，《全唐文》卷47，第6~7页；参见《新唐书》卷6，第3648页。

② 《册府元龟》卷56，第16页。译按，本诏令英译文与原文略有出入。"一月"，《册府元龟》作"一月日"，文义不通；英译文作"新年第一天"，此从《旧唐书·文宗纪》。又"太和"，《册府元龟》误作"元和"。

的征集者，唐朝不可避免地受到了这些进口货的影响，而且当时有一些表现出明显的外来观念印记的唐朝产品也运送到了国外。所以在日本奈良的正仓院和法隆寺保存下来的精美的唐朝的纺织品以及在中亚高昌地区发现的几乎同样的纺织品，都展现出了普遍流行的萨珊波斯的装饰形象、图案和象征。一般说来，这些东西已经完全融进了唐朝文化[①]。例如法隆寺收藏的一件织物，就是由四个圆环图案装饰而成的，每个圆环内都有四个长着胡须、策马持弓的萨珊王的形象，但是在他们的骏马的侧面，却刺着汉字图案[②]。又如在八世纪末写作的一篇题为《海人献文锦赋》的文章中，也描述了一个"舞凤"的图案，其中就有"……重葩叠叶，纷转以成文"的描写[③]。在花卉涡卷或圆圈图案中表现动物形象，这是一种典型的伊朗式的纹样，而这些献给唐朝的礼物，则必定是属于著名的，表现花环中的"凤凰"的唐锦的典型样式[④]。

金衣

开耀元年十二月（682年初），吐火罗使臣向唐高宗贡献了金衣一领，但是这件昂贵的礼物遭到了高宗的拒绝。唐高宗拒绝接受类似这样的奢华物品，几乎是我们预料之中的事[⑤]。

[①]　斯坦因（1921），第907~913页；斯坦因（1928），第674~680页。

[②]　西蒙斯（1948），第12~14页。

[③]　李君房《海人献文锦赋》，《全唐文》卷536，第21~22页。

[④]　原田淑人（1939），第75页。格雷说，虽然鹰、雉以及有翼的狗和神话传说中的"Senmurv"都可以在萨珊朝的艺术中见到，但是"中国－伊朗风格"的"凤凰"却没有在萨珊艺术中出现过。那么这些凤凰图案究竟是什么呢？或许它们是唐朝人吸收了波斯的雉而形成的图案。参见格雷（1959），第51页。

[⑤]　《旧唐书》卷5，第3074页。译按，《说郛》卷52收《摭异记》记载"物之异闻"二十一件，其中有"罽宾国黄金衣"。附志于此，供参考。

毛织品

东、西突厥斯坦的羊毛在中世纪是很有名的[1]。除了毛毯和地毯之外，唐朝人对于毛织品是很熟悉的（例如在唐朝的诗歌中就经常提到毛织品）。小地毯和绒毯在当时似乎还没有输入唐朝。在唐朝本土也有毛织业，以满足唐朝人对于毛织品的需求，但是獭褐不是唐朝生产的毛织品。九世纪时，吐蕃向唐朝贡献牦牛尾、金银器等珍贵物品时，还一起贡献了獭褐[2]。獭褐——或许我们应该称之为"毛布"（hair cloth）——是用水獭毛制成的。虽然水獭在唐朝本土并不罕见，就在九世纪时，有一位以捕鱼为业的唐朝人甚至训练了十余头聪明的水獭为他捉鱼[3]，但是这种非同寻常的织物（唐朝的"羊驼呢"？）却是外来的，尽管它的外表不是。

唐朝本地出产的毛织品几乎与吐蕃贡献的毛织品同样稀奇：长江河口附近的宣州出产一种兔毛制成的"毛布"[4]，甘肃（会州）和鄂尔多斯地区（丰州）也能生产驼毛织品[5]。唐朝人制作这些驼毛织品的技术很可能就是从西方的伊朗人那里学来的。

毛毯

开元十四年（726），安国王派遣使臣来到唐朝，请求唐

---

① 有关马喀迪斯记载的十世纪突厥斯坦纺织品的详细状况，请参见巴托尔德（1958），第 235～236 页的译文。正如斯坦因的发现所表明的那样，在西域也有相当可观的毛纺织业。

② 《新唐书》卷 216，第 4139 页；《唐会要》卷 97，第 1739 页。

③ 《酉阳杂俎》卷 5，第 42 页；参见萨顿（1944），第 178 页。

④ 《新唐书》卷 41，第 3728 页；《国史补》卷下，第 20 页。译按，《新唐书》原文作"兔褐"。

⑤ 《新唐书》卷 37，第 3720～3721 页。译按，《新唐书》原文作"驼褐"。

朝皇帝帮助他们抵御大食入侵者。这些使臣携带了大量珍贵的礼物，其中包括郁金香、"石蜜"，还有"拂林绣氍毹"①，安国王的妻子"可敦"献给唐朝皇后的礼物是"柘辟大氍毹二、绣氍毹一"②。作为这些珍贵礼品的回报，他们请求唐玄宗赐给安国国王鞍辔、器仗、袍带，赐予其妻可敦以衣裳、妆粉③。其他的羊毛毯（包括"舞筵"）也是在八世纪时由罽宾、米国、突骑施、赭时以及史国的君主贡献到长安来的④。在天宝九载（750）运进唐朝京城的"绣舞筵"中，有些特意以"大毛"⑤ 和"长毛"等字眼来形容它们的特征，这些必定是指长毛簇绒毛毯⑥。李贺在一首诗中曾描写过一种用金蛇装饰

---

① 这里的"氍毹"就是指地毯而言。氍毹在另外的文献中又作"氍毛细"。而"氍毛细"即相当于梵文的"varṇakambala"（彩色地毯）；参见伯希和（1959），第 484 页。译按，据《新唐书》原文，事在开元十四年（726）之"后八年"，即开元二十二年（734），作者径置于十四年下，误。又，《册府》卷 999 此事在玄宗开元七年（719），疑《新唐书》"后八年"应是"前八年"之误。

② 毛毯与地毯在这里都作"氍毹"，但是后者带有一个限定修饰词"柘辟"，劳费尔认为"柘辟"这个词与波斯文"tāftan"（纺绩）和英文"taffeta"（塔夫绸）都是同源字。在下文中将要提到的突骑施、赭时等其他一些地方的贡物中，我们发现有"氍毹"，这个词显然也来源于波斯文"tāftan"。所有这些字都是指羊毛地毯。

③ 《新唐书》卷 221 下，第 4153 页；《册府元龟》卷 999，第 15～16 页。

④ 《新唐书》卷 221 下，第 4154 页；《册府元龟》卷 971，第 3、14、15 页。记载这些使团的文献中，有时径直称作"舞筵"。但是在其他地方，这些意义模糊的汉字是与表示毛织品的伊朗字在一起连用的，所以我们认为它们全部都是指羊毛地毯。

⑤ 译按，"大毛绣舞筵"，《唐会要》《新唐书》《旧唐书》均作"火毛绣舞筵"。"火毛"就是下文中将要提到的"石棉"，此处所叙，与下文之"火毛绣舞筵"是同一件事，如以"大毛"为是，则"石棉"条之"火毛"必误，反之亦然。不当此作"大毛"，彼称"火毛"，作者失察。

⑥ 《新唐书》卷 221 下，第 4155 页；《旧唐书》卷 198，第 3614 页；《唐会要》卷 100，第 1784 页；《册府元龟》卷 971，第 18 页。

的舞席，如果说这种舞席可能是来源于波斯的话①，那么，他在另一首诗中提到的中国—波斯名称"氍毹"则毫无疑问就是伊朗地毯——我们确信在八、九世纪时，这种波斯的羊毛毯在唐朝的富豪家里根本算不上是罕见之物。下面引用的这首《宫娃歌》很值得翻译出来，供读者参考。在引用这首诗之前，有必要先在这里略作解释。首先，我们要知道"守宫"就是一种壁虎，根据古代传说，这种小小的蜥蜴可以用朱砂来喂养。用朱砂将蜥蜴喂到它的身体变成红色时，就将它放入臼中捣碎，然后将液体点在皇帝嫔妃的身上。据称，点了这种液体的妇女，如果不发生性关系的话，这些红色的印记就终生不灭，但是一旦有了房事之后，印记就会消失。根据这种方法，天子就可以清楚地知道嫔妃是否对他保持忠贞，而这种壁虎也就因此被称为"守宫"。另外，"七星"就是"北斗七星"。"阿甄"是古代三世纪时的一位统治者的宠妾，而在诗歌中是借用阿甄来说"宫娃"与从前的阿甄同样凄惨和孤寂。"长洲"是一个花园的名称。在这首诗歌中，将当时的形象与古代的形象混合了起来。诗歌中是这样写的：

> 蜡光高悬照纱空，花房夜捣红守宫。
>
> 象口吹香氍毹暖，七星挂城闻漏板。
>
> 寒入罘罳殿影昏，彩鸾帘额着霜痕。
>
> 啼蛄吊月钩栏下，屈膝铜铺锁阿甄。
>
> 梦入家门上沙渚，天河落处长洲路。

---

① 李贺《感讽六首》之一，《李长吉歌诗·外集》，第4页。王琦注云，这是一种毡席，但是这种说法只是一种推测。译按，"感讽"，英文原文作"Kan-tiao"，显然是将汉文"讽"字误当作了"调"。此从原文。

愿君光明如太阳，放妾骑鱼撇波去①。

石棉

从公元初年起，大秦人与中国人就已经知道了石棉的神奇性能。汉朝人认为，石棉是一种大秦的产品，这种看法是完全正确的。因为罗马人非常熟悉这种矿物质，而且他们还知道石棉来自岩石。阿波罗纽斯·底斯科路斯对石棉餐巾的描述如下：

当这些餐巾被弄脏时，去除污垢的办法不是放进水中洗涤，而是点燃树枝，将脏餐巾放在火上，这样餐巾上的污垢就会被清除，而从火里取出的餐巾布就会变得鲜亮而纯净②。

据说在二世纪时，在中国也发生这样一次普普通通但又带有些炫耀味道的展示。当时有人故意将自己的石棉袍弄脏，然后怒气冲冲地将袍子掷进了火里，结果拿出来时却鲜亮如初③。这些轶闻掌故使石棉的汉文名称很容易被人理解——它的汉文名称叫作"火浣布"。但是石棉又另有一种名称叫"火毛"，这个名称表明了关于石棉布的来源的另外一种（捏造出来的）说法，在古希腊的东部地区，有时认为石棉就像

---

① 李贺《宫娃歌》，《李长贺歌诗》卷2，第22～24页。
② 据劳费尔（1915），第303～304页的引文。普林尼还提到了用火除垢的桌布。
③ 劳费尔（1915），第311页。

棉花一样，是来源于植物的一种东西，但是直到六世纪时，在中国人中间和六世纪以后的阿拉伯人中间，最流行的一种说法是：石棉就是火鼠的皮（有时也说是"凤凰皮"），这种皮可以用火来除污翻新[1]。天宝九载（750）波斯向唐朝贡献"火毛绣舞筵"，其实这就是（根据文献中的表述）一块用火鼠毛制成的毛毯[2]。根据同一时期的一首诗歌中的两句诗来看，石棉有时还被用来制作衣服。这首诗描述了一位豪富贵族的服装：

200

　　　　火烷单衣绣衣领，茱萸锦带玉盘囊[3]。

　　石棉与岭南似乎有一种很特别的关系。这很可能是因为进口的石棉布就掌握在岭南商人的手中。元稹（八世纪）在一首反映岭南地区的诗歌中，描写了类似西米、榄香等典型的岭南特产，其中还有火烷布。诗中说：

　　　　火布垢尘须火烷，木绵温软当绵衣[4]。

---

[1]　劳费尔（1915），第 307 ~ 319 页以下到 339 页。参见夏德（1885），第 249 ~ 502 页。

[2]　《新唐书》卷 221 下，第 4155 页；《旧唐书》卷 198，第 3614 页；《唐会要》卷 100，第 1784 页；劳费尔（1919），第 499 ~ 502 页。译按，此"火毛"与上文"大毛"当有一误，不当二说并存，参见上文"毛毯"节下附译注。

[3]　李颀《行路难》，《全唐诗》第 2 函，第 9 册，卷 17，第 1 页。

[4]　元稹《送岭南崔侍郎》，《全唐诗》第 6 函，第 9 册，卷 17，第 7 页。在此我将"绵"（名词作动词用，意思是"将棉花絮进"）译作"for padding"（填塞），没有采取严格的直译。

"木绵"就是"Kapok"（木棉），它是另外一种典型的南方特产[1]。

毡

其实从周朝末年起，中国人就已经知道了制作和使用毡的技艺，但是在汉朝时，相对来说毡仍然被认为是野蛮人使用的毛织品。毡的真正原产地是在伊朗地区，古代伊朗的僧侣和阿契美尼王朝诸王——正像后来在索格底亚那地区的那些模仿他们的人一样——的头上就戴着高高的毡帽[2]。甚至到了唐代，虽然毡已经广泛地用作帘幕、帐帘、帐篷、坐席、鞍褥、靴子以及其他各种各样的覆盖物，但是它仍未完全成为中国的土产。从某种程度上说，在中国人的心目中，毡与酪一样，总是被认为更多地具有游牧生活的特点，而唐朝人对游牧生活的描述也总是突出地强调毡。高阶层的吐蕃武将居住在巨大的毡帐中，这种毡帐可以容纳几百个人[3]。但是松赞干布为了取悦他的汉族王后，却"自亦释毡裘，袭纨绮，渐慕华风"[4]——这种做法为七世纪的社会风气开创了先例，没过几年，在唐高宗统治时期，吐蕃人就向唐朝请求并且得到了"蚕种及造酒、碾硙、纸、墨之匠"[5]。而其他的一些游牧民也与毡有不解之缘，如赤发、绿瞳的黠戛斯人——他们以黑发为不祥——

---

① "木棉"有时候是与棉花混淆在一起的。请参见下文有关唐代棉花的汉文名称的内容。

② 劳费尔（1937），第7~9、14~15页。

③ 劳费尔（1937），第11页。东部的吐蕃人更喜欢住用牦牛毛制成的方帐。

④ 劳费尔（1937），第10~11页。译按，此据《旧唐书·吐蕃传》原文。

⑤ 《旧唐书》卷196上，第3604页。译按，"碾硙"，中华书局标点作"碾、硙"，此据英译文断句。

"皆戴毡帽，喜佩刀砺"①。突厥人则"事袄神，无祠庙，刻毡为形，行动之处，以脂酥涂之。或系之杆竿上，四时祀之"②。

但是毡靴是在长安制作的③。唐朝人使用的"绯毡"来自安西镇④，而白毡则是甘肃内陆和中国鄂尔多斯地区的岁贡之物⑤。七世纪初期，戴黑羊毛毡制成的男人毡帽曾经风行一时，长孙无忌——唐朝律令的编纂者——对这种社会风气的流行负有直接的责任⑥。在唐玄宗赐给安禄山的许多礼物中，也有"绣鹅毛毡"⑦。简言之，虽然毡子带有一些草原上的牧马人的质野之性，但是毡在中国北方就像苏格兰羊毛织品在英格兰一样，是一种很平常的东西。

201 布

就最广义上而言，如果说唐朝人使用的"布"是指由植物纤维纺成的线织出的物品的话，那么，唐朝在本土就能够生产许多种精美的布，尤其是大麻、苎麻以及葛的纤维织成的布。但是唐朝也输入了一些外来的布：唐朝人使用一种鄂尔多

---

① 《新唐书》卷217下，第4143页。

② 《酉阳杂俎》卷4，第36页。

③ 《新唐书》卷37，第3719页。译按，据《新唐书》记载，京兆府土贡有"靴毡"，唐西京长安虽然在京兆府境内，但是并不等于京兆府，此处径作"长安"，似不妥。

④ 《唐六典》卷3，第17页。

⑤ 《唐六典》卷3，第17页。译按，据《唐六典》原文，关内道之原、夏等州贡白毡，即正文之鄂尔多斯。正文之"甘肃内陆"，当指"陇右道"下贡白毡之"西州"，但是西州在今吐鲁番，并不在甘肃境内，此误。

⑥ 《新唐书》卷34，第3713页。原文作"浑脱毡帽"，"浑脱"是一个还没有考定出来的外来字的译音，唐朝用它来指羊毛制成的物品。

⑦ 《酉阳杂俎》卷1，第3页。

斯和蒙古草原出产的"胡女布"。这种布的名称虽然表明它是由非汉族的民族织作的，可是并未告诉我们它究竟是用什么线织成的①。唐朝境内的山西和陕西也有这种"胡女布"。唐朝还从新罗和东北地区输入一种无法考定的布（似乎很可能是大麻纤维）②。就此而言，棉布正好与英文的"linen"的定义相吻合，可是中国人还认为布就等于纺织品。这已经不是本书所要讨论的内容了。

越诺布

越诺布是小婆罗门国的出产物，这种布的商业名称表明，它属于一种"彩色的"毛织品③。小婆罗门国与缅甸的骠国相邻，是一个只吃素食的地方④。在八世纪时，康国也是向长安输送越诺布的一个地区⑤。虽然在宋代的文献中曾经提到过巴格达出产的"纯白的越诺布"——这与这种织物的名称似乎

---

①　见《新唐书》卷37，第39页具列的土贡。译按，《新唐书》所列贡"胡女布"的地区，有关内道之庆州、绥州，单于都护府，河东道之石州和隰州。

②　《册府元龟》卷970，第14页；卷971，第10、16页；《唐会要》卷95，第1713页。这种布在当时被称作"总布"，"总"的意思是"综合的，完整的"，据说"总布"就是每年从仓库中总的存货中拿出来当作租税支付的布，但是这里的"总"究竟是什么意思，词典的编纂者还无法断定。

③　"越诺"就是"varṇakā"。劳费尔想出了"越诺"的伊朗语词源，但是他的说法无法使人信服。见劳费尔（1919），第493～496页。伯希和认为，"越诺"来源于索格底亚那的一个国家的名称，这种看法的理由似乎更充分一些（见伯希和，1928），但是伯希和又断定"越诺"译自与梵文"varṇakā"同一词根的某个帕拉克里语的字，即来源于"varṇa"（彩色的）。

④　《蛮书》卷10，第46页。

⑤　《册府元龟》卷971，第3页；《唐会要》卷99，第1775页。

是自相矛盾的——和来自罗马的"金字越诺布"①。但是对于唐朝的这种"彩色布（棉布？）"的性质，我们还没有发现任何有关的线索。

茧绸

唐朝是丝绸的产地，但它也接受一些来自外国的丝绸。文宗开成三年十二月（839年初），一艘载着生丝平纹织物——为了方便起见，我们可以将它称作"茧绸"②——的船只越过黄海，来到了大唐境内。这是日本统治者献给友邻唐朝的礼物③。这种材料最适合宫廷画师作底布使用。

绸

唐朝以及其他远东国家都能够制作绸或柞绸，柞绸是用野生柞蚕蛾破茧出来后留下的残丝纺织成的④。在八世纪末年，南诏曾经向唐朝贡献吐蕃绸⑤。安南和日本也向唐朝贡献过一种粗糙的绸，我们可以根据英语中的一个外来字，将这种绸称

---

① 夏德和柔克义（1911），第100页。我同意他们的看法，汉文的"芦眉"即相当于"Rūm"（罗马）。

② 汉文作"绢"。译按，标点本《旧唐书》断句作"真珠绢"。

③ 《旧唐书》卷17下，第3125页；《册府元龟》卷972，第10页。

④ 根据中世纪的习惯用法，我们在这里将汉文"绸"译作"tussah"或"bombycine"，现在一般都将"绸"译作"silk"。

⑤ 《册府元龟》卷972，第5页。这种布叫作"吐蕃印八紬"。译按，此事在贞元十年。据《旧唐书·南蛮传》记载："（贞元）十年八月，遣使蒙凑罗栋及尹仇宽来献铎槊、浪人剑及吐蕃印八紐"。《册府元龟》卷976在同年之下也记载："九月辛卯，南诏使蒙凑罗栋来献铎槊、浪人剑及吐蕃印八钮"。南诏献"吐蕃印"是表示归顺唐朝，《册府元龟》卷972之"紬"，当是"纽"或"钮"之讹文，作者信从《册府》，误。关于此事，又请参见《新唐书·南蛮传》。

作 "shantung"①。日本贡献的茧绸是两种，每种有两百匹。一 202
种叫作"美浓絁"，而另一种则称为"水织絁"。水织絁这个
名称很奇怪，我们必须将它与"水蚕"联系起来考虑，否则
就很难理解。在下文中，我们还要讨论到"水蚕"。

但首先还是让我们来看看一些新奇的新罗绸，即八世纪初
期由新罗国向唐朝贡献的，被称作"朝霞绸"和"鱼牙绸"
的纺织品②。黑水靺鞨也向唐朝贡献过"鱼牙绸"③。"朝霞"
是一个很常见的词组，它是指来自下方的光线的照射下，白云
所显示出的耀眼的淡红色的光彩。"朝霞"还被用来称呼大量
从印度群岛输入的普通棉布。当然，正是因为这种朝鲜绸具有
朝霞般美丽的色彩，它才会被称为"朝霞"。至于"鱼牙"，
它可能是指一种淡黄色条纹的设计图案，或者是一种染成明艳
的黄色的条纹，这种样式很容易使人联想起海象的牙齿横剖面
的样子，因此这种绸布就以"鱼牙"为名④。

彩饰丝绸

绵、锦以及那些用彩色图案装饰的华贵的纺织品，尤其是
那些精美的丝绸，在唐代时都被归为一类，通称为"锦"，我
们将这个字译作"brocade"。在这里我们将这类纺织品放在一
起简要地讨论一下。我们应该牢记的是，就唐朝而言，它是当
时这些奢华织物的世界知名的产地，所以唐朝输出的这类货物

---

① 《新唐书》卷43上，第3733页；《册府元龟》卷971，第10页。译按，
　　"shantung"即"山东茧绸"。
② 《旧唐书》卷199上，第3617页；《册府元龟》卷971，第5页；卷972，
　　第2页；《唐会要》卷95，第1712～1713页。
③ 《册府元龟》卷971，第16页。
④ 劳费尔（1913），第341页，特别请参见劳费尔（1916），第355页。

肯定要比输入的多得多。就精美的纺织品而言，波斯是唐朝的一个有力的竞争对手，骨咄禄和罽宾国都曾经不无自豪地向唐朝天子贡献过"波斯锦"①。在这里，我们还必须提到"金线织袍"，这种货真价实、精美华贵的锦，是"黑密牟尼苏利曼"（Amīr al-Muhminīn Sulaymān）——此人是一位忠诚的倭马亚朝的将军——在开元四年（716）贡献给唐玄宗的礼物②。当时在远东甚至可以见到拜占庭希腊风格的纺织品——在吐鲁番附近阿斯塔那的一座墓中发现的一块用八角星装饰的织物，就是一个明显的例证③。此外，由康国的使臣贡献的"毛锦"④和一种新罗出产的锦，也都属于外来的珍奇之物。毛锦很可能是一种毛织品或丝、毛混合织物（muster），新罗锦是新罗人为了纪念其宗主国击败百济人的胜利而贡献的。这块锦上织着一首五言颂歌，颂歌中极尽谄媚之能事，为唐高宗歌功颂德。这块新罗锦是由新罗王的弟弟亲自带来献给唐高宗的礼物。

水羊与冰蚕

在讨论奇异的外来的羊时，我们曾经提到过"土生羊"——即罗马传说中的"斯基泰神羔"——的故事。这个故事很可能表现了阿尔古英雄与金羊毛的传说在远东的模糊的反映，而且它还与"水羊"的故事纠缠在了一起。"水羊毛"

203

① 《册府元龟》卷971，第7、14页。参见劳费尔（1919），第488~492页。
② 《册府元龟》卷971，第2页。除了第一个音节有些费解之外，如果考虑到译文可能稍有省略的话，那么这个译名的其他部分的译音都是相当准确的。
③ 斯坦因（1928），图版第 LXXX。
④ 《册府元龟》卷971，第2页。译按，下文"新罗锦"英文原文无出处，事见《旧唐书》卷199上，《新唐书》卷220《新罗传》。附志于此。

是一种真正的工业用的原料，在公元初年，印度洋沿岸地区就
是用"水羊毛"来织做"pinikón"的。这种以"pinikón"知
名的织物是用一种坚韧而纤细的<u>丝线</u>织成的。这种丝线叫作丝
足。它出自一种产珍珠的贝壳"Pinna squamosa"。珍珠贝是靠
丝足固着在生存的地方。这种织物很可能是波斯湾和斯里兰卡
附近真珠采集业的一种副产品①。这种贻贝织物"永远都能保
持金褐色或者淡肉桂色"②。在中国的传说中，这种能够生产
纺织纤维的生物不叫羊，而是蚕。在一个故事中，曾经提到过
一种从海外传来的奇妙的"丝"，这种丝是由"水蚕"吐出来
的，而故事中说的"水蚕"很可能就是指贻贝。美丽的杨贵
妃有一把琵琶，这件珍贵乐器的琴弦是"渌水蚕丝"，它是大
约在二百五十年前由一个遥远的国家贡献的③。而且，我们在
上文中提到的"神锦衾"也是用水蚕丝织成的。水蚕又称
"冰蚕"，这种非常有用处的生物——传说中正是这样说
的——生长在南海。在其原产地，人们以"五色彩石甃池塘，
采大柘叶，饲蚕于池中"。用这种蚕茧制成的锦衾具有"得水
则舒，遇火则缩"的神奇性能④。据四世纪时的传说记载：
"员峤山……有冰蚕长七寸，黑色，有角，有鳞。以霜雪复
之，然后作茧。长一尺，其色五彩。织为文锦，入水不濡，以

---

① 劳费尔（1915d），第 104 ~ 107 页。夏德早就指出，"水羊"毛就是
"pinikón"。他是从布雷兹切内德那里了解到这种看法的。见夏德
（1885），第 260 ~ 262 页。关于这个问题的最新研究状况，见伯希和
（1959），第 507 ~ 531 页；又见山田宪太郎（1957），第 488 ~ 489
页。

② 劳费尔（1915d），第 114 页。

③ 《太真外传》（《唐代丛书》，13），第 72 页。

④ 《杜阳杂编》（《唐代丛书》，2），第 46 页。

之投火，经宿不燎。唐尧之世，‘海人’献之，尧以为黼黻①。"在汉文中"海人"有时是指"从海外来的人"。这种想象出来的布最容易与完全真实的"冰纨"② 互相混淆，而在无知文人的头脑里就更其如此。冰纨是在公元初年由山东地区出产的一种细洁雪白的织物，"冰言鲜洁如冰③"。正是由于文人们将冰蚕茧织的文锦与冰纨混在了一起，所以一位九世纪时的文人在一首《海人献冰蚕赋》中，就是"以‘四夷即叙，海不藏珍’为韵"。这当然是为了颂扬大唐"化之所被，物无不臻；德之所加，人无或阻"的遍布世界的影响④，而一位泉州刺史也用同样的韵律写了一首《海人献冰纨赋》⑤。这样一来，就将冰山雪岭中的巨大的"冰蚕"茧织成的"文锦"与古代汉朝的"冰纨"完全混淆在了一起，而且他们所描述的"冰纨"也保留了冰蚕丝的神奇的性能。而所谓"不灼不濡，将火鼠以比义；或朱或绿"的描写，甚至将火鼠与冰蚕也混为一谈了。

这两首赋的颂词风格，使我们无法断定他们仅仅是将贡"冰纨"作为唐朝"方五帝而可六，比三王之可四"的一种象征呢？还是真实地描写了某种确实属于唐代时从海外得到的，用冰（或"水"）蚕的茧织成的布呢？如果是属于后一种情况的话，那么这种布恐怕就非"pinikón"莫属了。

---

① 《拾遗记》卷10，第5页。劳费尔认为构成这些故事的素材是马来亚的树皮布。见劳费尔（1919），第499页。

② 即相当于西文"ice taffeta"或"glace taffeta"。

③ 《后汉书》卷3，第656页"冰纨"及注解。

④ 张良器《海人献冰蚕赋》，《全唐文》卷762，第15～16页。

⑤ 韦执中《海人献冰纨赋》，《全唐文》卷524，第13～14页。译按，《全唐文》（CTW）原文误作《旧唐书》（CTS），此改正。

棉布

大约从九世纪时开始，在唐朝的诗歌中普遍出现了咏棉布的词句。以下试举数例：皮日休在一首描写僧人的诗中有"巾之吉贝布，馔以旃檀饵"[1] 的诗句。"吉贝布"（karpāsa-linen）在这里就是指棉布；张籍在一首描写由"昆仑客"带到唐朝的昆仑奴的诗中也写道："金环欲落曾穿耳，螺髻长卷不裹头。自爱肌肤黑如漆，得时半脱'木棉裘'。"[2] 白居易也写过一首诗，描写他保持清晨时分在突厥青毡帐中饮酒的习惯，他在诗中写道：

> 短屏风掩卧床头，乌毡青帽白氎裘。
>
> 卯饮一杯眠一觉，世间何事不悠悠[3]。

从中唐时代起，棉布就已经相当有名了，但是唐朝诗文中的棉布似乎更多地是指一种流行的新奇之物，而不是指古代所熟悉的东西。现在，就让我们回过头来看看棉花在远东传播的历史。

真正的棉花出自一年生的"棉株"（Gossypium

---

① 皮日休《孤园寺》，《全唐诗》第 9 函，第 9 册，卷 3，第 8 页。
② 张籍《昆仑儿》，《全唐诗》第 6 函，第 6 册，卷 4，第 9 页。正如在唐朝文献中经常见到的那样，我在这里将"裘"理解为一种质地结实的"斗篷"（cape），而不是动物的皮毛。
③ 白居易《卯饮》，《白氏长庆集》卷 36，第 18 页。在描写他的有名的"帐篷"的诗歌中，白居易用"青毡"来借指"帐篷"；见白居易《青毡帐》，《白氏长庆集》卷 31，第 9～10 页。在这首诗中，青毡帐也是用来指帐篷的。

herbaceum）和多年生的"亚洲棉"（G. arboreum）。野生的和栽培的亚洲棉都生长在亚洲的热带地区。在古时候的西方和中国的文献中，这些植物的有用纤维往往与东印度木棉以及爪哇木棉的纤维混淆在一起。东印度的这种木棉（Bombax malabaricum）以"simal"知名，而爪哇木棉（Ceiba pentandra）就是"吉贝"①。这两种植物也广泛地生长在南亚地区，它们的纤维可以当作垫料之类的东西使用，但是不能纺纱。

因而真正的棉花并非唐朝本土的产品，而是与它相邻的许多热带地区的特产。然而棉花不能在常年有雨的地区种植，因为在这种地方棉花易患霉病；也正因为如此，我们在马来西亚南部、婆罗洲、苏门答腊或爪哇西部都没有发现棉花生长。像檀香木一样，棉花也生长在具有旱季气候——约在四月至九月间——的地方，如爪哇东部、巴厘岛、巽他群岛以及马来西亚的西部地区都是如此②。最初栽培棉花的地区则很可能是在印度③。

205　　　在公元三世纪时，棉花通过两条不同的道路传入中国：即通过西域和经由印度支那④。棉花的种植法同样也是通过这两条道路传入的。早在后汉时代，后来被称作"云南"的这块

---

① "Eriodendron sp."也同样是与棉花混淆在一起的。关于棉布，见伯希和（1959），第429～430页；关于东印度木棉（simal），见伯基尔（1935），第345～346页；关于吉贝，见伯基尔（1935），第501～505页。
② 与保罗·惠特利教授的私人通信。
③ 伯希和（1958），第43页。
④ 陈祖圭（1957），第4页；伯希和（1959），第447、449页。陈祖圭认为多年生亚洲棉首先是从南方传入，但是在草本棉传入之后，就不再使用了。

地区的非汉族人就已经在种植棉花了，而在中国突厥斯坦，到六世纪时也种植了棉花[①]。

　　西域高昌的棉花在唐朝尤其知名：高昌的土著人种植棉花，然后纺线、织布，再送往唐朝的内地[②]。就行政管理而言，高昌是在唐朝的疆域之内，对高昌的征服肯定大大刺激了唐朝棉花业的产生。但是印度支那和东印度群岛的棉花在唐朝享有更高的声誉。例如：据史书记载：林邑国"王著白氎与古贝（即棉布），斜络膊，绕腰，上加真珠金锁，以为璎珞，卷发而戴花"[③]。婆利国本土也以种植棉花和纺织棉布而著称，在这里"男子皆拳发，被'古贝布'，横幅以绕腰"[④]。具有坚定信仰的伟大的旅行家唐玄奘也记载了印度地区用"吉贝"制成的衣服，但是他却错误地认为，这种衣服是用"野蚕丝"制作的[⑤]。玄奘还记载了性情怯懦、形貌丑陋的吐火罗人，说

---

① 陈祖圭（1957），第3~4页。这条史料将棉花在南方的种植时间置于宋代，而将长江流域种棉的时间定在宋朝末年。正如我们将在本文中论述的那样，我相信在唐朝末年，岭南地区就已经种植了棉花。关于中国南方最初使用棉花的历史，见《资治通鉴》卷159，第5页；陈祖圭（1957），第22及以下诸页。

② 《新唐书》卷221上，第4151页；《旧唐书》卷198，第3612页。在两书中都提到了高昌的棉织业。《新唐书》卷40，第3727页还记载了高昌的土贡棉布。

③ 《旧唐书》卷197，第3609页；参见《新唐书》卷222下，第4159页。

④ 《旧唐书》卷197，第3609页；参见《新唐书》卷222下，第4159页。

⑤ 《大唐西域记》卷2（无页数）。译按，《大唐西域记》（中华书局，1985）原文："其所服者，谓憍奢耶衣及氎布等。憍奢耶者，野蚕丝也。"季羡林等注云："'憍奢耶'是梵文'kauseye'音译，意为野蚕丝。憍奢耶衣即野蚕丝织成的绢衣。《翻译名义集》卷七：'憍奢耶，应法师翻为虫衣，谓用野蚕丝作衣。'"据此，则作者似误解了玄奘的原意，玄奘谓"憍奢耶衣"是野蚕丝所作，并不曾说"氎布"也是野蚕丝作。附录于此，供参考。

他们"多衣氎，少服褐"①。除了记载棉花的产地之外，唐朝还从南方的许多地区输入棉花：例如来自南诏的"纺丝"②；来自林邑的"花氎"和其他的棉织物③以及狮子国贡献的细白氎④等等，都是在当时输入唐朝的。现在已经很难考定的一些南洋的岛国，也曾经向唐朝贡献过棉布⑤。神秘的堕婆登国就是这样一个地方——堕婆登国位于诃陵以西的大海中，据记载，堕婆登国"亦有文字，书之于贝多叶。其死者，口实以金，又以金钏贯于四肢，然后加以婆律膏及龙脑等香，积柴以燔之。贞观廿一年（647），其王遣使献古贝"⑥。

在上文中，我们已经见到了外来语"bagtak"（白氎）和"karpāsa"（吉贝）。在唐代，亚洲棉树、棉花以及棉布是以各种不同的名称知名于世的。我们知道的最早的名称是"橦"，这个名字从后汉一直用到了唐朝⑦。虽然我们还不知道这个名称的最初的来源，但是它到了唐朝后期就已经废弃不用了。唐朝更多使用的是梵文"karpāsa"（棉）的马来语形式

---

① 《大唐西域记》卷12。译按，《大唐西域记》卷12无此记载。同书卷1 "靚货罗（即吐火罗）故地"条下云："其俗志性恇怯，容貌丑陋……多衣氎，少服褐。"大概因为在卷12"瞿萨旦那"（即"于阗"）条下也有 "少服毛褐毡裘，多衣絁紬白氎"的记载，所以作者将两处混在了一起。姑附录于此。

② 《新唐书》卷222上，第4157页。

③ 《册府元龟》卷971，第17页；《唐会要》卷97，第1751页。

④ 《新唐书》卷221下，第4155页；《册府元龟》卷971，第15页；《唐会要》卷99，第1793页。

⑤ 例如"北邑"就曾向唐朝贡献棉布。见《册府元龟》卷971，第17页。

⑥ 《旧唐书》卷197，第3610页。

⑦ 陈祖圭（1957），第2、20页；伯希和（1959），第474～476页。《广雅》对"橦"的定义是"华可作布"。

的汉文读音①，唐朝人经常使用的另外一个名称来源于一个古波斯字的读音②，这个字与巴利文"paṭāka"有某种关系，而且是与现代波斯文"bagtak"同源的一个字③。如果要对"吉贝"和"白氎"进行区分的话，那么，吉贝——或者更确切地说，是汉文翻译的吉贝——是指一种更粗糙的棉布，而白氎是指更精细一些的棉布，但是这种区别并不是经常能观察出来的。正如我们在晚唐的诗歌中已经见到的白氎、吉贝之类有关棉布的词句一样，现在我们再来看看这些诗人的作品，就必然会得出这样一个结论，即到了九世纪初年，在唐朝的岭南地区就已经创立了棉织业。诗人王建的创作期正值九世纪初年，他在一位友人赴广州时写过一首诗，其中有这样的诗句：

　　戍头龙脑铺，关口象牙堆。

　　接下来他又写道：

---

①　伯希和（1959），第433页；参见夏德和柔克义（1911），第218页。常见的汉语形式有"吉贝""古贝"和"劫贝"等，它们都相当于构拟的印度—马来字"*kappāī"；伯希和（1959），第435～442页。由同一来源还衍生出了希腊文的"kárpasos"，希伯来文"karpas"，波斯文"kārbās"和其他的一些字。

②　译按，即白氎。

③　"*bʼαk-dʼiep"（白氎）。"*Bʼαk"在汉文中的意思是"白色"；伯希和认为在译写这个音节时，因为兼取其义而选择了"白"字。但是他还不清楚"*dʼiep"这个音节的最初的含义。见伯希和（1959），第447页。藤田丰八发现了这个双名的波斯字的词源，他的研究表明，"*dʼiep"的"-p"能够被"-k"替换。参见藤田丰八（1959），第548～549页。

206

　　　　白氎家家织，红蕉处处栽①。

　　十世纪的另一位诗人也写过反映"南越"的诗歌，所谓
的"南越"与王建在诗歌中说的"南海"实际上是指同一个
地区，其中有这样的诗句：

　　　　晓厨烹淡菜，春杼种橦花②。

"朝霞"

　　在上文中我们已经指出，"朝霞"这个词在唐朝被用来作
为从朝鲜输入的淡红色柞绸的名称。同样"朝霞"还可以译
作"clouds flushed with dawn"③，用来表示印度支那和印度尼
西亚染色棉布的美丽的桃红色，而且还指某些丝绸。如李贺诗
"轻绡一匹染朝霞"④，就是指丝绸而言。仅有的一个巧合就是

---

①　王建《送郑权尚书出镇岭南》，《全唐诗》第5函，第5册，卷3，第9页。
　　这里所说的"南海"是广州及其近郊的古名。这首诗是称颂郑权出镇南海
　　这件事的。在我们过录的诗句中，描写了郑权将会在岭南见到的东西。译
　　按，据《旧唐书》卷162本传，郑权在长庆元（821）"检校右仆射、广州
　　刺史、岭南节度使"。则这首诗写作的具体时间当在此年。供参考。

②　孙光宪《和南越》，《全唐诗》第11函，第6册，第10页。这里翻译的
　　片断，是这首诗仅存的两句。

③　译按，汉文此意仍为"朝霞"。

④　李贺《南园》（十三首之十二），《李长吉歌诗》卷1，第36页。王琦对
　　"朝霞"这个词做了清楚的解释，他指出，这个词既可以用于"轻绡"，
　　也可以用于南方的"布"（即棉纤维织品），"朝霞，谓其色红黄如朝霞
　　者"。夏德和柔克义（1911），第218页非常荒唐地将这个词译作"宫人
　　的羞态"，但是他们也认为，汉文的这个词很可能是从梵文"kausheya"
　　（丝织品）翻译来的，这种假设与伯希和（1912a），第480页的观点正好
　　互相对立。伯希和将这个词译作"rose d'aurore"，他指出这个词可以一直
　　追溯到"楚辞"。见伯希和（1904），第390页。

忒俄费利·高提厄写的《玫瑰色的衣裙》：

> 色彩像朝霞般美丽，
> 又如同维纳斯的脸庞，
> 乳蕾含苞欲放，
> 风韵楚楚，令人心驰神往。

在王勃的一首绝句诗中，也直接提到过"朝霞"这个短语。但是即使是在这首诗中，它也是指一种使人无法忘怀的纺织品，因为这种"朝霞"是仙杼织出来的：

> 芳屏画春草，仙杼织朝霞。
> 何如山水路，对面即飞花①。

这种粉红色的棉布是直接由安南都护府输入的②，而且甚至像吐蕃这种不大可能种植棉花的地区也曾经向唐朝贡献过"朝霞氎"③。但是正如同其他的棉织品一样，朝霞氎首先也应该是南方印度化的诸国的出产。例如缅甸骠国的棉文化就值得我们加以研究。骠国又称室利差旦罗，七世纪时，骠国人信奉一种以梵文经典为基础的佛教，这种佛教与遵从巴利文经典的古代教派是对立的。他们将骨灰安放在刻有题铭的红陶瓮中④，"其衣服悉以白氎为'朝霞'，绕腰而已。不衣缯帛，云

---

① 王勃《林塘怀友》，《王子安集》卷3，第11页。
② 《新唐书》卷43上，第3733页。
③ 《唐会要》卷97，第1739页。
④ 戈岱司（1948），第132～133页。

出于蚕，为其伤生故也"①。而无独有偶，林邑王"夫人服
'朝霞'古贝以为短裙，首戴金花，身饰以金锁真珠璎珞"②。
207 简而言之，骠国人的服饰与林邑王的服饰是极为相似的③。在
位于北方的唐朝都城中，不仅能见到这些"卷发黑身"的民
族染出的棉布，而且还能看到他们那种粗犷野蛮的装束：当扶
南和天竺乐队在长安宫廷的庆典上用他们的凤首箜篌、琵琶、
铜钹、横笛、贝以及各种各样的鼓演奏时，舞蹈者就穿着朝霞
衣，而天竺舞者的朝霞衣还被裁剪得像是佛僧的袈裟一样④。

---

① 《旧唐书》卷 197，第 3611 页；参见《新唐书》卷 222 下，第 4160 页。
② 《旧唐书》卷 197，第 3609 页；参见《新唐书》卷 222 中，第 4159 页。
③ 林邑西南的岛国耨陀洹是另外一处以"白氎朝霞布为衣"的地方。见
  《新唐书》卷 222 下，第 4159 页；《旧唐书》卷 197，第 3610 页。
④ 《通典》卷 146，第 762 页。

在牛顿看来，

颜色是个并不复杂的概念，

因为色彩就是一种心里的感受。

　　　　　——克里斯托佛·斯玛特 《欢乐归于耶稣》

第十三章　颜料

除了白色之外，长安宫廷里的织工公认的有五种官方确定的颜色：青、绛、黄、皂、紫①。唐朝政府提供给宫廷织工使用的是一些古老而享有盛誉的植物染料，即草本靛蓝②、茜草染料、栀子、栎子和紫草等。有些颜料是用代用品，例如檗木③、黄栌④和小檗⑤，都可以作为黄色颜料来使用，也就是说它们都是栀子的代用品。当时的矿物质颜料主要供画师们染画，妇女们也使用矿物颜料来美容。就矿物颜料而言，传统的材料有作为青色颜料的石青，作为绿色颜料的孔雀石，作为红色颜料的朱砂（有时用铅丹或"红铅"），作为黄色颜料的赭石，作为黑色颜料的炭以及作为白色颜料的白铅矿等。当时其他国家也利用了不少外来的植物颜料，但是我们几乎还没有发现在唐代时有新的外来的矿物颜料。从一个地区到另一个地

①　《唐六典》卷22，第12页。

②　学名为"Polygonum tinctorium"，不是西方靛蓝（Indigoferatinctoria）。

③　即阿穆尔栓皮储（Phellodendron amurense），又称"阿穆尔绒树"。

④　学名叫"Cotinus coggyria"。

⑤　即"伏牛花"（Berberis sp.）。关于小檗和上文提到的两种染料，见《本草纲目》卷35上，第32、33页引陈藏器。此外，陈藏器还记载了其他一些可供利用的植物染料的资料。

区，作为颜料的岩石及其成分并没有多大的差异，或者更确切地说，就岩石颜料而言，地区的差别更多的是矿物藏量各异，而不是种类不同。所以，唐朝进口的染料主要是植物产品。

猩猩血

无论是从来源、名称方面来看，还是仅就当时的传闻而言，在中世纪中国的颜料中，有些颜料确实是很奇特的。据说，有一种从南方的山里采来的"霜"，可以制作紫色染料，还有一种在山湖之中的，可以制成红色染料的"露"——"鹅管山霜可染紫，白庶潭露能染红，为天下冠，恨人无知者"[1]。对于诸如此类的传闻，我们当然会表示怀疑。但是被称作"猩猩血"的染料颜色，却显然与此有所不同。与霜、露比较而言，猩猩血这种染料的存在是多少有真实性的，或者更确切地说，这种染料既有虚构的成分，但又有真实的混合成分。（据说）所谓的"猩猩血"就是一种叫作"猩猩"的动物的血：

> 西国胡人取其血染毡罽，色鲜不黯。或曰，若取其血，问之：'尔与我几许'？猩猩曰：'二升'。果足其数。若加之，鞭捶而问之，则随所加而得。至于一斗[2]。

从文献记载中来看，这种动物很像是类人猿。据古书记载，猩猩不仅能解人语，而且还可以说人言；又据有些人说，猩猩就是"其状白色，遍体无衣襦"的"野女"——这些野

---

[1] 《云仙杂记》卷7，第50页引《湘潭记》。

[2] 裴炎《猩猩铭并序》，《全唐文》卷168，第1~2页。

女以常常出没于安南的热带丛林中而知名①。对于食物品尝家来说，猩猩唇还是一种不可多得的美味食品②。猩猩有嗜酒的习性，南方森林中的土人就是利用这个弱点来捕捉猩猩的。猩猩显然还很有些幽默感，有一则唐朝的故事说："安南武平县封溪中有猩猩焉。如美人，解人语，知往事。以嗜酒故，以屦得之。槛百数同牢。俗食之，众自推肥者相送。流涕而别。时饷封溪令，以帕盖之。令问何物，猩猩乃笼中语曰：'唯有仆并酒一壶耳。'令笑而爱之。养蓄，能传送言语，人不如也。"③

　　虽然这个故事中可能掺杂了一些外国故事和外来传说中的成分，但是猩猩就是中国境内的长臂猿，这一点应该是没有疑问的④。而且十之八九，当时所说的"猩猩"很可能还是个集合名称，它同样还可以指中国南方和印度支那的三种长臂猿：即顶毛黑长臂猿或印度支那长臂猿，白臂长臂猿以及白眉长臂猿。直到现在，在中国的西南地区仍然还可以见到白眉长臂猿⑤；顶毛长臂猿很可能也出现在中国西南地区，而白臂长臂猿通常则分布在更南一些的地区。在八、九世纪的诗歌中，猩

---

① 《本草纲目》卷51下，第36页。

② 译按，《吕氏春秋》卷14云："肉之美者，猩猩之唇，獾獾之炙"。

③ 《朝野佥载》（《唐代丛书》，1），第51页。译按，本段记载英译文有节略，此从原文。

④ 猩猩的故事至少与另外一种叫作"狒狒"的猿的故事混淆在了一起。狒狒也是西南极边地区的一种猿，这种动物也能"作人言""血堪染靴为绯"，此外，狒狒血"饮之使人见鬼"。《酉阳杂俎》卷16，第135页；《本草纲目》卷51下，第36页引陈藏器。李时珍相信，它们是同一种动物。

⑤ 泰特（1947），第138～139页。这三种动物的学名分别是"Hylobates concolor""H. lar"和"H. hoolock"。李时珍在描述猩猩时着意强调了其头上直竖的毛发（《本草纲目》卷51下，第36页），而这正是顶毛长臂猿的一个特征。但是白眉长臂猿在当今中国更为常见。毫无疑问，这两种猿在中国一度是混淆在一起的。

猩常常出现在长江流域和四川地区，在四川，当时可以观赏到
"时见猩猩树上啼"① 的情景——虽然就像其他被迫越过中国
南方边境地区的哺乳动物一样，白眉长臂猿过去分布的地区要
比现在靠北得多。

　　我们希望能够在西方发现猩猩血故事的来源，而埃及的传
说则证明，这并非无根之谈。根据埃及的传说记载，某种犬面
狒狒善解文字，所以埃及人将它供奉给智慧与文学艺术之神
"透特"（Thoth）②；这个传说使我们联想到了饶舌的中国猿。
而且正如亚里士多德、艾里安和普林尼所记载的，在古希腊时
代，猴子以嗜酒驰名，当猴子喝得酩酊大醉时，人们就可以轻
易地捉到它们③，而这种方法与中国西南边疆地区的人们相信
的办法也正复相同。从另一方面来说，在西方传说中，猿以淫
荡好色而著称。将好色的特点归之于猿的直接原因，可能就是
人们想要解释将猿表现为淫欲之物的埃及图画。总而言之，根
据传说，印度的红猿也是很淫荡的，而印度的红猿确实很可能
就是普林尼和艾里安所描述的亚洲猩猩（satyri）的原型④。所
以古希腊的潘⑤是一头淫荡的羊，而古希腊的森林之神——形
似人猿，是淫逸放荡的象征——则是一只好色的猿。猿作为
"奢侈"——此处指性欲——的象征，在欧洲从中世纪起就开

---

① 张籍《送蜀客》，《全唐诗》第 6 函，第 6 册，卷 5，第 3 页。参见张籍
　　《贾客乐》，《全唐诗》第 6 函，第 6 册，卷 1，第 9 页。根据这首诗中描
　　述，长江中部地区的金陵也有猩猩。
② 麦克德莫特（1938），第 43 页。
③ 麦克德莫特（1938），第 83、86 页。
④ 麦克德莫特（1938），第 77~78、108 页。
⑤ 译按，即牧人之神。

始定型了①。但是遗憾的是，"奢侈"并不是中国传说中的猿的突出特征，而且西方的猿血也没有用作织物的染料。

当然，如果在远东以外的地方有以血作为染料的传说的话，那么它的来源的确还有待于我们进一步加以探讨。我们发现在西方有类似的以血作为染料的传说，但是它们都不是类人猿。在西文的词汇中，直到现在还保留着类似"crimson"（血红），"cramoisy"（红布，即一种血红色的布）这样的字。这些字与胭脂虫一样，是古代的一种颜料的来源，即虫胭脂的名称。自从十二世纪以来，在德国和波兰使用的一种虫胭脂被称为"圣约翰血"，在这个名称中，甚至将颜料与灵长目动物联系起来。此外，在西方还将一种植物颜料起名为"龙血"。但是我们尚未在西方发现与猿血有关的颜料。尽管如此，汉文史料明确地告诉我们，"猩猩血"是一种鲜亮的绯色，它是根据对输入唐朝的西国织物的观察得知的，而不是唐朝人自己使用的一种颜料。或许"猩猩血"就是指"虫胭脂颜料"，但是我们却无法解释虫子在这里究竟是怎样变成了哺乳动物。

虽然在唐朝之前，"猩猩血"早就已经成了一种外来的织物染料的名称，但只是在唐朝末年时，它才作为一种颜色名称被广泛使用。当时可以将山茶花的颜色称为"猩血"②，还可以在"猩色"的屏风上画上断枝③，而且时髦女人的唇膏也被

---

① 詹森（1952），第 115，125 页。正因为如此，所以猿代表性欲变态、罪孽深重的人，表示愚蠢、浮华，同时还象征着罪恶。詹森（1952），第 13～22、29～56、199～225 页。而在中国人的心目中，猿就很缺乏这种象征性的意义。

② 贯休《山茶花》，《全唐诗》第 12 函，第 3 册，卷 2，第 6 页。

③ 韩偓《已凉》，《全唐诗》第 10 函，第 7 册，卷 4，第 3 页。

称为"猩晕"①。在我们讨论"瑟瑟"（天青石颜色）时，将会看到这些在九、十世纪的诗歌中出现的新措辞，在诗文中，"瑟瑟"经常是与猩红一起出现的。

紫胶

除了猩猩血之外，唐朝的中国人还确实使用过一种来源于动物的颜料。这种颜料就是紫胶，所谓的紫胶，就是指紫胶虫的分泌物②。在印度支那地区的许多树上都生有紫胶虫。这种虫子还可以在树枝上沉淀出一种含有树脂的物质，这种物质就是市场上流通的虫胶制剂的原料，唐朝的珠宝工匠将这种虫胶作为黏合剂使用③，这与后来的马来人用它将波纹刀刃短剑的刀片与刀柄黏合在一起的用法正好是相同的④。在唐朝，紫胶颜料被称作"紫矿"——这说明人们错误地理解了这种颜料的来源；当时还有另外一种叫法，就是使用外来语，称"紫胶"为"勒佉"（lakka）⑤。

---

① 《妆台记》（《说郛》卷77），第4页。据称这是一部唐代的著作，但是在书中却出现了宋朝的年号。从其记载的事类来看，似乎应该是在十三世纪之后的著作。在《妆台记》中列举的化妆色中，有些在《靓妆记》的片段（《说郛》卷77，第1页）中也出现过，《靓妆记》则是一部真正的唐代的著作，而《妆台记》很可能就是在《靓妆记》的基础上写成的。《说郛》记载的《靓妆记》的内容中没有出现"猩晕"，但是我想在其原来的本子中一定是有这项内容的。李时珍将由水银熔成的银朱称作"猩红"，但是我不知道这个名称究竟是在什么时代出现的。见《本草纲目》卷9，第39页。

② 即"Laccifer（= Tachardia）"属的不同种；分类学家对其分类意见不统一。见伯基尔（1935），第1290~1294页。

③ 《本草纲目》卷39，第7页引苏恭、李珣。

④ 伯基尔（1935），第1293页。

⑤ 薛爱华（1957），第135页。

紫胶是从安南①和林邑②输入的，它被用作丝绸染料和化妆用的胭脂③。

龙血

　　紫胶虫的分泌液转而与一种神话或半神话的动物——即中国"麒麟"——的血混淆在了一起。麒麟血是红桉树胶的一种，它在古代欧洲各地以"龙血"为名进行交易，在中国，认为这种颜料类似于血，所以称之为"麒麟竭"④。其实唐朝人所见的这种颜料是印度尼西亚麒麟血藤的果实内分泌的树脂⑤，但是在贸易中却与索格特拉的龙血——即一种全然不同的植物的树脂⑥——混淆在了一起；此外，人们还将它与不同的印度尼西亚桉树胶⑦以及紫胶混为一谈。在唐代，将麒麟竭作为止血药使用，治疗"金疮血出，破积血"。这种用法至少是部分模仿了巫术的原理，即因为"麒麟血"的颜色与血的颜色类似，所以它就能治疗出血症⑧。虽然我们还不能肯定唐朝人是否真的将它作为颜料来使用，但是在马来亚原产地，它是普遍被用来作为颜料

---

①　《新唐书》卷43下，第3733页将紫胶列为北部湾地区两座城镇的土贡（译按，即福禄州和庞州）。参见《唐六典》卷22，第14～15页。

②　薛爱华（1957），第135页。

③　薛爱华（1957），第135页。特别请参见《本草纲目》卷39，第7页引李珣。

④　薛爱华（1957），第133页。

⑤　即"Daemonorops"属的不同种。麒麟血藤的分类属性还不能确定。参见伯基尔（1935），第747页；参见石禄（1954），第56页。

⑥　即"Dracaena sp."。

⑦　即"Pterocarpus sp."。

⑧　《本草纲目》卷34，第30页引苏恭。

的①，而且唐朝的药物学家也特意强调指出，麒麟竭与紫胶的用法是相同的②。

苏方

"巴西苏木"③ 在中国是以"苏方木"知名的，苏方木是现代东方普遍流行的一个专用名词，它来源于一个与古代爪哇语"sapan"（红色）同源的印度尼西亚字，这个名字来源于巴西苏木中能够制作染料的红色心材④。许多世纪以来，苏方木一直是从扶南和林邑输入的⑤。到了唐代，这些地区仍然是苏方木的重要来源，而唐朝对这种木材的需求量是很大的⑥。萨珊波斯也用苏方作为染料。海南的大海盗冯若芳的仓库里存放着大量的苏方木，这些苏方木就是从波斯商舶中掠夺来的⑦。唐朝人利用苏方染布⑧，同时还用它为木器染色；正仓

---

① 伯基尔（1935），第 747 页。

② 在现代，发现了 "rattan palm Daemonorops" 产出的"龙血"的一种新的用法，即"可用作平版画印版的面饰"。《伦敦时代》（金融与商业评论年刊），1960 年 10 月 24 日。译按，据《本草纲目》卷 37 "麒麟竭"条与卷 39 "紫矿条"所引诸家记载，都说二物"功力亦殊""功效全别"，作者说中国药物学家强调其用法相同，未知何据。此姑存疑。

③ "Brazil"（巴西）来源于拉丁语字根，意思是"通红的火炭"，这个字指马来亚苏方木，这是因为从这种树上得到的染料木的颜色而得名的；后来由本义延伸指南美洲伯南布哥的苏方木，巴西国也是因此而得名的。玉尔（1903），第 113 页。

④ 伯基尔（1935），第 390～393 页；伯希和（1959），第 104 页。

⑤ 见《古今注》与《南方草木状》的记载。

⑥ 《本草纲目》卷 35 下，第 41 页引苏恭；顾况《苏方一章》，《全唐诗》第 4 函，第 9 册，卷 1，第 3 页。

⑦ 劳费尔（1919），第 193 页；高楠顺次郎（1928），第 462 页。

⑧ 《本草纲目》卷 35 下，第 41 页引苏恭。

院收藏的一个漂亮的"黑柿盒"，就正是用这种染料染成的[①]。

骨螺贝？

隋朝的末代君主每天都要给宫女们分发一种名叫"螺子黛"——或"睫毛油"——的化妆品，据说这种化妆品是从波斯输入的。她们按照当时流行的式样，用这种化妆品将眉毛描长[②]。史书中没有记载这种化妆品的颜色，但是它的汉文名称使我们强烈地联想到是从骨螺贝中提取的，古代的提尔红紫。我还没有发现唐朝有关这种染料的记载（虽然有少量隋代的化妆品必定会一直留存到隋朝灭亡之后！），但是，这种著名的染料在唐代时输入远东的可能性是完全存在的。

青黛

除了以古老的草本蓝——一种由蓝[③]提取的中国土产的"靛青"——作为原料来源之外，唐朝的化妆品工匠使用的还有一种叫作"青黛"的颜料，这是一种由波斯输入的，从真正的靛青中得到的颜料[④]。据认为，这种深蓝色的颜料最初起

212

[①]　石田茂作与和田军一（1954）。正仓院收藏的苏方木心材标本中的苏方颜料现已经完全腐烂。朝日奈安彦（1959），第498页。山田宪太郎指出，后代在印度使用的一种苏方木被称作"秦"，这是因为它来自古时候中国保护领地之内的暹罗地区。见山田宪太郎（1959），第130～140页。

[②]　《南部烟花记》（《唐代丛书》，8），第72页。

[③]　学名叫"Polygonum tinctorium"。蓝可以制成一种叫作"靛"的颜料。

[④]　青黛是用"Indigofera tinctoria"制作的。见《本草纲目》卷16，第21页；劳费尔（1919），第370～371页；克里斯坦森（1936），第123页。

源于印度，但是很早起就在埃及得到了应用，后来又在伊朗诸国中使用[1]。在唐代，"青黛及安息、青木等香"都被认为是曹国的一种出产[2]，拔汗那国也是青黛的产地，这里的妇女就是用青黛来描眉的[3]。开元五年（717），拔汗那国在贡献其他礼物的同时，也向唐朝贡献了青黛[4]。

唐朝的妇女也向她们的西国姊妹一样，使用这种外来的化妆品画眉。正如我们在李白的诗中看到的：

> 葡萄酒，金叵罗，吴姬十五细马驮。
>
> 青黛画眉红锦靴，道字不正娇唱歌。
>
> 玳瑁筵中怀里醉，芙蓉帐里奈君何[5]？

到了八世纪末期，德宗朝的宫女们也还是用青黛来描画"蛾眉"[6]。

到了九世纪初年时，"青黛"就被诗人们用来作为一种特定的，指称远山的颜色的词了。白居易有"山名天竺堆青黛"[7] 的诗句。而元稹的"华山青黛扑"[8]，则显然更加醒目而生动。与"猩猩血"一样，利用外来的颜色进行形象化的描写，是这个时代的一大特色。

---

① 伯基尔（1935），第 1232～1233 页。

② 《太平御览》卷 982，第 1 页引《唐书》。

③ 《经行记》，第 1 页。

④ 《册府元龟》卷 971，第 2 页。

⑤ 李白《对酒》，《李太白文集》卷 24，第 4 页。

⑥ 《妆台记》（《唐代丛书》，77），第 3 页。

⑦ 白居易《答客问杭州》，《白氏长庆集》卷 24，第 4、5 页。

⑧ 元稹《春》，《全唐诗》第 6 函，第 9 册，卷 13，第 4 页。

婆罗得

以梵文名称"bhallātaka"（婆罗得）[①] 知名的"印色坚果"，是从西海和波斯国输入的，它可以用来"补腰肾"，还能够"染髭发令黑"[②]。这种印色坚果树是印度北部的土产，它在当地被广泛地用来在布的表面染上黑色的斑点，还可以制作一种灰色的颜料[③]。我们还不能肯定唐朝人是否也用它来制作深灰色颜料。

栎五倍子

所谓的栎五倍子，是由分布在"染料橡树"[④] 和其他橡树花蕾周围的五倍子蚜虫的刺激下而形成的一种圆树瘤，它含有丰富的鞣酸，将它与铁盐结合，就可以轻易地得到一种黑蓝色的墨水，所以栎五倍子被广泛地用于制作墨水和颜料。自古以来，中国人就能够从中国本地的橡树和橡子中得到鞣酸，但是他们也适当地从波斯输入这种颜料，以伊朗名"无食"或"摩泽"知名的栎五倍子在当时被看作是上品[⑤]。据苏恭记载，五倍子也生长在西域沙漠中的柽树上[⑥]。虽然在药物学家的著

① 学名为"Semecarpus anacardium"。汉文作"婆罗得"，"得"又作"勒"。劳费尔（1919），第 482～483 页。

② 《本草纲目》卷 35 下，第 39 页引李珣、陈藏器。

③ 伯基尔（1935），第 1991～1992 页。

④ 学名为"Quercus infectoria（= Q. Lusitania）"。

⑤ 劳费尔（1919），第 367～369 页。参见伯基尔（1935），第 1043 页。常见的汉文名称叫"无食子"，但是《酉阳杂俎》（书中对这种树作了详细的描述）又作"摩泽"。

⑥ 《本草纲目》卷 35 下，第 39 页引苏恭。译按，此说不确。苏恭原文说："无食子生西戎沙碛间，树似柽"。并没有说生在柽树上。

213

作中只是介绍了栎五倍子在各种医疗滋补和"乌须发"方面的作用，但是我们可以想见，它像婆罗得一样，也完全有可能在当时被用来染色。

藤黄胶脂

藤黄胶脂（Gambodge）是以其真正的原产地"Cambodia"（柬埔寨）命名的。这种染料是与倒捻子有亲缘关系的一种印度支那树的凝固的树液[①]，利用这种树液可以生产出一种在远东有很高声誉的、美丽的黄色颜料。"它可以制成一种金黄色的暹罗墨水，在当地制作的黑纸书本上书写。"[②] 藤黄胶脂是被中世纪中国画家大量使用的唯一的一种草本颜料。在中国，它被称作"藤黄"[③]。据李珣记载，画家和炼丹术士都需要这种颜料[④]，所以它必定在唐代时就已经输入，而且很可能是从林邑输入的。

扁青

碱性的铜碳酸脂、孔雀石和石青，是中国画家使用的传统绿色和青色颜料。对于青、绿两种颜料浓、淡不同的几种色彩，在中世纪中国流行着各种不同的俗名和专名。区分这种颜

[①] Garcinia hanburyi 可以生产暹罗和林邑的藤黄胶脂。伊朗西部的 G. morella 也可以生产藤黄胶脂，但是在十六世纪以前，它似乎没有得到利用。倒捻子是 G. mangostana 的产品。伯基尔（1935），第 1050～1051 页。

[②] 伯基尔（1935），第 1050～1051 页。

[③] 意思相当于英文"rattan yellow"。

[④] 《本草纲目》卷 18 下，第 52 页引李珣。李珣引《广志》称，这种树生长在中国的中部地区，但是后来的药物学权威怀疑它们不是同一种树。李时珍引证了周达的记载，藤黄生于真腊，周达将它称作"画黄"。

料色彩深浅的一个传统标志是，颜料的粉末越粗，色彩越重；反之，粉末越细，则颜色越淡。蓝铜矿通常叫作"石青"，但是炼丹术士也给这种颜料起了一个古怪的名字，叫"青要女"①。深色的粗粉末制剂叫"大青"。据苏恭记载，"扁青"②是从扶南和南方由商舶带到唐朝来的。这位药物学家本人认为扁青就是孔雀石③，其实扁青很可能是一种粗糙的、薄片状的、深蓝色的石青④。在丹士的隐语中，有时确实径直将石青称作"昆仑"⑤，而他们说的"昆仑"就相当于我们现在所说的"印度支那"。

雌黄

雌黄就是美丽、黄色的砷硫化物（出自"auripigmentum"），西方画家也将这种颜料称作"王黄"，而在中国由于人们发现它与"雄黄"（realgar）⑥有关，所以将它称作"雌黄"⑦。在炼丹术士玄妙的隐语中，雌黄被称为"神女血"或"黄龙

214

---

① 《酉阳杂俎》卷2，第12页。

② 即"flake blue"。

③ 见《政和证类本草》卷3，第35页与《本草纲目》卷10，第3页引《唐本草》。

④ 《本草纲目》卷10，第3页引苏恭。李时珍本人认为，苏恭的说法是错误的。但是艾惟廉认为，扁青就是孔雀石（艾惟廉，1954，第187页）；而里德和帕克则将它称作一种钴矿石或花绀青（虽然他们说，有时也指石青），见里德和帕克（1928），第58页。此从于非闇的观点，他认为"扁青"就是来自云南和缅甸的"大青"，而所谓的大青就是一种粗糙的石青。于非闇（1955），第4页。钴从来没有被用作中国画家的颜料；在唐代时，钴盐刚刚开始被用为陶釉上色。

⑤ 何丙郁和李约瑟（1959），第182页。

⑥ 意思相当于英文"cock yellow"。

⑦ 意思相当于英文"hen yellow"。

血"①。他们认为"舶上来如'噀血'者上，湘南者次之"②。雌黄又称"金精"，正如石青被称作"铜精"一样，称雌黄为"金精"，是因为他们认为雌黄与矿物学上的黄金有关③。至少早在公元五世纪时，这种精美的颜料就已经从扶南和林邑输入了中国，所以它又被称为"昆仑黄"④。因此，对于从敦煌带来的那宛若金黄的绢画，我们也就不会感到惊讶了⑤。在唐代，商弥附近的地区以盛产雌黄、葡萄著称⑥，但是我们不知道这里的出产当时是否输入到了唐朝境内。

正如我们在文学作品中了解到的那样，在唐朝妇女中最普遍流行的时尚是使用"额黄"⑦。当时涂抹额头最常用的颜料似乎是一种类似天然一氧化碳的铅黄，但是很可能有时也使用金黄色的砷——虽然砷与铅颜料一样，保留时间过长对皮肤有害⑧。就像青色和黑色一样，黄色对出身高贵的妇女的面部化妆是完全合适的。类似这样的时尚，有些是从外国起源的，一方面它们的出现立即触发了诗人们欢愉的情感，同时也激起了有些诗人的愤慨。白居易在《时世妆》这首诗中，表达了他对九世纪初年的化妆和流行发式的看法，以下是阿瑟·韦利的译文⑨：

---

① 薛爱华（1955），第 76 页。
② 《政和证类本草》卷 4，第 10 页引《丹房镜源》。
③ 薛爱华（1955），第 75 页。
④ 《本草纲目》卷 9，第 40 页引陶弘景。
⑤ 薛爱华（1955），第 75 页。
⑥ 《新唐书》卷 221 下，第 4154 页。唐代的"商弥"就是"mastūj"。
⑦ 原田淑人（1944），第 5～6 页。
⑧ 伯基尔（1935），第 242 页。
⑨ 译按，此从原文。

时世妆，时世妆，出自城中传四方。

时世流行无远近，腮不施朱面无粉。

乌膏注唇唇似泥，双眉画作八字低。

妍媸黑白失本态，妆成尽似含悲啼。

圆鬟垂鬓堆髻样，斜红不晕赭面状。

昔闻被发伊川中，辛有见之知有戎。

元和妆梳君记取，髻堆面赭非华风①。

---

① 韦利（1927），第3页。描写这里所说的眉毛以及其他当时流行的唐朝式
样的绘画，见刘凌沧（1958），特别请参见第10图。

你的宝石，药物和金黄的鲸蜡，

你的盐，硫黄和水银，

你的浓重的油，生命的树，殷红的血，

你的白铁矿石，氧化锌和泻盐，

············

和其他许许多多奇异古怪的配料，

能使人一举成名？

——琼森《炼金术士》，第二幕①

---

① 译按，琼森（1572 年 6 月 11 日 ~ 1637 年 8 月 6 日），英国剧作家、诗人、评论家，被公认为是仅次于莎士比亚的剧作家。主要剧作有《人人扫兴》《冒牌诗人》《黑假面剧》《狐狸》等。《炼金术士》创作于 1610 年，描写拜金主义者的愚昧，是当时最受欢迎的剧目。

第十四章　工业用矿石

　　在中世纪时的印度，大量贸易商品名称的前缀都是"cīnī"或"cīna"①。这种前缀名称标志着这些商品来自中国，同时也表示这些商品的质量优秀，因为在当时人们的心目中，从中国这块物华天宝、人杰地灵的土地上传来的商品都具有上乘的质量；唐代求法高僧玄奘观察到的情况就正是这样。在印度，桃被称为"至那你"（cīnanī）——"唐言'汉持来'"；梨称"至那罗阇弗阇罗"（cīna rājaputra）——"唐言'汉王子'"②，如此等等，不一而足。实际上这些词句并不是特指真正的中国产品，而是指在中国贸易中占有某种重要地位的商品，这与唐朝人说的"波斯"货物往往是出产于马来亚或印度的道理是一样的。在名义上的中国货物中，"至那粉"（cīna piṣṭa）是指铅朱或铅丹；"至那铅"（cīna vaṅga）是指铅。在唐代时，中国人已经开发出了铅矿，而且掌握了制作铅丹的秘密（他们将铅丹看作是一种朱砂，而这种朱砂可以神秘地用铅，而不是用水银来生产），可能正是因为如此，才会有

────────

① 译按，译言"至那"，指中国。

② 山田宪太郎（1959），第 147 页，注（6）引玄奘。译按，原文见《大唐西域记》卷 4 "至那仆底国"。

"至那粉""至那铅"之类的名称出现。总而言之，这些名称表明了唐朝的工业用矿石在中世纪亚洲所享有的崇高声望①。

中国盛产多种矿石，其中大多数都是唐朝工匠出于实用的目的而加工过的。的确，古代的中国人就已经令人惊奇地对矿物界进行了全面的调查。对于矿石及其属性的研究，是古代中国人走在世界前列的一个领域。除了进行研究之外，他们还能够为画师、革匠、玉石匠以及其他工匠提供必需的矿石原料。这些工匠不仅需要质量上乘的矿石，而且也了解矿石的性能。当然，尽管中国古代的炼丹术士、艺术家以及医师具备了有关矿物的杰出的知识，但这并不足以保证他们能够分清市场上公开出售的矿石是否弄虚作假。因为市场上的商人随时都在向粗心的买主出卖真矿石的代用品。这样一来，现代学者就会像中世纪的买主一样被弄糊涂，因为对同一种名义上的标本，留给他们的却是一堆相互矛盾的记载。幸运的是苏恭和其他一些唐朝药物学编纂者详细地记下了许多这种假冒货，例如七世纪的商人总是以石膏——水合硫酸钙——为名来出售方解石（碳酸钙）②。但是有些比较粗疏的药物学家有时也会不加甄别，有闻必录，这样就会将两种物质的属性记在一种物质的名下，而这种情形则使二十世纪的学者感到束手无策。

在唐朝使用的外来的矿石中，有些其实在唐朝境内也能够采掘到，但是这些外来的矿石被认为比远东的同种矿石更纯正或更具有效力，雄黄就是一个很典型的例子。而其他有些外来的矿石则是唐朝的手工业当时还不能提供的一些加工而成的试

① 山田宪太郎（1959），第 132 页。
② 《政和证类本草》卷 4，第 19 页引《唐本草》。方解石因其著名的劈理而得名。石膏（包括雪花石膏）则因为外观略呈白色而得名。

剂——一氧化铅就是属于这一类。所有这些产品都是唐朝输入的，而它们和其他一些产品正是本章所要讨论的内容。

盐

唐朝出产大量的盐。陈藏器说，盐"四海之内，何处无之，唯西南诸夷稍少"[①]。这种有用的矿物质的主要来源是海水。在古代，沿海的齐国（今山东）是煮盐业的巨大的中心产地，到了唐代，这里还继续保持着盐业方面的重要地位[②]。但是自从汉代以后，在四川地区也可以通过深邃的盐井得到盐水和天然气[③]，此外，中国人还有可供开采的岩盐矿和边疆地区的干涸的盐湖。例如正好位于黄河河套地区，与蒙古边界相接的丰州非汉民族定居地区，每年都要为唐朝政府采盐一万四千多石[④]。在可以确认的各种盐中，"戎盐""光明盐"以及"印盐"等品种，都是能够用于烹调和工业的盐。"戎盐"实际上是一种混合盐，除了钾和氯化钠之外，它还包括含有镁、钙、钠等成分的水合硫酸盐，由于所含的杂质的多少不同，其颜色也就各不相同。戎盐是从甘肃、青海等西北干旱地区的"碱土"中采集来的[⑤]，简而言之，这是一种遗留在古盐湖干

---

① 《本草纲目》卷2，第6页引陈藏器。
② 李约瑟（1954），第93页。
③ 李约瑟（1954），第244页。
④ 《旧唐书》卷48，第3273页。
⑤ 《本草纲目》卷11，第7页；《政和证类本草》卷5，第20页引苏恭。苏恭特别将沙州和廓州作为戎盐的产地。苏恭称："戎盐即'胡盐'也。沙州名'秃登盐'，廓州名'阴土盐'。生河岸山坡阴土石间，故名。"所谓的"倒行神骨"（《酉阳杂俎》卷2，第12页）则显然是一个道教名称。通过对正仓院收藏的一个无釉陶罐中的样品分析，辨认出了这种混合物所包含的成分。进行鉴定的科学家将它称作"中国盐湖"中采集的一种泥土。朝日奈安彦（1955），第496~497页。益寿富之助（1957），第46、48页。

涸湖床中的结晶质沉淀物。"光明盐"就是岩盐①。"印盐"因其外形而命名，它是一种经过人工提炼的大块长方形结晶体。这种盐的外形很像是普通汉文公文上的印章，所以称作"印盐"②。陕西西部灵州的"印盐"质量优良，从而也就有资格作为"土贡"送往长安③。

通过政府的专利经营，唐朝有丰富的盐资源可供利用。但是使人感到惊奇的是，我们看到唐朝还有进口的盐——当然这种进口的商品实际上并不是非常重要，因为唐朝进口的盐显然是局限于彩色盐。他们认为这种盐在医疗中有特别理想的作用。"绿盐"就是这样一种盐。但是"绿盐"与食用盐（氯化钠）毫不相干。关于绿盐，我们已经在第十一章的"胆矾"中进行了讨论。

天宝五载（746），突骑施、石国、史国、米国以及罽宾的联合使团向唐朝贡献了"黑盐"——同时贡献的还有一种"红盐"④，天宝十载（751）、天宝十二载（753）位于乌浒水以南，以"国有车牛，商贾乘以行诸国"著称的火寻国，也向唐朝贡献了黑盐⑤。至于黑盐究竟为何物，我们已经无从得知了。

---

① 益寿富之助（1957），第46页。
② 石声汉（1958），第75页。《齐民要术》中描写了印盐的制作工序。萨蒂兰詹·森（1945），第88页试图将"印盐"解释为"印度盐"。他说，印盐就是以"Saindhava"知名的印度岩盐。据"Āyurveda"记载，它是一种最好的盐。这种说法固然很引人注目，但它只是一种不大可能的假设。
③ 《新唐书》卷37，第3720页。
④ 《册府元龟》卷971，第15页。译按，此所谓"联合使团"，误。参见上文第九章"诃子"节附译注。
⑤ 《新唐书》卷221下，第4154页；《册府元龟》卷971，第19页。译按，《新唐书》"火寻传"原文说火寻国"居乌浒水之阳"，我国古人以水北为阳，作者此云"乌浒水南"，误。

明矾

　　古代东、西方的医生、染匠以及皮革匠都使用明矾。医生最熟知的是明矾的止血功能；染匠将明矾作为一种媒染剂，它能够将可溶颜料变成不可溶色淀；而皮革匠则用明矾来使动物皮变得柔软。此外，唐朝的纸匠也使用明矾来为高档装潢纸上光[①]。

　　在唐代，人们根据明矾的颜色对它进行了分级。"白矾"是纯明矾，其余的明矾颜色不同，纯度也各异。但是有时所谓的"明矾"，肯定是指一些表面上看起来与普通明矾很相似的水合硫酸盐。有些白矾是由唐朝西部和西北部地区生产的，但是供宫廷精工制作纸张需要的最优质的白矾原料，是从中亚的高昌输入的[②]。据记载，"波斯、大秦所出白矾，色白而莹净，内有束针文"；这种白矾非常受唐朝炼丹术士的欢迎，而唐朝的药剂师也很喜欢使用波斯矾[③]。

　　"黄矾"很可能就是被称作"铁铝矾"的铁、铝水合硫酸盐；而且唐朝人说的黄矾很可能与毛矾石混淆在了一起[④]。黄矾是西北沙州和瓜州城的土贡[⑤]，炼丹术士利用黄矾作"染皮

①　赵文锐（1926），第958页。艾惟廉将唐代的"熟纸"译作"敲击平滑，用白矾做过表面处理的纸"。参见艾惟廉（1954），第247页，注（1）。在唐朝皇宫里"掌详正图籍"的弘文馆（《新唐书》卷47，第3742页）和集贤殿书院中都使用了"熟纸匠"。《唐六典》卷20，第18~19页将明矾与宫廷造纸场使用的黄色颜料、大麻以及其他原料列在了一起。

②　《唐六典》卷20，第18~19页。

③　《本草纲目》卷11，第11页引李珣。

④　益寿富之助（1957），第181页。

⑤　《新唐书》卷40，第3726、3727页。

用"①。"绿矾","正如琉璃色"②，它显然就是"melanterite"③。绿矾还可以通过煅烧，氧化为"绛矾"④。

唐朝有一种从波斯传来的明矾，这种明矾"内有金线文"，这种明矾也深受炼丹术士的青睐⑤。但是它究竟是一种什么矿石，在远东的日常生活中是否也有实际的用途，对此，我们都一无所知。

218 硇砂

氯化氨或"氯化钠"⑥ 自然是应该存在于火山区的喷气坑附近，但是也有可能是用家畜粪配制成的。唐朝从西域输入硇砂，据记载"硇砂出西戎，形如牙硝，光净者良"⑦。在唐朝的硇砂当中，最重要的一种是从安西都护府的所在地龟兹输入的硇砂⑧。唐朝人称呼的"硇砂"，是一个印欧语系的名称，这个名称很可能来源于与波斯文"nausādir"有关的一个粟特字⑨。唐

---

① 《本草纲目》卷11，第11、13页引苏恭。

② 《新唐书》卷40，第3737页；《本草纲目》卷11，第12页引苏恭。

③ 益寿富之助（1957），第199页。

④ 《本草纲目》卷11，第11、12页引苏恭。"绿矾"与孔雀石以及其他一些从印度支那输入的绿矿石混淆在了一起。见《政和证类本草》卷3，第40页引《唐本草》"绿矾"条注。

⑤ 《本草纲目》卷11，第11页引苏恭。劳费尔（1919），第475页认为这种有金线的明矾出产于他假设的"马来亚波斯"。但是他又说，现代的印度和缅甸也生产这种明矾。

⑥ 译按，即指硇砂。

⑦ 《本草纲目》卷11，第10页引苏恭。参见李约瑟（1959），第654～655页。

⑧ 《新唐书》卷40，第3727页。巴托尔德指出，在费尔干纳附近的布达姆山里，有重要的硇砂采掘现场。见巴托尔德（1958），第169页。在乞尔曼也有硇砂采掘地。劳费尔（1919），第507页。

⑨ 劳费尔（1919），第506页。

朝的金饰工匠将硇砂作为一种助熔剂，用来焊接金、银[1]。硇砂还在唐朝的医药中占有重要的地位，而且也的确是在唐代的药物学著作中最早提到了硇砂[2]。虽然唐朝的药物学家告诫人们说，硇砂有毒"不宜多服"，但是他们又强调硇砂对缓解支气管充血和其他支气管炎的特殊功效[3]。

硼砂

硼砂形成于中国西部的干旱地区，尤其是西藏的湖滨[4]。当时硼砂是由这些地区运送到唐朝供制作金属器的工匠使用的。唐朝的工匠利用硼砂所具有的熔解金属氧化物的性能，将它作为金、银等金属的焊剂来使用[5]。但是在唐朝的药物学著作中并没有提到硼砂[6]。

硝石、朴硝与芒硝

唐朝的药物学家根据古代的传统，对众多芒硝（一种水合硫酸镁）与朴硝（或"结晶硫酸钠"，即一种水合硫酸钠）之间，以及芒硝、朴硝与硝石（硝酸钾）之间全都在称谓上

---

[1]　《本草纲目》卷11，第11页引苏恭。

[2]　劳费尔（1919），第504页。

[3]　《本草纲目》卷11，第10页引甄权、苏恭、陈藏器。

[4]　里德和帕克（1928）。

[5]　《唐六典》卷22，第14～15页将硼砂列入了宫廷珠宝匠的必需品中，《本草纲目》卷11，第10页引苏恭解释说，硼砂"可焊金银"。译按，据《本草纲目》原文，此"苏恭"（Su kung）应为"苏颂"（Su sung）之误。

[6]　见劳费尔（1914），第89页；劳费尔（1919），第503页。唐朝人称"硼砂"为"大硼砂"。劳费尔认为"硼"与藏文"bul"（苏打）同源，所以它的意思是"泡碱"，而不是"硼砂"。

予以了区分，但是，唐朝药物学家同时还认为这几种矿物质在本质上有密切的关系。这些矿物质都来自中亚的干旱地区，它们是由中亚地区的碱湖蒸发而形成的[①]。

在这几种矿物质中，硝石在工艺制作中最著名，也最重要，这是因为它具有助熔的属性[②]，所以对于道教炼丹术士来说，硝石具有至关重要的意义。此外，硝石还可以用来配制烟火，唐朝有"焰花""银花"以及"桃华"等说法，而这些显然都是指美丽的焰火而言。另外唐朝还出现了某种转轮烟火[③]。所有这些烟火可能都需要硝石作为原料。到十三世纪时，阿拉伯人还在硝石和烟火中保留了相当多的中国特色，他们将硝石称作"中国雪"（thelj as-Sīn），而将火箭则称为"契丹矢"（sahm Khatāī）[④]。

水合硫酸钠被称为"朴硝"[⑤]，但是与被叫作"芒硝"[⑥]的泻利盐（epsomite）相比，朴硝在医疗上的作用就显得黯然失色了。"芒硝"因其尖锐的结晶状而得名，它是通过蒸馏法从不纯的朴硝中提炼出来的[⑦]。正如我们从保存在正仓院的一个样品中了解到的那样，通过这种方法可以得到一种非常纯正的试剂[⑧]。唐

219

---

① 《本草纲目》卷11，第9页引陈藏器。
② 薛爱华（1955），第85页。参见章鸿钊（1921），第208~210页。
③ 王铃（1947），第164页。
④ 劳费尔（1919），第555~556页。
⑤ 英文的意思是"crude niter"。"硝"与"消"同源，大概含有"融解石头"的意思。
⑥ 英文的意思是"spiky niter"。
⑦ 《本草纲目》卷11，第9页引苏恭。
⑧ 木村康一（1954），第2页。直到最近，人们仍然认为"芒硝"与"朴硝"是同义词。根据唐代文献的记载以及对正仓院样品的研究，表明这种看法是错误的。

朝人已经掌握了芒硝通泄清淤的性能，唐朝的医师在药方中经常使用芒硝[1]。

硫黄

唐朝医师的药剂中需要硫黄，炼丹术士配制朱砂丹药更需要硫黄，硫黄还可以配制画师以及朝廷征发的化妆品中所需要的美丽的朱红。此外，硫黄也可以用于烟花图案的制作。

硫黄对治疗皮肤病很有疗效，也正是这个原因，自从汉代以来含有硫黄化合物的温泉就一直深受人们的欢迎[2]。据悉，硫黄还具有生热的功能，它能够加热温泉的水；正是因为同样的原因，在医药中，硫黄的作用是使身体变暖——例如，硫黄可以"治腰肾久冷"[3]。自古以来，中国人就认为硫黄杯具有包括益寿延年在内的一些神奇的性能。代宗朝宰相元载"饮食冷物用硫黄碗，热物用泛水瓷器"[4]。这样就能做到冷热均衡，从而起到滋养延年的作用。道教术士韦山甫甚至能"以石硫黄济人嗜欲，故其术大行"[5]。

在许多世纪中，硫黄由船舶从印度尼西亚运来，以满足以上的种种用途[6]。这些硫黄很可能是在印度尼西亚的火山地区采集到的。唐朝人将这种黄色的矿石称作"流黄"[7]。九世纪

---

[1] 《本草纲目》卷11，第9页引甄权；《本草纲目》卷11，第9页引苏恭。

[2] 薛爱华（1956），第65页。

[3] 《本草纲目》卷11，第10页引甄权。

[4] 《云仙杂记》卷1，第2页。关于使用硫黄杯的情况，见《本草纲目》卷11，第11页。

[5] 《国史补》卷下，第17页。

[6] 《本草纲目》卷11第10页引李珣。十一世纪时（据苏颂记载）只从岭南输入硫黄。

[7] 或称"石流黄"。

的一位诗人曾经用"流黄"来指称一种黄色的布。这种情况对我们来讲一点也不会感到意外，因为这时盛行新的色彩的比喻。温庭筠在诗中也使用了这种比喻：

> 小妇被流黄，登楼抚瑶琴①。

然而这种文学语言虽然正好与九世纪的社会风气相吻合，但是实际上在唐朝之前创作的诗歌中，很早就已经使用了这个词，当时是用它来指一种黄色的绢②。

雄黄

与雌黄一样，雄黄是一种硫黄与砷的化合物，更重要的是因为雄黄是在金矿附近被发现的，所以人们认为它是"金之苗"——这一点也与雌黄相同③。在炼丹学中，相信雄黄具有变铜为金的性能，甚至雄黄本身就能够转化为黄金④。所以在道士的丹房中，雄黄起着最重要的作用。在长生仙丹方剂中，雄黄代表最具有神秘意味的黄色⑤。它的普通名称是"雄黄"，但是道教名称则为"丹山魂"⑥。

雄黄在药物中也占有重要的地位。据唐朝的药物学著作介绍，雄黄是一种治疗皮肤病的药，而且还可以作为治疗毒伤的杀菌剂，以及复壮剂和避邪剂来使用。在正仓院收藏的药物

---

① 温庭筠《西州词》，《全唐诗》第 10 函，第 5 册，卷 3，第 1 页。
② 见《辞源》"流黄"条释义，尤其见其所引《古乐府》。
③ 《本草纲目》卷 9，第 40 页引甄权。
④ 薛爱华（1955），第 82 页。
⑤ 薛爱华（1955），第 82 页。
⑥ 《西阳杂俎》卷 2，第 12 页。

中，有一枚经过特别加工处理的雄黄蛋，它很可能就具有避邪的作用。雄黄对于缠绕疯女人的梦魇，尤其具有特殊的疗效；据悉，将雄黄与松脂合成的药丸点燃，用这种烟来熏患者的外阴，梦魇就可以消除①。

从古代起，雄黄和雌黄就可以在中国境内采集到，但是在唐朝时，最好的一种雄黄是由西方的某个不知名的国家输入的②。南诏国大理的南部有重要的雄黄矿③，可能这里的雄黄有些也输入到了唐朝。

密陀僧

我们在西文中称作"litharge"的氧化铅，在唐代以其波斯名"mirdāsang"（"密陀僧"）——更为稀见的名称还有"铅黄花""黄齿"以及"黄龙"等——知名④。密陀僧主要有两种用途。首先它是一种药物，可以治疗痔疮、金属兵器造成的创伤以及其他的损伤；它对于治疗面部的"瘢奸"也有奇效，所以密陀僧也是面膏中的一种成分⑤。其次，它还是木器家具油漆匠所需要的一种油漆干燥剂。唐朝的油漆一般都含有紫苏油，通常与透明的天然漆混合使用⑥；我们在文献中了

---

① 薛爱华（1955），第83~85页。至少从十一世纪时起，雄黄就被用来制作燃烧弹；从明代以后，像"手炉"以及药疗杯等一些小物件，就有用雄黄雕镂而成的。见薛爱华（1955），第87页。但是我们还没有证据表明，在唐朝时就出现了这些用法。
② 薛爱华（1955），第87页；《本草纲目》卷9，第10页引甄权。
③ 薛爱华（1955），第76、83页引《蛮书》。
④ 劳费尔（1919），第508页；薛爱华（1956a），第418页。
⑤ 《本草纲目》卷8，第32页引苏恭。
⑥ 薛爱华（1956a），第418页。通过对正仓院收藏的物品的科学测定证实，这些油漆中含有密陀僧干燥剂。

解到的中世纪油漆的器物中，有一件是唐玄宗赐给安禄山的贮藏食物的盒子[①]。

密陀僧"形似黄龙齿"，是从波斯输入的一种沉重的结晶体。到了宋代时，作为冶炼方铅矿中的铅和银时的一种副产品，中国人才知道了制作密陀僧的方法[②]——虽然很可能在炼丹术士神秘的坩埚中早就已经这样做了。

纯碱

唐代从"南海畔"输入了一种土质的淡黄色物质，它可以用来洗衣，还可以作为彩色玻璃的一种成分[③]。这种物质就是天然碳酸钠。或许像中世纪欧洲玻璃工匠使用的海草灰苏打一样，它是通过焚化藜科植物而得到的。中国人将它称作"自然灰"，而且早在三世纪时，就已经将它用在了以上所说的用途[④]。但是甚至到了唐代时，像陈藏器这样的非专家还是误解了它的用法，他们认为，将玛瑙、玉石——误将人工制品当成了自然矿石——埋进自然灰中，就会"变软"如烂泥一般，而这样就很容易雕刻了[⑤]。

金刚石

公元二世纪初年，一位汉将击败了匈奴（名义上的

---

① 《酉阳杂俎》卷1，第3页。译按，"盒子"，《酉阳杂俎》原文作"油画食藏"。

② 《本草纲目》卷8，第32页引苏恭、苏颂。

③ 《本草纲目》卷7，第28页引陈藏器；《酉阳杂俎》卷11，第85页。

④ 《太平御览》卷808，第4页引《南方异物志》；李约瑟（1962），第107页。译按，英文原文"NCIWC"应为"NFIWC"（《南方异物志》）之误。

⑤ 《本草纲目》卷7，第28页引陈藏器。

"Huns"），在他得到的赐物中有一个嵌有金刚石的带钩；这个带钩很可能是战利品，而不是中国本地的制品，因为金刚石不是中国出产的宝石①。五世纪时，爪哇之诃罗单国的君主又向南方的宋朝皇帝贡献了金刚指环，同时贡献的还有赤鹦鹉②。

　　即使这种装饰性的金刚石曾经带到了唐朝，它们也没有在历史记载中留下蛛丝马迹。唐朝的金刚石是工业用的金刚石。当时的印度是东罗马、扶南和交趾的主要金刚石供应者（如同檀香木、番红花一样）③，唐朝使用的金刚石有些必定也是从印度输入的。但是位于暹罗湾沿岸的前柬埔寨国家扶南也生产某些金刚石。这里的金刚石"状类'紫石英'，人没水取之，可以刻玉"④。"紫石英"这个美妙的名称通常是指紫晶，但是一位权威指出，这里的紫石英是指烟水晶⑤。然而上面引文中提到的与彩色石英非常类似的紫石英，正好表现了唐朝金刚石的真正用途——用作玉石工匠的工具。金刚石在唐代被用来切割硬石料和在珍珠上穿孔⑥。长安作坊中的玉石钻头所需的金刚石尖，也是从中亚输入的⑦。甚至距离长安更近的西北地区的甘州回鹘也出产金刚钻⑧。

---

① 麦切—赫尔芬（1950），第 187～188 页。

② 薛爱华（1959），第 27 页。译按，事在文帝元嘉七年（430）。元嘉五年（428）时，天竺迦毗梨国王也向文帝献金刚指环等宝物，事见《册府元龟》卷 968。

③ 《新唐书》卷 221 下，第 4153 页。

④ 《新唐书》卷 222 下，第 4159 页。

⑤ 伯希和（1903），第 274 页。

⑥ 《本草纲目》卷 46，第 37 页引甄权。

⑦ 史料中对此记载语义含混，作"出波斯及凉州"。《唐六典》卷 22，第 14～15 页。参见劳费尔（1919），第 521 页。

⑧ 总而言之，他们在十世纪时生产金刚钻；见《五代史》卷 73，第 4480 页。译按，中华书局标点本在卷 74。

除了日常的用途之外，金刚还以佛教的比喻而著称于中国。据说汉文"金刚"的意思是"金中最刚"[1]。其实"金刚"这个词部分地是从梵文的"vajra"[2] 衍变而来的，因陀罗神横扫一切霹雳雷电的法器就是被叫作"金刚杵"。佛陀那坚不可摧的法身则被称作"金刚之躯"。而当释迦牟尼成佛之后，他就坐在"金刚座"上。此外，唐代《般若波罗蜜多经》的节本又称《金刚经》——《金刚经》最初由鸠摩罗什翻译，是最流行的一部佛教经典[3]。

然而，虽然金刚石是一种神奇而坚硬的外来的物质，但是对于中国人而言，它并不象征富裕和风流，而在英文中，"金刚石"这个词就有这种含义。

---

① 劳费尔（1915c），第 36 ~ 38 页。
② 译按，即"伐尸罗"，译言"金刚"。
③ 苏慧廉、何乐益（1937），第 280 ~ 282 页。

高坐在宝座上，气派威仪远胜过

和尔木斯与印度的富丽，也胜过

物艺登峰造极灿烂的东方

撒布在它豪放的帝王身上的米珠

金粉……

——弥尔顿《失乐园》，第二章①

① 译按，本段译文转引自金发燊汉译本《失乐园》，湖北人民出版社，
1987。

第十五章 宝石

如果某个在位的君主要想得到另一位君主的好感的话，最有效的做法莫过于赠送一件或多件昂贵精美的珠宝。在唐朝的历史上，我们不时地可以见到将类似带有外交性质的珠宝送到长安的记载。遗憾的是，仅仅根据文献中记载的珠宝的名称，我们很难对这些珠宝的种类进行鉴别，即使是有些关于珠宝性质的记载，也不过是一些诸如"奇珍""名宝"之类的、含糊的称颂之词。以珠宝作为献给唐朝的礼物的实例有：武德二年（619）罽宾献宝带①；贞观元年（627）西突厥可汗献宝钿金带②；大约永徽元年（650）唐高宗初即位，吐蕃赞普松赞干布献"金银珠宝十五种"③；大约开元元年（712），一位大食使臣献"宝钿带"——这

---

① 《新唐书》卷221下，第4154页。我认为"劫者"就是"罽宾"。译按，《新唐书》原文作"劫者，居葱岭中，……武德二年，遣使献宝带、玻璃、水精杯。"中华书局标点本以"劫"为国名，"者"作虚字。据《新唐书》卷221上《罽宾传》，武德二年，罽宾贡"宝带、金锁、水精醆，颇黎状若酸枣"。所记载的进贡时间、内容与"劫者"条大体相同，只是详略有别，而且二传所记载的地理方位也大体相当。果如作者所说，"劫者"就是"罽宾"，则《新唐书》二传重出，标点误。此姑志之，供参考。
② 《旧唐书》卷194下，第3599页。
③ 《唐会要》卷97，第1730页。

位使臣因为拒绝向唐玄宗跪拜而恶名远扬，他认为只有"安拉"[1] 才享有这种殊荣[2]。天宝三载（744）许多西方国家——大食国、康国、史国、西曹国、米国、谢飓国、吐火罗国以及突骑施等——向唐朝"献马及宝"[3]；天宝五载（746），见于斯里兰卡《小史》记载的狮子国国王尸罗迷伽派遣婆罗门僧阿目伕拔折罗向唐朝贡献了许多珠宝[4]；元和十年（815）诃陵国献名宝[5]，等等。

唐朝统治者总是带着一种模模糊糊的负罪感来接受这些珍贵的礼品，但是从另一方面来说，作为大唐帝国德被四海、远夷来朝的象征，这些物品又是受欢迎的。我们在上文中已经提到过这样一些例证，即唐朝天子以清教徒式的腔调宣称"德行重于财富"，从而拒绝接受这些贵重而珍奇的礼物。甚至是最好的珠宝，也没有能够免遭这种禁欲主义的待遇。下面试举一例：在唐朝建国初年，西突厥可汗[6]被唐朝皇帝赐封予郡王称号时，他向天命所归的唐高祖贡献了一枚大珠，"高祖劳之曰：'珠信为宝，朕所重者赤心，珠无所用'。竟不受之"[7]。

不知为什么，凡是渴望得到珠宝的行为——不管它有多么值得——都是一种有失身份的事，而且这种行为也很难得到传

---

① 译按，《旧唐书》原文作"天神"，《新唐书》作"天"。

② 《新唐书》卷221下，第4155页；《旧唐书》卷198，第3614页。

③ 《册府元龟》卷971，第14页。

④ 《新唐书》卷221下，第4155页；《册府元龟》卷971，第14页；《唐会要》卷100，第417页；烈维（1900），第417页；周一良（1945a），第292页。

⑤ 《旧唐书》卷15，第3111页；《册府元龟》卷972，第7页。

⑥ 译按，即降隋之处罗可汗，唐高祖封其为归义郡王。

⑦ 《旧唐书》卷194下，第3599页；参见《唐会要》卷94，第1693页。

统道德准则的认可。另一方面，外国人，特别是西方人，其中尤其是波斯人，都被认为是真正的珠宝爱好者和所有者，也正是这一点，将这些外国人与唐朝人区别了开来。"穷波斯"这个词在唐朝是一种很可笑的"不相称"语[1]。在唐朝流行的故事中，随处都可以见到具有魔法的伊朗袄教僧，他们以善施魔法而著称，尤其是当时的人们相信，这些伊朗袄教徒随身都带着具有神奇魔力的珠宝，而且，他们也都是因为有了这些珠宝才致富的。就鉴定珠宝而言，当时的波斯珠宝商具有最高的权威，同时他们也是珍贵珠宝的崇拜者[2]。他们既是唐朝人嫉妒的对象，同时又备受人们的轻蔑。以下的短篇传奇就表现了人们的这种态度，这个故事还带有浓厚的道教的神仙传说的味道：

> 临川人岑氏，尝游山。溪水中见二白石，大如莲实，自相驰逐。捕而获之，归置巾箱中。其夕，梦二白衣美女，自言姊妹，来侍左右。既寤，盖知二石之异也。恒结于衣带中。后至豫章，有波斯胡人，邀而问之："君有宝乎？"曰："然。"即出石示之。胡人求以三万为市。岑虽宝之而无用，得钱喜，即以与之。以钱为资，遂致殷赡。而恨不能问其石与其所用云耳[3]。

在著名的寒山的一首诗中，描写了一位碧眼胡商，想要购

---

[1] 《义山杂纂》（《唐代丛书》，1），第 1 页。

[2] 叶德禄（1947），第 95，98～99 页。参见薛爱华（1951）。现在大都将奇珍异宝的搜求者看作是穆斯林，关于现在的说法，见艾伯华（1937），第 220～224 页。

[3] 《太平广记》卷 404，第 7～8 页引《稽神录》。

求他的水精珠，我们知道，水精珠是象征佛教信仰纯洁无瑕的远东的"无价宝"，这样一来，寻宝的胡人甚至成了世俗贪婪的象征[1]。

玉

确切地讲，我们现在所说的"玉"，是指一种强韧的角闪石[2]，即平常说的软玉，此外它还包括坚韧的辉石，即硬玉。古代中国的玉就是指软玉，而使用硬玉则是近代的事情。阿兹台克人使用的玉是硬玉；而毛利人用的玉就是软玉。就其在庄重仪式中使用玉石和羽毛——前者象征国王，后者表示神圣——而言，这两种伟大的原始文明与中国文化之间存在一种趋同的倾向。萨谢弗雷尔·西特韦尔注意到了这一点。他指出：

224

> 在这里，毛利武士在其类似于巨人鬼和《伊利亚特》中的幽灵的装束的映衬下，表现出了一种木然的镇定。平顺的羽毛使他们的身形显得格外的高大，在他们的右手中，高高地举着玉权杖，这是他们的王权的象征[3]。

然而遗憾的是，如果我们想要对中世纪文献中的记载进行简单的矿物学鉴别工作，那么，通常在英文中译作"jade"

---

① 韦利（1954），第5页翻译了这首诗，但是他将"水精"（rock crystal）译成了"sapphire"（蓝宝石）。译按，原诗见《全唐诗》第12函，第1册。原文作："昔日极贫苦，夜夜数他宝。今日自思量，自家须营造。掘得一宝藏，纯是水精珠。大有碧眼胡，密拟买将去。余即报渠言，此珠无价数。"供参考。

② 实际上就是指角闪族的透闪石和阳起石。

③ 西特韦尔（1936），第147页。

（玉）的这个汉字，在有些文献中只不过是意味着"精美的装饰性宝石"，而且这个字还可以指其他的各种宝石——例如珍贵的硅化蛇纹岩——而其中的原因则只是它们都类似于软玉。此外，当时将大理石叫作"白玉"，而黑色的大理石则称作"黑玉"，同时其他类似冻石、叶蜡石之类的软材料，也都被冠以"玉"的美称。现代普通话中的"yü"（玉），就是由唐朝的"∗ngi^{w}ok"（玉）发展来的。在这些假玉中，最有名的是所谓的"蓝田美玉"，而平常说的"蓝田玉"，实际上却是长安以南终南山的蓝田地方采掘出的一种绿色和白色的大理石[①]。据记载："太真妃最善击磬拊搏之音……上令采蓝田玉琢为器，上造簨簾流苏之属，皆以金钿珠翠珍怪之物杂饰之[②]。"

虽然玉材本身并不是中国的土产，但是雕玉在中国却有久远的历史，而且享有盛誉。甚至在古代传说和想象之中，玉也是世界大陆中心的神山里的宝石。据《山海经》记载，在西山里就有一座玉山：

> 又西三百五十里曰玉山，是西王母所居也。西王母，其状如人，豹尾、虎齿而善啸，蓬发戴胜[③]。

这座想象中的神山在现实生活中的原型就是和田古城——唐初称作"Gaustana"或"Gostana"（瞿萨旦那），九世纪时称"Yūttina"（于阗）。和田位于横穿西域的丝绸之路南道，据记载

---

① 那志良（1953），第363～364页讨论了这个著名的论题，但是他并没有提出任何新的见解。

② 《开天传信记》（《唐代丛书》，3），第76页。

③ 《山海经·西山经》。

于阗国"王居绘室。俗机巧，言迂大"①。中国古代使用的软玉全都来源于这里②，而且唐代玉工需要的白玉、碧玉也是继续由于阗来供给的③。珍贵的软玉卵石，是从于阗的两条河的河床里拣来的。这两条河在流入塔里木河之前，在于阗附近的地区汇合，它们分别叫作喀拉喀什（墨玉）河和玉龙喀什（白玉）河。在这两条河的水中，于阗国人"夜视月光盛处，必得美玉"④。根据这条记载，有人认为于阗玉其实就是结晶状的月光宝石⑤。

早在中国新石器文化中，软玉就已经具有了显著的地位，但是这时它还只是一般的磨光玉器业的一个组成部分。到了周代时，这种矿石就已经被广泛地应用于周王与神的沟通，主要是专门用于礼仪和巫术的目的。其中有古代的尖顶"玉圭"——它可能是来源于上古的斧；有王室的星象家用来观察天象的"圭臬"；有充满神力、宣告天子即位的"玉牒"，有用来封堵死者尸身上孔窍部位的"丧葬玉"；为要人制作的冠带饰物以及扣子、宝剑附件、剑鞘边饰和指环等⑥。或许最

225

---

① 《新唐书》卷221上，第4153页；贝利（1961），第1页。

② 古代也许还有其他的软玉产地，但是即使是真有的话，它们在后来也已经消失了。到了后代，叶尔羌的采玉场比和田的玉矿的地位更重要。陈德昆博士提醒我注意到，在东北南部辽宁省开采出来的玉（据《中国新闻》，1961年3月23日报道）。这是一块在1960年发现的巨大的玉，部分是黄色，部分为青绿色。

③ 《唐六典》卷22，第14~15页；卷20，第18~19页。

④ 《新唐书》卷221上，第4153页。

⑤ 格鲁赛（1932），第233页。

⑥ 劳费尔指出："我们发现所有代表君权的玉器都是工具的仿制品，它们的外形是从锤子、刀等器具衍化而来的，而有些则是从长矛和矛尖转化来的。"劳费尔（1946），第102页。劳费尔认为这很可能是太阳崇拜的遗风。译按，"圭臬"英文原文作"astronomical jade"（天文玉器），查《周礼》似应为"圭臬"之类，此暂译作"圭臬"。又，此所谓"丧葬玉"，应即《周礼》所记"饭玉""含玉"等。姑附志于此。

后提到的这些属于世俗用具和个人器物的玉器，曾经也具有护身符和避邪的功能。它们的意义大多在汉代时就已经失传了，但是古代关于这些物品的观念却一直保留了下来——尽管有了很大的变化。在皇宫里，仍然可以见到那些能够使用软玉圭①将行雨之龙呼唤出来的王室巫师，但是他们包上了新的君主政体的外壳。尤其值得我们重视的是，围绕着这种美丽的宝石而形成的一系列诗歌的和隐喻的形象化比喻：例如"君子比德于玉焉，温润而泽，仁也；……瑕不掩瑜，忠也"等②。而在一些没有这样严肃的文学作品中，玉，尤其是色白如脂的玉，也可以用来形容女性的肉体美，玉象征着十全十美的女性的肌肤，这就好像地中海地区的大理石女神像一样。

就唐朝人而言，所有这些构成了于阗软玉的意义及其用法的既定的传统，这些意义和用法中，有些典雅古奥，被奉若圭臬；而有些则仍然留存在当时的社会中，后一种情况表现为用玉来制作礼器——神权即蕴含在其中——的习俗。

最神圣、最神秘的玉器，是天子举行封禅祭礼时——封禅礼是天子对昊天上帝包括列祖列宗对他本人及其朝廷的护佑表示感谢③——埋在山东泰山上的"玉牒"。乾封元年（666），唐高宗举行了封禅礼，打开了通往上苍的渠道。在封禅时，高宗使用了"玉策三枚，皆以金编，每牒长一尺二寸，广一寸二分，厚三分，刻玉填金为字。又以玉匮一，以

---

① 请参见卜弼德（1937）。
② 见《礼记·聘义》和《孔子家语》。
③ 劳费尔（1946），第116~117页。劳费尔研究封禅礼在伯希和之后。

藏正座玉策"①。十世纪初四川统治者王建的墓葬中出土的宝藏中，也有类似的奉献给神的玉牒，有些上面画着彩色的金盔武士②。

天宝年间，唐玄宗发布了一道诏令，对过去使用低劣的代用品取代玉礼器的做法表示了痛切的悔恨。因为这种"以珉代玉，惜宝事神"的做法，会打破神圣不可移易的和谐。因此，唐玄宗特别在诏令中规定：

> 自今已后，礼神六器，宗庙奠玉，并用真玉。诸祀用珉。如以玉难得大者，宁小其制度，以取其真③。

此前的做法想必是一种迫于无奈的经济措施，因为根据祭祀规程，祭祀用的所有器具都是应当使用玉器的。

在唐代，玉还可以用来制作各种各样的实用器皿和娱乐用具，当然这只是对那些能够买得起玉的人来说的。在这类玉器中包括小花瓶和小玉盒。玉盒有时候被切割成东周时代那种矩形的古代式样。制作这种仿古玉器的材料，通常都是采用古代人喜爱的黄色或带有褐色的玉④，但是就唐朝的玉而言，十之八九都体现了一种更"自然"的现代风格，而且在用料方面，也大都使用人们更习见的绿色和白色材料。例如，唐朝宫女盛226 放焚香的龟形玉盒就是如此⑤。但是这些玉器并不是全都出自

---

① 《太平御览》卷805，第1页引《（旧）唐书》；类似的记载又见《新唐书》卷14，第3663页；另请参见《新唐书》卷3，第3639页。
② 冯汉骥（1944），第6页。
③ 《太平御览》卷805，第1页引《（旧）唐书》。
④ 特鲁布纳（1959），第280～297页。
⑤ 李贺《许公子郑姬歌》王琦注，《李长吉歌诗》卷4，第40页。

唐朝内地的工匠之手：对于小小的"昆仑玉盏杯"，我们或许可以说，之所以将这种杯子叫作"昆仑"，是因为它具有特殊的装饰风格，而不是因为它原产于"昆仑"①，但是从吐蕃得到的"颇珍奇"的玉高脚杯，则肯定是中亚高原地区的出产②。

以玉作为人身上佩带的装饰品的做法古已有之，而唐朝不过是花样翻新而已。我们现在还可以见到遗留下来的诸如用金、银装饰的玉鸟，以及用人、兽浮雕装饰的玉背梳等唐代女性的头饰③。装饰着鱼的玉带作为官阶和荣誉的象征，是在唐朝新出现的一种装饰④。唐朝的玉制装饰品中，有些是从外国传来的，如康国曾经向唐玄宗贡献过一枚"白玉环"⑤。

在唐朝的贵族中，还时兴过一种新的风尚，这就是使用玉饰板制成的腰带。这种腰带代替了更古老的皮腰带，或在隋朝时用金属圈组成的腰带。甚至这种玉带有时也是胡人的贡礼。例如贞观六年（632），于阗王曾经向唐太宗献玉带，玉带的二十四块玉饰板，表现了圆月和新月的形态，这种设计显然受到了波斯的影响⑥。九世纪时，吐蕃也曾几次向唐朝献玉带⑦。在王建的墓葬中也发现了一条雕刻着龙的形象，

---

① 《云仙杂记》卷5，第35页。
② 《太平御览》卷805，第1页引《（旧）唐书》。译按，"玉高脚杯"，《御览》原文作"玉杯"。
③ 特鲁布纳（1959），第280～297页。
④ 劳费尔（1946），第219～220页。
⑤ 《册府元龟》卷971，第13页。
⑥ 《册府元龟》卷970，第7页；劳费尔（1946），第291～292页。
⑦ 《册府元龟》卷972，第7、8页；《唐会要》卷97，1737，1739页。

由七块玉饰板组成的白御带。王建其人在后梁太祖开平三年（907）唐朝灭亡前后曾经统治过四川①。

唐朝还有一些相当小巧的玉雕作品：驼、狮、龟和各种鸟以及像"凤凰"这样的神话中和想象中的生物，都被雕刻成了玉石的形象②。甚至唐玄宗的爱马也被刻画在了玉石上——我们是从后代的绘画书籍以及文学作品中了解到这些玉雕形象的③。据记载"（杨）贵妃素有肉体，至夏苦热，常有'渴肺'，每日含一玉鱼儿于口中，盖借其凉津沃肺也"④。与这枚玉鱼齐名的还有一枚玉兽，但这枚玉兽只具有象征和预言的作用，而不是保健的作用。这则故事说："唐天后尝召诸皇孙坐于殿上，观其嬉戏。因出西国所贡玉环、钏、杯、盘，列于前后，纵令争取，以观其志。莫不奔竟，厚有所获。独上⑤端坐，略不为动。后大奇之，抚其背曰：'此儿当为太平天子。'遂命取玉龙子以赐……及上即位，每京师愆雨，必虔诚祈祷，将有霖注，逼而视之，若奋鳞鬣。"⑥

在文献中，偶尔还会发现唐朝有玉制的神像。如大兴善寺⑦有"于阗玉像，高一尺二寸，阔寸余。一佛、四菩萨、一

---

① 冯汉骥（1946），第 245～246 页。
② 特鲁布纳（1959），第 280～297 页。
③ 劳费尔（1946），第 245～246 页。
④ 《开元天宝遗事》（《唐代丛书》，3），第 66 页。
⑤ 译按，即玄宗。
⑥ 《太平御览》卷 805，第 9 页引《明皇杂录》。
⑦ 大兴善寺在长安靖善坊。译按，英译文原作 "Hsing sha szu"（兴善寺），据原文 "靖善坊大兴善寺，寺取大兴城两字，坊名一字为名"。则寺名是以"大兴"和"善"两部组成，一为城名，一为坊名。英译文显脱"大"字。

飞仙"①。

于阗玉还有一种特殊的用途，这就是将玉作为轻身羽化、 227
延年益寿的药品，这种观念来源于古代的道教。在唐朝官方药
物学家的方剂中，认真地记录了玉的这种用途。根据古代术士
的药方记载，为轻身延年而服用的玉"当以消作水者为佳"，
但是"粉状和屑如麻豆者"，也以可服用，使用的目的是"取
其精润脏腑淬秽"②。

水精

英文"crystal"或者"rock crystal"是指一种纯净、透明、
结晶质的石英，即无色的自然硅石。其汉文名称叫作"水
精"，中国人相信这种矿物质是石化的冰，"水精"这个概念
就是因此而得来的，而且中国人的这种看法与普林尼的观点也
不无相似之处③。水精是一种蕴藏很广的矿石，但是只有毫无
瑕疵的水精才具有高贵的价值。输入唐朝的水精就突出地表明
了水精纯洁无瑕的特质和水精工匠精湛绝伦的技艺，例如日本
僧人圆仁带到唐朝来的水精念珠就是如此④。八世纪时，康国

---

① 《酉阳杂俎》续集，卷5，第214页。《白孔六帖》（卷7，第27页）记载
　了一个叫作"玉婆罗门"的器物，据说："唐修行杨相公每朝，常弄一
　婆罗门子，高数寸，莹彻精巧可爱，云是于阗王库内之物。"这条资料见
　于《白孔六帖》这部类书中孔传写的部分（译按，原书注明引自《鸡蹠
　集》）。但是我特别想弄清楚，所谓的"婆罗门子"究竟是一个人物的形
　象呢，还是某种与人物全无相干的器物？
② 《本草纲目》卷8，第35页引苏恭。关于中国的水精，见李约瑟
　（1961），第99～101、114页。
③ 布罗姆黑德（1945），第4153页；鲍尔（1950），第221页。
④ 赖世和（1955a），第82页。

首领曾经几次向唐朝贡献水精制品（包括水精杯）①，罽宾国也向唐朝贡献过水精杯②。

水精的用途与其他质地坚硬的装饰性宝石并无二致，但因为水精晶莹美丽，所以杜撰琼岛的仙家也以它作为合适的材料。在苏鹗记载的稀奇古怪的贡物名单中，有一种是"却火雀"，而这只却火雀就是在水精鸟笼中饲养的③，在九世纪的一首关于"月姊"的诗中，也将"碧空遗下水精钗"，作为留给凡世情人的纪念物④。

水精本身又非常适合用作明喻和暗喻，在诗歌中，水精制品经常被比拟为冰、水、露珠甚至月光。以下引用的这首关于水精念珠的诗歌中的描写就具有这样的特点：

> 良工磨拭成贯珠，泓澄洞澈看如无。
> 星辉月耀莫之逾，骇鸡照乘徒称殊⑤。

在诗僧贯休的一首诗中，也出现过关于描写僧人串珠的诗句：

> 磨琢春冰一样成，更将红线贯珠缨⑥。

---

① 《新唐书》卷221下，第4153页；《册府元龟》卷971，第3、13页；《唐会要》卷99，第1775页。
② 《新唐书》卷221下，第4154页。关于这些问题请参见李约瑟（1961），第115页。
③ 参见本书第一章之"外来事物在文学中的反映"部分。
④ 司空图《游仙》，《全唐诗》第10函，第1册，卷3，第7页。
⑤ 欧阳詹《智达上人水精念珠歌》，《全唐诗》第9函，第1册，第7页。
⑥ 吴其昱（1959），第358页引敦煌发现的一首贯休的诗。译按，原诗题《禅月大师悬水精念珠诗》。

此外，在王建描写水精的诗中则说：

> 倾在荷叶中，有时看似露①。

韦应物也有一首吟诵水精的绝句：

> 映物随颜色，含空无表里。
> 持来向明月，的皪愁成水②。

228

与以上描写不同的是李白对白花胡桃树的描写。在他的想象中，将胡桃树比拟成了一个持诵水精念珠的僧人的形象。李白在诗中说：

> 红罗袖里分明见，白玉盘中看却无。
> 疑是老僧休念诵，腕前推下水精珠③。

在唐代，由矿物质衍生出来的颜色比拟，或许比任何人所能想象的都更普遍——如果有人想到过这个问题的话。中国古代的定型的暗喻是从颜料发展而来的——恰如英语中的"indigo"（靛蓝，深蓝色）、"purple"（紫螺，紫色）和"stammel"（红粗毛布，暗红）一样——但是到了唐代，这些暗喻大多都已经失去了活力。就以矿物作为颜色暗喻描写而言，中世纪的中国诗人中，恐怕还没有一个人能够走得比马娄

---

① 王建《水精》，《全唐诗》第5函，第5册，卷5，第2页。
② 韦应物《咏水精》，《全唐诗》第3函，第7册，卷8，第1页。
③ 李白《白胡桃》，《李太白文集》卷23，第4页。

更远。在马娄的笔下"绿色的东西就用绿宝石来形容；黄色用黄金或黄玉；白色用象牙；而清澈透明的泉水或溪流则用银或水晶来形容"[①]，但是只要稍加用心就会发现，中国文人至少就像西藏的游吟诗人一样，总是使用出人意料的宝石来形容树、鸟、花等物的。据认为，"在西藏高原，经常用钻石的光辉来形容湛蓝、金黄宛如明镜的湖泊"[②]。

光玉髓

英文字"carnelia"（光玉髓），一般是指淡红色的玉髓，即一种呈半透明状的隐晶质硅。在现代汉语中，大多都将这个字译作"玛瑙"（这个词来源于"马脑"），而"玛瑙"这个词在英文中则更多地是指"agate"。在一般情况下，我们将条带构造的玉髓叫作"agate"，但是"玛瑙"通常都带有一些红晕——至少在唐朝说的"玛瑙"是如此——所以，如果我们说"玛瑙"就是"agate"的话，那么就有必要讲清楚，我们所说的玛瑙是一种色彩很鲜艳的玛瑙。而更直接的做法则是将汉文史料中的"玛瑙"译作"carnelian"（光玉髓）。以下就是唐朝所说的玛瑙带有红色的一些例证：会昌六年（846）"渤海献玛瑙柜，深三尺，深茜红，工巧无比"[③]。还有一个人打碎了一个玛瑙盘，他将碎片送给了友人，戏称这是石榴子，而这位朋友竟然张口就要吃[④]。最后，还有一种说法将玛瑙与

---

① 史密斯（1940），第49页。
② 劳费尔（1913a），第10页，注（3）。
③ 《白孔六帖》卷13，第23页。
④ 《记事珠》（《唐代丛书》，6），第71页。

血联系了起来，认为"玛瑙，鬼血所化也"①。深红、石榴、血——所有这些颜色必定都是指"光玉髓"来说的。

有相当数量的光玉髓都是从西方输入的，它们都被用来制作一些小型的器具②。我们见到过有康国③和吐火罗国④向唐朝贡献光玉髓的具体例证——包括一件光玉髓花瓶⑤。吐火罗国还将未经加工的光玉髓矿石作为一种贵重的礼物贡献给了唐朝，这种原料必定是交送给了唐朝的玉工。在八世纪时，波斯（某个流亡政权？）使臣甚至向唐朝贡献了一张"玛瑙床"⑥。但是这种珍贵的原料也有来自东方者：例如在开元十八年（730）渤海靺鞨曾遣使贡献"玛瑙杯"⑦。更早的一次是日本⑧在永徽五年十二月（665）献玛瑙，"大如五升器"⑨。但是日本输出的玛瑙有时候显然不是真的⑩。

在唐朝文献中，有大量关于用光玉髓磨制的杯、盘、碗、坛以及其他器皿的记载；在正仓院的收藏品中，我们甚至还可

---

① 《酉阳杂俎》卷 11，第 85 页。

② 《本草纲目》卷 8，第 36 页引陈藏器。

③ 康国贡献光玉髓是在开元六年（718）和开元廿八年（740）。见《新唐书》卷 221 下，第 4153 页；《册府元龟》卷 971，第 3 页；《册府元龟》卷 971，第 13 页。

④ 吐火罗贡献在开元十八年（730）和开元廿九年（741）。见《唐会要》卷 99，第 1773 页；《册府元龟》卷 971，第 13 页。

⑤ 译按，即"玛瑙瓶"。

⑥ 《新唐书》卷 221 下，第 4155 页；《旧唐书》卷 198，第 3614 页；《册府元龟》卷 971，第 1 页；《唐会要》卷 100，第 1784 页。

⑦ 《册府元龟》卷 971，第 8 页。

⑧ 译按，原文作"倭国"。

⑨ 《旧唐书》卷 4，第 3071 页；《册府元龟》卷 970，第 14 页。

⑩ 据陈藏器说："马脑出日本国，用砑木，不藃为上，砑木藃者非真也。"（据《政和证类本草》卷 4，第 40 页转引）根据这种说法，则假光玉髓似乎要比真的光玉髓柔软得多。

以见到一个纹理鲜明的宽边"玛瑙"盘[1]。看来唐朝的玉石工匠像于阗的玉雕工一样，很擅长制作这种小器物，而且尤其擅长用光玉髓和玉髓凹雕小动物的形象[2]。

孔雀石

孔雀石是一种绿色碱性的碳酸铜，在工艺学上，孔雀石可以作为金属矿物来对待，而且这种矿物还可以碾碎以充当画家使用的颜料，尤其是那些鲜艳翠绿以及和玛瑙一样具有美丽的条带状结构的孔雀石，可以被雕刻成各种各样的装饰品和实用器具；现代最著名的孔雀石，是精美的乌拉尔孔雀石，苏联用它来制作桌面和优雅的镶嵌材料。在中国，孔雀石也具备以上所有的用途。孔雀石具体能够用于何种用途，是由它的质地来决定的。在唐代时，绘画使用的孔雀石及其同类的青色蓝铜矿[3]是在山西北部的代州采掘的[4]。毫无疑问，位于现代江西省东部的信州也出产孔雀石（这是铜矿的一个非常普遍的标志）[5]，但是在十一世纪之前，在这里似乎并没有发现宝石质的孔雀石，到了十一世纪时，在信州兴起一种以孔雀石为原料的服饰珠宝业[6]。宣州（安徽南部）也出产孔雀石，而且这里的孔雀石还被定为朝廷的贡物，但是我们不知道它究竟是用作

---

① 石田茂作与和田军一（1954），插图62。
② 斯坦因（1921），第101页。
③ 译按，即"青碌彩"。
④ 《新唐书》卷39，第3723页。
⑤ 《新唐书》卷41，第3728页。
⑥ 《本草纲目》卷10，第2页引苏恭；又见薛爱华（1961），第83页引《云林石谱》。译按，《本草纲目》原文说："其中青白花纹可爱者，信州人琢为腰带、器物及妇人服饰。"

宝石雕刻的工艺品，还是用作颜料①。八世纪时，有一个关于孔雀石镜架的故事②，但是实际上这种矿石当时似乎并没有大量地被用来作雕刻的材料，所以文献中这种记载也就非常之罕见。我们之所以在外来物品中提到孔雀石，主要根据是贞观十七年（643）拂林国曾经向唐朝贡献"石绿"——在中国，通常将孔雀石称作"石绿"③。但是在史料中同样也没有记载这件贡物的形制。

十世纪时，孔雀石有了一种新的用途。虽然稍稍有点超出了唐代的时间断限，但这是一个饶有趣味的问题，完全有必要在这里多说两句。这时在社会上开始盛行陈设微型山景④的风气，尤其是盛放在盒、盘中的峻峭嵯峨的微型山景，更是备受人们的喜欢。其实这种风气古已有之，例如在汉代时，人们就已经熟知了"博山"形制的香炉。为了使这些微型山景增添一种写实的效果，大约从七世纪初期开始，在远东的一些地区出现了用石头制作的假山，以取代类似金属或陶器之类的人工制品。由朝鲜百济国赠送给日本推古女天皇的盆山就是一个典型的例证：它是真正由石头做成，放置在一个盆子里的微型山景。而这也就是宋代称为"盆山"⑤的微型岩石假山庭园的先驱之一。虽然在唐代时我们就可以见到"盆池"的说法——

---

① 《新唐书》卷41，第3728页。译按，《新唐书》原文作"碌青"。

② 《云仙杂记》卷6，第470。译按，《云仙杂记》原文作"石绿镜台"。

③ 《新唐书》卷221下，第4155页；《旧唐书》卷198，第3614页；《册府元龟》卷970，第1778页；《唐会要》卷99，第1778页。译按，标点本新、旧《唐书》所载拂林是年贡物均作"赤玻璨、绿金精"。《唐会要》作"赤玻璃、石绿、金精"，《册府元龟》作"赤颇黎、绿颇黎、石绿、金精"。两《唐书》"绿"上当脱"石"字，标点亦误。

④ 译按，即盆山。

⑤ 英文的意思相当于"bowl mountains"。

这显然是在花盆里构筑的一种微型环湖花园①——但是在当时还没有使用"盆山"这个词。过了三个世纪之后（十世纪初），我们开始见到用昂贵的青、绿矿石构造的微型山景。据记载：

> 吴越孙总监承佑，富倾霸朝。用千金市得"石绿"一块，天质嵯峨如山。命匠治为"博山"香炉。峰尖上作一暗窍出烟，一则聚，而且直穗凌空，实美观视。亲朋效之，呼"不二山"②。

这盆孔雀石山景并不是孙承佑仅有的一件珍奇物品：他还有一件用"龙脑煎酥"制成的小骊山——骊山就是唐朝西京附近著名的温泉所在地③。

在同一时期，即十世纪初期的几十年里，东北南部的契丹王"买巧石数峰，目为'空青府'"④。所谓"空青"就是石青的古名，它是一种蓝色、碱性的铜碳酸盐，是孔雀石的伴生矿。

一百多年以后，大理国——云南南诏国的继承国——遣使向宋朝贡献了一种叫作"碧玕"的深蓝（或深绿）的石山，

---

① 浩虚舟《盆池赋》，《全唐文》卷624，第5～6页；石泰安（1942），第35～36页；参见薛爱华（1961），第31、36页。在唐代的文献中，我们也可以见到"假山"（"false mountains"或"simulated mountains"），即"人工山"。但是这时说的"假山"大多是指在私人庭园中构建的一种稍大的山，而不是放在桌子上面的盆景构造。见石泰安（1942），第33页。
② 《清异录》卷下，第20页。译按，"不二山"又作"小三山"。
③ 《清异录》卷下，第23页。
④ 《清异录》卷上，第3页。渤海后来被契丹人征服，在925年成为东丹，这位契丹王就是被任命统治东丹的国王。

同时贡献的还有剑、犀皮甲、毯和鞍辔[①]。这里说的"碧玕"有可能是孔雀石，也有可能是彩色玻璃（如一条唐代史料中所提到的），还有可能是一种青绿色的珊瑚（对此我们也有充分的证据），甚至或许是绿色的蛇纹石，但是它到底是什么，我们现在还无法弄清楚[②]。在唐代，令人称羡而又迷惑的"碧玕"是云南和缅甸的土著民族，由偏远的西南地区运到唐朝的，不过于阗也出产这种矿石[③]。

天青石

对于我们来说，天青石在远东文明中的作用简直就是一个解不开的疑团。这主要是因为我们无法对蒙古时期之前文献记载中的矿物的汉文名称进行识别。就现在来看，唐朝人用来指深蓝色[④]宝石的"瑟瑟"（古汉语的发音是"＊ṣDt-ṣDt"）这个词，通常就是指"天青石"（lazurite），但是有时瑟瑟也被

---

① 《宋史》卷488，第5714页。
② 《重修政和证类本草》卷5，第26页引《唐本草注》。夏德和柔克义（1911），第226页；薛爱华（1961），第95页。它很可能是一种像绿斑蛇纹石那样的，具有彩色斑纹的半透明的蛇纹石，或者可能是像鲍文石那样的有光泽的白色或绿色的品种。
③ 《重修政和证类本草》卷5，第26页引《唐本草注》。《唐本草注》作"青琅玕"，我认为"青琅玕"与"碧玕"是同义词。
④ 我们必须谨慎地对待汉文中用来描述石头的颜色的"青"字，但是我确信，在中世纪时，这个字的意思是表示蓝色而不是绿色。所以《蠡海集》（明）中说："或问：木色本青而草木皆绿，何也？盖绿，青、黄间色也，木非土不养，故青依于黄而绿焉。"（第14页）。总而言之，"青"（blue）是一种传统的，表示植物的颜色词，它具有文学的和象征的价值。我们还应该注意到，就艺术家的颜料而言，"青"字通常可以当作"蓝"来使用。所以"石青"就是"天青石"（蓝色铜盐颜料），而"石绿"则是指"孔雀石"（绿色铜盐颜料）。

用来指称蓝色的、类似长石类的"方钠石"①，而在文献资料中，天青石与方钠石根本就无法区别开来。另外，瑟瑟偶尔还用来指"蓝宝石"。关于识别问题的讨论，我们在这里将压缩在一个较长的注解中加以介绍。在下文的讨论中，从汉文资料

231 里摘引的所有关于天青石的资料，都是建立在这样一个基础上，即姑且假定，将"瑟瑟"看作天青石的观点是正确的②。

────────────

① 方钠石与天青石非常相似，以至于直到现在，二者还相当容易混淆在一起。但是天青石确实是一种不纯的"矿石"，它既包含天青石，又包含方钠石。参见梅利尔（1922），第 70 页。至于"蓝宝石"（sapphire）——即《圣经》中的"sappir"，泰奥弗拉斯托斯以及普林尼的"sapphiros"——则都是指天青石；过了很长时间以后，这个字又被转用来指蓝宝石。参见梅利尔（1922），第 148～149 页；卢卡斯（1943），第 347 页。蓝宝石多采自曼谷附近的黏土（腐烂的玄武岩）和斯里兰卡的冲积砾石中。据我所知，唐代文献中没有提到过蓝宝石，但是在正仓院收藏品中有一面镜子，镜子的背面镶嵌着方钠石、琥珀和绿松石。

② 夏德与沙畹认为"瑟瑟"就是"绿松石"。劳费尔的研究表明，这种看法是不可信的，而且"绿松石在中国并不贵重"，见劳费尔（1913a）第 25、45 页；博耶（1952），第 173 页。但是由于劳费尔将"瑟瑟"认定为三种宝石，即红尖晶石、缟玛瑙和祖母绿，这样就使识别工作变得更为复杂化了。数年之后，章鸿钊提出了瑟瑟就是蓝宝石的观点，见章鸿钊（1921），第 69～71 页。我已经提出，"瑟瑟"确实偶尔被用来指蓝宝石，但是蓝宝石并不是中世纪中国所说的普通的"瑟瑟"。在这里有必要简单介绍一下"瑟瑟"与天青石之间的共同点（主要的文献材料见下文）：首先，二者都是深蓝色或靛蓝色；其次，瑟瑟有时呈半透明状，而天青石虽然大多都是不透明的（但是最优质的不透明天青石所具有的深蓝色，使它看起来就好像是冰一样），但是也有一些是半透明的，而蓝宝石和方钠石则是半透明或透明状的。瑟瑟是石国（即塔什干）的特有的宝石，是在石国东南的一座大矿中开采出来的，这座矿肯定就是现在塔什干东南巴达克山的天青石矿。自古以来，这里的天青石不仅供给东方，甚至还向迦勒底人和亚述人输出［见格登斯（1950）第 352～355 页］。而且至今这里也还是天青石的重要产地。据记载，天青石与瑟瑟都是波斯的特产。唐朝的瑟瑟可能是在于阗购买的，因为在宋代时，天青石就是从于阗的宝石市场上输入的。在宋代，天青石又以新的名字"金星石"知名于世，这是因为在天青石上出现的特殊的天然二硫化铁（转下页注）

　　唐朝人用的天青石似乎就是在于阗买到的。　于阗是西域的五个重镇之一，而且是一块深受大地女神珍爱的土地，正因为如此，这里的河流中盛产玉石宝藏①。八世纪末年，唐朝皇帝②曾经派遣内给事朱如玉（他的名字的意思是"像玉一样的珍珠"！）前往于阗购求玉器。这位使臣不但带回了圭、带胯、枕、簪、叆、钏等一些用精美的软玉制成的玉器，而且还带回了"瑟瑟（天青石）百斤，并它宝等"③。看来于阗商人的致富，不仅是由于他们出售本地出产的玉，而且还因为他们也是宝石贸易的承包者。几个世纪之后，"天青石"在中国就开始以"于阗石"知名④，这个名称表明，于阗的宝石市场在买卖其他的宝石（"它宝"）的同时，也垄断了远东的天青石贸易。

　　（接上页注②）的金黄色的斑点，就像是深蓝色的天空中的金星。十二世纪成书的《云林石谱》[参见薛爱华（1961），第 90～91 页]卷下，第 19 页描述了这种宝石，并将它作为"于阗石"的一个种类。另外一种"于阗石"的色泽是青绿色的——巴达克山也有带绿色的天青石品种——这种宝石没有更纯正的蓝色宝石贵重。在宋代，天青石还以"翠羽"的名称输入内地——八世纪时，这个名称也被用来指缅甸的翡翠。而且正如在中世纪波斯一样，在于阗的考古遗址中发现的蓝色宝石就是天青石[而不是其他的，例如像绿松石之类的宝石，见劳费尔（1913a），第 12 页]。吐蕃人喜欢在身上佩带瑟瑟，在古代吐蕃宝石中发现的瑟瑟就是天青石，而不是近代在西藏相当受欢迎的绿松石。同样，古代吐蕃王向唐朝皇帝贡献的也不是绿松石，而是天青石[劳费尔（1913a），第 12 页]；甚至现代蒙古人身上的天青石饰品也"毫无疑问具有吐蕃的特点"[博耶（1952），第 173 页]。

① 于阗土名叫"瞿萨旦那"（地乳），据说这个名字是因阿育王之子被大地女神哺乳而得来的。见斯坦因（1907），第 153 及以下诸页；布拉夫（1948），第 334 页。

② 译按，即唐德宗。

③ 《新唐书》卷 221 上，第 4153 页。这位使臣因为抵御不了贪婪的诱惑，假称宝物被回鹘所夺，遂将宝石据为己有。后因事情败露，被处以流刑。

④ 《云林石谱》卷下，第 19 页；又见上文注释。

天青石的真正产地是气候宜人、牧草丰美的巴达克山。巴达克山作为天青石的来源，有古老而悠久的历史①。乌浒水的支流科克恰河流经巴达克山，天青石这种天蓝色的矿石，就是在科克恰河河谷中的石灰石母岩中暴露出来的，它们有时呈精美的靛蓝色，有时为灰白色，而有时则为绿色或灰色。除了天青石之外，在这里还可以采掘到被称作"玫红尖晶石"（balas rubies）的红色尖晶石，玫红尖晶石与天青石一样，在中世纪的远东享有盛名②。唐朝人知道有这些矿石，而且正确地指出，这些矿石出产于石国（今塔什库尔干）——即著名的舞蹈家的故乡——的东南方③。驻扎在西域的唐朝军队统帅，高丽将军高仙芝在天宝九载（785）掠夺石国时，"获大块瑟瑟（天青石）十余石，真金五六驮驼，名马、宝玉称是"④。虽然中亚和东亚的天青石的主要供应者是石国，而天青石的东方市场是在于阗，但是唐朝人却认为天青石是典型的波斯宝石⑤。其实，他们的这种说法也并没有错。正如我们从考古发掘中了

---

① 在大英博物馆收藏有一件东周时期的天青石蝉（来自尤莫弗波罗斯的收藏）；如果这种未经加工的宝石都是经由巴达克山输入的话，那么，这件实物就是在西域的"丝绸之路"开通之前，古代贸易交往范围的一个绝好的例证。

② 达纳（1892），第433页；巴托尔德（1958），第66页。但是在中世纪的汉文中还没有找到与尖晶石对应的词。

③ 《新唐书》卷221下，第4154页。

④ 《旧唐书》卷104，第3391页。

⑤ 《唐六典》卷22，第14～15页。根据唐朝史料记载，天青石（瑟瑟）、琥珀、金刚钻以及黄铜之类的矿物都是出自"波斯及凉州"。我认为，这句话的意思是说，所有这些矿物都是经由波斯与唐朝之间的中亚地区输入的。参见劳费尔（1913a），第38页。章鸿钊假定在平陆有一座瑟瑟矿，但是，所谓在平陆发现的蓝宝石，只不过是一种推测。见章鸿钊（1921），第56页。

解到的那样，在波斯，天青石与肉红玉髓、玛瑙、石榴石、碧
玉等矿石一样，是琢磨萨珊宝石的一种很普通的矿石①，在波
斯人的眼里，天青石还具有特殊的意义，它象征渺远的天空。
在塔赫特塔科底斯，我们见到库萨和二世的"圆顶式御座"。
御座的上方是由天青石和黄金制成的华盖，华盖以天空的蓝色
为背景，表现了恒星与行星，黄道带与世界节气的形状以及古
代国王的形象②。

　　至于罗马人，根据汉文史料中记载，巴西琉斯的皇宫
"以瑟瑟为殿柱，水晶、琉璃为棁，香木梁，黄金为地，象牙
阁"③。这种传说可能反映了六、七世纪时的王宫或君士坦丁
堡大教堂的一些隐约的传闻，这些建筑的地面上镶嵌着黄色的
马赛克，殿柱则是用佛青色装饰的。普林尼描述了名为
"sapphiros"（蓝宝石）的天青石，他所说的"sapphiros"主要
是指点缀着二硫化铁的天青石。普林尼写道："真正的蓝宝石
是天蓝色的，其中点缀着耀眼夺目的金色斑点。"这种说法使
我们想起宋代"于阗石"的汉语同义名称"金星石"。据普林
尼记载，来自米底的这种宝石质量最好④。

　　就唐朝本身而言，天青石是很贵重的赠品。以奢侈著称的
杨贵妃的姐姐虢国夫人建造了一所豪华的宅第，"中堂既成，
召匠圬墁，授二百万偿其值，而复以金盏瑟瑟三斗为赏"⑤。

---

① 霍恩和斯坦道夫（1891）；奥斯本（1912），第149页。我们还没有发现
　　绿松石。萨珊人喜爱的玉材还有蓝色的"假蓝宝石"玉髓，有时这种玉
　　石可能也与天青石混在了一起。见奥斯本（1912），第149页。
② 克里斯坦森（1936），第461页。
③ 《新唐书》卷221下，第4155页。
④ 第37册，卷39。
⑤ 《明皇杂录》（《唐代丛书》，4），第3页。

唐朝最上等的珠宝就是由瑟瑟制成的。根据可靠史料记载：
"每十月，帝（即玄宗）幸华清宫，五宅车骑皆从，家别为
队，俄五家队合，烂若万花，川谷成锦绣，国忠导以剑南旗
节。遗钿堕舃，瑟瑟玑珥，狼藉于道，香闻数十里[1]。"在正
仓院的收藏品中，有一条用深蓝色天青石板装饰的衣带，这很
可能就是朝臣使用的典型的腰带。在同一间储藏宝物的库房
里，还收藏了一枚用角质物和蓝色天青石装饰的杂色象牙角质
地的"如意"[2]。

232　　　在远东的诸民族中，汉族人并不是唯一喜爱这种蓝色矿石
的民族。在吐蕃人看来，瑟瑟比其他任何物品都要贵重，甚至
比黄金还要宝贵[3]。这些西藏人将天青石看作是蓝天的象征，
而且据说他们的女神的头发就带有瑟瑟的颜色[4]。"其俗重汉
缯而贵瑟瑟，男妇用为首饰。"[5] 后来（十世纪时），据一位汉
人[6]报道："吐蕃男子冠中国帽，妇人辫发，戴瑟瑟珠，云珠
之好者，一珠易一良马。"[7] 这是十世纪时首次提到瑟瑟珠，
或许它并不是天青石，而是琢磨成了圆形或圆顶平底形的深色
蓝宝石[8]。

　　　在南诏的妇女中，瑟瑟（天青石）与珠贝、琥珀一样，

---

[1] 《新唐书》卷76，第3869页。

[2] 石田茂作与和田军一（1954），第117页；正仓院（1960），南房第84号。

[3] 《新唐书》卷216上，第4135页。

[4] 劳费尔（1913a），第10页。

[5] 《通典》卷190，第1022页。

[6] 译按，即高居海。

[7] 《五代史》卷74，第4480页。

[8] 就像现代的习惯一样，它们都没有刻面。劳费尔认为，这里所说的"瑟瑟珠"就是祖母绿。

都是她们喜欢的一种头饰。南诏王曾经向唐朝天子贡献瑟瑟和琥珀①。与此类似的是，唐朝妇女更喜欢用天青石作为发饰：九世纪诗人温庭筠曾经以"瑟瑟钗"为题，创作过一首诗歌，专门描绘这种珠宝头饰。其中有"翠染冰轻透露光，堕云孙寿有余香"的句子②。这种蓝宝石还可以作为神物的装饰：例如，咸通十四年（873）唐懿宗下诏，御驾拜迎尊贵的佛骨时，将佛骨安置在香舆之中，"香舆前后系道，缀珠瑟瑟幡盖，残彩以为幢节"③。天青石甚至还能够制作成相当大的人工制品——这种制品也有可能只是用天青石镶嵌表面的——例如枕头就属于这种物品。据记载"福建盐铁院官卢昂坐赃，（卢）简辞穷按，乃得金床、瑟瑟枕大如斗。敬宗曰：'禁中无此物，昂为吏可知矣'"④。

至今我们还没有见到在唐朝建筑中使用天青石的记载，这种情况或许可以归结为中世纪文献传写过程中的偶然失载。在有关唐朝皇宫的记载中，也没有见到与汉文史书明确记载的东罗马的天青石柱类似的饰物。这种现象的确使人感到十分惊奇。因为天青石是很适合建筑使用的材料，尤其是适合装饰象

① 《新唐书》卷222上，第4156～4157页。伦敦地质博物馆有一件从上缅甸抹谷采集来的天青石标本。唐朝所需要的天青石也并不是全部都来自巴达克山。

② 《温飞卿诗集笺注》卷8，第16页。当然诗人在这里描写的也许是一种半透明的假天青石，即深色的蓝宝石、方钠石或者人造宝石。

③ 《新唐书》卷181，第4061页。章鸿钊（1921），第57页根据传奇故事的记载，列举出的实例有天青石珠帘、用天青石、珍珠、琥珀装饰的旗帜。译按，本段原文作"《元史》（YS）卷181"，查《元史》本卷无此记载，事见《新唐书》卷181《李蔚传》，则原文之"YS"当为"TS"（《新唐书》）之误。

④ 《新唐书》卷177，第4053页。这里所说的可能是玻璃质混合物制成的宝石。

征宇宙的建筑物。上文中已经提到了拜占庭的天青石殿柱和波斯王头顶的华盖上模拟的天空，现在让我们再回过头来看看下面的例子：若干世纪之后，在圣彼得堡的圣以撒大教堂"入口处耸立着天青石柱，而祭坛上则是孔雀石圆柱"，在皇村，同样表现出了隔代遗传的文化现象，皇村"有一所房屋，其镜板是由琥珀构成的，表现对波罗的海及其沙滩海滨的尊崇；天青石大厅的地面是乌木镶花地板，镶嵌着珍珠母的花环"①。从中世纪中国人的观点来看，这种描述与其说是俄国的写照，倒不如说是波斯的写照。虽然天青石是在波斯以外的地方采掘的，但是中国人却总是将天青石、琥珀与波斯联系起来。然而据我们所知，天青石在波斯建筑中所起的这种象征性的作用，并没有在中国本土上重演。唐朝曾经力图重建带有天蓝色穹顶的古代"明堂"——天子举行大典的庙堂，而这应该能够促成天青石在建筑中的应用。据此推想，我们相信天青石在当时应该已经在建筑中得到了应用。

但是据文献记载，天青石在唐朝却被用来装饰皇家的园林。唐玄宗在位期间，总是经常带着宠姬、朝臣前往京城东面的华清宫温泉过冬。据记载"（玄宗）尝于宫中置长汤数十间，环回甃以文石，为银镂漆船及白香木船，置于其中，至于楫橹，皆饰以珠玉。又于汤中垒瑟瑟及丁香为山，以状瀛州、方丈"②。这种富丽堂皇的景致代表了贵族式花园的顶峰，至于未经雕饰的自然假山园林，还要经过一个世纪才能够出现。

---

① 西特韦尔（1941），第 15，30～31 页。
② 《明皇杂录》（《唐代丛书》，4），第 2 页；薛爱华（1956），第 76 页；参见《全唐诗》第 9 函，第 10 册，卷 13，第 12 页陆龟蒙《汤泉》。

自然假山园林是像白居易、牛僧孺那样的特立独行者的创造①。

　　十二世纪流行的人造瑟瑟大概是一种蓝色的玻璃质混合物②。甚至很可能在唐朝时就已经做出了这种假冒的天青石③。古代埃及人也使用同样的方法制作人造天青石，他们将这种人造天青石用作镶嵌物，例如在图特安哈门陵墓中，人造天青石就被用来作为墓葬的覆盖物和其他的器具④，在公元前七世纪的许多亚述文献中，都记录了用玻璃质混合物制作宝石的配方，其中包括一种制作"ṣipru（ = sappphiros）"的配方，而这种制品就是指人造的天青石⑤。这种从西域带来的美丽的宝石，导致了一种与佛青饱和深蓝色相适应的新的颜色意象⑥。在诗歌中，需要有一个名称来形容这种特殊的色彩。古代的"碧"（＊piäk）字通常也用来指一种矿物质的名称，而现在它却已经被用来代指在色谱中蓝绿范围内的所有深色的色彩。比这更精确的比拟是诗人白居易的发明，他通过同样的方法，确切地将一种矿物质的名称变成了一个颜色词，当时的"瑟瑟"（英文 azure）还是矿物质的名称，但是白居易使它变成了一个颜色词。"azure"——来源于波斯文"lāẕward"——的传统意

---

① 薛爱华（1961），第 5~7 页。

② 劳费尔（1913a），第 32 页引《纬略》。译按，《纬略》卷 5"瑟瑟"条称："今世所传瑟瑟或皆炼石为之也。"即此。

③ 章鸿钊（1921），第 5 页。

④ 卢卡斯（1934），第 348 页。

⑤ 汤普森（1936），第 194 ~ 195 页。在中世纪时，欧洲有人造红宝石、钻石、蓝宝石、绿宝石、黄玉以及其他的各种宝石。霍姆斯（1934），第 196 页。

⑥ 佛青就是天青石粉。佛青在中国很少见，但是在敦煌石窟的绘画颜料中鉴定出了佛青的成分。

义是指"lapis lazuli"(天青石),乔叟是第一位使用"azure"来代指蓝色的英国诗人①,而白居易使用"瑟瑟"代指蓝色则远在乔叟之前。类似以矿物来暗指颜色的手法,在汉文诗歌中并非新鲜事物。例如,六世纪时梁朝简文帝就曾经写过这样的诗句:

> 风开玛瑙叶,水净琉璃波②。

在这里"玛瑙"就是指"carnelian"(光玉髓),代指橙红色,而"琉璃"则是"berylline",它很可能就是人造绿柱石或天青石,是一种蓝色或深蓝色的玻璃质混合物。

234　　双声词"瑟瑟"本身在九世纪之前就已经用于诗歌,但是它与颜色无关——此前"瑟瑟"是一种象声词,表示风中树叶的飒飒声或沙沙声等类似的响声。十六世纪的批评家杨慎最先发现,在白居易诗歌中大量出现的"瑟瑟",并不像普遍认为的那样,只具有平常的意义,而是一种生动的颜色比拟③。就像梁朝皇帝使用的"绿琉璃"一样,白居易用"瑟瑟"或者"碧琉璃",或者是"碧瑟瑟"来表示风吹涟漪的色彩,而且也指白居易花园中的一种石头和"秋天"(显然是秋天湛蓝的天空)。就用"瑟瑟"来表示秋色而言,秋天的碧色往往与秋叶的红色(类似于简文帝诗中的"玛瑙叶")对举。

---

① 斯图尔特(1930),第72页。乔叟也是最先将"ruddy"(除了应用于皮肤以外。译按,此字意思是"血红色")、"citron"(柠檬色)、"rosy"(粉红色)等用作颜色词的诗人。
② 《西斋行马》,《梁简文帝集》卷2,第41页。
③ 杨慎《升庵外集》卷7,第953页。章鸿钊(1921),第64~65页列举了这种形象化描写的其他一些例证。

在九世纪初年，这种以外来物品构成的颜色对文是一种真正新奇的修辞手段，但是在十世纪那些讲究修辞的诗人中，它已成了一种固定的格式，这些人沿用白居易的新发明，而且将"瑟瑟"与被称之为"猩猩血"的鲜艳的深红色对仗使用。在方干（生活在 860 年前后）的一首诗中，我们就发现了这种新的对仗句式，方干在诗中用猩猩血色的花来对比深佛青色的树林①，而在韦庄（生活在 900 年前后）的一首诗中，则将深蓝色（lapis lazuli）的河水波纹与水彩颜料中的血红色（即"猩猩色"）作为对文来描写②。又，殷文圭（生活在 904 年前后）也在一首诗中写道：

花心露洗猩猩血，水面风披瑟瑟罗③。

贯休是一位才华出众的和尚（同时他还是一位有名的诗人和画家），他曾经创作过四首描写仙境的诗，在其中的一首绝句中，他将天青石的颜色与"金色"相比：

三四仙女儿，身着瑟瑟衣。
手把明月珠，打落金色梨④。

---

① 译按，方干《孙氏林亭》："瑟瑟林排全仓竹，猩猩血染半园花"。作者所说指此。
② 译按，韦庄《乞彩笺歌》："留得溪头瑟瑟波，泼成纸上猩猩色"。即作者所指。
③ 殷文圭《题吴中陆龟蒙山斋》，《全唐诗》，第 11 函，第 1 册，第 2 页。
④ 贯休（832～912）《梦游仙》，《全唐诗》第 12 函，第 3 册，卷 1，第 4 页。

正如这个时代道教的比喻完全适用于佛教的方丈一样，这种新的颜色比喻也完全适合于九世纪末的这种梦想。所有这些色彩的耦合，使得一些当时已经显得滞钝、枯燥古老的陈词滥调恢复了活力，像"丹青"① ——丹砂与石青——在当时已经失去了其古代的原义，成为"朱红色与青色"的一种代称，即成了泛指"彩色绘画"的一个常见的隐喻。

金精

贞观十七年（643），唐太宗会见了"拂林国王"② 派来的使臣。这批使臣贡献的礼物有赤颇黎、绿颇黎和一种叫作"金精"的物品③。罗马的使臣通报了大食国对自己国家的入侵，唐太宗"降玺书答慰，赐以绫绮焉"。开元廿九年（741），吐火罗国又遣使来到长安"献红颇梨、生（未经琢磨的）玛瑙、生金精"④。五识匿国也向唐朝贡献过这种神秘的

---

① 译按，"丹青"，英文原文作"Ch'ing tan"，据上下文意，当为"丹青"之误倒。此姑作"丹青"。

② 据唐史记载，这位国王的名字叫"波多力"，夏德认为"波多力"可能就是"Patriach"在东方的译名，李约瑟也持这种看法，见李约瑟（1962），第106页。当时君士坦丁堡是由君士坦斯二世统治的。

③ 《新唐书》卷221下，第4155页；《旧唐书》卷198，第3614页；《册府元龟》卷970，第10页；《唐会要》卷99，第1778页。新、旧《唐书》记载的"石绿"（孔雀石）前误脱"石"字，这样就使"石绿、金精"变成了"绿金精"，沙畹据此认为，"绿金精"就是天青石［见沙畹（1903），第159页］，劳费尔也持这种观点［见劳费尔（1919），第520页］，此外，伯希和也采纳了这种看法［见伯希和（1959）］，第59~60页。其实天青石的说法的唯一的根据，就是两《唐书》的脱讹。

④ 《册府元龟》卷971，第13页。《唐会要》卷99，第1773页的记载与《册府元龟》相同，但是将年代系于开元十八年（730）。我认为《册府元龟》的记载更可靠。译按，"吐火罗"，《册府元龟》作"吐罗"，"生金精"，《唐会要》作"金精"。

矿石（据文献记载来看，"金精"似乎是一种很珍贵的宝石）①。据唐史记载，这种宝石的产地是俱兰，据说俱兰"与吐火罗接，环地三千里，南大雪山，北俱鲁河。出金精，琢石取之"②。

"金精"作为唐朝进口的一种宝石的名字，似乎并没有流传到唐朝以后，所以我们必须在唐朝之前的文献中寻求对它的解释，以找到识别这种宝石的线索。五世纪早期的记载，可以作为对金精的代表性的解释。在这段史料中，记载了凉昭武王李玄盛统治时期出现的一些表示祥瑞的白兽，其中有白狼、白兔、白雀、白雉和白鸠等，"其群下以为'白'祥'金精'所诞，皆应时邕而至"③。这段话的意思是说，这些令人惊奇的白色变种生物是"白"精的具体体现，而"白"则代表"西方"和"金"——即当时广为应用的"五行"学说中的一种元素。下面我们再来看看一个唐朝的例证：

> 金星之精坠于终南圭峰之西，因号为太白山。其精化为白石，状如美玉，时有紫气复之。天宝中，玄宗皇帝立玄元庙于长安大宁里，临淄旧邸俗塑玄元像，梦神人曰："太白北谷中有玉石，可取而琢之，紫气见处是也。"④

"金星""太白"都是白色的行星"Venus"（金星）的名字，在这里将一种颜色类似白玉，半透明宝石的来源归结为宇

---

① 《册府元龟》卷971，第5页。
② 《新唐书》卷221下，第4154页。
③ 《晋书》卷87，第1308页。
④ 《录异记》（《津逮秘书》，11集，第4册）。

宙。诗人皮日休也以这样的词句来描写水的洁净：

> 澄如"玉髓"洁，泛若"金精"鲜①。

"玉髓"是道教的一个古代术语，指融化玉而得到的仙液；它还指"chalcedony"②，这些诗句进一步证明，"金精"这个概念是指类似白玉髓或玉的，一种浅色的或珍珠色的白色宝石③。

这种主要在唐代输入的奇异的宝石具体究竟是指什么样的矿石，我们还很难断定。如同上文所引资料中记载，它被描述为"主"西方和秋天的、形而上学的"金精"的具体体现，正如空青是黄铜之精，雌黄是黄金之精一样，它是清冷如月光般的一种白玉的精髓。简而言之，金精是一种相当少见，但又不算太珍贵的，带有光泽的美丽的白色宝石。一种相当符合现实的假设是，金精是指月长石。月长石又称冰长石，属于正长石长石类的一种。月长石的突出特点是它那珍珠似的、闪光

---

① 皮日休《以毛公泉一瓶献上谏议因寄》，《全唐诗》第9函，第9册，卷3，第5页。

② 译按，即"玉髓"，是二氧化硅矿物石英细粒的一种隐晶质的变种。

③ 张九龄在《狮子赞序》中描写了西域贡献的狮子的各种优点，在描绘"狮子骨"时，有"得金精之刚"的说法，据此，我们认为这种宝石的另一个特性是质地格外坚硬；但是张九龄真正说的是"金刚"，而"金刚"则是钻石的标准汉文术语，钻石"坚硬无比"的硬质是世界闻名的。参见张九龄《狮子赞序》，《全唐文》卷290，第19页。普林尼曾经提到过"auri nodus"（黄金之精）——柏拉图和提迈乌斯就已经知道了这种物质——认为它就是钻石。但是有关"黄金之精"的传说，不知为什么与"金属之精"混淆在了一起。见鲍尔（1950），第245页。唐朝药物学家使用的"金精"这个词的意思就是"金属之精"，他们宣称，金精是雌黄，铜精是空青。《新修本草》卷4，第44页。

的、呈乳白状的白色。另外，金精也有可能是普林尼列入白珠宝中的"ceraunia"（宝石）。这种宝石"不仅禀受太阳和月亮的光泽，而且能够吸取星星的光辉"，这种宝石来自波斯的克尔曼[①]。

玻璃

　　玻璃久已为中国人所熟知，自从东周以后，中国人就已经制作出了玻璃[②]。在汉语中，将玻璃分作两类，一类为琉璃，另一类是玻璃。琉璃是指一种不透明的或颜色暗淡、半透明的彩色玻璃，甚至有一种彩色的陶质釉也可以称作琉璃；琉璃与英文称之为"paste"的铅玻璃很类似，琉璃——特别是绿琉璃与蓝琉璃——与玻璃质混合物一样，往往被当作一种自然宝石的替代品[③]。琉璃有时确实与诸如天青石、绿柱石，毫无疑问还有绿松石之类的天然矿物质混淆在了一起。与琉璃不同的是，玻璃不仅是透明的，而且是无色的或只有淡淡的颜色，它可以与水或是冰相比。琉璃在中国已经有了久远的历史，但是

236

[①]　鲍尔（1950），第171页。有一种钠长石（即另一种长石）也具有这样的特点，而且也被称作"月长石"。斯里兰卡是最上等的月长石的产地。虽然唐史记载狮子国（译按，即斯里兰卡）"多奇宝"，但是却没有具体记录宝物的名称。见《新唐书》卷221下，第4155页。

[②]　关于中国古代的玻璃，见李约瑟（1962），第101～104页。

[③]　汉字"琉璃"显然是巴利文"veḷuriyam"（梵文"vaiḍūrya"）的译音，而在佛教文献中，仍然保留着相同的概念，但是在佛教文献中它是指绿柱石或其他一些绿色的宝石。正是由于这个原因，劳费尔不同意"琉璃"就是"glass"（玻璃）的说法，虽然他也承认，有时某种彩色的釉料也被称作"琉璃"，他认为"玻璃"是汉文中指"glass"的一个独一无二的常见词。劳费尔（1946），第111～112页。玻璃译自一个与梵文"sphaṭika"（结晶）有密切关系的字。参见李约瑟（1961），第105～106页。

吹制玻璃器皿在唐朝却是一件很新鲜的事情[1]。

关于假宝石"琉璃",需要在这里略作交代。在日常生活和文献中,琉璃都是很平常的,但是在唐代也有外来的琉璃,这些外来琉璃是由西域国家的使臣带来的[2]。当唐朝人记载对他们来说比较生疏的文化时,有时也提到琉璃。例如缅甸的骠国"明天文,喜佛法。有百寺,琉璃为甓,错以金银"[3]。唐朝末年,还盛行一种以琉璃为手镯和头饰的风气[4]。在中世纪末年的一则史料中,记载了中国琉璃与外国琉璃各自的优劣。"铸之中国,色甚光鲜,而质则轻脆,沃以热酒,随手破裂。其来自海舶者,制差钝朴,而色亦微暗。其可异者,虽百沸汤注之,与磁银无异,了不复动,是名蕃琉璃也。"[5] 琉璃色彩明艳的特点,深受诗人的喜爱,他们尤其喜欢用琉璃来形容金碧辉煌的仙境,例如"水晶宫殿琉璃瓦"[6],就是指用水晶和彩色琉璃建造的宫殿。

但是在唐代,冰清玉洁的玻璃还仍然被看作是外国的宝物,所以陈藏器说:"玻璃,西国之宝也。玉、石之类,生土中。或云千岁冰所化,亦未必然也。"[7] 其他还有一些人也认

---

[1] 格雷(1959),第53页。

[2] 例如天宝五载(746)突骑施、史国等联合使团就带着琉璃。见《册府元龟》卷971,第15页。译按,此所谓"联合使团",误。参见上文第九章"诃子"附译注。

[3] 《新唐书》卷222下,第4160页。

[4] 《新唐书》卷34,第3731页。

[5] 《资治通鉴》卷225,第14页大历十三年(778)所载"琉璃盘"下胡三省注。他所根据的似乎是十二世纪的材料。参见李约瑟(1962),第110页。

[6] 欧阳炯《题景焕画应天寺壁天王歌》,《全唐诗》第11函,第6册,第3页。

[7] 《本草纲目》卷8,第36页引陈藏器。

为，玻璃就像水晶一样，是"千岁冰所化"①。根据史书记载，这种神奇的原料样品来自罽宾②，"碧玻璃"来自拔汗那③，"红、碧玻璃"来自吐火罗④，赤玻璃和绿玻璃则来自拂林国⑤。在正仓院收藏的玻璃制品中，有些很可能就是这种贡品。例如，正仓院有一个深蓝色的高脚酒杯，酒杯上饰以浮雕圆环，还配着银的底座，这只酒杯显然不是中国风格。此外，还有一个波斯风格的淡绿色广口水罐⑥。但是这类器物也有可能是由中国人制作的西方风格的玻璃器皿。与此同时，当时在中国似乎确实出现了取代旧有铅玻璃和钡玻璃的钠玻璃⑦。

琉璃主要是一种装饰性的玻璃，通常琉璃都是模制或雕饰而成的，它被广泛地应用于制作各种各样的器具（正如唐朝诗人所叙述的），而玻璃则是吹制器皿，是制作杯、盘、罐等器具的最常见的材料。正仓院陈列的收藏品中和世界各地的公、私收藏品中，有许多这样的玻璃器皿，在这些器皿中，有些可能就是由中国人制作的，但有些也有可能是西方人制作的。下面试举数例：有一种深绿色的鱼坠，鱼的眼、嘴、鳃等

---

① 《酉阳杂俎》卷11，第85页。
② 《新唐书》卷221下，第4154页。译按，作者这里说的罽宾，就是《新唐书》中的"劫者"。
③ 《旧唐书》卷5，第3074页（高宗上元二年，675）；《册府元龟》卷970，第16页（肃宗上元二年，761）。
④ 《新唐书》卷221下，第4154页；《册府元龟》卷971，第13页（开元廿九年，741）；《唐会要》卷99，第1773页（开元十八年，730）。
⑤ 《新唐书》卷221下，第4155页；《旧唐书》卷198，第3614页；《册府元龟》卷970，第10页；《唐会要》卷99，第1778页。
⑥ 原田淑人（1939），第61~62页；石田茂作与和田军一（1954），插图第59、60。
⑦ 李约瑟（1962），第103页。

部位呈金黄色，这种鱼坠很可能是仿照唐朝官员的鱼符制作成的[1]；另外还有一种波状边的绿色浅杯[2]；带底座的褐色浅盘[3]；黄色、靛蓝色、绿色以及淡绿色的双陆博戏用具[4]。此外，还发现过一种带有"从萨珊银器工艺中脱胎而来的浮雕花卉图案和涡卷形纹饰"的四叶红褐色底座杯[5]；一种带有绿色的白手镯，呈"二龙戏珠"的形状，另外还有一枚带有红褐色条纹的琥珀色手镯，外形也是两条面面相对的龙[6]。像这种坠饰、双陆以及手镯等器具，在唐代很可能都被称作琉璃制品；这也就是说，在当时，琉璃很可能确实是指那些具有类似于宝石功能的玻璃而言。

火珠

贞观四年（630），林邑国向唐太宗贡献火珠，火珠"大如鸡卵，状如水精"。根据唐史记载，这枚火珠"正午向日，以艾承之，即火燃"[7]。据献珠的使臣讲，火珠得自罗刹国，"其人朱发黑身，兽牙鹰爪"[8]。唐史中对婆利国火珠的记载，

---

[1] 石田茂作与和田军一（1954），插图第69。

[2] 石田茂作与和田军一（1954），插图第58。

[3] 石田茂作与和田军一（1954），插图第63。

[4] 正仓院（1928～），Ⅰ，第32页。

[5] 特鲁布纳（1957），第364页。

[6] 特鲁布纳（1957），第366，367页。

[7] 《旧唐书》卷197，第3609页；《册府元龟》卷98，第1751页。

[8] 《册府元龟》卷970，第6页；《隋唐嘉话》（《唐代丛书》，1），第13页。这些史料说的应该都是同一个事件，但是却将时间记在了贞观五年（631）。关于罗刹国的考定，见劳费尔（1915e），第211页。译按，"罗刹国"，《册府元龟》作"罗利国"，《太平广记》卷402"火珠"条引《国史异纂》亦作"罗利国"。《册府元龟》之"利"应为"刹"之讹文。

与这种说法非常相似①。另一个南亚国家堕和罗也曾经向唐朝贡献"象牙、火珠,请赐好马,诏许之"②。而且据唐史记载,迦湿弥逻国也出产这种状如水精的球形物③,对于大食矿物学家来说,迦湿弥逻国就是以盛产水晶而著称的④。唐文宗开成九年(839),当朝圣僧圆仁在山东登州登陆时,他向住吉大神奉献了一枚水精珠,祈求能够平安、迅速地返回日本⑤。

这些水晶球的汉文名称来自梵文"agnimaṇi"(火宝石),在印度,这个名字是指火透镜,印度似乎是这种水晶球的远东产地,而印度制作水晶球的技艺则很可能是从希腊化的近东地区得到的。普林尼曾经描述过这种用来烧灼的水晶球;很久以前,即在公元前九世纪时,在亚述王亚述纳西拔的皇宫里就有一枚水晶透镜⑥。就中国而言,到公元一世纪时,就已经知道了玻璃和水晶的凸透镜⑦。在古代时,与这种凸透镜相当的物品是一种叫作"阳燧"的凹面青铜镜。阳燧在汉代非常普遍,它的意思是"太阳取火器"或"利用阳气的点火器"⑧。的确,任何能够聚集太阳能的仪器本身,就会被看成是一种神秘地集中了能量和上苍的神光的物体,而且它们往往都

① 《新唐书》卷 221 下,第 4159 页。
② 《旧唐书》卷 197,第 3610 页;《册府元龟》卷 970,第 13 页。
③ 《新唐书》卷 221 下,第 4155 页。
④ 劳费尔(1915e),第 212 页。
⑤ 赖世和(1955),第 117 页。
⑥ 劳费尔(1915e),第 170、174、217、225、228 页。参见劳费尔(1915f),第 563 页,劳费尔提出,藏文"mešel"(火水晶),等于梵文"sūryakānta"。
⑦ 李约瑟(1962),第 111～113 页。
⑧ 劳费尔(1915e),第 182、188 页。

被尊崇为神器，即容聚神力之器。新的火珠就具有这样的力量。同时它们还被看作是月亮的象征，或者干脆就被看成是缩小了的月亮，火球还与"火珠"有关，而火珠则被认为是龙平常用来嬉戏吐弄的玩物。这种在文学作品中经常可以见到的"龙珠"，最初就是用来表示满月的。很久以前，人们认为在每年的年初，月亮就是从以大角星为标志的春龙的角上升起来的①。另外，火珠还是"cintāmaṇi"，即印度教那伽神的如意珠，那伽神是民间传说中的毒蛇之王，相当于中国传说中的雨龙②。

作为一种球状的光明与辐射热之源，作为太阳与月亮的象征，"火珠"与其他发光的珠宝属于同一个类型。中国传说中的"明珠""夜光珠"以及"月明珠"（见上文引贯休诗）可以追溯到周朝，而这些传说本身最初则很可能来源于印度。我们在许多文化中，都可以见到与此相当的或是类似的发光的珠宝，在西域的摩尼教徒中，将"月光宝珠"看作是所有宝石中最贵重的宝石，而希拉波里斯笔下的叙利卡女神形象的头顶的宝石，则"在夜间熠熠闪光"③。

实际上，中国见到的发光的"珠宝"，一般都是鲸的眼睛，像许多海生生物身体的各个部位一样，鲸睛能够自然发出

---

① 李约瑟（1959），第 252 页；李约瑟（1960）第 135 页，注（3）。后来这种月亮的象征就变成了一个火球，显然这是因为将天龙座与印度天文学上的无形怪兽罗睺和计都混淆的缘故，它们位于月球轨道的交叉点上，吞没了月亮（由此就有了日食）。这样一来，龙的玩物就又成了太阳的象征，或者更确切地说，是太阳和月亮的共同的象征；参见李约瑟（1959），第 292 页。

② 莱辛（1935），第 30 页。

③ 劳费尔（1915c），第 58 页；戴密微（1924），第 289～292 页；薛爱华（1952），第 155 页，注（8）。

鄰光。毫无疑问，传说中潜藏在大洋的水底的印度龙王的如意珠也是这种发光的球体[①]。自从公元四世纪以后，中国人就已经知道了鲸睛，八世纪时，东北靺鞨部落曾经几次向唐朝皇帝贡献鲸睛[②]。

但是，也有一些发光的珠宝属于矿物；有些珠宝具有持续发光的性能，而有些则只是在摩擦或加热时才会发光。在唐玄宗开元年间，米国的使臣曾经向玄宗贡献过一枚仅仅称作"璧"的宝石。璧是古代的一种扁平的宝石环的名称，在周朝时，它是天赐王权的象征；但是璧又可以与"碧"互换使用，而"碧"的意思是"深蓝绿色的宝石"，而且有时还有"发光的蓝绿宝石"的意思[③]。米国所献的"璧"如果不是礼仪用的玉器的话，那么它很可能就是"chlorophane"[④] 的制品，它属于萤石的一种热发光的品种，毫无疑问，这也就是古典古代时磷光质的"绿宝石"的原料。例如，塞浦路斯国王赫耳弥亚斯墓前大理石狮子的绿眼睛就是使用了这种绿宝石[⑤]。当然，希腊的炼金术士自己就有一套制作夜光宝石的方法，这就是在宝石表面涂上一层磷光质的涂料，这种方法很有一些魔术的味道。他们制作的最有名的发光宝石是"蓝宝石"

---

① 劳费尔（1915c），第 69 页。

② 《新唐书》卷 219，第 4146 页；《册府元龟》卷 971，第 4 页；劳费尔（1915c），第 69 页。

③ 试比较古代与珍珠、翡翠一起用作装饰的"蓝田璧"（实际上是一种绿色的大理石，见《汉书》卷 97 下，第 0615 页）、大秦的"夜光璧"（《后汉书》卷 118，第 0950 页）以及"璧色缯"（《仪礼·聘礼》"束帛"注）。

④ 译按，即一种萤石，加热后能发出美丽的绿光。

⑤ 夏德（1885），第 235 页；哈文（1957），第 33~34、372 页。参见李约瑟（1962），第 76 页。

和"红宝石"①。

唐朝最大的火珠安放在明堂②的顶端。明堂最初是周天子用以交通天地之和，错综阴阳之数，顺天地，理万物，举行大典的殿堂。唐朝的明堂就是重建了古代的明堂。自古以来，好古博学之士、建筑师以及君主专制的理论家们一直对这种御殿的构造以及装饰问题争论不休。在唐朝初年，这种争论也非常激烈，直到牝鸡司晨的女"天子"武则天皇后时，才开始实际动手兴建——这使我们想起古代埃及女王哈特谢普苏特③。武则天想要增强她作为天授之君的神力，决定在东都洛阳建造明堂，并于垂拱三年（687）开始动工。这座法天地、合阴阳、象四时、体万物的明堂于垂拱四年正月初五（688 年 2 月 11 日）正式竣工④。到证圣元年（695），明堂毁于火灾，但是武则天立即下令"依旧规重造"，天册万岁二年（696）重建工程完成。这座新建筑"凡高二百九十四尺，东南西北广三百尺"。在明堂的大殿中，安放着九尊新铸造的青铜鼎，九鼎代表着这位伟大的女性统治的九州。最初安置在明堂顶部的是一只镀金的铁凤，后来铁凤被大风损坏，于是用一枚火珠代替⑤。武则天还在她建造的天枢上放了一枚火珠。这座巨大的天枢是武则天在证圣元年（695）下令用铸铁铸造的，其恢宏

---

① 伯塞洛特（1938），第 271～274 页。

② 我在这里采取了苏西尔的译法，将"明堂"译作"High of Light"。

③ 译按，哈特谢普苏特，约公元前 1503～1482 年在位。曾经在底比斯的神庙中修建了四座高约三十米的大尖塔，而且修建了斯派乌斯·阿泰米都斯神庙，其中规模最恢宏的是她在位时修建的达尔巴赫里神庙。

④ 《旧唐书》卷 22，第 3157 页。

⑤ 《旧唐书》卷 22，第 3158 页；《资治通鉴》卷 205，第 15 页；李约瑟（1958），第 21 页。

壮观的气度，一点也不逊于明堂。建造天枢是为了纪念武则天
复兴了周朝。天枢"高一百五尺，径十二尺，八面，各径五
尺。下为铁山，周百七十尺，以铜为蟠龙麒麟萦绕之；上为腾
云承露盘，四'龙人'立捧火珠，高一丈。工人毛婆罗造模，
武三思为文，刻百官及四夷酋长名"[1]。从他的名字来看，这
位造模的毛婆罗显然是一位外国人。

239

到了开元十六年（738），即在明堂建成之后约三十四年
时，一位叫作崔曙的举子在"进士"考试时写了一首名为
"明堂火珠"的诗：

> 正位开重屋，凌空出火珠。
>
> 夜来双月满，曙后一星孤。
>
> 天净光难灭，云生望欲无。
>
> 遥知太平代，国宝在名都[2]。

根据唐史记载，这枚著名的圆球是用青铜制成的[3]，如果
这一记载可信的话，那么就说明，虽然明堂火珠的名称来自真
正的聚热水晶球，但是就其实质而言，却是古代的阳燧。这是
向佛塔上的饰珠装饰迈出的一步。佛塔上的饰珠象征着佛陀真

---

① 《资治通鉴》卷205，第14页；李约瑟（1958），第21页。译按，英译
　文特别将"龙人"（dragon men）标以引号，以为专名，恐误。详以《通
　鉴》原义，"四龙人立捧火珠"，是说四条龙直立捧珠，并无"龙人"的
　意思。《太平广记》卷236"则天后"条引《大唐新语》载："上有铜
　盘，径三丈。蛟龙人立，两足捧大火珠，望之如日初出。"（参见《大唐
　新语》"辑佚"）可证。

② 崔曙《奉试明堂火珠赋》，《全唐诗》第3函，第2册，第2页。

③ 《资治通鉴》卷205，第15页。

义的光芒，就像一盏指路明灯照耀着世间的各个角落。

一篇用书面语言写成的、非常流行的唐代传奇提到一枚火珠时，曾经使用过一种混合的名称①。这个名称表明，这种火球是古代的阳燧的正式替代物。这个传奇故事还说明了当时人们对于波斯人的财富和魔力所抱有的普遍观念。在这里只能扼要地摘录其中一些内容。据说，有一位年轻的勇士，在广州附近的一座墓穴中——有些类似于道教所说的阴间——经历了一连串的神奇的冒险，并得到了一枚珠宝。后来他来到广州，在一所"波斯邸"中出售这枚珠宝，买主告诉他这样一个故事：

> "（此）我大食国宝阳燧珠也。昔汉初，赵佗使异人梯山航海，盗归番禺。今仅千载矣。我国有能玄象者，言来岁国宝当归，故我王召我，具大舶重资，今日果有所获矣。"遂出玉液而洗之，光鉴一室。胡人遽泛海归大食去②。

象牙

唐朝的药物学家甄权说：

> 西域重象牙，用饰床座。中国贵之，以为笏。象每蜕牙，自埋藏之，昆仑诸国人以木牙潜易取焉③。

---

① 译按，即下文之"阳燧珠"
② 《太平御览》卷34，第5~6页引《传奇》"崔炜"。
③ 《本草纲目》卷51上，第26页引甄权。

　　唐朝可以从岭南道①、安南都护府的领地②以及云南的南诏国③等地获取象牙。当时更远一些的象牙产地还有林邑④、印度群岛的北邑和堕婆登⑤以及斯里兰卡的狮子国等地⑥。

　　象牙不仅非常适合于制作类似箸、簪、梳之类的小器物，而且它还是装饰大件器具的绝好的镶嵌材料。象牙有时被染成像绯红、靛蓝以及绿色等迷人的颜色。由表面染上颜色的象牙镶嵌成的花卉图案，在使用过程中很可能会显露出白色。换句话来说，我们见到的那些素面器物上的白色象牙镶嵌图案，很可能最初是被油漆过的⑦。正仓院的收藏品中有一个矩形的紫檀盒子，盒子的表层装饰着檀木、黄杨、黑柿木、白象牙以及染成绿色的象牙镶嵌成的几何图案⑧。在同一陈列室里，还陈列着其他各种各样的象牙制品，其中有一件瑟瑟拨子，表面镂刻着山峦、野兽、禽鸟、花卉的形象，这件拨子被染成了绯色，而且是用蓝色和绿色润饰过的⑨。在不同的节日里，唐朝的天子需要各种各样不同的礼器，例如"寒食节"需要"杂彩鸡子"；而在"夏至"则需要"雷车"；并要求中尚署令"每年二月二日进镂牙尺及木画紫檀尺"⑩。在正仓院收藏着一把罕见的象牙尺，上面精巧地镂刻着花卉、鸟兽图案，这把象

---

①　《新唐书》卷43上，第14～15页。
②　《新唐书》卷222上，第3733页。象牙是骥州的出产物。
③　《新唐书》卷222上，第4157页。
④　《册府元龟》卷971，第17页。天宝七载（748）林邑贡象牙。
⑤　《册府元龟》卷971，第17页；《旧唐书》卷197，第3610页。
⑥　《册府元龟》卷971，第17页。
⑦　劳费尔（1925），第67～68页。
⑧　石田茂作与和田军一（1954），图版第76。
⑨　正仓院（1928～），Ⅰ，第44页。
⑩　《唐六典》卷22，第14页。

牙尺毫无疑问应该是属于唐朝帝国使用的象牙尺之一，或者是日本的日王（sun king）所使用的仿制品①。

在正式场合用来记事，以备遗忘的"笏"，是唐朝独有的一种特殊器物②，笏的顶部是圆的，唐朝的大臣们在朝会时必须携笏上朝。至少从九世纪中期开始，"宰相朝则有笏架，入禁中，逐门传送至殿前，朝罢则置于架上。百寮则各有笏囊，吏持之"③。唐朝的笏有各种不同的形制，品位低的官员使用的是用竹、木制成的笏，而高品阶的大臣使用的笏则是用象牙制成的④。唐朝有些笏板的装饰肯定是十分精美的，例如，唐朝规定皇位继承人在二十岁时要举行"冠礼"，这时继承人"衮冕服、元衣纁裳"，腰带上佩着玉石装饰的剑，剑鞘的包头嵌着火珠，手里则拿着"金饰象笏"⑤。

象牙的另一种特殊用途是装饰天子乘坐的五路重舆之一的象舆。所谓的五路重舆就是指玉路、金路、象路、革路与木路等五路。据记载"五路皆重舆，左青龙，右白虎……青盖三层，绣饰。上设'博山方镜'，下圆镜。""象路者，行道所乘也，黄质，象饰末"⑥。

241　　象牙有时还可以用来雕刻小型的雕像。我们见到过一尊正在哺乳一个卷发裸体儿童的鬼子母神的象牙雕像，这座雕像显然是八至九世纪时的作品。雕像人物造型丰腴饱满，姿态飘

---

① 石田茂作与和田军一（1954），图版第 18。
② 英文的意思是"note tabalets"。
③ 《白孔六帖》卷 12，第 25 页。
④ 《新唐书》卷 24，第 3682 页。
⑤ 《通典》卷 24，第 659 页。
⑥ 《新唐书》卷 24，第 3681 页。

逸，表现了唐朝的风韵，但是同时也体现出了犍陀罗风格的影响①。我们还见到过一尊舞女的小型雕像，这座雕像被染成了彩色，它显然是出自唐朝的工匠之手②。

犀角

犀角在唐朝的小型工艺品中所起的作用与象牙非常相似，而且在唐朝人的言谈话语之中，尤其是在对仗的诗句中，确实也常常将这两种材料相提并论。唐朝对犀角的需求量是非常巨大的，所以，正如我们在上文中说到的那样，虽然湖南生活着很多犀牛，这里的犀角每年都要作为土贡送往朝廷，但是唐朝还是需要进口的犀角。其近者是南诏③和安南④，更远的则要从印度群岛运抵广州港。现在印度支那犀牛濒临灭绝，在很大程度上就是由于与唐朝之间的这种贸易造成的，可见唐朝犀角进口数量之大⑤。根据记载，犀牛总是习惯将脱落的角埋藏起来，这样猎人就可以安全地用假角换取掩埋起来的真犀角⑥。但是，这种说法似乎只不过是有关象牙的同样的传说的一种翻版。最受人喜爱，同时也是最珍贵的一种犀角，是外形美观、带有图案和纹理的犀角，这种犀角经过打磨处理以后，有时就会显示出一些生物轮廓和其他各种

---

① 特鲁布纳（1957），第 128 页。

② 杰宁斯（1954），第 49 页。

③ 《新唐书》卷 222 上，第 4157 页。

④ 《新唐书》卷 43 上，第 3733 页。

⑤ 杰宁斯（1957），第 35、43 页。到了宋代时，中国人开始认为非洲的犀角优于亚洲的，而在明清时代，大多数犀角制品似乎都是来自非洲。

⑥ 《酉阳杂俎》卷 16，第 134 页。

美妙的图案①。

　　犀角在中世纪的中国医药中具有重要的作用，尤其是被用作各种各样的解毒剂。据悉，中国人了解犀角的解毒功效的时间可以上溯到公元四世纪。利用犀角解毒可能起源于中国，后来又进一步传播到了西亚和罗马帝国②。在唐代，犀角是作为一种粉剂来服用的——据说将犀角裹上薄纸，放置在怀里，就能够使生犀角变软，从而易于捣碎③。犀角甚至还可以"烧灰水服"④。先前将犀牛角挖空制成药杯时，很可能就是仿照了古代的一种自然中空的水牛角杯的样式⑤，但是最有名的唐朝的犀角杯是一种小型的圆杯，而这是一种最常见的形制⑥。我们还不能肯定这种圆形样式是否有抵消毒素的作用。但是在正仓院的收藏品中，却发现了一只短曲角外形的犀角杯⑦。

　　犀角本身被看作是适用于玉工制作技艺的一种珍贵的材料，犀角还可以制作成小盒子、手镯、镇纸以及筷子等物品，所有能够用犀角制作的器物，也都能够用象牙制作⑧。犀角还

242

① 埃廷格森（1950），第53页。白寿彝曾经引用了一条中世纪的史料，在这条材料中将"带有图案的犀"与"奇珠、龟甲、异香"一起列入由海上带到广州的贵重之物。见白寿彝（1937）。
② 杰宁斯（1957），第40～41页。
③ 《本草纲目》卷51上，第26页引李珣。
④ 《本草纲目》卷51上，第27页引孟诜。
⑤ 杰宁斯（1957），第40～41页。
⑥ 正仓院（1928～），Ⅰ，第31页具列了一件正仓院收藏的这种犀角杯。参见埃廷格森（1950），第102页；杰宁斯（1951），图版第20。
⑦ 杰宁斯（1957），第49页。
⑧ 埃廷格森（1951），第102页；石田茂作与和田军一（1954），图版67（一把象牙刀）；杜甫《丽人行》曾经提到过高雅的宫嫔使用的犀角筷，见《九家集注杜诗》，第24页。译按，杜甫原诗作"犀箸厌饫久未下"。

可以制作成帘帷的坠饰①。在唐代文献中就有"象床罗帷犀角坠"的说法②。

　　唐朝的高官显宦们在参加朝会和盛宴时，往往都佩戴着用犀角饰板装饰的腰带。犀角饰板如同黑纹琥珀一样，是与玉、金等价的昂贵物品③。当时甚至在伊斯兰的港口和集市上也能听到有关这种袍带的昂贵价值的传闻④。正仓院收藏有一条在黑漆革上饰以杂色饰板的腰带⑤。据《杜阳杂编》记载，唐敬宗本人就有一条这种可以在夜间发光的腰带⑥。

　　犀角的另一个特殊用途是制作长柄、扁平、顶端弯曲的"如意"。佛教僧人在宣讲佛经时，往往都庄重威严地在手中握着一柄如意⑦。正仓院的收藏品中，有许多这种法器的实物，其中一件的表面上嵌着彩色玻璃珠和金线，而且还有用象

①　《云仙杂记》卷5，第34页；参见杰宁斯（1957），第47页。
②　杰宁斯（1957），第44及以下诸页引李商隐；杰宁斯还列举了其他一些唐代的史料。译：按本句英译文原文作"an ivory bed with gauze-like curtains and rhinoceros horn weights"。今查李商隐诗、文，未见此句。在李商隐文中与犀角有关者有：《和孔朴韦蟾孔雀咏》"地锦排苍雁，帘钉镂白犀"（《全唐诗》第8函，第9册，卷1）；《碧城三首》"碧城十二曲栏干，犀辟尘埃玉辟寒"（同上）；《拟意》"象床穿幰网，犀帖钉窗油"（同上，卷三）；《唐梓州慧义精舍南禅院四证堂碑铭》"犀枕金炉，冰崖雪嶂"（《全唐文》卷780）等。正文是译者根据英文翻译的，不是李商隐原文。
③　埃廷格森（1950），第54页；杰宁斯（1957），第47页。
④　周一良（1945），第16页；索瓦格特（1948），第16页。
⑤　正仓院（1928～），Ⅶ，第33页；参见杰宁斯（1957），第57页。
⑥　《杜阳杂编》卷2，第10页。
⑦　现代的"如意"的形制似乎是起源于宋朝初年，当时将古代的带钩误认为是原始的如意。格雷（1959），第49页引戴维森。

牙片装饰成的花鸟形象①。另外一件画着鸟、蝴蝶和银白色的云彩，镶木手柄上镶嵌着象牙②。

鱼牙

八世纪时，新罗国有好几次向唐朝贡献"鱼牙"③，东北的东胡民族也向朝廷贡献过一种在汉语中被称作"骨咄"的材料④。这两种名称分别相当于波斯文"dandān māhī"（鱼牙）和阿拉伯文的"khutu"，它们都是指海象牙，有时候也指西伯利亚的化石猛犸象牙⑤。"骨咄"又是唐朝东北南部重镇营州的土贡，而新罗贡献的"鱼牙"，虽然主要是指海象牙，但是有可能也包括了太平洋沿岸西伯利亚地区出产的化石一角鲸的牙齿⑥。

真珠

真珠具有独特无比而且奇妙绝伦的效力。但是对于唐朝人

---

① 石田茂作与和田军一（1954），图版第117。

② 正仓院（1928～），Ⅺ，第55页。

③ 《唐会要》卷95，第1712～1713页。

④ 李时珍将"骨咄"与一种可以作滋补药的海兽，即我们所指出的朝鲜名为"olnul"（腽肭）的海兽混淆在了一起。参见本书第十一章《药物》和劳费尔（1916），第373～374页。但是劳费尔认为"骨咄"很可能就是海狸，而"腽肭"则是海豹。虽然在其他地方［劳费尔（1913）］他也认为骨咄就是化石一角鲸的牙齿。夏德和柔克义从李时珍的看法，将这两种名称混淆在了一起。见夏德和柔克义（1911），第234页。

⑤ 劳费尔（1925），第32～33页。马喀迪西将"鱼牙"列入了分布在花刺子模的出产名单之中（见巴托尔德〈1958〉，第235页）。劳费尔认为，虽然就一般情况而言，它们是指海象牙，但是有时候也指猛犸象牙，而且甚至很可能流传到了中国。

⑥ 《新唐书》卷39，第3725页；劳费尔（1913）；劳费尔（1916），第369页。

来说，似乎只有在边荒绝域才能完全懂得和了解娇艳无比的真珠的美丽。在这些神秘的国土上，人们懂得怎样利用真珠特殊的价值——真珠的特殊性能在于它能够控制水，而且真珠本身就相当于水的精华。所以在荒漠绝域之中，真珠可以引导人们找到井泉，而在大海的深处，人们则能够借助真珠的性能，来寻求龙王的宝库。（根据传说）由罽宾国王献给唐玄宗的"上清珠"，就是这样的一颗真珠。据记载：

> （上清珠）光照一室，有仙人、玉女、云鹤摇动其中。有水旱、兵革之灾，虔祝无不应验①。

九、十世纪的那些通常较为平实可靠的文人们都对这个故事深信不疑，因而我们也许真的相信有过这样一枚"真珠"。这枚"上清珠"或许只是从一种发光的矿石上切割下来的，经过精巧设计的圆球，在它的中间蚀刻着鸟和仙人的形象。但是对于唐朝人来说，它却是来自龙宫的魔珠。

在唐朝流行的许多传说中，都有类似的这种神奇的真珠。一般来说，它们都由波斯商人所拥有，或者是为波斯人所欲得。下面摘引的就是这样的一个传说。它像是按照中国人的喜好剪裁过的航海者的故事：

> 近世有波斯胡人，至扶风逆旅。见方石在主人门外，

---

① 《云仙杂记》卷9，第71页。《酉阳杂俎》卷10，第81页的记载较此为详。译按，"虔祝"，文渊阁本《云仙杂记》作"虔视"，英文原文作"if devoutly prayed to"（虔祝），《酉阳杂俎》作"虔恳祝之"，当以英译文为是，"视"为"祝"之形讹。

盘桓数日。主人问其故。胡云："我欲石捣帛。"因以二千钱求买。主人得钱甚悦。胡载石出，对众剖得径寸珠一枚。以刀剖臂腋，藏其内。便还本国。随船泛海，行十余日，船忽欲没。舟人知是海神求宝，乃遍索之，无宝与神。因欲溺胡。胡惧，剖腋取珠。舟人咒云："若求此珠，当有所领。"海神便出一手，甚大多毛。捧珠而去[1]。

真珠代表着财富、美丽和超自然的力量。所以在隐喻中，真珠就可以代指才能出众的人。例如画家阎立本在赞美一位天才的青年，也就是未来的宰相狄仁杰时，就将他称作"沧海遗珠"[2]。真珠，特别是在梵文中被叫作"mani"的真珠，还是佛陀与佛法的象征。在汉—印传说中，真珠又是能够顺情遂愿的珍宝，即可以满足主人的许多愿望[3]。更重要的是，中国人和印度人都看到了真珠与月亮之间的密切关系。在中国，真珠是凝聚在牡蛎中的"阴"（即指女性/事物的否定/月之质）的具体体现，据称，牡蛎中的珠胎的圆缺与月亮的盈亏是一致的[4]。

---

① 《太平广记》卷402，第3~4页引《广异记》"径寸珠"。译按，"对众"，英译文原作"outside the town limits"（封外）。中华书局标点本《太平广记》"校勘记"云："'对众'，原作'封外'，据明钞本改。"据上下文，当以"对众"文意为胜。此从标点本。
② 《新唐书》卷115，第3941页。
③ 苏西尔和霍德斯（1937），第435页。
④ 戴密微（1924），第291~292页。译按，《文选》卷5左思《吴都赋》"蚌蛤珠胎，与月盈亏。"《全唐诗》第3函，第10册高适《合贺兰判官望北海作》："日出见鱼目，月圆知蚌胎。"都是说"珠胎"的圆缺与月亮盈亏的关系，附志于此，供参考。

在古代，中国人的真珠有些是从中部沿海得到的，但是随着汉朝的建立，古老的合浦郡作为当时的一个蛮荒的边疆重镇（位于今广东省西南），成了真珠的主要产地。真珠以及象牙、犀角、银、铜和水果都成了北方人所享用的典型的南方的奢侈品①。当时设在合浦的采珠场由于采求无度，不知纪极，使得当地的真珠资源消耗殆尽。到了后汉时，合浦太守孟尝明智地采取了控制和保护的措施，这样才使人民的生计得以恢复。孟尝也因此被奉若神明，成了珠场神圣的保护神。甚至在唐代的许多"赋"中，"合浦还珠"还仍然是一个很有名的主题。这一主题主要是要说明，贪婪和无节制的开发将会造成的恶劣的经济影响②。

在唐代，采珠场的命运几经起落。最初，唐朝政府曾经下令将真珠作为土贡送往朝廷，但是在高宗永徽六年十一月戊子（655 年 12 月 25 日），又下诏停止诸州进贡真珠③。开元二年七月戊戌（714 年 8 月 27 日），政府再次下诏"禁采珠玉"，显然其间一度恢复过贡献真珠。由于朝廷屡屡禁止采珠，合浦郡主要就成了产银的地区。直到懿宗咸通四年七月辛卯（863 年 8 月 18 日），为了恢复当地人的生计，才再次下令允许在珠池——珠池是海岛的主要出产来源——采集真珠。这里应该提到的是，当时这里的土著人很喜欢吃牡蛎肉，他们是将牡蛎肉串在竹篾上，晒干以后食用

------

① 薛爱华（1952），第 155 页。

② 薛爱华（1952），第 156～157 页。译按，孟尝事见《后汉书》卷 76《孟尝传》。

③ 《新唐书》卷 3，第 3638 页；薛爱华（1952），第 161 页。

的[1]。唐朝也有一些真珠是从四川西部的双壳贝中得到的[2]。

但是，根据当时人们的看法，中国出产的真珠就颜色和光泽而言，都比不上从南海商舶上带来的真珠[3]。

> 天南多鸟声，州县半无城。
> 野市依蛮性，山村逐水名。
> 瘴烟沙上起，阴火雨中生。
> 独有求珠客，年年入海行。

这是阿瑟·韦利翻译的一首王建写的《南中》诗[4]。唐朝人很高兴地，甚至是很贪婪地接受了这些出自炎热、瘴疠之地，被作为"积阴之魄"的外来的真珠，与此同时，他们又摆出了一副藐视的姿态，将这些东西看作是低级文化的小摆设，而他们似乎只是作为蛮夷自愿来朝的象征才接受这些东西的，而且作为代价，中国人的教化无论怎样总会有一些因此而远播于荒服之外。九世纪初，吕颖在唐敬宗统治时期写的一首题为《西域献径寸珠赋》的韵文中，生动地表现出了唐朝人当时的这种矛盾的态度[5]。在这首赋中，吕颖写下了如下具有特色的词句"由是化中国而及外夷，如风之偃草"。

---

① 薛爱华（1952），第152页。译按，本节所引资料见《新唐书》卷5，卷9；《旧唐书》卷19上；《岭表录异》卷上。
② 《本草纲目》卷46，第37页引李珣。
③ 《本草纲目》卷46，第37页引李珣。
④ 韦利（1961），第105页。译按，此录王建原文。原诗见《全唐诗》第5函，第5册，卷2。
⑤ 吕颖《西域献径寸珠赋》，《全唐文》卷970，第9页。

贞观十六年（642），唐朝接受了天竺国贡献的"大珠"[①]，天宝八载（749）接受了林邑国城主卢陀罗遣使贡献的"真珠一百条"[②]，天宝九载（750），波斯鬼国献"无孔真珠"——大历六年（711）波斯再献真珠[③]。此外，狮子国在天宝九载（750）[④]，日本国在开成三年十二月（839）[⑤]也都向唐朝贡献真珠，而唐朝接受他们的贡献，都含有类似教化外夷的意思。

就其物质方面的意义而言，唐朝本地出产的，或者是外来的真珠主要是被当作富贵之家的服装和家具的装饰，真珠那圆润晶莹的外表，尤其适合于装饰屏风和帷幔。从九、十世纪创作的传奇中反映的情况来看，无论是圆形的真珠还是雕琢成了神像的真珠，凡是精美的真珠都可以被当成是奉献给佛寺的一种独特的礼物[⑥]。

就像其他的那些洁净的或者肮脏的材料一样，真珠也是唐朝的药剂师的臼中之物。在医药中，真珠被用来治疗白内障和其他各种眼疾，这是因为真珠不仅在外形上与眼睛类似，而且像圆月

245

---

① 《册府元龟》卷970，第9页。译按，《册府元龟》记此事于贞观十五年末，云："是年，尸罗逸多遣使朝贡，帝复遣李义（表）报使，其王复遣使献大珠及郁金香、菩提树。"则事在贞观十五年。又，《新唐书》卷221上《天竺国传》详载此事，亦作"贞观十五年"。作者或因《册府元龟》系于十五年之末，故作"642年"。"大珠"，《新唐书》作"火珠"，疑"大珠"为"火珠"之讹文。

② 《唐会要》卷970，第1751页；《册府元龟》卷971，第17页。天宝九载（750）林邑又献真珠，事见《册府元龟》卷971，第17页。译按，"卢陀罗"，《册府元龟》作"卢陀"。

③ 《旧唐书》卷198，第3614页；《册府元龟》卷971，第18页；卷972，第2页；《唐会要》卷100，第1784页。译按，"无孔真珠"，《册府元龟》讹作"舞孔真珠"。

④ 《册府元龟》卷971，第17页。

⑤ 《旧唐书》卷17下，第3125页；《册府元龟》卷972，第10页。

⑥ 薛爱华（1932），第160页。

一样清澈明亮。我们认为，唐朝人的这种做法近于模仿巫术。真珠特别受到道教徒喜爱，他们将真珠作为延年药。在利用未经钻缀的真珠之前，必须先将它研成粉末以后才能服用①。

玳瑁

唐朝人使用的玳瑁②是从安南的陆州得到的③，这种玳瑁可以制作妇女的发簪和头饰，还可以用来镶嵌贵重的家用器具。除了陆州之外，在元和十三年（818），诃陵国也曾经"遣使进僧祇女二人、鹦鹉、玳瑁及生犀等"④。正仓院收藏有一件用精美的玳瑁制成的五弦琵琶的拨子，拨子上有一个用珍珠母镶嵌的、骑在骆驼背上弹奏琵琶的胡人形象⑤。这一件以及其他的玳瑁制品，很可能都是从南海传到唐朝的。

唐朝的诗人们还用玳瑁来形容斑驳陆离的景象，例如在唐诗中有这样的诗句：

> 兰池琉璃静，园花玳瑁斑⑥。

---

① 《本草纲目》卷46，第37页引李珣。

② 即"鹰嘴龟"（Chelonia imbricata）的龟壳，汉文作"玳瑁"。

③ 《新唐书》卷43上，第3733页。同一地区进贡的还有"蟕蠵"的皮，显然这是一种食用绿龟。这种龟的壳可以制作成一种多汁的汤。译按，《新唐书》原文作"蠵"，"蟕蠵"即"蟕龟"，见《本草纲目》卷45。

④ 《旧唐书》卷197，第3610页；《册府元龟》卷972，第7页；《唐会要》卷100，第1782页。

⑤ 原田淑人（1939），第73页。

⑥ 沈佺期《春闺》，《全唐诗》第2函，第5册，卷2，第3页。我们将"琉璃"译作"berylline"，即"beryl paste"（假绿玉原料）；参见上文"玻璃"。译按，刘禹锡也曾使用类似的比喻来形容斑竹杖，称"一茎炯炯琅玕色，数节重重玳瑁文"，见《吴兴敬郎中见惠斑竹杖兼示一绝聊以谢之》，《全唐诗》卷365。

车渠

被称作"车渠"① 的巨蛤可以提供一种光润洁白的原料，这种原料就是供玉工使用的背壳，这种背壳上有深深的车辙般的沟垄。在古代中国，这种"珍珠母"（或许还有其他类似的原料）被当成一种玉石来进行琢磨加工，但是对它的来源我们还不清楚。中世纪初年，车渠尤其普遍地被用来制作酒杯和其他的饮器。在唐朝诸皇帝统治时期，珍珠蚌是拂林的名产②，而且它还是印度传说中的"七宝"（Saptaratna）之一③。很可能在唐朝时，这种巨大的扇贝还在继续进口，但是我们却没有确凿的文献史料来证明这一点。

珊瑚

246

在唐朝的史书中记载了拂林获取珊瑚的方法：

> 海中有珊瑚洲。海人乘大舶，坠铁网水底。珊瑚初生磐石上，白如菌，一岁而黄，三岁赤，枝格交错，高三四尺，铁发其根，系网舶上，绞而出之，失时不取即腐④。

这里所记载的珊瑚，当然是在文明世界各地都备受推崇

---

① 学名是"Tridacna gigas"。参见惠特利（1961），第91~92页。
② 《新唐书》卷221下，第4155页。
③ 《本草纲目》卷46，第38页引李珣。它的印度名叫"Musāragalva"，但是词典编纂者对这个字的含义看法不一，有人说它是"珊瑚"，也有人说是"珍珠母"。
④ 《新唐书》卷221下，第4155页。

的，地中海出产的珍贵的红珊瑚。而且正如唐朝人了解到的那样，南海也出产珊瑚。唐朝的珊瑚主要是从波斯国和狮子国进口的。它的汉文名字来源于古波斯文"＊sanga"（石头）[1]。

这种树枝状的样品对唐朝人产生了最强烈的影响，因为珊瑚的形状看来就像是真正的仙境中的灌木和来自长生不老的仙人居住的天堂里的玉树。韦应物是一位过分讲究的诗人，据称"应物性高洁，所在焚香扫地而坐"[2]。他曾经用这样的诗句来赞美珊瑚（这是一组咏颂玉材的五言诗中的一首）：

> 绛树无花叶，非石亦非琼。
> 世人何处得，蓬莱石上生[3]。

蓬莱是东海中的仙岛，秦汉时代的古人曾经苦求而不获；在唐代，它只是一处几乎无人相信的梦幻之地。但是园池中的珊瑚树却能够表现出这种梦想世界中的植物的生动形象[4]。

海中有蓬莱，陆上则有昆仑。昆仑是长生不老的仙桃生长的地方，而且昆仑那神秘的矿石琅玕树也与蓬莱的红珊瑚树有着密切的关系。这种美妙的玉石树的颜色是青色、绿色或青绿色。在古代时，琅玕树就很有名，而且见于周、西汉时代的古

---

① 《本草纲目》卷35下，引苏恭；切梅列夫斯基（1961），第85～86页。

② 他生活的年代大约是在735～835年。《全唐诗》第3函，第7册，卷1，第1页有传。

③ 韦应物《咏珊瑚》，《全唐诗》第3函，第7册，卷8，第1页。

④ 段成式记载了汉代花园中的一株高一丈二尺的珊瑚树，这棵珊瑚树是南越王赵佗贡献的。见《酉阳杂俎》卷10，第73页。如果这个记载可信的话，那么这所花园就是后世所有微型珊瑚花园的原型。

书记载①。西域的琅玕树对于唐朝人来说，就像是东海的红珊瑚树一样，只是一种梦想，这就正如同阿拉丁的珠宝树一样。不过在唐代，确实从西南蛮②和于阗③输入过一种叫作"琅玕"的物品。有人说"琅玕"就是一种玻璃，即它与被称为"琉璃"的彩色假宝石原料有关④，而另外的人则提到一种"石阑干"的物质。据记载"石阑干生大海底，高尺余，如树有根茎，茎上有孔如物点之。渔人以网罥得之。初从水出微红，后渐青"⑤。或许有些琅玕就是青色或绿色的珊瑚，而有些则是一种玻璃质的矿物。总之，琅玕与"碧玕"也有密切的关系。十世纪时，云南大理国曾经向宋朝贡献过用"碧玕"做成的微型盆景（如我们在上文中讨论"孔雀石"时所述）。

来自西域的红珊瑚被用来制作指环、手镯和其他的珠宝饰物，它还可以用来装饰另外一些昂贵物品的表面。唐朝诗人的作品是我们搜集这种小装饰品的宝库，在唐诗中有美女头发上的珊瑚钗⑥，也有鉴赏能力很强的士人书房中的珊瑚笔架⑦。

琥珀

汉文"琥珀"被有趣地解释为"虎魄""虎魄"与"琥

---

① 转引自《太平御览》卷809，第1页引《山海经》《淮南子》。
② 即"乌蛮"与"白蛮"。
③ 《本草纲目》卷8，第35页引苏恭。
④ 《本草纲目》卷8，第35页引苏恭。
⑤ 见《本草纲目》卷8，第35页引陈藏器。
⑥ 薛逢（生活在约853年左右）《醉春风》，《全唐诗》第8函，第10册，第3页。译按，原句作："坐客争吟云碧句，美人争赠珊瑚钗。"
⑦ 罗隐（883～909）《暇日有寄姑苏曹使君兼呈张郎郡中宾僚》，《全唐诗》第10函，第4册，卷1，第4页。译按，原句作："珊瑚笔架珍珠履，曾和陈玉几首诗。"又，李贺《贾公闾贵婿曲》："今朝香气苦，珊瑚涩难枕。"见《全唐诗》第6函，第7册，卷3。

珀"发音相同，而且根据传说，琥珀是由老虎临死前的目光凝结而形成的蜡质矿石，这样就在词源上提供了一种合理的解释。这个传说使我们联想起了希腊的传说：他们认为琥珀是由猞猁狲的尿凝固而成的。但是作为珍品搜集者和有藏书癖的唐朝人，段成式却记录了这样的说法：

> 或言龙血入地为琥珀。《南蛮记》：宁州沙中有折腰蜂，岸崩则蜂出，土人烧治，以为琥珀①。

这个奇异而含糊的传说似乎蕴含了对于我们常常可以见到的，包裹在琥珀中的黄蜂和其他昆虫的一种暗示，但是这传说中的其他的含义我们还无法理解。总之，"琥珀"这个词很可能与"虎魄"毫不相干，它似乎相当于来自西方或南亚的某种语言的外来语，而且很可能来源于与普林尼提到过的"叙利亚语"的"harpax"有关的，某个发音类似于"＊Xarupah"的外来词②。

虽然，中世纪时仍然保留着琥珀与虎和龙的生命本质精魄之间的关系的传说，但是自从三世纪以后（如果不是更早的话），中国人就已经了解到了琥珀的真实的性质。这些科学知识是唐朝的药物学家很熟悉的。他们的著述中保留了有关的记载。例如《蜀本草》称："枫脂入地，千年化为琥珀，不独松脂变也。大抵木脂入地，千年皆化，但不及枫松有脂而多，经

---

① 《酉阳杂俎》卷11，第88页；参见劳费尔（1905），第235页。关于希腊和拉丁传说，见鲍尔（1950），第234页。
② 卜弼德（1937），第359页，注（60）；鲍尔（1950），第234页。

年岁也。"① 甚至有些诗人也知道琥珀的真相。在韦应物咏颂
琥珀的诗歌中，就充分体现了这一点：

> 曾为老茯神，本是寒松液。
>
> 蚊蚋落其中，千年犹可觊②。

"茯神"③ 是一种在松根中发现的具有真菌性质的药物，
据悉茯神是松脂化为琥珀的一个中间阶段④。

据唐人所知，琥珀是拂林的出产之一⑤，而唐朝的琥珀则
是从波斯输入的⑥。唐朝输入的琥珀，很可能是从波罗的海沿
岸地区得到的。但是距离唐朝更近的琥珀矿在上缅甸密支那附
近——即位于许多世纪之后才被开发的翡翠矿不远的地方；此
外，南诏人也得到了这种装饰材料——南诏贵族就像现代的卡
钦人一样，将琥珀缀在耳朵上⑦，甚至像林邑⑧、日本⑨等国也
曾经向唐朝贡献过琥珀。也有些琥珀是商人经由中国南海运来

248

---

① 《重修政和证类本草》卷 12，第 22 页引《蜀本草》。

② 韦应物《咏琥珀》，《全唐诗》第 3 函，第 7 册，卷 8，第 1 页。

③ 译按，"茯神"是"茯苓"的别称。

④ 《本草纲目》卷 37，第 53 页引苏恭。松脂变化的最后一个阶段为煤玉。
译按，原文作"古来相传，松脂千年为茯苓，又千年为琥珀，又千年为
璧"。

⑤ 《新唐书》卷 221 下，第 4155 页。参见劳费尔（1905），第 231～232 页；
劳费尔（1919），第 521～523 页。

⑥ 《唐六典》卷 22，第 14～15 页；《册府元龟》卷 972，第 2 页。

⑦ 《新唐书》卷 221 上，第 4157 页；劳费尔（1905），第 233～234、237
页；李约瑟（1961），第 237～238 页。

⑧ 《唐会要》卷 98，第 1751 页。

⑨ 《册府元龟》卷 970，第 14 页。

的，据说这种琥珀的质量特别优良①。

琥珀在唐朝珠宝制作方面的作用与珊瑚很相似，也就是说，它常常被加工成妇女的装饰品和富家大户的小巧而昂贵的物品。在正仓院收藏的琥珀制品中，有双陆、鱼坠、念珠，大典上使用的冠顶饰珠以及镜子背面的镶嵌材料②。琥珀在医药中也占有一席之地——像所有的珍贵材料一样，人们想象琥珀的美丽和耐久性能可以提供给人类③。琥珀还具有"下恶血"，"止血生肌合金疮"的特殊疗效④。总而言之，根据古人的观念，琥珀是由血凝结而成的，尽管唐朝人关于琥珀的知识已经比古人进步了许多，但是甚至在唐代的处方中，还继续以古人的这种观念为基础来使用琥珀。

唐朝诗人发现，"琥珀"是一个很有用的颜色词，他们用琥珀来形容一种半透明的红黄色，尤其是用来作为"酒"的性质定语。我们在讨论郁金香时，曾经引用过诗人李白以琥珀比喻酒的颜色的诗句，在张说的诗歌中，也有类似的例证：

> 北堂珍重琥珀酒，庭前列肆茱萸席⑤。

九世纪诗人李贺的诗风具有创先的特性，李贺在利用琥珀进行比喻方面更进了一步，他采用转喻的方法，以"琥珀"

---

① 《本草纲目》卷37，第53页引李珣。
② 正仓院（1928～），Ⅰ，第32页；Ⅶ，第56页；Ⅻ，第61页；Ⅲ，第59页；Ⅱ，第22、24、25、27页。
③ 沃尔特斯（1960），第326页。
④ 《本草纲目》卷37，第53页引陈藏器、李珣。
⑤ 张说（667～730）《城南亭作》，《全唐诗》第2函，第4册，卷2，第16页。

来代替了"酒"。李贺善于使用颜色比喻来增进诗歌的感情色彩，而转喻则是他运用的一种重要修辞手段。就使用"金""银""碧"等颜色词而言，李贺在当时是独步天下的，他对"白"的应用，也表现了这种特色。在风景描写中，李贺利用"天白""秋白"等①词句来表现强烈的明暗度和充满感情色彩的对比（如我们现在所说的黑色摄影一样），李贺在《将进酒》这首诗中，就是以"琥珀"来代指"酒"的：

> 琉璃钟，琥珀浓，小槽酒滴真珠红。
> 烹龙炮凤玉脂泣，罗屏绣幕围香风。
> 吹龙笛，击鼍鼓，皓齿歌，细腰舞。
> 况是青春日将暮，桃花乱落如红雨。
> 劝君终日酩酊醉，酒不到刘伶坟上土②。

249

诗中的刘伶是有名的"竹林七贤"之一，也是一个声名狼藉的酒徒，他在死后，就是与酒壶葬在一起的。诗中说，不管是有意还是无意，奠酒行为，即将酒洒在地上，都是徒劳之举。

煤玉

另外在中世纪的珠宝类饰物中，还有一种来源于有机物的

---

① 荒开健（1955），第71、82、84页。译按，查李贺诗中类似的诗句有《河南府试十二月词》"白天碎碎堕琼光"（《全唐诗》，第6函，第7册，卷1）；《将发》"秋白遥遥空"（同上，卷3）；《自昌谷到洛后门》"九月大野白"（同上）；《摩多楼子》"天白水如练"（同上）。附志于此，供参考。

② 李贺《将进酒》，《李长吉歌诗》卷4，第37页。译按，李贺《残丝曲》也有"绿鬓少年金钗客，缥粉壶中沉琥珀"的词句。

煤玉。尽管"煤玉"的质地较软,但它有时又被称作"玄玉"[1]。根据古代传说,松脂化为琥珀之后,再过千年,就会转化成煤玉。但是,最终还是可以通过燃烧时的气味来断定煤玉的木质属性。小儿戴上煤玉块,可以"辟恶"[2]。唐朝的煤玉出自西域高昌以南的矿床中[3]。

---

① "煤玉"又作"瑿"。见薛爱华(1961),第93页。
② 《本草纲目》卷37,第53页引陈藏器。
③ 《本草纲目》卷37,第53页引苏恭。

瓷托盘，黄金勺，

250

盛放精制糖的碟子，

在黄金打制的食盒中，

我们看见酥软的小饼，

眉毛镊子也镶嵌着宝石——

如所有的器具一样高贵华丽，

它们都以玛瑙串和黄金的印章作为缀饰。

从那印章或是神秘的字符，

透出古怪奇异的想象，

她的牙签是黄金的，

她的钟表也是黄金的……

她所触摸到的一切，都是用黄金打制。

——无名氏《前往马里兰的航程》

第十六章　金属制品

金属制品在唐朝文化中占有重要的地位，而且唐朝的金属工艺也很先进。在唐朝的外国人总是千方百计地要从唐朝搜寻金属制品带回本国[1]。反之，唐朝政府则不断颁布诏令，禁止金、银、铜、铁的出口，阻止外国商人将铜、铁转输到唐朝境外[2]。尽管唐朝的天然矿产资源非常丰富，但是有些金属的供应却一直是很短缺的。黄金就是其中之一。

黄金

唐朝本土主要的黄金产地在四川。四川出产的黄金是冲积层中的金片，当时称作"麸金"[3]。唐朝诗人许棠曾经描写过位于今四川省东北部地区的龙州的黄金。这里是一个"碧溪飞白鸟，红旆映青林"的优美去处，而且还是黄金的产地。诗中说这里是：

　　土产唯宜药，王租只贡金[4]。

251

---

①　艾伯华（1950），第 193 页。

②　张星烺（1930），第 3 册，第 2 章，第 183 页。

③　《新唐书》卷 42，第 3729～3731。

④　许棠（约生活在 862 年前后）《送龙州樊使君》，《全唐诗》第 9 函，第 8 册，卷 1，第 3 页。

但是比四川更重要的黄金产地是岭南、安南的金矿。这些金矿往往分布在只有土著人居住的崎岖深险的地方①：

> 南人云，毒蛇齿落石中，又云蛇屎着石上及鹆鸟屎着石上，皆取毒处为生金。

以上是博学多识的唐朝药物学家陈藏器的记载，但是他又称，这种以"大毒杀人"著名的"生金"应该与对人无害的"黄金"区别开来，而他本人就曾经亲身观察过采金的具体过程：

> 常见人取金：掘地深丈余至纷子石。石皆一头黑焦，石下有金。大者如指，中者犹麻豆，色如桑黄，咬时极软，即是真金。夫匠窃而吞者，不见有毒。其麸金出水沙中，毡上淘取或鸭腹中得之②。

唐朝黄金的另一个来源是富州、宾州、澄州（都在广西南部）等地区江溪沿岸的居民，据记载，这些地区的人民"以木箕淘金为业"③。另外在广州也有一个金池，"彼中居人，忽有养鹅鸭，常于屎中见麸金片。遂多养，收屎淘之，日得一两或半两，因而致富矣"④。

---

① 《新唐书》卷43上，第3731～3733页。
② 《本草纲目》卷8，第30页引陈藏器。
③ 《岭表录异》卷上，第2页。
④ 《岭表录异》卷上，第2页。唐代时处在南诏统治下的云南地区也出产沙金。十世纪末年，在北方山东沿海发现了新的黄金产地。十一世纪中叶，开始大规模开采，当时全国各地的人都蜂拥而至，在这里采集黄金。据说当时在这里曾经发现过超过二十两重的天然金块。见《能改斋漫录》卷15，第397页。

　　唐朝寻找金矿的人沿用古人找矿的方法——即传说中指出的，利用标识植物找矿的方法。据他们讲，地面上有姜属植物，表明有铜矿或锡矿；野生的葱则是银矿的标识物；而生长冬青的地方，也就是金矿的隐蔽处[①]。散布在土地中的金属微量元素有利于某种特定的植物生长，而这些植物的存在，则相应地表明了附近有可采掘的矿藏存在的可能性，这一点近来已经在西方得到了确认[②]。

　　在唐代，人们已经知道水银可以"勾"致黄金[③]；但是我们还不清楚唐朝人是否也知道通过汞合的方法从沙子和粉碎的母岩中分离出黄金。或许这种方法当时还只是道教徒的秘术。

　　在唐朝之前，金、银很少作为盘子、瓶子甚至珠宝类饰物的基础材料，在一些仿照古代青铜器风格的贵重制品中，黄金被用来充当某种饰物，黄金还是大型青铜器皿的一种辉煌灿烂的镶嵌物。但是，将黄金打制成为薄片的波斯工艺，赢得了唐朝金属工匠的喜爱——或许在唐朝境内有一些从大食逃出来的波斯金匠，并由他们教授唐朝的工匠——从而取代了在铸模中浇铸金属器物的古老的工艺。随着受到大众欢迎的新技艺的传入，萨珊波斯的设计图案和外观造型也传到了唐朝——花卉景致中的狩猎场面，对称的葡萄以及圆花饰图案等[④]。尽管外来的风气在唐朝非常盛行，但是古老的装饰金属的工艺并没有被人们忘记：例如有一种银柄剑，剑身上镶嵌着金云，还有一种

252

---

① 《云溪友议》（《唐代丛书》，4），第49页。
② 李约瑟（1959），第676页。
③ 《政和证类本草》卷4，第18页引《丹房镜源》。
④ 斯特雷奇维茨（1940），第12～22页；加纳（1955），第66页；特鲁布纳（1957），第24页；吉伦斯沃德（1958），第5页。

短剑，剑柄外层为檀香木，剑身镶嵌着金花①。

金叶、金箔、"雕花金"等金属材料②，全都是唐朝的艺术家使用的材料，所谓的"雕花金"就是金叶贴花的一种类型。正如我们通过敦煌发现的样品了解到的那样，叶片金在唐代被用于绘画③，同时正仓院也收藏了许多用金叶装饰的精美的器物——例如"新罗五弦琴"就是用雕金花鸟装饰的④。据我们所知，在唐代至少有一座城镇中的金箔工是专门制作这些辉煌华美的器物所需要的材料的，这座城镇就是安南的驩州⑤。

在唐代，贵重金属还被嵌进漆底之中。这种工艺现在通常以其日文名称"heidatsu"为世人所知⑥。现在尚存的唐朝实物有一种盒子，盒盖上有用金、银嵌帖成的花鸟云彩图案⑦。文献记载表明，这种方法被应用于所有的器物上——当安禄山在长安得宠时，玄宗在赐给他许多贵重器物的同时，还赏赐了"金平脱犀头匙箸""金银平脱隔馄饨盘"；杨贵妃赐给安禄山的器物有"金平脱装具玉合""金平脱'铁面'椀"⑧。

在这块旧大陆的好几处地方都有过金粒面细工工艺，据认

---

① 见正仓院收藏的样品。正仓院（1928 ~），Ⅲ，第 9 页；Ⅵ，第 20 页。
② 日文作"kirikane"。人们一度相信，这种材料的应用是日本工艺的一大特色。然而尽管日本工匠在应用这种材料方面取得过长足的进步，但是毫无疑问，这种工艺本身是从中国传到日本的。传入的时间很可能就是在奈良时代。见塞克尔（1954），第 87 页。
③ 韦利（1931），第 XVI 页。
④ 正仓院（1928 ~），Ⅷ，第 35 ~ 39 页。
⑤ 《新唐书》卷 43 上，第 3733 页。
⑥ 汉文作"平脱"。
⑦ 正仓院（1928 ~），Ⅷ，第 35 ~ 39 页。
⑧ 《酉阳杂俎》卷 1，第 3 页。译按，据原文，此外尚有"银平脱破觚""银瓶平脱掏魁织锦筐""平脱足叠子""银平脱食台盘"等物，可参考。

为这种工艺曾经一度失传，到二十世纪时，才又重新发现了这种工艺的秘密。即将金粒放在粉炭中加温，使它变得炽热，这样就会产生一种金碳化物薄膜，借助这层薄膜上的碳化物还原过程而将金粒焊在正在空中加热的金器的表面①。古代中国对这种工艺有足够的了解，但是它的发源地却很可能是在俄国的南部地区。在乐浪郡——位于古代中国在朝鲜半岛的辖地——曾经发现过一枚中国的金带扣（不是平常的带钩！），在这个带扣上装饰着绿松石，还有中国的龙以及很小的金球图案；带扣的时代还不清楚，但是与它一起发现的漆器的时代在三世纪至八世纪②。典型的唐朝金粒面制品是用饰有小珠的金丝做成的，具体来说，有一只用薄金片做成的，呈站立状态的凤凰，它先前应该是一件头饰的一部分，此外，还有一件精美的发簪，发簪上有一只用薄金片和饰有小珠的金丝做成的孔雀③。

　　但是在中国，就如同在其他地区一样，中世纪时盛行的是金银细丝工艺制品，而不是古代的粒面工艺制品。从唐朝的工艺品中，我们可以看到一种美丽的金发簪，上面镶着珍珠、绿松石以及其他的贵重宝石，这种发簪大多都是用金银丝工艺制成的④。

---

①　这种工艺的秘密是由罗森堡发现的。见"Geschichte der Goldschmiedekunst auf technischer Grundlage"（《美因河畔法兰克福》，1918）。又见格里斯梅尔（1933），第32页，注（6）。在英国，布莱克班德通过将金滴进粉炭的做法，模拟了埃特鲁斯坎人的粒面细工工艺，埃特鲁斯坎人使用的是一种铜——金焊接剂，他们利用硇砂去除铜的痕迹。见布莱克班德（1934）。

②　格里斯梅尔（1933），第31～37页。

③　特鲁布纳（1957），第25、298～309页。

④　特鲁布纳（1957），第310～323页。

金粉在唐朝颜料彩饰方面具有重要的作用。在敦煌发现的卷轴画中，就已经使用了金粉[1]；而在用绿纸剪裁的莲花瓣上也发现了金粉，这些花很可能是在佛教散花仪式上使用的[2]；

253　另外还有一把镀银包头的剑鞘，剑鞘的表层是檀香木，上面是用金粉描绘的花、鸟和云彩[3]。

　　镀金可能是唐朝的发明；在九世纪的几首诗中，都曾经提到过镀金[4]。镀金——以及足赤金——被应用于大件器物的装饰，比如，妇女的化妆盒[5]、骆驼形状的酒坛[6]以及剑鞘的附件[7]，等等，都有实物传世。当然，在珠宝饰品和各种各样的妇女梳妆用具中，也有许多是用黄金制作的，如发簪、梳子、冠冕以及手镯等[8]，都可以用黄金制作。金鸟，尤其是被牵强附会地称作"凤凰"的神鸟，是当时妇女们使用的流行饰物，这种饰物主要是用于头饰[9]。直到现在，我们仍然可以见到类似用对称的、表现为蝶形的箍条构成的、带有花卉图案和叶状涡卷形花样的王冠；还有呈现飞升

① 韦利（1931），第 xlvi 页。
② 正仓院（1928～），Ⅵ，第 17 页。
③ 正仓院（1928～），Ⅳ，第 20 页。
④ 张子高（1958），第 73 页。见其所引《佩文韵府》对"镀"的解释。但是喷镀金属的工艺，特别是在青铜上镀锡的工艺，可以追溯到商代。
⑤ 吉伦斯沃德（1958），第 6 页。
⑥ 李贺《许公子郑姬歌》，王琦注，《李长吉歌诗》卷 4，第 40 页。译按，原句作"铜驼酒热烘明胶"。
⑦ 正仓院（1928～），Ⅳ，第 37 页。
⑧ 格伦斯沃德（1957），第 299～309 页。
⑨ 特鲁布纳（1957），第 298～299 页。后来人们就将金鸟镶在了盒盖上。参见《云仙杂记》卷 1，第 7 页。据记载，金凤凰还曾被当作礼物送给妓妾。

状的金制的阿布沙罗斯①——它很可能是系在妇女的衣服上的；另外还有梳子，梳子的顶部是用黄金制成的，表现为叶形涡卷花样，梳子上用凸纹刻画了一头波斯风格的跃立的雄狮形象②。

此外，道士们也需要黄金。他们将黄金浆、金屑看作是一种效力很强的"镇精神""长生"的药物③。据孟诜说，燃烧药金时，火有五色气，孟诜本人曾经亲自验证了这个事实④。

黄金在人们的形象思维的领域里，也同样具有重要的地位。黄金总是被用来形容那些奇异神妙、辉煌灿烂的东西。在中国佛教特别兴盛的唐代，在印度传来的思想观念的影响下，黄金在形象思维方面的作用得到了极大的丰富。道教长生不老的仙人固然是"金身"，但是光被四表的佛陀也是如此，被称作"金人"或"金仙"（Golden Ṛṣi）；而且佛像的表层是用黄金来装饰的。甚至佛陀的语言也被人们尊为"金言"，正如佛陀的住处及其标志总是"香的"一样，"金的"也是经常用来形容他们的特有的词语。文殊师利是"金色"，而毗湿奴的伴侣迦楼罗鸟则生长着金翅⑤。

在更世俗一些的层面上，"黄金"代表了所有价值高昂之物，但是主要还是代表人的高贵的价值。正因为如此，唐太宗

①　译按，阿布沙罗斯（Apsaras）是婆罗门教的一位女神，她的名字的意思是"动于水中"，据说这位女神善音乐，好歌舞，住在河畔，经常在榕树或菩提树下吹笛，长于诱惑人心，并每每与凡间的男子发生关系。

②　特鲁布纳（1957），第300，303，308页。

③　《本草纲目》卷8，第30页引陈藏器、甄权。

④　《新唐书》卷196，第4086页。

⑤　苏慧廉、何乐益（1937），第280~283页。

将魏徵比作冶金的良匠，他说："卿独不见金之在矿也，何足贵哉？良冶锻而为器，便为人所宝，朕方自比于金，以卿为良匠[1]。"唐代有许多篇以"披沙拣金"为题写成的赋；柳宗元以"求宝之道同乎选材"为韵撰写的《披沙拣金赋》就是其中之一[2]。这种明喻的基础是黄金具有"沉其质""耀其光"的特性，而这与"碎清光而竞出，耀真质而持殊"的有德之士的特点是相同的。

黄金在唐朝的情形大体如上。但是唐朝境内的生产的黄金，并不能满足唐朝人的大量需求，于是，亚洲各地的黄金就越过唐朝边界滚滚而来。虽然伊朗很可能是打制金器工艺的最早的发源地，而唐朝工匠制作的金器的图案中，有许多最初也必定是受到了伊朗金器的启发，但是在对唐朝文化做出了贡献的各国的工匠中，吐蕃人占有重要的地位。吐蕃的金器以其美观、珍奇以及精良的工艺著称于世，在吐蕃献给唐朝的土贡和礼品的有关记载中，一次又一次地列举了吐蕃的大型的金制品。吐蕃的金饰工艺是中世纪的一大奇迹。让我们来看看这些大量流入唐朝的吐蕃金制品的记载，同时也希望未来的考古学家能够在中国发现吐蕃制造的，或者是受到了吐蕃影响的唐朝黄金制品。

吐蕃最早向唐朝贡献的一批金器，就是由吐蕃流入内地大批金器的一个例证。贞观十四年（640），吐蕃赞普松赞干布的大相禄东赞来到长安，安排吐蕃君主松赞干布与唐朝公主的婚姻。为了缔结婚约，他向唐朝贡献了重达千斤的金器和其他

---

[1] 《旧唐书》卷71，第3320页。

[2] 柳宗元《披沙拣金赋》，《全唐文》卷569，第11页。

许多珠宝①。第二年，有一位唐朝公主与高原之君结姻，后来她被感恩戴德的吐蕃人祀奉为神灵。阎立德曾经画了一幅作品来纪念这次事件，可惜此画今已不存②。

　　贞观十四年（640）贡献的金器具体是什么，我们还不清楚，但是为了庆祝唐太宗迅速取得征伐高丽的胜利，松赞干布在贞观十五年（641）以子婿的名义向唐太宗贡献了一件礼物。文献中详细记述了这件礼物，可以供我们参考。这是一件高达七尺的鹅形酒壶③。显庆二年十二月（658），吐蕃又贡献了一件神奇的金属制品：这是一座金城，"城上有狮子、象、驼、马、原羝等，并有人骑"④。

_____

① 《旧唐书》卷 3，第 3069 页；《唐会要》卷 97，第 1730 页；戴密微（1952），第 187～188 页。译按，《旧唐书·太宗纪》贞观十四年"闰月丙辰，吐蕃遣使献黄金器斤以求婚"，次年正月"丁卯，遣其国相禄东赞来逆女"。《旧唐书·吐蕃传》："弄赞大惧，遣使谢罪，因复请婚，太宗许之。弄赞乃遣其相禄东赞致礼，献金五千两，自余宝玩数百事"（《新唐书·吐蕃传》同）。贞观十四年求婚、献金器的使臣姓名史书阙载，禄东赞逆女在贞观十五年，前者"献金器千斤"，后者"献金五千两""宝玩数百事"，两件事豁然可分。但是《唐会要》说："贞观十四年，遣其相禄东赞致聘，献金五千两，自余宝玩数百事。"盖《唐会要》误将两件事合而为一，作者因从《唐会要》而误。

② 《历代名画记》卷 9，第 269 页。这位公主就是文成公主。

③ 《新唐书》卷 216 上，第 4135 页；《唐会要》卷 97，第 1730 页；布谢尔（1880），第 445 页；戴密微（1952），第 203 页。《唐会要》还列举了另外一些出自吐蕃金饰工之手的，与此类似的精美金器，在此恕不能一一枚举。又请参见布谢尔（1880），第 446 页。吐蕃还向唐朝贡献过贵重的金属器皿作为礼物，时间分别在开元廿二年（734；《册府元龟》卷 971，第 10 页）；开元廿三年（735；《册府元龟》卷 971，第 10 页）；元和元年（805；《唐会要》卷 97，第 1737 页）；元和十二年（817；《册府元龟》卷 972，第 7 页；《唐会要》卷 97，第 1737 页）；太和元年（827；《册府元龟》卷 972，第 8 页）；开成二年（837；《唐会要》卷 97，第 1739 页）。

④ 《册府元龟》卷 970，第 15 页；戴密微（1952），第 187～188 页。

此外，还有许多类似的令人叹为观止的金属器皿。吐蕃可以说就是一个黄金之国，九世纪时，吐蕃赞普住在一顶奢华的大帐之中，帐内装饰着用黄金制作的虎豹和其他爬行动物的形象①。不过其他各国也出产黄金：回鹘可汗在喀喇巴剌哈逊的金帐可以容纳一百人②；遥远的拂菻王坐在"金靛榻"上③；新罗国向唐朝贡献了大量的黄金④；东胡部落⑤、南诏国⑥，包括石国、史国、米国在内的许多突厥斯坦国家⑦也都偶尔向唐朝贡献金属器皿。多雪的勃律国也曾经向唐朝贡献过金花⑧。但是在所有这些形形色色的黄金来源中，令人感到惊奇的是，我们尚未在文献中见到有关印度支那的黄金传到唐朝的记载。在马来亚某地，有一块著名的黄金之岛或黄金大陆（Suvarṇadvīpa），对于印度人来说，这里简直就是传说中的"黄金之国"⑨ ——这种口碑传说是促成东南亚的印度移民点的一个重要的因素——但是在中国却没有发现这种传说。

---

① 《新唐书》卷 216 下，第 4138 页；戴密微（1952），第 203 页。译按，原文作"以黄金饰蛟螭虎豹"。
② 戴密微（1952），第 202～203 页。
③ 《新唐书》卷 221 下，第 4155 页。据说罗马也盛产金银。
④ 新罗贡金分别在永徽元年（650；《册府元龟》卷 970，第 14 页）；开元十一年（723；《册府元龟》卷 971，第 5 页）；开元十二年（724；《唐会要》卷 95，第 1712 页）；开元廿二年（734；《册府元龟》卷 971，第 10 页）；天宝八载（749；《旧唐书》卷 199 下，第 3617 页）；大历八年（773；《册府元龟》卷 972，第 2 页）。
⑤ 《册府元龟》卷 971，第 16 页。
⑥ 《新唐书》卷 222 上，第 4157 页。
⑦ 《册府元龟》卷 971，第 16 页。有关西蕃可汗贡金卵的一段错乱的记载，见《册府元龟》卷 971，第 12 页；《唐会要》卷 100，第 1796 页。
⑧ 《册府元龟》卷 971，第 16 页。
⑨ 布拉德尔（1956），第 17 页。

紫金

在唐玄宗统治时期，玄宗的儿子写过一篇《龙池书》，玄宗向这位皇子赏赐了一条"紫金带"，以表示对他献书的酬报。这条紫金带是他的先祖唐高宗破高丽时得到的[①]。其他各种紫金器具在唐朝的文学作品中也屡见不鲜。比如一位年轻的武士，向人们炫耀他的"白玉镫"，而在他的袖中还有一枚"紫金锤"[②]；天祐元年（903）时，唐昭宗已经成了一位徒有虚名的皇帝，他赐给了当时实际的统治者朱全忠"紫金酒器，御衣玉带"[③]。诸如此类的器具，都是非常精美的紫金器。冰天雪地的勃律也出产紫金[④]。

尽管在明代时，可能只有精美的真紫金的仿制品，但是真正知道紫金这种名称华美的金属是早在唐代以前的事，而且在宋代及其之后，紫金这个名称也还一直流传不绝[⑤]。

255

---

① 《明皇杂录校勘记》，第7、8页。译按，据《明皇杂录》"佚文"（丁明如辑校，《开元天宝遗事十种》，上海古籍出版社，1985），紫金带是玄宗赐予岐王之物。岐王是睿宗是皇帝的第四子，即唐玄宗的弟弟，作者此云玄宗之子，误。岐王范，《旧唐书》卷95，《新唐书》卷81有传。
② 杜牧《少年行》，《全唐诗》第8函，第11册（译按，"11"应作"7"）卷4，第12页。译按，原句作"猎敲白玉镫，怒袖紫金锤"。
③ 《旧五代史》卷2，第4202页。
④ 《新唐书》卷221下，第4155页。译按，《新唐书》原文作"地宜郁金"。疑作者误将繁体字"郁"当成了"紫"。本书上文第十章《药物》中曾正确地引用过这段郁金的史料。
⑤ 《大汉和辞典》在解释梁武帝诗中出现的"紫金"这个词时（龙马紫金鞍），认为"紫金"就是"赤金"（即指"铜钱"）的同义词。我们认为这种解释是站不住的。《格古要论》（成书于十四世纪，经明末修订）说："今人用赤铜合黄金为之。然世人未尝见真紫金也。""紫"与英文"purple"一样，排列在绯红之内，这一点可能会将我们在本文中说的埃及的类似物排除在外。

我们或许可以在古埃及找到一条考定"紫金"的线索。在图特安哈门陵墓发掘出土的大批器物中，我们发现了一种表层为玫瑰紫红色薄膜的黄金饰物；例如其中有一位年轻国王拖鞋上的玫瑰花结，就是用这材料和纯黄金线交错制成的。在苔沃斯莉特王后的王冠上，发现了与这种材料相同的特殊材料，这位王后属于第十九王朝。而在第二十王朝拉美西斯十一世的耳环上，也同样发现了这种材料[①]。实验表明，这是一种含有微量铁的黄金，当加热时，它就会变成紫罗兰色[②]。后来这种对金属器皿着以玫瑰紫色以及其他颜色的技艺，就成了古希腊炼金术士珍视的奇技秘术。现在已经从亚历山德里亚和拜占庭的莎草纸古写本中了解到了这些秘密[③]。紫金的起源地存在两种可能性：唐朝、勃律以及高丽的紫金与埃及无关，它代表了东、西方炼金术之外的一种有趣而又可谓是偶然的工艺技术，也就是说中国与埃及的紫金冶炼技术是各自独立发现的；另外一种可能则是，这种技术是由西方传播到亚洲去的。实际情况究竟如何，我们现在还无法断定，但不管是模仿的还是原有的，中国的紫金必定是道教炼丹家的研究成果。

银

唐朝银的生产集中在岭南和安南地区[④]。这种白色的金

---

① 伍德（1934），第62页；卢卡斯（1934），第60页；第190~191页。

② 伍德（1934），第63~64页。

③ 福布斯（1955），第125~127页。

④ 《新唐书》卷43上，第3731~3733页。长江中游地区也出产少量的银，见薛爱华和沃兰克（1961），图版6，地图12。但是苏恭称，银"所在皆有，而以虢州者为胜，此外多铅秽为劣"（《本草纲目》卷8）。虢州在今河南，这里并不以产银出名。

属大多数显然是通过烤钵冶金法从方铅矿中提炼出来的。在三百八十四份铅中，只能生产出一份或者是两份白银[1]。九世纪初期，唐朝开工的银矿有四十处，年产银一万二千两，到九世纪中叶，银矿增至四十二处，年产银一万五千两[2]。

至少到九世纪中叶为止，唐朝银匠的制品都一直是精美绝伦的。九世纪中叶时，在会昌五年（845）大规模的宗教迫害运动之后，伊朗的影响逐渐衰退，从而开始了唐朝银器制作的衰落期[3]。唐朝工匠制作了许多图案，它们通常都是"在使劲敲击出来的一个个圆圈构成的背景上，镂刻出浮雕花样的装饰"[4]。有时这些图案是采用凸纹浮雕制成的；偶尔也有雕刻的图案。整个银制品一般都是由几块焊接在一起做成的，这种技术特别被用来制作高脚杯。所有银器的装饰都大量地使用了部分镀金和镶金的工艺。在这些碗、盘、盒、杯上表现的画面，通常是神话中的场面，或者是花卉、野兽，尤其是"皇室出猎"的场面，这种主题与萨珊银器和织物上的狩猎图有

256

---

① 《本草纲目》卷8，第30页引李珣。译按，原文作："今时烧炼家每一斤生铅只得一二铢。"

② 《新唐书》卷54，第3757页。译按，"一万五千两"，《新唐书》"一"作"二"。《新唐书》原文云："元和初（即作者所说的九世纪初），天下银冶废者四十，岁采银万二千两……及宣宗增河湟戍兵（即作者所说九世纪中叶）……增银冶二……天下岁率银二万五千两。"九世纪初的"四十"，是废弃银坑的数字，而不是开工的银坑；作者理解为开工数，则连带下文所说"四十二"处亦误。《新唐书》上文中说："陕、宣、润、饶、衢、信五州（标点本"校勘记"云："州名有六而综称'五州'，则必有误衍"）有银冶五十八。"如果以此为基数，则九世纪初期应是十八，而九世纪中叶则是二十。附志于此，供参考。

③ 吉伦斯沃德（1958），第6页。

④ 特鲁布纳（1957），第24页。

密切的关系①。但是有些银器的图案也表现了古老的中国本土的风格，它使人联想到汉代的石浮雕②。唐朝还有一种很特殊的工艺，就是将银箔或者镀金银箔运用在铜镜上③。唐朝还能制作银平脱，所谓的银平脱就是将带有图案的银薄叶嵌在漆中。我们知道有一件很有名气的银平脱实物，是一位很典型的丰腴润泽的宫女的形象；如同正仓院收藏品中展示的有些宫女的形象一样，这位宫女也是站在一棵树下④。其他的银制品还有剪、镊、构以及墓俑等⑤。

在标准的药物中，有一种叫作"银膏"的药，这种药显然是炼丹术士制作的；"其法用白锡和银箔及水银合成之"，银膏具有"安神定志"的疗效⑥。另外还有一种叫"黄银"的制品，"为器辟恶，乃为瑞物"，我们虽然不知道黄银的成分，但它肯定也是道家的发明⑦。最后应该提到的是乌银，使用硫黄熏染银子，就可以得到乌银，"工人用为器，养生者以器煮药，饮之长年"⑧。

---

① 特鲁布纳（1957），第 24 页；又见 326～354 页。在本段中，我主要利用了特鲁布纳的研究成果。请参见正仓院（1928～），Ⅶ，第 18 页；Ⅻ，第 1 及以下诸页。吉伦斯沃德指出："在中国境内发现过一只银碗和环柄酒杯，它们是按照波斯工艺制成的，但是表现出了鲜明的唐朝风格。"吉伦斯沃德（1958），第 6 页。

② 特鲁布纳（1957），第 326 页。

③ 特鲁布纳（1957），第 25 页。

④ 特鲁布纳（1957），第 26，362 页。银平脱漆水瓮，见正仓院（1928～），Ⅱ，第 34 页。关于其他一些利用银平脱技术制成的器物，请参见《酉阳杂俎》卷 1，第 3 页。

⑤ 吉伦斯沃德（1958），第 6 页。

⑥ 《本草纲目》卷 8，第 30 页引苏恭。

⑦ 《本草纲目》卷 8，第 30 页引苏恭、陈藏器。参见李时珍关于黄银的评注。李时珍说："黄银出蜀中。"又见《能改斋漫录》卷 15，第 381 页，吴曾说："所谓黄银者，非丹砂银，则雌黄、雄黄银也。"

⑧ 《本草纲目》卷 8，第 30 页引陈藏器。

　　一般而言，唐朝的白银与黄金都不作为通货使用，至少不是作为政府发行的通货使用。但是岭南的金银比其他地方更为普遍，所以在岭南将金银作为一种交换媒介自由流通，这就如同唐朝中部山区以朱砂和水银作为交换媒介一样①。的确，除了"五岭（五岭是岭南与唐朝其他地区的分界）买卖一以银"② 之外，银对于广州地区的商业生活也具有很重要的意义，以至于当元和三年（808）禁断采银时——当时皇帝强调"铜者，可资于鼓铸；银者，无益于生人"③ ——特别将岭南地区排除在了被禁断的地区之外。

　　除了突厥斯坦④、东北的一些部落⑤偶尔向唐朝贡献银外，唐朝的大多数贡银来自新罗⑥和吐蕃⑦。这些地区贡献的银一

---

① 元稹《钱物议状》，《全唐文》卷651，第25页。译按，此"25"应作"35"。原文云："自岭以南，以金银为货币，自巴以外，以盐、帛为交易，黔巫溪峡大抵用水银、朱砂、缯帛、巾帽以相市。"

② 韩愈《钱重物轻状》，《全唐文》卷549，第7页。译按，作者此处断句有误。原文作："禁钱不得出五岭，买卖一以银"，作者以"五岭"属下句，误。

③ 《旧唐书》卷48，第3272页。

④ 《册府元龟》卷971，第16页（突骑施、石国等）。

⑤ 《册府元龟》卷971，第16页（黑水靺鞨以及室韦等部落）。

⑥ 八世纪时新罗贡银的所有记载为：开元十一年（723；《册府元龟》卷971，第5页）；开元十二年（724；《唐会要》卷97，第1737页）；开元廿二年（734；《册府元龟》卷971，第10页）；天宝七载（748；《唐会要》卷95，第1713页）；天宝八载（749；《旧唐书》卷199上，第3617页）；代宗广德元年（763；《唐代要》卷95，第1713页）；大历八年（773；《册府元龟》卷972，第2页）。

⑦ 八九世纪吐蕃贡银分别在开元廿二年（734）与开元廿三年（735；《册府元龟》卷971，第10～11页）；元和十二年（817；《唐会要》卷97，第1737页）；长庆四年（824；《册府元龟》卷972，第8页）；太和元年（827；《册府元龟》卷972，第8页）；开成元年（837；《唐会要》卷97，第1739页）。

般是做工精美的银器。

显庆二年十二月（658 年初），吐蕃赞普献给唐朝皇帝的贡礼中有一件叫作"金颇罗"[1] 的金器。另外一次是上元二年（761）龟兹王"献银颇罗，赐帛以答之"[2]。而且据记载，曹国有得悉神祠，祠中"有金人、金颇罗，阔一丈五尺……并有金银器，胡书云：'汉天子所赐神器'"[3]。但是"颇罗"——不管是金的还是银的——究竟为何物，对我们来说现在还是一个谜[4]。

黄铜

唐朝人所知道的黄铜，实际上是铜与锌的合金，黄铜是波斯的产品，在汉文中叫作"鍮石"（相当于英文"tutty stone"），这个词来源于波斯文"tūtiya"，意思是指"锌石"[5]。唐朝输入的鍮石是供宫廷工匠使用的[6]，鍮石还是八、九品官员的袍带上的饰物[7]。而且在炼丹术士玄妙的汞合金中，也使用"波斯鍮石"的碎屑[8]。开元六年（718），米国曾经向唐朝贡献"鍮"[9]。

---

① 这个词的汉语拟音是"pʻuâ-lâ"。
② 《新唐书》卷 221 上，第 4152 页；《册府元龟》卷 970，第 16 页。
③ 《新唐书》卷 221 下，第 4154 页；《唐会要》卷 198，第 1754 页。
④ 译按，"颇罗"即"叵罗"之异译。据有关记载，叵罗应该是古时候的一种酒器。吴曾《能改斋漫录》卷六"金叵罗"条说："东坡诗'归来笛声满山谷，明月正照金叵罗'。按：《北史》祖珽盗神武金叵罗，盖酒器也。韩子仓诗云：'劝我春风金叵罗'。"吴曾所说祖珽事，见《北史》卷 47，原文说："神武宴僚属，於座失金叵罗，窦泰令饮酒者皆脱帽，於珽髻上得之。"
⑤ 劳费尔（1919），第 511 ~ 515 页。
⑥ 《唐六典》卷 22，第 14 ~ 15 页。
⑦ 劳费尔（1919），第 511 ~ 515 页。
⑧ 何丙郁和李约瑟（1959），第 182 页。
⑨ 《册府元龟》卷 971，第 3 页。

257

有时候，唐朝使用鍮石的数量一定是相当可观的，因为在长安的一所寺庙中有一尊用鍮石做成的，高达六尺的毗卢遮那佛立像[1]。

但是唐朝人很可能已经知道了合成这种金属的秘密：他们肯定能够生产其他一些精美的合金。白铜是一种铜与镍制成的银色混合物，自从汉代以来，中国人就已经能够生产这种金属了[2]；在正仓院的收藏品中，就有一尊用白铜制成的长柄香炉[3]。另外，我们还知道在正仓院宝藏中有一尊用"红铜"制成的香炉，据称这是一种锑、金、铜的合金[4]。英—印混合语中的"tootnague"，就是指汉文的"白铜"，后来波斯人将它称作"khār-čīnī"（中国石），据说中国人用它来制作镜子和箭镞，而穆斯林则用这种金属制作长矛尖、指环和铜铃[5]。

金币与银币

中世纪的中国人没有铸造金币，他们将这种贵金属节省下来，用于制作一些奢华而排场的器物；在岭南地区，作为标准的交换媒介的银（显然还有金）则属于例外。不过唐朝人很欢迎外来的黄金。日本使臣带到唐朝的贵重资源大部分是金粉[6]。六世纪时，在唐朝流行西域诸国，特别是龟兹的金、银币。七、

---

[1] 《酉阳杂俎》续集，卷5，第216页。

[2] 张子高（1958），第74页。劳费尔说，白铜是铜、锌和镍的合金，但是他断定"白铜"的成分一直没有变化，恐怕是不妥当的。见劳费尔（1919），第515页。

[3] 正仓院（1928～），XI，第35页。

[4] 正仓院（1928～），XI，第32页。

[5] 劳费尔（1919），第555页；何丙郁和李约瑟（1959b），第74页。

[6] 赖世和（1911a），第82页。

八世纪时，唐朝在西域的保护国中一定都使用了金、银币，在高昌的一具男尸口中发现的银币就是明证。这枚银币的一面是阿胡拉·玛兹达的祭司，另一面是哈里发穆阿维叶的名字。与这枚多种文化混合的银币一起出土的还有普通的唐朝铜币①。

在西域商人的手中，甚至还有罗马金币和波斯银币，这些钱币上的胡神和夷狄之王的形象对唐朝人来说是很新奇的，所以有些钱币是出于玩赏的目的而进入唐朝本土的。例如在长安附近的一座隋代墓葬中发现了查士丁二世的拜占庭金币②。在属于同一时期的河南的一座墓葬中，也发现了两枚库萨和二世的银币③。看起来唐朝的外来钱币似乎没有隋朝那样普遍。但是这也许是由于单纯依靠带有偶然性的考古发掘而产生的一种错觉。长安郊区的一座唐墓中出土过一枚拜占庭金币④，在附近的另一座墓葬中也发现了库萨和二世的银币⑤。

据一本描写广州的唐朝著作称："大食国出金最多，贸易并用钱货。"⑥ 据此推断，在位于唐朝南端的广州地区，在贸易中可能使用了伊斯兰国家的金第纳尔。

---

① 杨联陞（1955），第 150～151 页。关于西域的拜占庭和萨珊钱币，又见斯坦因（1921），第 1340～1348 页的钱币目录以及斯坦因（1928），第 648 页与图版 C XX，图 17、18、19。

② 夏鼐（1958），第 67～68 页。

③ 夏鼐（1957），第 54 页。据《通典》卷 193，第 1042 页记载，波斯国"赋税准地输入银钱（当时对此一定感到很吃惊）"。在吐蕃东北部的青海地区，还发现了五世纪时的波斯银币。这里曾经是东西交通的重要通道。

④ 夏鼐（1958），第 71 页。

⑤ 夏鼐（1957），第 55 页。

⑥ 《本草纲目》卷 8，第 30 页李珣引《广州记》。可以肯定，《广州记》是一部唐朝的著作，因为它提到了阿食人（大食人），而且李珣也引用过这本书。它的成书时间很可能是在七世纪或八世纪初。

看啊，在那明亮的窗龛上，
我见你如一尊塑像凝神伫立，
手执镀金的灯盏，天哪！我的灵魂，这是来自
圣地的灯！

——艾伦·坡《致海伦》

258

第十七章 世俗器物

各种器皿

尽管唐朝人在木器、陶器、金属器以及其他材料的器皿制作方面有精湛的技艺，但是其他地区的珍奇异产还是很自然地在唐朝受到人们的喜爱，尤其是备受有钱人的欢迎。例如来自日本的和尚们发现，唐朝人很喜欢送给他们的礼物是"银饰刀、腰带、各种毛笔……①"由此可以想见，大中七年（853）唐朝人肯定是非常高兴地接受了日本国王子带到长安的"宝器"②。但是唐朝人欢迎这些外来的器物，有时也并不完全是因为制作这些器物的原材料的珍奇和贵重，例如安南出产的藤器，甚至也是唐朝宫廷需要的贡品③。

在唐朝不仅有依照波斯风格制作的器皿（甚至有些是仿造金属罐的彩陶制品），也有从西域输入的盆、罐等器

---

① 赖世和（1959a），第82页。译按，《入唐求法巡礼行记》原文作："水精念珠两串，银装刀子两柄，班笔廿管，螺子三口"（白化文等据日本小野胜年校注本修订校注本，河北花山文艺出版社，1992）。未见"腰带"。
② 《册府元龟》卷972，第10页。
③ 藤器是由峰州进贡的。见《新唐书》卷43上，第3733页。广西也出产藤器。

物。在现存的收藏品中，仍然可以见到一些银壶和其他那些体现了金属器制作工匠的高超技艺的精美的实物，我们推测，这些器物实际上是为了发展对唐朝的出口贸易而在波斯制作的①。安国和康国都曾经向唐朝贡献"鸵鸟卵杯"②。它们应用鸵鸟蛋的历史，与巴比伦帝国的历史一样古老，阿拉伯诗人曾对鸵鸟的美丽大加赞颂：他们将鸵鸟蛋比作美女娇嫩的肌肤，"美女的肌肤像鸵鸟蛋一样滑润、光亮"③。大食国还向唐朝进贡过"宝装玉洒地瓶"④。罽宾国贡献的一管金笔上镌刻着卢思道写的《燕行歌》⑤。此外，我们还知道有一个拂林国的玛瑙小盒，擦拭干净以后，盒子表面显露出了紫色的图案，上面有拂林国王的名字⑥。在康国献来的贡物中，还有"宝香炉"和"眼药瓶子"⑦。新罗王曾经

259

① 《唐六典》卷 22，第 14～15 页；鸟居龙藏（1946），第 51～61 页。鸟居龙藏描述了一块在辽阳出土的绿石质的绿色雕饰板，板上的画面似乎是表现一个渤海人的形象，而这个人被刻画在一枚波斯风格的广口罐上，罐子的盖是一个鸟头的形象。鸟居龙藏（1946），第 51～61 页。在正仓院和列宁格勒埃米尔塔什博物馆也收藏有类似的器物。

② 《册府元龟》卷 971，第 13 页；《册府元龟》卷 971，第 3 页。实际上，在文献中关于康国的记载只说康国贡"鸵鸟卵"，并没有说是"鸵鸟卵杯"，但是在文献中却将它与"杯""瓶"等器物放在了一起。

③ 劳费尔（1926），第 2～4 页。

④ 《册府元龟》卷 971，第 2 页。我认为，原文中的"池"字，应该是"地"的讹文。译按，残宋本《册府》正作"地"字。

⑤ 《摭异录》（《唐代丛书》，17），第 8～9 页。这是一本八世纪的著作，其中具列了许多据说是实际存在的外来器物。我以为这本书的记载是可信的。译按，《说郛》卷 52《摭异记》原文列举"物之异闻"二十一件，其中有"罽宾国黄金衣，笔管上镂卢思道《燕行歌》"。笔管既非金制，亦与罽宾国无关。作者此处断句、理解有误。

⑥ 《摭异录》（《唐代丛书》，17），第 8～9 页。译按，原文作："拂林国雕紫文马脑如小合底，写国王名在上。又，小貌亦如之。"作者此说不确。

⑦ 《册府元龟》卷 971，第 13 页。

向唐朝贡献过"细镂鹰铃"①。在来自新罗国的礼物中，还有在正式场合上使用的旗帜②。安国也曾向唐朝皇帝献"宝床子"③。据记载："唐宣宗朝，日本国王子入贡，善围棋。帝令待诏顾师言与之对手。王子出日本国如楸玉局，冷暖玉棋子。盖玉之苍者如楸玉色，其冷暖者，言冬暖夏凉。"④ 这位日本王子，（似乎）就是在宣宗大中七年（853）向唐朝皇帝献宝器的日本王子。

灯树

在七世纪中叶，吐火罗王子曾经给唐朝宫廷带来了两株特别有意思的"玛瑙灯树"⑤。这种人工树又称"火树"，它是庆祝新年正月十五——即唐朝的所有节日中最灯火辉煌的一个节日——使用的灯饰。正月十五的喜庆活动要持续三天或者更长的时间。每当正月十五到来时，家家都竞相挂出漂亮的彩灯，人人都通宵达旦地唱歌跳舞。这种习俗似乎是由古代西域的新年节日逐步发展而来的，在高昌的唐代壁画中，我们的确可以见到这样的场面，画面上是一棵有七轮树枝的灯树，每个树枝上都挂着一排灯，一位妇人和她的侍女正在看灯⑥。至少在六世纪时，这种庆祝活动就已经传到了中原地区，而且节日的时间也由新年初移

① 《册府元龟》卷971，第5页。《唐会要》卷95，第1712页。
② 《册府元龟》卷972，第6页。译按，《册府》原文称"幡"。
③ 《册府元龟》卷971，第13页。
④ 《北梦琐言》卷1，第3页。《北梦琐言》成书于十世纪，这本书似乎是在《酉阳杂俎》的基础上写成的。
⑤ 《新唐书》卷221，第4154页；《唐会要》卷95，第1712页。
⑥ 原田淑人（1944），第13页。

到了正月十五——通常是月圆之夜。在参加正月十五的庆典活动时，大家都有一个共同的目的，就是要以人造灯火来与皎洁的月色争辉①。在正月十五节日期间，平时严厉执行的宵禁也有所放松，以便人们能够整夜地纵情欢娱②。

有一则描述正月十五陈列在长安的一株巨型灯树的史料中称，这株灯树③"高二十丈，被以锦绮，饰以金银，燃五万盏灯，簇之如花树。宫女千数，衣绮罗，曳锦绣，耀翠珠，施香粉……妙简长安万年县年少妇女千余人，衣服花钗媚子亦称是"。据记载，正月十五时，在洛阳的街道上也排列着蜡烛和由最优秀的工匠用缯采制作的"灯楼"，每座灯楼高一百五十尺，上面悬挂着金银珠宝以及龙、凤、虎、豹等各种各样形状的花灯。另外，唐朝还有一株用铜铸成的灯树，仅仅是用来支付制作灯树工匠的薪金就达四万贯钱，而沿途拖

① 石田茂作与和田军一（1944），第 2~19 页。原田淑人认为，这个节日起源于汉代祀"太一"神的节日，后来又增加了一些佛教的特点；枝轮很可能是象征法轮（译按，《全唐诗》第 2 函，第 7 册，孙逖《正月十五日夜应制》："舞成苍颉字，灯作法王轮"）。见原田淑人（1944），第 13~20 页。而石田茂作则认为，灯节的习俗主要来源于西域。译按，《初学记》卷 4 云："《史记·乐书》曰：'汉家祀太一，以昏时祀到明'。"徐坚自注云："今人正月望日夜游观灯，是其事。"《史记》卷 24《乐书》说："汉家常以正月上辛祠太一甘泉，以昏时夜祠，到明而终。常有流星经於祠坛上。使童男童女七十人俱歌。"又，作者本段所利用的汉文资料主要见《朝野金野》卷 3 及《明皇杂录》。

② 译按，《全唐诗》第 2 函，第 2 册，苏味道《正月十五夜》："金吾不夜禁，玉漏莫相催。"《旧唐书》卷 99《严挺之传》，先天二年正月望，胡僧婆陀请开门燃百千灯，严挺之上疏谏，其中有"重门驰禁"诸语（参见《新唐书》卷 129，《唐会要》卷 49"燃灯条"）。作者此处所说放松宵禁，当即指此。

③ 译按，《朝野金载》原文作"灯轮"。

运，经过诸道使万民观瞻，又消耗运费一万贯①。唐朝有一个广为流传的有关唐玄宗的故事。据这个故事记载，玄宗问一位道术高深的道士，哪个城市的灯节最壮观，道士告诉他是扬州。于是，这位道士不可思议地利用法术将玄宗送到了扬州②。曾经在开成四年（839）到过扬州的日本和尚圆仁，也在他的游记中描写过扬州新春佳节的盛况。扬州的佛寺在春节期间非常忙碌，"寺里燃灯，供养佛，兼奠祭（祖）师影，俗人亦尔。当寺佛殿前建灯楼，砌下、庭中及行廊侧皆燃灯油，其灯盏数不遑记知。街里男女不惮深夜，入寺看事。供灯之前随分舍钱，巡看已迄，更到余寺看礼舍钱。诸寺堂里并诸院皆竞燃灯，有来赴者，必舍钱而去"。圆仁还提到了扬州一所寺院③里用竹子捆扎，以匙为灯的"匙竹之灯"，"其匙竹之灯，

260

---

① 原田淑人（1944），第 2～19 页；薛升《代崔大夫谏造铜灯树表》，《全唐文》卷 959，第 4～5 页。译按，原文作："窃以所造灯树，匠人计料，用钱四万贯，道路运致又约一万贯。百姓辛苦，将实难办。况扬州到上都三千余里，州县所过，人皆见之，未审此物，欲将何用？"据此，"四万贯"是所需原料的费用，而不是薪金；而且从扬州到上都也不是为了让民众"观瞻"。作者理解有误。

② 石田干之助（1948），第 11 页。译按，《太平广记》卷 77 引《广德神异录》云："正月望夜，玄宗大设影灯，召道士叶法善同观。法善谓上曰：'影灯之盛，天下固无与比，惟凉州信为亚匹。'上曰：'师顷尝游乎？'法善曰：'适自彼来，便蒙召。'上异其言，曰：'今欲一往，得否？'法善曰：'此易耳。'于是令上闭目。约曰：'必不得妄视，若有所视，必致惊骇。'上依其言。闭目距跃，身在霄汉。已而足及地。法善曰：'可以观览。既视，灯烛连亘数十里，车马骈阗，士女纷杂……俄还故处，而楼下歌吹犹未终。'"又，《明皇杂录》载此事，亦云玄宗与叶法善观灯在"西凉州"（上海古籍出版社《开元天宝遗事十种》之二《明皇杂录》"逸文"），而不是扬州。姑志此以供参考。

③ 译按，即"无量义寺"。

树构作之，貌如塔也。结络之样，极是精妙。其高七八尺"[1]。
就在隋帝国被唐朝取代的前夕，隋炀帝写下了扬州新年时灯火
灿烂的盛况留在他心目中的映象，他在诗中是这样写的[2]：

> 法轮天上转，梵声天上来。
> 灯树千光照，花焰七枝开[3]。
> 月影凝流水，春风食夜梅。
> 幡动黄金地，钟发琉璃台。

盔甲

对于唐朝帝国来说，战争中使用的器具是至关重要的，正
是由于唐朝政府自己想要得到武器，所以反过来，它一直致力
于阻止兵器落入其邻人的手中。虽然转输兵器——甚至未经许
可私藏兵器、甲胄者——都要处以一年至三年的徒刑，但是在
唐朝还是存在大量的私下的武器交易，尤其是西北边疆与游放
民族间的这类交易就更多[4]。唐朝政府规定"私有甲一领、弩
三张，流二千里（唐里）"。对于未经允许私造兵器的工匠，

---

① 赖世和（1955），第71页；赖世和（1955a），第128页。译按，据《入
唐求法巡礼行记》原文："无量义寺设匙灯、竹灯，计此千灯。其匙、竹
之灯构作之貌如塔也，结络之样极是精妙，其高七、八尺许"（白化文等
校注本）。则"匙灯"自是匙灯，"竹灯"自是竹灯，并不是用竹子捆扎
的匙灯。标点本"匙竹之灯"连读，似亦欠妥。
② 隋炀帝《正月十五通衢建灯夜升献楼》，《全汉三国南北朝诗》第20册，
卷1，第5页。
③ 王铃指出"花焰"就是一种燃放的烟火。参见本书第十四章《工业用矿
石》"硝石"节。
④ 白乐日（1932），第52页。

更是要罪加一等①。另一方面专门由武库令"掌天下兵仗器
械，辨其名数，以备国用"②。唐朝的甲仗器具主要是由全国
各地自己生产的，而当时最重要的武器出产地则很可能是在长
江流域及其相邻的淮河地区③。

中国最古老的甲胄可能是用坚韧的野兽皮革制成的，犀牛
革与野水牛皮是最受欢迎的材料④。其实直到唐代，还仍然在
制作这种皮甲⑤，例如鲨鱼皮的甲（也是一种古代的甲）就是
其中之一⑥。唐朝的兵将甚至要利用木甲、皂绢甲以及白布甲
来防护身体⑦，更不用说毡甲和纸甲了⑧。九姓乌古斯突厥曾
经向唐朝贡献过"野马胯皮甲"⑨。在唐朝的陶制武士俑和护
法的身上，通常可以见到一种新式的"硬片盔甲"，这种盔甲
是由圆形护胸铠甲和剪裁得很有特色的甲衣组成的⑩。在西域
的画像中，我们也可以见到同一种类型的盔甲，这种盔甲甚至
有可能只是作为一种艺术品，而不是作为实际使用的甲胄被带

① 《唐律疏议》卷8，第69页。
② 《唐六典》卷16，第6页。
③ 《新唐书》卷146，第3997页。译按《李吉甫传》原文云："吉甫云：
　'宣、洪、蕲、鄂，号天下精兵'。"
④ 劳费尔（1914a），第189～190页。
⑤ 《唐六典》卷16，第13页。
⑥ 例如在《佩文韵府》第1453页就提到了陆龟蒙诗中的"鲛函"。译按，
　《全唐诗》第9函，第10册，陆龟蒙《感事》："将军被鲛函，只畏金石
　镞。岂知逸箭利，一中成赤族。"又，《初学记》卷22引《释名》："甲，
　似物有孚甲，以自御也。亦曰'介'，亦曰'函'，亦曰'铠'，皆坚重
　之名也。"同卷"楚鲛""郑兕"下注云："孙卿子曰：'楚人鲛革犀兕以
　为甲。'"
⑦ 《唐六典》卷16，第13页。
⑧ 劳费尔（1914a），第292页。
⑨ 《册府元龟》卷971，第3页。
⑩ 马珍妮（1959），第111～112页，图版第37、38。

到唐朝来的①。

金属片盔甲是由古代的皮甲直接发展而来的，而唐朝最典型的盔甲就是铁片盔甲②。据记载，唐朝有一种被称作"明光甲"的铁甲，这种甲显然是因为磨得耀眼的光泽而得名的③。"明光甲"是朝鲜半岛——或许就是朝鲜半岛的西南部——出产的一种特有的产品，因为在七世纪上半叶，百济国曾经数次向唐朝长安进贡雕斧和明光甲④。在唐太宗与高丽的战争期间，曾经缴获了"明光铠"数千领⑤。但是对于保护神或者在位的天子，甚至是对于皇室侍卫来说，金甲是一种更适合表现他们的荣耀的铠甲。高丽国也曾向唐朝贡献过一领这种金光灿灿的金甲⑥。此外，唐太宗亲征辽东之役，"时百济上金髤铠，又以玄金⑦为山五文铠，士被以从。帝与（李）勣会，甲

---

① 劳费尔（1914a），第294～300页。

② 《唐六典》卷16，第13页；劳费尔（1914a），第190页。

③ 《唐六典》卷16，第13页将"明光甲"列入了铁甲类。

④ 《新唐书》卷220，第4149页；《旧唐书》卷199上，第3616页；《册府元龟》卷970，第5、8页。译按，新、旧《唐书》只云贡"铁甲雕斧"；《册府元龟》贞观七年贡"光明甲"（或为"明光"之误倒），十一年贡"铁甲雕斧"。

⑤ 《新唐书》卷220，第4148页。译按，《新唐书》作"明光铠万领"，《旧唐书》卷199上作"明光甲五千领"。

⑥ 《旧唐书》卷2，第3069页记为贞观十二年（638）；《册府元龟》卷970第9页作贞观十三年（639）。译按，《初学记》卷22引魏曹植《上先帝赐铠表》："先帝赐臣铠，黑、光明各一领，两裆铠一领。今代以升平，兵革无事，乞悉以付铠曹自理。"则最晚在三国初年，我国就已经有了"光明甲"。附志于此，供参考。

⑦ "玄"（黑色）在这里也许有另外的意思。《唐六典》卷16，第13页将"山文甲"列为铁甲。译按，《新唐书》卷35，《五行志三》贞观八年"汾州青龙见，吐物在空中，光明如火，堕地，地陷。掘之，得玄金。广尺，长七寸"（参见《酉阳杂俎》卷10）。则"玄铁"很可能就是陨石。仅供参考。

光炫日"①。在唐朝的繁荣时代，类似这种华美奢侈的盔甲可能并不是罕见之物。在唐朝的文献中，我们还可以见到有关银甲的记载。先天二年（713），玄宗"讲武于骊山之下，征兵二十万，戈铤金甲，耀照天地"②。杜甫是一位对军旅生活观察入微的诗人——似乎战鼓常在他耳畔震响，长矛总在他眼前闪亮——他曾经用这样的诗句描写了一个忠孝之家的勇敢的年轻人：

金甲犹冻雪，朱旗尘不翻③。

唐朝人使用的铠甲还有鳞甲。鳞甲是一种将小铁片一排一排交叠地串在一起的甲胄④。至今云南的纳西族还穿鳞甲，这与他们的先祖南诏人是不一样的——南诏人使用的是皮甲⑤。中世纪时，吐蕃人使用的是皮鳞甲，这种鳞甲通常都被油漆成

---

① 《新唐书》卷220，第4148页。译按，"山五文铠"，意不可解，"山五文"，英译文作"a quituple pattern of mountains"（五重山纹），文意亦嫌生涩。《册府元龟》卷117云："初太宗遣使于百济国中，采取金漆用涂铁甲，皆黄紫引耀，色迈兼金。又以五采染玄金为山文甲。"疑所谓"山五文铠"与"五采染山文甲"有关，《新唐书》原文或有错讹。姑录于此以存疑。

② 《唐会要》卷26，第503页。

③ 杜甫《览柏中允兼子侄数人除官制词因述父子兄弟四美载歌丝纶》，《九家集注杜诗》，第179页。

④ 这种甲胄是在秦代或汉代时从匈奴传入的。见戴密微（1952），第180～181页。劳费尔将这种甲称作"锁子甲"，见劳费尔（1914a），第227页。关于这种甲的实物，见马珍妮（1959），第112页和图版第37a～37b。《唐六典》卷16，第13页将它称作"鱼鳞甲"。

⑤ 罗克（1955），第5页。

红色或黑色。鳞甲在西藏一直流传到了现在①。吐蕃人使用的
这种鳞甲很可能与唐朝的鳞甲有关，但是它究竟是与唐朝鳞甲
有一个共同的最初的先祖呢，还是仅仅是唐朝鳞甲的一种退化
了的后代，对此现在还无法断定②。

　　自八世纪初年起，在中国出现了锁子甲。锁子甲③最初见
于开元六年（718），是康国贡献的礼物④。但是后来也是在八
世纪时，吐蕃"人马俱披锁子甲，其制甚精，周体皆遍，唯
开两眼"⑤。而且辽城之东的高丽国也有锁子甲，"高丽言前燕
时自天而落"⑥。总之，锁子甲最初是起源于伊朗的⑦。我们可
以在敦煌绘画中见到远东锁子甲的唯一的一幅画像⑧。虽然一
般来说锁子甲都是用铁制作的⑨，但是也可以使用其他的金属
材料来制作。杜甫诗云：

262　　　　　雨抛金锁甲，雪卧绿沉枪⑩。

---

①　斯坦因（1921），第463～465页；戴密微（1952），第180～181、373～
　　376页。

②　劳费尔认为"狮子甲"就是一种铁甲，但是对这一点目前还没有定论。
　　劳费尔（1914a），第301～305页。

③　英文的意思是"link armor"。

④　《新唐书》卷221下，第4153页；《旧唐书》卷198，第3114页；《册府
　　元龟》卷971，第3页；《唐会要》卷99，第1775页。又请参见劳费尔
　　（1914a），第247页。

⑤　戴密微（1952），第180～181、373～376页。译按，原文见《通典》卷
　　190。

⑥　《酉阳杂俎》卷10，第79页。

⑦　戴密微（1952），第180～181、373～376页。

⑧　韦利（1931），第107页。

⑨　《唐六典》卷16，第13页。

⑩　杜甫《重过何氏》（五首之三），《九家集注杜诗》，第283页。

李贺也在诗中说：

> 奚骑黄铜连锁甲，罗旗香鞑金画叶[①]。

剑与枪

> 我有神剑异人与，暗中往往精灵语。
> 识者知从东海来，来时一夜经风雨[②]。

这首咏颂剑的诗歌，表现了古人关于剑天生具有魔力的一种信仰——正如印度群岛的马迦帕希特刀一样，剑也被人们赋予了灵魂。具有超凡神力的剑，往往是蛮荒绝域的兵器。据悉，"南蛮"的毒槊可以"中人无血而死"，其实这只不过是化学药剂作用的结果，但是这种剑却因此被神乎其神地说成是"从天雨下"的神器[③]。

十全十美的宝剑是由阴阳和合而成的灵物，或者可以说，任何一种重要的金属器具，例如寺钟，都是由阴阳合成的。而且最理想的是，当金属加热时，要由童男、童女来拉风箱。在古代，铸剑总是要阴阳成双，使阴阳的精魂与青铜合和交融。这样铸出来的剑能龙吟虎啸，锵然有声，还能腾身变化，自行飞升；这种剑还具有放射光芒的性能，它确实可以称得上是神

---

① 李贺《贵主征行乐》，《李长贺歌诗》卷2，第18页。
② 李涉（生活在约806年前后）《与弟渤新罗剑歌》，《全唐诗》第7函，第10册，第3页。
③ 《酉阳杂俎》卷10，第79页。

龙之精，光华之英①。在唐代，威力无比的昆吾青铜剑又叫
"宝刀"，这种宝刀具有断金切玉的能力，它作为所有那些具
有奇异魔力、由国王佩带的刀剑的古代典范而深深铭刻在了人
们的头脑之中②，而且它还是那些经常使用一些意味深长的历
史典故的诗歌表现的主题。即便在诗歌中并没有将其表现的对
象明确称为昆吾剑，但是诗歌中的神剑也具有与昆吾剑类似的
神力，就像杜甫在诗中描写的那样——杜甫是一位擅长表现战
争题材的诗人，他在诗歌中描写了一把外来的剑——英武的国
王将要用它来平息肆虐国内的风尘：

> 致此自偏远，又非珠玉装。
> 如何有奇怪，每夜吐光芒。
> 虎气必腾趠，龙身宁久藏。
> 风尘久未息，持汝奉明王③。

见于正式记载，收藏在唐朝官方的武库中的，有各种类型
的带有叶片的兵器：如由羽仪所持，饰以金银的长剑④，兵士

---

① 蔡平（1940），Ⅵ，第88、95、141、201页。
② 例如李峤（644～713）写的《剑》（《全唐诗》第2函，第1册，卷3，
第66页），就是以"宝刀来昆吾"开始的。参见蔡平（1940），第2页。
译按，英文所译李峤诗作："Treasure sablers come from K'un-wu"（宝刀来
昆吾），查李峤原诗首句作"我有昆吾剑"，英译文与原诗相去较远，疑
误。《全唐文》卷六八崔融《咏剑》诗有"宝剑来昆吾"句，与英译文
约略相当。又，《初学记》卷22"刀"门有"昆吾割玉刀"，注云："见
《十州记》。周穆王时西域所献，切玉如泥。"与作者所说可以割玉，且
以"昆吾"为名的宝刀也比较接近。姑附录于此，供参考。
③ 杜甫《蕃剑》，《九家集注杜诗》，第329页。
④ 即"仪刀"。

佩带的短剑①以及步兵使用的长剑等②。所有这些兵器（还有　263
其他一些）都是单刃的短刀或大刀③。这些兵刃也是唐朝胜过
当时亚洲各民族的器械。至于唐朝人使用的枪，则有短步兵使
用的漆矛④，长步兵使用的木柄矛⑤以及由羽林、金吾所持的
各种更加华丽的枪⑥。

　　通过正仓院收藏的标本，我们可以对中世纪中国刀剑的华
丽程度有所了解。这些剑的剑柄和剑鞘上都密密麻麻地镶着宝
石和其他的贵金属，有些不仅涂上了漆，而且用油画画上了花
卉和野兽的图案：有一件非常贵重的标本，剑柄上裹着鲨鱼
皮，同时剑柄和剑鞘四周还镶嵌着宝石以及用金银制成的涡卷
装饰⑦。在正仓院收藏的这些精美的兵器中，至少有一部分是
由唐朝制作的。地处长江三峡附近的四川东部地区，在当时就
专门为朝廷生产"文刀"⑧。

　　唐朝也输入其他一些刀剑，南诏国曾经向唐朝献铎鞘、浪
剑、郁刃，据说"铎鞘者，状如残刃，有孔傍达，出丽水，
饰以金，所击无不洞，夷人尤宝，月以血祭之。郁刃，铸时以
毒药并冶，取迎耀如星者，凡十年乃成，淬以马血，以金犀饰
镡首，伤人即死。浪人所铸，故亦名浪剑。王所佩者，传七世

---

① 即"横刀"。
② 即"陌刀"。
③ 《唐六典》卷 16，第 11~12 页。
④ 即"漆枪"。
⑤ 即"木枪"。
⑥ 《唐六典》卷 16，第 12 页。
⑦ 正仓院（1928~），Ⅳ收录了许多实物，本书列举的这一件见图版 3。
⑧ 《新唐书》卷 40，第 3725 页。"文刀"是在忠州和涪州制造的。

矣"①。八世纪时，黑水靺鞨也数次向唐朝进贡铁刀，但是在史书中没有记载这种铁刀的魔力②。

在中世纪时，中国人就已经知道了"大马士革钢"，但是我们还无法断定这种钢是否输入了唐朝。根据六世纪的记载，这种钢产于波斯，但是七世纪时又说它是罽宾的产品。据认为，这种金属"坚利可切金玉"③。中世纪时印度出产的高碳"印度钢"也具有与大马士革钢相同的波形条纹④。在中国，将这种金属称为"镔铁"。"镔"字很可能来自印度帕拉克里语中的一个类似于"pina"的伊朗方言⑤。如果唐朝人得到了大马士革刀的话，那么它就有可能是以印度或者是印度化的民族为中介的。

弓与矢

汉字"弓"与"龙""虹""穹"等字的含义都有密切的关系⑥。或许我们可以肯定，这种语言上的关系引起了它

---

① 《新唐书》卷 222 上，第 4157 页；《册府元龟》卷 972，第 5 页。译按，英译文本段引文有删节，此从原文。

② 《新唐书》卷 219，第 4146 页。译按，《新唐书》在叙述黑水靺鞨之"拂涅部"时说："开元、天宝间八来献鲸鲵睛、貂鼠、白兔皮；铁利，开元中六来。"此处作者所说的"铁刀"显然是指"铁利"，但是《新唐书》上文云："初，黑水西北又有思慕部……又有拂涅、虞娄、越喜、铁利等部……拂涅、铁利、虞娄、越喜时时通中国。""铁利"是一个部族。显然作者在这里是误将部族名当作了器物名。

③ 劳费尔（1919），第 515 ~ 516 页。译按，关于"镔铁"，见《周书》卷 50，《隋书》卷 83 以及《太平寰宇记》卷 182。镔铁性能的记载，又见《本草纲目》卷 8，李时珍引《宝藏论》。

④ 李约瑟（1958），第 44 ~ 46 页。

⑤ 伯希和（1959），第 42 页。伯希和认为"pina"与马可·波罗记载的"andanique"是同一种金属。

⑥ 蔡平（1940），第 186 页。

们之间的某种神秘的联想：弓具有能够放射出闪电、雨云的威力。唐朝人使用的弓有许多种类型，其中有桑柘制成的、步兵使用的长弓；也有步兵使用的小弩；还有射程较远的各种弩；羽仪持的彩饰弓①；尤其是用角、筋制作的强劲的"角弓"，是骑兵使用的重要的武器②。在古代时，角弓是历代中原王朝的敌人——草原武士——使用的一种独特的弓，但是角弓早已适应了中原文明。在唐代，紧靠边境地区，受到游牧民族影响的陕西和河北北部地区都能够制作角弓③。在正仓院的收藏品中，有一些用榉木和梓木制成的漂亮的弓，这些弓很可能就是由唐朝人制作的④。据我们所知，花剌子模有"大力士才能够拉开的弓"⑤，东北室韦部落"器有角弓"⑥，但是我们还不能肯定这些弓是否能够算作是唐朝输入的外来的物品。

264

唐朝使用的箭杆是用竹制作的，它来自长江以南灌木丛生的江西和湖南地区⑦。木箭"以木为笴，唯利射猎；兵箭刚镞而长，用之射甲；弩箭皮羽而用，用之坠坚也"⑧。位于蒙古边界附近的一个城镇⑨还能够制作游牧民族使用的，箭头带着

---

① 译按，即格弓。

② 《唐六典》卷16，第10页列举了其他各种弓弩。

③ 《新唐书》卷37，第3720页；卷39，第3724页。译按，角弓是夏州、澶州和幽州的土贡。

④ 正仓院（1928～），X，第1～7页。

⑤ 巴托尔德（1958），第235～236页。

⑥ 《新唐书》卷219，第4146页。

⑦ 《新唐书》卷41，第3729页。这些贡物的具体出产地是永州（湖南）和抚州（江西）；又见《唐六典》卷16，第11页。

⑧ 《唐六典》卷16，第11～12页。

⑨ 译按，即妫州。

可怕的啸声的响箭①，并将这种响箭作为土贡送往长安②。然而，虽然唐朝人还清楚地记得黑水靺鞨精良的石镞——自古以来它就是东胡地区的一种备受称赞的出产③，虽然唐朝还流传着靠近缅甸的密林丛中的蛮人使用着一种能致人死命的毒矢的神奇传说④，但是在唐代，唐朝军队使用的箭似乎并没有遇到强劲的外来对手。

在正仓院的收藏品中，可以见到用白葛藤编织的箭袋，这种箭袋通常都被染成黑色或红色⑤，但是目前还不能肯定它就是河北北部的妫州制作的，充作朝廷土贡的箭袋⑥。

---

① 译按，髇矢。
② 《新唐书》卷39，第3724页。
③ 《新唐书》卷219，第4146页。
④ 《新唐书》卷222下，第4162页。
⑤ 正仓院（1928～），X，第13～24页。
⑥ 《新唐书》卷39，第3724页。此所谓"箭袋"，即"胡禄"。

在全世界，在我从未涉足的国度，

265

我都惊奇地发现：

人们在永无止境地追求，寻找某位上神

的迹象……

在这神秘的印度，众神云集，

熙熙攘攘——

就像那树端的野蜂群，又像是那聚集着

威力的暴风雨。

　　　　　　——莱尔《一位印度王子的冥想》

第十八章　宗教器物

在唐代，大量的宗教器物和圣物沿着穿越中亚沙漠或经由南海为人所熟知的商道，从印度及其文化属国进入了唐朝的境内①。包括汉族在内的许多种族的工匠都集中在亚洲各地庞大的佛教寺院里从事制作宗教器物的工作。为了给那些在危险的道路上游历的信徒们提供便利，寺院往往都拥有自己的商店（以及旅店、当铺和信贷机构）②。如果说从佛教的真正故乡印度流入远东的神像、圣物以及经文等，就像是一股汹涌的潮流的话，那么在商道沿途的寺院里，以宗教为名出售的货物则正好起了推波助澜的作用。这样一来，形形色色的外来物品就大大地丰富了唐朝的宗教图景，在这些器物中，有类似吐蕃贡献的高达五尺的佛龛③；一位高僧从印度本土带来的那烂陀寺的

---

① 谢和耐（1956），第162页。

② 谢和耐（1956），第163～164页。

③ 《册府元龟》卷970，第14页。译按，《册府元龟》原文作："大佛庐，高五尺，广袤各三十七步。"事在永徽五年八月。据《旧唐书·吐蕃传》载吐蕃风俗云："贵人居处于大毡帐，名为拂庐。"《新唐书·吐蕃传》也说："其赞普居跋布川，或逻娑川，有城郭庐舍不肯处，联毳帐以居，号大拂庐。其卫候甚严，而牙甚隘。部人处小拂庐，多老寿至百余岁者"（参见《册府元龟》卷961《外臣部·土风三》）。则"佛庐"显然是"拂庐"的异称或讹误。是一种住人的毡帐，而不是"佛龛"。作者误。

模型①；密宗大师不空临终前留给唐代宗的遗物——其中有先师所传五股金刚铃杵、银盘子、菩提子、水精数珠②；还有五台山天台寺一座洞窟③里的银箜篌——据说这把箜篌"有八万四千曲调，八万四千曲调各治一烦恼。佛灭度后，文殊师利将此箜篌来，收入窟中"④。在唐代，不断有唐朝的行人前往印度圣地搜集圣物，求取圣物的热情历久不衰，而著名的高僧义净就是一个典型的例证。义净于咸亨二年（671）离开广州，证圣元年（695）返回洛阳，其间历经三十余国，得梵本经、律、论近四百部，合五十万颂，舍利三百余粒⑤。

舍利

唐朝人对于佛教的圣者、高僧甚至是佛陀本人的舍利骨殖表现出了惊人的热情，这些圣物往往还能在集市上卖到大价钱——正如在下面的故事中所讲的那样。我们要引用的这个故事是由长安平康坊菩萨寺寺主讲述的许多释门轶事之一。菩萨寺毗邻唐朝宰相李林甫（此云'李右座'林甫）的宅邸，据记载：

> 李右座每至生日，常转请此寺僧就宅设斋。有僧乙尝叹佛，赐施鞍一具。卖之材直七万。又，僧广有声名，口经数年，次当叹佛，因极祝右座功德，冀获厚赙。斋毕，帘下出采籚，香罗帕藉一物如朽钉，长数寸。僧归失望，

① 师觉月（1950），第157页。
② 周一良（1945a），第301页。译按，此据《宋高僧传》卷一之原文。
③ 译按，即金刚窟。
④ 赖世和（1955），第248页。
⑤ 《宋高僧传》（《大正大藏经》卷50，第710页）。请读者比较由玄奘带回的圣物。参见韦利（1952），第81页。

惭恍数日。且意大臣不容欺己，遂携至西市，示于商胡。商胡见之，惊曰："上人安得此物？必货此，不违价。"僧试求百千。胡人大笑曰："未也。更极意言之。"加至五百千。胡人曰："此直一千万。"遂与之。僧访其名，曰："此宝骨也"①。

由于搜求圣物的热情过分狂热，甚至导致了盗窃行为：汉人明远法师曾试图从斯里兰卡②的圣骨盒里偷取举世闻名的佛牙，"传云：'此洲若失佛牙，并被罗刹之所吞食'"③。幸运的是，在圣力的干预下，斯里兰卡人挫败了这位虔诚的狂热者的企图④。

类似的虔诚行为，必然会走向它的反面。在唐代，有许多人谴责佛教信徒对于舍利的虔信，并且将这些圣物贬斥为毫无任何价值可言的"枯朽之骨，凶秽之余"。韩愈是唐朝反对佞佛者中最有名的一位，他曾经写过一篇恶毒的表章，反对给予佛指骨以优荣殊遇。这种毫不妥协的反对宗教的行为，代表了九世纪唐朝人畏惧外来事物的另外一个方面，也就是知识阶层这个方面。等到对外来事物的畏惧和憎恶发展到了顶点时，就最终演变成了对外来宗教的大规模的迫害运动。这样一来，不仅摧毁了宗教艺术，而且作为中国文明一种重要的养分的佛教也开始走到了它的尽头⑤。

但是人们还继续保持着寻求舍利的热情。贞元六年

---

① 《酉阳杂俎》续集，卷5，第220页。
② 译按，即狮子国。
③ 格鲁赛（1932），第265页。译按，原文见《大唐西域求法高僧传》，此从原文。
④ 《大唐西域求法高僧传》（《大正大藏经》卷51，第3页）。
⑤ 赖世和（1955a），第221～224页；芮沃寿（1957），第38页。

（790），行者悟空从乌仗那将一枚佛牙舍利带回了长安①。九世纪时，京师有四所寺院里都藏有佛牙，而且每所寺院都有自己的特别节日，这些节日吸引了大量的信徒，他们在佛寺中供奉药品、食物、水果和鲜花，在袅袅香烟之中"如是各各发愿布施，庄严佛牙会，向佛牙楼散钱如雨"②。五台山的寺院以收藏有辟支佛的顶骨而自豪，（据圆仁记载）这块顶骨"其色白黯色。状似本国轻石……上生白发，长五分许，似剃来更生矣"③。当时寺庙中还郑重其事地收藏着一些历史人物的骨殖遗骸，长安一座寺院中收藏了阿育王的遗物④，五台山金阁寺保存了日本僧人灵仙三藏的遗物，如是种种，无所不有。灵仙三藏的这件遗物可以称得上是最稀奇古怪的遗物了，据记载："彼三藏自剥手皮，长四寸，阔三寸，画佛像，造金铜塔安置。"这块手皮后来被金阁寺"长年供养"⑤。

尽管我们必须承认，类似这些说教性质的器物对于当时诗人的创作热情不会产生多大的影响，但是它却大大激发了那些博学的说书人的想象力。在唐朝流传着一个关于西国献给武则

---

① 烈维和沙畹（1895），第 359 ~ 360 页。
② 赖世和（1955），第 235 页；赖世和（1955a），第 190 页。据正史记载，贞观十一年（637）罽宾国曾向唐太宗献舍利，但是没有描述它的性状；参见《册府元龟》卷 970，第 8 页。
③ 赖世和（1955），第 235 页。译按，"本国轻石"，英译文作"日本泡沫石"，此从《入唐求法巡礼行记》原文。
④ 《酉阳杂俎》续集，卷 6，第 221 页。译按，据《酉阳杂俎》原文："宣阳坊奉慈寺，开元中，虢国夫人宅……今上即位之初，太皇太后为升平公主追福，奏置奉慈寺，赐钱二十万，绣帧三车，抽左街寺僧四十人居之。今有僧惟则，以七宝末摹阿育王舍利塔，自明州负来。"作者说此寺有阿育王遗物，不确。
⑤ 赖世和（1955a），第 157 ~ 158 页。

天魔珠①的故事。在这个故事中说，西国在贡献魔珠的同时，还贡献了"额大如胡床"的毗娄博义天王的下颌骨和辟支佛的舌头，据称"舌青色，大如牛舌"②。

佛像

宗教偶像——特别是佛教的偶像——在唐朝是非常流行的，其中最流行的是佛教信徒个人拥有的，用金属、木料以及泥土制作成的小型佛像。这种社会风气大大鼓舞了唐朝工匠的创作热情③。当时的富室大户以及大量接受捐赠的寺院也拥有从外国带来的佛像。外来的肖像作品以及对外来题材的艺术处理，既满足了唐朝人的兴趣，同时也改变了他们的爱好。唐朝本地制作的外来题材的肖像作品非常之多，从象征的——例如阎立德创作的《〈魔尼教?〉七曜图》④ ——到写实的——例如曾经征伐过南诏和吐蕃的韦皋将军献给朝廷的《骠国乐人图》⑤ ——都有。唐朝政府还组织画家正式地画了不少外国题材的"现实主义"画像——唐朝政府明确指定官方画师负责将所有来到唐朝朝贡的外国人的容貌和衣服都画下来⑥。类似这样的画

---

① 译按，即"青泥珠"。

② 《广异记》（《太平广记》卷402，第3页引）。辟支佛重隐逸，致力于自身的觉悟，不同于"成就众生"的菩萨。

③ 谢和耐（1956），第23～24页。

④ 《宣和画谱》卷1，第55页。

⑤ 杜希德和克里斯蒂（1959），第177～178页。译按，《新唐书》卷222下："（南诏王）雍羌亦遣弟悉利移城主献其国乐，至成都，韦皋复谱次其声。以其舞容、乐器异常，乃图画以献。"又，《唐六典》卷5"兵部·职方郎中"下云："其外夷每有蕃官到京，委鸿胪讯其人本国山川、风土，为图以奏焉。"

⑥ 《新唐书》卷46，第3741页。

卷被装裱在两端镶着白玉、琥珀或水精的檀香木轴上①。这些绘画对当时的审美情趣——至少在宫廷的范围内——必定产生了重大的影响。但是那些真正由遥远国家的画室中输入的艺术品所产生的影响，一定要比唐朝画家创作的外来题材作品的影响广泛得多，也深入得多。

268

在唐代，有大批唐朝的朝圣者来到了印度群岛佛教圣地，除了取经和寻求圣物之外，这些朝圣者的一个主要的目的，就是获取塑像和画像，这些画像不仅能感动唐朝国内的信众，而且可以装饰唐朝境内的大量的庙宇②。但是唐朝的外来的佛像并不是全都来自印度，有许多是来自其他的佛教国家的作坊。例如长安灵华寺的圣画堂里就有于阗铜像③。此外，新罗王也在元和五年（810）派遣他的儿子向唐朝贡献金、银佛像④。外来的圣像中，有些甚至不是佛像，例如在敦煌发现的绘画作品中，有一幅似乎是基督教的圣徒画像，画像中的人物形象留着红色的髭须，冠冕上还有一枚马耳他十字架，不过在远东，他很可能是被当作一尊菩萨来供养的⑤。

然而在所有这些引进的宗教作品中，最具有重要意义的是那些对于中国人的审美情趣有长久影响力的东西，亦即佛教的图案、人物模型和宗教象征，正是这些，影响着那些无缘生在佛菩萨的国度的中国工匠的精神和技艺。金刚三藏画师是斯里

---

① 艾惟廉（1954），第 250～251 页。檀香木除了外表美观、气味芬芳之外，还具有防虫蛀的特点。
② 格鲁赛（1932），第 334 页。
③ 《酉阳杂俎》续集，卷 5，第 217 页。译按，"灵华寺"，中华书局标点本作"云华寺"，"校勘记"云："'云'，学津、津逮本作'灵。'"此姑存疑。
④ 《册府元龟》卷 972，第 6 页；《唐会要》卷 49，第 859 页。
⑤ 韦利（1931），第 81～82 页。

兰卡本地人，也是一位"善（画）西域佛像"的画家，当他来到唐朝施展他的技艺时[①]，我们可以肯定，他一定随身带来了标明宗教画像标准比例的书籍。他是将这些书籍谨慎地收藏了起来，还是自豪地向他的唐朝同行展示，对此我们一无所知。但是对于唐朝的艺术家来说，他们必定急切地想要得到这些造像标准，而且他们也确实使用了这种标准——在敦煌不同的石窟中，有些构图完全是重复出现的，只有假定，这些构图是当时为了虔敬地保证佛像创作的十全十美而遵照一个标准绘制出来的，否则便不足以解释这种现象[②]。另外，唐朝政府还派遣特使前往国外求取佛像的原型。由唐玄宗派往于阗访求北方多闻天王"正像"的使臣就是其中之一——北方多闻天王是臣属于突厥的西域诸国信奉的一尊神[③]。神像的图案可能还是战利品和贡物的一个重要的组成部分：唐朝使臣王玄策从天竺带回了许多画像，其中有一幅是他从菩提伽耶带来的弥勒菩萨像，麟德二年（665），唐朝以这幅画像"为样"，在长安塑造了一尊弥勒菩萨的塑像[④]。当然艺术上的影响总是双向的：在八世纪时，为美索不达米亚的大食人工作的唐朝工匠中有织布工、金饰匠，还有画师——如画匠樊淑、刘泚，织络者乐隈、吕礼等[⑤]。

---

① 《历代名画记》卷9，第298页。

② 格雷（1959），第35~36页。

③ 艾伯华（1948），第52页；索珀（1951），第79页。

④ 《历代名画记》卷3，第135页；伯希和（1923），第270页；师觉月（1950），第157~158页；韦利（1952），第129页。

⑤ 《经行记》，第5页。这段记载是杜环著述的一个部分。杜环在怛逻斯之战中被大食人俘虏，当他返回唐朝后，他的亲戚杜佑（杜环是杜佑的族子）在其所著的《通典》中收录了几条杜环记录的见闻。这里提到的工匠很可能也是在怛逻斯战役中被俘的。参见伯希和（1928a），第110~112页。

作为会昌五年（845）大规模宗教迫害的一个部分，当时下令将公、私佛像"销为农器"或"销付度支"[1]。日本的圆仁和尚目睹了这次灾难，他说："天下铜、铁佛，金佛有何限数？准敕尽毁灭化尘物。"[2] 这样一来，宗教艺术的外来影响时期也就结束了。

---

[1] 《唐会要》卷49，第861页。
[2] 赖世和（1955），第268页。

我让他们给我读异国的哲学，
告诉我所有外国君王的秘密。

269

——马洛《浮士德博士的悲剧史》

第十九章　书籍

字、纸、书

唐朝有不少从外国流传来的文献，这些书上稀奇古怪的文字形状给唐朝人留下了深刻的印象，但是他们最终会感到习惯并接受。外来文字确实是怪异之物，而那隐藏在难以理解的形状之后的、容易引发人们联想的各种各样古怪离奇的理念甚至恐怖可怕的符咒，给唐朝人留下的印象就更要深刻得多。这并不是说，在唐朝本土就没有特殊的字体，除了古老的、世人皆知的"篆书"以及字形方正的"楷书"之外，唐朝还有诸如"虎爪书""倒薤书""日书""月书""风书""虫食叶书"以及其他大量早已从外国引进的书体——像"胡书""天竺书"等就属于此类①。但是据段成式记载，西域当时行用的书写文字有六十四种之多，而段成式所具列的，或者说唐朝那些务新求奇的人所见到的只是其中很小的一个部分。段成式记载的西域书体主要有"驴唇书""大秦（即罗马）书""驮乘

① 《酉阳杂俎》卷11，第85页。

书""起尸书""天书""龙书""鸟音书"等①。

　　用来书写这几种文字的纸,在唐朝人的眼中同样也是很稀奇的。唐朝本土出产的纸是用大麻纤维、葛以及楮,甚至是用竹浆、黄檀浆制作的;这些纸被染成了各种不同的颜色(有一种薄而起皱的金黄色的纸,就是唐朝最美丽的纸中的一种),有时还在纸里添加香料。将制成的纸张首尾连在一起,就成了长长的卷子;卷束在带有水晶圆顶的檀木卷轴上的卷子,可能是最上乘的卷子(虽然九世纪时也有折叠装的书籍,到了十世纪时又有了线装的书籍)。但是最典雅的书籍是写在绵帛上的,这种方法古时就已使用,因而有悠久的历史②。

　　尽管唐朝本土出产的纸的质量非常精良,但是我们发现唐朝人也大量地使用了外国来的纸。唐朝诗人经常提到的有"蛮笺";高丽进贡的纸卷;日本制作的一种"松皮纸";来自唐朝南方的一种带有"鱼子纹"的白纸;还有一种用水苔制成的"斜纹纸";等等③。制作这些纸的技艺,最初肯定是从中国人

270

---

① 《酉阳杂俎》卷11,第86页。毫无疑问,这些奇异的名称反映了通过考古得知的许多中亚文字。例如冯加班就曾经提出过由高昌突厥人所用过的文字。见冯加班(1961)。

② 石田干之助(1948),第117～125页;翟理斯(1957),第Ⅹ～Ⅻ。特别请参考贾德(1955)。唐朝使用的纸大多都是由浙江诸州制作的——虽然也有一些例外,像成都出产的白麻纸——见《唐六典》卷22,第18～19页。译按,据《唐六典》原文,贡纸为益州之大、小黄白麻纸,杭、婺、衢、越等州之上细黄白状纸,宣、衢等州之案纸、次纸,蒲州之细薄白纸。所列贡纸府州有八,其中杭、婺、越、衢等四州在今浙江,均州在今湖北,宣州在今安徽,益府在四川,薄州在山西。姑录之以供参考。

③ 《负暄杂录》(《涵芬楼说郛》,卷18＝10册),第9页。译按,原文作"唐中国纸未备,多取于外夷,故唐人诗中多用'蛮笺'字,亦有谓也。高丽岁贡蛮笺,书卷多用为衬;日本国出松皮纸;又,南蕃出香皮纸,色白,纹如鱼子;又,苔纸以水苔为之,名侧理纸"。则高丽所贡为"蛮纸",而不是"纸卷",疑作者此处误。

那里学来的，因而这些纸即便带有异国色彩，那也只是非常表面的。虽然从公元前二世纪起，中国人就已经知道了羊皮纸或相当于羊皮纸的书写材料，但是羊皮纸是否从遥远的西方传到了唐朝，我们还无法断定。据汉代伟大的旅行家张骞记载，安西"画革旁行以为书记"[1]，而且中世纪时的于阗也确实是以皮革作为书写材料的[2]。但是这种书写材料并没有在内地引起多少注意。在唐朝文献中随处可以见到的是另一种外国的书写材料，这种书写材料对唐朝诗人的想象力也产生了一定的影响。这种材料就是扇叶树头榈，即生长在南亚的扇叶棕榈的树叶[3]。在唐代，这种书写材料仅仅是以其梵文的读音"贝多"（pattra，树叶）知名[4]。根据唐朝正史记载，天竺人"有文字，善天文算历之术。其人皆学《悉昙章》，云是梵天法。书于'贝多'树叶以记事"[5]。段成式正确地记载了贝多的梵文语源，将这种材料描述为摩揭陀国——或许是因为制作棕榈叶书是这里的一项重要的工业——的一种常青树。段成式还特别指出，如果精心保管的话，写在扇叶树头榈上的经文甚至可以保留五六百年的时间[6]。

居住在唐朝京师里的居民，还可以见到长有这种具有实用价值的树叶的贝多树。这株稀有的树是由"西国"贡献的，种植在一所被称为"兴善寺"的佛教寺院里。兴善寺以其宏

---

[1]　《史记》卷123，第0267页。

[2]　斯坦因（1907），第347页。

[3]　学名叫"Borassus flabellifera（或"B. flabelliformis"）。

[4]　唐朝通行的还有一种在语源上错误的译法，即仅仅将"pattra"的第一个音节译出。而第二个音节则是由"tāra"（棕榈树）译出的。参见戴密微（1929），第90页。

[5]　《旧唐书》卷198，第3613页。

[6]　《酉阳杂俎》卷18，第150页。

伟庄严的建筑著称于世，它被誉为长安城里最大的寺院，而且还收藏着其他许多为人所称道的珍宝——例如于阗玉像、绘画大师吴道子画的壁画，而兴善寺的古松尤其是人们珍爱的神物，每当大旱时，人们都要从这棵古松上取下一根枝条，然后将它刻成龙形来求雨[①]。九世纪末年，诗人张乔曾经写过一首诗，赞颂兴善寺那株备受尊崇的贝多树[②]。使我们感到惊奇的是，在长安的气候环境中，这棵贝多树居然存活了那么多年。

用裁成合适形状的棕榈叶做成的书叫作"ollahs"，这种书在唐朝人间又叫"梵夹"[③]，取这个名字的意思，是因为这种书是用两块木板相夹，然后再用绳子捆扎起来的[④]。从前往天竺的唐朝取经人积极地搜集贝叶经这一点来看，这种书在唐朝并非罕见之物，而在唐朝的各大寺院里，更是可以轻易地见到梵夹；日本和尚圆仁就注意到，在五台山有一部梵夹装的《法华经》[⑤]。在一些较为世俗的环境中，也可以见到这种书：例如笃信佛教的唐懿宗"于禁中设讲席，自唱经，手录梵夹"[⑥]。

---

① 平冈武夫（1956）引《两京城坊考》卷2，第5页；《长安志》卷7，第8~9页。

② 张乔《兴善寺贝多树》，《全唐诗》第10函，第1册，卷2，第1页。

③ "梵"字可能是"Braman"，甚至可能就是"Sanskrit"的译音，这个字特别被用来指语言、文字以及佛教的经书。

④ 见李贺《送沈亚之歌》，《李长贺歌诗》卷1，第8~19页，王琦注。现代制作这种书的步骤如下：先将树叶的中脉去除，而后去除了中脉的一堆半片树叶压平，裁去边缘的部分；这样就成了页张。此后再将这些页张用沙磨光，用铁笔将内容写在磨光的页张上，再用力将煤烟擦进去，这样就会显露出写在上面的内容。这种方法可能是一种很古老的方法。参见斯凯勒（1908），第281~283页。关于"Ollahs"的研究，见玉尔和伯内尔（1903），第485页。

⑤ 赖世和（19555），第235页。

⑥ 《资治通鉴》卷250，第10页。

天宝五载（746），师子国王尸罗迷伽派遣婆罗门僧阿目佉拔折罗前来长安，献"贝叶梵写《大般若经》一部"①。

贝叶书之所以特别受到唐朝人的尊崇，是因为它通常都是用一种"书辞颇类浮图语"的文字写成的，而贞观廿年（646）在俱兰国王写给唐朝的一封信中使用的文字，就与这种文字类似②。从这些神秘的树叶中，唐朝诗人们在语词方面发现了绝妙的外来意象，这种意象常常被用来烘托诗歌中的佛教的气氛。李商隐在《题僧壁》这首诗中写道："若信贝多真实语，三生同听一楼钟。"③ 诗中用"贝多"借指佛典。我们在上文中已经提到的，以"贝多"与"旃檀"作为对文，则更加生动地烘托出了浓郁的宗教气氛。下文是皮日休对一所庭园寺院的描写：

小殿熏陆香，古经贝多纸④。

馥郁的乳香与婆娑的棕榈使人闻到了温暖的西域气息，我们仿佛已经身临其境。

书肆与藏书

八、九世纪时，唐朝的市民很可能在大都市里就能够买到关于外国的道里方位、外语字典等书籍，甚至有可能会直接买

① 《册府元龟》卷 971，第 15 页；《唐会要》卷 100，第 1793 页；烈维（1900），第 417 页。
② 《新唐书》卷 221 下，第 4154 页。
③ 李商隐《题僧壁》，《全唐诗》第 8 函，第 9 册，卷 1，第 2 页。
④ 皮日休《孤园寺》，《全唐诗》第 9 函，第 9 册，卷 3，第 8 页。

到外国书籍①。但是遗憾的是，我们对于唐朝书肆的情况知之甚少。现在所能了解到的只是一些零星片断。例如在一个流行的故事中提到过一所专门经营经典书籍的书肆，这是一所应试的举子们经常光顾的书肆。另外在唐朝诗人的诗歌中，也提到过洛阳南市的书肆②。我们还了解到在成都有出售新印成的书的地方——大多是一些解梦、占星以及家谱之类的书籍③。

因为唐朝是一个大量收集书籍的时代，所以有关唐朝藏书情况的资料就要比书肆的资料丰富得多了。唐朝官方的藏书工作是在魏徵、虞世南、颜师古等名人的极力主张下，由唐太宗发起的，时间在贞观二年（628）。当时由魏徵等人负责检查新收藏的图书，从事编目工作。唐朝的国家图书馆④收藏有两万卷图书，其中有许多是非常稀有的版本。唐玄宗也为唐朝的藏书做出了很大的贡献，特别是他还下令将私人收藏的稀有图书用四川的上等麻纸抄了下来。此外，唐玄宗在两京专门建立了收藏经籍图书的书院⑤。为国家收藏的图书找到了一个新的收藏地点⑥。后来根据四部分类法，对这里收藏的所有图书进行了系统分类，使用彩色象牙签（刻有书名、卷数）标明某书属某部——"经部"：红签，白象牙轴，黄带；"史部"：绿签，蓝象牙轴，淡绿带；"子部"：靛青签，雕檀轴，紫带；

---

① 石田干之助（1948），第 102～103 页。

② 石田干之助（1948），第 102～103 页。在元稹和白居易的诗歌中，有关于买书的资料。

③ 石田干之助（1948），第 103～104 页；李约瑟（1959），第 167 页。

④ 最初在贞观十三年（639）叫作"崇贤馆"，景云二年（712）改名为"崇文馆"。译按，据《唐会要》卷 64 及《新唐书》卷 49，上元二年（675），因避章怀太子讳，改"崇贤馆"为"崇文馆"，改名不在 712 年。此姑存疑。

⑤ 唐朝称作"集贤院"。

⑥ 收藏地点在"丽正殿"内。

"集部"：白签，绿象牙轴，朱红带①。

玄宗开元年间，唐朝正处在歌舞升平的时代，这时也是唐朝官方藏书的鼎盛时期。但是到了十一世纪时，当史学家欧阳修准备修撰唐史时，他发现由于内乱，特别是由于黄巢起义的影响，唐朝的藏书有一大半已经荡然无存了②。

关于唐朝宗教书籍的收藏情况，还没有确切的统计数字可供利用，但是唐朝宗教书籍数量之多，是我们无法想象的。现在尚存的一份在麟德元年（664）撰写的，由梵文翻译的佛典目录中，具列了两千四百八十种不同的著作，其中有些还是鸿篇巨制③。如果我们考虑到这样一个事实，即只在长安一所寺院的一个佛塔之中，而且仅仅是一部《法华经》，就收藏了上千部之多④，那么就可以想见在唐朝的大都会中收藏的经卷数目该是一个多么大的天文数字了。

唐朝各地都有勤于搜求的私人收藏家，在他们的手中往往掌握着最古老、最稀有的书籍。据记载："倪若水藏书甚多，列架不足，叠窗安置，不见天日。"⑤ 此外，还有像张参那样的，以耄耋之年手抄儒家经典的人——因为他认为"读书不如写书"⑥。也有一些像段成式那样的务求奇篇秘籍、博闻强记的人。段成式最初"为秘书省校书郎，研精苦学，秘阁书

①　吴光清（1937），第258页；石田干之助（1948），第107~110页；《新唐书》卷57，第3761页；《旧唐书》卷47，第3270页都是以四部为序著录经籍图书的。
②　吴光清（1937），第258页。
③　师觉月（1950），第125页。
④　《酉阳杂俎》续集，卷6，第226页。
⑤　《云仙杂记》卷3，第22页。
⑥　《唐国史补》卷下，第7页。

籍披览皆遍"，后来他又将全部时间花费在研读家藏的书籍上："家多书史，用以自娱，尤深于佛典。"[1]

有了这样的精力和热情，私人藏书数量如此之大，质量如此之精，就一点也不奇怪了；例如李泌藏书达三万卷，刘伯刍、韦述以及苏弁等人的藏书数量也都分别达到了两万卷之多[2]。这些丰富的私人庋藏在稀有版本的收藏数量、图书设备的豪华方面，都足以与国家的收藏相匹敌。诗人吕温描述了收藏家崔仁亮的奢华的书卷，这些书卷的封套上都点缀着"水精"钉扣，而书卷纸则是利用"云母"润饰的。这些情形应该引起我们足够的重视：

> 玉楼宝架中天居，缄奇秘籍万卷余。
>
> 水精编帙绿钿轴，云母捣纸黄金书[3]。

旅游书与地理书

在唐朝人头脑中形成的对于外国民族及其国家的概念，有些是从外来旅行家以及政府地理学家撰写的书籍中得知的。虽然这些书籍大多都已散佚，但是我们现在仍然还知道它们的名称。其中有朱应的《南方异物志》、程士章《西域道里记》、僧智猛《游行外国传》、佚名《林邑[4]国志》、佚名《奉使高

---

① 《新唐书》卷89，第3896页；《旧唐书》卷167，第3515页。

② 吴光清（1937），第259~260页；石田干之助（1948），第105页。

③ 吕温《上官昭容书楼歌》，《全唐诗》（1960年版），卷371，第4171~4172页。

④ "Champa"在汉文中作"林邑"，石泰安将"林邑"创造性地解释为"Prum Iraq"（Prome of Elephant）。见石泰安（1947），第233页。

丽记》、佚名《吐蕃黄河录》、房千里《南方异物志》、裴矩《西域图志》、顾愔《新罗国记》、袁滋《云南记》、吕述《黠戛斯朝贡图传》等等。其中非常重要的一种是六十卷的《西域图志》，据记载："高宗遣使分往康国、吐火罗，访其风俗物产，画图以闻。诏史官撰次，许敬宗领之，显庆三年（658）上。"[1] 此外，还有许多与外国有关的书籍。在这些佚书中，有些书中的零篇残简作为引文保留在了后世的著作中，我们时而会发现这样一些内容，而这类佚书因此也就格外引人注意。上文中提到的房千里的重要著作，就是这样幸运地留存下来的一个例证；另外还有那位颇带几分海盗味的唐朝使臣王玄策撰写的，记载印度异闻奇观的《中天竺国行记》，也属于这种情况[2]。

前往印度的取经人通常都是些博学多识的学问僧，他们的行记是向唐朝人报道殊土绝域相关情形的书籍中一个重要的内容——只是这类报道偶尔有些是属于误传。幸运的是，这些书籍有些一直流传到了二十世纪，所以只要是对中世纪中国的历史稍许有些了解的人，都会熟悉玄奘和义净的名字。的确，玄奘的旅游著作《西域记》的影响早已大大超出了他的时代，也大大超出了仅仅作为一本资料书的范围。在唐代，玄奘的名字广为人知。在印度的影响下，玄奘作为一个光辉的典范，激发了许多人对印度及其文化的浓厚兴趣[3]。几个世纪之后，出

① 所有这些书名（包括其他一些书名）都见于《新唐书》卷57，58 著录。
② 烈维（1900），第 297～298 页。
③ 师觉月（1950），第 72 页。玄奘取经的行程在唐朝几乎尽人皆知，在许多唐朝的书籍中——如《酉阳杂俎》卷 3，第 31 页；《大唐新语》（《唐代丛书》，3），第 95 页——都提到过这件事。

现了一部根据玄奘的旅程改编的名叫《西游记》的虚构小说。
这部小说后来成了具有国际声望的、世界上最伟大的传奇式冒
险生涯题材的小说之一——现在广为人知的是阿瑟·韦利的译
本，这个译本取名为《神猴》。我们也可以将《西游记》这部
书看作是虚构异国情调的伟大的成功之作。

宗教书籍

高僧玄奘不仅将六百余部经、论带回了唐朝[①]，而且他还
生动地描绘了从唐朝到天竺途中的种种艰难险阻。许许多多虔
诚的佛教僧侣正是沿着这条艰辛的道路，将佛陀的真经取回中
国的。永徽五年（654），玄奘在致印度智光法师的一封信中
这样写道：

> 伏愿照知。又前渡信度河失经一驮，今录名如后。有
> 信请为附来。并有片物供养。愿垂纳受。路远不得多，莫
> 嫌鲜薄[②]。

274

对于虔诚的取经人来说，在勇敢地克服了茫茫荒野中的风
暴雨雪、妖魔鬼怪等艰难险阻之后，通常要做的事情就是到摩
揭陀国宏伟的那烂陀寺学习——那烂陀寺内用砖建造的正厅和
边座可容纳五千僧众。大多数取经人还要到加雅，去礼拜那里

---

① 《旧唐书》卷198，第3613页。
② 师觉月（1950），第3613页。我们是据沙畹法文译本转译的。译按，此
  从《大慈恩寺三藏法师传》卷7原文。又"伏愿照知"应属上句，英译
  文误与下文连为一句，此从谢方、孙毓棠校本（中华书局，1983）断句。
  关于玄奘失经事，见同书卷5。

的菩提树——这是佛陀成道的地方。道生［他的梵文名字叫
"Candradeva"（月天）］就是取经人中的一个典范。道生是经
由吐蕃境内到达伟大的宗教文化中心那烂陀的，在这里他学习
了小乘的经典，并带着大批经像启程返唐，但是不幸病死在尼
泊尔境内[1]。与道生类似的是玄照和尚，他怀着极大的宗教热
情，以六十多岁的高龄到了中印度，但也不幸客死他乡，没有
完成他的使命[2]。这些人和一些与他们的遭遇相似的西行者，
在死后没有留下任何有关他们见闻的记载，也没有能够为唐朝
的藏书中增加任何新的书籍。但是，他们是为了宗教社团的光
荣而献身的殉道者和牺牲者，就总体而言，他们对于唐朝宗教
文化的贡献是值得大书特书的。

　　一般来说，取经人寻求的是那些在唐朝非常流行或享有很
高声誉的经典真正和可靠的文本。例如《涅槃经》是一部古
老而备受推崇的经典，七世纪后半叶，在法华宗中取得过重要
的地位[3]。在八世纪初期，由义净翻译的《金光明最胜王经》
又流行一时，但是到了八世纪末年，它的地位又被《金刚经》
取代了[4]。据认为，汉文《金刚经》是迄今为止保存下来的最
古老的一部雕版印刷的书籍。对于以搜集经典为己任的取经人
来说，时尚的变化要求他们不断做出新的努力以适应新的时代
要求，有时他们的行为还会得到唐朝官方的支持。比如，《华
严经》正好与武则天崇尚大乘的旨趣相一致，但是因为"《华
严》旧经，处会未备"，而武则天又很想得到《华严经》的梵

---

① 沙畹（1894），第39～40页。
② 沙畹（1894），第27页。
③ 翟理斯（1935），第1页。
④ 翟理斯（1935），第1～2页。

文原本①，听说于阗国有梵文本《华严经》，于是武则天便派遣
使臣前往于阗，不仅带回了《华严经》，而且将于阗有名的译师
实叉难陀（华言"学喜"）也一起带到了唐朝。佛经被装进了
经夹之内，而这位博学的学者则被安置在东都宫中，而后进行
汉译的工作。译经时武则天甚至"亲临法座"——这样可能会
使语言方面的工作进展得更顺利一些②。当时在辉煌的唐朝宫廷
里召集了上百名外国学问僧，这些人捧着他们带来的珍贵的佛
教经典进行翻译，而实叉难陀就是他们当中比较突出的一位。

　　还有一些僧人与实叉难陀不同，这些人在世界范围内赢得
了相当高的声誉。八世纪时的密宗高僧可以作为这批人的代
表。有一位叫作戍婆揭罗僧诃③的密宗高僧，自称是释迦牟尼
的后裔，在他八十岁高龄时来到了长安。这位高僧以其神秘的
法力和精湛的巫术赢得了唐玄宗的宠信，玄宗曾多次召他祈
雨④。还有一位叫作达摩战的天竺僧，此人曾经向唐朝"献新
咒法，梵本杂经、论，持国论，占星记，梵本诸方"⑤。跋日
罗菩提⑥是一位印度的王子，他最初游学于南天竺，后来到了
狮子国（斯里兰卡），随同狮子国的使臣一起将《大般若婆罗
蜜多经》带到了唐朝⑦。在当时所有的密宗诵咒师中，最有名
的是阿目佉拔折罗⑧。阿目佉拔折罗出身于狮子国的婆罗门种

---

　　① 在日本，《华严经》的权威文本叫"Kegon"。久视元年（700）的汉译本
　　　 也叫"唐经"或"新经"。
　　② 《宋高僧传》（《大正大藏经》，50）卷2，第718～719页。
　　③ 译按，即善无畏。
　　④ 周一良（1945a），第264页；师觉月（1950），第53页。
　　⑤ 《册府元龟》卷971，第12页。
　　⑥ 译按，即金刚智。
　　⑦ 师觉月（1950），第54页；师觉月在后面几页谈到了这个使团。
　　⑧ 译按，即不空。

姓，师事跋日罗菩提。八世纪后半叶时，他在唐朝宫廷中曾经
炙手可热，享有各种各样的特权，最后在东土异国载誉圆寂①。
这些密宗的高僧带来了颇有效验的经咒，难以置信的护符以及
惊世骇俗的媚药，也带来了能够确认他们法术的权威的密典。

并非所有的佛经都是来自印度。九世纪初年，新罗国曾经
将佛经作为一种送给皇帝的合适的礼物，向唐朝的君主贡献佛
经②。唐朝输入的宗教经典也并不都是乔达摩的教义。贞观十
二年（638），波斯景教徒阿罗本"远将经教，来献上京。详
其教旨，元（玄）妙无为，生成立要，济物立人"。于是唐太
宗下令在长安为这位异教徒建立了一所寺院③。元和二年
（807），回鹘人也得到唐朝政府的允许，在洛阳和太原建立了
摩尼寺④；但是在信奉道教的皇帝唐武宗统治时期，当回鹘被
黠戛斯人击败之后，"有司收摩尼书若像烧于道"⑤。这时，古
代中国人久已信奉的神像再次被捧到了顶端，而外来宗教的吸
引力则降到了最低点。

科学书籍

游历西方的唐朝僧人在带回纯神学巨著的同时，也带回了
哲学、天文学以及医学方面的外国著作⑥。唐朝非常需要科学

---

① 师觉月（1950），第54页；芮沃寿（1957），第32页。
② 《册府元龟》卷972，第6页。
③ 《唐会要》卷49，第864页。在天宝四载（745），为了表明景教的来源，
　　唐朝政府将两京的"波斯寺"（即景教寺院）改名为"大秦（罗马）
　　寺"。
④ 《唐会要》卷49，第864页。
⑤ 《新唐书》卷217下，第4142页。
⑥ 师觉月（1950），第68页。

著作，印度天文术在唐朝享有很高的声誉。在唐朝的宫廷里，天文学的著作就像金、玉一样深受欢迎。例如在开元七年（720），罽宾国就派遣使臣向唐朝贡献"天文经一夹"和"秘方奇药"①。

八世纪时，唐朝官方的历算实际上是被印度的三个家族——迦叶、瞿昙和俱摩罗——的专家垄断了②。在这些印度天文学家当中，最著名的是在玄宗朝担任过太史监的瞿昙悉达③。这位与佛陀同名④的伟人将印度的 "Navargrāha Almanac"（即《九执历》）翻译成了汉文⑤，而且他还将更精确的预测日食、月食的方法，即零符号的使用以及正弦函数表介绍到了唐朝，但是不幸的是，后两种新方法由于遭到了唐朝守旧的天文学家的抵制而没有被采纳⑥。

276　　　　七世纪时使用的"七曜历"⑦ 也受到了印度天文学的影

---

① 《新唐书》卷221上，第4153页；《册府元龟》卷971，第4页；《唐会要》卷99，第1776页。译按，《新唐书》作"天文及秘方奇药"；《唐会要》作"天文大经及秘方奇药"；《册府元龟》作"天文经一夹，秘要方并蓄药等物"。

② 李约瑟（1959），第202页。

③ 即"Gautama Sidhārtha"。

④ 译按，"瞿昙""乔达摩"都是梵文"Gautama"的译音，所以作者说他与佛陀同名。

⑤ "Navargrāha"，汉文译作"九执"，李约瑟根据汉文的意思译作"Nine Upholders"。它是指九个星体，即内道的五颗行星、太阳、月亮和罗睺、计都等在月亮轨道交叉点上看不到的星体，并用它来解释天体遮蔽现象。

⑥ 薮内清（1954），第586~589页。瞿昙悉达是开元十七年（729）刊布的一部书（《开元占经》）的作者（译按，《新唐书》卷59，《大唐开元占经》一百一十卷，瞿昙悉达集）。这部书体现了他带来的新方法。李约瑟（1959），第202~203页。瞿昙悉达翻译的《九执历》的推算是根据长安的观测来推算的，所以它不可能严格地按照印度的原本来翻译。其内容包括零、三角函数等。

⑦ "七曜"是日、月和五颗行星。

响——早在汉代时，就已经出现了七曜的名称，但是它的排列与七世纪时是不同的[1]。唐律规定："诸玄象器物，天文、图书、谶书、兵书、开曜历，《太一》《雷公式》，私家不得有。"[2] 这种将天文书籍视为秘籍的做法，限制了制定律历的科学家和政治家对外来天文学知识的巨大影响的认可。阿目佉拔折罗在传播印度历算方法方面起了很大的作用，他将《文殊师利菩萨及诸仙所说吉凶时日善恶宿曜经》翻译成了汉文，根据这部经的记载就可以精确地预测行星的位置[3]。广德二年（764），这位贤哲的汉族弟子杨景风发表了对这部书的注解，其中以印度、波斯、粟特诸语言列出了一星期中各天的星曜名称。用汉文所写的粟特（摩尼教？）的"七曜表"尤为精彩，其中具列了已经湮没了的巴比伦诸神：Mihr（日）、Mâh（月）、Bahram（火星）、Tîr（水星）、Ormuzd（木星）、Nâhid（金星）、Kevan（土星）[4]。金星的古波斯语形式"Anahata"更为当时人们所熟知，"Anahata"与"Anaitis"一样，都是闪族的爱神，然而虽然在唐朝的文献中提到了星座的名称，但唐朝人是否也了解这位荡妇的故事，现在还无法断定。"星期日"的粟特文名称使用得特别地持久：1960 年在台湾刊布的

---

① 叶德禄（1942），第 157 页。

② 《唐律疏议》2（卷 9），第 82 页。

③ 李约瑟（1959），第 202 页。这里的书名是由师觉月翻译的。译按，此从汉文原文。

④ 休伯（1906），第 40～41 页。我在这里引用的波斯七曜名实际上并不是粟特文，但是却比粟特文更流行。据师觉月的观点，它们的名称是：mir，max，wnxan，tir，wrmzt，，maxid（原文如此）和 kewan。见师觉月（1950），第 171 页。奇怪的是汉文译写的火星的名称的意思是"云汉"，而"云汉"则是汉文"银河"的名称。

一份汉文历书中，就出现了"密日"①。

唐朝通行的许多其他的历算科学和天文学著作，也都是以西方的分类体系为根据而写成的。伟大的天文学家一行和尚——他曾经参与过水力浑天仪的建造，这种浑天仪的摆轮结构能够同步显示天体的运动②——在他的天文学的著作中使用了近东的行星名称③。

唐朝从印度化的地区输入的还有医学和药物学著作。其实早在隋代，这些书籍有许多就已经列入了宫廷图书馆的目录——像《西域诸仙所说药方》《婆罗门（诸国）药方》《西域名医所集药方》等类似的医药书都属于此列④。在唐朝的官方收藏目录中看不到这些书目，我们推测这些书籍多半是毁于一次次袭扰唐朝的内乱，也有可能是在唐武宗排外灭佛的大迫害中被毁的。但是在唐代，也从外界传入了一些新的关于医学的著作，尤其是我们已经提到的"秘方"。我们甚至还知道一种外国传来的绘图草药——在玄宗朝，新罗王遣使献"奉表陈谢，仍奏国内有芝草生，画图以献"。唐玄宗赐予新罗王"白鹦鹉雄、雌各一及紫罗袍，金银钿器物，瑞文绣绯罗，五色罗，彩绫共三百余段"，作为新罗王遣使奉表的回报⑤。

277 弦线标谱法与地图

唐朝盛行西域的音乐，亦罗致西域的乐师，而这也就意味

---

① 庄申（1960），第271～301页及图版。
② 李约瑟（1959），第36页。
③ 休伯（1906），第41页。
④ 《隋书》卷34，第3452页。在《通志》卷69，第812页根据《隋书》的资料具列的书目中，也有这些书名。
⑤ 《唐会要》卷95，第1712页。

着西域使用的记谱法在这时已经传入了唐朝。唐玄宗的长兄宁王①是一位真挚的音乐家，"玄宗常伺察诸王。宁王尝夏中挥汗鞭鼓，所读书乃龟兹乐谱也。上知之，嘉曰：'天子兄弟，当极醉乐也'"②。虽然我们没有见到过这种龟兹乐谱的实物，但是在敦煌发现了用（与现代大不相同的）弦线标谱法写成的古琵琶曲，而且在日本也保存着唐朝五弦琵琶使用的曲谱③。这些记谱法强烈地受到了龟兹乐的影响，宁王所阅读的龟兹乐谱必定与它们极为相近。

唐朝地图的制作与政府的战略以及军事部门的最大利益密切相关。为了使唐朝能够征服新出现的边疆政权，保持对原有的边疆政权的控制，绘制地图就成了唐朝对外使团的一项重要的使命——这也是谍报工作的一种传统的形式。此外，"其外夷每有番客到京，委鸿胪讯其本国山川风土，为图以奏焉。副上于省"④。偶尔也有些国家自愿向唐朝进献地图，并且以这种方式来卑贱地表明自己的附属国地位。当王玄策成功地入侵摩揭陀之后，这位胜利者又访问了伽没路国（位于今阿萨姆邦西部），该国王随后派遣使臣前往长安，"贡以奇珍异物及地图，因请老子像及《道德经》"⑤。

---

① 译按，即李宪。
② 《酉阳杂俎》卷12，第92页。
③ 潘怀素（1958），第97页。
④ 《唐六典》卷5，第20页（译按，应作30页）。
⑤ 《旧唐书》卷198，第3613页。参见烈维（1900），第95页。

参考书目

原始资料[①]

《白孔六帖》，白居易、孔传。

《白氏长庆集》，白居易。收于《四部丛刊》。

《北户录》，段公路。收于《唐代丛书》《学海类编》。

《北里志》，孙棨。收于《唐代丛书》。

《北梦琐言》，孙光宪。收于《四部丛刊》。

《北齐书》。

《本草纲目》，李时珍。

《本草拾遗》，陈藏器。

《避暑漫抄》，陆游。收于《丛书集成》。

《册府元龟》。1642 年版。

《长安志》，宋敏求。枚冈，1956 年。

《朝野佥载》，张鷟。《唐代丛书》。

《重修政和证类本草》。收于《四部丛刊》。

《传奇》，裴铏。

《大明日华本草》。

《大唐西域记》，玄奘。收于《四部丛刊》。

《大唐西域求法高僧传》，义净。

《大唐新语》，刘肃。收于《唐代丛书》。

---

① 译按：原书是按照书名拼音顺序排列的，汉译本仍从原书。但对书名排列的先后顺序按照通行的汉语拼音顺序做了调整。

《丹房镜源》，独孤滔。

《（别国）洞冥记》。收于《汉魏丛书》。

《洞天清录集》，赵希鹄。收于《丛书集成》。

《东轩笔录》，魏泰。收于《丛书集成》。

《杜阳杂编》，苏鹗。收于《唐代丛书》。

《尔雅》。

《尔雅翼》，罗愿。收于《丛书集成》。

《法书要录》，张彦远。收于《丛书集成》。

《樊川文集》，杜牧。收于《四部丛刊》。

《甫里先生文集》，陆龟蒙。收于《四部丛刊》。

《负喧杂录》，顾文荐。《涵芬楼说郛》本。

《格古要论》，曹昭。收于《丛书集成》。

《古今注》，崔豹。

《广异记》，戴孚。

《广韵》，陆法言（陈彭年增订）。

《广志》，郭义恭。

《广州记》。

《桂海虞衡志》，范成大。收于《秘书廿一种》。

《癸辛杂识（续集）》，周密。收于《学津讨源》。

《国史补》，李肇。收于《学津讨源》。

《国史纂异》。

《韩昌黎集》，韩愈。收于《国学基本丛书》。

《汉官仪》，应劭。

《汉纪》，张璠。

《汉书》。

《后汉书》。

《淮南子》。

《开天传信记》，郑綮。收于《唐代丛书》。

《开元天宝遗事》，王仁裕。收于《唐代丛书》。

《孔子家语》，王肃。

《髻鬟品》，段成式。《说郛》本。

《稽神录》，徐铉。

《记事珠》，冯贽。收于《唐代丛书》。

《纪闻》，牛肃。

《集异记》，薛用弱。收于《唐代丛书》。

《纪异录》，秦再思。《涵芬楼说郛》本。

《江令君集》，江总。收于《汉魏六朝三百家集》。

《晋书》。

《景龙文馆记》。

《经行记》杜环。收于《浙江图书馆丛书》。

《靓妆记》，温庭筠。《说郛》本。

《九家集注杜诗》，杜甫。词汇索引本，1940 年。

《旧唐书》。

《旧五代史》。

《楞严经》。

《李长吉歌诗》，李贺。

《历代名画记》，张彦远。收于《丛书集成》。

《蠡海集》。王逵，收于《丛书集成》。

《礼记》。

《李謩吹笛记》，杨巨源。收于《唐代丛书》。

《丽情集》，张君房。《说郛》本。

《李太白文集》，李白。枚冈，1958 年。

《梁简文帝集》。收于《汉魏六朝三百家集》。

《辽史》。

《岭表录异》，刘恂。收于《丛书集成》。

《临海异物志》。

《刘宾客嘉话录》，韦绚。收于《唐代丛书》。

《六臣注文选》。

《刘梦得文集》，刘禹锡。收于《四部丛刊》。

《录异记》，杜光庭。

《洛阳牡丹记》，欧阳修。收于《百川学海》。

《蛮书》，樊绰。收于《丛书集成》。

《梦溪笔谈》，沈括。收于《丛书集成》。

《明皇杂录》，郑处诲。收于《唐代丛书》。

《明皇杂录校刊记》，钱熙祚。收于《守山阁丛书》。

《墨庄漫录》，张邦基。收于《丛书集成》。

《穆天子传》。收于《丛书集成》。

《南部烟花记》，冯贽。收于《唐代丛书》。

《南方草木状》，嵇含。

《南方异物志》，房千里。

《南汉金石记》，吴兰修。收于《丛书集成》。

《南齐书》。

《南史》。

《南越志》，沈怀远。

《能改斋漫录》，吴曾。收于《丛书集成》。

《齐民要术》，贾思勰。

《千金方》，孙思邈。

《清异录》，陶穀。收于《惜阴轩丛书》。

《容斋随笔》，洪迈。收于《丛书集成》。

《三国志》。

《山海经》。

《升庵外集》，杨慎。

《神境记》，王韶之。《说郛》本。

《史记》。

《食疗本草》，孟诜。

《食谱》，韦巨源。收于《唐代丛书》。

《事物纪原》，高承。收于《丛书集成》。

《拾遗记》，王嘉。收于《秘书廿一种》。

《蜀本草》，韩保升。

《术①异记》任昉。收于《汉魏六朝三百家集》。

《宋高僧传》，赞宁。收于《大正大藏经》。

《宋史》。

《隋唐嘉话》，刘餗。收于《唐代丛书》。

《唐本草注》，苏恭。

《唐会要》，收于《丛书集成》。

《唐两京城坊考》，徐松。枚冈，1956 年。

《唐六典》。东京，1935 年。

《唐律疏议》，长孙无忌。收于《国学基本丛书》。

《唐书》。

《太平广记》。1846 年版。

《太平寰宇记》。1803 年版。

---

① 译按："术"，应作"述"。

《太平御览》。1892 年版。

《太真外传》。收于《唐代丛书》。

《通典》，杜佑。开明书店。

《通志》，郑樵。开明书店。

《王子安集》，王勃。1922 年版。

《纬略》，高似孙。

《魏书》。开明书店。

《温飞卿诗集笺注》，温庭筠。1920 年版。

《文献通考》，马端临。开明书店。

《五代史》。开明书店。

《香谱》，洪刍。收于《丛书集成》。

《湘潭记》，常奉真。

《新修本草》复制本。上海，1959 年。

《续高僧传》，道宣。

《续汉书》。

《宣和画谱》。收于《丛书集成》。

《演繁录》，程大昌。收于《学津讨源》。

《药①谱》侯宁集著，陶穀编。收于《唐代丛书》。

《邺侯家传》。

《仪礼》。

《一切经音义》，慧琳。收于《大正大藏经》。

《义山杂纂》，李商隐。收于《唐代丛书》。

《酉阳杂俎》，段成式。收于《丛书集成》。

《庾度支集》，庾肩吾。收于《汉魏六朝三百家集》。

---

① 译按："药"，英文原本误作"乐"，此从《清异录》卷上原文改正。

《元史》。开明书店。

《元氏长庆集》，元稹。1929 年版。

《乐府杂录》，段安节。收于《唐代丛书》。

《云林石谱》，杜绾。收于《丛书集成》。

《云溪友议》，范摅。

《云仙杂记》，冯贽。收于《丛书集成》。

《云烟过眼录》，周密。收于《丛书集成》。

《增广注释音辨唐柳先生集》，柳宗元。收于《四部丛刊》。

《张司业集》，张籍。

《摭异集》，李睿。收于《唐代丛书》。

《资治通鉴》，司马光。东京，1892 年。

《妆楼记》，张泌。收于《唐代丛书》。

《妆台记》，宇文氏。

《种树书》，郭橐驼。

《周礼》。

《周濂溪集》，周敦颐。收于《丛书集成》。

《周书》。

《纂要方》，崔行功。

丛书与类书

《百川学海》。

《辞通》，朱起凤。上海 1934 年。

《丛书集成》。

《大正大藏经》。

《古今说海》。

《国学基本丛书》。

涵芬楼《说郛》。

《汉魏丛书》。

《汉魏六朝三百家集》。

《津逮秘书》。

《秘书廿一种》。

《佩文韵府》。

《全汉三国晋南北朝诗》。

《全唐诗》。

《全唐文》。

《守山阁丛书》。

《说郛》。

《四部丛刊》。

《唐代丛书》，1864 年版。

《唐诗百名家全集》。

《图书集成》。

《惜阴轩丛书》。

《学海类编》。

《学津讨源》。

《元诗选》。

《浙江图书馆丛书》。

研究论著 I 西文部分[①]

Acker, W. R. B.（艾惟廉）

1954　*Some T'ang and Pre-T'ang Texts on Chinese Painting*（《唐朝及其之前有关中国画的若干文献》）.（Leiden，1954）.

Anderson, J. K.（安迪生）

---

① 译按：原书汉文论著是用拉丁拼音拼写，按照作者姓名拼音顺序与英文论著混合排列在一起。汉译本分为英文和汉文两个部分，汉文拼音部分还原为汉文，以作者姓名汉语拼音为序，英文部分仍照原来的拼音顺序排列。又，汉译本未将日文书目另外拣出，仍然保留在了西文部分。

1961   *Ancient Greek Horsemanship*（《古希腊马术》）（Berkeley and Los Angeles, 1961）．

Andersson, J. G.（安特生）

1943   "Rersearches into the Prehistory of the Chinese"（《中华史前时代研究》），*Bulletin of the Museum of Far Eastern Antiquities*, Vol. 15（Stockholm, 1943），1 – 304．

Arai Ken（荒开健）

1955   "Ri ga no shi—toku ni sono shikisai ni tsuite"，（《关于李贺诗歌的时代特点》）*Chūgoku bungaku hō*, Vol. 3（Kyoto, 1959）．

1959   *Ri Ga*（《李贺》）（Tokyo, 1959）．

Asahina Yasuhiko, ed.（朝日奈安彦编）

1955   *Shōsōin yakubutsu*（《正仓院药物》）（Osaka, 1955）．

Aymonier, E.（艾蒙涅）

1891   "Les Tchames et leurs religions"（《戏剧与宗教》），*Revue de l'histoire des religions*, Vol. 24（1891），187 – 237，261 – 315．

Ayscough, Florence（艾思库）

1929   *Tu Fu: The Autobiography of a Chinese Poet*, A. D. 712 – 770, Vol. 1（《杜甫传》）（Boston, New York, London, 1929）．

Bagchi, Prabodh Chandra（师觉月）

1929   *Deux lexiques Sanskrit-chinois*（《梵汉词典》），Vol. 1（Paris, 1929）．

1950   *India and China: A Thousand Years of Cultural Relations*（《印中千年文化史》），2nd. edition（Bombay, 1950）．

Bailey, H, W.（贝利）

1937   "Ttaugara"（《吐火罗语考》），*Bulletin of the School of Oriental and African Studies*, Vol. 8（London, 1937），883 – 921．

1961   *Indo-Scythian Studies, Being Khotanese Texts Volume* IV（*Saka Texts from Khotan in the Heddin Collection*（《印度—斯基泰研究》）（Cambridge, England, 1961）．

Balazs, Etienne (Stefan Balàzs)（白乐日）

1931 "Beiträge zur Wirtschaftsgeschichte der T'ang-Zeit"（《唐代经济史论稿》）, *Mitteilungen des Seminars für orientalische Spranchen*, Vol. 34 (1931), 1 – 92.

1932 "Beiträge zur Wirtschaftsgeschichte der T'ang-Zeit"（《唐代经济史论稿》）, *Mitteilungen des Seminars für orientalische Spranchen*, Vol. 35 (1932), 1 – 73. q

1960 "The Birth of capitalism in China"（《中国资本主义的萌芽》）, *Journal of the Economic and Social History of the Orient*, Vol. 3 (1960), 196 – 216.

Ball, Sydney H.（鲍尔）

1950 *A Roman Book on Precious Stones, Including an English Modernization of the 37th Booke of the Historie of the World by E. Plinius Secundus*（《罗马宝石书》）(Los Angeles, 1950).

Baltrušaitis, Jurgis（巴尔特塞蒂斯）

1955 *Le moyenâge fantastique: antiquités et exotismes dans l'art gothique*（《神奇的中世纪：哥特艺术的古代风格和外来风格》）(Paris, 1955).

Bang, W., and G. R. Rachmati（班和拉什玛蒂）

1932 "*Die Legende von Oγuz qaγan*"（《乌古斯可汗的传说》）, Sitzungsberichte der preussischen Akademie der Wissenschaften (Philosophisch-historische Klasse, 1932), 683 – 724.

Barthold, W.（巴托尔德）

1958 *Turkestan Down to the Mongol Invasion*（《降至蒙古入侵时代的突厥斯坦》）, 2nd edition (London, 1958).

Baxter, G. W.（白思达）

1953 "Metrical Origins of the Tz'u"（《词韵的起源》）, *Havard Journal of Asiatic Studies*, Vol. 16 (1953), 108 – 145.

Beal, Samuel（比尔）

1885 *Si-Yu-ki: Buddhist Records of the Western World Translated from the Chinese of Hiuen Tsiang*（A. D. 629）（《大唐西域记》），2 Vols.（Boston, 1885）.

Bergman, Folke（伯格曼）

1939 *Archaeological Researches in Sinkiang*（《新疆考古研究》），Publication 7（Stokholm: Sino-Swedish Expedition, 1939）.

Berthelot, M.（伯塞洛特）

1938 *Introduction a l' étude de la chimie des anciens et du moyen- âge*（《古代与中世纪化学研究概论》）（Paris, 1938）.

Blackband, W. T.（布莱克班德）

1934 "My Rediscovery of the Etruscan Art of Granulation"（《我对粒面细工工艺的再发现》），*Illustrated London News*（April 28, 1934），p. 659.

Blair, Dorothy（布莱尔）

1960 "The Cloisonné-Backed Mirror in the Shosoin"（《正仓院的景泰蓝背镜》），*Journal of Glass Studies*, Vol. 2（1960），83 – 93.

Boodberg, P. A.（卜弼德）

1935 "Some Early 'Turco-Mongol' Toponyms"（《若干早期"突厥—蒙古"地名》），*Hu T' ien Han Yüeh Fang Chu*, Vol. 9（May, 1935），11 – 13.

1937 "Some Proleptical Remarks on the Evolution of Archaic Chinese"（《远古中国人进化之构想》），*Harvard Journal of Asiatic Studies*, Vol. 2（1937），329 – 372.

Bostock, John, and H. T. Riley, trans.（博斯托克与赖利合译）

1855 *The Natrual History of Pliny*（《博物志》），Vol. III（London, 1855）.

1856 *The Natrual History of Pliny*（《博物志》），Vol. IV（London, 1856）.

Boyer, Martha（博耶）

1958 *Mongol Jewellery: Researches on the Silver Jewellery Collected by* the First and Second Danish Central Asian Expedition Under the leadership of Henning Haslund-Christensen 1936 – 37 and 1938 – 39 (《蒙古的珠宝》) (Kobenhavn: National museets skrifter, Ethnografisk Raekke, 1952), V.

Braddell, Dato Sir Rolland (布拉德尔)

1956 "Malayadvipa: A Study in Early Indianization" (《马来半岛早期印度化研究》), Malayan Journal of Tropical Geography, Vol. 9 (December, 1956), 1 – 20.

Bridges, William (布里奇斯)

1948 Wild Animals of the World (《世界上的野兽》) (Garden City, 1948).

Brockelmann C. (布罗克尔曼)

1928 Mitteltürkischer Wortschatz nach Ma4amūd al-Kqšgar] s Dīvqn Lugqt at-Turk (《喀什噶里中古〈突厥语大辞典〉》) (Leipzig, 1928).

Bromehead, C. E. N. (布罗姆黑德)

1945 "Geolophy in Embryo (up to 1600 AD.)" (《地质学的萌芽期》), Proceedings of the Geologists'Association, Vol. 56 (1945), 89 – 134.

Brough, John (布拉夫)

1948 "Legends of Khotan and Nepal" (《于阗与尼泊尔的传说》), Bulletin of the School of Oriental and African Studies, Vol. 12 (London, 1948), 333 – 339.

Bryant, P. L. (布莱恩特)

1925 "Chinese Camphor snd Camphor Oil" (《中国樟脑和樟脑油》), China Journal, Vol. 3 (1925), 228 – 234.

Burkill, I. H. (伯基尔)

1935 A Dictionary of the Economic Products of the Malay Peninsula (《马来半岛经济作物辞典》) (London, 1935).

Burton, Richard F. (伯顿)

1934 The Book of the Thousand Nights and a Night: A Plain and Literal Translation of the Arabian Nights Entertainments (《一千零一夜》), 3 vols.

(New York, 1934).

Bushell, S. W. （布谢尔）

1880 "The Early History of Tibet. From Chinese Sources"（《吐蕃古代史》）, *Journal of the Royal Asiatic Society*, n. s. , Vol. 12 （1880）, 435 – 541.

Carter, Thomas F. （贾德）

1955 *The Invention of Printing in China and its Spread Westwards* （《中国印刷术的发明及其向西方的传播》）, 2nd edition, rev. by L. C. Goodrich （New York, 1955）.

Chang H. T. （张）

1926 "On the Question of the Existence of Elephants and the Rhinoceros in Northern China in Historical Times" （《历史时代中国北方大象、犀牛存在问题的探讨》）, *Bulletin of the Geological Sociaty of China*, Vol. 5 （1926）, 99 – 100.

Chang Hsing-Lang （张星烺）

1930a "The Importation of Negro Slaves to China Under the T' ang Dynasty"（《唐代非洲黑奴入中国考》）, *Bulletin of the Catholic University of Peking*, Vol. 7 （December, 1930）, 35 – 79.

Chapin, Helen B. （蔡平）

1940 "Towords the Study of the Swords as Dynastic Talisman: The Fêng-ch' êng Pair and the Swords of Han Kao Tsu" （ 《宝剑研究》）, unpublished Ph. D. dissertation, University of California, Berkeley, June, 1940.

Chavannes, Edouard （沙畹）

1894 *Mémoire composéa l' époque de la grande dynastie T' ang sur les religieuxéminents qui allèrent chercher la loi dans les pays d'occident par I-tsing* （《大唐西域求法高僧传》）（Paris, 1894）.

1903 *Documents sur les Tou-kiue （Turcs） Occidentaux* （《西突厥史料》）（St. Pétersbourg, 1903）

1905 "Le pays d'Occident d'après de Wei lio"（《〈魏略·西戎传〉笺

注》）, *T' 'oung Pao*, Vol. 6 (1905), 519 – 571.

Ch'en Yüan （陈垣）

1928 "Manichaeism in China" （《中国的摩尼教》）, *Bulletin of the Catholic University of Peking*, Vol. 4 （May, 1928）, 59 – 68.

Chmielewski, Janusz （切梅列夫斯基）

1958 "The Problem of Early Loan-Words in Chinese as Illustrated by the Word P'u-t'ao" （《古汉语中的外来语问题》）, *Rocznik orientalistyczny*, Vol. 22, no. 2 （1958）, 7 – 45.

1961 "Two Early Loan-Words in Chinese"（《古汉语中的两个外来语词汇》）, Rocznik orientalistyczny, Vol. 24, no. 2 （1961）, 65 – 86.

Chou Yi-liang （周一良）

1945 "Notes on Marvazī's Account of China"（《Marvazī 有关中国的记载》）, *Harvard Journal of Asiatic Studies*, Vol. 9 （1945）, 13 – 23.

1945a "Tantrism in China" （《中国的密宗》）, *Harvard Journal of Asiatic Studies*, Vol. 8 （1945）, 241 – 332.

Christensen, Arthur （克里斯坦森）

1936 "L'Iran sous les Sassanides" （《萨珊时代的伊朗》）, *Annales du Musée Guimet, Bibliothèques d'Etudes*, Vol. 48 （1936）.

Christie, Anthony （克里斯蒂）

1957 "Ta-ch'in P'o-lo-men"（《大秦波罗门》）, *Bulletin of the School of Oriental and Africa Studies*, Vol. 20 （London, 1957）, 159 – 166.

1957a "An Obscure Passage from the Periplus: Κολαυδιοφωυτα τα μεγιστα"（《〈红海周航记〉中的一段难以理解的记载》）, *Bulletin of the School of Oriental and Africa Studies*, Vol. 19 （London, 1957）, 345 – 353.

Chuang Shen （庄申）

1960 "Mi jih k'ao" （An Investigation of "Mihr" as Sunday in a Week Introduction into China During the T'ang Dynasty） （《密日考》）, *Bulletin of the Institute of History and Philology, Academia Sinica*, Vol. 31 （1960）, 271 – 301.

Coedés, G. （戈岱司）

1948　*Les états hindouisés d'Indochine et d'Indonesie*（《印度支那和印度尼西亚的印度化国家》）（Paris, 1948）.

Collier, V. W. F. （科利尔）

1921　*Dogs of China and Japan in Nature and Art*（《中国和日本现存的和工艺中的狗》）（London, 1921）.

Concordance （词汇索引）

1940　"A Concordance to the Poems of Tu Fu"（《杜甫诗歌词汇索引》）, *Harvard-Yenching Institute Sinological Index Series*, Vol. II, Supp. 14（Cambridge, 1940）.

Cox, E. H. M. （考科斯）

1945　*Plant-Hunting in China: A History of Botanical Exploration in China and the Tibetan Marches*（《中国和西藏边界植物学调查记》）（London, 1945）.

Crevost, Ch. （克里沃斯特）

1925　"Catalogue des produits de l'Indochine"（《印度支那产品目录》）, *Bulletin Economique de l'Indochine*（n. s., 1925）, 26 – 30.

Dana, E. S. （达纳）

1892　*The System of Mineralogy of James Dwight Dana: Descriptive Mineralogy*（《詹姆斯·德怀特·达纳的矿物学体系》）（New York, 1892）.

David, A., and E. Oustalet （达文与乌斯塔里特）

1877　*Les Oiseaux de la Chine*（《中国的鸟》）（Paris, 1877）.

Davidson, J. Leroy （戴维森）

1954　*The Lotus Sutra in Chinese Art: A Study in Buddhist Art to the Year 1000*（《中国艺术中的莲花经》）（New Haven, 1954）.

Davis, Frank （戴维斯）

1960　"A Ming Winecup and Cloisonné"（A Page for Collectors）（《明代酒杯与景泰蓝》）, *Illustrated London News*（October 15, 1960）, p. 650.

Delacour, Jean（德拉库尔）

1947　*Birds of Malaysia*（《马来西亚的鸟》）（New York, 1951）.

1951　*The Pheasants of the World*（《世界上的雉》）（London and New York, 1951）.

Delacour, J. , and P. Jabouille（德拉库尔与雅布衣利）

1931　*Les Oiseaux de l'Indochine Française*（《法属印度支那的鸟》）, Vol. IV（Paris, 1943）.

Demiéville, P.（戴密微）

1924　"Review of Tchang Hong-tchao, *Che ya*（Lapidarium sinicum）（《章鸿钊〈石雅〉述评》）, *Bulletin de l'Ecole Française d'Extrême-Orient*, Vol. 24（1924）, 276 – 301.

1925　"La musique čame au Japon"（《日本的羌姆音乐》）, *Etudes asiatiques publieés a l'occasion du vingtcinquiéme anniversaire de l'Ecole Française d'Extreme-Orient*, Vol. I（1925）, 199 – 226.

1952　*Le concile de Lhasa：une controverse sur le quiétisme entre bouddhistes de l'Inde et de la Chine au VIII e siècle de l' ère chrétienne*（《吐蕃僧诤记》）（Paris, 1952）.

Demiéville, P. , ed.（戴密微编）

1929　*Hôbôgirin*（《法宝义林》）（Tokyo, 1929）.

Derniers Refuges（最后的避难地）

1956　*Derniers Refuges*：Atlas commenté des réserves naturelles dans le monde, préparépar l'Union Internationale pour la Conservation de la Nature et de ses Resources（《最后的避难地：世界保护区解说地图集》）（Brussels, 1956）.

Dragon King's Daughter（龙王女）

1954　*The Dragon King's Daughter：Ten T'ang Dynasty Stories*（《龙王女》）（Peking, 1954）.

Drake, F. S.（德雷克）

1940　"Foreign Religions of the T'ang Dynasty"（《唐朝的外来宗教》）,

Chinese Recorder, Vol. 71 (1940), 343 – 354, 643 – 649, 675 – 688.

1943 "Mohammedanism in the T'ang Dynasty"（《唐朝的伊斯兰教》）, *Monumenta Serica*, Vol. 8 (1943), 1 – 40.

Dubs, H. H. （德效骞）

1944 *The History of the Former Han Dynasty by Pan Ku* （《汉书》）Vol. Ⅱ（Baltimore, 1944, reprinted 1954）.

Duyvendak, J. J. L. （戴闻达）

1939 "The True Dates of the Chinese Maritime Expeditions in the Early Fifteenth Century"（《十五世纪早期中国海上探险的确切时间》）, *T'oung Pao*, Vol. 34 (1939), 341 – 412.

1949 *China's Discovery of Africa* （《中国对非洲的发现》）（London, 1949）.

Eberhard, W. （艾伯华）

1937 *Typen chinesischer Volksmärchen* （《中国的边疆民族文化》）（FF Communications, no. 120, Helsinki, 1937）.

1942 "Kultur und Siedlung der Randvölker Chinas"（《中国边疆民族文化和居住地》）, *T'oung Pao*, Suppl. to Vol. 36 (1942).

1942a "Lokalkulturen im alten China"（《古代中国地区文化》）, Ⅰ, *T'oung Pao*, Suppl. to Vol. 37 (1942); Ⅱ, *Monumenta Serica*, Monograph 3 (1942).

1948 "Some Cultural Traits of the Sha-t'o Turks"（《沙陀突厥的若干文化特征》）, *Oriental Art*, Vol. Ⅰ (1948), 50 – 55.

1950 *A History of China* （《中国史》）（Berkeley and Los Angeles, 1950）.

Ecke, G. , and P. Demiéville （埃克和戴密微）

1935 *The Twin Pagodas of Zayton: A Study of Later Buddhist Sculpture in China* （《刺桐的双塔》）（Cambridge, Mass. , 1935）.

Edwards, E. D. （爱德华兹）

1937 *Chinese Prose Literature of the T'ang Period, A. D. 618 – 906,*

(《唐代散文文学》),Vol. I,(London, 1937).

　　Egami, Namio（江上波夫）

　　1951　"The k' uai-ti, the t' ao-yu, and the tan-hsi, the strange domestic animals of thd Hsiung-nu"（《奇异的匈奴家畜：駃騠、駒騠和驒騱》）, *Memoirs of the Research Department of the Toyo Bunko*, Vol. 13,（Tokyo, 1951）, 87 – 123.

　　Encyclopaedia Britannica（不列颠百科全书）

　　1956　*Encyclopaedia Britannica*（《不列颠百科全书》）（Chicago, 1956）.

　　Erkes, Eduard（何可思）

　　1940　"Das Pferd im alten China"（《古代中国的马》）, *T' oung Pao*, Vol. 36（1940）, 26 – 63.

　　1942　"Vogelzucht im alten China"（《古代中国的养鸟》）, *T' oung Pao*, Vol. 37（1942）, 15 – 34.

　　Ettinghausen, Richard（埃廷格森）

　　1950　*Studies in Muslim Iconography*：I *The Unicorn*（《穆斯林圣像学研究：I独角兽》）, Freer Gallery of Art, Occasional Papers, Vol. I No. 3（Washington, 1950）.

　　Farquhar, David M.（法夸尔）

　　1957　"Oirat-Chinese Tribute Relations, 1408 – 1446"（《卫拉特与明朝的进贡关系》）, *Festschrift für Nikolaus Poppe*（Wiesbaden, 1957）, pp. 60 – 68.

　　Feng, Han-yi（冯汉骥）

　　1944　"The Discovery and Excavation of the Royal Tomb of Wang Chien"（《王建皇陵的发现与发掘》）, Szechwan Museum Occasional Papers, no. I（reprinted from Quarterly *Bulletin of Chinese Bibliography*, n. s., Vol. 4, nos. 1 – 2 ＜Chengtu, 1944＞, I - II）.

　　Fernald, Helen E.（弗纳尔德）

　　1935　"The Horses of T' ang T' ai Tsung and the Stele of Yu"（《唐太宗

的马与禹碑》），*Journal of the American Oriental Society*，Vol. 55 （1935），420 – 428.

1942　"In Defense of the Horse of T'ang T'ai Tsung"（《唐太宗御马的保护》），*Bulletin of the University Museum* ，Vol. 9，No. 4 （Philadelphia，1942），18 – 28.

1959　"Chinese Art and the Wu-sun Horse"（《中国艺术与乌孙马》），1959 *Annual*，Art and Archaeology Division，Royal Ontario Museum （Toronto），pp. 24 – 31.

Fitzgerald，C. P. （斐茨杰拉德）

1933　*Son of Heaven*：*A Biography of Li Shih-min*，*Founder of the T'ang Dynasty* （《大唐天子李世民传》）（Cambridge，England，1933）.

1938　*China*：*A Short Cultural History* （《中国文化简史》） （New York，and London，1938）.

1947　"The Consequences of the Rebellion of An Lu-shan upon the Population of the T'ang Dynasty" （《安史之乱对唐朝人口的影响》），*Philobiblon*，Vol. 2，no. I （September，1947），4 – 11.

Fletcher，T. B.，and C. M. Inglis （弗莱彻和英格利斯）

1924　*Birds of an Indian Garden* （《印度庭园的鸟》） （Calcutta and Simla，1924）.

Forbes，R. J. （福布斯）

1955　*Studies in Ancient Technology* （《古代制造学研究》），Vol. I （Leiden，1955）.

Franke，H. （傅海波）

1955　"Some Remarks on Yang Yü and His Shan-chü hsin-hua" （《杨瑀及其〈山居新话〉》），*Journal of Oriental Studies*，Vol. II，no. 2 （Hong Kong，July，1955），302 – 308.

Friederichs，Heinz F （弗里德里克斯）

1933　"Zur Kenntnis der frühgeschichtlichen Tierwelt Südwestasiens；unter besonderer Berüchtsichtigung der neuen Funde von Monhenjo-daro，Ur，

Tell Halaf und Maikop" (《古代史上西南亚动物世界的知识——特别是摩亨达罗、乌尔、泰勒、哈拉夫和迈科普的新发现》), *Der Alte Orient*, Vol. 32 (1933), 45pp.

Fujita Toyohachi (藤田丰八)

1943 "Menka mempu ni kan-suru kodai Shinajin no chishiki" (《古代中国人关于棉花、棉布的知识》), *Tōzai kōsha-shi no kenkyū*, *Nan-kai hen* (1943), 533 – 584.

von Gabain, Annemarie (冯加班)

1961 "Das uigurische Königsreich von Chotscho, 850 – 1250" (《高昌回鹘王国》), *Sitzungsberichte* der Deutschen Akademie der Wissenschaften zu Berlin, Klasse für Sprachen, Literatur und Kunst (1961, nr. 5).

Garner, Sir Harry (加纳)

1955 "Chinese Art, Venice, 1954" (《中国艺术》), *Oriental Art*, n. s. , Vol. I , no. 2 (summer, 1955), 66 – 70.

Gernet, Jaques (谢和耐)

1956 "Les aspects économiques du bouddhisme dans la société chinoise du vᵉ au xᵉ siècle" (《五至十世纪中国的寺院经济》), *Publications de l'Ecole Française d'Extrême-Orient*, Vol. 39 (Saigon, 1956).

Gershevitch, Ilya (格谢维奇)

1957 "Sissoo at Susa (O Pers. *yakq-* = *Dalbergia sissoo Roxb.*)" (《苏撒的印度黄檀》), *Bulletin of the School of Oriental and African Studies*, Vol. 19 (1957), 317 – 320.

Gettens, R. J. (格登斯)

1950 "Lapis lazuli and ultramarine in ancient times" (《古代的天青石与佛青》), *Alumni: Revue du cercle des Alumni des Fondations Scientifiques*, Vol. 19 (Brussels, 1950), 342 – 357.

Giles, H. A. (翟兰思)

1923 *Gems of Chinese Literature* (《中国文学作品中的宝石》), Vol. I (Shanghai, 1923).

Giles, Lionel（翟理斯）

1932 "A Chinese Geographical Text of the Ninth Century"（《一份九世纪时的汉文地理文献》）, *Bulletin of the School of Oriental and African Studies*, Vol. 6（1932）, 825 – 846.

1935 "Dated Chinese Manuscripts in the Stein Collection：Ⅱ, Seventh Century A. D."（《斯坦因特藏中有纪年的汉文文书：Ⅱ 七世纪》）, *Bulletin of the School of Oriental and African Studies*, Vol. 8（1935）, 1 – 26.

1937 "Dated Chinese Manuscripts in the Stein Collection：Ⅲ, Eighth Century A. D."（《斯坦因特藏中有纪年的汉文文书：Ⅲ 八世纪》）, *Bulletin of the School of Oriental and African Studies*, Vol. 9（1937）, 1 – 25.

1957 *Descriptive Catalogue of the Chinese Manuscripts from Tunhuang in the British Museum*（《大英博物馆藏敦煌汉文写本注记目录》）（London, 1957）.

Glasser, Gustav（格莱泽）

1957 "Paitings in Ancient Pjandžikent"（《古代喷赤肯特的绘画》）, *East and West*, Vol. 8（1957）, 199 – 215.

Gode, P. K.（戈德）

1949 History of Ambergris in Indian Between About A. D. 700 and 1900"（《公元 700 年至 1900 年之间的印度的龙涎香》）, *Chymia*, Vol. 2（1949）, 51 – 56.

Goodrich, L. C.（富路特）

1931 "Negroes in China"（《中国的非洲黑人》）, *Bulletin of the Catholic University of Peking*, Vol. 8（December, 1931）, 137 – 139.

1959 *A Short History of the Chinese People*（《中华民族简史》）, 3nd edition（New York, 1959）.

Gray, Basil（格雷）

1959 *Buddhist Cave Paitings at Tun-hung*, with photographs by J. B. Vincent（《敦煌千佛洞壁画》）（London, 1959）

Griessmaier, Viktor（格里斯梅尔）

1933　"Die granulierte Goldschnalle"（《鎏金带扣》）, *Wiener Beiträge zur Kunst- und Kulturgeschichte Asiens*, Vol. 7（Studien zur Kunst der Han-Zeit, Die Ausgrabungen von Lo-lang in Korea, 1933）, 31–38.

Grigson, Geoffrey（格里格森）

1947　*The Harp of Aeolus and Other Essays on Art, Literature, and Nature*（《伊俄勒斯的竖琴以及艺术、文学、博物学中的有关论述》）（London, 1947）.

Grousset, Réné（格鲁赛）

1932　*In the Footsteps of the Buddha*, transl. by Mariette Leon（《沿着佛陀的足迹》）（London, 1932）.

1948　*De la Grèce a la Chine*（《从希腊到中国》）（Monaco, 1948）.

van Gulik, R. H.（高罗佩）

1954　"The 'Mango' Trick in China: An Essay on Taoist Magic"（《中国的印度"现结芒果"魔术》）, *Transactions of the Asiatic Society of Japan*, Ser. 3, Vol. Ⅲ（December 1954）, 117–175.

Gyllenswärd, Bo（吉伦斯沃德）

1958　"Ekolsund: An Historic Swedish Country House with World-Famous Chinese Collections"（《埃科桑德：一所收藏世界著名的中国收藏品的瑞典古庄园》）, *Connoisseur, American edition*（March, 1959）, pp. 2–7.

Hackmann, Heinrich（哈克曼）

1951 ~ 1954　*Erklärendes Wörterbuch zum Chinesischen Buddhismus: Chinesisch-Sanskrit-Deutch*（《汉—梵—德对照词典》）,（Leiden, 1951–1954）.

Hansford, S. Howard（汉福斯特）

1957　*The Seligman Collection of Oriental Art: Ⅰ. Chinese, Central Asian and Luristqn Bronzes and Chinese Jades and Sculptures*（《塞利格曼东方艺术特藏》）（London, 1957）.

Harada Yoshito（原田淑人）

1939 "The Interchange of Eastern and Western Culture as Evidenced in the Shô-sô-in Treasures"（《正仓院珍宝库与东西文化交流》）, *Memoirs of the Research Department of the Toyo Bunko*, Vol. 11（Tokyo, 1939）, 55 – 78.

1944 *Tōa ko-bunka kenkyū*（《古文化研究》）, 3rd edition（Tokyo, 1944）.

Harich-Schneider, Eta（哈里奇—施奈德）

1954 "The Rhythmical Patterns in Gagaku and Bugaku"（《雅乐和舞乐中的韵律》）, *Ethno-musicologica*, Vol. 3（Leiden, 1954）.

Harvey, E. Newton（哈文）

1957 *A History of Luminescence from the Earliest Times until 1900*（《发光的历史》）（Philadelphia, 1957）.

Harvey, G. E.（哈维）

1925 *History of Burma, from the Earliest Times to 10 March, 1824, the Beginning of the English Conquest*（《缅甸史》）（London, 1925）.

$ asan, Hqdī（哈桑）

1928 *A History of Persian Navigation*（《波斯航海史》）（London, 1928）.

Hastings, J., ed.（黑斯廷斯编）

1927 *Encyclopaedia of Religion and Ethics*（《宗教与伦理百科全书》）（London, 1917 – 1927）.

Hayashi Kenzō（林谦三）

1925 "*Hō-Kin-Kaō*"（《鲍琴考》）, Shinagaku, Vol. 8（1925）, 447 – 456.

Hiraoka Takeo, ed.（平冈武夫编）

1956 *Chōan to Rakuyō*（《长安与洛阳》）（Kyoto, 1956）.

1958 *Rihaku no sakuhin*（《李白的作品》）（Kyoto, 1958）.

Hirth, F.（夏德）

1885 *China and the Roman Orient: Researches into Their Ancient and Mediaeval Relations as Represented in Old Chinese Records*（《中国古代与罗马

关系研究》）（Leipsic, Munich, Shanghai, Hong Kong, 1885）.

Hirth, F. , and Rockhill, W. W. （夏德和柔克义）

1911　Chao Ju-Kua: His Work on the Chinese and Arab Trade in the Twelfth and Thirteenth Centuries, Entitled Chu-fan-chi（《赵汝括〈诸蕃志〉所记载的十二、三世纪中国与阿拉伯之间的贸易关系》）（St. Petersburg, Russia, 1911）.

Ho Ping-Yü and Joseph Needham （何丙郁和李约瑟）

1959　"Theories of Categories in Early Mediaeval Chinese Alchemy"（《中世纪早期中国化学分类理论》）, Journal of the Warburg and Courtauld Institutes, Vol. 22（1959）, 173 – 210.

1959a　"Elixir Poisoning in Mediaeval China"（《中世纪中国的丹药中毒》）, Janus, Vol. 48（1959）, 221 – 251.

1959b　"The Laboratory Equipment of the Early Mediaeval Chinese Alchemists"（《中世纪早期中国术士的实验室设备》）, Ambix, Vol. 7（1959）, 57 – 115.

Holmes, Urban T. （霍姆斯）

1934　"Mediaeval Gem Stones"（《中世纪的宝石》）, Speculum, Vol. 9（1934）, 195 – 204.

Horn, Paul, and Georg Steindorff, eds. （霍恩和斯坦道夫）

1891　"Sassanidische Siegelsteine"（《萨珊印石》）, Mitteilungen aus den Orientalischen Sammlungen, Königliche Museen zu Berlin, Vol. 4（1891）, 1 – 49.

Hornell, James （霍内尔）

1946　"The Role of Birds in Early Navigation"（《鸟在早期航海中的作用》）, Antiquity, Vol. 20（1946）, 142 – 149.

Hourani, G. F. （霍兰尼）

1951　Arab Seafaring in the Indian Ocean in Ancient and Early Medieval Times（《古代和中世纪早期大食在印度洋的航海活动》）（Princeton, 1951）.

Huard, Pierre, and Wong, M. （胡雅尔特、王明）

1957 "Structure de la Médicine chinoise" （《中医的构成》）, *Bulletin de la Société des Etudes Indochinoises* （Saigon, 1957）.

1958 *Evolution de la matière médicale chinoise* （《中国药材发展史》） （Leiden, 1958）.

Huber, E. （休伯）

1906 "Termes Persans dans l'astrologie bouddhique chinoise" （"Etudes de littèrature bouddhique", Ⅶ）（《中国佛教占星学中的波斯词汇》）, *Bulletin de l 'Ecole Française d' Extrême-Orient*, Vol. 6 （1906）, 39 – 43.

Hung, William （洪煨莲）

1952 *Tu Fu, China's Greatest Poet* （《中国最伟大的诗人杜甫》） （Cambridge, Mass. , 1952）.

Ishibashi Gorō （石桥五郎）

1901 "Tō-Sō jidai no Shina enkai bōeki narabi ni bōekikō ni tsuite" （《唐宋时代中国沿海贸易并贸易港口》）, *Shigaku zasshi*, Vol. 12 （1901）, 952 – 975, 1051 – 1077, 1298 – 1314.

Ishida Mikinosuke （石田干之助）

1932 "Etudes sino-iraniennes, Ⅰ. A Propose du Hou-siuan-wou" （《中国伊朗研究 Ⅰ 论胡旋舞》）, *Memoirs of the Research Department of the Toyo Bunko*, Vol. 6 （Tokyo, 1932）, 61 – 76.

1942 *Chōan no haru* （《长安之春》）, 3rd edition （Tokyo, 1942）.

1948 *Tō-shi sōshō* （《唐史丛钞》）（Tokyo, 1948）.

Ishida, Mosaku, and Gunichi Wada （石田茂作与和田军一）

1954 *The Shosoin: An Eighth-Century Treasure-House, English résumé by Jiro Harada* （《正仓院：一座八世纪的珍宝库》）（Tokyo, Osaka, and Moji, 1954）.

Janson, H. W. （詹森）

1951 *Apes and Ape Lore in the Middle Ages and the Renaissance* （《中世纪和文艺复兴时期的猿及其传说》）（London, 1952）.

Jayne, H. H. F. (杰恩)

1941 "Maitreya and Guardians" (《弥勒与保护神》), *Bulletin of the University Museum*, Vol. 9 No. 4 (Philadelphia, 1941.), 7.

Jenyns, R. Soame (杰宁斯)

1954 "Chinese Carvings in Elephent Ivory" (《象牙汉雕》), *Transactions of the Oriental Ceramic Society*, 1951 – 1952, 1952 – 1953 (London, 1954), 37 – 59.

1957 "The Chinese Rhinoceros and Chinese Carvings in Rhinoceros Horn" (《中国的犀牛与犀角雕刻》), Transactions of the Oriental Ceramic Society, 1954 – 1955 (London, 1957), 31 – 62.

Katô, Shigeshi (加藤繁)

1936 "On the Hang or the Association of Merchants in China, with Especial Reference to the Institution in the T ang and Sung Periods" (《唐宋时代中国的 "行" 或商行》), Memoirs of the Research Department of the Toyo Bunko, Vol. 8 (Tokyo, 1936), 45 – 83.

Keller, Conrad (开勒)

1902 *Die Abstammung der ältesten Haustiere* (《最大的家畜的起源》) (Zürich, 1902).

Keller, Otto (凯勒)

1909 *Die Antike Tierwelt* (《古希腊罗马的动物世界》), Vol. I (Leipzig, 1909).

1913 *Die Antike Tierwelt* (《古希腊罗马的动物世界》), Vol. II (Leipzig, 1913).

Kiang Chao-Yuan (江绍原)

1937 *Le voyage dans la Chine ancienne considéré principalement sous son aspect magique et religeux* (《中国古代旅行之研究》), Vol. I, transl. by Fan jen (Shanghai, 1937).

Kimura Kōichi (木村康一)

1942 "Honzō" (《本草》), *Shina chiri rekishi daikei*, Vol. 8 (Tokyo,

1942), 187 – 271.

1946　*Kan-wa yakumei mokuroku* (《汉和药名目录》)　(Tokyo, 1946).

1954　"Ancient Drugs Preserved in the Shosoin"(《正仓院保存的古代药物》), *Occasional Papers of the Kansai Asiatic Society*, no. 1 (Tokyo, 1954).

Kishibe Shigeo (岸边成雄)

1948　*Tōyō no gakki to sono rekishi* (《东洋乐器及其历史》)(Tokyo, 1948).

1952　"Seiiki-gaku tōryū ni okeru kogaku raichō no igi"(《在西域乐东传中胡人来朝的意义》), *Rekishi to bunka: Rekishi-gaku kenkyū hōkoku*, Vol. Ⅰ (Tōkyō Daigaku kyōikugakubu jimbun-kagaku-kakiyō; Tokyo, 1952), 67 – 90.

1954　"The Origin of the K'ung-hou (Chinese Harp): A Companion Study to 'The Origin of the P'i-pa'" (《箜篌之起源》), *Tōyō Ongaku kenkyū*, transl. by Leo M. Traynor (Tokyo, 1954).

1955　"Tō-dai gikan no soshiki"(《唐代伎官组织》), *Kodai kenkyū* 2: *Rekishigaku kenkyū hōkoku*, Vol. Ⅲ, No. 5 (Tōkyō Daigaku kyōikugakubu jimbun -kagaku-ka kiyō; Tokyo, 1955), 133 – 186.

1956　"Zen-Shoku Shiso 6 Ken kanza sekichō no nijūshi gakugi ni tsuite" (《关于前蜀始祖王建棺座石雕的二十四乐伎》), *Kokusai tōhō gakusha kaigi kiyō*, Vol. 1 (1956), 9 – 21.

Laufer, Berthold (劳费尔)

1905　"Historical Jottings on Amber in Asia"(《关于亚洲琥珀的历史记载》), *Memoirs of the American Anthropological Association*, Vol. 1 (1905 – 1907), 221 – 244.

1909　*Chinese Pottery of the Han Dynasty* (《汉代中国的陶瓷》)(Leiden, 1909).

1913　"Arabic and Chinese Trade in Walrus and Narwhal Ivory"(《阿

拉伯与中国之海象、独角鲸象牙贸易》), *T' oung Pao*, Vol. 14 （1913）, 315 – 364.

1913a *Notes on Turquoise in the East* （《东方的天青石》）, Field Museum of Natural History, Publication 169, Anthropological Series, Vol. 13, no. 1 （Chicago, 1913）.

1914 "Bird Divination Among the Tibetans" （《吐蕃人的鸟卜》）, *T' oung Pao*, Vol. 15 （1914）, 1 – 110.

1914a *Chinese Clay Figures: Part* I *Prolegomena on the History of Defensive Armor* （《中国泥雕》）, Field Museum of Natural History, Publication 177, Anthropological Series, Vol. 13, No. 2 （Chigago, 1914）.

1915 "Asbestos and Salamander: An Essay on Chinese and Hellenistic Folk-Lore" （《石棉与火怪：中国和希腊的民间传说》）, *T' oung Pao*, Vol. 16 （1915）, 299 – 373.

1915a "Three Tokharian Bagatelles" （《三件吐火罗文书》）, *T' oung Pao*, Vol. 16 （1915）, 272 – 281.

1915b "Vi faxga and Cubebs" （《Vifaxga 与毕澄茄》）, T' onug Pao, Vol. 16 （1915）, 282 – 288.

1915c *The Diamonds: A Study in Chinese and Hellenistic Folklore*, （《钻石：中国与古希腊民间传说研究》）, Field Museum of Natural History, Anthropological series, Vol. 15, No. 1 （Chigago, 1915）.

1915d "The Story of the Pinna and the Syrian Lamb" （《贻贝和叙利亚羔羊的故事》）, *Journal of American Folk-Lore*, Vol. 28 （1915）, 103 – 128.

1915e "Optical Lenses" （《光透镜》）, *T' oung Pao*, Vol. 16 （1915）, 169 – 228.

1915f "Burnig -Lenses in India" （《印度火镜》）, *T' oung Pao*, Vol. 16 （1915）, 562 – 563.

1916 "Supplementary Notes on Walrus and Narwhal Ivory" （《再说海象与独角鲸象牙》）, *T' oung Pao*, Vol. 17 （1916）, 348 – 389.

1918 "Malabathron" （《广藿香》）, *Journal Asiatique*, 11th ser. ,

Vol. 12（1918），5 – 49.

1919 *Sino-Iranica：Chinese Contributions to the History of Civilization in Ancient Iran, with Special Reference to the History of Cultivated Plants and Products*（《中国伊朗编》），Field Museum of Natural History, Publication 201, Anthropological series, Vol. 15, No. 3（Chigago, 1919）.

1923 *Oriental Theatricals*（《东方戏剧》），Field Museum of Natural History, Department of Anthropology Guide, Pt. 1（Chigago, 1923）.

1923a "Review of V. W. F. Collier, *Dogs of China and Japan in Nature and Art*"（《评科利尔〈中国及日本现存的和艺术中的狗〉》），*Isis*, Vol. 5（1923），444 – 445.

1925 *Ivory in China*（《中国的象牙》），Field Museum of Natural History, Anthropology Leaflet 21（Chigago, 1925）.

1926 *Ostrich Egg-Shell Cups of Mesopotamia and the Ostrich in Ancient and Modern Times*,（《美索不达米亚的鸵鸟蛋壳杯以及古代和现代的鸵鸟》），Field Museum of Natural History, Anthropology Leaflet 23（Chigago, 1926）.

1937 *Felt：How it Was Made and Used in Ancient Times and a Brief Description of Modern Methods of Manufacture and Uses*（《毡的制作和应用》），5th pringting（Chicago, 1937）.

1946 *Jade：A Study in Chinese Archaeology and Religion*（《玉：中国考古与宗教研究》），2nd edition（South Pasadena, 1946）.

von Le Coq, Albert（勒克柯）

1925 *Bilderatlas zur Kunst und Kulturgeschichte Mittelasiens*（《中国艺术文化史图解》）（Berlin, 1925）.

Lessing, F.（莱辛）

1935 *Über die Symbolsprache in der chinesischen Kunst*（《论中国艺术中的象征语言》）（Frankfurt am main, n. d. 〈1935?〉）.

Lévi, Sylvain（烈维）

1900 "Les missions de Wang Hiuen-ts 'e dans l' Inde"（《王玄策出

使印度记》), *Journal Asiatique*, Vol. 15 (1900), 297 – 341, 401 – 468.

1913 "Le ' tokharien B ', langue de Koutcha" (《龟兹语考》), *Journal Asiatique*, 11th ser. , Vol. 2 (1913), 351 – 352.

Lévi, S. , and Ed. Chavannes (烈维和沙畹)

1895 "L'Itinéraire ď Ou-kʻong (751 – 790)" (《悟空行记》), *Journal Asiatique*, 9th ser. , Vol. 6 (1895), 341 – 384.

Levy, Howard S. (李豪伟)

1951 "An Historical Introduction of the Events Which Culminated in the Huang Chʻao Rebellion" (《黄巢起义高潮事件考述》), *Phi Theta Annual*, Vol. 2 (1951), 79 – 103.

1955 *Biogrphy of Huang Chʻao* (《黄巢传》), Chinese Dynastic Histories Translations, No. 5 (Berkeley and Los Angeles, 1955).

Lewicki, Tadeusz (卢维基)

1935 "Les premiers commerçants Arabes en Chine" (《早期来华的大食商人》), *Rocznik Orientalistyczny*, Vol. 11 (1935), 173 – 186.

Li, H. L. (李惠林)

1959 *The Garden Flowers of China* (《中国庭园花卉》) (New York, 1959).

Liu Mau-tsai (刘茂才)

1957 "Kulturelle Beziehungen zwischen den Ost-Türken (= Tʻu-küe) und China" (《东突厥与中国的文化交往》), *Central Asiatic Journal*, Vol. 3, No. 3 (1957 – 1958), 190 – 205.

Loehr, Max (罗越)

1959 "A Propos of Two Paintings Attributed to Mi Yu-jen" (《论米友仁的两幅绘画作品》), *Ars Orientalis*, Vol. 3 (1959), 167 – 173.

Lu Gwei-djen and Joseph Needham (鲁桂珍和李约瑟)

1951 "A Contribution to the History of Chinese Dietetics" (《中国营养学史的一个问题》), *Isis*, Vol. 42 (1951), 13 – 20.

Lucas, A. (卢卡斯)

1934 *Ancient Egyptian Materials and Industries*（《古代埃及的原料与工业》），2nd edition（London，1934）.

Luce，G. H.（卢斯）

1924 "Countries Neighbouring Burma"（《缅甸的邻国》），*Journal of the Burma Research Society*，Vol. 14（1924），138 – 205.

Lydekker，R.（莱德克）

1898 *Wild Oxen，Sheep and Goats of All Lands：Living and Extinct*（《世界各地现存的和灭绝的野牛、绵羊和山羊》），（London，1898）.

1912 *The Horse and Its Relatives*（《马及其近亲》）（New York，1912）.

1912a *The Ox and Its Kindred*（《牛及其血缘族》）（London，1912）.

1912b *The Sheep and Its Cousins*（《绵羊及其同属》）（London，1912）.

McDermott，W. C.（麦克德莫特）

1938 *The Ape in Antiquity*（《古代的猿》）（Baltimore，1938）.

Macgowan，D. J.（麦高恩）

1854 "Chinese and Aztec Plumagery"（《中国人与阿兹台克人的羽毛》），*American Journal of Science and Arts*，2nd ser. ，Vol. 18（1854），57 – 61.

Maenchen-Helfen，Otto（麦切—赫尔芬）

1950 "Two Notes on the Diamond in China"（《关于中国钻石的两个问题》），*Journal of the American Oriental Society*，Vol. 70（1950），187 – 188.

1957 "Crenelated Mane ane Scabbard Slide，" *Central Asiatic Journal*，Vol. 3. No. 2（1957），85 – 138.

Mahler，Jane Gaston（马珍妮）

1959 *The Westerners Among the Figurines of the T'ang Dynasty of China*（《唐朝塑像中的西域人》）（Rome，1959）.

Majumdar，R. C.（马江达）

1927 *Ancient Indian Colonies in the Far East*：Ⅰ. *Champa*（《远东的古代印度移民点》）（Lahore, 1927）.

Maspero, H.（马伯乐）

1953 *Les documents chinois de la troisième expédition de Sir Aurel Stein en Asie Centrale*（《斯坦因第三次中亚探险所获汉文文书》）（London, 1953）.

Masutomi Junosuke（益寿富之助）

1957 *Shōsōin yakubutsu wo chūshin to suru kodai sekiyaku no kenkyū, Shōsōin no kōbutsu*（《古代石药研究——以正仓院的药物为中心》）, Vol. Ⅰ（Kyoto, 1957）.

Mathew, Gervase（马修）

1956 "Chinese Porcelain in East Africa and on the Coast of South Arabia"（《东非和南阿拉伯海沿岸的中国瓷器》）, *Oriental Art*, n. s. , Vol. 2（Summer, 1956）, 50－55.

Matsui Shūichi（松井秀一）

1959 "Ro-ryū hanchin kō"（《卢龙藩镇考》）, *Shigaku zasshi*, Vol. 68（1959）, 1397－1432.

Medley, Margaret（梅德利）

1955 "The T'ang Dynasty: A Chinese Renaissance, A. D. 618－906"（《唐朝：中国的文艺复兴时代》）*History Today*, Vol. 5, No. 4（April, 1955）, 263－271.

Merrill, George P.（梅里尔）

1922 *Handbook and Descriptive Catalogue of the Collections of Gems and Precious Stones in the United States National Museum*（《美国国立博物馆珠宝特藏注记目录手册》）, United States National Museum Bulletin 118（Washington, 1922）.

Miller, Roy A.（米勒）

1959 *Accounts of Western Nations in the History of the Northern Chou Dynasty*（《〈周书·异域传〉译注》）, Chinese Dynastic History

Translations, No. 6 (Berkeley and Los Angeles, 1959).

Mookerji, Radha Kumud (穆克杰)

1957 *Indian Shipping: A History of the Sea-Borne Trade and Maritime Activity of the Indians fron the Earliest Times* (《印度海运史》), 2nd edition (Calcutta, 1957).

Murakami Yoshimi (村上嘉宾)

1955 "Tō-dai kizoku teien" (《唐代贵族庭园》), *Tōhōgaku*, Vol. 11 (1955), 71 - 80.

Nagahiro, T. (长广敏雄)

1955 "On Wei-ch' ih I-seng, a Paiter of the Early T' ang Dynasty" (《唐初画家尉迟乙僧》), *Oriental Art*, n. s. , Vol. 1, No. 2 (Summer, 1955), 70 - 74.

Nakamura Kushirō. (中村久四郎)

1917 "Tō-jidai no Kanton" (《唐代的广州》), *Shigaku zasshi*, Vol. 28 (1917), 242 - 258, 348 - 368, 487 - 495, 552 - 576.

1920 "Kanton no shōko oyobi Kanton Chōan wo renketsu suru suiro shūun no kōtsū" (《广州的商港及连接长安的水路交通》), *Tōyōgakuhō*, Vol. 10 (1920), 244 - 266.

Nakano Kōkan (中野江汉)

1924 *Shina no uma* (《支那的马》) (Peking, 1924).

Nanjio Bunyiu (南条文雄)

1883 *A Catalogue of the Chinese Translation of the Buddhist Tripitaka: The Sacred canon of the Buddhists in China and Japan* (《英译大明三藏圣教目录》) (Oxford, 1883).

Needham, Joseph (李约瑟)

1954 *Science and Civilisation in China* (《中国的科学与文明》), Vol. I (Cambridge, England, 1954).

1958 *The Development of Iron and Steel Technology in China* (《中国钢铁技术的演变》) (London, 1958).

1959　*Science and Civilisation in China*（《中国的科学与文明》），Vol. Ⅲ（Cambridge, England, 1959）.

1959a　"The Missing Link in Horological History: A Chinese Contribution"（《钟表史上缺少的一环——中国的贡献》），*Proceedings of the Royal Society*, A, 250（1959）, 147–179.

Needham, Joseph, Wang Ling, and Derek J. Price（李约瑟、王铃和德克）

1960　*Heavenly Clockwork: The Great Astronomical Clocks of Medieval China*（《中世纪中国的大天文钟》）（Cambridge, England, 1960）.

Needham, Joseph, Wang Ling, and K. G. Robinson（李约瑟、王铃和鲁滨逊）

1962　*Science and Civilisation in China*（《中国的科学与文明》），Vol. Ⅳ, No. 1（Cambridge, England, 1962）.

Nyberg, H. S.（纽伯格）

1931　*Hilfsbuch des Pehlevi: Ⅱ. Glossar*（《巴列维语手册》）（Upsala, 1931）.

Ogawa Shōichi（小川昭一）

1957　"Ban -Tō-shi no ichimen - sono shakaisei -"（《晚唐诗及其社会性》），*Tōkyō Shinagakuhō*, Vol. 3（June, 1957）, 94–114.

Ogawa Tamaki（小川环树）

1959　"Chokuroku no uta—sono gengo to bungakushi-teki igi"（《敕勒歌——它的原语和文学史上的意义》），*Tōhōgaku*, Vol. 18（June, 1959）, 34–44.

Osborne, D.（奥斯本）

1912　*Engraved Gems, Signets, Talismans and Ornamental Intaglios*（《玉、玺、辟邪的雕刻和装饰凹雕》）（New York, 1912）.

Paris, Pierre（帕里斯）

1952　"Quelques dates pour une histoire de la jonque chinoise"（《中国帆船史的几个时期》），*Bulletin de l'Ecole Française d'Extrême-Orient*, 46/

1（1952），267–278，Vol. 46，no. 2（1954），653–655.

Pelliot, Paul（伯希和）

1903 "Le Fou Nan"（《扶南考》），*Bulletin de l'Ecole Française d'Extrême-Orient*，Vol. 3（1903），248–303.

1904 "Deux itinéraires de Chine en Inde à la fin du viiie siècle"（《交广印度两道考》），*Bulletin de l'Ecole Française d'Extrême-Orient*，Vol. 4（1904），131–413.

1912 "Autour d'une traduction Sanskrit du Tao-tö -King（Tao Tê Ching)"（《论〈道德经〉的梵文译本》），*T oung Pao*，Vol. 13（1912），350–430.

1912a "Review of Hirth and Rockill, Chau ju-kua: His Work on the Chinese and Arab Trade in the Twelfth and Thirteenth Centruries, Entitled Chu-fan-chi"《夏德和柔克义〈赵汝括"诸蕃志"所记载的十二、三世纪中国与阿拉伯之间的贸易关系〉评介》），*T' oung Pao*，Vol. 13（1912），446–481.

1912b "Les influences iraniennes en Asie Centrale et en Extrême-Orient"（《伊朗文化对中亚和远东的影响》），*Revue d'histoire et de littérature religieuse*，n. s.，Vol. 3（1912），97–119.

1923 "Quelques artistes des Six Dynasties ed des T ang"（《六朝和唐代的几位艺术家》），Tzoung Pao，Vol. 22（1923），215–291.

1928 "L' édition collective des oeuvres de Wang kouo-wei"（《评王国维遗书》），*T oung Pao*，Vol. 26（1928），113–182.

1928a "Des artisans chinois à la capitale abbasside en 751–762"（《751~762年阿拔斯朝首都的中国艺术家》），*T' oung Pao*，Vol. 26（1928），110–112.

1959 *Notes on Marco Polo*，Vol. I（《马可·波罗注》）（Paris, 1959）.

Penzer, N. M.（彭泽）

1952 *Poison-Damsels and Other Essays in Folklore and Anthropology*

（《民间传说和人类学中的"毒女"及其他有关记载》）（London, 1952）.

    Philips, Ralph W. （菲利普斯）

    1958 "Cattle"（《牛》）, *Scientific American*（June, 1958）, pp. 51 – 59.

    Philips, Ralph W. , Ray G. Johnson, and Raymond T. Mayer （菲利普斯、约翰逊和迈耶）

    1945 *The Livestock of China*（《中国的家畜》）（Washington, 1945）.

    Priest, Alan, and Pauline Simmons （普里斯特、艾伦和西蒙斯）

    1931 *Chinese Textiles: An Introduction to the Study of Their History, Sources, Technique, Symbolism, and Use, Occasioned by the Exhibition of Chinese Court Robes and Accessories*（《中国的纺织品》）（Metropolitian Museum of Art, New York, 1931）.

    Prušek, Jaroslav （普鲁塞克）

    1939 "Researches into the Beginnings of the Chinese Popular Novel"（《中国通俗小说起源研究》）, *Archiv Orientální*, Vol. 11 （1939）, 91 – 132.

    Pulleyblank, E. G. （蒲立本）

    1955 *The Background of the Rebellion of An Lu-shan*（《安史之乱的背景》）（London, New York, and Toronto, 1955）.

    1958 "The Origins and Nature of Chattle Slavery in China"（《中国奴隶制度的起源及其性质》）, *Journal of the Economic and Social History of the Orient*, Vol. 1 （1958）, 185 – 220.

    1960 "Neo-Confucianism and Neo-Legalism in T' ang Intellectual Life, 755 – 805" （《唐代文人中的新儒教与新法家学说》）*The Confucian Persuasion* （Stanford, 1960）. # 1962 # "The Consonantal System of Old Chinese"（《古汉语辅音系统》）, Asia Major, Vol. 9 （1962）, 58 – 144.

    Quennell, Peter, transl. （昆内尔）

    1928 （Buzurg ibn Shahriyar）, *The Book of the Marvels of India, from the Arabic by Marcel Devic* （《印度奇物大全》）（London, 1928）.

Rabinowitz, L. （拉比诺维茨）

1946 "Eldad ha-Dani and China"（《Eldad ha-Dani 与中国》）, *Jewish Quarterly Review*, Vol. 36 （1946）, 231 – 238.

Ramstedt, G. J. （拉姆斯蒂德）

1949 *Studies in Korean Etymology* （《朝鲜语词源研究》）（Helsinki, 1949）.

Read, B. E. （里德）

1932 "Chinese Materia Medica, Avian Drugs"（《中国药物学：飞禽类药物》）, *Peking Society of Natural History Bulletin*, Vol. Ⅵ, No. 4 （June, 1932）.

1936 *Chinese Medicinal Plants from the Pen T' sao Kang Mu A. D. 1596*（《〈本草纲目〉记载的中草药》）, 3rd edition （Peking, 1936）.

1937 Chinese Materia Medica, Turtle and Shellfish Drugs"（《中国药物学：龟和甲壳类药物》）, *Peking Natural History Bulletin*, Vol. 12, No. 2 （December, 1937）.

1943 "Influence des régions méridionales sur les médicines chinoises"（《南方地区对中国医学的影响》）, *Bulletin de l'Université l'Aurore*, 3rd ser. , Vol. 4 （1943）, 475 – 483.

Read, B. E. , and C. Pak （里德和帕克）

1928 "A Compendium of Minerals and Stones Used in Chinese Medicine from the Pen T' sao （sic） Kang Mu; Li Shih Chen, 1597 A. D. "（《简论李时珍〈本草纲目〉中所见中医使用的矿物和结石》）, *Peking Society of Natural History Bulletin*, Vol. Ⅲ, No. 2 （December, 1928）.

Reinaud, M. （赖诺德）

1845 *Relations des voyages faits par les Arabes et les Persans dans l'Inde et la Chine dans le ixe s. de l'ère chrétienne*, Arab Text and French transl. by M. Reinaud （《公元九世纪阿拉伯和波斯人在印度和中国的游记》）（Paris, 1845）.

Reischauer, E. O. （赖世和）

1940 "Notes on T'ang Dynasty Sea Routes"（《唐朝的海路》），*Harvard Journal of Asiatic Studies*, Vol. 5, No. 2（June, 1940），142 – 146.

1955 *Ennis's Diary: The Record of a Pilgirimage to China in Search of the Law*（《圆仁日记》）（New York, 1955）.

1955a *Enni's Travel in T'ang China*（《圆仁在唐朝的旅行》）（New York, 1955）.

Rock, J. F.（罗克）

1955 "The D'a Nv Funeral Ceremony with Special Reference to the Origin of Na-khi Weapons"（《从关于纳西族武器起源的特殊资料看 "D'a Nv" 葬仪》），*Anthropos*, Vol. 50（1955），1 – 31.

des Rotours, R.（戴何都）

1947 *Traité des fonctionnaires et traité de l'armée; traduits de la nouvelle histoire des T'ang*, Vol. I, chaps. xlvil（《〈新唐书〉"百官志" 与 "兵志" 译注》）（Leyden, 1947）.

1948 *Traité des fonctionnaires et traité de l'armée*, Vol. II（《〈新唐书〉"百官志" 与 "兵志" 译注》）（Leydes, 1948）.

1952 "Les insignes en deux parties（fou）sous la dynastie des T'ang（618 – 907）"（《唐代的符信》），*T'oung Pao*, Vol. 41（1952），1 – 148.

Roux, Jean-Paul（劳泽）

1959 "Le chameau en Asie Centrale: son nom-son élévage-sa place dans la mythologie"（《中亚骆驼的名称、饲养及其在神话中的地位》），*Central Asiatic Journal*, Vol. 5（1959），27 – 76.

Rowland, Benjamin, Jr.（罗兰）

1947 "Chinoiseries in T'ang Art"（《唐朝艺术中具有中国艺术风格的艺术品》），*Artibus Asiae*, Vol. 10（1947），265 – 282.

Rudolph, R. C.（鲁道夫）

1959 "Chinese Medical Stelae"（《中国医药石刻》），*Bulletin of the Institute of History and Philology, Academia Sinica*, Vol. 30（1959），681 – 688.

Sampson, Theos. （桑普森）

1869　"The Song of the Grape"　（《葡萄歌》），*Notes and Queries on China and Japan*, Vol. 3 （1869），52.

Sarton, George （萨顿）

1944　"Fishing with Otters （Query and Answer）"　（《水獭捕鱼》），*Isis*, Vol. 35 （1944），178.

Sauvaget, Jean （索瓦格特）

1948　'*Ahbqr a2-@ in wa*' *l-Hind: Relations de la Chine et de l'Inde rédigée en 851* （《中国印度见闻录》）（Paris, 1948）.

Schafer, E. H. （薛爱华）

1948　"Notes on a Chinese Word for Jasmine"（《耶塞漫考》），*Journal of the American Oriental Society*, Vol. 68 （1948），60 – 65.

1950　"The Camel in China Down to the Mongol Dynasty"（《降至蒙元时代的中国的骆驼》），*Sinologica*, Vol. 2 （1950），165 – 194, 263 – 290.

1951　"Iranian Merchants in T'ang Dynasty Tales"（《唐代传奇中的波斯商人》），*Semitic and Oriental Studies Presented to William Popper*, University of California Publications in Semitic Philology, Vol. XI （1951），403 – 422.

1951a　"Ritual Exposure in Ancient China"　（《古代中国礼仪中的朝向》），*Havard Journal of Asiatic Studies*, Vol. 14 （1951），130 – 184.

1952　"The Pearl Fisheries of Ho-P'u"（《合浦的采珠场》），*Journal of the American Oriental Society*, Vol. 72 （1952），155 – 168.

1954　*The Empire of Min* （《闽国》）　（Rutland, Vt., and Tokyo, 1954）.

1955　"Orpiment and Realgar in Chinese Technology and Tradition"（《中国制造学以及传说中的雄黄与雌黄》），*Journal of the American Oriental Society*, Vol. 75 （1955），73 – 89.

1956　"The Develpment of Bathing Customs in Ancient and Medieval China and the History of the Floriate Clear Palace"（《古代和中世纪中国的

沐浴风俗的演变和华清池的沿革》），*Journal of the American Oriental Society*，Vol. 76（1956），57 – 82.

1956a "The Early History of Lead Pigments and Cosmetics in China"（《中国古代的铅色与化妆》）*T' oung Pao*，Vol. 44（1956），413 – 438.

1956b "Cultural History of the Elaphure"（《鹿文化史》）*Sinologica*，Vol. 4（1956），250 – 274.

1957 "Rosewood, Dragon's Blood, and Lac"（《榈木、龙血与紫胶》），*Journal of the American Oriental Society*，Vol. 77（1957），129 – 136.

1957a "War Elephants in Ancient and Medieval China"（《古代和中世纪中国的战象》），*Oriens*，Vol. 10（1957），289 – 291.

1959 "Falconry in T' ang Times"（《唐代的猎鹰》），*T ' oung Pao*，Vol. 46（1959），293 – 338.

1959a "Parrots in Medieval China"（《中世纪中国的鹦鹉》），*Studia Serica Bernhard Karlgren Dedicata*（Copenhagen，1959），pp. 271 – 282.

1961 *Tu Wan's Stone Catalogue of Cloudy Forest*：*A Commentary and Synopsis*（《杜绾〈云林石谱〉述评》）（Berkeley and Los Angeles，1961）.

Schafer, E. H. , and B. E. Wallacker（薛爱华和沃兰克）

1961 "Local Tribute Products of the T' ang Dynasty"（《唐朝的土贡》），*Journal of Oriental Studies*，Vol. 4（1957 – 1958）. 213 – 248.

Scheffer, Victor B. （希福）

1958 *Seals, Sea Lions and Walruses*：*A Review of the Pinnipedia*（《海豹、海狮和海象》）（Stanford，1958）.

Schlegel, G. （施莱格尔）

1898 "Geographical Notes"（《地理志》），*T' oung Pao*，Vol. 9（1898），50 – 51，278.

Schuyler, Montgomery（斯凯勒）

1908 "Notes on the Making of Palm-Leaf Manuscripts in Siam"（《暹罗贝叶写本制作考》），*Journal of the American Oriental Society*，Vol. 29（1908），281 – 283.

Sclater, P. L. , and O. Thomas（斯克莱特和汤姆森）

1897～1898　*The Book of Antelopes*（《羚羊书》），Vol. Ⅲ（London, 1897 – 1898）.

Seckel, Dietrich（塞克尔）

1954　"Kirikane: Die Schnittgold-Decoration in der japanischen Kunst, ihre Technik and ihre Geschichte"（《日本艺术中的雕金装饰及其技术和历史》），*Oriens Extremus*, Vol. 1（1954），71 – 88.

Sen, Satiranjan（萨蒂兰詹·森）

1945　"Two Medical Texts in Chinese Translation"（《两部汉译医学文献》），*Visva-Bharati Annals*, Vol. Ⅰ（1945），70 – 95.

Shida Fudomaro（志田不动磨）

1957　"Chūgoku ni okeru satō no fukyū"（《中国砂糖的普及》），*Takigawa hakase kanreki kinen rombunshū*, Vol. Ⅰ. *Tōyōshi*（Ueda, 1957），125 – 139.

Shih Sheng-han（石声汉）

1958　*A Preliminary Survey of the Book Ch'i Min Yao Shu: An Agricultural Encyclopaedia of the 6th Century*（《〈齐民要术〉绪论》）（Peking, 1958）.

Shiratori Kurakichi（白鸟库吉）

1939　"The Mu-nan-chu of Ta-Ch'in and the Cintqmazi of India"（《大秦木难珠与印度如意珠》），*Memoirs of the Research Department of the Toyo Bunko*, Vol. 11（Tokyo, 1939），1 – 54.

1956　"An New Attempt at a Solution of the Fu-lin Problem"（《"拂林"新解》），*Memoirs of the Research Department of the Toyo Bunko*, Vol. 15（Tokyo, 1956），156 – 329.

Shōsōin（正仓院）

1928　*Shōsōin Gyobutsu zuroku*（《正仓院御物图录》）（Tokyo, 1928～）.

1960　*Shōsōin hōbutsu*（《正仓院宝藏》）（Tokyo, 1960～）.

Simmons, Pauline（西蒙斯）

1948 *Chinese Patterned Silks* （《中国丝绸图案》） （New York, 1948）.

1956 "Some Recent Developments in Chinese Textiles Studies"（《中国纺织品研究的新进展》）, *Bulletin of the Museum of Far Eastern Antiquities*, Vol. 28 （1956）, 19 – 44.

Sirén, O. （西伦）

1927 "Tch'ang-ngan au temps des Souei et des T'ang"（《隋唐时代的长安》）, *Revue des Arts Asiatiques*, Vol. 4 （1927）, 40 – 46, 98 – 104.

1928 *Chinese Paintings in American Collections* （《美国收藏品中的中国画》）（Paris and Brussels, 1928）.

Sitwell, Sacheverell （西特韦尔）

1936 *Dance of the Quick and the Dead: An Entertainment of the Imagination* （《生者和死者的舞蹈》）（London, 1936）.

1941 *Valse des Fleurs: A Day in St. Petersburg and a Ball at the Winter Palace in 1868* （《圣彼得堡的舞宴》）（London, 1941）.

1947 *The Hunters and the Hunted* （《猎人与猎物》）（London, 1947）.

1953 *Truffle Hunt* （London, 1953）.

Smith, Marion B. （史密斯）

1940 *Marlowe's Imagery and the Marlowe Canon* （《马洛的形象比喻描写及其准则》）（Philadelphia, 1940）.

Soothill, W. E. , and L. Hodous （苏慧廉、何乐益）

1937 *A Dictionary of Chinese Buddhist Terms, with Sanskrit and English Equivalents and a Sanskrit-Pali Index* （《英—梵对照汉文佛教专名词典》）（London, 1937）.

Soper, A. C. （索珀）

1947 "The 'Dome of Heaven' in Asia" （《亚洲的天穹》）, *Art Bulletin*, Vol. 29 （1947）, 225 – 248.

1950 "T'ang Ch'ao Ming Hua Lu (The Famous Painters of the T'ang Dynasty) by Chu Ching-hsüan of Wu-chün Translated"（《英译朱景玄〈唐

朝名画录〉》), *Archives of the Chinese Art Society of America*, Vol. 4 (1950), 5 – 28.

1951　*Kuo Jo-hsü's Experiences in Painting (T'u-hua chien-wên chih)*: *An Eleventh-Centrury History of Chinese Painting Together with the Chinese Text in Facsimile* (《郭若虚〈图画见闻志〉》) (Washington, D. C. , 1951).

1958　"T'ang Ch'ao Ming Hua Lu: Celebrated Painters of the T'ang Dynasty, by Chu Ching-hsüan of T'ang" (《唐朝名画录》), *Artibus Asiae*, Vol. 21 (1958), 204 – 230.

Sowerby, A. de C. (苏柯仁)

1937　"The Horse and Other Beasts of Burden in China" (《中国的马和其他驮畜》), *China Journal*, Vol. 26 (1937), 282 – 287.

1940　*Nature in Chinese Art* (《中国艺术的性质》) (New York, 1940).

Stein, A. (斯坦因)

1907　*Ancient Khotan: Detailed Report of Archaeological Exploration in Chinese Turkestan* (《古代和阗》) (Oxford, 1907).

1921　*Serindia: A Detailed Report of Explorations in Central Asia and Westernmost China* (《西域》) (Oxford, 1921).

1925　"Innermost Asia: Its Geography as a Factor in History" (《内陆亚洲》), *Geographical Journal*, Vol. 65 (1925), 377 – 403, 473 – 501.

1928　*Innermost Asia: Detailed Report of Explorations in Central Asia, Kan-su and Eastern Orqn* (《内陆亚洲探险报告》) (Oxford, 1928).

1933　*On Ancient Central-Asia Tracks: Brief Narrative of Three Expeditons in Innermost Asia and North-western China* (《古代中亚行程》) (London, 1933).

Stein, R. (石泰安)

1942　"Jardins en miniature d'Extrême Orient" (《远东的盆山》), *Bulletin de l'Ecole Française d'Extrême-Orient*, Vol. 42 (1942), 1 – 104.

1947　"Le Lin-yi: sa localisation, sa contribution à la formation du Champa et ses liens avec la Chine" (《林邑的位置：对占婆形成的贡献及

其与中国的关系》), *Han-hiue*, Bulletin 2 du Centre d'Etudes Sinologiques de Pekin, (Pekin, 1947).

Stephenson, J. (斯蒂芬森)

1928　*The Zoological section of the Nuzhatu-l-qulūb of $ amdullah al-Mustaufī al-Qazwīnī* (《哈姆杜拉赫·穆斯多菲〈内心之欢愉〉的动物学部分》) (London, 1928).

Stewart, G. R. Jr. (斯图尔特)

1930　"Color in Science and Poetry" (《科学与诗歌中的颜色》), *Scientific Monthly*, Vol. 30 (1930), 71 – 78.

Strachwitz, A. Graf (斯特雷奇维茨)

1940　"Chinesisches T'ang-Silber und ost-westliche Kunstbeziehungen" (《唐代中国银器和东西工艺交流》), *Ostasiatische Zeitschrift*, n. f. , Vol. 15 – 16, (1940), 12 – 21.

Stuart, G. A. (斯图亚特)

1911　*Chinese Materia Medica: Vegetabale Kingdom* (《中国药草志》) (Shanghai, 1911).

Takakusu, J (高楠顺次郎)

1896　*A Record of the Buddhist Religion as Practised in India and the Malay Archipelago* (*A. D. 671 – 695*) *by I-Tsing* 《南海寄归内法传》) (Oxford, 1896).

1928　"Aomi-no Mabito Genkai (779), *Le Voyage de Kanshin en Orient (742 –754)*" (《唐大和上东征传》), *Bulletin de l'Ecole Française d'Extrême-Orient*, Vol. 28 (1928), 1 – 41, 441 – 472; Vol. 29 (1929), 47 – 62.

Tate, G. H. H. (泰特)

1947　*Mammals of Eastern Asia* (《东亚的哺乳动物》) (New York, 1947).

Thompson, A. P. D. (汤普森)

1951　"A History of the Ferret" (《白鼬发育史》), *Journal of the History of Medicine and Allied Sciences*, Vol. 6 (1951), 471 – 480.

Thompson, R. Campbell（汤普森）

1936 *A Dictionary of Assyrian Chemistry and Geology*（《亚述化学和地质学辞典》）（Oxford, 1936）.

Trubner, Henry（特鲁布纳）

1957 *The Art of the T'ang Dynasty: A Loan Exhibition Organized by the Los Angeles County Museum from Collections in America, the Orient and Europe*,（《唐朝艺术》）, January 8-February 17, 1957（Los Angeles, 1957）.

1959 "The Arts of the T'ang Dynasty"（《唐朝艺术》）, *Ars Orientalis*, Vol. 3（1959）, 176 – 195.

Twitchett, D. C., and A. H. Christie（杜希德和克里斯蒂）

1959 A Medieval Burmese Orchestra"（《中世纪缅甸的管弦乐》）, *Asia Major*, n. s., Vol. 7（1959）, 176 – 195.

Villiers, Alan（维利尔斯）

1952 *Monsoon Seas: The Story of the Indian Ocean*（《海上季风》）（New York, 1952）.

de Visser, M. W.（维瑟）

1920 "Die Pfauenkönigin in China und Japan"（《中国和日本的孔雀王后》）, *Festschrift für Friedrich Hirth zu seinem 75. Geburtstag*（Berlin, 1920）, 370 – 387.

Wada Sei（和田清）

1947 "Shuju-kō"（《侏儒考》）, *Tōyōgakuhō*, Vol. 31（1947）, 345 – 354.

1955 "Kotsu-jaku-kō"（《兀惹考》）, *Tōyōgakuhō*, Vol. 38（1955）, 1 – 18.

Waley, Arthur（韦利）

1922 *The Nō Plays of Japan*（《日本的能剧》）（New York, 1922）.

1923 "Tai Tsung's Six Chargers"（《太宗六骏》）, *Burlington Magazine*, Vol. 43（September, 1923）, 117 – 118.

1927 "Foreign Fashions: Po Chu-I（772 – 846）"（《胡风》）, *Forum*, Vol. 78（July, 1927）, 3.

1931   *A Catalogue of Paintings, Recovered from Tun-Huang by Sir Aurel Stein, K. C. I. E., Preserved in the Sub-Department of Oriental Prints and Drawings in the British Museum, and in the Museum of Central Asian Antiquities, Delhi* (《斯坦因发现的敦煌绘画目录》) (London, 1931).

1941   *Translations from the Chinese* (《英译汉文诗歌》) (New York, 1941).

1952   *The Real Tripitaka, and Other Pieces* (《真正的三藏及其他作品》) (London, 1952).

1954   "27 Poems by Han-shan" (《寒山诗二十七首》), *Encounter*, Vol. 3 (1954), 3 – 8.

1955   "The Heavenly Horses of Ferghana: A New View" (《大宛 "天马" 新解》), *History Today*, Vol. 5 (1955), 95 – 103.

1956   "Some References to Iranian Temples in the Tun-Huang Region" (《敦煌地区的伊朗寺庙》), *Bulletin of the Institute of History and Philology, Academia Sinica*, Vol. 28 (1956), 123 – 128.

1960   *Ballads and Stories from Tun-huang: An Anthology* (《敦煌歌谣与故事选集》) (London, 1960).

1961   *Chinese Poems* (《汉文诗歌》), new edition (London, 1961).

Wang Gungwu (王赓武)

1958   "The Nanhai Trade: A Study of the Early History of Chinese Trade in the South China Sea" (《中国古代南海贸易》), *Journal of Malayan Branch of the Royal Asiatic Society*, Vol. 31, no. 2 (June, 1958), 1 – 135.

Wang Ling (王铃)

1947   "On the Invention and Use of Gunpowder and Firearms in China" (《火药与火器在中国的发明和应用》), *Isis*, Vol. 37 (1947), 160 – 178.

Wang Yi-t'ung (王伊同)

1953   "Slaves and Other Comparable Social Groups During the Northern Dynasties" (《北朝时期的奴隶及与奴隶地位相当的社会集团》), *Harvard Journal of Asiatic Studies*, Vol. 16 (1953), 293 – 364.

Wayman, Alex（韦曼）

1954 "Notes on the Three Myrobalans"（《三果考》）, *Phi Theta Annual*, Vol. 5（1954 – 1955）, 63 – 77.

Wenley, A. G.（温利）

1948 "The Question of the Po-shan Hsiang-lu"（《博山香炉考》）, *Archives of the Chinese Art Society of America*, Vol. 3（1948 – 1949）, 5 – 12.

Werth, Emil（沃思）

1954 *Grabstock Hacke und Pflug*（《铲、锄和犁》）（Ludwigsburg, 1954）.

Wheatley, Paul（惠特利）

1961 "Geographical Notes on Some Commodities Involved in Sung Maritime Trade"（《宋代航海贸易中涉及的某些商品的地理问题》）, *Journal of the Malayan Branch of the Royal Asiatic Society*, Vol. 32, No. 2（1961）, 1 – 140.

1961a *The Golden Khersonese: Studies in the Historical Geography of the Malay Peninsula before A. D. 1500*（《马来半岛沿革地理研究》）（Kuala Lumpur, 1961）.

White, W. C.（怀履光）

1942 *Chinese Jews: A Compilation of Matters Relating to the Jews of K'aifeng Fu*（《中国的犹太人》）, Pt. I. *Historical*（Toronto, 1942）.

Wilbur, C. M.（韦慕庭）

1943 *Slavery in China During the Former Han Dynasty, 206 B. C. – A. D. 25*（《西汉奴隶制》）, Field Museum of Natural History, Anthropological Series, Vol. 34（Chicago, 1943）.

Wilder, G. D. , and H. W. Hubbard（怀尔德和哈巴德）

1924 "List of the Bird of Chihli Province"（《直隶省鸟类目录》）, *Journal of the North China Branch of the Royal Asiatic Society*, Vol. 55（1924）, 156 – 239.

Wolters, O. W.（沃尔特斯）

1960   "The Po-ssŭ Pine Trees"（《波斯松》）, *Bulletin of the School of Oriental and African Studies*, Vol. 23（1960）, 323 – 350.

Wood, R. W. （伍德）

1934   "The Purple Gold of Tuťankhamūn"（《图特安哈门墓中发现的紫金》）, *Journal of Egyptian Archaeology*, Vol. 20（1934）, 62 – 65.

Wright, A. F. （芮沃寿）

1951   "Fu I and the Rejection of Buddhism"（《傅奕与排斥佛教的运动》）, *Journal of the History of Ideas*, Vol. 12（1951）, 33 – 47.

1957   "Buddhism and Chinese Culture: Phases ofInteraction"（《佛教与中国文化的相互影响》）, *Journal of Asian Studies*, Vol. 17（1957）, 17 – 42.

Wu Chi-yu （吴其昱）

1959   "Trois poèms inédits de Kouan-hieou" （《贯休的三首未刊诗》）, *Journal Asiatique*, Vol. 247（1959）, 349 – 379.

Wu, John C. H. （吴经熊）

1939   "The Four Seasons of Tʻang Poetry"（《唐诗之四季》）, Pt. X, *Tʻien Hsia Monthly*, Vol. 8, no. 2（February, 139）, 155 – 176.

Wu, K. T. （吴光清）

1937   "Libraries and Book-Collecting in China Before the Invention of Printing" （《印刷术发明之前中国的图书馆与书籍收藏》）, *Tʻien Hsia Monthly*, Vol. 5, no. 3（October, 1937）, 237 – 260.

Wu Lien-teh （伍连德）

1933   "Early Chinese Travellers and Their Successors"（《古代中国的行人及其后继者》）, *Journal of the North China Branch of the Royal Asiatic Society*, Vol. 64（1933）, 1 – 23.

Wylie, A. （伟烈亚力）

1867   *Notes on Chinese Literature with Introductory Remarks on the Progressive Advancement of the Art*（《中国文学及其表现手法的演进》）（Shanghai and London, 1867）.

Yabuuti, Kiyosi （薮内清）

1954 "Indian and Arabian Astronomy in China" (《中国的印度和阿拉伯天文学》) (trans. by L. Hurvitz), *Silver Jubilee Volume of the Zinbun-Kagaku-Kenkyusyo Kyoto University* (Kyoto, 1954), 585 – 603.

Yamada, Kentaro (山田宪太郎)

1954 "A Study on the Introduction of An-hsi-hsiang in China and that of Gum Benzoin in Europe" (《中国的安息香和欧洲的爪哇香》), Ⅰ, *Kinki daigaku Sekai keizai kenkyūjo hōkoku*, Vol. 5 (1954); Ⅱ, ibid., Vol. 7 (1955).

1955 "A Short History of Ambergris by the Arabs and Chinese in the Indian Ocean" (《中国和阿拉伯记载的印度洋的龙涎香》), Ⅰ, *Report of the Institute of World Economics, the Kinki University*, Vol. 8 (1955).

1956 "Nyūkō motsuyō shi josetsu," *Shōgaku kensan* (Fukuda Yoshitarō Sensei kanreki shukuga kinen) (Kobe, 1956), pp. 201 – 236.

1956a "A Short History of Ambergris by the Arabs and Chinese in the Indian Ocean" (《中国和阿拉伯记载的印度洋的龙涎香》), Ⅱ, Report of the Institute of World Economics, the Kinki University, Vol. 11 (1956).

1957 *Tōzai kōyaku shi* (《东西香药史》), 2nd edition (Tokyo, 1957).

1958 "Yashitsumei, matsuri, sokei (Jasminum) kō," *Oriental studies in Honour of Juntaro Ishihama on the Occasion of His Seventieth Birthday* (Osaka, 1958).

1959 "Perusya-Arabya-jin no daru-chini (dqr-čīnī, shina-no-ki, sunawachi nikkei) to iū shōhinmei ni tsuite" (《波斯—阿拉伯人的 "支那树" 〈Dqr-čīnī〉即肉桂》), *Momoyama gakuin daigaku keizaigaku ronshū*, Vol. 1 (1959), 131 – 150.

Yang, Lien-sheng (杨联陞)

1952 "Hostages in Chinese History" (《中国历史上的人质》), *Harvard Journal of Asiatic Studies*, Vol. 15 (December, 1952), 507 – 521.

1955 "Notes on Maspero's *Les documents chinois de la troisième expedition de Sir Aurel Stein en Asie centrale*"（《评马伯乐〈斯坦因第三次中亚探险所获汉文文书〉》，*Harvard Journal of Asiatic Studies*，Vol. 18（1955），142 – 158.

1955a "Review of J. Needham, *Science and Civilization in China*，I"（《李约瑟〈中国的科学与文明〉第一卷述评》），*Harvard Journal of Asiatic Studies*，Vol. 18（1955），142 – 158.

Yetts, W. Percival（耶茨）

1934 "The Horse: A Factor in Early Chinese History"（《马在中国古代史上的作用》），*Eurasia Septentrionalis Antiqua*，Vol. 9（Minns Volume，1934），231 – 255.

Yule, Henry, and A. C. Burnell（玉尔和伯内尔）

1903 *Hobson-Jobson*；*A Glossary of Colloquial Anglo-Indian Words and Phrases, and of Kindred Terms, Etymological, Historical, Geographical and Discursive*（《英—印口语词汇》）（London, 1903）.

von Zach, Erwin（冯扎克）

1952 *Tu Fu's Gedichte*（《杜甫的诗歌》），Harvard-Yenching Institute Series，Vol. I（Cambridge, 1952）.

研究论著 II 汉文部分

白寿彝

1937 《宋时伊斯兰教徒的香料贸易》，《禹贡》，第 7 卷，第 4 期（1937 年 4 月），47～77 页。

陈邦贤

1957 《中国医学史》，上海，1957。

陈祖槼主编

1957 《中国农学遗产选集》甲类第 5 种"棉"（上编），上海，1957。

韩儒

1953 《貂皮考》，《大陆杂志》，第 6 卷（1953），390～393。

韩槐准

1941　《龙脑香考》，《南海学会杂志》，第 2 卷，第 1/3 期（1941），3～17。

侯宽昭

1957　《广州植物检索表》，上海，1957。

孔德

1934　《外族音乐流行中国史》，上海，1934 年。

李霖灿

1956　《阎立本职贡图》，《大陆杂志》，第 12 卷（1956），第 33～50 页。

凌纯声

1958　《中国酒之起源》，《中央研究院历史语言研究所集刊》，第 29 本，《庆祝赵元任先生六十五岁论文集》（台北，1958），第 883～907 页。

刘凌仓

1958　《唐代的人物画》，北京，1958。

那志良

1953　《兰田玉》，《大陆杂志》，第 7 卷（1953），第 363～364 页。

鸟居龙藏

1946　《石面雕刻及渤海人风俗与萨珊式胡瓶》，《燕京学报》，第 30 卷（1946），第 51～61 页。

全汉昇

1947　《唐代物价的变动》，《中央研究院历史语言研究所集刊》，第 11 本（上海，1947），101～148。

1947a　《唐宋时代扬州经济状况的繁荣与衰落》，《中央研究院历史语言研究所集刊》，第 11 本（上海，1947），146～179。

1948　《中古自然经济》，《中央研究院历史语言研究所集刊》，第 10 本（1948），73～173。

桑原骘藏（冯攸译）

1930　《唐宋时代中西通商史》，上海，1930 年。

石禄（译音）

1954 《麒麟竭》，《大陆杂志》，第 9 卷（1954），第 44，56 页。

吴廷燮

1937 《唐方镇年表》，《二十五史补编》卷六（上海，1937 年），186～192 页。

夏鼐

1957 《中国最近发现的波斯萨珊朝银币》，《考古学报》，第 16 卷（1957），第 49～56 页。

1958 《青海西宁出土的波斯萨珊朝银币》，《考古学报》，第 19 卷（1958），第 105～110 页。

向达

1933 《唐代长安与西域文明》，《燕京学报》专号之二，北京，1933 年。

1957 《唐代长安与西域文明》，增订版，北京，1957 年。

徐松

1902 《唐两京城坊考》，据 1902 年版重印（枚冈，1956 年）。

严耕望

1954 《唐代国内交通与都市》，《大陆杂志》，第 8 卷（1954 年），第 99～101 页。

叶德禄

1942 《唐代胡商与珠宝》，《辅仁学志》，第 15 卷（1947 年），第 101～103 页。

叶静渊

1958 《中国文献上的柑橘栽培》，《农学遗产研究集刊》，第 1 卷（1958 年），第 109～163 页。

于非闇

1955 《中国画颜色的研究》，北京，1955 年。

愚公谷

1934 《贾耽与摩尼教》，《禹贡》，第 2 卷，第 4 斯（1934 年 10

月），第 8~9 页。

于景让

1954 《波斯枣》，《大陆杂志》，第 8 卷（1954 年），第 193~195 页。

1955 《郁金与郁金香》，《大陆杂志》，第 11 卷（1955 年），第 33~37 页。

张长弓

1951 《唐宋时代传奇作者暨其时代》，北京，1951 年。

张星烺

1929 《唐时非洲黑奴入中国考》，《辅仁学志》，第 1 卷（1929），93~112。

1930 《中西交通史料汇编》，北平，1930 年。

章鸿钊

1921 《石雅（Lapidarium Sinicum）》，《地质专报》，乙种，第二集，北京，1921。

张子高

1958 《从镀锡铜器谈到鋈字本义》，《考古学报》，第 3 卷（1958），73~74。

张琬

1960 《菩萨蛮及其相关几处问题》，《大陆杂志》，第 20 卷（1960），19~24，47~49，93~98。

赵文锐

1926 《唐代商业之特点》，《清华学报》，第 3 卷（1926），951~966。

郑振铎

1958 《陕西省出土唐俑选集"序言"》，北京，1958。

郑作新

1955 《中国鸟类分布目录》卷 1，北京，1955。

祝秀侠

1957 《唐代传奇研究》，台北，1957。

词汇表 A①

人名与地名

* A-lâ-puən	阿罗本
* B'iwǎd-lək	吠勒
Bnam	扶南
Chach	拓支，拓折，赭时，拓羯，者舌，石
*Dabatang	堕婆登
Dvaravati	堕和罗
Deva	提婆
Farghana	拔汗那
* G'ia-b'ji-ịăp	伽毗叶
* G'ia-śịăt-pjět	伽失毕
Jaguda	谢䫻
Jambi	占卑
Kabŏdhan	曹
* Kalavinka (Karyŏbin)	迦陵频迦
Kalinga	诃陵
* Kapi	伽昆
* Kâp-miet	阁蔑
Kashmir	箇失蜜
Kat-katZangi	葛葛僧祇
Khuttal	骨咄
* Kịap-śịa	劫者
* Kiei-χuət-b'â	继忽婆
Kirghiz	黠戛斯
* Kịu-d'âm Sịăt-d'ât	瞿昙悉达
* Kịu-ləu-mịět	拘蒌密
K'o-han-na	可汗那
Kumâdh	俱密
Kurrung (Kut-lun)	骨论
Kurung (Ku-lung)	古龙
Kushanniyah	何
* Xâ-b'ji-śịç	诃昆施
* Xuo-dz'i	呼慈
Lankavatara-sutra	楞伽经
* Lịəm-ịəp	林邑

Mabito Makumon	真人莫门
Mâimargh	米
Merv (? Mu)	穆
* Mịuən-tân	文单
Nandī	那提
* Nən-d'â-ɣuân (Dagon)	耨陀洹
* Niei-niet-ṣi	泥涅师
* Pək-ịəp	北邑
* P'ịuət-niet	拂涅
Po-lū	勃律
Po (或 Pa) -t'ou	拨（钵，拔）头
P'o-li (Bali)	婆利
P'o-lū (Baros)	婆律
* Puâ-tâ-lịək	波多力
Pyû	骠
Qaqola	伽古罗，迦拘勒
Qurïqan	骨利干
* Sâm-b'âk	三泊
* Sâm-b'ịuət-dz'iei (Serboza, Zabedj 等，参见 Śrībhoja)	三佛齐
Shighnān	识匿
Shindu	申屠
Sir-tardush	薛延陀
Śrībhoja	尸利佛誓
Tabaristan	陀拔斯单
Tölös	铁勒
Toquz-Oghuz	九姓
* T'uət-mjiç	突弥
Tuman	都曼
Turgäch	突骑施
* Ulaghun	乌罗浑
Wakhsh	乌浒
* Źịăm-pâk	瞻博

词汇表 B

事物名称表

* â-dz'i-b'uət-t'â-ni	阿慈勃他你

---

① 本书中引用和参考的大多数书名和诗歌名没有列入词汇表中，著者名列入了参考书目和索引之中，诗人名只在索引中出现，译按：词汇表中原来收入了一些汉文人名、地名、事物名等专名的拉丁拼音，汉译文中只保留了其中外语或与外来语有关的部分，其他内容从略。

* â-lək-b'uət	阿勒勃		* χuo-p'Dk	琥珀
* â-ma-lək	阿麻勒		mirdāsang	密陀僧
* â-muât	阿末		* muâ-dz'ək	摩泽
* âm-lâ	菴罗		* muât-lji	茉莉
* âm-muâ-lək	菴摩勒		* muət	没
aṅkwa	阿魏		* nai-gi	捺祇
apursāmā	阿勃参		* ngịʷDn-dz'i-lək	元慈勒
* b'Dk-d'iep	白氎		nīla-utpala	泥楼钵罗
bǐrzai	鱗齐		* njau-ṣa	硇砂
* b'ji-lji-lək	毗梨勒		* noudyi (*neu-D'' iĕ)	耨池
* b'uâ-lâ-tək	婆罗得		* nźịʷok-źi	褥时
* b'uân-d'â-k'ịa	畔荼伕		* pịĕt-puât-lji	荜拨梨
* b'wât-lân	拔兰		p'ịngt'o	平脱
champa (ka)	薝蔔		* puâi-tâ	贝多
cherpạdh	叱拨		* p'uâ-lâ	颇罗
* d'źịuĕt	莯		* p'uân-d''â	般茶
* gharnoudja (*γuât-nəu-d'z'ia) 活獤蛇			* -râk	勒
* g'ịu-g'ịạu	氀毹		* sâi-pâu	萨宝
* ịa-sâi-muân	耶塞漫		* səng-g'ji	僧耆
* ịa-sịĕt-miʷeng	耶悉茗		* səng-g'jie	僧祇
* ịän-γuo-sâk	延胡索		shad	杀
jila	蒋萝		* sịän-g'iʷo	鲜渠
* jịʷat-nâk	越诺		* śisäk	狮子
(kala) vinka	频伽		* şịuk-ṣa-mịĕt	缩砂蔤
* Kân-d'â	乾陀		* suân-ngiei	狻猊
Khạr-burra	结勃罗		* tâm-lâ	担罗
Khelbānita	预勃梨他		* t'ao-t'u	駼騟
* kịDp-puâi	劫贝		* t'âp-teng	毾毱
* kịĕt-puâi	吉贝		* tiei-ia-ka	底野迦
* kiet-ṣat	结杀		t'o-hsi	骓騱
* k'ịĕt-tâ	诘多		t'ou	镃
* kịuən-ljuk	薰陆		* tsịa-p'iet	柘辟
* kịʷo-g'ịʷo	车渠		tśịäm (trâm)	詹
* kuət-nʷat	骨纳		* tsịĕt-γan	质汗
* kuət-tuət	骨馃		* tṣiạu-ngịu	騊虞
kumuda	俱物头		t'ung(cotton)	橦(棉花)
k'un-pu (kompo)	昆布		* uət-nịuk (或 "-nʷat")	膃肭
* kuo-puâi	古贝		varṇaka (参见 *jịʷat-nâk)	
* kuttut (参见 * kuət-tuət)			viḍanga	毕澄茄
* χâ-liei-lək	诃黎勒		vilenga	毗陵茄
* χâ-lji-lək	呵黎勒		* źịang-tsịʷo	上泪
* χạk-mịĕt-mịạu-nji	黑密牟尼		* źịəp-b'ịʷDt	什伐

索 引[*]

汉译本跋

　　1963 年，《撒马尔罕的金桃》由美国加利福尼亚大学出版社出版，到 1997 年，英文平装本印刷了 11 次，精装本印刷了 8 次，在国际学术界产生了广泛而深远的影响。汉译本 1995 年由中国社会科学出版社出版，2005 年陕西师范大学出版社又出版了第二版。这次再版，除了改正错字、全面核校史料外，还做了两项技术处理，一是将原来附在书后的注释改成了页下注，再就是重新编制了汉文索引，希望这些工作能为汉文读者提供更多的便利。汉译第三版的最大改动，是将《唐代的外来文明》直译成了《撒马尔罕的金桃》，作者名也由谢弗改作薛爱华。

　　在 20 世纪八九十年代，中国大陆学术界中外关系史的研究刚刚展开，对西方汉学界的了解程度远不如现在详悉。当时考虑到《撒马尔罕的金桃》这个书名对中国读者来说相当陌生，遵从出版方的建议，将原书名改译成了比较直白的《唐代的外来文明》。二十多年来，中外关系史的研究取得了长足进步，原作者及其著作也更多地被大陆学术界了解和接受。作者另一部著作《朱雀：唐代的南方意象》的汉译者程章灿先生在"代译序"中指出，作者对作品的命名，有一个特定的模式，即以一个富有形象性的词语为正题，再加上一个说明性或限制性的副标题。如《珠崖：早期的海南岛》（加利福尼亚大学出版社，1970）、《神女：唐代文学中的龙女与雨女》（加利福尼亚大学出版社，1973）、《步虚：唐代对星空的探讨》

（加利福尼亚大学出版社，1977）《时间之海上的幻境：曹唐的道教诗》（加利福尼亚大学出版社，1985）等都是如此。为保留原作者的命名风格，这次将书名改译作《撒马尔罕的金桃：唐代舶来品研究》。

从前大陆学术界对作者汉文名字也不甚了了。如《美国学手册》（中国社会科学出版社，1981）译作"肖孚"，也有更多学者译作"舍费尔"或是"谢弗"；直至晚近出版的《北美中国学》（中华书局，2010），也译作"爱德华·谢弗"。早年港台学者多将作者的名字译作"薛爱华"，周法高先生在《汉学论集》（台北正中书局，1972）附录"西人原名汉译对照表"中，更明确地将本书作者"薛爱华"标作"西人本人所使用的汉字译名"。汉译本初版面世后，不时会有朋友提及作者本人有汉名的事，但为了避免读者将新旧版误作两个作者，同时我也没有找到作者本人使用"薛爱华"这个汉名的确切根据，所以在汉译本第二版中对作者姓名一仍旧译，没有做改动。鉴于三联书店在译介作者其他著作时，采用了"薛爱华"这个名字，为防止使用不同的名字在读者中造成不必要的误解，这次新版对作者名也改从"薛爱华"。

吴玉贵

2015 年 5 月 30 日

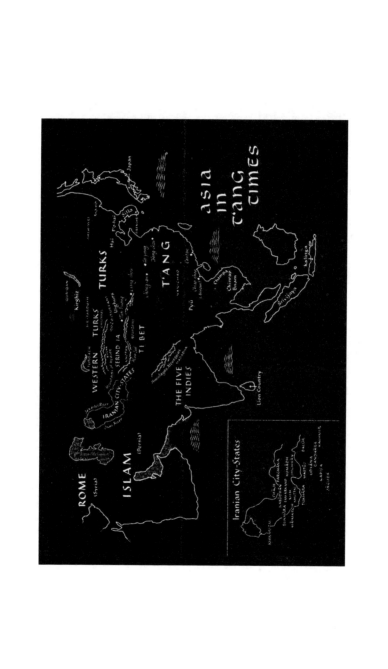

asia in t'ang times

ROME (Syria)

ISLAM (Persia)

ROME (Syria)

WESTERN TURKS

IRANIAN CITY-STATES

TURKS

SERINDIA

TIBET

TURKS

Kirghiz

THE FIVE INDIES

T'ANG

Japan

Lion Country

Kalinga

Srivijaya

Champa
Chinrap
Bnam

Pyū

Nanchao

Iranian City-States

KHWARIZMI
CHACH
ASBIJAB
FERGHĀNA
BUKHĀRA SAMARKAND NAKHSHAB
KISH
MAYMURGH KABUDHAN
TUKHĀRA MAYMARGH BALKH
UTRĀRA
KAPISHA KANDAHĀR
KĀPISA BAMIAN
JAGUDA

图书在版编目（CIP）数据

撒马尔罕的金桃：唐代舶来品研究/（美）薛爱华
（Schafer，E.H.）著；吴玉贵译.—北京：社会科学文献
出版社，2016.4（2023.7重印）

ISBN 978 - 7 - 5097 - 8064 - 0

Ⅰ.①撒…　Ⅱ.①薛…　②吴…　Ⅲ.①进口商品 -
研究 - 中国 - 唐代　Ⅳ.①F729.42

中国版本图书馆 CIP 数据核字（2015）第 225680 号

本书彩图与封面来自 TPG 和英文原著。

撒马尔罕的金桃

——唐代舶来品研究

著　　者 / 〔美〕薛爱华（Edward H. Schafer）
译　　者 / 吴玉贵

出　版　人 / 王利民
项目统筹 / 董风云　段其刚
责任编辑 / 冯立君
责任印制 / 王京美

出　　版 / 社会科学文献出版社·甲骨文工作室（分社）（010）59366527
　　　　　　地址：北京市北三环中路甲 29 号院华龙大厦　邮编：100029
　　　　　　网址：www.ssap.com.cn
发　　行 / 社会科学文献出版社（010）59367028
印　　装 / 三河市东方印刷有限公司

规　　格 / 开　本：889mm × 1194mm　1/32
　　　　　　印　张：24.875　插页：0.75　字　数：559 千字
版　　次 / 2016 年 4 月第 1 版　2023 年 7 月第 12 次印刷
书　　号 / ISBN 978 - 7 - 5097 - 8064 - 0
著作权合同
登 记 号 / 图字 01 - 2015 - 1772 号
定　　价 / 98.00 元

读者服务电话：4008918866